ଡକ୍ଟର ସଚ୍ଚିଦାନନ୍ଦ ରାଉତରାୟ

କବିତା ୧୯୬୨

ଓ ନୂତନ କବିତାର ଭୂମିକା

କେନ୍ଦ୍ର ସାହିତ୍ୟ ଏକାଡେମୀ ପୁରସ୍କାର ପ୍ରାପ୍ତ ପୁସ୍ତକ

ଡକ୍ଟର ସଚ୍ଚିଦାନନ୍ଦ ରାଉତରାୟ

କବିତା ୧୯୬୨

ଓ ନୂତନ କବିତାର ଭୂମିକା

ବ୍ଲାକ୍ ଈଗଲ୍ ବୁକ୍ସ

ଭୁବନେଶ୍ୱର, ଓଡ଼ିଶା

BLACK EAGLE BOOKS
Dublin, USA

କବିତା ୧୯୬୨ ଓ ନୂତନ କବିତାର ଭୂମିକା
ଡକ୍ଟର ସଚିଦାନନ୍ଦ ରାଉତରାୟ
ବ୍ଲାକ୍ ଇଗଲ୍ ବୁକ୍ସ : ଭୁବନେଶ୍ୱର, ଓଡ଼ିଶା ● ଡବ୍ଲିନ୍, ଯୁକ୍ତରାଷ୍ଟ ଆମେରିକା

 BLACK EAGLE BOOKS

USA address:
7464 Wisdom Lane
Dublin, OH 43016

India address:
E/312, Trident Galaxy, Kalinga Nagar,
Bhubaneswar-751003, Odisha, India

E-mail: info@blackeaglebooks.org
Website: www.blackeaglebooks.org

First edition in 1962
Second edition in 1971
Third edition 1999

First International Edition Published by
BLACK EAGLE BOOKS, 2023

KABITA 1962 O NUTAN KABITARA BHUMIKA
by **Dr. Sachidananda Routray**

Cover & Interior Design: Ezy's Publication

ISBN- 978-1-64560-466-2 (Paperback)

Printed in the United States of America

ସ କବିଃ କାବ୍ୟାପୁରୁରୂପଂ ଦୌରିବ ପୁଷ୍ୟତି –
(ରିକ୍ ବେଦ, ଅଷ୍ଟମ ମଂଡ଼ଳ, ୪୧ ସୂକ୍ତ, ୮ମ ମଂତ୍ର)

ଯେଉଁ କବି ଆକାଶରେ ପ୍ରତିଦିନ ସୂର୍ଯ୍ୟ ଓ ଉଷାର କାବ୍ୟ ଫୁଟାଏ,
ସେଇ ଅବ୍ୟକ୍ତ, ଅନିର୍ବଚନୀୟ ଓ ଅନାଦିକାରଣ ଉଦ୍ଦେଶ୍ୟରେ....

ମୁଖବନ୍ଧ

ଏ ଗ୍ରନ୍ଥର ପୃଷ୍ଠବନ୍ଧଟି ଏତେ ଦୀର୍ଘ ହୋଇଯାଇଚି ଯେ ଆଉ ମୁଖବନ୍ଧ ଦେଇ ପାଠକ ପାଠିକାମାନଙ୍କର ଧୈର୍ଯ୍ୟହାନି ଘଟାଇବା ଉଚିତ ନୁହେଁ। ଏ ବହିଟିର ଗ୍ରନ୍ଥନ ସମୟରେ ଚୀନ-ଭାରତ ଲଢ଼େଇର ଜାତୀୟ ସଂକଟ ଏବଂ ଲେଖକର ଦ୍ୱିତୀୟବାର ଆମେରିକା ଓ ୟୁରୋପ ଯାତ୍ରା ଏଇପରି ନାନା ପ୍ରତିବନ୍ଧମାନ ଆସି ଦେଖାଦେଇଥିଲା। ତଥାପି ବହିଟି ଯେ ଯଥାସମୟରେ ମୁଦ୍ରିତ ହୋଇ ପ୍ରକାଶ ଲାଭକଲା, ଏଥିପାଇଁ ପ୍ରକାଶନ-ପ୍ରତିଷ୍ଠାନ ହିଁ ବିଶେଷ ଭାବରେ ଧନ୍ୟବାଦାର୍ହ।

ଆଧୁନିକ କବିତାର ଦିଗ୍‌ଦର୍ଶନ ତଥା ଆଙ୍ଗିକ ଓ ଆଭିମୁଖ୍ୟ ସମ୍ବନ୍ଧରେ କିଛି ସୂଚନା ଦେବା ମୋର ବହୁ ଦିନରୁ ଇଚ୍ଛା ଥିଲା, ମାତ୍ର ସମୟାଭାବରୁ ତାହା ସମ୍ଭବ ହୋଇପାରି ନ ଥିଲା। ଏଇ ପୁସ୍ତକରେ ମୋର ୫୫ଟି ଅଧୁନାତନ କବିତା ସଙ୍ଗେ ନୂତନ କବିତାର ପୃଷ୍ଠଭୂମି ଓ ବିକାଶ ଉପରେ ଏକ ଦୀର୍ଘ ସନ୍ଦର୍ଭ ଯୋଗ କରାଯାଇଚି। ଏହା ବିଶେଷ ଦରକାର ଥିଲା ବୋଲି ମୋର ମନେହୁଏ। ଓଡ଼ିଶାର ଚାରିଆଡ଼ୁ ଯେପରି ନୂଆ କବିତା ସମ୍ବନ୍ଧରେ ନାନା ପ୍ରଶ୍ନବାଣ ଲେଖକ ଉପରେ ବର୍ଷିତ ହେବାକୁ ଲାଗିଚି, ସେଥିରେ ଆଉ ବେଶୀ ଦିନ ଏ ବିଷୟରେ ନୀରବ ହୋଇ ବସିରହିବା ସମ୍ଭବ ନୁହେଁ। ମୋର ଆଶା, ବିଦଗ୍ଧ କାବ୍ୟରସିକମାନେ ଏଥରୁ କିଛି ନା କିଛି ଫାଇଦା ଉଠାଇବେ।

ଏ ବହିରେ ଥିବା ଦୋଷ ଦୁର୍ବଳତା ପାଇଁ ଲେଖକ ବିନୀତ ଭାବରେ କ୍ଷମାପ୍ରାର୍ଥୀ।

। ଇତି ।

ନମସ୍କାରାଂତେ

ସଚ୍ଚିଦାନନ୍ଦ ରାଉତରାୟ

ମେରିଆ ବଜାର, କଟକ-୧

ଡିସେମ୍ବର, ୧୯୬୨

ତୃତୀୟ ସଂସ୍କରଣର ଭୂମିକା

"କବିତା-୧୯୬୨"ର ତୃତୀୟ ସଂସ୍କରଣ ପ୍ରକାଶ ପାଉଛି – ଏହା ଆନନ୍ଦର କଥା। ଏହାର ପ୍ରଥମ ସଂସ୍କରଣ ୧୯୬୨ ଓ ଦ୍ୱିତୀୟ ସଂସ୍କରଣ ୧୯୭୧ ମସିହାରେ ପ୍ରକାଶ ପାଇଥିଲା। ଏହା କେନ୍ଦ୍ର ସାହିତ୍ୟ ଏକାଡ଼େମୀ ପୁରସ୍କାର ଲାଭ କରିଥିଲା। ଆଧୁନିକ ଓଡ଼ିଆ କବିତାର ମୂଳଦୁଆ ପକାଇବାରେ 'ପାଣ୍ଡୁଲିପି' ଓ 'କବିତା-୧୯୬୨' ପଥକୃତ୍ ଭାବେ ସର୍ବସ୍ୱୀକୃତ। ଏ ପୁସ୍ତକର ତୃତୀୟ ସଂସ୍କରଣ ପ୍ରକାଶ ପାଇବା ପାଇଁ ଯେ ଦୀର୍ଘ ୨୮ ବର୍ଷ ଲାଗିଗଲା, ଏହା ଓଡ଼ିଆ ସାହିତ୍ୟ ଜଗତର ଉଦାସୀନତା ଓ ମ୍ରିୟମାଣତା ପ୍ରକାଶ କରେ। ଓଡ଼ିଶାର ପାଠକ-ପାଠିକାମାନଙ୍କ ମଧ୍ୟରେ ସାହିତ୍ୟ ପ୍ରତି ସଚେତନତା ଓ ଆଗ୍ରହ ହ୍ରାସ ପାଇବାରେ ଲାଗିଛି। ଓଡ଼ିଶା କଳା ଓ ସଂସ୍କୃତିର ଏକ ପ୍ରଧାନ ପୀଠ ହିସାବରେ ବହୁ ପ୍ରଶଂସିତ। ସେହି ଭୂଁରେ କଳା ଓ ସାହିତ୍ୟ ପ୍ରତି ବିଦଗ୍ଧ ମହଲରେ ଆନ୍ତରିକତା ହ୍ରାସ ପାଇବା କଦାପି ଶୁଭଙ୍କର ନୁହେଁ।

ଏଥିମଧ୍ୟରେ ବହୁ ଛାତ୍ରଛାତ୍ରୀ, ଅଧ୍ୟାପକ, ଅଧ୍ୟାପିକା, ମୋ ସାହିତ୍ୟ-ସୃଷ୍ଟି ଉପରେ ଗବେଷଣା କରି ଡକ୍ଟରେଟ୍ ଡିଗ୍ରୀ ହାସଲ କରିସାରିଛନ୍ତି ଏବଂ ଅନେକେ ବର୍ତ୍ତମାନ ଗବେଷଣା କରୁଛନ୍ତି। ଏ ସମସ୍ତଙ୍କର ସଂଖ୍ୟା ପ୍ରାୟ ୨୫-୩୦ ଜଣ ହେବ। ତେଣୁ ଏ ପୁସ୍ତକଟି ପୁନଃ ପ୍ରକାଶ ପାଇବା ଅତ୍ୟନ୍ତ ଆବଶ୍ୟକ ଥିଲା।

ପରିଶେଷରେ ଏ ବହିର ପ୍ରକାଶକ ଗ୍ରନ୍ଥମନ୍ଦିର ସାହସିକ ପଦକ୍ଷେପ ନେଇଥିବାରୁ ଏବଂ ପ୍ରୁଫ ଇତ୍ୟାଦି ନିଷ୍ପାପର ଭାବରେ ଦେଖିବା ଦାୟିତ୍ୱ ସଫଳତାର ସହିତ ବହନ କରିଥିବାରୁ ମୋର ଧନ୍ୟବାଦାର୍ହ।

ସଚ୍ଚିଦାନନ୍ଦ ରାଉତରାୟ

ତା ୧୫।୦୬।୧୯୯୯
ରଜ ସଂକ୍ରାନ୍ତି
ମିଶନ ରୋଡ଼, କଟକ-୭୫୩୦୦୧

ସୂଚିପତ୍ର

ସାମୁଦ୍ରିକ	୧୧
ବସନ୍ତର ନିଛକ ଜିଲାରେ	୧୪
ଆଶ୍ୱିନ–୧୯୫୮	୧୭
ବଂଧନୀ	୧୯
ଏଇ ଶଯ୍ୟାର ମୁହୂର୍ତ୍ତରେ	୨୦
ଏକ ଉଭାର୍ଣ୍ଣ ଶ୍ରାବଣ	୨୧
ଦୃଷ୍ଟି	୨୩
ଅଂତରାଲ	୨୫
ନୃତ୍ୟ ଅଂତେ	୨୭
ଗୋଟିଏ ବିରହ ଆଗେ	୨୯
ସ୍ୱାଗତ	୩୦
ତୁମେ କିଆଁ ତରତର ହୁଅ	୩୨
ମସ୍ୟଗଂଧା	୩୪
ଏକ ମ୍ୟୁନିସିପାଲିଟି ନିର୍ବାଚନରେ	୩୫
ଛାୟାନଟ	୩୮
ଭଗ୍ନନାୟକ	୪୦
ପ୍ରେମ ଓ ଭୟ	୪୩
ସ୍ମୃତିଲେଖା	୪୫
ଚାରୋଟି ପ୍ରଗୀତ	୪୭
ଆକାଶ	୫୨
ଗଂଗାଧର ମେହେର	୫୩
ଦଶହରା, ୧୯୬୧	୫୫
ଦର୍ପଣ	୫୭
ନିଆଁରେ ଚାଲିବା	୬୧
ଦୁଇଟି ମୁକ୍ତକ	୬୨
ପ୍ରଧାନ ଭୂମିକା	୬୫

ତିନୋଟି ଚରିତ୍ର ୭୧

ଶିଶୁପାଲ ୭୪

କେତେ ଯେ କହିଛି ମିଛ କଥା ୭୮

ମହୁମାଛି ୮୧

ଏକ ଫାଲ୍‌ଗୁନ ୮୪

ଅଂତରୀକ୍ଷ ୮୬

ଘର ୮୭

ସୀମାଂତ ଟ୍ରେନ୍ ୮୯

ସ୍ୱଗତ-୧ ୯୨

ସ୍ୱଗତ-୨ ୯୪

ଉତ୍ତରସୂରି ୯୬

ସଂସ୍କରଣ ୯୮

ପ୍ରଥମ ରାତ୍ର ୧୦୧

ଦିବ୍ୟ ଜ୍ୟୋତିର ମହାକାଶେ ୧୦୩

ବୋରିସ୍ ପାଷ୍ଟରନାକ୍‌ଙ୍କୁ ୧୦୪

ବର୍ଗୀ ୧୦୬

ଏକ ସନନ୍ଦ ୧୦୭

ଦ୍ୱିତୀୟ ସନନ୍ଦ ୧୧୦

ଏକ ଓଡ଼ିଆ ରୀତି-କାବ୍ୟ ପ୍ରତି ୧୧୨

ଏକ ବିଖ୍ୟାତ ନେତାଙ୍କର ଶ୍ରାଦ୍ଧ-ସଭାରେ ପଠିତ କବିତା ୧୧୩

ପଂଦର ଅଗଷ୍ଟ, ୧୯୬୭ ୧୧୭

ଉତ୍ତରଣ ୧୧୮

ଏକ ପ୍ରାର୍ଥନା ୧୨୦

ଡ୍ୟାଗନ ୧୨୧

ଦୁଇଟି ମୃତ୍ୟୁ ୧୨୩

ଦେବତାତ୍ମା ହିମାଲୟ ୧୨୬

ଏଆରପୋର୍ଟ, ନ୍ୟୁୟର୍କ ୧୨୭

ଏକ ଉପକଥା ୧୨୯

ପୂର୍ଣ୍ଣିମାରେ ମହାନଦୀକୂଳେ ୧୩୧

ପରିଶିଷ୍ଟ (୧) ୧୩୧

ନୂତନ କବିତାର ଭୂମିକା ୧୩୩

ସାମୁଦ୍ରିକ

(ଡିଲାନ୍ ଟମାସଙ୍କୁ)

ଏଠି ଏଇ ସମୁଦ୍ରବାଲିରେ
ରୁହିତନ ସୂର୍ଯ୍ୟ ଯେବେ ବୁଡ଼ିଯାଏ,
        ଆଖପାଖ ନଦୀମୁହାଣରେ
କି ସ୍ୱପ୍ନ ଫେଣେଇଉଛେ ? ଅବଲୁପ୍ତ ନାନା ନଦୀ
        ନାନା ଉଦ୍ଭିଦର ଗୀତିମୟ ନାମ
ଲିଭିଯାଏ ଏକାକାରେ, ଏକ ମହାଜଳୀୟ ସଂଗମ
ବାଷ୍ପାୟିତ ହୁଏ, ନିଭିଯାଏ ଜଳ-ଯୋନି, ଜଳ-ମୁହଁମାନ, ଜଳର ସମାସ ।

ସିନି ସଂଜେ ନିଃଶବ୍ଦର କୋଷ
ମୋ କାନେ ଫିଟାଏ ବହୁ ନିମଜ୍ଜିତ କଣ୍ଠର କୋରସ୍ ॥

ମୁଁ ବି ଏଇ ସମୁଦ୍ରର, ମୁଁ ବି ଏଇ ସମୁଦ୍ରର ମହାଯୌନତାର ଅପଭ୍ରଂଶ ।
ଏଠାରେ ମୋ ସ୍ୱପ୍ନର ରଂଗୀନ ଚେହେରା
ପଡ଼େ ନାଇଁ ଫିକା ଯଥା ଭୋ'ରର ଅପେରା ।
ଏଠି ମୁଁ ସତେଜ ରହେ ଏଇ ସବୁ ଶାମୁକା ଓ ମାଛକାତି,
ସାଂକଚର ଖୋଲେ ।
ଏଠି ମୁଁ ନିଃଶବ୍ଦ ସ୍ରୋତେ ଭାସିଯାଏ କେଉଁ ଏକ ନିମଗ୍ନ ସହରେ ।
ଏଠି ମୁଁ ଯେ ଡ୍ୱାଙ୍କି ହୋଇ ପଡ଼େ ସମୁଦ୍ରର କୁଂଚିତପଟରେ ।
ଭିନ୍ନ ଭିନ୍ନ ନଦୀପଥେ ଯେମାନେ ଆସଂତି ସେମାନଂକୁ ଠଟ୍ଟା କରେ ॥
ଏଠି ମୋର ଷଷ୍ଠ ବୋଧ ପକ୍ଷୀମାତା ସୁଗ୍ରୀବୀର ବରେ ପକ୍ଷ ଲାଭ କରେ ।
ମୁଁ ପଚାରେ ମୋ ତୃନକୁ, ମୋ ମଣିଷ-ଶଂଖେ, ମୋର ଲିଂଗଦେହେ –
ଏ ବାଲିକି (ପରୀକ୍ଷା ନ ଦେଇ କ୍ଲାସ ଉଠିଯିବା ପାଇଁ)

ହରତାଳ କରିଥିବା ସ୍କୁଲର ପିଲାଏ
ବଢ଼ାନ୍ତି ଯେପରି; ସେପରି ମୁଁ ଏଠାରେ ଗଢ଼ି ଯଦି ପାରନ୍ତି ସୃତାଏ
ଦେଉଳ, ପିଂଜରାପୋଳ ଅବା ଏକ ବତିଘର,
(ଆଶା ଓ ବିଶ୍ୱାସେ)
ତେବେ ବା ହୁଅନ୍ତି ମୁଁ ଇ ସମୁଦ୍ର, ସମୁଦ୍ର ହୁଅନ୍ତା ମୋର ଏକାନ୍ତ ନିଜର ॥
ଏଠି ମୋତେ ଭଲ ଲାଗେ ଜାତିସ୍ମର ସଂଜ ଆଉ ଦିନ
ଯାହା ସବୁ ଗଣ୍ୟମାନ୍ୟ ଭଦ୍ରଲୋକ ମେଳେ
ନ ବିତାଇ ମୁଠା ମୁଠା ବାଲି ପରି ମୁହିଁ
ବିଂଚିଦିଏ ଏଣେତେଣେ ୟା ତା ସାଂଗରେ।

ସୈଂଧବ ବାଳିକାମାନେ ଦଳେ ଦଳେ ଆସି
            ପଛୁ ଯେବେ ବୁଜନ୍ତି ମୋ ଆଖି –
ସୁଷ୍ମମନାରେ ସଂଚିତ ମୋ ପଦ୍ମନାଭିଶ୍ୱାସ, ମୋ ସମାସ
            ପିଂଗଳାରେ ଛାଡ଼ିଦିଏ ନିକି ?
ମୋ ଶଂଖରେ ମୁଁ ପଟାରେ, ମୋର ବୃନେ।
            ମୋ ଦିହର ସମସ୍ତ ନିକେଲେ କରେଁ ମୁଁ ନାକଟ।

ସ୍ମତି ଆଉ ଉପକଥା ରାଜ୍ୟର କେଉଁ ଏକ ବିସ୍ତୃତ ମହଲେ
ମୋତେ ଲାଗେ ଭଲ ଲାଗେ। ଭଲ ଲାଗେ ନଂଡ଼ା ବାଲୁବଂଟ, ଆଉ
            ଏଇ ସବୁ ଧାଡ଼ି ଧାଡ଼ି ଲଂକାଆଂବଗଛ ॥
            (ଏଠାର ସଂଗୀତ)

ଯେଉଁଠି ମିଳାଇଯାଏ ମନର ଲବଣ,
            (ମୋର ଜବଖାର)
      କଥା ଓ ସ୍ୱରର ଉସ ଯା'ର ଅଟେ ପ୍ରାଣର ପ୍ରାକୃତ ॥
ଏ ସମୁଦ୍ରେ ଭାସିଆସେ ବହୁ ଛିନ୍ନ ପାଲ,
ବହୁ ଝଡ଼, ପୋତର ସୁକାନ
            (ଆଦିମ କାଳରୁ)
ଏ ସମୁଦ୍ରେ ପୋତି ହୋଇ ପଡ଼େ କେତେ ଯେ ସହର,

ଉପକଥା, ନଂଗର ମାସ୍ତୁଲ ।
		(ଆଦିଯୁଗୁଁ ପୁଣି ଆଜିଠାରୁ)
କେତେ କେତେ ବିପ୍ରକର୍ଷ ମନର ତୋଫାନ !!

ମୋର ଶଢଭେଦୀ ଯଂତ୍ରେ ତୋଳି ମୁଁ କି ପାରେ
		ସେଇ ସ୍ତବ୍ଧ ଝଂଜାମୟ ଗାନ ?
ମୋର କ୍ଷୁଦ୍ର କାମେରା କି ସିଂଧୁ ନିସର୍ଗର
		କରିପାରେ କେବେ ରୂପାୟନ ?

ତଥାପି ତ ଛବି ତୋଲୁଁ, କରୁଁ ଶଢାୟନ
ସେଲୁଲେ'ଡ୍ ଫିତାରେ, ରେକର୍ଡେ,
ଆମ କ୍ଷୁଦ୍ର କାହାଣୀର ନାୟକ ନାୟିକା -
		ମାନଂକର ଛୋଟ ଛୋଟ ଘଟନାର ମୋଡ଼େ -
ସେ ସବୁକୁ ଖାପ ଖୋଉଁ, କରୁଁ ମାପଚୁପ,
		ନିସର୍ଗକୁ କରୁଁ ପ୍ରାତ୍ୟହିକ ।
ନିଜର ଲୌକିକ ଆଉ ଖଣ୍ଡିତ ପ୍ରତିମା
ଖୋଜୁଁ ମହାସାଗରରେ, ଆମେ ସାମୁଦ୍ରିକ !!

ସମୁଦ୍ରର ଭଉଁରିର ନାହିରେ ଚଲାଇ ଶଂଖ ମୋର, କ୍ରୁର ପେଂଚକସ
ଶୁଣିବାକୁ ଚାହେଁ ମୁଁ ତା ନିର୍ଜନ କଂଠରୁ
କୋଟି କୋଟି ନିମଜ୍ଜିତ କଂଠର କୋରସ୍ !!

ବସଂତର ନିଚ୍ଛକ ଜିଲ୍ଲାରେ

ବସଂତ ଆସେ ଯେ ଠେଲି,
ଧକ୍କା ଖାଇ କୁକୁଡ଼ାର ଦିହେ,
ଭାଙ୍ଗି ବହୁ ମହୁଲ ସୋରାଇ
ମାଟିରେ ଗଡ଼ାଇ ଅବା, ଫୁଲବଣ ସଂଜେ ।
ବସଂତ ଆସେ ଯେ ଠେଲି ମଲା ଚେର ଗଂଜେ,
ଶୁଖିଲା ହାଡ଼ର ରଂଧ୍ରେ ବଜାଇ ସାନାଇ ।
ମୋ ଦ୍ୱିତୀୟ ରାଜଧାନୀ ଉପଶିରା ଦେଇ
ଅତଳ ଟନେଲ୍ ଆଉ ନଜର ବିବରେ,
ନାନା ସ୍ନାୟୁ ବ୍ୟବସ୍ଥାରେ ବ୍ୟତିକ୍ରମ କରି ବତାସର ମୋଡ଼େ
ବସଂତ ଆସେ ଯେ ମାଡ଼ି ଛାୟାର ସହରେ
ମୋ ଚିତ୍ରପ୍ରତିମାଗଣେ ଏଣେତେଣେ ତଡ଼ି
ଅଶାଂତ ହାଓୱାରେ ।

ମୋର ନିଜ ଦୁଇ ରୂପେ, ଦୁଇ ଚିତ୍ରକବ୍ଜେ
ମନର ଖଣିଜଗଣେ, ଜାଂଗମିକ ଚୈତନ୍ୟର ମାପେ,
ଅସଂଖ୍ୟ ଉଡ଼ଂତା ସ୍ତଂଭ, ମିନାର ଓ ଉପକଥା ଏବଂ
ଘୂମଂତ କ୍ଷତରେ

ଅସ୍ତବ୍ୟସ୍ତ କରେ ।
ନାନା ପଳାତକ ରୂପମାନଂକୁ ସେ (ଆହୁରି ଅରୂପେ)
ଧରି ଆଣି ଥୋପେ କାମ୍ୟକ ବନରେ ।
ବସଂତ ବତାସି ଆସେ, ଥରେ ମାତ୍ର ଆସେ ।
(କାରଣ ସବୁ ଭଲ ଜିନିଷରେ ବସଂତ ଥରେ ମାତ୍ର ଆସେ !)
ନାନା ନଗ୍ରେ, ଚିତ୍ର ବନେ ଅଲକ୍ଷ୍ୟ ପ୍ରକାଶ୍ୟ ॥

ସବୁଜ ଶିଢ଼ିର ଧାପେ ଅବା କେଉଁ ମଧ୍ୟାହ୍ନିକ ସ୍ତୂପର ପାହାଚେ
ମୋ ଧାତବ ଛାୟାଗଣ ଏଣେତେଣେ ଲୁଟେ ।
ଦକ୍ଷିଣମୂରତି ମୋର ପାଦଚିହ୍ନ ସବୁ ଗତକାଲି
        କିଂବା ଅନ୍ୟ କେଉଁ ଦିନେ ଅବା
        ସମୟର ବାଲି ତଳେ ଛପି
ପୋତି ପଡ଼ନ୍ତି ଯଦ୍ୟପି,
ସମୟର ଗୁପ୍ତଚର ଆଉ କର୍ମଚାରୀଗଣ
ସେ-ସବୁ ଉଝାଲି ପୁଣି ରଖନ୍ତି ଦକ୍ଷିଣା
        ପବନର ଚୈତ୍ର ଉଦ୍ୟାନେ ॥

ବସନ୍ତ ଚଂଚଳ କରେ କୁକୁଡ଼ାର ତଂତୁ,
    ହଂସର ଆକାଶଧାତୁ, ପାହାଡ଼ର ନୀଳ ଶିଳାଜତୁ ।
ବହୁ ମପାଚୁପା ପାଦେ ଏଣେତେଣେ କରେ ବାଟବଣା,
ଚୁରିଦିଏ ଜୀବନର ଧରାବଂଧା ଅନେକ ପ୍ରଗଣା ।
ମୋର ନିଭଂତା ସ୍ୱପ୍ନେ ମୋ ତୀର୍ଥକ ଛାୟାମୂର୍ତିଗଣେ
        ଆଉ ମୋର ଜଂତୁକୁ
        ସେ ଯୂଥଭ୍ରଷ୍ଟ କରେ,
ସାମଗ୍ରିକ (ଅବା ଜାତିଆଣ) ପାର୍ବଣ ନୃତ୍ୟରେ ।
କୋଇଲିର ପଂଚମ ସ୍ୱରର ଇଲାକାରେ,
ଲୌହପ୍ରସୂ ନଗରୀରେ ଅବା ଫୁଲମାନଙ୍କରେ
        ଚିତ୍ର ତାଲୁକାରେ ।
ମୋ ଅଗ୍ନିର ଚତୁର୍ଥ ଶିଖାରେ
        ବସନ୍ତର ଉନ୍ମାର୍ଗତା ଝରେ... ॥

ଏଇ ମଧୁମାସ
ଶେଷ ଋତୁ ହେଉ । ହେଉ ତାହା ଶେଷ
        ଜିଲା ସବୁ ସୌନ୍ଦର୍ଯ୍ୟର ।
କାରଣ ସବୁ ଭଲ ଜିନିଷରେ ବସନ୍ତ ଥରେ ମାତ୍ର ଆସେ ।
ତାର ପ୍ରତିଭାସେ ନୂତନ ନଗରୀର ସ୍ୱର୍ଷ ମେଖଳା ଖସେ

ତେଣୁ ହେଉ ତାହା ଶେଷଅସ୍ତ୍ର ପୁଷ୍ପିତ ତୂଣୀର।
ହେଉ ଏହା ନୂତନ ଓ ଚୂଡ଼ାଂତ ଜନ୍ମର ପୁଂସବନ।
ଆଉ ମୋର ଚରମ ପ୍ରତୀକର ଅମୋଘ ଦୀପକ –
ପ୍ରତି, ଆଉ ମୋର ସୁଚିତ୍ରିତ ପଂକ।
ଝଂକୃତ ସେଥିରେ ହେଉ ମୋର ନୂଆ ଦକ୍ଷିଣ ରୂପକ ॥

ଆଶ୍ୱିନ-୧୯୫୮

ଅଶିଣ ତା ନିଜ ରତୁ। ଅଶିଣ ତା ନିଜର ସକାଳ।
ଏ ଅବା ସିଂହର ଠାଣି, ସଂଗେ ସଂଗେ ତୁହିନ ମରାଳ,
ଚଟି ମୃଷା, ବିଚିତ୍ର ମୟୂର ଓ ଗାର୍ହସ୍ଥ୍ୟ ପେଚାର
ପରସ୍ପରେ ଅତିକ୍ରମ କରି ବହୁବର୍ଣ୍ଣ ବହୁସ୍ୱର ମେଳ !
ସମୟର ତୀର୍ଯ୍ୟକ୍ ସୋପାନେ, ନବାନ୍ନର ଆସନ୍ନ ଲଗନେ
ଏ ଆଶ୍ୱିନ ଦେଖାଦିଏ ଅବସ୍ଥାର ଦୁଇ ପର୍ଯ୍ୟାୟର ଠିକ୍ ମଝି ଗ୍ରାମେ।
ମୋ ଶିରାର ପକ୍ଷୀ-ରକ୍ତେ ଇଂଦ୍ରନୀଳ ପ୍ରଭା ବା ଫୁଟାଏ
ଯାତେ କଣ ଧନ ଧାନ୍ୟ ଗୋପ ଲକ୍ଷ୍ମୀ ବିଦ୍ୟା ଆୟୁ ଆମଲକୀ ପ୍ରାୟେ
ସମୟର ଦାନପତ୍ରେ – ଯାହା ମୋର ଆଂଗୁଠିର ଫାଂକେ
ଥିରି ଥିରି ବାଜିଉଠେ, ଆଉ ଯାହା ଏ ମୁହୂର୍ତ୍ତର ହିରଣ ପୃଷ୍ଠାଂକେ
ଉନ୍ମାର୍ଗର ଛାପ ରଖେ। ରଖେ ଏକ ବଳର ପ୍ରତିମା
ଭିନ୍ନ ଜଳବାୟୁ ମଧେ, ଘେରି ଏଠି ତ୍ରିସଭାର ସୀମା।
ତେବେ ଏଠି ମୁଇଁ ଭୁଲେ, ମୁଁ ଭୁଲେ କି ଖାଲି ଏକା ଏକା,
ମୋ ବିଶେଷେ ସାମାନ୍ୟକୁ, ମୋ ଭୂମିର ନିକଟ ଭୂମିକା ?
ଏ କି ଖାଲି ମାର୍ଗ ? ନା ଦେଶୀୟ ? ନା ୟାଁକ ସମନ୍ୱୟ
ମୋ ଶାସ୍ତ୍ରୀ ସଂଜ୍ଞା ସଂଗେ ମୋ ଲୌକିକ ସଭାର ବିସ୍ମୟ !!
ଏଠାରେ ଏ ଫୁଲଶିଢ଼ି, ଏଠାରେ ଏ ସୂର୍ଯ୍ୟ ଉଭରଣ
ଛାୟାପ୍ରସୁ ଆପଣାର ଅରାଏ ବା 'ଅହମ୍'ର କ୍ରମ –
ଏ ହେଉ ବାଦିତ୍ର ତେବେ, ଲାସ୍ୟ ହେଉ ମୋର ବହିର୍ଭୂତ
ସଭାର ସିରସ୍ତା ଡେଇଁ ଯେ କେତୋଟି ଉଜ୍ଜ୍ୱଳ ମୁହୂର୍ତ୍ତ ॥

ଆଶ୍ୱିନ ଆସିବାହେଉ, ଆଶ୍ୱିନ ବାସିବାହେଉ ବ୍ୟାରାଂଡାରେ ସୁଖେ କେଦାରରେ,
ନାରଂଗୀ କ୍ରୋଟନ୍ ପତ୍ରେ, ଅବା ଲତାଗୃହେ, ଅବା ନଦୀତୀରେ।

ମୋର ପ୍ରୀତି ମୋର ନଦୀ, ମୋର ଶସ୍ୟ ମୋର ଶକ୍ତି, ମୋର ପକ୍ଷୀମାନେ
ହେ ନୂତନ ରତୁ ଆସ ନୂତନ ଅୟନେ, ମୋ' ଆତ୍ମାର ଗୈରିକ ବୋଧନେ ।
ଏଠାର ପ୍ରାଚୀର ଦେହେ, ଏଠାର ଆକାଶେ, ଏଠିକାର ସହର, ପଲ୍ଲୀରେ
ମୁଁ ଦେଖୁଚି ଛଳଛଳ, ଜଳଢଳ ଅଗଣନ ନୀଳ ଶୈଶବରେ ।
ଆଉ ନଦୀ ପରି ପ୍ରାଣମୟୀ ଦକ୍ଷିଣାସ୍ୟା ମାତୃମୂର୍ତ୍ତିମାନ,
ଦୀପଶିଖା ପରି ଦେହ, ଅନ୍ନକୂଟ ପରି ଆହା ମାତୃସ୍ତନ ।
ଅସ୍ପଷ୍ଟ ଆକାର ସବୁ, ରୂପ ସବୁ କେରି କେରି ପ୍ରଦୀପର ଶିଖା,
ଅନେକ ଘଟଣା ଆଉ ଅବସ୍ଥାର ନାଟ୍ୟରୂପ ଯେଉଁଠାରେ ଲେଖା;−
ଇତିହାସ ହାତୁଁ ଯାହା ଅଳପକେ ଖସିଯାଇ ଫିଟି
ଆଲୋକ କରୁଚି ଆଜି ହୃଦୟର, ଚେତନାର କୋଠି ।
ପୁଣି ଏ ତ ନିଭିଯିବ । ଦେଖାଦେବ ଅନ୍ୟ ଦିନ, ଅନ୍ୟାନ୍ୟ ଶର୍ବରୀ
ଭୂଇଁତଳେ କେଉଁ ମଢା ସାମ୍ରାଜ୍ଞୀର କଂଠଲଗ୍ନ ରତ୍ନଖଂଡ ପରି ! !

ଅଶିଣ ପ୍ରବେଶ ହେଉ, ଅଶିଣ ଆସିବାହେଉ ଆନଂଦର ଚେତନାର ଘରେ ।
ଅକ୍ଷତ ରଂଗର ମେଘ, ଶାଦା ହଂସପଲ, ଶାଦା ଜାଇଫୁଲ ତାର ପ୍ରତିଧ୍ୱନି କରେ ॥

ବଂଧନୀ

ତାଙ୍କ ରେଶମୀ ଚମରେ ଏକ କଅଁଳ ପତ୍ର ବଗିଚା
ନୂଆ ପୁଆର କଂଚାଳିଆ ତ୍ବକ୍,
ଯାହା ଉପରେ ସେଇ ଏକୁଟିଆ ଝୁଲୁଝୁଲିଆପୋକଟି
କାଲି ରାତିରେ ଜଳିଉଠିଥିଲା ।
ଆଉ ତାଙ୍କର କଦଳୀପତ୍ର ଶାଢ଼ିରେ
କି ତନ୍ମୟତା !
କାଂଚୁଲିର ବୋତାମ ସବୁ
କେମିତି ଉଜ୍ଜ୍ୱଳ ନଖ ପରି ଶୁଭ୍ର, ସତେଜ ଓ ଚକ୍‌ଚକ୍ !
ନାନାଦି ଘଟଣା ତାଙ୍କ ମୁହଁରେ ଫୁଟିଉଠୁଚି ।
ସେଦିନ ଏକ ହଜିଯାଇଥିବା ଚାବିକାଠି,
କିଂବା କାଲି ପଡୋଶୀ ଘରେ
ସେଇ ପଂଜାବୀ ଭଦ୍ରଲୋକର
ଘରଭଡ଼ା ନେଇ ଝଗଡ଼ା,
କିଂବା ଝିଅର ସ୍କୁଲ ୟୁନିଫର୍ମରେ ନିଭିଆସୁଥିବା ଇସ୍ତ୍ରି,
ଆଉ ସେଇ ବାରିକବିଭାଗ ଅଫିସରଙ୍କ ସ୍ତ୍ରୀ
ଯିଏ ତାଙ୍କୁ ଦେଖି ଟିକିଏ ହସିଦେଇଥିଲେ,
ଆଉ ଅମୁକ ନଂବର ଘରର ସେହି ବେହେଲାବାଦକ
ଭଦ୍ରଲୋକ ଏବଂ ତାଙ୍କ ଭଉଣୀ ଓ କାମୁଡ଼ା କୁକୁର;
ପୁଣି ସର୍ବୋପରି ସେହି ଭୟ
ଓ ସଂଦେହ
ଯେ ମୁଁ କାଲେ କିଛି ଗୋଟାଏ କାଂଡ଼ କରିବସିବି ।
ମୁଁ ତାଙ୍କ ଘରୁ ସେଦିନ ସହଳ ଚାଲିଆସିଲି ।

ଏଇ ଶଯ୍ୟାର ମୁହୂର୍ତ୍ତରେ

ନିଦ ଲାଗେ ନାଇ ଯଦି ଆଜି ଏଥୁ ପଦ୍ମପତ୍ର ବିଂଚଣାରେ
ଚଂଦ୍ର ଉଶୀର ଚଂଦନ ପଂକ ଲେପନରେ,
ଗୋଟେ କଥା କର, ଶୋଇପଡ଼ ଦେଖି ମୋର ଭୁଜନାଡ଼ ବିଛଣାରେ
ବାହୁବଲ୍ଲରୀ ବିଛାଇ ଦେଇ ସ୍ୱପ୍ନ ତାରକା ମଟାନରେ ॥

ନିଶିର ଶିଶିର-ନିଭା ନଭରେଖା, ଚିତ୍ର ମରାଲମିଥୁନରେ
ନବନୀତ ଉଷା ଧୋଇଦେବା ଆଗୁ ସ୍ୱପ୍ନର ସବୁ ସଂତକରେ
ଶୋଇପଡ଼ ଦେଖି ମୃଣାଳଦେହୀ ଦେହଜାହ୍ନବୀ ଉପକୂଲେ
ତୃଣ-ତରଂଗ-ସଂକୁଲ ତଟେ ଶାଂତ ପ୍ରେମର ମଫସଲେ ॥

ଛାୟା ଶାଦ୍ୱଳ ସୁପ୍ତ ପ୍ରହର, ସୁପ୍ତ ସମୟ ମହାକାଲେ,
ନିଦ୍ରିତ ପ୍ରାଣ ମୃତ୍ୟୁମାଦଳ ବାଜିବାର ଆଗୁଁ କୋଲାହଲେ।
ଶାଂତ ଧରଣୀ, କ୍ଲାଂତ ସରଣୀ, ମୁହୂର୍ତ୍ତର ଏ ଶତଦଳେ
ଶୋଇପଡ଼ ଦେଖି ଶୋଇପଡ଼ ତୁମେ ଏଇ ଶଯ୍ୟାର ମୁହୂର୍ତ୍ତରେ ॥

ଏକ ଉତ୍ତୀର୍ଣ ଶ୍ରାବଣ

ଅବନା କବିତା ପରି ଧାନର କିଆରି ।
ହିଡ଼ର ମାତ୍ର ବା ସବୁ ଯାଇଅଛି ଭାଜି,—
ତଥାପି ତ ଲାଗେ ବେଶ୍‌ ସେଇ ମୁଦ୍ରାଦୋଷ,
ସମତଳ ଶୁଆପର ଭୂ-ମଂଡ଼ଳ ଆଜି ।
ଏଭଳି ବିସ୍ତୀର୍ଣ ଖେତ ଧାନର ପରସ୍ତ,
ଛୋଟ ଏକ କୁଳୁକୁଳୁ ପାହାଡ଼ିଆ ଝର –
ଏ ସବୁକୁ ଛାଡ଼ି ଟିକେ ବଢ଼ିଗଲେ ଆଗେ
ଦେଖାଯାଏ ନେଲି ନାଲି ଫୁଲର ସହର ॥

ଅଗସ୍ତିଫୁଲିଆ ଜହ୍ନ ପୋଛି ଅପରାହ୍ଣ
ଏଇଲାଗେ ମୁରୁଜାଇ ଦେବ ନଭପଥା,
ପ୍ରଜାପତି ଜଣେ ଜଣେ ଉଡ଼ିଯାଏ ଏଣେତେଣେ
ଛୁଇଁ ଦେଇ, ନୋଇଁ ଦେଇ ଈଶ୍ୱରଙ୍କ ଜଟା ! !

ବୃଷ୍ଟି ଆଗୁଁ ତରତର   କଳସୀଟି ଛଲଛଲ,
ବେଗବତୀ ଦିହଟିଏ ଦିଶେ ।
ତକ୍‌ ତକ୍‌ ତ୍ରସ୍ତ ଦିହଟିଏ ! !
(ଟ୍ରାଫିକ୍‌ର ସବୁଜ ଆଲୁଅ ନିଭିଆସିବା ଆଗରୁ
ଏକ ମଦାଳସୀ ନିର୍ଜନ ତରୁଣୀ ଯେଉଁପରି ବେଗି ବେଗି ରାସ୍ତା ପାରହୁଏ)

ଝରଝର ବୃଷ୍ଟିଗଣ ।
ଭେକବାକ୍ୟ ଉଚ୍ଚାରଣ ।
ନୀପବନ ଶିହରଣ
ଇଂଦ୍ରମେଘ ପ୍ରହରଣେ ମିଶେ ।

କେକୀପୁଞ୍ଜେ ବର୍ଷାଝଲି
ରଚିଯାଏ ବର୍ଣମେଲି ।

(କେଉଁ ବିରଳ ନିରୋଳା ଟ୍ରକ୍‌ର ଲାଇଟ୍‌ରେ ବର୍ଷାରେଣୁ ଝଲି
ଅଭ୍ରକ ଗୁଣ୍ଡ ପରି ଦିଶେ ! !)
ହାୟ ! ହାୟ ! ଶ୍ରାବଣ ଗୋ ଶ୍ରାବଣ
                    ଶ୍ରାବଣ ଶ୍ରାବଣ ଏଣେତେଣେ ।
ଶ୍ରାବଣର ଆଖିତଳେ ଲୁହର ଆସରା ।
ଆର୍ଦ୍ରା ଓ ରେବତୀ ଦିହେଁ କିଆଁ ମନମରା,
ମୃଗନେତ୍ରୀ ମୃଗଶିରା ଏଣେ ! !

ଝରଝର ଶ୍ରାବଣର ଜଳଭରା ସ୍ୱର
ହଠାତ୍‌ ବ୍ୟଥିତ କରେ ଶୂନ୍ୟ ଅଁତସ୍ତଳ ।
ଛଳଛଳ ଚେତନାର ସ୍ତବ୍ଧ ମଫସଲ
                    ଜାଗି ଉଠେ ସେଠି ॥

ଶ୍ରାବଣିତ ରଜସ୍ୱଳା ପୃଥ୍ୱୀ,
ପୁଷ୍ଟିତା କି ନଦୀ ମେଘ ବୀଥ୍ୟ !
ସହର ଜଁଗଲ ପଥ ପ୍ରାଁତର ଜଳଧ୍ୟ !
ମୁଁଜରିତ ମୋ ମନର ସକଳ ଓଷଧ୍ୟ ॥

ମୁଁଜରିତ ମୋ ପ୍ରେମର ଲଳିତ ଆଁଗୁଠି,
ଆଁଗୁଠିର ପାପୁଲିର ହାତ ।
ଶ୍ରାବଣରେ ସ୍ନାତ ମୋର ଆତ୍ମାର ଶରୀର ।
ଢଳଢଳ ବର୍ଷାରେ ଉଜ୍ଜ୍ୱଲ, ପରିମଲ
ମୋ ସ୍ମତିର ପୁଲକିତ ହୀରାନୀଳା ଦାଁତ ।
ଶ୍ରାବଣ ସମସ୍ତ ॥

ଦୃଷ୍ଟି

କାହାଣୀର ଚାହାଣିରେ ଦେଖିଚି ମୁଁ ଯାହାକୁ ରୂପକେ
ଝଲମଲ ସପନର ଭୂଇଁତଲ ଜଂକ୍‌ସନ୍‌* ବୁକେ
ସେ ଯଦି ବା ହୁଏ ଉଭା ଥରେ ମାତ୍ର ଜୀବର ପିଢ଼େ
ଅସଂଖ୍ୟ ଗହଲି ଭେଦି, ଠେଲି ବହୁ ବାସ୍ତବର ଭିଡ଼େ –
ଏ ମୋର କୁନାଳଦୃଷ୍ଟି ଭାରି ଥରେ ଶେଷଥର ପାଇଁ
ଦେଖିନେବା ଲାଗି ଚାହେଁ ତା ସମେତ ଦୁନିଆଟା ମୁହିଁ।
ତାପରେ ମୁଁ ତାହା–ବିନା–ପ୍ରତ୍ୟହର ବଂଧା ପରିବେଶେ
ମୋର ସେ ଦୀପକ ଦୃଷ୍ଟି ଯଦି ପୁଣି ହରାଇ ବା ବସେ
ଭୟ ନାଇ। କାରଣ ମୁଁ ଦ୍ରଷ୍ଟା।
           ନୁହେଁ ଖାଲି ନପୁଂସ ଦର୍ଶକ।
ତେଣୁ ଯଦି ଜାଲ୍‌ପଟ୍ଟେ ଜାଲ ହୁଏ ରାଜାର ସଂତକ
ଯାଏ ଆସେ କିଛି ନାଇଁ।

ହେ ମୋର ଖିଆଲୀ ସ୍ୱପ୍ନ! ହେ ସମ୍ରାଟ୍! ହେ ମୋର ରାଜା!
ହେ ଶେଷ ଆଲୋକରେଖା! ଆକାଶର ଓତତ୍ତେ ଶେଷ ହସ ଯା,
ତୁମେ ମିଥ୍ୟା ନୁହଁ।
ମିଥ୍ୟା ନୁହେଁ ଏ ପୃଥିବୀ – ଏ ସୌଂଦର୍ଯ
ଏ ଆଷ୍ଚର୍ଯ ଉଦ୍‌ଭିଦ, ନଦୀ,
ଗ୍ରହ ବ୍ୟୋମ ସଫଳ ଔଷଧ।
ଆଉ ହେ ସାମ୍ରାଜ୍ଞୀ ମୋର।
ତୁମେ ସତ୍ୟ। ତୁମେ ଆଦୌ ମିଥ୍ୟା ନୁହଁ।
ମୋ ବକ୍ଷ ପିଂଜରା ଯଦି ହୋଇପାରେ ତୁମ ଭାରବହ,–
ବହି ତୁମ ମାଂସର ଓଜନ

ହୁଏ ଯଦି ଧରାଶାୟୀ, ସେ ବି ଏକ ସତ୍ୟ ଅଚେତନ ।
ଭୟଙ୍କର ଅବିଶ୍ୱାସ୍ୟ ସତ୍ୟ ॥

ତେଣୁ ଭାବେ ଜୀବନଟା ଖାଲି ପ୍ରାତଃକୃତ୍ୟ
ଏବଂ ଆକଂଠ ଭୋଜନ ଇତ୍ୟାଦି ଇତ୍ୟାଦି
ଛଡ଼ା ଯଦି ବେଶୀ କିଛି ହୁଏ
ତାହା ମୋର । ସେ ଉଦ୍‌ବୃତ୍ତେ ଭାଗ ନାହିଁ ରାଜାର, ରାଜ୍ୟର ।
ସେଥିପାଇଁ ଲୋଡ଼ାନାହିଁ ଜାଲ୍‌ ଦେବତାର ବିବର୍ଣ୍ଣ ସ୍ୱାକ୍ଷର ।

ଆଉ ହେ ମହାଶୟ !
ମହାନ୍‌ ଈଶ୍ୱର ।
ମାୟାବଂତୀ ପ୍ରକୃତିର
ତୁମେ କ୍ରୀଡ଼ନକ ନୁହଁ
ଏକମାତ୍ର ତୁମେଇ ସ୍ୱାଧୀନ ।
ତୁମେଇ ଚେତନ ।
ତେଣୁ ତୁମେ ହୁଅ ଏକମାତ୍ର ଅଗ୍ନି ମୋର,
ଏକାଂତ ସ୍ୱାକ୍ଷର ।
ଏଇ ସୂର୍ଯ୍ୟଘଡ଼ି ଚାରିପାଖେ ନୃତ୍ୟରତା
ଛାୟାକନ୍ୟାଗଣ
(ଯାହା ରହିବେ ଅଲକ୍ଷ୍ୟ ମୋର ଚିରଦିନ ଏଇ ମୁହୂର୍ତ୍ତରୁ)
ତୁମେ ତଡ଼ିଦିଅ ।
ଆଲୋକରେ ପୂର୍ଣ୍ଣ କର ନୟନ ତୂଣୀର
ଅଂଧୀକୃତ ଦେହର ରାତ୍ରିରେ ॥

---

* ଭୂଇଁତଳ ଜଂକ୍‌ସନ = 'ଟିଉବ୍‌ ରେଲୱେ ଷ୍ଟେସନ୍‌' ଅର୍ଥରେ ବ୍ୟବହାର କରାଯାଇଚି ।

ଅଂତରାଳ

ମୋ ଛାୟାମୂର୍ତ୍ତିରେ ଯିଏ ଟାଣିନିଏ ତଳେ
ଆକାଶ ପ୍ରକାଶ ପଥୁଁ ସିଂହିକାଂ ପରିକା,
ସେ କି ମୋତେ ଧରିପାରେ, ସେ କି ମୋତେ ପାଇପାରେ
ଦକ୍ଷିଣସିଂଧୁର କୂଳେ ଅଥବା ଭୂତଳେ ?
ମୋ ନାରୀ–ପୁରୁଷ ସଭା ମୋର ଦ୍ୱୈତ ଖେଳା
ମୋର ନିତ୍ୟ ପୁଣି ମୋର ଲୀଳା
ସେ କି ପାଏ ସମନ୍ୱୟେ ଅଥବା ବିରୋଧେ
ମୋର ପୂର୍ଣ୍ଣେ, ମୋର ଅଧେ, –
ପାଏ କି ସଂଧାନେ ସେ ମୋ ଭିତରର ଇଲା ?

ସଭାର ନିଭୃତ ଛକେ ଦେହର ସଂଗ୍ରାମେ
ମୁଁ ଯେବେ ନିଜକୁ ଗଢ଼େଁ ଚେତନାର ଗ୍ରାମେ –
ମୁଁ ଯେବେ ନିଜକୁ ଖୋଜେଁ ଅନ୍ୟର ମାଧ୍ୟମେ
(ନିଜକୁ ଜାହିର କରେଁ ମୋର ବସ୍ତୁର ଧାମେ)
ତେବେ ହେଉ ଲୀଳା ଇତି, ଜଂତୁର ଜ୍ୟାମିତି;
ତେବେ ମୁଁ ନିରସ୍ତ ହୁଏଁ, ମୁକୁଟ ମୋ ଫିଂଗିଦିଏ
ସେଇ ନଂଦିଗ୍ରାମେ ॥

ନିଦ୍ରାରେ ଯେବେ ମୁଁ ଶୁଣେ ଗଭୀର ନିଦ୍ରାରେ
(ସବୁଠୁଁ ଗଭୀରତମ ଗହନ ନିଦ୍ରାରେ)
ନିଜର ଗୋପନ ବାଣୀ ମର୍ମିତ ଓଁକାରେ,
(ନିଜକୁ ହରାଇ ଦେଇ ଆପଣାର ଠାରେ)
ତେବେ ତାହା ନିଭିଯାଉ ମହାଶୂନ୍ୟମାଳେ

ଆକାଶୁଁ ଆକାଶେ କାହିଁ ଅଣାକାର ତଳେ ।
ସାତଶ' ତାରାର ସ୍ତମ୍ଭ ପାରିହେବା ପରେ–
ଶୂନ୍ୟପଟଳରେ ।
ମୋ ଭିତରେ ମୁଇଁ ହଜେଁ, ମୁଇଁ ଖୋଜେଁ
ମୋର ଅଁତରାଲେ ।

---

୧. ସିଂହିକା – ରାମାୟଣର ରାକ୍ଷସୀ; ଯିଏ ହନୁମାନ୍‌ ସମୁଦ୍ର ଡେଇଁ ଲଂକାକୁ ଯାଉଥିବା
ବେଳେ ସମୁଦ୍ର ଉପରେ ପଡ଼ିଥିବା ତାଂକ ଛାଇକି ଟାଣି ଛାଇ ସଂଗେ ତାଂକୁ ବି
ତଳକୁ ଝିଂକିନେଇଥିଲା ।

୨. ଇଳା – ମନୁପୁତ୍ର ଇଳା; ଯିଏ ଶାପଗ୍ରସ୍ତ ହୋଇ ନାରୀ ପାଲଟିଯାଇଥିଲେ । ପରେ
ପୁଣି ଶିବଂକ ବର ପାଇ ମାସେ ପୁରୁଷ ଓ ମାସେ ନାରୀ ହୋଇ ରହିଲେ ।

୩. ନଂଦିଗ୍ରାମ – ରାମାୟଣୋକ୍ତ ଜନପଦ; ଯେଉଁଠି ଭରତ ସିଂହାସନ ତ୍ୟାଗ କରି
ରାମଂକ ଆସିବା ପାଇଁ ଅପେକ୍ଷା କରି ରହିଥିଲେ ଏବଂ ରାମଂକ ପାଦୁକାକୁ ସିଂହାସନରେ
ଥାପି ତା' ଅଧୀନରେ ରାଜକାର୍ଯ୍ୟ ଚଳାଉଥିଲେ ।

ନୃତ୍ୟ ଅଂତେ

ପଦ୍ମପତ୍ର ଚଟାଣରେ
ତାର ଝଲମଲ ନୃତ୍ୟବିଂଦୁ ଝୁଲେ।
କାଚକେଂଦୁ ଜଳବିଂବେ, ଆକାଶର ଖଂବେ,
ଦିନାଂତର ଭୁଲତାର ଡୋଲେ,
ଅବା ଏଇ ସୂର୍ଯ୍ୟାସ୍ତର ସୃତାର ଆଲଂବେ।
ବ୍ୟକ୍ତରୁ ଅବ୍ୟକ୍ତ ନାନା ଭୁଙ୍ଗାବାଦ୍ୟଛଲେ,
ତାର ମୁଗ୍ଧ ନୃତ୍ୟତନୁ ସୁଗଂଧ ସଂଚାରେ।
ତା ପାଦର କାରୁକାମ ତା ନୂପୁର ସୌରଭର କ୍ରମ,
ନାନା ବଂଧେ ଅଣାୟତ୍ତ କରେ
       ଅଜସ୍ର ସଭାରେ ॥

(ଚିତ୍ର ନିଭେ ସଂଗୀତରେ, ସଂଗୀତ ସୌରଭେ।)
ଶବ୍ଦ ଓ ନିଃଶବ୍ଦ ଖେଳେ ଅବ୍ୟକ୍ତର ଚାପେ।
ନାନା ଭୃଂଗ ଔକ୍ୟତାନେ ମୋ ସ୍ୱରର ପଂଚ ଗ୍ରାମେ ଗ୍ରାମେ
ହଂସବିଂଦୁ ଚେତନାର ସେ ଉଭରଧ୍ୱେ।
ଅଣାୟାନ୍ ଇଂଦ୍ରିୟର ସଭାର ନିକୁଂଭେ
ସେ ଯେ ଖେଳିବୁଲେ।
ତଡ଼ିତ୍ୱାନ ମେଘ ଧାପେ ଧାପେ ॥

ଅବା କେଉଁ ମଣିଦ୍ୱୀପେ ତ୍ରିପୁର ସଂଧାରେ,
ତା ଲୋଚଣି ସ୍ରୋତଦେହ ତ୍ରିବଳିର ହାରେ
କାମନା ବିଛାଏ,
ଥରାଏ ଆକାଶ ସିଂଧୁ ନିମଗ୍ନ ପ୍ରପଂଚେ

କାମନାର କୁମାରିକା ଯାଏ ।
ମୋର ଏଇ ଉଦ୍‌ଦୀପିତ ଚେତନାର ଝାସେ
ସେ କଣ ଉଭାପ ପାଏ ?
ସେ କଣ ଉଡ଼ାଏ ତାର ଆଖିର ମାଞ୍ଚର
କେତନ ମୋ ପାଇଁ କେବେ ଭୂମିଜ ବିଳାସେ ?
ଏ ଅଜସ୍ର ଦୃଷ୍ଟିର ଅରଣ୍ୟେ ସେ କି ମୋତେ ଚିହ୍ନିପାରେ
କରୁଣା ଶୀତଳ୍‌କାରେ ?

ଏ ତୀବ୍ର ଔଜ୍ଜ୍ଲ୍ୟ ଭେଦି ଗୂଢ଼ ଅଂଧକାରେ
ସେ କି ମୋତେ ଖୋଜିବୁଲେ
ଜ୍ୱଲୁଜ୍ୱଲୁ କେଉଁ ମୂଢ଼ ଇଚ୍ଛାର ତଂବୁରେ ?
ତ୍ରିଗୁଣ ରଜ୍ଜୁରେ ବୁଣା ତାଲିକା ସବୁରେ
ସେ କି ମୋର ଖୋଜେ ନାମ ?
ନୃତ୍ୟର ବିଧୁରେ ସିଏ କରେ କି ପ୍ରଣାମ
ସେ–ନୃତ୍ୟର ସ୍ଥିରବିଂଦୁ ତୁଲେ ?

ମୁଁ ତାର ମୂର୍ଚ୍ଛନା ପାଏ ଉସ୍ବର ପରେ,
ସମସ୍ତ ଅସ୍ତିତ୍ୱ ଭେଦି 'ନା'ରେ 'ହଁ'ରେ,
ମୁଁ ତାର ନେତିତ୍ୱ ଲଭେ ସବୁ ଚାହିଁବାରେ,
ମୁଁ ତାର ନାଚର ସ୍ୱରେ ମିଳାଇ ଯିବାରେ
          ନିଜକୁଇ ପାଏ ।

ପଦ୍ମପତ୍ର ଚଟାଣରେ
କାଚକେଂଦୁ ଜଳେ
ଅବ୍ୟକ୍ତର ଚାପ ଖେଲେ
ଝଲମଲ ନୃତବିଂଦୁ ସିଏ ।
ସଂଗୀତର ଓ ଲୀଳାର ସୁରଭି ବିଛାଏ ।

ଗୋଟିଏ ବିରହ ଆଗେ

ଗୋଟିଏ ବିରହ ଆଗେ

ଝରଝର ସପନର କରୁଣ ବେହାଗେ

ସେ କିଆଁ ହଠାତ୍ ଆସି ଛିଡ଼ାହେଲା ଆଗେ ।

ଭୋ'ରର ପାହାଚେ ଥାପି ଏକ ଥରା ପାଦ,

ଅନ୍ୟ ପାଦ ରାତି ଶେଷ ଭାଗେ ॥

ଭାବିଥିଲି ତାକୁ ମୁଁ ତ ଯାଇଅଛି ଭୁଲି,

ଆଉ ସେ ଆସିବ ନାଇ, ନିଭିଗଲା ବୋଲି ।

ହଠାତ୍ ମଂଜୁରି ଉଠେ ଯଥା ନାଗବଲ୍ଲୀ

ପୋତି ହୋଇ ପଡ଼ିଥିବା ମୋ ମନର ଦାଗେ ।

କିପରି ସେ ରୂପ ନେଲା ଆଚଂବିତ ଲାଗେ

ଠେଲିଦେଇ ହାତେ ଏତେ ବର୍ଷ, ମାସ, ଯୁଗେ ।

ଜରୁରୀ ଆଖିରେ ସତେ ଅବା କଣ ମାଗେ ?

ଏକ ଶିହରଣ ପୂର୍ବେ, ଏକ ସ୍ୱପ୍ନ ଆଗେ

କାହିଁ ଥିଲା କେଉଁ ମୃତ ଅଲୋଡ଼ା ଆବେଗେ ?

ଏକ ଦୀର୍ଘଶ୍ୱାସ ପଛେ

ମୋ ସ୍ମୃତିର, ଅଂଗୁଠିର ନଖେ

ଅଥବା ବିଶ୍ୱସ୍ତ କେଉଁ ପ୍ରେମର ତାରିଖେ,

ସମୟର ଫରୁଆରେ

ଆଶାର ଫୁଆରେ

ଅବା ସିଏ ଲୁଚିଥିଲା,

ହଜିଥିଲା ମୋ ମନର ମେଘେ

ଗୋଟିଏ ବିରହ ଶେଷେ

ଗୋଟିଏ ତ ଦୀର୍ଘଶ୍ୱାସ ଆଗେ ।

---

* ଲେଖକଙ୍କ ପ୍ରଣୀତ "One Separation Ago" ନାମକ ଇଂରାଜୀ କବିତାର ଭାବାନୁବାଦ । କବିତାଟି ୩ ବର୍ଷ ତଳେ ମାଦ୍ରାଜର "Swatantra" ପତ୍ରିକାରେ ପ୍ରକାଶ ପାଇଥିଲା ।

ସ୍ୱଗତ

(ଏକ)

ତଥାପି ମୋ ଜୀବନରେ ବାରଂବାର ଦୁଃଖର ଦୋହଦେଁ,
ସେ ଯେଉଁ ପ୍ରଚ୍ଛନ୍ନ ଇଚ୍ଛା
        ସବୁବେଳେ ଆସି ବାଦ ସାଧେ ?
ତାକୁ ମୁଁ ଦେଖିଚି ଏଠି ପୃଥିବୀର ନିରୀହ ଗଲିରେ
ଅସଂଖ୍ୟ ମୃଣ୍ମୟ ଘଟେ, ଯାହାକୁ ମୁଁ ଚୂରି ଦେଇପାରେ
        ଅକ୍ଲେଶରେ ଗୋଟାଏ ଧକ୍କାରେ ।
କିଂତୁ ଏଇ ବାଧା ବାଡ଼ ଅନିବାର୍ଯ୍ୟ ଦୁଃଖର ପାହାଡ଼
ସବୁ ସେ ଇଚ୍ଛାର ଖେଳ, ସବୁଥରେ ସେଇ ଖେଳୁଆଡ଼ ।
(ଅନ୍ୟମାନେ, ଅନ୍ୟସବୁ, ନିମିତ୍ତ କେବଳ !)
ତେଣୁ ମୁଁ ତ ଭଗ୍ନଜାନୁ । ଖସିପଡ଼େ ମୋର ରାଇଫଲ୍ ।
ଉଠାଇ ପାରେ ନା ଆଉ ଗାଂଡ଼ୀବ ଯେ ହାତ ଥରଥର ।
ହେ ମୋର ଶେଷ ଚିହ୍ନ ! ସଂଗ୍ରାମର ଶୁଭ୍ର କ୍ଷତ ସବୁ ।
ତୁମେ ମୋତେ ଶାଂତି ଦିଅ । ଦିଅ ନିଦ୍ରା ।
        ଟାଣିଦିଅ ତୁମ ମାୟା-ତଂବୁ ॥

ଏ କାହାର ତୀକ୍ଷ୍ଣ ହସ ପିଚ୍‍କାରି ପରି ଦିହେ ଲାଗେ ?
ସେଇ ଦୁଷ୍ଟ ଓଷ୍ଟ କଂପେ, ସେଇ କ୍ଲିଷ୍ଟ ଛାୟାର ପରାଗେ
ମୁଁ ଯେମିତି ଢାଂକି ହୋଇଯାଏ, ମୁଁ ଅବା କି ବାକ୍ୟଟିଏ
        ଏକ ଗୂଢ଼ ନିଧାର୍ଯ୍ୟ କ୍ରିୟାର ?
ସେ ଯେଉଁ ଅଦୃଶ୍ୟ ହାତ ଉପୁଜାଏ ଅଗ୍ନି,
ଜଲାଏ ଯା ଦୁଃଖର ଅରଣି',
ସୂର୍ଯ୍ୟାବର୍ତ୍ତ– କପାଲେ ମୋ ତା ନରମ ସ୍ପର୍ଶ
        ବେଲେବେଲେ ଅନୁଭବେ ପୁଣି ॥

ଏ ମୋର ବିକଚ୍ଛ ସତ୍ତା ଯେବେ ନିଆଁଗାଢ଼େ

ଆପଣାକୁ ପ୍ରଦକ୍ଷିଣ କରେ,

ଜ୍ୱଳ°ତ ବିଷୁବ ଘରେ ଶରୀରଭେଦରେ,

ମୁଁ କାହିଁକି ମୋତେ ଭୟ କରେ ?

ମୁଁ କାହିଁକି ଡରେ ମୋ ପ୍ରେତରେ ?

    ପୁଣି କିଆଁ ମୁଁ ନିଆଁରେ ଖେଳେ ?

ମୋ ହାଡ଼ରେ ଗଢ଼ା ପଶାକାଠି ମୁଁ ଗଡ଼ାଇ

    ଚାହେଁ କିସ ଦୋମୁହାଁ ଆଶାରେ ?

ମୋ ନିଆଁନିଭାଲି ଦେହେକେଉଁ ଆର୍ଷ କ୍ଷଣେ

    ଗ୍ରାସେ ଯେବେ ମୃତ୍ୟୁର ଭଗ୍ନାଂଶ,

ମୋ ଆତ୍ମାକୁ ତୋଲି ନେଉ ତେବେ କ୍ଷତ–ଟଣା,

    'ସରଗର ଶୁଭ୍ର ଆ°ବୁଲାନ୍ସ'।

ବିଦଗ୍ଧ ପ୍ରା°ତରେ ବସି ପୋଡ଼ା ମାଟି, ସିଝା ବିଲେ,

ଜଳା ଘାସେ କିଆଁ –

ବୁଣିବାର ସ୍ୱପ୍ନ ଦେଖେଁ ନୂଆ ବିହନର

କେବେ ପୁଣି ସେ ଅଖିତୃତୀୟା ?

---

୧. ଦୋହଦ– ରାଜକନ୍ୟାର ପଦାଘାତ; ଯାହା ଲାଭ କରି କେତେକ ତରୁଲତା ମୁଂଜରି
ଉଠନ୍ତି ବୋଲି କଥିତ ଅଛି।

୨. ଅରଣି– ଅଗ୍ନି –ଉତ୍ପାଦକ କାଠ।

୩. ସୂର୍ଯ୍ୟାବର୍ତ – ଅଧକପାଲି ଶିରବ୍ୟଥା।

ତୁମେ କିଆଁ ତରତର ହୁଅ

ରବରର ଫେନତକ୍ଲ୍ ଯେବେଟି ବିକଳ୍ଲେ
      ମୁହଁ ଛାଡ଼ି ଯାଏ,
ତା'ଠାରୁ ନରମତର ଢେଉର ନୂଆଁରେ,
ମନେ ହୁଏ ବୁଡ଼ିଯାଏଁ ଭାସିଯାଏଁ ଯାଏଁ।
      ଦୁଇଜଣ, ଅବା ଛାଏଁ ଛାଏଁ... ॥

ଦିହର ଅତଳ ଜଳେ ପାତାଳ ପହରେ।
ବାବୁରି ହସର ଦାଢ଼େ, ହଠାତ୍-ପାହାଡ଼େ,
ଗରମ ଟବ୍‌ରେ ପରେ, ନରମ ଟାଓ୍ଲେ
      ପାହାଂତିଆ ସପନ ଛୁଆଁରେ ॥

ମିନାର୍‌ ମିନିଟ୍‌ ଟପି କ୍ଷେତ୍ରଙ୍କର ଘରେ
ଫୁଲର ପିତୁଳା ସ୍ରୋତେ ସହଳ ଅଂଧାରେ
ଆହୁରି ବା ବୁଡ଼ିଯାଇ ବୁଡ଼ି ବୁଡ଼ି ଯାଏଁ,
ତଳରୁ ତଳକୁ ଆଉ ଆହୁରି ତଳକୁ
      ଯୋଡ଼ି ଯୋଡ଼ି, – ନିଜ ଛାଏଁ ଛାଏଁ ॥

ହସର ତଗାବି ଫୁଟେ ଖିଲ୍‌ଖିଲ୍‌ ଓଠେ,
ବୁଡ଼ିଯାଏଁ, ବୁଡ଼ିଯାଏଁ, ବୁଡ଼ି ବୁଡ଼ି ଯାଏଁ
ଚେତନାର ତୁଠେ ॥

– ତୁମେ କିଆଁ ତରତର ହୁଅ ? ରହ, ରହ, ହୋଇନି ସମୟ।
ତୁମେ କିଆଁ ହୁଅ ମ ଉଚ୍ଛନ୍‌ ?
ଥୟ ଧର। ଧର, ଧର ଥୟ ॥

ଖିଡ଼ିକି ଖୋଲିଦେଲେ କେତେ ଆଲୁଅ। ମୁହଁ ବୁଲାଇ ଚାହଁ।
ତୁମେ ଖାଲି ବୁଡ଼ିଯାଅ। ହୁଡ଼ିଯାଅ। ତୁମେ ଖାଲି ଫରଫର ତରତର ହୁଅ
ଥରେ, କର ମାଡ଼ି ଶୁଅ।
କାହିଁକି ଅଥୟ ?

  – ବେଶ୍ ବେଶ୍ ତେବେ ତମରି କଥା ହଉ।
ବେଳ ଗଡ଼ିଯାଏ – ଯାଉ ॥

ଗରମ ଟଟ୍‌ରେ ବରଫଖଣ୍ଡ ଦିଶେ ଦାଉଦାଉ।
– ଅନନ୍ତ ମାଟିର ଫର୍ଦ ଅନେକ ଘାସର ପ୍ରସ୍ତ
ଘୋଡ଼ି ହୋଇ ଶୁଅ।
ଆହୁରି ତଳକୁ, ଆହୁରି ତଳକୁ ଯାଅ।
ତଳେ ମାଟିଖୋଳାର ଆବାଜ୍ କି ପାଅ ?
ଆହୁରି ତଳକୁ, ଆହୁରି ତଳକୁ,
   ତଳେ… ତଳେ… ତଳକୁ… ତଳକୁ,
ମାଟି ଭୁଷୁଡ଼ି ପଡ଼େ, ଭୂଇଁ ଖସି ଖସି ଯାଏ
   – ଭୁଷୁଡ଼ି ପଡ଼ିବାକୁ ଦିଅ।
ତୁମେ କିଆଁ ତରତର ହୁଅ ?

ମସ୍ୟଗଂଧା

ଅବିଧବା ରାତି ଭାଲେ ଚଂଦ୍ରବିଂଦୁ ଯେବେ ଜଳିଉଠେ,
ତେବେ ସେ ତା' ନାଆଟିକୁ ମେଲି ଦେଇ ଶୀର୍ଣ ନଇତୁଟେ
ଭାସିଯାଏ ଏଣେତେଣେ, ଢେଉଖେଳି ପୁଣି ଫେରିଆସେ,
ବାଲିଶେଯେ କେବେ ସେ ଯେ ବସିଥାଏ ଗଭୀର ଉଦାସେ ।
କେବେ ହସେ କେବେ ବସେ ଗୁମ୍‌ହୋଇ ନଇ ପାହାଚରେ
ନଇକୂଳ ପବନ ତା' ବ୍ରସର ଫାଁକେ ଲୁଚୁକାଲି ଖେଳେ
କେବେ ଧରି ଜାଲେ ମାଛ ହସି ହସି ଫେରେ ସେ ନଇରୁ
ମାଛର ଆଖିରେ ତାର ଆଖିଏ ବିଜୁଲି, ବର୍ଷା ୫ରେ କେଶ କଳାପରୁ
ସ୍ତନାଗ୍ରରେ ଜଳବିଂଦୁ ଟୋଲ୍‌ପଡ଼େ ଟକ୍‌ଟକ୍ ଗାଲେ,
ହସିଲା ଓଠରେ ତାକୁ ଜହ୍ନଉଠା ରଂଗ
ଫୁଲଫୁଟା ବେଲ ତା ଦେହରେ ॥

ବେଲେବେଲେ ମାଛବୋଝ ମୁଂଡ଼େ ବହି, ଆସି ସେଇ ତ୍ବରା
କୂଲ ଡାକବଂଗଲାରେ ଆମ ଆଗେ ରଖେ ତା ପସରା
ପଚାରିଲେ କେତେ ଭାଉ ହସେ ଖାଲି, ନଖେ କାଟେ ଗାର,
ମନେହୁଏ ସବୁଥରେ ହସିବାଟା ତାର ଖାଲି ଗୋଟିଏ ଉତ୍ତର ।
'କି ମାଛ ଏ' ପଚାରିଲେ ହସିବ ସେ (ମୁରୁକି ମୁରୁକି)
ଚାହିଁ ନଇଆଡ଼େ –
'ରୋହି ନା ଭାକୁର କିଂବା ମାଗୁର ନା ଭେକ୍‌ଟା ତା'ହେଲେ ?
କି ମାଛ ?' ହସି ହସି କହେ ଖାଲି ଗୋଟିଏ ସେ କଥା –
'ମାଛ ନବ, ମାଛ ?'
ମାଛର ଆଖିରେ ତାର ଖାଲି ପଚାରିବା;
ହରରଂଗୀ ପ୍ରଶ୍ନର ପାହାଚ ॥

ଏକ ମ୍ୟୁନିସିପାଲିଟି ନିର୍ବାଚନରେ

(ଭୋଟ ଦେଇସାରି)

ଦେବ ଦିବାକର ଅସ୍ତ ଯାଁତୁ।
ଢାଁକି ନୀଳ ରହସ୍ୟ ହସ୍ତର ଛାୟା
   ନିଭିଯାଉ ମଣିନାଗ ଗେରୁଆ ଦିଗଂତୁ ॥

ଆଜି ପ୍ରମାଣିତ
ମୋର ପୂର୍ଣ୍ଣ ପରିଚୟ।
ଛିଂଡା କାଗଜର ପରି
ସବୁ ମୋ ପ୍ରତ୍ୟୟ
ଐକ୍ୟଚ୍ୟୁତ।
ମୁଁ ଯେ ମଧବିଉ,
ଅଧରଥ-ସୁତ।
ଯେ ରହସ୍ୟଶିଖା
କରିଥିଲା ଛାୟାଚ୍ଛନ୍ନ
ମୋ ଜନ୍ମପତ୍ରିକା,
ଆଜି ତାର ଇତି।
ମୋ ଜନ୍ମର କରୁଣ ଜ୍ୟାମିତି
ଆଜି ଯେ ସରଳୀକୃତ ॥

ମୋ ଦଉକ ରାଜ୍ୟ ଭୂମି
ମୋ ମୁକୁଟଚୂଡ଼ା
ବାୟୁ-ନୀଳ ପ୍ରତ୍ୟୂଷର ଶିଉଳି ପାଖୁଡ଼ା।
ଏ ସୃଷ୍ଟିନିଗମ

ମନେହୁଏ ପରିତ୍ୟକ୍ତ ଏକ ଦଗ୍ଧ ଗ୍ରାମ।
ସେଠି ମୋର ଉଜ୍ଜ୍ୱଳ ପ୍ରମାଣ
କିପରି ଜାହିର୍ କରେଁ ? ପ୍ରିୟମାଣ
ମୋର ସୂର୍ଯ୍ୟସଭା।
ସଂବାଦପତ୍ରେ ତା
ହୁଏ ନା ପ୍ରକାଶ।
ବାଟେ ଘାଟେ ଟ୍ରକ୍ ଓ ଗାଡ଼ିରେ
ନାନା ପୋଷ୍ଟର ଆଉ ପ୍ରଚାରଲିପିରେ
ଏ ଯେଡ଼ଁ ବାଳକଗଣ,
ଶଂଖଚିଲ-ପିଲେ,
କରଂତି ଚିତ୍କାର;
ସେମାନେ ନାହାଂତି ଜାଣି
ଭୀଷଣ ଖବରମାନ ॥

ସେମାନେ ନାହାଂତି ଶୁଣି
ପ୍ରଚ୍ଛନ୍ନ ସଭାର
ନୀରବ ବିକାର
ଏ ଭୋଟ କାଗଜ ତଳେ ॥

କିଂତୁ ଏ ପଲାଶ ପଥେ
ପ୍ରଥମ ଦିନର
ମୁଁ ଜାଣିଛି ପଦଚିହ୍ନ।
ମୁଁ ଗଣିଛି ଅସ୍ତ ଭାସ୍କରର
ଖୀନ୍ଭିନ୍ ବାଇଗିଣି
ଅଂତିମ ପ୍ରହର
ଆଉ ଉଦୟପଥର
ଲାଲ୍ ଟକଟକ
ଛିନ୍ନଭିନ୍ନ ମୁହୂର୍ତ୍ତଗୁଡ଼ିକ,
ପୋହଲା ସମାନ।

ସମୟର ସେ ସବୁ ଭଗ୍ନାଂଶ
ଦେଇ, ମୁଁ ଗଢ଼ିଛି ଗୋଟିଏ ଜୀବନ –
ଏକକ, ନିର୍ଜନ
ମୋର ରୂପକଳ୍ପ ।
ଅଥବା ବିଦଗ୍ଧ ମୋର ଚୈତନ୍ୟର
ଅମର ବିକଳ୍ପ !
ମୁଁ ଗଢ଼େ କି ମୋର ପ୍ରତିଚ୍ଛବି ?
ମୁଁ କି କାବ୍ୟ ମୁଈଁ ପୁଣି କବି ! !

ଛାୟାନଟ

ଛିପିଛିପି ସପନର ଡାହାଣିଆ ଖରାରେ ଆଲୋଲ
ପୃଥିବୀକୁ ଚିହ୍ନିହୁଏ ସେ ପାଖର ରାତିର ବିଲୋଲ
ସମତଲେ । କଦଂବଫୁଲିଆ ଜହ୍ନ
ଯେଉଁଠି ବେଲୁନ୍;
ଆଉ ସଂଜ ଆଗୁଁ ହରରଂଗୀ ପ୍ରଜାପତିଗଣ
କୌଣସି ସହରୀ ନିଶର ସଂଗେ ହେବାକୁ ତୁଲନ
ଯେଉଁଠାରେ ପୃଷ୍ଠଭଂଗ କଲେ ଟିକେ ଆଗୁଁ ଉପମାର ଡରେ –
ସେଇଭଳି ବାଇଗିଣି ନେଂଥ୍ ନେଂଥ୍ ଜାମୁଫଲ–ବେଲେ;
କିଂବା ଝିଲିମିଲି ନେଲି ରାତି ଦୂର ଚକ୍ରବାଲ,
ବୁଡ଼ଂତା ସୂର୍ଯ୍ୟର ଛାଇ ପଛେ ପଛେ ଅନ୍ୟ ଏକ ଦିନର ସକାଲ
ମୋ ମନକୁ ଛାୟାଚ୍ଛନ୍ନ କରେ ।
ଅଶିଶିର କାକଜ୍ୟୋୟ୍ନ୍ତ୍ସ୍ନା ଦେହେ ଯେଉଁପରି ଭାସିଯାଏ ଧବ୍‌ଧବ୍‌
ଏକପଂତି ମରାଲର ଗାର ॥
ମୁଁ ଧାଇଁଛି ଯାହା ପଛେ ସେ ଯେପରି କଠିନ କାମର
ଗୋଟିଏ ପାହାଚଉଠା। ଏକ ଜୀବନର
ଗୋଟିଏ ଉଦ୍‌ଘର୍ଷ ଚାଲି, ଏକକ ମାଇଲ।
ଅମଡ଼ା ଅଖୋଜ ବାଟେ ହଠାତ୍‌ ବା ମୋଡ଼ ଫେରି
(ଯେପରି ଓଡ଼ିଶୀ ନର୍ତ୍କୀ ରଚେ ଏକପାଦଭ୍ରମରୀ)
ଯୁଗ–ଯୁଗାଂତର
ଅମାନିଆ ସ୍ୱପ୍ନଦେଖା।
ସକାଲର ଅରୁଣିମା ରେଖା –

ଯା' ବସ୍ତ୍ର ହରଣ କରେ, ଯା'କୁ କରେ ଦାଂଡ଼ରେ ପ୍ରକାଶ,
– ନିର୍ଜ୍ଜନ ଯମୁନାକୂଳେ ଯାହା ଶୋଭା ପାଂତା, ହୁଅଂତା ଯା
                          ଶରତ୍‌ର ରାସ।
            ଏଠି ତା ବେଖାପ॥
ତଥାପି ଏ ଖରା ଚାହିଁ; – ଚାହିଁ ପୁଣି ଥମଥମ ରାତି।
ଦୁକୁଦୁକୁ ବୁକୁତଳେ ଦ୍ରୁତତାଳ ଛାୟାନଟ ମାତି
ପାରଦ ଶିରାରେ ଯଦି ସୃଷ୍ଟି କରେ ସହସା ରୋମାଂଚ
ସେମିତି ସମୟ ଓ ଭୟ ଯେ ନିଭେଇ ଦିଏ
            ମୋ ମନର ହଂସତାଂର ଜଳିଉଠା ଆଂଚ।
ଉଠାପଡ଼ା, ଦ୍ରୁତ ଓ ମଂଥର –
(ରୁଦ୍ର ଓ କରୁଣ)
ତାଳେ ତାଳେ ଛାୟା–ନଟ ସୃଷ୍ଟିରେ ନୂଆ ନୂଆ ସ୍ୱର॥

ଭଗ୍ନନାୟକ

ଅନେକ ସବୁଜ ଆଙ୍ଗୁଠିର ଛାଇ
ମୋ ମନର ନିଆଁଖାସ-ପରଦାରେ ଦୋଲେ ।
କେତୋଟି ଭୁଲଁଥା କଣ୍ଠର ସ୍ୱର
ନାନା ଧ୍ୱନି, ନାନା ଚିତ୍ର,
କେତେ ରଙ୍ଗ, କେତେ ସ୍ମୃତି ଶଢ଼ର ବଜାର ॥

ଔଷଧ ଦୋକାନେ ବହୁରଙ୍ଗୀ ଶିଶି'ର କୋରମ –
ଯେଉଁଠି ଗ୍ରାହକ ଏକ କିଂଭୂତ ନାୟକ ।
ତାର ସବୁ କ୍ଷତ ଆଉ ଆଶାଯାକ
କିଂବା ଅସଂତୋଷ,
ସବୁକୁ ମାନିନେବାକୁ ହେବ, ସେମିତି ଏକ ଅଲଂଘ୍ୟ ଫର୍ମ୍ ।
ସବୁରି ପଛରେ ରହିଚି ଜୀବନର କେତେ ନା ଭଗ୍ନାଂଶ ।
ଆଉ ଗାଢ଼-ନୀଳ ଅନୁଭୂତିର ନୀଳ ଏମ୍ପୋରିୟମ୍ ॥

ଅଦୂରେ ସିନେମା ଘରେ
ଆଇସ୍କ୍ରିମ୍ ଚଟାଣ କାଂଥରେ
କେତେ ନିଷିଦ୍ଧ ସଂପର୍କ ଏବଂ କେତେ ବିବର୍ଣ ଘଟନାର ଜୁଆଖେଲ ।
ତା'ପରେ ହଠାତ୍ ନୀରବତାର ଭୂତକୋଠିରେ
କେଉଁ ବିଲୁପ୍ତ ପରିବାରର ଛାଡ଼ିଯାଇଥିବା କେତୁଟା
ଭଂଗାତୁଟା ଖେଳନା ଆଉ ଆସବାବମାନ ॥

ରାସ୍ତା ପଛଆଡ଼େ
ଝାଉଁ ଆଉ ଦେବଦାରୁ ଛାୟାର ଗହଳେ
ମୌନ ହାସପାତାଲ,–
ତାର ପାଟିରିର ଲ°ବ ଲ°ବ ଛାଇରେ ଚହଲେ
ଏକ ପଟ ଭ°ଗା ନାଲି କାଚ ।
ଅଁଧାରରେ ॥

ଆଲୁଅ ଓ ଗହଳିରେ ଚୌମଥା ଉଜାଲା ।
ଅସହ୍ୟ ଗରମ ମଧ୍ୟେ ବରଫଶୀତଲା
ନାଲି–ଧଲା ହରଫରେ ଦିଶେ କୋକା–କୋଲା ॥

ଆମ ସଂଗେ ଭେଟ ହୁଏ କେତେ ରୂପ, କେତେ ଚିହ୍ନ
କେତେ ହସ୍ତାକ୍ଷର ।
ଆମକୁ ପଛକୁ ଠେଲି ଛୁଟିଯାଏ ଟ୍ରେନ୍ ।
ହଂସ ଆଉ ଗୋଡ଼ାଳିଆ ଗାର ଗାର ।
କେଉଁଠି ଚୋରାବାଲି, କେଉଁଠି ପଡ଼ିଆ
କେଉଁଠାରେ ଘର ଘର ନିପାଣିଆ ଖରା ।
କେଉଁଠି ଆକାଶ ଠିଆ, କାହିଁ ଦୌନଂଦିନ ।
        ବାସ୍ତବରେ ଚିତ୍ରେ ଚିତ୍ରେ ଗୁଁଫିତ ବଖରା ॥

ସେଠି ଭ°ଗା ତାଳଗଛ,
ଏଠି ନାଗଫେଣି, ପାହାଚ ପାହାଚ
        କେତେ ତାରା ଭରା ।
କାହିଁ ଜଣେ ବୃଦ୍ଧ ଭଦ୍ରଲୋକ
ଏଇମାତ୍ର ଶେଷ କରିଛଂତି ଯେ ମରିବା ।
ଆଉ କାହିଁ ଉଦ୍ୟତ ତରୁଣ ଏକ
        ଆଜିଠାରୁ ଆରଂଭିଲେ ଯିଏ ମରିଯିବା ।
ଦୁହେଁ ଏକ, କାରଣରେ । ଦୁହେଁ ବି ମିଳିବେ,
        ଗାଏ ମୋଟ ଅଂକ ହେଉ ଭିନ୍ନ ।
ଆମେ ବି ତ ବଂଚି ବଂଚି ମରିଯିବା

ମୌଳିକ ମାଟିରେ । କିମ୍ବା ପଂଚଭୂତେ ହେବା ଲୀନ ॥

ନିରସ୍ତ ମନର କିଂତୁ ଗୋଟିଏ ଚମକ
        ଏକ ମୂଲ୍ୟକ ଚିତ୍ରିତ ମୁହୂର୍ତ...
ଜୀବନର ମଝିଘରେ ରହିବ ସାଇତା ।
        ଅମୃତ ନା କେବଳ ଅମୂର୍ତ ।*

____
* କାର୍ଲ ଶାପିରୋଙ୍କର କବିତାସଂଗ୍ରହ, ଉଇଲିଅମ୍ କାର୍ଲାସ୍, ଉଇଲିଅମ୍ ପ୍ରଭୃତିଙ୍କର
କବିତାବଳୀ ପାଠ କରି ନିଜର ବକ୍ତବ୍ୟ ।

ପ୍ରେମ ଓ ଭୟ

ଭଲ ଲାଗେ ତା'ର
ନୀଳ ଭେଲ୍‌ଭେଟ୍‌ ଦ୍ରାବିଡ଼ ଆଖିର କଂଠସ୍ୱର
ସୁଂଦର ତାର ସ୍ଫଟିକ ଗ୍ରୀବାରେ
             (ଦେଖାଯାଏ ଅବା)
         ରେଶମୀ ଶ୍ୱାସର ଚଳପ୍ରଚଳ !

ଭଲ ଲାଗେ ତାର ଗ୍ରୀକ୍‌-ନାସିକା
ଭ୍ରୁତଲୁ ଡଂଟା ଖଂଡ଼ାଧାର ।
ଭୟ ଲାଗେ ଯେଣୁ ସତରେ ମିଛରେ
ଶୁଂଘେ ମୋ ମୁହେଁ ଆଲ୍‌କୋହଲ ।
(ମିଛ ବୋଲି ଯାହା ହୁଏ ପ୍ରମାଣିତ
         ଶତକଡ଼ା ପଂଚାନବେ ଥର ।)

ଭଲ ଲଗେ ତାର ବୈଦେଶିକତା,
         ଭଲ ଲାଗେ ତାର ନରମ-ରୁକ୍ଷ
ନାନା ଶବ୍ଦର ପତଂଗ – ଯା' ଘେରି
         ଗୁଂଜନ କରେ ଦେହର ବୃକ୍ଷ ।
କେବେ ତା ମୁହଁର ପ୍ରୋସଲିନ୍‌ରେ
ଖୁସିର ଇଂଦ୍ରଧନୁ ଖେଳେ ॥

କ୍ଲାଂତ ଆଖିର ପକ୍ଷୀର ଡେଣାରେ
ମେଘର ମେଦୁର ସୁପ୍ତ ଝରେ ।

ବାଳକସୁଲଭ ଦୃଷ୍ଟରହସ୍ୟ

      କୋମଳ-କଠୋର ମୁହଁର ଭାବ ।

କେବେ ମନେ ହୁଏ ସ୍ୱଷ୍ଟ ଯୁବତୀ

ପ୍ରଥମ ନାରୀର ସୋଜା ବିଭାବ ।

ତରୁବେତାର ଉଦ୍ଦେଶ୍ୟ ଟେକି

      ଦୁଇ ହାତେ ତାର ଯୁଗ୍ମ ସ୍ତନ

ପୂଜାର ଅର୍ଘ୍ୟ ବାଢ଼ି ମାଗେ ଅବା

ସୃଷ୍ଟି-ନିଗମ ସରଳ ଜ୍ଞାନ ॥

ଭଲ ଲାଗେ ତାର ଛୋଟ ଓଠ ତଳେ

      ରେଶମୀ ହିଂଦୀର ସେଇ 'ଆପଣ',

ଅବା ପ୍ରମୂର୍ତ୍ତ ପ୍ରେମ ଇଂଗିତେ

ମୃଦୁ ଇଂରାଜୀ ସଂଭାଷଣେ ।

ବେଳେବେଳେ ତାକୁ ଭୟ ଲାଗେ, ଅବା

ସୁନାଜଡ଼ଉର ସେ ଦୀପ-ଖଂବ ।

ନିଝୁମ୍ ରାତିର ନିଭଂତା ଦୀପର

      କଳା ଧୂଆଁ-ଛାଇ ନେତ୍ରବିଂବ ।

(ରାତିର ବିଷରେ ମିଶେ ଅଣୁ ଅଣୁ

      ମୁକ୍ତ କେଶ'ର ନୀଳ ଆଲଂବ ! !)

ସ୍ମୃତିଲେଖା

ଗୋଧୂଲି ଆକାଶର ପୋଷ୍ଟକାର୍ଡ଼ ଗାଲେ
"ଭଲ ଅଛି, ଆଶା କରେ ଭଲ ଥିବ" ବାଣୀ ।
ହଠାତ୍ ମନେ ପଡ଼ିଲା ସେଇ ବିସ୍ମୃତ ନଗରୀ
(କାଳିଦାସଙ୍କ ନାୟିକା ପରି ସେ...)
ସେ ବିକଳ ନାରୀ
ଉପଲ ବ୍ୟଥିତଗତି ଗିରିନଦୀ କୂଲେ
ଅସଂଖ୍ୟ ପ୍ରାସାଦ ମେଲେ
ଏକାନ୍ତେ ଓ କୋଲାହଲେ, ଦିନ ଗଣେ ।
ତା ସାଦା ବିଷର୍ଣ ଗାଲେ
ବିଦାୟ ବେଲର ଛାପ ॥

ତାର ସ୍ପର୍ଶ
ତା ଦେହର ଗଂଧ ଆଉ ତରଳିତ ହର୍ଷ,
ଲୀଳାୟିତ ସ୍ୱୀୟୋଜିତ ଲଳିତ ଇସ୍ୱାତ,
ଆଖିର ଶିଖୀର ଭଂଗୀ
ଅଗଣିତ କାମନାର ଅନିଦ୍ରିତ ନୀଲାଭ ଚୌରଂଘି ॥

ମନେ ପଡ଼େ, ମନେ ପଡ଼େ, ମନେ ପଡ଼େ

ଅତି ଦୂରେ

ଫଳଭରା ଜାମୁବନ ଛାୟା ଗହଳରେ

ସେ ମୋର ଦଶାର୍ଣ *

ଗ୍ରାମ ।

ନାମ

ମେଲ୍‌ବୋର୍ଣ ।

ମୋ ପ୍ରିୟ ନଗରୀ ॥

---

* ଦଶାର୍ଣ ଗ୍ରାମ – କାଳିଦାସଙ୍କ 'ମେଘଦୂତ'ରେ ବର୍ଣିତ ଏକ ଗ୍ରାମବିଶେଷ । ଲେଖକ ଅଷ୍ଟେଲିଆର ମେଲ୍‌ବୋର୍ଣ ନଗରୀରେ ବହୁ ମାସ ଥିଲେ ।

ଚାରୋଟି ପ୍ରଗୀତ

(୧) ଖରା

ପାଣିଖରା, ମଣ୍ଡ଼ଖରା, ପଣସର ଖୋସା ପରି
ହଳଦିଆ, ଚିକଣିଆ ଖରା।
ନାନା ଗଂଧେ ଭରିଦିଏ ମୋ ମନର ନିଛାଟିଆ
ସହସ୍ର ବଖରା।
କେଉଁଠି କଥାର ସ୍ମୃତି, ସ୍ମୃତିର ବା ଖରା!
ଟିକି ଟିକି ଛିଡ଼ା ରୂପକଥା।
ଥାକେ ଥାକେ ବିସ୍ମୃତିର ନେଲି ପଲସ୍ତରା,
ପୁଣି କେତେ ସ୍ମୃତିର ସିରସ୍ତା॥

ସବୁଜ ଖେତର ଶେଷେ ଚକା ଚକା ଶୂନ୍‌ଶାନ୍‌ ବିଲ।
ସରିଲାଣି ଧାନକଟା, ଫସଲର ଶୂନ୍ୟ ତହସିଲ।
ଗ୍ରୀଷ୍ମର ଖଜଣାଖାନା ଚିରା ନୋଟ୍ କାଗଜବିଡ଼ାରେ
ଭରିଦେଇ ଶୁଷ୍କପତ୍ର ଭାରେ ଭାରେ, ହୁ' ହୁ' ହାଓ୍ୱାରେ
ପ୍ରଚଂଡ଼ ଚଇତ୍ର ଆସେ ପ୍ରକାଂଡ଼ ନିଃଶ୍ୱାସେ ଚମକାଇ
ପୃଥ୍ୱୀର ମେରୁ ଖୁଂବ। ଢୋଇଁଢୋଇଁ ଖରାରେ ଶୁଖାଇ
ମନର ବିହନ ସବୁ। ଆଂବକକ୍ଷି ମହକ ବିଛାଇ॥

ସକାଳର ଜିକିଜିକି ଶୁଆପକ୍ଷୀ ପୋଖରାଜ୍ ଖରା
ଦିପହରେ ହୁଏ ଭୂତ, ଜାଳିଦିଏ ମୋ ମନର ଘୁମଂତ ବଖରା।

ବେଲବୁଡ଼େ ପୋଖରୀରେ ଡିଆଁ ମାରି ମାଛ ଉଠେ କିଆବୁଦା ତଳେ
ପାଣିରେ ଦୋହଲୁଥିବା ସରୁ ସରୁ ଗୁଗୁଚିଆ ଛାଇର ଭିତରେ

(ଛାଇ ସଂଗେ ଖେଳି ଖେଳି...)
ପିଇ ଟୋପେ ପାଣିଖରା ଡୁବ ମାରେ ପୁଣି
ନେଲି ନେଲି ପାଣିର ଖରାରେ ।
ଗଛେ ଗଛେ ନେଂଥ୍ ନେଂଥ୍ ଜାମୁଫଳ ପାଚିଲା ବେଳରେ ॥

ଖରାର ସୁରାକପିଆ ଛନଛନ ମାଛର ଆଖିରେ
ଆଖିର ମାଛରେ,
କିଆଫୁଲ ଖରା ଝରି ପଡ଼େ ।
ରାତିର ତରାଟ ଫୁଲେ
ଗଂଗଶିଉଲି ଡେଂଫରେ
(ଝଡ଼ିପଡ଼ା ଫୁଲମସିଣାରେ)
ଖରାର ସକାଳ ଆସେ
ସ୍ମୃତିର ଖରାରେ ।*

* ବିଷୁବ-ସଂଖ୍ୟା (୧୯୬୦) ‘ଝଂକାର’ରେ ପ୍ରକାଶିତ ଦୁଇଜଣ ତରୁଣ କବିଂକ କବିତାମାନ ପଢ଼ି ନିଜର ବକ୍ତବ୍ୟ ।

<h2 align="center">(୨) ପ୍ରତିଚ୍ଛାୟା</h2>

ସଂଜବେଳେ ଏକ
                    ହାସପାତାଳର ନିଶୂନ ହତା
ଏ ଦିହଟା ।
ତା ଉପରେ ଚୁପଚାପ୍ ହୋଇ
ଶୋଇରହିଚି ଅଶାଂତ ମନ ।
ଯେମିତି ଅବା ହଜିଯାଇଥିବା ବ୍ୟାଡ଼ମିଂଟନ୍
ବଲ୍‌ଟା
ପଡ଼ିରହିଥାଏ ଖେଳ ପରେ
କେଉଁ କଂଟା ଅରମା ଭିତରେ
ରକ୍ତାକ୍ତ ହୋଇ ॥

ବେଳେବେଳେ
ଏକ ଉଡ଼ନ୍ତା ନର୍ସର ଛାଇ।
ହେଇ, ହେଇ ଉଡ଼ିଗଲା।
ଆଉ ଆଇସ୍କ୍ରିମ୍‌ବିକାଲି ଫେରିବାଲା
ଏଇଠୁ କୁଆଡ଼େ ଫେରିଗଲା ॥

ନିକଟରେ ବିସ୍କୁଟ୍‌ରଙ୍ଗର ବଂଗଲା
ଭିତରେ ଗିଲାସ୍ ଗିଲାସ୍ ନାଲି ଧଲା
ସବୁଜ ରଂଗର ସରବତ୍।
ଆଜି କି ସେଇ ଶୁଭଦିନର ମହରତ୍।
ଜନ୍ମଦିନର ନିମଂତ୍ରଣର ପାଲା ॥

ଅଦୂରେ ବେଦନାଭରା ଏକ ଦକ୍ଷିଣୀ ଯୁବତୀର କଳା ଆଖି।
(ବୋଧହୁଏ ଏକ ଭଗ୍ନପ୍ରେମ ଛାତ୍ରୀ)
ସେ ବୋଧହୁଏ ଏହି ସ୍ନିଗ୍ଧ କରୁଣ ରାତ୍ରି–
ପରି ତାର ଭିଜା ବାଲକୁ ଶୁଖାଉଛି
ଜ୍ୱଲଂତ ପଲାଶର ନିଆଁଝାସରେ ! !

କିଛି କ୍ଷଣ ପରେ
ଏକ ପରିଚିତ ଧ୍ୱନି।
ସେଇ ଧୂଆଁଳିଆଁ ଧୂସର ରାଗିଣୀ
ଶେଷ ଆହ୍ନିକର ପ୍ରତ୍ୟୟେ।
"ରାମ ନାମ ସତ୍ୟ ହେ ॥"

(୩) ନିମଂତ୍ରଣ

ଜରୁରୀ ଓଠରେ ତାର
      ଓଠ ନିମଂତ୍ରଣ।
      ସରବତ୍–ଆଖି ଦୁଇଟି ସତେ କେଡ଼େ ପ୍ରିୟ !
ଶୀତତାପ–ନିୟନ୍ତ୍ରିତ

ସଂଯମୀ ବକ୍ଷରେ
ଆଉ କକ୍ଷରେ
ଏଇ ଆମ ମିଳନର ପ୍ରଥମ ବିସ୍ମୟ ।
ନିଜକୁ ପଚାରେ ମୁଁ ତ ମୁଁ କ'ଣ ବିଶେଷ,
(ବିଦେଶୀ ନା ଛଦ୍ମବେଶୀ)
ନା ମୁଁ ଏଠିକାର ନିଜସ୍ୱ ସ୍ଥାନୀୟ ।
ମୋ ଭୂଗୋଳ ମାନ କି ନ ମାନ ମୁଁ ଜାଣେ ନା,
ମୋ ଇତିହାସକୁ ତୁମେ ପ୍ରଶ୍ନ କରିପାର ।
ମାତ୍ର ମୋର ବାସ୍ତବତା ଅତି ଗ୍ରହଣୀୟ,
ସତ ସତ ସେ ମୋ ପରିଚୟ ।
ସମୟର ଆକାଶରେ ଏକ ବିନ୍ଦୁ ମେଘ
ମୋ ଆବେଗ ଓ ବେଗ ।

ତରଳିଲେ ହୋଇପାରେ ସେ ଥଣ୍ଡା ପାନୀୟ ।
ନ ହେଲେ ସେଥିରେ କାହାର କି ଲାଭ ?
ସେ ଖାଲି ବିୟୋଗ ॥

ଏଇ ହଂସରାଡ଼ିଯାକ
ଧଳା ନାଲି କଇଁଫୁଲେ ହୋଇ ଗୁଣିତକ
ସାରା ପୋଖରୀଯାକ ଗଲେଣି ଖେଲି ।
ମୁଁ କିଆଁ ଏକୁଟିଆ
ନିଜକୁ ସର୍ବସ୍ୱ କରି ଏଠି ରହିବି ପଡ଼ି ?
ମୁଁ କାହିଁକି ଫୁଲ ସଙ୍ଗେ ହେବି ନାହିଁ ଯୋଡ଼ି
ମେଘର ଅଠାରେ ?

(୪) ସାକ୍ଷାତ୍ ଓ ସମୟ

ଚାଲ ଆମେ ଦୁହେଁ
ଭେଟିବା କେଉଁଠି ପରସ୍ପରେ ।
ଏଠି ନୁହେଁ, ଏଠି ନୁହେଁ ।

ଗାଁର ପିଲାଏ
ଯେଉଁଠାରେ
ଦିଅଁତି ଉଡ଼ାଇ
ଡଜନେ ଫୋଟକା ଫୁଁକି ସାଦା ଗବଖୀରେ।
ପାରାର ସେ ଚକ୍‌ଚକ୍‌ ବେଲୁନ୍‌ ଭିତରେ
ବସିବା କି ଯାଇ ?
ରଜାରାଣୀ ମୁଣ୍ଡ ଯେଉଁପରି
ସୁଦୂର ଦେଶର ଡାକଟିକେଟ ଶୋଭଇ
ପରସ୍ପର ଲଗାଲଗି ହୋଇ ! !

ଅଥବା ଏ ନିଛାଟିଆ ପାଲଧୁଆ କଡ଼େ
ନାଲିଆ ବନାତବିଛା ଜଂଗଲର ଦାଢ଼େ
ମିଳିବା କି ଆମେ ଦୁହେଁ ପହିଲି ଦେଖାର
ସ୍ମୃତିର ଦୋକାନ ଖୋଲି ନିଷ୍ଠୁର ବଜାରେ।
ଅହରହ ଗୁଣୁଗୁଣୁ ମହୁମାଛି ଭିଡ଼େ ! !

ନଂଦାଦେବୀ ପାହାଡ଼ରେ କେଜାଣି କେଉଁଠି
ନରମ ପାଖୁଡ଼ା ମେଲି ବରଫ ଯେଉଁଠି
ଅଜସ୍ର କେନାରେ ଫୁଟେ, ଦୃଷ୍ଟିର ନିଷ୍ଠୁଣି
ଯେଉଁଠିକି ଘେନିଯାଏ ହତବାକ୍‌ ଚେତନାରେ ପୁଣି,
ସେଠି ସେଇ ନିର୍ଜନରେ
ଅତି ଗୋପନରେ
ପରସ୍ପରେ ଆବିଷ୍କାର କରି
ପରସ୍ପରେ ହଜିବା ଭିତରେ,
ଭେଟିବା କି ଆମେ ଦୁହେଁ ଦୁହିଁକି କେଜାଣି
ସମୟରେ ?
କେଉଁ ଶୂନ୍ୟ ଡାକବଂଗଲାରେ ପାହାଡ଼-ଉଠାଣି ! !

ଆକାଶ

ତୁମ ମୁହଁକୁ ଫିଂଗିଥିଲି ମୁଁ ମୁଠାଏ ଆକାଶ ।
ଭାବିଥିଲି ସ୍ୱପ୍ନ ଦେଖିବ, ଅନ୍ୟମନସ୍କ ହେବ,
ଅଁଧାରରେ ବସି ଅବା ନଖରେ କାଟିବ ଗାର ।
ଯେଉଁପରି କ୍ଷୀଣ ପ୍ରତିପଦ...।
ତୁମ ଦିହର ଲଳିତଗିରିରେ ଫୁଟି ଉଠିବ ସୀତା-ତାର
ମୂର୍ତ୍ତି...

କିଂବା ଧ୍ୟାନୀ ଅକ୍ଷୋଭ୍ୟଙ୍କ ଶୁଭ୍ର ପରିମିତି ।
କିଂବା ହୋଇପାରେ, ଦେହେ ଦେହ ଗୁଂଜରିବ
ବଜ୍ରଯାନର ନବଗୁଂଜର ଛଂଦ ।
ଦଲିତ କାମନାର ଧୂମବହ୍ନିରେ ନୂତନ ଚର୍ଯ୍ୟାଗୀତି ।
ଦେହ ଅବା ଚୈତନ୍ୟର ହେବ ଜାଗରଣ ।
(ଦେବତ୍ୱ ହେଉ ବା ପଶୁତ୍ୱ ହେଉ)
ହେଉ ତାହା ନଭଶିଖା
ଅବା କେଉଁ ପ୍ରାଂତିକର ଅତଳ ପରିଖା,
ଯାହାହିଁ ହେଉ,
ଭାବିଥିଲି ଜାଗି ଉଠି ତୁମେ
କରିବ ଚଂକ୍ରମଣ ।
ଲାଭ କରି ନୂଆ ଉଦ୍‌ବୋଧନ ॥

କିଂତୁ ହାୟ ! ହାୟ ! ଏ କଣ ହେଲା ?
ତୁମ ହୃଦୟର ସାଦା କାଗଜରେ ପଡ଼ିଲାନି ତ ଗାର ।
ତୁମର ଜଡ଼ତା କିଂତୁ ରହିଲା ପୂର୍ବପର ।
ମଉଳିଗଲା ଆକାଶ,
ଆହା, ନିଭିଲା ଚୈତ୍ରମାସ ।
ମଂଦୀଭୂତ ଜୀବନର କ୍ଷୟିଷ୍ଣୁ ଦ୍ୱାପର...।

ଗଂଗାଧର ମେହେର

ତୁମ ଲେଖା ପଢ଼ାଯାଏ ତେତେଲାର ଘରେ
ଦି'ତାଲାରେ ପୁଣି ।
ଏକତାଲା ପୁଣି ।
ଏକତାଲା ଘରେ କିଏ ଗୁଣୁଗୁଣୁ କରି
ଆବୃଭି ବା କରୁଛି ତୁମରି ।
ବାରଂଡାରେ କେତେବେଳେ ସଂଧ୍ୟାର ନିର୍ଜନେ
ଆଂବ ଅବା ବଟ ଗଛ ଛାଇଲିପା ତଳେ
କେ ଏକ ନବୀନ ବସି ଗୁଣେ ଆନମନେ
ତୁମ ପଦ ଗଦଗଦ,
ସହରର ପ୍ରାଂତେ କେଉଁ ନିଗୂଢ଼ ହସ୍ତେଲେ ॥

ଆହା ! କି ସରଳ ତୁମ ପାତ୍ରପାତ୍ରୀଗଣ !
ଯିଏ ଭଲ ସିଏ ଭଲ, ଏକାବେଳେ ଷୋଳଅଣା ଭଲ ?
ଆଉ ଯେ ଖରାପ ସିଏ ପାପୀ ସଇତାନ ।
ଭଲ ମଂଦେ ପୃଥିବୀଟା ଯେପରି ବା ବିଭକ୍ତ ଦି'ଭାଗେ ।
ଇଆ ମଧ୍ୟେ ନାଇ ଚଳାଚଳ, ରଫା ଅବା କିଛି ବିଶ୍ଲେଷଣ ।
ସରଳ ରେଖାଟି ପରି ମଣିଷର ଅକଂପନ ନିରୀହ ଜୀବନ ।
ଦୁଃଖ ସେଠି ତର୍କହୀନ, କାରୁଣ୍ୟର ମୂକ ନିବେଦନ,
ନାଟକୀୟ ଆତ୍ମଦାନ, ବୀରତ୍ୱର ଅକଲଂକ ମାନ
ଛୁଇଁଟି ଯେଉଁଠି ସବୁ କଂଚନାର ଚୂଡ଼ାଂତ ସୋପାନ ।
ଆଉ ପାପ ? ସେ ବି ଏକ ଅତିକାୟ ଶୃଂଗ ଆରୋହଣ
ଉଭର ଠିକ୍ ମପାରୂପା ଓଲଟା ଦିଗଟା ।

ଶୈଶବର ଶସ୍ୟଛାୟା, ବିଶ୍ୱାସରେ ନୀଳ
ତୁମର ମଣିଷମାନେ; ସଂଘର୍ଷବିହୀନ ।
ସମସ୍ତ ମଂଗଳମୟ, ଶାଂତ ଭଗବାନ୍ ।
ଜୀବନଟା ଯେପରି ବା ନୀଳ ସମତଳ
ଶ୍ୟାମ ଶାଂତ ଆବର୍ତରହିତ ତୃଣଭୂମି ॥

ତୁମର ପ୍ରଣାମୀ
ଆଦାୟ ହୋଇଛି ବେଶୀ ଶିଶୁଧର୍ମୀ ମନୁ ।
ଜୀବନର ଜଟିଳତା ଘୂର୍ଣିବେଗ ଛୁଇଁନି ଯାହାକୁ –
ତାଂକ ମନେ ତୁମରି ସେ ବାଜିକର ଇଂଦ୍ରଧନୁ ମାକୁଞ୍ଚ*
ବୁଣିଚି ନୂତନ ରୂପ, ଖେଳାଇଚି ଅଜସ୍ର ଲହରୀ
ଫୁଟାଇଚି କେତେ ରଂଗ, ସୂତା ଆଉ ଜରି –
ରେ ତିଆରି ବିଚିତ୍ର ଶିଙ୍କର ପଟ ॥

ହେ ପୂର୍ବସୂରି, ଯେଉଁ ଜାତି ଏବେ ବି ଶୈଶବେ
କୃଷିଗତ ସମାଜର ଅଚଂଚଳ ଧୀର ଗ୍ରାମୋସ୍ତବେ
ସ୍ତିଗିତ ଚରଣେ, ତୁମେ ତା'ର ବୀଣାକାର ।
ପ୍ରଭାତର ଗାଥାକାର ! ମଧ୍ୟାହ୍ନର ଖରତାପଜାଳ
ସଂଘର୍ଷପୀଡ଼ିତ ମନ, ନାନା ଦ୍ଂଦେ ବିକ୍ଷିପ୍ତ ବଂଚଳ
ଜୀବନ ତୁମକୁ ଚାହେଁ, ହେ ନିର୍ଲିପ୍ତ ସୂରି !
ବିଦଗ୍ଧ ଚେତନାର ଝଂଜାମୟ ବହ୍ନିମାନ ଗାନ
ଚରୈବତି ଜୀବନର ଖରଗତି, ନିଦିଧ୍ୟାସନ
ତୁମକୁ ସ୍ମରଣ କରେ ।
ତୁମକୁ ସ୍ମରଣ କରେ ଜ୍ୟାୟନ, ସୁଥାନ ॥

* ମାକୁ = Shuttle, ତଂତର ସଟଲ୍ ।

ଦଶହରା, ୧୯୬୨

ସୁନାର ଚ°ପାରେ ହୀରାର ଶ°ପା
     ସେଇ ତ ଏଇ ସଭ୍ୟତା ।
ସୁନା ମାରୀଚର ପଛେ ଧାଇଁ ଧାଇଁ
     ବୀରତ୍ୱ ଏଠି ପୋତେ ମଥା ।
     କରେ 'ହାଇ ହାଇ' ।
ସିକ°ଦର ଏକ ଟ°କାର ଥଳୀ ।
ଗା°ଡ଼ିବା ତହିଁରୁ ବଳି
     ବ୍ୟା°କ୍‌ର ଏକ ଜମା ଖାତା ॥

ତେଣୁ ଶକ୍ତି ରୂପେ ଅଛ°ତି ଯଦି
ସେ କେଉଁ ଦେବୀ ସଂସ୍ଥିତା,
ଶେଆର୍-ବଜାର ନୀରୋଳା କୋଣେ
ସିଏ କି ଆଜି ଅର୍ଚିତା ?
ଦଶ ଭୁଜର ଦଶ ପ୍ରହରଣ
ଉଦ୍ୟତପଂଞ୍ଜ । ସିଂହ ବାହନ
କେଉଁ ଅଟକଳ ଫାଇଲ ଭିତରେ
      ଉହ୍ୟ ଭାବେ ଅଛ°ତି ତା !
ଶକ୍ତିରୂପେ ଅଛ°ତି ଦେବୀ
     ସର୍ବଭୂତେ ସଂସ୍ଥିତା ॥

ହେ ଦେବି, ତୁମେ ନୁହ ତ ଆଉ
ଖର-ଦୀପ୍ତି ଚ°ଚଳା ।

ମୁକ୍ତବାୟୁ-ଆଁଚଳା ।
ବୃଦ୍ଧା ଶାଶୁର ସଂକେତ ତୁମେ,
                  ଗୃହକର୍ମ ମଂତ୍ରଣା ।
                  ଜମା ଖରଚ ଯଂତ୍ରଣା ।
ତୁମେ (ହୋଇଚ) ଥଂଡ଼ା ଯୁଦ୍ଧର କେଂଦ୍ରବିଂଦୁ,
ଶୁକ୍ଲପକ୍ଷ ଶରତଇଂଦୁ
ତୁମର ପ୍ରଣାମୀ
ଆଦାୟ ହୋଇଛି ବେଶୀ ଶିଶୁଧର୍ମୀ ମନୁ ।
ଜୀବନର ଜଟିଳତା ତୂଣୀବେଗ ଛୁଇଁନି ଯାହାକୁ –
ତାଂକ ମନେ ତୁମରି ସେ ବାଜିକର ଇଂଦ୍ରଧନୁ ମାକୁ*
ବୁଣିଚି ନୂତନ ରୂପ, ଖେଳାଇଚି ଅଜସ୍ର ଲହରୀ
ଫୁଟାଇଚି କେତେ ରଂଗ, ସୂତା ଆଉ ଜରି –
ରେ ତିଆରି ବିଚିତ୍ର ଶିଳ୍ପର ପଟ ॥

ହେ ପୂର୍ବସୂରି, ଯେଉଁ ଜାତି ଏବେ ବି ଶୈଶବେ
କୃଷିଗତ ସମାଜର ଅଚଂଚଳ ଧୀର ଗ୍ରାମୋସ୍ବେ
ସ୍ବଗିତ ଚରଣେ, ତୁମେ ତା'ର ବୀଣାକାର ।
ପ୍ରଭାତର ଗାଥାକାର ! ମଧାହ୍ନର ଖରତାପଜାଳ
ସଂଘର୍ଷପୀଡ଼ିତ ମନ, ନାନା ଦ୍ଵଂଦେ ବିକ୍ଷିପ୍ତ ଚଂଚଳ
ଜୀବନ ତୁମକୁ ଚାହେଁ, ହେ ନିର୍ଲିପ୍ତ ସୂରି ।
ବିଦଗ୍ଧ ଚେତନାର ଙ୍ଚଂଜାମୟ ବହ୍ନିମାନ ଗାନ
ଚରୈବତି ଜୀବନର ଖରଗତି, ନିଦିଧ୍ୟାସନ
ତୁମକୁ ସ୍ମରଣ କରେ ।
ତୁମକୁ ସ୍ମରଣ କରେ ଜ୍ୟାୟନ, ଯୁଆନ ॥

---

* ମାକୁ = Shuttle, ତଂତର ସଟଲ୍ ।

ଦର୍ପଣ

(ଏକ)

(୧)

ଦର୍ପଣେ ଅନେକ ମୁହଁ,
କିଛି ଫିକା କେତୋଟି ବା ସାଦ୍
ହଠାତ୍ ଆଭାସି ଆସେ
ମୋ ସ୍ମୃତିର ନାନା ଫଟୋଗ୍ରାଫ୍ ॥

ସେଥିରୁ ଏକ ମଧାହ୍ନର;
ଖର ଦୀପ୍ତ ରୌଦ୍ର ଝଲମଲ ।
କାଂଦ କାଂଦ ଥରଥର
ନିଛାଟିଆ ନୀଳଦୀଘି ଜଳ –
ପରି ତାହା ଥମଥମ ।
ସେଇପରି ଏକାକୀ ନିର୍ଜନ ।
ସେ ଯେପରି ଜୀବନ୍–
ର ସବୁଠାରୁ ନିର୍ଜନତମ
ମୁହୂର୍ତ୍ତର ପ୍ରତିଛବି ।
ମଧାହ୍ନ, ମଧାହ୍ନ :
ସେଇ ତା’ର ପ୍ରତିପାଦ୍ୟ ।
ସେଇ ତାର ସ୍ୱର ବି ।

(୨)

ସେଦିନ ଦେଖା । ହଠାତ୍ ଦେଖା ।
କେତେ ଅଦେଖା ରେଖା –
ର ଭିଡ଼େ ।

ତୁମ ଜୁଡ଼ାରେ
ପ୍ଲାସ୍ଟିକ ଫୁଲର ହରଫ୍ ଲେଖା –
ଠିକ୍ ସେଇ ଫୁଲର ଇ ବାସ୍ନା ମଖା ।
ଆଉ
କାଂଚୁଳିର ଜରିର କାରୁକାର୍ଯ
ଦେଖି ମୁଁ ଆଶ୍ଚର୍ଯ
ହୋଇ ଭାବୁଥିଲି –
ଏ ସୁନେଲି
ବେଶଟି ତ ବେସ୍ !

(ମଉଳିବ ନାଇଁ ଏଇ ଫୁଲ ।)
(ବାସ୍ନା ବି ମନଇଚ୍ଛା ହୋଇପାରେ ଠୁଲ)
କିଂତୁ ତୁମେ ଚାହୁଁଥିଲ ମୋର ସୁପାରିସ୍,
ପ୍ରଶଂସା ନୁହେଁ ।
ଆଉ ପ୍ରପଂଚ ଅଫିସ୍,
ଚାହୁଁଥିଲା –
ତୁମର

      ବିଜୁଳି
      ଅଂଗୁଳି

          ଶ୍ର
        ଅ ନ ତି କ୍ ମ
          ଲି
          ଖ
          ନ

ଦକ୍ଷତା ।
ତା ହେଲେ ତ ହେଲା ।।

(ଦୁଇ)

(୧)

କେଉଁ ନିର୍ଜନ ଘରର ହତାରେ
ରାତି ଜଗୁଆଳର
ମିଂଜି ମିଂଜି ଲଣ୍ଠଣଟି ପରି
ମନଟା ବେଲେବେଲେ
ଖାଁ ଖାଁ କରେ ॥

ଏଇ ମନ।
ସେ ଏକ ଜନମାନବହୀନ
ଘରର ଚଟାଣ।
କିମ୍ବା ଯତ୍ନ ନିଆଯାଉ ନ ଥିବା
ଏକ କ୍ରୋଟନ୍ ଗଛ
ଅପଂତରା ପିଂଢ଼ାରେ ॥

ଶୂନ୍ୟ ଘରଭିତରେ
ଅନତିସ୍ୱଚ୍ଛ ଦର୍ପଣରେ
ବେଲେବେଲେ ଆତ୍ମରତ
ଘରଚଟିଆ
ଆସି ମୁହଁ ଦେଖେ।
ଥଂଟ ମାରେ।
ଆଉ ଝିଟିପିଟି
କରେ ସଟ୍ – ସଟ୍ – ସଟ୍
କାଂଥ ଉପରେ।
କେଉଁ ପୁରୁଣା ମାନଧାତା ଅମଲର
କାଂଥଘଡ଼ିର ଟିକି ଟିକ୍ ଟିକ୍
ଶବ୍ଦ ପରି ॥

ମାର୍ଚ ଏକତିରିଶ ତାରିଖ
(ବିଦାୟ ଅର୍ଥ-ବର୍ଷ !)
ପୁରୁଣା ତହବିଲର
ସରି ଆସୁଥିବା
ବ୍ୟାଂକ୍ ବ୍ୟାଲାନ୍ସ ।

ଛୁଟି ଆସେ
ଦୁର୍ଘଟଣା ?
ଆତ୍ମହତ୍ୟା ?
କିଂବା କେଉଁ ଦୁରଂତ
ନିଆଁ-ନିଭାଲିର
ଆତ୍ମ-ଉତ୍ସର୍ଗ ?

ଏଇ ପୃଥିବୀ ।
ଏଇ କି ସ୍ୱର୍ଗ
ଯେଉଁଠି ଅସ୍ତବର୍ଗ ?

ନିଆଁରେ ଚାଲିବା

ତଥାପି ଏ ଜୀବନର ବିଷୁବର ମୋଡ଼
ଅସଂଖ୍ୟ ମଧାହ୍ନ ଆଉ ଧାଡ଼ି ଧାଡ଼ି ମାର୍ତ୍ତଣ୍ଡର ଭିଡ଼େ
ଭଙ୍ଗା କାଚ, ପୋଡ଼ା ଡିହ ଅବା ନାଗଫେଣି କରତର ବାଡ଼େ
ଗୋଡ଼ରେ ଆଡ଼େଇ ଦେଇ ବେହୋସ ଦଉଡ଼େ
ଯଦି ବା ବିଶ୍ରାମ ମିଳେ ଆଷାଢ଼ର ଘରେ
ଜଳନ୍ତା ଗୋହରି ଡେଇଁ ରୁଇଶୀତଳାରେ ।
ଯଦିବା ନିଷ୍କୃତି ଲଭେ ବିକଚ୍ଛ ପ୍ରାନ୍ତରେ
ବାବୁରି ଆଶାର ଛାଁଟେ, ଡହଡହ ସପନର ତୋଡ଼େ–
ତେବେ ମୋତେ କ୍ଷମାକର । ନିର୍ଦ୍ଦୟ ବିଶ୍ୱାସେ
ମୋର ଆତ୍ମପରୀକ୍ଷାରେ ମାନି ନିଅ,
          ମୋର ଏଇ ପଂଚ-ଅଗ୍ନିଝାସେ ॥

ସମୟର ଯୋଜନାରେ, ଅସଫଳ କଇଁଥା ଆଶାରେ
ଏମିତି ଜ୍ୱାଳାଇଦେବା ଏ ଗ୍ରୀଷ୍ମର ପ୍ରଚଣ୍ଡ ଧାସରେ,
ଏମିତି ନିଆଁରେ ଚଲା ଗୋଇଠିର ତଳିପାର ଗୋଡ଼େ,
ଏମିତି ନିଆଁରେ ଖେଳ ମୋ ଡୋଲାର ଆଖିର ପହଡ଼େ
ଏମିତି ଉତ୍ତୀର୍ଣ୍ଣ ହୁଅ ମୋ ଓଠର ଓଲିତଳ ଫୁଲର ତଳିରେ
ଏମିତି ନିଷ୍ପାପ ଚାଲି ମୋ ପାପର ଲହଲହ ଝାମୁ ଗାଡ଼େ ଗାଡ଼େ,
ଏମିତି ଅକ୍ରୂର କ୍ରୋଧ ମୋ ବିଦଗ୍ଧ ବିକଞ୍ଚିତ ଆପଣାରଠାରେ
ମୋ ମନର କାଳିଶିର ଘୁମନ୍ତ ମନର ଅବା ଏହା ଚାଲିବା ନିଦ୍ରାରେ ‖

ଦୁଇଟି ମୁକ୍ତକ

(୧)

ଶ୍ରୀଗୁଣ୍ଡିଚା

"ଅଦୋ ଯଦାରୁ ସିଂଧୋପାରେ ଅପରୁଷମ୍
ତଦା ରଭସ୍ୱ ଦୁର୍ହଣୋ ତେନ ଗଚ୍ଛ ପରସ୍ତରମ୍ ।"

— ରଗ୍‌ବେଦ ୧ ୨/୧ ୦ମ ମଣ୍ଡଲ

"ଆକାଶର ବାଣୀ ଶୁଣିବ କିରୀଟୀ
କ୍ଷୀରୋଦ୍ରେ ମେଳିବ ନେଇ କୃଷ୍ଣ ଅଂଗଗୋଟି ।"

— ଶାରଳା ଦାସ

ହେ ପ୍ରାର୍ଥନା ! ତୁମେ ଆଜି ହୁଅ ରଥାରୂଢ଼ ।
ଜୟଯାତ୍ରା କର
ମଣିଷର ଚଲାପଥେ ।
କେଉଁ ଗୂଢ଼ ଗୋଷ୍ଠୀର ଇଚ୍ଛାରୁ
ତୁମେ କି ଛୁଟିଚ କହ ବ୍ୟକ୍ତିର ଗୋଷ୍ଠଦେ
ନା ଅନାର୍ଯ୍ୟ ଅରଣ୍ୟ ପ୍ରାଂତୁ,
ଯୌଥ ପାରବଣୁ
ନୀଳ ପଥରର କେଉଁ ଅନାହତ ସ୍ୱାଣୁ
ରହସ୍ୟ ଚିହ୍ନରୁ
ଆର୍ଯ୍ୟର ଜଂଗମେ ।
ସମୁଦ୍ର ସଂଗମେ ॥

ନୀଳ ନାସ୍ତିକ ଆକାଶ ପ୍ରଦେଶେ
ତୁମେ ତ ନେଇଚ ରୂପ ଶଢମୟ କୋଷେ

ବର୍ଣ୍ଣର ବିକାର ଛାଡ଼ି !
ତା ଉଭାରୁ ପୁଣି ଦେହଲୋକେ
ଆସିଚ ଓହ୍ଲାଇ ।
ଯୁଗନବ୍ଦ ମହାସୁହେ ଚୂରି ଦେହକାରା
ଦେହାତୀତେ,
ଜାଗେ ଯହିଁ ରଶ୍ମୀ ଉଷାଟି ପରି
ମୁକ୍ତ ଲକ୍ଷ୍ମୀଂକରା ।
ଆଜି ଏଠି ମଣିଷର
ଜୀବନପଥରେ
ବର୍ଣ୍ଣ ନୁହେଁ, ଶବ୍ଦ ନୁହେଁ, ନୁହେଁ ବି ଶରୀରେ –
ହେ ପ୍ରାର୍ଥନା । ହେ ବିଶ୍ୱାସ !
ଦିଗ୍‍ବିଜୟ କର
ସାଧାରଣ ଜୀବନର ଉଲ୍ଲୁଧ୍ୱନି ସ୍ୱରେ ।
ଆବିଶ୍ୱ କଳ୍ପନା ନେଇ ତୁରଂତ ଡେଣାରେ ।
ଜ୍ୟୋସ୍ନାର ମଂତ୍ରଟି ପରି ନିଗୂଢ଼ ପ୍ରତ୍ୟୟେ ॥

ନାହିଁ ତ ଟ୍ରାଇବ୍‍ । ମରିଅଛି ସଂଘ
ଲିଭିଅଛି କ୍ଷୟିଷ୍ଣୁ ଦେହର ତତ୍ତ୍ୱ
(ତା’ ସଂଗେ) ପତିତ ସହଜ ।
ତେଣୁ ବଜ୍ରସ୍ୱତ୍ତ୍ୱ
ଭୈରବରୁ ନୂତନ ମୈତ୍ରୟେ
ହୁଅ ପରିଣତ ।
ବିରାଟ ଏ ମଣିଷଜୀବନ ।
ତାର କ୍ଷେତ୍ର କି ବିଚିତ୍ର
ମୁକ୍ତ ଏ ସମାଜ ।
ଏ ଦୁଇଟି ବିନିମୟେ
ବିରୋଧେ, ଅନ୍ୱୟେ
ଅଛି, ଅଛି ଏକ ସାଧାରଣ ।
ହେ ପ୍ରାର୍ଥନା ମୋର !

ହୁଅ ତୁମେ ତହିଁ ଫଳବାନ ॥*

* ତନ୍ତ୍ର ଚର୍ଯ୍ୟାଗୀତିର ସାଧକମାନେ ଯୋଗି-ଯୋଗିନୀ ମିଳନାବସ୍ଥାକୁ 'ଯୁଗନଦ୍ଧ' ନାମିତ କରିଥିଲେ । ଏହି ଯୌନସଂଗମମାଧମରେ ମହା ସୁହ ବା ମହାସୁଖ କିଂବା ଆଧାତ୍ମିକ ଅର୍ଥରେ ନିର୍ବାଣାବସ୍ଥା ଲାଭ ହୁଏ ବୋଲି ବର୍ଣିତ ଅଛି ।

ଲକ୍ଷ୍ମୀଂକରା– ଉଡ୍ଡ୍ରୀୟାନର (ଯାହା ହରପ୍ରସାଦ ଶାସ୍ତ୍ରୀ ଓ ଡଃ ଭଟ୍ଟାଚାର୍ଯ୍ୟଂକ ମତରେ ପ୍ରାଚୀନ ଓଡ଼ିଶା) ପ୍ରସିଦ୍ଧ ବଜ୍ରଯାନବିଶାରଦ ଇନ୍ଦ୍ରଭୂତିଂକ ଭଉଣୀ ଲକ୍ଷ୍ମୀଂକରା । ସେ ବଜ୍ରଯାନ ବିଷୟରେ ବିଶେଷଜ୍ଞ ଥିଲେ ।

(୨)

ଗୋପବଂଧୁ ସ୍ମରଣେ

ସୁନାର ଏକ ତାଳଗଛ ଉପରେ ବସିଚି ଏକ ପକ୍ଷୀ,
କାଠହଣା ଚଢ଼େଇର ଥଂଟ ପରି ନାଲି ଗୁଲୁଗୁଲୁ ଆଖି ।
ସେ ତୁମେ ନୁହଁ ॥

ଜୟ ବିଜୟ ଦୁଆରେ ତାର ରୁପା କଠାଉ ରଖି
ଚାଲିଗଲା ଯେ ମଂଦିର ଛାଡ଼ି କେଜାଣି କାହିଁକି,
ବଢ଼ି କାଂତାରେ ପୀଡ଼ିତ ପାଖେ ସୁଦୂର ତଳମାଳେ,
ତୁମେ ସିଏ ॥

ତୁମେ ଧାନମୁଦ୍ରାରେ ସମାସୀନ ଅକ୍ଷୋଭ୍ୟ ତ ନୁହଁ ।
ତୁମେ ମେଘର ଛାୟ ସୁନା ସୋରିଷ ଖେତେ ।
ତୁମେ ସମୁଦ୍ର କି ? ପ୍ରଜ୍ଞାମିଶା କରୁଣାର ସୁଅ ?
ତୁମେ କିଏ ?

ତୁମେ କିଏ କହ ବାଟୋଇ, କହ ପଡ଼ୋଶୀ ମୋର ।
ତୁମେ ମୋର ସବୁ ଶସ୍ୟର ଏକେଲା ଜଗୁଆଳ ।
ତୁମେ ଆମର ପ୍ରତିଦିନର ଘୋର ଜଂଜାଳେ..
ଅବା ବଂଇଶୀଆଲ ?
ସୁଦୂର ସ୍ବରଟିଏ !!

ପ୍ରଧାନ ଭୂମିକା

(ଜଣେ କାହାର ମୃତ୍ୟୁରେ : ଜଣେ କାହାର ଉପଲକ୍ଷରେ)

ତୁମେ ମୃଗଶିଶୁ ନୁହଁ,

    ତୁମେ ଶକୁଂତଳା ।

ପ୍ରିୟାର ସଂତୋଷ ଲାଗି ଭିଡ଼ିଆଣି କୋଳେ

ବାରେ ବାରେ କାନମୂଳେ

ଦେବାଟା ଚୁଂବନ,

ଖାଲି କି ଛଳନା ! !

ତୁମେ ମାଧବୀ ମଂଜରୀ ପାଖେ

ନୁହଁ ନୁହଁ ଛୋଟ ଘାସଫୁଲ ।

ସିଂଚୁ ସିଂଚୁ ସ୍ନେହଜଳ

    ଯହିଁ ଆଳବାଲେ

ତୁମ ଭାଗ୍ୟ କେବେ ପଡ଼େ କଣିକାଏ

    ଅଥବା ଆଂଜୁଳେ ।

ଲାବଣ୍ୟ ମଂଜୁଳା ।

ମୃଗଶିଶୁ ସେ ତ ତୁମେ ନୁହଁ ।

ଛାୟାଛନ୍ନ ତୁମେ ଶକୁଂତଳା ॥

ତୁମେ ପାର୍ଶ୍ୱଦ୍ୱୀପ ନୁହଁ, ପ୍ରଧାନ ଭୂମିକା ।

ଚଂଦ୍ରସେଣା ରାତେ

ଆକାଶର ନୀଲ-ଚାଷଖେତେ*

ସୁନାର ତେଂଡ଼ାରେ ଯେବେ ମଡ଼ାଯାଏ ପାଣି –

---

* ନୀଲଚାଷ ଏଠାରେ ଇଂଡ଼ିଗୋ ଚାଷ ଅର୍ଥରେ ବ୍ୟବହୃତ । ଯେପରି 'ନୀଲଦର୍ପଣ' ନାମକ ବଂଗଳା ନାଟକ, ଯାହା ଏହି ଶତାବ୍ଦୀର ପ୍ରାରଂଭରେ ବ୍ରିଟିଶ ସରକାରଦ୍ୱାରା ବାଜ୍ୟାପ୍ତ ହୋଇଥିଲା ।

ଶୁଭ୍ରତା ଓ ଆଲୁଅର ତରଳ ଚାହାଣି,
ସୁବର୍ଣ ସେ ସେଣାମୁଣ୍ଡ ହୀରାର ପଥର ଖଣ୍ଡ
ତୁମେ !
ତୁମେଇ ଚଂଦ୍ରର ଚଂଦ୍ର ଆଲୁଅର ପିଂଡ ।
ସାମନାରେ ଝୁଲୁଥିବା ଟିଣ ପାତ୍ର ନୁହଁ,
(ଯାହା ଅଟେ କେବଳ ଆଧାର)

କୃପ ତଳୁ ବ୍ୟସ୍ତ ଯାହା କରିବାରେ ଜଳ
ଆହରଣ,
ସଦା ।
ତୁମେ ତ କାରଣ ।
ତୁମେ ଅନାମିକା ।
ଯଦି ତୁମେ ନ ରହ ସାମନା,
ତା ନୁହେଁ ଛଳନା ।
ତାହା ଏକ ବିଧ୍ ବିଡ଼ଂବନା ।
ନିୟତିର ଖେଳ ॥

ପ୍ରଧାନ ନାୟିକା
        ବୋଲି ଜଗତେ ଯା ଜଣା,
ସେ ଯେପରି ଏକ ସାଦା
କାଗଜ ଯା କିଣା;
ଯାହା ପରେ ରହିଛି ମଂଜୁରି,
ହୁଏତ ବା ଦୁନିଆର ସିଲ୍ ।*
ଆଉ ତୁମେଇ ଯେପରି
ନୁରୋଲା କବିତାବଲ୍ଲୀ
ତା ଉପରେ;
ଆଂକିଚି ଯାହାକୁ ଗୋପନରେ
ହୃଦୟର ଉଲ୍କା-ନୀଳ
ପ୍ରତିଟି ପେନ୍‌ସିଲ୍ !!

---

* ସିଲ୍ – ସିଲ୍ ମୋହର ।

ତିନୋଟି ଚରିତ୍ର

(୧) ଅଭିମାନ

ମାନିନି !
ଆଜି କାହିଁକି ଖାଲି ପଦେଅଧେ ବେସୁରା କଥା –
          ଜଣାଯାଏ ମାମୁଲି, ମାମୁଲି ।
ସେଥିରେ ନାଇଁ ଆଗ ଭଲି ରିଣିଝିଣି
          ଶଢ୍ର କିଂକିଣି ।
ଆଉ ତୁଚ୍ଛାଟାରେ ଶୋଫାଟାରେ ଶୋଇ ଶୋଇ ଗୋଡ଼ହଲା ।
କେଉଁ ପୁରୁଣା ମାସିକପତ୍ର ଭିତରେ
          ଖେଳିବୁଲେ ଉଦାସ ଦୃଷ୍ଟିର କ୍ରମ ।
          ସୃଷ୍ଟିର ବିଭ୍ରମ !
ତଳଯାଏଁ ଲଂବି ଆସି କେଉଁ କ୍ଷୀରସାଗରର ଏକ ଢେଉ
          ଅଳତାର ଫ୍ରେମ
ଭିତରେ ହଠାତ୍ ବା ଘନ ହୋଇଗଲା ।
କିଂବା, କେଉଁ ଶବରର କାଂଡ଼ବିଂଧା ଏକ ମୃଗକର୍ଣ
ଛଟପଟ କରେ ଯଂତ୍ରଣାରେ ॥

ବିକଳ ବିବର୍ଣ
ମୁହେଁ ଘୋଟିଚି କଳା ବଉଦ ।
ଫିକା ଓଠରେ ନାହିଁ ଚରଣାୟୁଧ–
ର ବଂକା ଚୂଳର ଲାଲ୍‌ଗୁଲାଲ ନାଚ ।
ସାରା ଘରଟା ଶୂନ୍‌ଶାନ୍, ରୁଣ୍ ଝୁଣ୍ ଝୁଣ୍
ଆଉ,
ବାଜେ ତ ନାଇ କାଚ ।

ଚାରିଆଡ଼େ ଏକ ଚାପା ଅଭିମାନର ଜଳବାୟୁ ।
ଆହା, ଥାଉ ଥାଉ, ସେଇପରିଟି ଥାଉ ! !
ଚାକରବାକର ଗୁମ୍‌
ସାରା ଘରଟା ଗଂଭୀର ।
ଘର ଭିତରେ ଛାତ ଉପରେ ମେଘ ଯେ କଳାଗୁମ୍‌ ।
ଉଦାସ ଗଭୀର
ତୁମ ଦୃଷ୍ଟିର ଦୂରବୀଣ୍‌
ମାସିକପତ୍ର ପୃଷ୍ଠ ଭିତରେ ଅନୁଭବ କରେ ତାହା ।
ଆଉ ବେଲେବେଲେ ଲାଲ୍‌ ହୋଇଆସେ ଆହା
ଫିକା ମୁହଁର ପ୍ରୋସିଲିନ୍‌ ॥

ହଠାତ୍‌ ଦୌଡ଼ି ଆସି ମିନୀ
କହିଲା, ସିଏ ଉଠିଚି କ୍ଲାସ୍‌, ହୋଇଚି ତୃତୀୟ ।
ସବୁ ମାନ ଅଭିମାନ କାହିଁ ଉଭେଇଗଲା ।
ଏକ ନୁହେଁ, ଦୁଇ ନୁହେଁ, ତିନି ।
ଲାଗିଲା ପୁଣି, ଆଉ ଏକ ଅଭିମାନର ପାଲା ।
ସବୁରିକି ଶୁଣାଇ ଶୁଣାଇ
ଅନ୍ୟ ଦ୍ୱାରା କୁହାଇ ଜଣାଇ –
ଜରରେ ମିନୀ ପଡ଼ି ନ ଥାଂତା ଯଦି
ହୋଇଥାଂତା ପ୍ରଥମ ନିଶ୍ଚୟ ।
ତେବେ ବି ଷାଠିଏ ଜଣ ପିଲାଂକ ଭିତରେ ହେଇଚି ତୃତୀୟ ।
ଅର୍ଥାତ୍‌ ସତାବନ ଜଣଂକ ଉପରେ –
(ଫେଲ୍‌ ବି ତ ହୋଇ ଯାଇ ପାରିଥାଂତା ନିରାପଦରେ...)
ଇତ୍ୟାଦି, ଇତ୍ୟାଦି ॥

ଏହିପରି ଏକ ଶାସ୍ତୀୟ
ଅଭିମାନରେ ଫୁଲି ଫୁଲି ବହିଲା ଉଜାଣି ।
ତା'ପରେ ସବୁଠୁ ଆଶ୍ଚର୍ଯ୍ୟ, ବିନା ଭୂମିକାରେ
ମୋତେ

ବିନା ମାନଭଂଜନରେ – "ଶୁଣିଲିଣି
ସତେ
ଜରରେ ମିନୀ ପଡ଼ି ନ ଥାଂତା ଯଦି…"
ଇତ୍ୟାଦି ଇତ୍ୟାଦି ଇତ୍ୟାଦି ।
ତା'ପରେ ଭାଷଣ ବ୍ୟସ୍ତ, ବିପୁଳ ବ୍ୟଂଜନା –
ନାନା ଖାନାପିନାର ସୂଚନା ।
ଟନ୍ ଟନ୍ ପ୍ଲେଟ୍ ଓ ପିଆଲା ।
ଦୀର୍ଘ ହରତାଳ ପରେ କଳଗୁଂଜନେ
ଯେମିତି ମତୁଆଲା
କୌଣସି ଆଇସ୍‌କ୍ରିମ୍‌ର କାରଖାନା ।

<h3 align="center">(୨) କୀଟକ</h3>

ସ୍ୱାମୀ ବିରଂଚି ବାବୁ ଯେମିତି ଏକ
ଫୁଟା କଳସ ।
ସବୁ ପାଣିକୁ ଧରିରଖିବାକୁ ତାଏ ନା କରାମତି ବା ହୋସ୍ ।
କିଛିଟା ପାଣି ତ କଣାରେ ଗଲିଯାଏ –
ତେବେ ତାଂକର ପରବାୟ ନ ଥାଏ ।
ସ୍ୱୀର ନାଚ ତାମସା ପାର୍ଟି ଜଲସାକୁ –
କିଂବା କାଂଚି ଅବା ସାଂଚିର ଶୈଲୀଂକୁ
ସେ ଯେତେ ଅପସଂଦ କରଂତି ନାଇଁ,
ସେତେ ଅପସଂଦ କରଂତି ନିଜେ ବାଧ୍ୟ ହୋଇ
ସେ ସବୁଥିରେ ସାମିଲ୍ ହେବାକୁ ।
ବେଲେବେଲେ ଯୋଗ ଦେଇ ପାରିଲେ
ଅବଶ୍ୟ ଭଲ ଲାଗେ ବେଶ୍ ।
କିଂତୁ ହରଦମ୍…

ତାଠୁଁ ଭଲ ବରଂ ଏକେଲା ଘରେ ବସି
ଖଂଡେ଼ ସିଗାରେଟ୍ ଟାଣିବା –
କିଂବା ଏକ ପୁରୁଣା ଦର୍ଶନ ବହି ନେଇ –
ସେଇ ମ –

"ଜୀବ ଓ ପରମ ବ୍ରହ୍ମ" ବା ଅନ୍ୟ କିଛି ନେଇ ସମୟ
କାଟିନେବା...।
ସ୍ତ୍ରୀ କୁହଁତି, 'ଭୀଷଣ ମାଇଚିଆ,
କଣଢଶା।'
ସାର୍ଟିଫିକେଟ୍‌ଟା ଆଉ କାହାଠୁ ମିଳିଥିଲେ
ହୋଇଥାଁତା ଖାସା, ବୋଧହୁଏ ଅଧିକ ମୂଲ୍ୟବାନ୍‌
ସେ ଯାହାହେଉ, ସେଥିକି ପରବାୟ କରଁତି ନାଇ
ସିଏ ॥
ସେ ସୌଦାଗରୀ ଅଫିସ୍‌ର ହେଡ୍‌
କ୍ଲାର୍କ।
ଅପେକ୍ଷା କାମକୁ ପ୍ରାଂତି ବେଶୀ ଭଲ।
ତାଁକ ଜୀବନର ନିରୀହ ଏସ୍‌ପ୍ଲାନେଡ୍‌
ଉପରେ ଏତେ ରଂଗ−ବେରଂଗର ଗୋଲମାଲ
ସେ ଜମା ସହ୍ୟ କରି ପାରଁତି ନାଇଁ ॥

ବେଲେବେଲେ ଭାବଁତି
ସେ ଯେମିତି କେଉଁ ବାଦଶା'ର ହୀରେମ୍‌ର
ଏକ ପେଶାଦାର ନପୁଂସକ −
ଜଗିବାକୁ ପ୍ରୋଦ୍‌ଭିନ୍‌ କିଂଶୁକ
ଓ ଚପଲା ଯୁବତୀଁକୁ ତାଁକ କାମ।
କିଂତୁ ସେ ନିଜେଇ ରହିଯାଁତି ନଜରବଂଦିରେ
ନିଜର।
ପୁଣି ଭାବଁତି
ସେ କ'ଣ ଦଧ୍ବନଉତି
ଯେଉଁଠି ପୋତି ହୋଇ
ଫରଫର୍‌ ହୋଇ ଉଡ଼ୁଥିବ ଏକ ନୀଳବର୍ଣର ଚିରାଳ
ଚିରକାଳ !!

ସମୟ ଗଡ଼ିଯାଏ।
କନ୍ୟା ଅନୁସୂୟା ବଡ଼ ହୋଇ ଗଲାଣି।

ସ୍ତ୍ରୀ ତରଙ୍ଗିଣୀ ଦେବୀଙ୍କ ମନ
ଘର ଧରିଲାଣି ।
ସେ ଆଜିକାଲି ଖୁବ୍ କମ୍ ବାହାରକୁ ଯାଆନ୍ତି ।
କୌଣସ ଜନ୍ମଦିନ
         ବା ବିବାହ ବାସର ଛଡ଼ା
ସେ ପ୍ରାୟ ଘରେଇ ରହିଥାଆନ୍ତି ॥

କିନ୍ତୁ ଏ କ'ଣ ହେଲା
ଚକ ଘୂରିଗଲା !
ହଠାତ୍ ପଚାଶ ବର୍ଷରେ
ବିରଞ୍ଚି ବାବୁ ହେଲେ
ଶନିବାରୀ 'ଫରଓ୍ବାର୍ଡ କ୍ଲବ୍'ର ମେମ୍ବର,
ସିଟି ତରୁଣ ସଂଘର ସଭାପତି,
ଅମୁକ 'ରାତ୍ରି କ୍ଲବ୍'ର ପ୍ରତିଷ୍ଠାତା,
ଏବଂ ସର୍ବୋପରି
ହଠାତ୍ ଜରତ୍କାରୁ ପରି
ଏକ ମହାନ୍ ରୋମାଞ୍ଚକର
ମୁହୂର୍ତ୍ତରେ
ଏକ ଅତି ଅକିଞ୍ଚିତ୍ ଓ
ଅଚିଂତନୀୟ ବ୍ୟାପାରର
ଏକକ ନାୟକ ।
ନିଜର ଘରର
ଅଣତିଶ ବର୍ଷର ପୁରୁଣା ଚାକରାଣୀଟି ସଂବଂଧୀୟ
ଏକ ଘଟନାର (କିଂବା ନାଟକର)
ବିଫଳମନ
କୀଟକ
ହୁଏତ ନିଜର ଅଜ୍ଞାତସାରରେ ।
ଏହିଠାରେ
ପଟ ପତନ ॥

(୩) ମିଳନାନ୍ତ

ଗେଲେଇ ହେବା ତାଙ୍କର ଟିକିଏ ସ୍ୱଭାବ ।
ତାଙ୍କ ନିର୍ମଳ ଚରିତ୍ରରେ ସେଇ ଗୋଟିଏ ବୋଲିହିଁ କଳାଦାଗ ।
ସ୍ୱାମୀଙ୍କ ଗଳା ଟାଣି କୌତୁକ ଠାଣିରେ
ଯେତେବେଳେ ସେ କହନ୍ତି,—
ଆଜି ଟିକିଏ ସିନେମା ଯାଆନ୍ତେ ନାଇ
ସ୍ୱାମୀଙ୍କ ଦିହରେ ଯେମିତି ପିନ୍ କଣ୍ଟା ଗଳିଯାଏ ।
ବିଶେଷରେ ମାସର ଶେଷରେ
ପକେଟ୍‌ଟା ଟିକିଏ ନରମ ଥିବା ବେଳେ ।
ମାତ୍ର ପରକ୍ଷଣରେ ସେ ଯେତେବେଳେ ସାକୁଲେଇ ହୋଇ
କହନ୍ତି –
ସେଇ ଗୋଟିଏ ବୋଲି ତ ମୋର ଯାହା ବଦଗୁଣ –
ଟିକିଏ ବେଶୀ ସିନେମା ଦେଖିବାକୁ ଚାହେଁ ।
ବିପିନ ବାବୁ ତରଳିଯାନ୍ତି
          ଗୋଟିପଣ ।
ଯେଉଁପରି ହେଉ ସିନେମାଦେଖା ହୁଏ ॥

ବଜାରେ ବୁଲୁ ବୁଲୁ
ସ୍ୱାମୀଙ୍କ ହାତ ଟାଣି ହଠାତ୍ ଅଦୂରୁ
          ଗହଣାଦୋକାନ ଭିତରକୁ ପଶିଯିବା ତାଙ୍କର ଏକ ରୀତି ।
ଦେଖ ମ, ଏଇ ହାରଟିର କାରିଗରି କିମିତି,
ଏଇ ମୁଦିଟି କି ସୁନ୍ଦର,
ଆଉ ଏଇ କାନଫୁଲ ଦିଇଟି !
ପକେଟ୍‌ରେ ହାତ ମାରି ବିପିନ ବାବୁ ଝାଉଁଳି ପଡ଼ନ୍ତି ।
ମନେ କରନ୍ତି, ତାଙ୍କ ପକେଟ୍ ଉପରେ ଏ ଏକ ଅତ୍ୟାଚାର... ।
କିନ୍ତୁ ସେ ଯେତେବେଳେ କାନ ପାଖରେ ମୁହଁ ଲଗାଇ
          କହନ୍ତି –
ସେଇ ଗୋଟିଏ ବୋଲି ତ ମୋର ଯାହା ଟିକିଏ ବଦଗୁଣ –
ଟିକିଏ ବେଶୀ ଗହଣା ଭଲ ପାଏ ।

ସ୍ୱାମୀ ବିଲ୍‌କୁଲ ଓଲଟିଯାଆଁତି ।
ଭସ୍ମ ହୁଏ ରାଗର ବିଦ୍ରୂଣ ।
ହାତର ଘଡ଼ି ବ୍ୟାଧା ଦେବାକୁ ତର ନାହିଁ ସହେ ।
ଭୁଲିଯାଆଁତି ସବୁ ବଳତ୍‌କାର ॥

ଦିନେ କିନ୍ତୁ ସତରେ ସ୍ୱାମୀ
                ରାଗରେ ହେଲେ ଖୁଣ ।
ଭୀଷଣ ଗଲେ ଚିଡ଼ି ।
ଅମୁକ ଭଦ୍ରଲୋକଙ୍କ ସଂଗେ ଏତେ ବେଶି
                ମିଲାମିଶା କିଆଁ ?
ରାତି ଆଠଟା ଯାକେ ଦିହେଁ କୁଆଡ଼େ ବୁଲୁଥିଲେ ?
ଓଠର ସବୁ ଲିପ୍‌ଷ୍ଟିକ୍‌ କୁଆଡ଼େ ଗଲା ଉଡ଼ି ?

ମାତ୍ର ସିଏ ଯେତେବେଲେ ନରମ ଗଲାରେ
(ପ୍ରଥମେ ଟିକିଏ ଥତମତ ହୋଇ, ତା'ପରେ ସୋଜା ଭାବରେ)
                କହିଦେଲେ–
ଖାଲି ସେଇ ଗୋଟିଏ ବୋଲି ମୋର ତ ଦୁର୍ଗୁଣ;
ତୁମେ କଣ କ୍ଷମା କରିବ ନାଇ ?
ସ୍ୱାମୀଙ୍କର ସବୁ ରାଗ ମିଲାଇଗଲା କାହିଁ
                ପାଣିରେ ଯଥା ଲୁଣ ।
ସେ ତାଙ୍କୁ ଜଡ଼ାଇ ଧରି ଦୁଇ ବାହୁରେ
ପ୍ରେମଭରେ
କପାଲରେ
ଘନ ଘନ କରିଲେ ଚୁଁବନ ।
ଆଉ ବାରଂବାର ଓଠକୁ ଆଘ୍ରାଣ ॥

ଶିଶୁପାଳ

ଦମଘୋଷ ରାଜା ପୁଅ ଚେଦି ଯୁବରାଜ
ତର୍କୀ ଶିଶୁପାଳ !
ତୁମେ ନିମଂତ୍ରିତ ପାତ୍ର, ଚୋର ନୁହଁ !
ନୁହଁ ଅତର୍କିତ ଅବା ଅନାହୂତ ଜନ।
ପ୍ରଧାନ ଅତିଥି ତୁମେ ଆଜି ଏ ସଂସାର।
(ନ ହେଲେ ନ ହୁଅ ପଛେ ଏହାର ନାୟକ)
ତୁମର ସ୍ୱାଗତ ଲାଗି ବିଦର୍ଭର ଦ୍ୱାର
ଖୋଲିଯାଏ। ତହିଁ ସମାସୀନ
ବ୍ରହ୍ମଜାତି ହୀରାରେ ତିଆରି ସିଂହଦ୍ୱୟ
ନଗରର ଶେଷ ପ୍ରାଂତ ଯାଏଁ ଯିଏ ବିଛାଂତି ଆଲୋକ,
ରାଜପଥେ ମନେ ହୁଏ ଗଂଗାର ଯା' ଏକ ଶୁଭ୍ର ସୁଅ।
ଆଉ ଦ୍ୱାରପାଳଯାକ –
ଏକ ଆଖି ପଦ୍ମ ଯ଼ାଁକ, ଅନ୍ୟ ଆଖି କଇଁ,
ସଜାଗ ଯେ ରାତିଦିନ,
ଶୋଇଥିଲେ ଏକ ଚକ୍ଷୁ ଅନ୍ୟ ଥାଏ ଚେଇଁ,
ତମକୁ ସଂଭ୍ରମ କରି ବାଟ ଛାଡ଼ିଦିଏ।
ତୁମ ହାତେ ରାଜାର ସଂତକମରା ମୁଦି ଶୋଭାପାଏ।
କେଉଁ ପ୍ରେମେପଡ଼ା ବାଲିକାର ଭାବଭରା ପ୍ରେମପାତ୍ର ନୁହେଁ।
ଆଉ ରାଜାଂକର ମେଷଲୋମ ଦାଢ଼ି –
ନା, ନା, ଇଂଦ୍ରନୀଳମଣିର ନାଆରେ
ଚଂଦ୍ରମା ଖେଳିଲା ପରି
ଦାଉଦାଉ କରି ହଲୁଅଛି ତୁମ ସପକ୍ଷରେ।
(ଅତଂତଃ ଉପରେ)

ସମର୍ଥନ ତୁମକୁ ତ ଜଣାଏ ରୁକ୍ମଣ –
କନ୍ୟାଭ୍ରାତା ଯିଏ –
ଏତେ ଭୋଟ୍, ଏତେ ମତ ଥାଉଁ ଥାଉଁ
ଆରମେ ବାବୁ ହେ
କରୁଥା ଜୃଁଭଣ
ଶିରୋମଣିଗୃହେ ॥

ଏକ କୁମାରୀର ଚିଉଜୟଠାରୁ ଢେର୍ ବଡ଼
ଅନ୍ୟାନ୍ୟ ଅନେକ କାର୍ଯ୍ୟେ ବ୍ୟସ୍ତ ଥିଲ ବଡ଼।
ତୁମ ପାଖେ ବହୁ ଶକ୍ତି, ବହୁ ମତ, ବହୁତ ଦଲିଲ।
କୋଷ୍ଠୀମେଳ; କେତେ ଯୁକ୍ତି –
                କାଟିଦେବା ଯାହା ମୁସ୍କିଲ।
ତେଣୁ ବୋଧେ ବେପାରବା ଥିଲ।
ତୁମରି ସେ ଆଶ୍ୱସ୍ତ ଅଖିଲ
ଧକ୍‌କା ଖାଇଗଲା
ଅଚାନକ କେଉଁ ଏକ ଘୂର୍ଣିର ହାଉ୍ଆରେ।
ପରବାୟ ନାଇ ଭାଇ,
ତମେ ତ ସ୍ୱନାମଧନ୍ୟ ॥

ଆଉ ପାଂଚଜନ୍ୟ
ଶୋଭେ ଯାହା କରେ –
ତାଂକ କର–କଂକଣର ରତ୍ନ ରଂଗ ଉକୁଟିବା ଫଂଲେ
ସେଇ ଶଂଖ ପରେ,
ହୋଇ ଯାହା ଲାଲ୍
ପାନ୍ପିକ ଢୋକିବା ବେଳରେ ଲକ୍ଷ୍ମୀଂକର ଗଲା ଶୋଭା ହରେ।
ତୁମେ ତାକୁ କରିଅଛ ତୁଚ୍ଛ।
ମଣିଅଛ ମିଛ
ସେ ଚିଉପୁରୁଷ
ମନଟୋରେ।

ତୁମେ ତ ରହିଛ ମଉ ନିଜ ଅଧିକାରେ
ନିଜର ଭିତରେ ।
ହେ ତର୍କବାଗୀଶ !
କୂଅରୁ କୂଅର ଛାଇ ଯେଉଁପରି
କେବେ ନ ବାହାରେ !
ଶିଶୁପାଳ !
ତୁମେ ତୁମ ସଂଜ୍ଞା ।
ନିଜେ ତୁମେ ତୁମର ଅନୁଜ୍ଞା ।
ତୁମେ ତୁମ ଭାଗ୍ୟଫଳକର
ଅସଫଳ ଅଥଚ
ନିର୍ଭୁଲ ଅକ୍ଷର ॥

ଦେଖ, ଦେଖ, ଏହି ରାତ୍ରିପୁଂସ
କେଉଁପରି ହେଉଚି ରମିତ
ନିଜ ଭାର୍ଯ୍ୟା ପୂର୍ଣ୍ଣଚଂଦ୍ର ଦ୍ୱାରା !
ଏହା ଅତି ବିପରୀତ ।
ସ୍ୱାଣୁ ଏକ ଅବସ୍ଥା ଉପରେ
ଲୀଲାମୟୀ ନିଖିଳ ପ୍ରକୃତି
କରୁଚି ବା ରତି,
ପ୍ରାଣୀର ଉଲଂଗ ଇଚ୍ଛା,
                  ଭଗ୍ନଆଶା ନେଇ ।
ଲଳିତ ବସଂତ
କରେ ଜାତ ଭୈରବରେ;
କେତେ କେତେ ରାଗ ଓ ରାଗିଣୀ ହୋଇ
ଜନ୍ମଲଭେ ମୂଳ ସ୍ୱରୁଁ
ଏ ରାତ୍ରିର କଂଠ ଆଉ ମୂର୍ଦ୍ଧନ୍ୟରୁ ଧ୍ୱନି –
ଉଦ୍ଧାତ ଓ ରମ୍ୟ,
ନାନା ସ୍ୱର, ଶଢ଼ର ଅରଣ୍ୟ
ଶେଷେ, କବି ତୁମେଇ ପ୍ରଣମ୍ୟ ।

ଯେହେତୁ କରିଚ ଇତି ଏହି ଗୀତି,

ଏ ପ୍ରବଂଧ ଗୁରୁ

ଫୁଲଶଯ୍ୟା ଆଗୁଁ।

ରକ୍ଷା କରି ପାଠକୁ କାଂତ ଓ କାଂତାର

ଚୌଷଠି ମୁଦ୍ରାର

ଅଜସ୍ର ଅବଶ୍ୟ ଅଂଗୀକାରୁ।*

____

* କବିତାଟି ଯଦୁମଣି ମହାପାତ୍ରଙ୍କ କୃତ ବିଖ୍ୟାତ କାବ୍ୟଗ୍ରଂଥ 'ପ୍ରବଂଧ ପୂର୍ଣ୍ଣଚଂଦ୍ର' ଉପରେ ଲିଖିତ।

କେତେ ଯେ କହିଚି ମିଛ କଥା

ସଖି,
କହିବି ଅନେକ ମିଛ କଥା
ଭୁଲିଯାଅ ସେଇ ମନଭୁଲା ଭାଷା,
  ଭିତରେ ଯେ ତାର କପଟତା ॥

ନଅମାର ଅଧା ଜହ୍ନତଲେ ବସି
କହିଅଛି ତୁମ କାନେ କେତେ ହସି,
ବିରହେ ତମର ଜୀବନଟା ମୋର
  ଅମାନିଶା ପରି ଅସାର ତା ।
  ସବୁ ଖାଲି ତୁଚ୍ଛା ମିଛ କଥା ॥

ତୁମ ନାମେ କେବେ ଲେଖିବା କବିତା
କହିଚି ତୁମେ ମୋ ମରମର ମିତା,
ମନର ଭାଷାରେ ତୁମ ସ୍ମୃତି ଚିତା,
  ଜାଲି ପୋଡ଼ିଦିଏ ମୂକ ବ୍ୟଥା ।
  ସବୁ ସଖି ଖାଲି ମିଛ କଥା ॥

କେବେ ଭାଷି ଅବା କାନେ ଚାଟୁବାଣୀ
କହିଚି, ତୁମର ଓଠତଲେ ରାଣୀ,
ଶରତ୍‌ର ରାମଧନୁ ଶର ଟାଣି
  କଂପାଏ ନୀଳ ଭ୍ରୁଲତା ।
  ସବୁ ମନଭୁଲା ମିଛ କଥା ॥

ପୁଣି କେବେ ଅବା କହିଚି, ଜୀବନ
ତୁମ ବିନେ ମୋର ହେବ ଅକାରଣ
ନିମିଷେ ମୁଁ ନେବି ବରି ଗୋ ମରଣ
        ତୁମ କୋଳେ ଥାପି ଥରେ ମଥା ।
        ସବୁ ଯେ ନିପଟ ମିଛ କଥା ॥

ଏହିକ୍ଷଣି ଯାହା କହେ ଲୁହ ଢାଳି
ପରକ୍ଷଣେ ଯାଏ ସବୁ ମୁଁ ଯେ ଭୁଲି ।
ଆନ କାନେ ପୁଣି କହେ ସେଇ ବାଣୀ
        ଗୁଣ୍ଗୁଣ୍ ସ୍ୱନେ ଅଲି ଯଥା,
        ସବୁ ପ୍ରତାରଣା, ମିଛ କଥା ॥

ବାହାରର କବି ଦେଖି ତୁମ ରୂପ
ଲେଖେ ଯେତେ ଛବି ଶରୀର-ଲୋଲୁପ;
ଭିତରର ପଶୁ ହସେ ତାହା ଦେଖି
        ସବୁ ଫାଁକି, ସବୁ ଚଂଚକତା ।
        କହିଚି ମୁଁ କେତେ ମିଛ କଥା ॥

ବନ୍ୟପଶୁ ସେ ଆଦିମ ଯୁଗର
ହିଂସ୍ର ସେ ବଡ଼, ପୁଣି ସେ ସରଳ ।
ସଭ୍ୟତା ନୀତି ଜାଣେ ନା ସେ କିଛି
        ଚାଖି ଶୃଂଗାର ମାଦକତା
        ଶୁଣ ନାଇଁ ତାର ଚାଟୁକଥା ॥

ତୁମରେ ସେ ଲୋଡ଼େ ଆପଣା ସକାଶେ
ଶତ ଲୋଭ ତେଣୁ ଦେଖାଏ ନିମିଷେ ।
ସେ ଯେ ସାପ ସେ ଯେ ରାତିର ପିପାସା
        ଚାଟୁକଥା ତାର ବିଷ-ଲତା ।
        ଭୁଲନା ଶୁଣି ସେ ମିଛ କଥା ॥

ନିଜ ଲାଗି ସେ ଯେ ତୁମକୁ ଭୁଲାଇ

ସ୍ୱପ୍ନର ନିଶା ଦେଇଛି ଚଖାଇ ।

ସୃଷ୍ଟିର ଯେତେ ଲିରିକ୍ କବିତା ।

ସବୁ ତାର ଜାଲ, ସ୍ତାବକତା ।

ହୁସିଆର, ସବୁ ମିଛ କଥା ॥*

* 'ସହକାର' – ଏକବିଂଶ ଭାଗ–ସମସ୍ତ ସଂଖ୍ୟା କାର୍ତ୍ତିକ – ୧୩୪୮ (୧୯୩୮)ରେ ପ୍ରକାଶିତ ।

ମହୁମାଛି

ଦିନ ଦି'ପହର... ।
ଅଳସ ଛୁଟିର ନିଶାରେ ରେଶମୀ-ସ୍ୱପ୍ନ ମୋର
                  ଜମିଆସୁଥିଲା ଗଭୀର ହୋଇ... ।
ଠିକ୍ ଯେପରି ଛାୟା ଜମେ ସରୋବର ଉଭୟ ତୀରେ ।

ହଠାତ୍ ହାଲୁକା ଖରାର ସୁରାକ୍ ପାଇଗଲା ତାହା ଭାଙ୍ଗି ।
ଚାହିଁ ଦେଖିଲି ଝରକା ଉପରେ ବସିଚି ମୋର ଗୋଟିଏ ମହୁମାଛି
                  ଛୋଟ ମହୁମାଛିଟିଏ ! ।

ସାନ ସାନ ପକ୍ଷୀଯୋଡ଼ିକ ତା'ର ସେ ହଲାଉଚି
ଆଉ ଗାଉଚି ତାର ସେହି ଅନୁଚ୍ଚାରିତ ମଧୁର ଗୀତ... ।
ତାର ସେହି ମିଠା ଗୀତପଦକ ବହନ କରି ଆଣିଲା ମୋ ପାଖକୁ
                  କେତେ ସ୍ମୃତି – ତାର ଗଣନା ନାଇ... ॥

ତାର ନରମ ଡେଣାରୁ ଝରିପଡ଼ିଲା ଯେପରି ବନ୍ୟ ମହୁର ସ୍ୱାଦ !
ତାର ଗୀତରେ ଥିଲା ବନ ତୃଣର ଗନ୍ଧ ଆଉ ସମତଳ ଭୂଇଁର ଉଷ୍ଣାପ... ।
ପର୍ବତର ବିଷନ୍ନତା ମଧ ଲୁଚି ଲୁଚି ଦେଖାଦେଉଥିଲା ।
                  ତାର ସଂଗୀତ ଫାଙ୍କରେ... ।
ତାର ସାନ ଦେହର ଭଙ୍ଗୀ ତଳେ ଛପିରହିଥିଲା
                  ଗିରିଝରଣାର ନୃତ୍ୟତାଲ ।
ଗୀତ ଗାଇବାର ପ୍ରଣାଳୀ ତାର ଧରିରଖିଥିଲା ।
                  ଲତାପତ୍ରର ବର୍ଣ୍ଣାଢ୍ୟ ସୁଷମା,
                  ଆଉ ବଣ ହରିଣର କସ୍ତୁରୀ ! !

ହଠାତ୍ ମହୁମାଛିଟି ଉଡ଼ିଯାଇ ବସିଲା ମୋର ଝରକାପାଖ ଲତିର
                        ଗୋଟିଏ ଡାଳରେ
ଶ୍ୟାମଳ ଲତାର ଚିକ୍‌କଣ ସଂଗେ ମିଶିଗଲା ତାର ହାଲୁକା ଦେହର
                        କୃଚିତ୍‌-ଶ୍ୟାମ-ବର୍ଣ ।
ପୁଣି ଗାଇଲା ସେ ତାର କରୁଣ ନିଦମଡ଼ା କବିତା...
        ଏଥର, ଭାରି ଉଶ୍ୱାସରେ...
                ଜଂଗଲ ସମସ୍ତ ଭାଷା ଯେପରି ଚୋରାଇ ଆଣି
                        ରଖିଥିଲା ସେ
                        ତହିଁ ଭିତରେ ସାଇତି ।
ମହୁମାଛିଟିଏ ଏଠୁ ସେଠିକି ଉଡ଼ିଯିବା ଭିତରେ ଦେଖିପାରିଲି ମୁଁ
                ଗୋଟାଏ ଅସରଂତି ପ୍ରାଣର ଗତି... ॥
                ମୃତ୍ୟୁ-ଚଂଚଲ ଜୀବନର ବେଗ ।
ଷଟ୍ ରତୁର କ୍ରମଆଆବର୍ତ୍ତନ ସଂଗେ କ୍ଷିପ୍ର ଜହ୍ନର ପଲାତକ ପଦର ଛଂଦ
                ସବୁ ଯେପରି ଛପିରହିଥିଲା ତହିଁ ମଧରେ ।
ତାର ଡେଣା ଦୁଇଟିକୁ ସେ ପୁଣି ବାଡ଼େଇଲା ।
                ଆଉ ଗାଇଉଠିଲା ଅଧିକତର ଖୁସିରେ ।
ତାର ଖୁସିର ବେପଥୁରେ ପୁଣି ପ୍ରକାଶ ପାଇଲା
ଶିରତ୍‌ର ସବୁ କୁସୁମର ବ୍ୟାକୁଲ ବାଣୀ ଆଉ ଲିପି ।
ସବୁ ଗୁଲ୍ମ ଆଉ ଉଭିଦର କାତରତା ଛବି ପରି ଭାସିଉଠିଲା ଏକାବେଳକେ
                ତାର ଲଘୁ ଚଂଚଲ ଗତିର ହିଲ୍ଲୋଲରେ... ।
ମୋର ଝରକା ପାଖରେ ବସିରହିଥିଲା ସେହି ମହୁମାଛି – ଠିକ୍ ସେହିପରି
                        ସେହି ଛୋଟ ମହୁମାଛିଟି ॥

xxx

ପ୍ରଚୁର ଥିଲା ତା'ର ସଂଗୀତର ଧରିରଖିବାର କ୍ଷମତା ।
କାରଣ, ଆକାଶର ସବୁ ନୀଲ ଆଉ ପୃଥିବୀର ସବୁ ଶ୍ୟାମଲତାକୁ
ସେ ସ୍ଥାନ ଦେଇପାରିଥିଲା ନିଜ ଭିତରେ ।

xxx

ସେହି ମୁହୂର୍ତ୍ତରେ ମୋର କେଜାଣି କାହିଁକି ମନେ ହେଲା –
                ବିରାଟ ଏହି ଧରା ଆଉ ଆକାଶକୁ

ବହନ କରି ଆଣିଛି ଯେପରି ସେଇ ମହୁମାଛିଟି ତା'ର ଡେଣାରେ

ମୋର କ୍ଷୁଦ୍ର କୋଠରି ମଧକୁ

ଆଶ୍ଚର୍ଯ୍ୟ ! ସେହି ସାନ ମହୁମାଛିଟି ।*

(ଛାୟାରେ।)

---

* 'ଉତ୍କଳ ସାହିତ୍ୟ' ମାଘ ୧୩୩୪ (୧୯୩୫)।

ଏକ ଫାଲ୍ଗୁନ

ମୋ ତରୁର ଡାଳେ ଡାଳେ ଫୁଲର ଇସାରା –
ଯେଉଁ ଫୁଲ ଫଳକୁ ଉଛାରେ ।
ମୋ ମନର ମୃଣାଳରେ ଲାଗେ ପଦ୍ମତୋଳା
ଯେଉଁ ପଦ୍ମ ଲଳିତ ବୁକୁରେ ॥

ଆସିଚି ପ୍ରମିଳା ରାତି ସହଚରୀ ଦଳେ
ଗଳିରେ ଗଳିରେ ଫିଂଗି ଲକ୍ଷ ଧନୁଶର ।
ଆସିଚି ଆଦିମ ଧ୍ୱନି ଫେରି ଆଉ ଥରେ
ପରାହତ କରି ସବୁ ଲୁହା ଆଉ ଟିଣର ୫°କାର ॥

ତେଣୁ ଭାବେ, ମୋର ଏ ଚିନିର ଦାଂତ ବତାସର ମାଡ଼େ
ଯଦି ଠକ୍‌ଠକ୍‌ କଂପେ, ପ୍ରବୀଣ ଚଇତ
ଯଦି ମୋତେ ଭୟଭୀତ କରେ;
ମୁଁ ଇ ଏକ କାମନାର ବିକଳ ରଇତ
ଯଦି ହୁଏ ଭୂମିଚ୍ୟୁତ,
ଯଦି ମୁଁ ତ୍ରିକୋଣଭୂମି ପରି ପ୍ରତିଥର
ବନ୍ୟାପ୍ଲୁତ ହୁଏ –
ଭାସିଯାଏ
ଅନାଦି ଗ୍ରୀଷ୍ମର ସର୍ତେ
ବର୍ଷାର ଆବର୍ତେ,
ଯଦି ମୁଁ ବା ଲଳିତାକୁ ପାଏ ! !

ସ୍ଥିର ମନ, ପଦ୍ମବନ, ଉବୁଡ଼ୁବୁ ଜହ୍ନ ।
ଫାଁକେ ଫାଁକେ ପାଣିଟିଆ ଅଂଧାରର ଥାକ ।
ଆକାଶରେ ଶୋକଛାୟା, ସେ ଯେପରି

ଏକ ଅସମାପ୍ତ ଶୋକର ପୋଷାକ ।
ପ୍ରତ୍ୟୁଷ, ମଧାହ୍ନ,
ପଲାଶର ନିଆଁ ସେକେ ଉତ୍ତେଜିତ ପୋକ,
ଚେତନାର ଛକ ।

ବନେ ବନେ ମହୁଲ ମହକ ।
ତା'ପରେ ଗୋଧୂଲି ।
କେଉଁ ସ୍କୁଲଫେରଂତା କ୍ଲାଂତ କିଶୋରୀର ଇସ୍ତିଚ୍ୟୁତ
ଶାଢ଼ିଟି ପରି ।
ଥାଉ, ଥାଉ, ଲୋଡ଼ା ନାଇଁ ଖୋଲି ଆଉ ପୃଷ୍ଠା ।
ପ୍ରତିଟି ପୃଷ୍ଠାରେ ସେଇ ଚିହ୍ନ ।
ପଥେ ପଥେ ସେଇ ଏକଇ ନିକ୍ବଣ ॥

ଏଇ ଧ୍ବନି, ଏଇ ରଂଗ, ଏଇ ପଁଚଶିଖା
ମୋତେ ଡାକେ ।
ନୁହେଁ କବି, ନୁହେଁ ମୁଁ ପତଂଗ ।
ମୁଁ ନୁହେଁ ତ ପରିତ୍ୟକ୍ତ
                କେଉଁ ଗଡ଼ର ପରିଖା ।

ଗଂଧ ଆଉ ରଂଗ
ଆଉ ସଂଗୀତର ଲୋକେ
ମୁଁ ଏକ ପ୍ରଦୀପ୍ତ ଶାଂତି ।
କେଉଁ ପୁଷ୍ପିତ ଅରଣ୍ୟଘେରା ଗଭୀର ଗୁଂଫାରେ
ଫଗୁଲ ହରଫେ ଲେଖା ଏକ ମଂତ୍ରଲେଖା
ସେ କି ମୁଁ ?
ରଂଗିନ୍ ରହସ୍ୟେ ଭରା ଏକ ପ୍ରାର୍ଥିତ ଭୂମିକା ! !

ପଲାତକ ସମୟର ମୁଁ ବି ଏକ ଚିହ୍ନ ।
ନିଜେ ମୁଁ ଫାଲ୍ଗୁନ ।*

---

* ତା ୧୧।୩।୩୨ରେ କଟକ ଆକାଶବାଣୀ ଆନୁକୂଲ୍ୟରେ ଅନୁଷ୍ଠିତ କବିସମ୍ମିଳନୀରେ
ଲେଖକଂକ ଦ୍ବାରା ପଠିତ ।

ଅଂତରୀକ୍ଷ

...and then I asked him with my eyes to ask him
                                        again yes
and then he asked me would I yes...
and first I put my arms around him yes
and drew him down to me so he could feel by breasts
                                        all perfume yes
and his heart was going like mad
and yes I said yes I will yes

                                Ulysses' - Joyce

...ନାହିଁ ନାହିଁ କିଛି ହେବ ନାହିଁ ତୁମେ କିଛି ପଚାରିବ ନାହିଁ

ଏଡ଼େ ବଡ଼ ଦୁନିଆରେ ଏତେ ଟିକେ ସତେ ଟିକେ ସ୍ଥାନ ଟିକେ ନାହିଁ...

ନାହିଁ ମୁହିଁ ନାହିଁ ବିଂଦୁଶୂନ୍ୟ ମାଂଡ଼ଳରେ ସେ ଓଲଟ ରାଜହଂସ ନାହିଁ

ଏବଂ ଶୂନ୍ୟ ପରିଧିରେ ଯେ ଚକର ଭାଙ୍ଗିଗଲା ଯହି ତାହା ଚାଲେ ନାହିଁ...

ଏବଂ ମୋ ଆତ୍ମା ଓଲଟେ ନାହିଁ ମୋ ବନ୍ଧୁ ନିପଟେ ନାହିଁ ଏବଂ ମୋ ଶିଖା
                                ଲପଟେ ନାହିଁ ନାହିଁ

ଆଉ ମୋତେ ତୁମେ ଛାଡ଼ି ଦେବ ନାହିଁ

ତୁମେ ମୋତେ ଜାଲି ରଖ ନାହିଁ ଅଥଚ ନିଭିବାକୁ ଦିଅ ଦିଅ ନାହିଁ

ଏବଂ ମୋତେ ତୁମେ ଧରି ରଖି କିଂବା ଧରି ରଖ ନାହିଁ ବିତାଇ ଦିଅ ନାହିଁ

ନାହିଁ ନାହିଁ ହଁ ହଁ ହେବ ହେବନାହିଁ ହେବ ନାହିଁ ନାହିଁ।

ଘର

ଏଇ ରାତି, ଅଇ ଥଣ୍ଡା, ଏଇ ଝଡ଼ ହାଓୟା ପ୍ରବଳ
ବାହାରେ ଅସହ୍ୟ ମୃତ୍ୟୁ ଯଥା ଏକ କଟାସ କରାଳ
ଝାଁପ ଦେବା ପାଇଁ ଚାହେଁ; ବଂଦ କର ଦରଜା, ଝରକା ।
ଭଲ ଏଇ ଘରକଣ, ଏଇ ଗୃହ, ଏଇ ମଞ୍ଚ ହଲ୍,
ନୀରବ ଚଉକିଗଣ, ଏ ଗାଲିଚା, ଏ ମିତ୍ର ଟେବୁଲ୍ ।
ଗଛ କର, ଗୀତ ବୋଲ, ଛୋଟ ଛୋଟ କାମ ଅବା କର,
କିଂବା ଏକ ବହି ନେଇ ଚୁପଚାପ୍ ପଡ଼ିରହିଥାଅ,
ସବୁ ଲାଗେ ଅର୍ଥମୟ । ମାଇଲିଏ ଚାଆର ଚୁମୁକ,
ଅବା ଖଂଡେ଼ ସିଗାରେଟ୍‌, ବେହେଲାର କରୁଣ ଯମକ,
ବହୁ ଗୁଣେ ଶ୍ରେୟସ୍କର ॥

    ବଂଦ କରି ଦିଅ ତେବେ ଖିଡ଼ିକି, ଦୁଆର ।
ଚାଲ ଚାଲ ଜମାଟ ରହସ୍ୟମାନ ଏଡ଼ି
ବିଭିନ୍ନ ଜଗତ୍‌ ମଧେ ପ୍ରତିଧ୍ବନି ଗଢ଼ି
ଆମର ନିଶ୍ଚିତ କଣ୍ଠେ, – ଯେଉଁଠାରେ ମୁହୂର୍ତ୍ତର ବିଂବେ
ଆମର ଜଣା ପୃଥିବୀର ଛାୟା ପଡ଼େ । ସେଇଠାରେ ଶାଗୁଆ ଆଲୁଏ,
ଅବା ତୀକ୍ଷ୍ଣ ଅଂଧାରର ସ୍ତରେ ସ୍ତରେ, ଚେତନାର କୃଏ
ବିଂଦୁ ବିଂଦୁ ସୁନୀଲ ଆକାଶ ଝରି ପଡ଼େ ଟପ୍‌ ଟପ୍‌
    ଯେଉଁ ବା ଶିଶିରସମୂହେ ।
ଚାଲ ଚାଲ ନିର୍ଦିଷ୍ଟ ଘରକୁ ତେବେ –
    ଯେଉଁଠାରେ ଆଶ୍ବସ୍ତ ସୀମାଂତ ॥

କିଂତୁ ଦିନେ ଅତର୍କିତେ ସେ ଜଟିଳ ହାତ

ଝାଁପ ଦେବ । ଭାଙ୍ଗିଯିବ କଠିନ କବାଟ ।

କରିଦେବ ସୁଇଚ୍ ଯେ ଅଫ୍ !

ମୋ ନିଶ୍ଚିତ ନିଖିଳରେ କରି ତୋଷାରଫ

ହୋଇଯିବ ଅଂତଧାନ । ଏ ନିମେଷେ, ସେ ତ ମହାକାଳ ।

ହାୟ ! ହାୟ ! ସେଇ କୃଷ୍ଣ କରାଳ ବିଡ଼ାଳ ।*

---

*ମୋର ଜଣେ ଅଷ୍ଟ୍ରେଲିଆନ୍ କବିବଂଧୁ ମିସ୍ ନ୍ୟାନ୍ସି କାଟୋଁକର ଏକ କବିତାର ଉଦ୍ଧରେ ।

ସୀମାନ୍ତ ଟ୍ରେନ୍

ପାପୁଲିର ଗାର ପରି ବିଚିତ୍ର ଲାଇନ୍‌ମାନ ଦେଇ
ସୀମାନ୍ତର ଟ୍ରେନ୍ ଯାଏ ତରଙ୍ଗିତ ରାତିରେ ଗାଧୋଇ ।
ନକ୍ଷତ୍ର ନହଡ଼ି ଭାଙ୍ଗି ଏ ନିୟନ୍ ରାତ୍ରିର ପ୍ରହରେ
ଏକକ ମୁହୂର୍ତ ପରି, ଅବା ଏକ ମାଇଲଟି ପରି,
ମୋ ଜୀବନ, କେତେ କେତେ ଜୀବନର କେନ୍ଦ୍ର ଭେଦ କରି
ଏଇ ଟ୍ରେନ୍ ଛୁଟି ଚାଲେ ।
ମନେହୁଏ ଶୈଶବର କାଳୁଁ
ଏକ ନୀଳ ଫାଲ୍‌ଗୁନରୁ ଅନ୍ୟ ଏକ ଫାଲ୍‌ଗୁନ ଯାଏଁ ।
ପୃଥିବୀ ଯେଉଁଠି ଦିନେ, ଅଥବା ନିମିଷେ, ଅବା ମାଇଲିଏ ।
ଅଥବା ସମୁଦ୍ର–ଛୁଆଁ ଚେନାଏ ବା ଘାସ,
ସୁନିର୍ଜନ ସୀମାରୁ ଟିକିଏ ।
ମୋତେ ନେଇ, ମୋତେ ଛାଡ଼ି ସୀମାନ୍ତର ମେଲ୍ ଚାଲିଯାଏ ।
ମୋତେ ଯିଏ ଖୋଜି ବୁଲେ ପୃଥିବୀରେ, ଖୋଜି ଖୋଜି ଯିଏ
ପ୍ରତି କକ୍ଷେ ଯାଇ ଦେଖେ ସେଇଲାଗେ
ସେଠାରୁ ମୁଁ ଚାଲି ଯାଇ ଥାଏଁ, –
ସେମାନେ କାହିଁରେ ନାଇ, ସେମାନଙ୍କ ପାଇଁ ହୁଏ, ନୁହେଁ ॥

ସବୁଜ ଶୈଶବ ଦିନୁଁ ବିଚିତ୍ରିତ ନାନା ଘଟନାରେ
ରହସ୍ୟ ଦ୍ୱୀପରେ କାହିଁ, ମୋ ସତ୍ତାର ନିର୍ଜନ ପ୍ରାନ୍ତରେ
ମୁଁ କରିଚି, ଅବା ମୋର କାରଣକୁ ନେଇ
କରାଇଚି କେହି ।
ମୁଁ ଛୁଟିଚି ଅବା ମୋତେ ସତେ କିଛି
ନେଇଚି ଛୁଟାଇ,

ମୁଁ କିଂତୁ ସେଠାରେ ନାଇଁ, ଯେଉଁଠାରେ କିଛିକ୍ଷଣ ଆଗେ
ଛିଡ଼ା ହୋଇ ରହିଥିଲି ଦେଶକାଳପାତ୍ର ମଧ୍ୟଭାଗେ ।
ତଥାପି ସୁଂଦରତମ ଦୂରତ୍ୱ ଯେ ବାକି –
ହେନକ୍ଷତ୍ର ! ହେ ସମୟ ! ରହ, ରହ, ତୁମ ସଂଗେ ଯିବି ମୁହିଁ
			ଏଠି ନ ଅଟକି ॥

ଯାହାକୁ ‘ଏଠାରେ’ କହୁଁ, ଯାହାକୁ ବା ମଣୁଁ ଏହିକ୍ଷଣି,
ସେ ସବୁକୁ କେତେ ଆହା ନ କରିଚି ମୁଁ ଇ ପ୍ରଦକ୍ଷିଣ,
ଯା ଗର୍ଭରୁ ଗଢ଼ିଚି ଭୟକୁ, ସମୟକୁ,
କାଳର ଶାଶ୍ୱତ ଗତି ଭାଂଗିରୁଜି, ରୋକି
ରହ, ରହ, ହେ ନକ୍ଷତ୍ର ଆଉ ଭୟ ! ହେ ସମୟ !
			ଆଉ ହେ ଅବର୍ତମାନ ।
ମୋତେ ଡାକେ ସୀମାଂତର, କାଳାଂତର
			ଅଭୟ ଆହ୍ୱାନ ॥

ଅଦୂରେ ବିମାନଘାଟି । ସେଠିକାର ମୃଚ୍ଛକଟ ଧୂଳି
ପଶେ ମୁହେଁ, ଆକାଶରୁ ଘନଘନ ଶୁଭୁଚି କାହାଳୀ –
ଯେଉଁ ଉଚ୍ଚୁଁ ମଣିଷର ଅସହ୍ୟ କ୍ଷୁଦ୍ରତା ଜଣାଯାଏ –
ଅତି ତୁଚ୍ଛ, ଜୀର୍ଣ ଓ ଭଂଗୁର
ମଶାଣିର ଏକ ନରମୁଂଡ ପ୍ରାୟେ ।⁰
ଯାହାକୁ ଭାଂଗି ଲାଭ ନାଇଁ, କାରଣ
ଆଉ ଏକ ଶତ୍ରୁର ଆଖିରେ କଣ
ତାହା ପୁଣି ଉଠେନା ଉକୁଟି
କିଛି କ୍ଷଣ ଗଲେ କଟି ?
ନିକଟେ ବଂଦର ॥

ଏ ଟ୍ରେନ୍ ଯୁକ୍ତ କରେ ବିମାନଘାଟିରେ ଅଥବା ବଂଦରରେ,
ଅବା କେଉଁ ମୃତ୍ୟୁର ଛାଉଣୀ ମଧ୍ୟେ ଆବର୍ତିତ ଆରେକ ମୃତ୍ୟୁରେ,
			ସହରତଳିରେ ।୭

ଏ ଟ୍ରେନ୍ ଛୁଟି ଯେ ଚାଲେ ସୀମାନ୍ତର ପାରେ

ପାର ହୋଇ

ଆରି ନିର୍ଣୀତ ସ୍ଥିର ଭୂଗୋଳର ଘର ।

ଏ ଟ୍ରେନ୍ ଯେ ଛୁଟି ଚାଲେ ପ୍ରହର ପ୍ରହର

ପ୍ରତି ପଳେ ପଳେ, କାଳ ଆଉ ନକ୍ଷତ୍ର ସ୍ରୋତରେ ।

ମୋ ପ୍ରାଣର ସ୍ୱରବର୍ଣେ ଲିଭିଥିବା ବହୁ ମୌନ ସ୍ୱରରେ

ମୋ ଜୀବନେ ହଜିଥିବା ଅଗଣନ ଜୀବନର

ପ୍ରତ୍ୟେକ ଶବ୍ଦରେ

ଏ ଟ୍ରେନ୍ ଯେ ହଜିଯାଏ, ଲିଭିଯାଏ ।

ଏ ଟ୍ରେନ୍ ଛୁଟାଇ ନିଏ ମୋତେ କୌତୂହଲେ

ଉଲଂଗ ମୁଁ ନକ୍ଷତ୍ରର ତଳେ ।

---

(୧) ଜୁଡ଼ିଥ୍ ରାଇଟ୍ଙ୍କର 'ମୁଭିଂଗ୍ ଇମେଜ୍' ଦ୍ରଷ୍ଟବ୍ୟ ।

(୨) କାର୍ଲ ସାପିରୋଙ୍କ କବିତା ଦ୍ରଷ୍ଟବ୍ୟ ।

ସ୍ୱଗତ–୧

(ଡିଲାନ୍‌ ଥମାସଙ୍କୁ)

ମୋ ଉଦ୍ଧତା ଛାଇକୁ ଓଟାରି ମୋତେ ଯିଏ
ଭିଡ଼ି ନିଏ ତଳେ,
ସମୁଦ୍ର ଉପରେ
କଂବର ଆକାଶପଥୁଁ ସାଗରଗର୍ଭରେ,
ମୋ ମୃତ୍ୟୁର ସହଚରୀ ସେଇ ନାୟିକାରେ, (ଛାୟାଗ୍ରାହିଣୀରେ)
ଦେଖିଚି ମୁଁ ଜୀବାଣ୍ଡୁର କୁହୁଡ଼ି ଗଳିରେ, ମୋର ଛାୟା ତଳେ
ନିମଗ୍ନ ସହରେ ॥

ଜଠର ଦ୍ରୋଣିରେ, ଦୀର୍ଘ ଜରାୟୁ ଥଳିରେ
ପିତୃକୀଟ ବଂଶ ଗଢ଼ିବାରେ,
ମୋ ଲବଣ୍ତୁ, ମୋ ପିତାର ଲବଣ ସ୍ୱାକ୍ଷରେ
ଅସଂଖ୍ୟ ସନ୍ତାନ–ସେତ, ବଂଶଜ–ଧାରାରେ
ମୋ ଧାତୁରେ ଧାତବ ନଗରେ,
ସେ ମୃତ୍ୟୁର ବୀଜ ପୋତା ଅଛି –
ମୋ ଛାଇରେ, ଛାୟା ପ୍ରତିମାରେ,
ଯେ ବୀଜରେ ମୋରଇ ଜୟଂତୀ ।
ଜୀବନର ସୁଂଦର ଶ୍ରାବଂତୀ
ସେ ବାଟେ ମିଳେ କି ନାଇଁ
ଜାଣେ ନାଇ,
ତଥାପି କର୍କଶ ମୃତ୍ୟୁ
ଜୀବନକୁ ଡାକି ଆଣେ ସେ ବାଟ କଢ଼ାଇ ॥

ଗ୍ରୀଷ୍ମର ସଂତାନେ
ସେଠାରେ ଜାହିର କରେ
ଚିତ୍ରବନେ ଅବା ପୋତା ଗ୍ରାମେ
ଯେଉଁଠି ମୃତ୍ୟୁର ଫୋକ କରେ ମୁକାବିଲା
ଫଂକର ବାଜ୍ୟାପ୍ତି ଫଂକେ, ଜୀର୍ଣ ଶୁକ୍ତ୍ରାଲା ॥

ତୃତୀୟ ପଲ୍ଲିରେ, ଆଉ ଏକ ଗଲିର ସୂର୍ଯ୍ୟରେ
କିଂବା ଆର ବଖରାରେ ନୂଆଜାତ ଶିଶୁର ଙ୍କାରେ,
ଅବା ଗୂଢ଼ ଅନାଗତ କେଉଁ ଗୋପ୍ୟ ପିଲାର ଗାଲରେ
ନୂତନ ବୀଜର ଜୟ, (ଆଉ ଲୟ)
ପୁଣି ସୂର୍ଯ୍ୟୋଦୟ
ନୂଆ ନୂଆ ଦିନର ଚାଲରେ।
ମୋର ପାରଦ ରକ୍ତେ, ଲୁହା ଆଉ ରସାୟନ ଛାଲେ
ଆଉ ମୋର ଅଭିନ୍ନ ଛାୟାରେ
ଆଗିଲା ପିଛିଲା ଦୁଇ ମୃତ୍ୟୁର ସେଠାରେ
ଗୋପୁର ହଟାରେ ॥

ପ୍ରଥମ ପଂକ୍ତିରେ ସୂଚିତ ଚିତ୍ରକଣ୍ଠର ଆଧାର ହେଉଚି ଛାୟାଗ୍ରାହିଣୀ ନାମକ ରାକ୍ଷସୀ –
ଯେ ହନୁମାନ୍ ସମୁଦ୍ର ଡେଇଁ ଲଂକାକୁ ଯାଉଥିବା ବେଲେ ସମୁଦ୍ରରେ ପଡ଼ିଥିବା ତାଂକ ଛାଇକୁ
ଟାଣି ହନୁମାନଂକୁ ତଲକୁ ଝିଂକି ନେଇଥିଲା

ଶ୍ରାବଂତୀ – ରାମାୟଣୋକ୍ତ ନଗରୀ। କୋଶଲସ୍ଥ ଲବଂକ ରାଜଧାନୀ।

ସ୍ୱଗତ-୨

ସାଁଚି ବା ଅଜଂତା ନୁହେଁ...
          ଖାଲି ଏକ ଚିତ୍ରିତ କଳସୀ,
ତାର ଜଳେ ନାନା ତାରା   (ବିଚିତ୍ର ଆକାଶ)
          ଚାରୁ ଚଂଦ୍ରମସୀ ।
ତା ଆଖିରେ ନିଜକୁ ମୁଁ ଯେବେ ବା ଦେଖିଚି
ନିଜର ଦ୍ୱିତୀୟ ଅର୍ଥେ ଖୋଜି ପାଇଅଛି ॥

ମୋର ପଂକେ, ମୋର ହୋଇ-ପାରିନି-ଯାହାରେ
ତାର ଅଂଗୀକାର ଜଳେ ସୂର୍ଯ୍ୟଅଂଗୀକାରେ ।
ମୋ ସ୍ମତିର ଆଂଗୁଠିରେ ଅଂଗୁରୀଟି ପରି
ସେ ନ-ହୋଇ-ପାରିବା ରାତି ରହିଅଛି ଜଡ଼ି ॥

ଯଦି ସେ ଦେଇଚି ଧରା,
          କିଂବା ଯଦି ବାଜିଚି ବେସୁରା,
ତାକୁ ନେଇ କ୍ରୀଡ଼ା କରେ
          ମୋ ମନର ଏକାଂତ ଏଲୋରା ॥
ଯଦି କେବେ ଜାଲ୍ ଦିନେ
          ସୂର୍ଯ୍ୟବିରତିରେ
ନୂଆ ଛାୟା ପଡ଼େ ଆସି
          ଅମେଘ ବିକାଲେ
ପରିଚିତ ପ୍ରାଂଗଣରେ –
          ତେବେ ସେଇ ଦ୍ୱିତୀୟ ସଭାରେ
          ସଂଦେହ ନ କରି

ତୁମର ଅର୍ଦ୍ଧେକ ସତ୍ତା ଯାହା ଚନ୍ଦ୍ର ପରି
ଚିର ଅଂଧକାରେ ରହେ ମୋଠାରୁ ସର୍ବଦା,[1]
ସେଇ ଚଂଦ୍ରାବଳୀ ଲାଗି ଅଭିସାରୀ ବୋଲି
ଜାଣିବ ସୁଂଦରୀ।

---

[1] ନୋଟ୍ : ଚଂଦ୍ରର ଏକାର୍ଦ୍ଧ ପୃଥିବୀକୁ ଜମା ଦେଖାଯାଏ ନାହିଁ ବୋଲି ବୈଜ୍ଞାନିକମାନଙ୍କ ମତ।

ଉତ୍ତରସୂରି

ଆମର ପ୍ରତିମାମାନ ଭାଙ୍ଗିଯାଏ, ହଜିଯାଏ ଏଣେତେଣେ
ଦେଖ ଦେଖ ଦିଗ୍‌ବାରେଣୀ ତୂଲେ।
ହଂସକୋଣ ମେଘ-ମୁଖ, ଚଳୋର୍ମିମୟୂଖ
ମିଶିଯାଏ ସୂର୍ଯ୍ୟ ସୌରଭରେ।
ପୁଣି ଯେବେ ରାତ୍ରି ଶେଷ ହୁଏ, ମନେହୁଏ ସବୁକିଛି ଯାଇଚି ବଦଳି।
ଘୃତାଚୀର ଶତେକ ସୁଂଦରୀ
କନ୍ୟାଗଣ ବାୟୁଦ୍ୱାରା ଭଂଗ ହେଲା ପରି।
ତଥାପି ସେ ବିଛଡ଼ା ଫୁଲରେ ଯୋଡ଼ି ହେବ ନାହିଁ ?
ମୋର କ୍ଷିପ୍ତ ଅସ୍ତ୍ରଗଣ, ଶୁଷ୍କ ଆର୍ଦ୍ର ଦୁଇ ଅଶନିଳ
ମୋତେ ପ୍ରଦକ୍ଷିଣ କରି
ଆଶ୍ରା ଲୋଡ଼େ ମୋ ମନରେ ପୁଣି।
ମୋର ତୂଣୀ ଶମିଶାଖେ ଲିପିବଦ୍ଧ ହୁଏ ॥

ଆମର ପ୍ରତିମାମାନ ବଦଳି ଯେ ଯାଏ
ହଂସବିଂଦୁ ଆକାଶରେ।
ନାନା ତୁଂଗ କାମନାର କୋଣାରକ ଭୁସୁଡ଼ି ଯିବାରେ,
ଅଥବା ଷାଠିଏ ସସ୍ର ବାଳଖିଲ୍ୟ ଇଚ୍ଛାର ଚଟାଣେ,
ନାନା ଚିତ୍ର-ଗୁରୁବାରେ ମୁରୁଜ ଚିତାରେ,
ଅବା ବୈଶାନଖ ଚିଭେ ପ୍ରତୀକ୍ଷାର ପରେ
ସୂର୍ଯ୍ୟାସ୍ତ ତୋରଣେ ॥

ନୂତନ ଲେଖନୀ ଅବା ଅସଂଖ୍ୟ ନିହାଣେ
ଅଗଣିତ କଂଠେ,
ନୂତନ ପ୍ରତିମା ଫୁଟେ, ନୂତନ ସମ୍ରାଟେ,
(ପଛେ ରଖି କୋଇଲି ବୈକୁଂଠେ।)
ଭଂଗା ହାଡ଼େ ରଂଗା କଡ଼େ
ଚେତନାର ଦାଢ଼େ,
ଝରଝର ହୃଦୟର ଝଡ଼େ
ନୂଆ ରୂପ ଖୋସା ବାଂଧେ
ନାନାଦି ସଂବଂଧେ
ଆଜି ପୁଣି ଏ ଯୋଡ଼ା ଆଷାଢ଼େ।

ସଂସ୍କରଣ

(ଭଗବତୀ ପାଣିଗ୍ରାହୀଙ୍କ ମୃତ୍ୟୁ-ବାର୍ଷିକୀ ଉପଲକ୍ଷରେ ଲିଖିତ)

ଆକାଶେ ଉଡ଼େ ଶ୍ୱେତ
      କପୋତ ଶତ,
ଶୂନ୍ୟ ପଟଳରେ
      ଶାଂତିର ମହାଦୃତ ।
ସେ କି ହେ ବଂଧୁ ତୁମ
      ଯଜ୍ଞ ଉପବୀତ !!

ଆକୁଲେ ବହେ ବାୟୁ
      ଗଂଧ-ଗଦଗଦ
ସେଥିରେ ମିଶିଚି କି
      ତୁମରି ଦେହଛଂଦ ।
ଧନିକ ଦୁନିଆର
      ସୁନାର ଲଂକା ଦହି
ତୁମେ କି ଠାବ କଲ
      ଶାଂତିର ବଳିଦେହୀ ?
(ଫେରିବ ନିକି ଏବେ
      ମରଣସିଂଧୁ ଡେଇଁ ?)

ମରଣ ଏଡ଼େ ଲଂବା
      ଦୀର୍ଘ ଏଡ଼େ ହୁଏ ।
ଚିଡ଼ା ତ ଲାଗିଲାଣି,
      କି ତୁମ ମନେ ହୁଏ ?

ଧରିତ୍ରୀ ଡାକେ ଦୂରେ
          ଶ୍ୟାମଳ ବାରିବାହେ ॥

ଶୋଷଣ କଳ ଚୂରି
          ମୁକ୍ତି ଯଦି ପାଇ,
ୟା ବୋଲି ଶାସନର
          ଚକରେ ଘୋରି ହୋଇ
ଚାହୁଁ କି ଘୁରିବାକୁ
          ନିଜକୁ ବଲି ଦେଇ ?
ବଢ଼ିବ ବୋଲି କିଛି
          ମଜୁରି ଶତକଡ଼ା
କରିବା ପାଇଁ ବଡ଼
          ରାଷ୍ଟ ଏକ ଛିଡ଼ା,
ପ୍ରକାଶ ନିଜ ଭୁଲି
          ପ୍ରୟୋଗେ ହେବୁଁ ଲୋଡ଼ା ?

ପ୍ରଶ୍ନ ନାନା ଆସି
          ହୋଇଛି ଆଗେ ଠିଆ,
କୁଆଡ଼େ ଗଲ ଛାଡ଼ି
          ଜଟିଳ ଏ ଦୁନିଆ ?
ବହୁତ ଅଛି କଥା
          ଭାବର ଦିଅନିଆ ॥

ପ୍ରୟୋଗ ଘର ଡେଇଁ
          ମଣିଷ ଯେତେବେଳେ
ପାଇବ ନିଜକୁ ସେ
          ସମଷ୍ଟି ଭିତରେ,
ନିଜର ପ୍ରକାଶ ବା
          ଲୋଡ଼ିବ ସେତେବେଳେ ॥

ଆସିବ ତେବେ ଅବା ଶାଂତିର ମହାଦୂତ !
ଜୀବନ ପୁରୁଷ ହେ ! ଧରଣୀ କରି ପୂତ ।
ଉଡ଼ାଇ ଦେବ ତୁମ କର୍ପୂର-କପୋତ ତ ! !
କେବେ ସେ କେବେ କହ ଆସିବ ଶୁଭଦିନ
ନିଜର ପ୍ରକାଶରେ ମଣିଷ ଯେଉଁ ଦିନ
ଗଢ଼ିବ ନିଜେଇ ସେ ସୁଂଦର ଅଶାସନ ! !*

____

* ଅଶାସନ – Stateless Societyକୁ ଲକ୍ଷ୍ୟ କରାଯାଇଚି । କବିତାଟି 'ନୂଆ ଦୁନିଆ'ରେ ପ୍ରକାଶିତ ହୋଇଥିଲା ।

ପ୍ରଥମ ରାତ୍ର

(ଶ୍ରୀ ଶ୍ରୀ ରାମକୃଷ୍ଣ ଓ ଶ୍ରୀମତୀ ସାରଦାମଣିଙ୍କ ପ୍ରଥମ ମିଳନ ରାତି ।)

ରତିହୀନ ବିରତିର ରାତି ପାହିଯାଏ ।
ଗନ୍ଧ-ଗଦଗଦ ବାୟୁ ଛୁଟିଆସି ଛୁଏଁ ।
ବାହାରେ ବଂସତ –
'ରତୁଣାଂ କୁସୁମାକରଃ' ।
ପାଖେ ସୁପ୍ତା ତନ୍ଦ୍ରୀ,– ଜଡ଼ସଡ଼ ତ୍ରସ୍ତ ।
ଶୋଇଚି ବା ଘୋଡ଼ି ହୋଇ ନୂଆ ପତ୍ର ଶାଲ
ଏକ ବିକଚ କମଳ,
ଲାବଣ୍ୟ-ଉର୍ମିଳା ।
ଆହା ! କି ସୁନ୍ଦର ଏଇ ନାରୀ ପ୍ରେମ ପଦ୍ମଢୋଲା ।
ହଁ, ହଁ, ଭଲ କରି ଦେଖ ।
ଅପରୂପ ଶୋଭାର ମୟୂଖ ।
ଦେଖ, ଦେଖ, ଦେଖ । ଭଲ କରି ଦେଖ ।
ଅନ୍ତନାଡ଼ୀ, ମଳମୂତ୍ର, ଆଉ କେତେ କଣ
        ଚର୍ମ, ମାଂସ, ନଖ ॥

ତୋତାପୁରୀ କହିଥିଲା –
ପିତ୍ରାଳୟେ ପତ୍ନୀ ରଖି ବାହାଦୁରୀ ଦେଖାଉଛି ଶାଲା !
ବାହ୍ମଣୀ ତ ଦେଖିଥିଲା,
        କରି କରି କେତେ ନା ପରଖ ।
ଦିନେ ଏକ ଉଲଗ୍ନ ଯୁବତୀ ଧରି ଆଣି
        ବସାଇଲା କୋଳେ, ସଧାଇଲା ବୀର ।
ଆଉ ତୋତାପୁରୀ ବିଢ଼ିଥିଲା 'ନିର୍ବିକଳ୍ପେ' ତିନିଦିନ କାଳ ।

ଆଉ ମଥୁରବାବୁ ବଜେଇ ନ ନେଲେ ତାକୁ
କେତେ କେତେ ଥର !
ତେବେ ଆଜି ଡର କିଆଁ ?
ସେଇ ତ ସେଇ, – ସେଇ ଏକ ମହାମାୟାରଇ ଖୋଲ ।
ଦେଖ୍ ତେବେ ଦେଖ୍ । ଭଲ କରି ଦେଖ୍ ।

ପ୍ରୀତିମୟୀ, ଶାଂତିମୟୀ ସେ ଏକ – ଅନେକ ।
ଭିନ୍ନ ଓ ଅଭିନ୍ନ, ପ୍ରିୟା ପୁଣି ଜାୟା ।
ଯା ମଧରେ ନିଜକୁ ନୂତନ କରି କରାଯାଏ ଜନ୍ମ
ସେଇ ଜାୟା,
ସେଇ ମାୟା – ମାୟାର ସଦ୍ମ ॥

ଦିବ୍ୟ ଦୀପାଧାର ।
ନିଜରଇ ଛାୟାଘେରା ପୁଣି ନିଜର ଅତିରିକ୍ତ
ମହା ଜ୍ୟୋତିରେ ଉଜ୍ଜ୍ଵଲ ।
ଦେଖ୍, ପୁଣି ଭଲ କରି ଦେଖ୍ ।
ତୋ ହାତମୁଠାରେ ଯାହା, ସେଇ ପୁଣି କେତେ ନା ଦୂରରେ,
ସେଇ ପୁଣି ଧରାର ବାହାରେ ଛୁଟିଚି ସଲଖ ॥

ଏଠି କି ଯିବୁ ରୋକି ? ନା ଚାଲିବୁ ଆଗକୁ ?
ଚାଲ୍ ଚାଲ୍ ଚାଲ୍ । ସିଧା ହୋଇ ଚାଲ୍ ।
ପଡ଼ନା ତୁ ଥକି ଏଠି, ଚାଲ୍ ହୁସିଆର ! !

କି ହେବ ବା ଶାସ୍ତ୍ର ପଢ଼ି ?
ପାଂଜିରେ ଲେଖିଚି ଏତେ ଅଡ଼ା ଜଳ
କିଂତୁ ମିଳେ କି ଟୋପାଏ ପାଣି ସାରା ପାଂଜିଟା ଚିପୁଡ଼ି ?
ଦେଖ୍ ଦେଖ୍ ଦେଖ୍ । ଭଲ କରି ଦେଖ୍ ।
ଯିଏ ଯାର ସିଏ ତାର ସିଏ ତା ଗରାଖ ।
ଦେଖ୍ ଦେଖ୍ ଦେଖ୍ ॥

ଦିବ୍ୟ ଜ୍ୟୋତିର ମହାକାଶେ

(ସ୍ୱର୍ଗୀୟ ଗୋପବଂଧୁ ଚୌଧୁରୀଙ୍କ ମୃତ୍ୟୁରେ ଲିଖିତ)

ଦିବ୍ୟ ଜ୍ୟୋତିର ମହାକାଶେ
ପତଂଗ ମୁଁ ଭାସେ, ଭାସେ ।
କ୍ଷୁଦ୍ର ମୋର ଅଗ୍ନିକଣା
  ମିଳାଇ ଯାଏ ମହା ତେଜସେ ॥

କ୍ଷିତି ବାୟୁ ଜଳ ଆଦି
ପଂଚଭୂତ ନିଏ ସମାଧି,
ମହାଜ୍ୟୋତିର ପାରାବାରେ
ଜ୍ୟୋତିରିଂଗଣ ମୁଁ ମିଶେ !!

କର୍ମ ଗୁଣର ଏ ସଂସାରେ
ଭାଜ୍ୟ ହୋଇ ଯା' ଶେଷରେ
ରହିଲା ମୋର ଲୀଳା ଶେଷେ
ମିଳାଇ ଯାଉ ଅବିନାଶ୍ୟ ॥

ପୃଥିବୀ ଡାକେ ମିଛେ ପଛେ
କି ହେଲା ନାଇଁ, ଚିଂତା ମିଛେ ।
ଊର୍ଧ୍ୱ ଅଧ ବିରାଟ ତୁଚ୍ଛେ
ଆବୋରି ଆଜି ମୁହିଁ ପ୍ରକାଶେ ॥

ବୋରିସ୍ ପାଷ୍ଟରନାକ୍‌ଂକୁ

ଆଜି ଏଠି ଶରତ୍‌ର ମୋଡ଼େ
ଗ୍ରୀଷ୍ମର ପ୍ରଚଣ୍ଡ ଝାଂଜି କିଂବା କେଉଁ ମୌସୁମୀର ୫ଡ଼େ
ଅତିକ୍ରମି ଚାଲିଥିଲି ମୁଁ କେଉଁ କୁହୁଡ଼ିଘେରା
             କୁହୁକ ପାହାଡ଼େ,
ଅନେକଟା ଇଂଦ୍ରଜାଲମୟ –
ତୁମେ ତେଣୁ ଫେରୁଥିଲ, ଦେଖା ଅଧା ପଥେ,
ଶ୍ୟାମଳ ଗାଂଗେୟ ମାଟି, ଜଳାଂଗୀ ସୈକତେ
ହେଲା ପରିଚୟ ।
ତୁମେ କି ସେ ରଣ ଯାହା ଦେୟ
ଅତୀତକୁ ମୋର,
ତୁମେ କି ସେ ଦାବି ଯାହା ପ୍ରାପ୍ୟ
ଭବିଷ୍ୟ ଆମର,
ତୁମେ କି ବିଦେଶୀ ସେଇ ଲୌହନଗରର ?
ଆଉ ମୁଁ ଯେପରି ପରଦେଶୀ ଯାଯାବର ନକ୍ଷତ୍ରପିଚ୍ଛିଲ
ଆକାଶର ଶ୍ୱେତ ମେଘ ଅଶ୍ୱର ଖୁରାରେ ବିତ୍ରସ୍ତ ସକାଳ
ବିଡ଼ଂବିତ କେଉଁ ଏକ ଉପାଂତ ଦେଶର କ୍ଷେତ୍ରପାଳ ! !

ଅସରଂତି ବାଟୋଇଂକ ଭିଡ଼
ହତାଶ ପ୍ରେମିକଗଣ ଆଉ ଆଶାୟୀ ଭିକ୍ଷୁକ ଜନ
ଅନେକ କିଂକର ଆଉ ଶରଣାର୍ଥୀମାନ,
ଏ-ସବୁ ଓ ତୁମେ ମୁଁ ମଝିରେ ଯା ରହିଥିଲା ବାଡ଼
ଲିଭିଯାଏ, ଲିଭିଯାଏ ଯଦି
ଆମକୁ ମିଳାଇଦିଏ ପରସ୍ପର ସଂଗେ ଏକ ନଦୀ

ହଂସଜଳେ ପଡ଼େ ଯାର ଧରା
ଆମର ମନର ସେହି ନିଭୃତ ଚେହେରା ।

ଆଉ ଏ ସମୟ
ଘନବାଦୀ ଚିତ୍ର ପରି ଦେଖାଏ ଯା ଅନ୍ୟ ସମନ୍ୱୟ –
ସ୍ଥିତି ସଂଗେ ଚୈତନ୍ୟର, ମନ ସଂଗେ ସମୟର
ଅପୂର୍ବ ଅନ୍ୱୟ,
ସେ ବି ଆଜି ଧରାଦିଏ, ସେ ବି ଆଜି ମୁହୂର୍ତ୍ତର ଛାଁଚେ
ପ୍ରୟୋଗର ଗାର ଭୁଲି ଉଭା ହୁଏ ପ୍ରକାଶର ମଂଚେ –
ମନେ ହୁଏ ଏ ବାସ୍ତବ, ଏଇ ଭୟ,
ଚେତନାର ସୀମିତ ପଟାଳି
ହଜିଯାଏ ସମୟରେ, ଗଡ଼ିଯାଏ ତା’ ଖଡ଼ିଗୋଟାଳି ॥

ସେ ଆବର୍ତ୍ତେ ନାହିଁ ଶେଷ, ନାହିଁ ମୃତ୍ୟୁ,
ଅଛି ଜନ୍ମାଂତର ।
ଲାରା ବା ଜିଭାଗୋ କିଂବା ତୁମେ ମୁଁ
ଦୃଶ୍ୟରୁ ଯେ ଖାଲି ଦୃଶ୍ୟାଂତର ।
ସେ ଭୂମିରେ ହେଉ ପରିଚୟ ।
କ୍ଲାଂତ କ୍ଷତ ମନ ଯେବେ ଲୋଡ଼େ ଶୈଶବରେ,
ପ୍ରାଣ ଊର୍ମି ମାଗେ ଯେବେ ଆବୃତ୍ତିର କ୍ଷୟ ।
ଚିତ୍ ଚାହେଁ ଯହିଁ ଚିର ଶାଂତି,
ଚେତନାର ଚିଦାଲୋକେ
ଢଳଢଳ ପ୍ରାଣର ପ୍ରମୂର୍ତ୍ତି ॥

ବର୍ଗୀ

କଳା ଘୋଡ଼ା ଧଳା ଘୋଡ଼ା କଷରା ଘୋଡ଼ାରେ
ସଂକ୍ଷିପ୍ତ କଦମେ ଅବା ହଠାତ୍ ଚକ୍କରେ
ଅସଂଖ୍ୟ ବର୍ଗୀର ଧାଡ଼ି ଯାଆ-ଆସ କରେ
ମୋ ମନର ସମତଳ ଅତଳ ପ୍ରାଂତରେ ॥

କେତକୀ ପାଖୁଡ଼ା ପରି ହଳଦିଆ ପାଣିଟିଆ ଖରା
ସମକୋଣ ପ୍ରାଂତରର ଧାରେ,
ବର୍ଛା ତାଂକ ଚକ୍ଟକ୍ କରେ ।
ନାନାନ୍ ଦେଶର ମୁଦ୍ରା ସୁନାର ତଂବାର
କେତେ କେତେ ରାଜ୍ୟତିର ସଂତକ ଓ ଚିହ୍ନ,
ବଡ଼ ବଡ଼ ମୁକ୍ତ ଖଂଡ଼ମାନ
ଥଳିରେ ତାଂକର ॥

ଲଂବା ଲଂବା ଉଷ୍ଟ୍ରାଣ ଓ ବୁଦା ବୁଦା ନିଶ
ମୋ ମନର ମାନଚିତ୍ରେ ଥରେ ।
ଅନେକ ବିପଣୀ ଆଉ ନାରୀର ଚିକୁରେ
ହାତ ତାଂକ ଚିକ୍ଟିକ୍ କରେ ।
ବର୍ଗୀ ଆସେ, ବର୍ଗୀ ଫେରି ଚାଲେ ॥

ଏ ମହାନଗରୀ ଥିଲା ତାଂକ ତଂବୁ ଦିନେ ।
ଏଠିକାର
ଟୋପି ଟୋପି ନକ୍ଷତ୍ର ଧୂସରିଆ ଖୁରୁଂଗ ସାୟାନ୍ନେ
ବର୍ଛା ତାଂକ ଉଠିଥିଲା ଝଲି,
ଯୁଗ ଯୁଗ ଅଂଧାରରେ ଯେପରି ଏକକ କ୍ଷୀଣ ଦିଆସିଲି ।
ଏଠିକାର ଜଳାଶୟେ ହେ ଲୁଂଠନକାରୀ
ତୃଷ୍ଟ ତୁମ ଲିଭିଥିଲା କହ ॥

ଏକ ସନନ୍ଦ

କୁଣ୍ଡଳ ବାହୁଟି ମୁଦି ଶିରପା ସମେତ
ଅର୍ଦ୍ଧରାଜ୍ୟ ରାଜକନ୍ୟା ସହ
ୟିଏ ଦେବ ସେ କହିବ ଗାଥ କବି ମନଲାଖି ଗୀତ ।
ସାବାସ୍ ! ସାବାସ୍ !
ବାଛି ନିଅ ସାତଖିଅ ସ୍ୱର୍ଣ୍ଣ ଉପବୀତ
          ଅଥବା ଆଉ ଯାହା ଚାହଁ ॥

ଅଙ୍ଗ ଅଙ୍ଗା ଆଭରଣ କାଂଚୁଲି ମେଖଳା
ସେ ହିସାବ ଦେବାପାଇଁ ରହିଚି ମେକାପ୍ ।ଞ୍ଚ
ଆଉ ବାଟଘାଟ ରେଷ୍ଟୋରାଁ, ଚା'ପିଆ, ନାଚଗାନ ମେଳା
ସେ ସବୁ ବାସ୍ତବକୁ ଫୁଟାଏ ତ ନାନା ଫଟୋଗ୍ରାଫ୍ ॥

କିନ୍ତୁ ଏଇ ବାସ୍ତବର ଆତ୍ମା ଅଛି, ମାଗେ ସେ ତ କଥା
ନାନାନ୍ ରୂପକେ ଆଉ ସଂକେତେ, ଆଭାସେ ।
ପ୍ରେମ କର୍ମ ଯୁଦ୍ଧ ଆଉ ଶାନ୍ତିର ପ୍ରମୂର୍ତ୍ତି
(ଦୈନିକ ଜୀବନର ଚିତ୍ର ପ୍ରତିଭାସେ)
ଏଇ ଦେଖ ଦିଗ୍‌ବାରେଣୀ ବୃଲେ ଉଠେ ଫୁଟି ॥

କିଏ ମଲା କିପରି ମଲା ଲାସ୍‌କଟା ଘରର ଫାଇଲ୍
ତାର ସଂଧାନ ଦିଏ ବେଶୀ । ଆଉ ଖବରକାଗଜେ
ଭୀଷଣ ଆବାଲେ ବାସ୍ତବରେ କଥା ଫୁଟେ ଯେତେ
ତାର ରୂପାୟନ କରା କିଛି ନୁହେଁ ତ ମୁସ୍କିଲ୍ ।

---

* ମେକାପ୍ – ରାଜଗୃହରେ ବସ୍ତ୍ରରକ୍ଷାକାରୀ (ମାଦଳା ପାଞ୍ଜି)

କେତେ କିଏ ମଲା ଗଲା, ଆତ୍ମହତ୍ୟା କଲା, କିଂବା ଗୁଳିଗୁଲା –
        ଯେତେ ଯେତେ ରକ୍ତସିକ୍ତ ଅଛି ବଡ଼ବିଲ,
ଉଦ୍‌ଘାଟନ କରିପାର ତାର ମୂଳ ସ୍ୱର
        ଦେଇପାର ଚିତ୍ର ତା ଆତ୍ମାର,
ଝାଡ଼ି ଦେଇ ସବୁ ତହବିଲ୍ ?

ସ୍ଥାନୀୟ ବିଶେଷେ
ରଖି ଦେଇ ଖବରକାଗଜ ଏବଂ କାମେରା ସକାଶେ ?
ତଥାପି ରଜାଘର ତଂବାପଟା ଆଉ
ସମାଜର ଭିନ୍ନ ଭିନ୍ନ ଶ୍ରେଣୀର ଛାମୁଟିଟାଉ –
ଇଆ ଲେଖ, ତା ଲେଖ ଲେଖ ଲେଖ
ଅମୁକ ଘଟଣା –
ତୁଚ୍ଛାଟାରେ ସୃଷ୍ଟି କର ଗୋଛାଏ ନାଟକ ।
ମିଳିଯିବ ଝାଡ଼ଖଂଡ଼ କରମୋଲ
କିଂବା ସମୁକ ପାଟଣା ।
'ମାଣେ ଏ ଭୂଇଂର ଅସୀମାଂତ ଗଛମାଳ
        ନିଧ୍ୱ ନିଖାତ ସଜଳ
ତଳିଚୋପ ପ୍ର ।'
ନିଉପନା ଗାଂଏ ସେବକମାନ ଜାଗିରି ଖିଟିଂଗ
ପୋଂଡ଼ାବିଲ ବିଡ଼ବିଲ ମେଧ ଏ ଚାରି ଗାଁ ॥

ତେବେ ଲେଖି ଯା
ଯା ଲେଖିବ, ଯାହା ଲେଖାଯାଇ ପାରେ,
ଯାବତ୍ ଚଂଦ୍ରାର୍କ
ନାହିଁ ଇତି ।
'ଯେତେକାଳ ଚଂଦ୍ର ସୂର୍ଯ୍ୟ ବ୍ରତ
ଏତେକ କାଳଂକର ସ ବ୍ରତୀବାକ

୧୧-୧
ଆଉ କେଂଦୁବିଲ୍ଵ,²
ଲବଂଗ ଫୁଲର ଗଂଧେ ଗଦଗଦ ଯେଉଁ ଅନିଲ !
ଅର୍ଥାତ୍ –
ଆରେ ଯ୫ ଜୀବତି ସ୫ ଜୀବତି ।

---

୧. ମୟୂରଭଂଜ ମହାରାଜା ସର୍ବେଶ୍ୱର ଭଂଜ ଦେବଂକ (୧୬୯୨ ଖ୍ରୀଷ୍ଟାବ୍ଦ) ତାମ୍ରଲିପି ଏବଂ ଭୁବନେଶ୍ୱର ଶିଳାଲିପି (୧୩ଶ ଖ୍ରୀଷ୍ଟାବ୍ଦ) ।

୨. କେଂଦୁବିଲ୍ଵ – 'ଗୀତଗୋବିଂଦ'ର କବି ଜୟଦେବଂକ ଜନ୍ମସ୍ଥାନ ।

ଦ୍ୱିତୀୟ ସନନ୍ଦ

ମେଧ ଲେଖ। ଦାନ ଶାସନ ପଟା ନିର୍ଣ୍ଣୟ କରି
ଅବଧାନ କଲେ ଯେତେ ସ୍ଥଳାନିଧ୍ ନିଖାତ ଜାଗିରି
କାଷ୍ଠ ପାଷାଣ ପଦର ପଂକାଳ ଛାୟା ଉପଛାୟା ସଂଧ୍ ସୀମାଂତରେ
ଚାରି ଗାଁକୁ ଛପନ ଅଂକେ ପୀଢ଼ ତଳୁ ବାହାର କରି
ଆଗ୍ୟାଂ ଦେଇ ଅଛଂତି ଶ୍ରୀପତି କାହାରେ।୧
ଏକ ପାଖରେ ଖିଟିଂଗ, ଯେଉଁଠାରେ
'ଭ୍ରମରେ ପଦ୍ମରେ ରମିଲେ।'
ଦିବ୍ୟାଂଗନାମାନଂକର ସ୍ତନସଂକଟେ ମଳୟ ପବନ
ମଂଦ ମଂଦ ହୋଇ ପ୍ରସରିଲେ।୨
ରୋହିଣୀ ସଂଗେ ଚଂଦ୍ର ବିରଂଗ ପାଇଲା।
ସ୍ମରଣ କରିବା ମାତ୍ରକେ ଗଗନେ ନିର୍ମଳ ହୋଇ ଉଇଁଲା।୩
ତେଣେ ବଡ଼ବିଲ ହେଇ ପଛିମ ପଟେ –
ଦାନ ଛତ୍ର ଦିଆଯାଇଛି କେଉଁ ମୋଟାପେଟୁଆ ଶେଠେ
ଖାଲି ସ୍ଥାନପତିମାନଂକୁ ସୁନିଆ ଭେଟି ଗୋଟେ –
ଅଭିଷେକ, ଉପରିପଟାଂ ଖଂଡ଼ ଖଂଡ଼ିଆଣ, ମାଗ ମାଗଣ,
ବେଠି ବେଗାର, ମଡ଼ି ମୁଆ।୪
ଆଉ ଓଡ଼ିଆ କୁଳିର ଲହୁଲୁହାଣେ ତିଂତାଇ ପଡ଼ିଆ
ସାମ୍ୟବାଦୀ ସମାଜ ପ୍ରକଟେ ॥

ଆଉ କେଂଦୁବିଲ୍ ?
ସେ ତ ରହିଲା ଅନେକ ଦୂରେ, ବହୁ ଶତାଦ୍ରୀ ପଛେ।
ତଥାପି ଯଦି ବଂଶୀ ବାଜେ
ସ୍ୱପ୍ନ ଭାଜେ –

ଅଭାବ ହେବେ ନାଇଁ

କୁଶୀଲବଗଣ

ଶାରଦ ରାସ ମଂଚେ ॥

୧।   ମୟୂରଭଂଜ ମହାରାଜାଙ୍କ ତଂବାପଟା (୧୬୯୨ ଖ୍ରୀଷ୍ଟାବ୍ଦ)

୨,୩। 'ରୁଦ୍ରସୁଧାନିଧି' ପଦ।

୪.   ତଂବାପଟାର କେତେକ ଅଂଶ।

୫.   କେଂଦୁବିଲ୍ୱ – ଜୟଦେବଙ୍କ ଜନ୍ମ ସ୍ଥାନ।

ଏକ ଓଡ଼ିଆ ରୀତି-କାବ୍ୟ ପ୍ରତି

ସୁଂଦରୀ ତୁମେ ସଂଦେହ ନାଇଁ।
ଶହେ ବାର କହିବି ତୁମେ ସୁଂଦରୀ।
କିଂତୁ ତୁମର ଏଇ ସୁଂଦରପଣିଆ ହିଁ
ତୁମକୁ ଯାଉଚି ବଲି।
ତେଣୁ ମନେ ହୁଏ, ମୁଖ ନୁହେ, ତାହା ମୁଖା।
ଛାଂଚେ ଗଢ଼ା ପ୍ରତିମାଟି ପରି
ନିୟମର ମାପରେ ତିଆରି।
ପଦେ ପଦେ ଶୃଂଖଲାର ସବୁର୍ଣ ଶିଂକୁଳି
କିଣିକିଣି ଧ୍ୱନି କରି
ନୂପୁରର ଭ୍ରମ ବା ଜନ୍ମାଏ,
ନାନା ଭାରୀ ଅଲଂକାରେ, ଚଂଦ୍ରହାସ, ଗୋଠ, ଗୁଣା ଚାପ ଓ କଂକଣେ
ତିଲଫୁଲ ନାସା, ଆଉ ପାଟଳୀ ପରାଏ
କର୍ଣ ଦୁଇ, ସ୍ତନଯୁଗ, ବାହୁ, କଟି ପଡ଼ିଯାଏ ଢଂକା।
ବେଲେବେଲେ ମନେ ଜାଗେ ଶଂକା
ତୁମେ ଅବା କେଉଁ ଏକ ସର୍କସ ବାଲିକା।
ସୁଲଲିତ ଦେହଟିକୁ ବଲିବଲି
କରିଚ ଦେହଲୀ। ନିବୁଜ କାଚର ଏକ ଦୀପଧାରେ ଯେପରି ବା ପରମିତ
ତୁମେ ଏକ ଶିଖା ॥

ହେ ସୁଂଦରି ! ତୁମ ନୀବିବଂଧର ଚାଲନେ
ଅଯାଚିତ ସ୍ତନନଟା, ରତି ଯଟା, ଭ୍ରୁ ଖୌଂଚା, ପୁଣି ଓଠ ଉଁଚା,
ସବୁଥିରେ ସେଇ ଏକ 'ଅଟି'ର ପୀଡ଼ନେ
ତୁମ ସତୀ ଆତ୍ମା କାଂଦି ମରେ,
ଖୋଜିବୁଲେ ଅନଂତ ଜୀବନେ।

ଏକ ବିଖ୍ୟାତ ନେତାଙ୍କର
ଶ୍ରାଦ୍ଧ-ସଭାରେ ପଠିତ କବିତା

ପ୍ରିୟ ସଭାପତି ମହୋଦୟ, ଭାଇ ଓ ଭଉଣୀମାନେ,
ଆଜି ଯାହାଙ୍କ ଶ୍ରାଦ୍ଧ ପାଇଁ ହୋଇଛୁଁ ସମବେତ
ତାଙ୍କ କଥା ପଛକୁ ରଖି ଟିକିଏ ଉପୋଦ୍ଘାତ –
(ଅର୍ଥାତ୍ ଭୂମିକା) ପ୍ରଥମେ ଦିଏଁ।
ସମୟ ତ ମାତ୍ର ମିନିଟ ସାତ,
ସଭାପତିଙ୍କ ହୁକୁମ, ଆନ କରିବ କିଏ ?
ହଁ, କ'ଣ କହୁଥିଲି ନା –
ଆଜିକାଲି ବଁଚିରହିବାଟା ହିଁ ସବୁଠୁ ବଡ଼ ସମସ୍ୟା
ମରିଯିବା ନୁହେଁ।
ବଁଚି ରହିବାର ତପସ୍ୟା
ଅତି କଠୋର, ଅତି ଭୀଷଣ, ଅତି ଦାରୁଣ କାର୍ଯ୍ୟ।
ଆମେ ଯେ ବଁଚି ରହିଛୁଁ ଏହା ହିଁ ସବୁଠୁ ଆଶ୍ଚର୍ଯ୍ୟ ॥

ଆଜିର ଏ ଭେଜାଲ ଯୁଗରେ;
ଚାଉଳ, ଅଟା, ତେଲ ପରିବା ସବୁ ଯେତେବେଳେ
ବିଷାକ୍ତ, ଖାଦ୍ୟପ୍ରାଣହୀନ,
ତା'ପରେ ଦାମ ଯେତେବେଳେ ହୁ-ହୁ ଯାଏ ବଢ଼ି
ସେତେବେଳେ ବଁଚିବା ଯେ କି ଶକ୍ତ
ଆପଣମାନେ ହିଁ କୁହନ୍ତୁ।
ଏଠି ଉପସ୍ଥିତ ଥିବା ଚାଉଳ ବେପାରୀ
ଅଟାକଳ ମାଲିକ ଓ କଳାବଜାରୀ
ପ୍ରତିବାଦ କରୁଛନ୍ତି, କରନ୍ତୁ।
ମୁଁ ବକ୍ତୃତା କରିବି ନାଇଁ ବନ୍ଦ।

ଯାହା ହେବାର ହେଉ, ସବୁ ଭଲମଂଦ
ପାଇଁ ମୁଁ ପ୍ରସ୍ତୁତ ।
(ମୁଁ ତ ଆଗରୁ ପୁଲିସରେ ଇତାଲା ଦେଇ ଆସିଚି – ସ୍ୱଗତ) ॥

ହଁ, ମୁଁ ରେଡ଼ି ଅଛି ।
ମୁଁ କାହାକୁ କରେ ନାହିଁ କେୟାର ।
ଆଜିକାଲି ଶୁଦ୍ଧ ଖାଦ୍ୟ ହେଲାଣି ଏକ ସପନ,
ସବୁ ଭେଜାଲ, ସବୁ ନକଲି, ସବୁ ଝୁଟା
ତା’ପରେ ଦରଦାମ ମନକୁ କରେ ଥୁଂଟା ।
ସବୁ ମହରଗ, ସବୁ କାଂତାର,
ଖାଲି ମଣିଷ ଜୀବନଟା ଶସ୍ତା ।
ଆଉ ସବୁ ସୁବିସ୍ତର... ସୁବିସ୍ତର –
ଚାଉଳ ବସ୍ତାର ସପନ ଦେଖେ ରାତିରେ,
ଆହୁରି ସପନ ଦେଖେ କରତଗୁଂଡ଼ି ଅଟାର,
ସବୁ ମହରଗ, ସବୁ ଭେଜାଲ
ଖାଲି ମଣିଷ ଜୀବନଟା ହିଁ ଶସ୍ତା –
ଖାଲି ୫କମାରି ॥

ବଡ଼ବଡ଼ିଆଁଙ୍କର ଚିଂତା ନାଇ ।
ତାଂକ ପାଇଁ ଅଛି ହାର୍ଟଫେଲ,
ଅଛି କରୋନାରି –
ଯେତେ ୫କମାରି ଖାଲି ମଧବିଉଂକ ପାଇଁ– ।
ସବୁ ଲଂବା ଚୌଡ଼ା ହଂତସଂଟିଆ ବେମାରି,
ବେରିବେରି, ଗୋଦର, ଉଦରଫୁଲା,
ଧଇଁ, ନାଳଝାଡ଼ା,
ଏ ଭେଜାଲ ଯୁଗରେ ସବୁ ସଂଭବ ।
ଏଠି ବେପାରୀମାନେ ପ୍ରତିବାଦ କରୁଛଂତି,
କରଂତୁ ।
ମୁଁ ବସିବି ନାଇ, ସଭାପତି ମହାଶୟ ଯାହା କରଂତୁ ।

ମୁଁ କହିବାକୁ ଆସିଛି ।
ଶ୍ରାଦ୍ଧଦିନର ଭୂରିଭୋଜନ ପରି
ଶ୍ରାଦ୍ଧସଭାରେ ଇଏ ବି ଗୋଟାଏ ସୁଯୋଗ –
ନ ହେଉ ପଞ୍ଚକେ ଭୋଜନ,
ଇଏ ଏକ ଉଦ୍‍ଗୀରଣ ।
କୀଳକ ପରେ ରୋଚକ ।
କୁଁଭକଟା ବଡ଼ କଥା ନୁହେଁ,
ମୁଖ୍ୟ ହେଲା ନିର୍ଗମ ।
ହଁ, ଶୁଦ୍ଧ ବାୟୁ ଲୋଡ଼ା –
ଲୋଡ଼ା ଶସ୍ତା ସୁଲଭ ଖାଦ୍ୟ ।
ସେଇଟାହିଁ ଚରମ, ସେଇଟା ପୁଣି ଆଦ୍ୟ ॥

ଏ କିଳାପୋତେଇ ଯୁଗରେ
ନିସ୍ତ୍ରମଣହିଁ ପଂଥା ।
ଚଂକ୍ରମଣ ଓ ସଂକ୍ରମଣ
ତା'ପରେ ଅଧ୍ୱଗମନ, ଊର୍ଧ୍ୱାୟନ –
ଏଇ ହେଲା ଆମର ଥିଓରି ।
ଆମେ ଯାଉଁନା ଡରି
କାଏମୀସ୍ୱାର୍ଥ ରଢ଼ିରେ ।
ଆମେ ଯାହା କହୁଁ କହୁଁ ସତ,
ଯଦିଚ ଟିକିଏ ଡେରିରେ ॥

ସମୟ ହୋଇଆସିଲାଣି, ହେଉ
ଆଜି ଏତିକିରେ ଥାଉ ।
ଯାହାଁକର ଶ୍ରାଦ୍ଧ
ତାଂକ କଥା କିଛି ହୋଇପାରିଲାନି କୁହା ।
କ୍ଷମା କରିବେ ।
ତାଂକ ଆତ୍ମା ଚିର କ୍ଷୁଧିତ
ଚିର ପ୍ରତୀକ୍ଷମାଣ ॥

ମୁଁ କାହାକୁ କେଆର୍ କରେ ନାଇ ।
ମୁଁ ଚିର ଜାଗ୍ରତ,
ଚିର ବିଦ୍ରୋହୀ
ଚିର କଂକାଳ
ମଧବିଉ ।
ମୁଁ ପଥହରା ପଥିକ ନୁହେଁ ।
ମୁଁ ନବ ଉତ୍‌ଥିତ,
ନବ ମଂଥିତ
ନବ ଗୁଂଫିତ
'ଚମକ୍କାର' ॥
ନମସ୍କାର*

* ଆକାଶବାଣୀ କଟକ କେନ୍ଦ୍ର ସୌଜନ୍ୟରୁ ପ୍ରାପ୍ତ ।

ପନ୍ଦର ଅଗଷ୍ଟ, ୧୯୬୨

ଲକ୍ଷ ପଦୁଆଁ ବର୍ଣମାଳାରେ
ଶତ ସରିତେ ସରିତେ
ଲେଖା ଆଜି କି କବିତା ?
ପନ୍ଦର ଅଗଷ୍ଟୋ ?

ନୂତନ କେଉଁ ଢେଉ ଆସିଛି
ଶେଷ ପ୍ରହରେ ପ୍ରାବୃଟେ
ଦକ୍ଷିଣ ମେଘେ ତ୍ୱରିତେ ?

ନୂତନ କାଂଟି ଡାକରା ?
କଳା ଓ ଧଳା ଦୁଇ ଘୋଡ଼ାର ଶୁଭୁଛି ଦ୍ରୁତ ହକରା ।
(ଆକାଶେ) ଶଂଖଟିଲର ଭେଳା ।
ଆଜି ଦିନ ଆଉ ଏଇ ବର୍ଷର
ଦୁଇଟି ବାଣୀ ହେଲା –
'ଲଦାଖ' ଓ 'ବାଲିମେଳା' ॥

୧୫।୮।୧୯୬୨

ଉତ୍ତରଣ

ଏ-ବର୍ଷ ବି ବିତି ଯାଉ,
ଗତବର୍ଷ ପରି ।
କିଂବା ଶହଶହ ବର୍ଷମାନ-ପରି ।
କଚ୍ଛପ ସଦୃଶ ।
ଗୋଟିଏ ମୁହୂର୍ତ କିନ୍ତୁ ଧ୍ରୁବ ହେଉ,
ହେଉ ନିରଂକୁଶ ।
ସେ ମୁହୂର୍ତ ଏଇ କିଂବା ଅନ୍ୟ କିଛି ହେଉ –
କଇଁଛର ଆଖି ପରି କୁଲୁକୁଲୁ ହୋଇ
ତାହା ଜଳୁଥାଉ
କାଦୁଅର ତପସ୍ୟା ମଧ୍ୟରେ ।
ନକ୍ଷତ୍ର ସ୍ୱରବର୍ଣ ପରି ନେଲି ରୁମାଲରେ ॥

ସେ ମୁହୂର୍ତ ଜନ୍ମଲଭୁ ତୃଷିତ ଓଠରେ
ଭୟର ପାହାଚେ ଅବା ଜୟର ସିଢ଼ିରେ ।
ସେ ମୁହୂର୍ତ ଜନ୍ମଲଭୁ ଅତୀତର ଜମା ଖାତା
ଖଜଣାଖାନାରେ ।
କିଂବା ଆଜିର ଏ ପ୍ରାର୍ଥିତ ପ୍ରହରେ
ଟଂକା ଶାଲେ ଶାଲେ
ଚିକ୍‌ଚିକ୍‌ ରେଜିକି ପ୍ରମାଣେ ॥

ହେଉ ତାହା ରଣକ୍ଷେତ୍ର ଅବା ମଧୁଶେଯ୍ୟ,
ତାହା ପ୍ରେମ ହେଉ, କିଂବା ଜୟ ହେଉ
ହେଉ ଉତ୍‌ଖାଟନ ।

ମାତ୍ର ହେଉ ତାହା ଏକ ଉଚ୍ଚାରଣ
            ଜ୍ୱଳ°ତ ଶିଖାର ।
         ଉଚ୍ଚରଣ, ଏକ ଉଚ୍ଚରଣ ॥
(ମୁକ୍ତିର ପାଇକ କରି ମୃତ୍ୟୁର କିଙ୍କରେ)

ଆଉ ଯେତେ ମାସ ବର୍ଷ
            ଦିନ ଦଂଡ଼ ପଳ
         ନିଷ୍ଫଳ ! ନିଷ୍ଫଳ !!

ଏକ ପ୍ରାର୍ଥନା

ମୋତେ କର ପ୍ରଜାପତି,
ତୁମ ବଗିଚାରେ
ହେ କୁସୁମାକର,
ଦିଅ ମୋତେ କ୍ଷୁଧା ମାଇଲିଏ,
ମହୁର ସୋରେଇ ଆଉ
ପଂଚମ ସ୍ୱରର
ନୀଳ ନୀଳ ଶତାବ୍ଦୀଟିଏ ॥

ଦିଅ ମୋତେ ସୌଭର ଗୋଟିଏ
ପ୍ରଗଣା
ହେ ସମ୍ରାଟ !
ଦିଅ ମୋତେ ଖଂଡେ଼ ଖାଲି ଗ୍ରାମ ।
ଏଇ ଛୋଟ ନଈତିର
ଉଲୁଉଲୁ ଧ୍ୱନି
ଶୁଣାଯିବ ଯହିଁ ଅବିରାମ ॥

ସବୁ ଫୁଲ, ସବୁ ତାରା
ସବୁ ପ୍ରେମମେଲେ
ଦିଅ ମୋତେ ଏକ ଧ୍ରୁବତାରା,
ସେ ହେଉ ପ୍ରତିମା ଅବା ରୂପକ,
ମୂର୍ଚ୍ଛନା,
ହେଉ କିଂତୁ ଗୋଟିଏ ଡାକରା
ପ୍ରେମର ନିଭୃତ କୁଂଜବନୁ ।
ରତୁରାଜ !
ଦିଅ ମୋତେ ତୁମ ପୁଷ୍ପଧନୁ ।

ଡ୍ରାଗନ

ଟ୍ରିପ୍ଲିକେନ୍ ସମୁଦ୍ର‌ବେଳାରେ ବସିଥିଲି ।
ଅଦୂରେ ଜନତାର ଜୋର ଆୱାଜ –
“ପ୍ରତିରୋଧ ! ପ୍ରତିରୋଧ !
ପଥ କର ରୋଧ ॥”

ହଠାତ୍ ଦେଖିଲି ସେଇ ସ୍ତବ୍ଧ
ଅଚେତନ ସଂଧ୍ୟା ଛାଇରେ
ଏକ ଅତିକାୟ ଡ୍ରାଗନ୍
ଧୀରେ ଧୀରେ ସମୁଦ୍ର ଭିତରୁ ଉଠିଆସୁଚି ।
ସେ ମୋ ଆଡ଼କୁ ଆଁ–କରି ଛିଡ଼ା ହେଲା ।
ତାର ଅଣୁଚି
ମୁହଁରେ ଭାରତୀୟ ଯବାନର ରକ୍ତ ॥

ସେଇ ଆଲକ୍ତ
ସଂଧ୍ୟାରେ
ମୁଁ ଡାକିଲି, ଭାଇ, ଭାଇ, ଭାଇ ।
ସେ ହସିଲା ।
କହିଲି, ‘ପଂଚଶୀଲ ।’
ସେ ରାଗିଉଠିଲା,
‘ନାଇଁ, ନାଇଁ, ନାଇଁ ॥’

ଦୂରରୁ ଭାସିଆସିଲା
ମିଳିତ କଂଠର ଆୱାଜ୍

'ପ୍ରତିରୋଧ, ପ୍ରତିରୋଧ ।'
ଯେମିତି ଗୋଟାଏ ପଖଓଜ–
ର ଦାଦରା ।

'ବାଟ କର ରୋଧ,
ଶତ୍ରୁର କର କର ମୁକାବିଲା ॥'

ଦେଖିଲି,
ସେ ଅତିକାୟ ଡ୍ରାଗନ୍‌ଟା –
ଯାହା ସାମନାରେ ହୋଇଥିଲା ଛିଡ଼ା,
ହଠାତ୍‌ ହୋଇଗଲା ସେଉଟା
ଗୋଟିଏ ବାଲିକଂକଡ଼ା ।
ବିଲ ଭିତରେ ପଶିଗଲା ॥*

ଦୁଇଟି ମୃତ୍ୟୁ

(୧) ସେ ମଧ୍ୟାହ୍ନରେ ପ୍ରାଣତ୍ୟାଗ କଲେ

(ଡାକ୍ତର ବିଧାନଚନ୍ଦ୍ର ରାଏଙ୍କ ମୃତ୍ୟୁରେ)

ସେ ମଧ୍ୟାହ୍ନରେ ପ୍ରାଣତ୍ୟାଗ କଲେ।
ସୂର୍ଯ୍ୟ ଯେବେ ମଧ୍ୟମ ବିନ୍ଦୁରେ ଥିଲେ।
ଗଜଦନ୍ତପଲଂକରେ ବସି ଦେବଗଣ ତାଙ୍କୁ ଦେଖୁଥିଲେ।
ନିଜେ ସୂର୍ଯ୍ୟଦେବ ସହରର ମନୁମେଂଟ୍ ତଳେ
ଛିଡ଼ା ହୋଇଥିଲେ ॥

ପ୍ରଚଣ୍ଡ ଯେ ନିଦ୍ରା କେବେ ଜାଣିନି ପଲକ,
ଯେଉଁ ମହାସ୍ୱପ୍ନ କେବେ ଭୋଗିନି ଚମକ–
ଅବସ୍ଥାରୁ ସମୟରେ ହୋଇଯିବା ଲୀନ,
କିଂବା ଆକାଶର ବିକାରରୁ ଆକାଶରେ ହୋଇବା ବିଲୀନ,
ସେ ମହାନିଦ୍ରାରେ ଅଚେତନ
ସିଏ ହୋଇଗଲେ।
ମଧ୍ୟାହ୍ନରେ ସେ ପ୍ରାଣତ୍ୟାଗ କଲେ ॥

ଗୋଲ ଦୀଘି ସ୍ଥିର, ଆଦିଗଙ୍ଗା।
ଷ୍ଟିମର୍ ଓ ଟ୍ରାମ୍, ବସ୍ ଅଜସ୍ର ଚିତ୍କାର,
ଗାଡ଼ିର ନିବିଡ଼ ସ୍ୱେ ଥରୁଚି ସହର
ଭିଜା ଘାସ ଗଛପତ୍ରେ ବୁଂଦା ବୁଂଦା ଖରା,
କାଦୁଅ ମେଘର ଛାଇ–ଖରା,
ଖରାର ଓ ପାଣିର ସେ ସ୍ତବ୍ଧ ଦ୍ୱିପ୍ରହରେ
ପ୍ରବଳ ପ୍ରହରେ
ହଠାତ୍ ସେ ପ୍ରାଣତ୍ୟାଗ କଲେ ॥

ସବୁଠାରୁ କର୍ମବ୍ୟସ୍ତ, ସବୁଠାରୁ ଯେତେବେଳେ କ୍ଲାଂତ
ସହର ସମସ୍ତ,

ଅସ୍ତବ୍ୟସ୍ତ ସ୍ଟେନୋଗଣ;
କପାଳରୁ ଝାଳ ପୋଛି ନିଜ ପାପୁଲିରେ
ଟେଲିଫୋନ୍ ବାଳିକା। ଯେକାଳେ ଦମ୍ ନିଏ,
ଠିକ୍ ସେ ସମୟେ
ନଗରୀର ଏକ କୋଣେ, ନିଭୃତ ଘରରେ
ଏକ ମହାସ୍ତବ୍ଧତାର ତୁଷାର ତଂବୁରେ
ବରଫ ବିଗ୍ରହ ପରି ଶୋଇ ସେ ପଡ଼ିଲେ ॥

ଅନ୍ୟ ଏକ ଗଳି ଆଉ ଅନ୍ୟ ଏକ ଘରେ
ହାସ୍ପାତାଲେ, ପ୍ରସୂତି ଆଗାରେ
ଶୁଭ୍ର ଶ୍ୱେତ ନର୍ସ ହାତେ ନୂତନ ଶିଶୁଟି ଥରେ।
କେଉଁଠି ବା ଶେଷଦେଖା ଶେଷ ଝରକାରେ,
ନାନା କୋଳାହଳ,
ଶହ ଶହ ଆଗନ୍ତୁକ ଓ ବିଦାୟୀ ପାଦର ଧ୍ୱନିରେ
ନିଃସଂଗ ସହରର ପଥ ଥରେ
ଦୁଃଖର ସହର ॥

କରୁଣ ଦିନର ଆଖି ହୋଇଆସେ ସାଫ୍,
ବହୁ ଘରେ, ବହୁ ଅଳିଂଦରେ ତୁମ ଫଟୋଗ୍ରାଫ୍
ଉପରେ ମିହୀନ୍ ଦିନର ଜ୍ୟୋତି ଝରେ।
ବିଦାୟ ! ବିଦାୟ ! ପୃଥ୍ୱୀ ! ବିଦାୟ ନଗର।
ମଧ୍ୟାହ୍ନରେ ସେ ପ୍ରାଣତ୍ୟାଗ କଲେ ॥
ସେ ମଧ୍ୟାହ୍ନରେ ପ୍ରାଣତ୍ୟାଗ କଲେ ॥

(୨) ମହାଯାତ୍ରା

(ଜଣେ ବଂଧୁଙ୍କ ମୃତ୍ୟୁରେ)

ରାତ୍ରି-ରତି ହ୍ରସ୍ୱ ହେଲା, ସୂର୍ଯ୍ୟର ଜ୍ୟାମିତି
ପୃଥ୍ୱୀର ନାଭି-ଚକ୍ରେ ଗଢ଼େ ଅଗ୍ନି-ବୃତ୍ତ,
ଲକ୍ଷ ଲକ୍ଷ ବିଂଦୁର ସମିତି।

ମୃତ୍ତିକାର ଭୌଗୋଳିକ ସୀମା
ପ୍ରେତାୟିତ ଶତାବ୍ଦୀର ଅବସାନ କୁଟିଳ ଦ୍ରାଘିମା,
ଏ ସକଳ ପରେ
ତୁମର ଧୂସର କଣ୍ଠ ହେ ଜଟାୟୁ ! ଆଜି ବାରେ ବାରେ
ଚଂଚୁପୁଟ ହାଣେ
ତୀକ୍ଷ୍ଣ ଅଭିଯାନେ ॥

ଏଥୁ ଆଗୁଁ ତୁମେ ବହୁଥର
ମରିଚ ମରିଚ ସାଥୀ ମରଣର ଦୀର୍ଘ ସ୍ୱୟଂବର
ବରିଚି ତୁମରେ,
ଆବର ସହସ୍ର ଯୋନି ପ୍ରସବ ବ୍ୟଥାରେ
ପଡ଼ିଅଛି ଫାଟି ।
ସହସ୍ର ସହସ୍ର ସ୍ତନ ତୁମ ବିନେ ସିକ୍ତ କରେ ମାଟି ।
ପଦେ ତୁମ ନମେ ଜନ,
ସଂଘ ତବ ମାଗଇ ଶରଣ ।
ପଛେ ଧର୍ମଶ୍ଵାନ
ଚଳଇ ନୀରବେ ।
ମହାଯାତ୍ରୀ ! ପାହାଡ଼ର ଶବେ
ସୂର୍ଯ୍ୟାସ୍ତ-ଅନଳ ।
ଲାଗିଚି ଲାଗିଚି ଆଜି ଜଉଘର
ହେବ ଅବସାନ ।
ହେ ରକ୍ତଧ୍ୱଜ !
ମାଟିର ଆତ୍ମଜ !
ମାଟିର ଔରସୁ ତୁମେ ଆସିବ ବାହାରି
ନେପଥ୍ୟବିହାରୀ,
ଯଥା ତୃଣ
ମୃତ୍ତିକାର ଭୃଣ ।
('ଡଗର', ୧୯୪୪)

ଦେବତାତ୍ମା ହିମାଳୟ

ଦେବତାତ୍ମା ହିମାଳୟ ପାଦେ*
ଶତ୍ରୁ ଦଳବାଁଧେ ।
ବାଜେ ସେଠି ପ୍ରେତର ବିଷାଣ ।
ନାରାୟଣ, ନାରାୟଣ
ଉଡ଼ାଅ ନିଶାଣ ॥

ଗଂଗୋତ୍ରିର କୂଲେ ଉଠ ଜାଗି ।
ହିମାଚଳ ପ୍ରଶାଂତ ବୈରାଗୀ
ଆଜି ଖୋଜେ ତୂଣୀ ।
ଥରହର ଶତ୍ରୁର ଛାଉଣି ॥

ଧୀରେ ଧୀରେ ବ୍ରହ୍ମୋତ୍ରିର ସଂଧ୍ୟା
କରେ ଅଂଗୀକାର,
ଅଳକାନଂଦାର
ପାଦପ୍ରାଂତେ ।
ତଡ଼ିବାକୁ ଏ ପିଶାଚଦଳେ ।
ଦେଖ, ଦେଖ, ଶିବାଗ୍ନି ଜଳେ ॥

ଗଂଗାର ବୁକେ ଲୁହଧାର,
ସ୍ତବ୍ଧ ତା କଳକଳ ଗୀତିର ନିର୍ଝର ।
ବୁଜେ ତାର ରକ୍ତର ଗାର ।
କେ ବାଁଧିତ ମୁକ୍ତବେଣୀ ତାର ?
ଦେବାତାତ୍ମା ହିମାଦ୍ରି ଚଂଚଳ,
କଂପେ ଥରଥର ।
କାଂଚନଜଂଘାର ଜାଗରଣ ।
ଉଠ, ଉଠ, ଜାଗ ନାରାୟଣ ॥

---

* "ଅସ୍ତ୍ୟୁତ୍ତରସ୍ୟାଂ ଦିଶି ଦେବତାତ୍ମା ହିମାଳୟୋ ନାମ ନଗାଧିରାଜଃ
ପୂର୍ବାପରୌ ତୋୟନିଧୀବଗାହ୍ୟ ସ୍ଥିତଃ ପୃଥିବ୍ୟାଃ ଇବ ମାନଦଂଡ଼ଃ ।"

– କାଳିଦାସ (କୁମାରସଂଭବ)

ଏଆରପୋର୍ଟ, ନ୍ୟୁୟର୍କ

ଯାଇଫୁଲ ତାଲିଦିଆ ଶୀତର
ଏ ଆଲୁଅ୍ଥାନ ଖଣ୍ଡି
ଘୋଡ଼ି ହୋଇ ବୁଢ଼ୀ ପରି ପୃଥିବୀ ଶୋଇଚି ।
ଏରୋଡ୍ରମ ପଡ଼ିଆରେ ନାନାନ୍ ଆଲୋକେ
ନିଅନ୍‌ର ନେଲି ନାଲି
ଜୁଲୁଜୁଲିଆ ମାଛି ।
ରାତିଟା ତ ପାଇ ନାଇଁ କିଛି ବାକି ଅଛି
କାଫେ ଆଉ କାବାରେ ନିଶୂନ୍ ।
ତଥାପି ଆଲୁଅ ଜଳେ ସ୍ୱପ୍ନରେ,
ଅଚେତନ ଘୁମଁତ ମନର,
ବୁଲେଭାର୍ଦେ, ଗୁଆ ଆଉ ପାଇନ୍ ଶିଖରେ
ସୂର୍ଯ୍ୟର ଆଭାସ ଆସି ହୋଇଯାଏ ବିଂଛି ॥

ଭୀଷଣ ସଂବାଦ ଅଛି,
ଜରୁରୀ ଖବର
ଏ ମୁହୂର୍ତେ, କିଂବା ଟିକେ ପରେ ।
ଭୀଷଣ ଖବର ଅଛି ମଣିଷ
ମନର,
ମେରୁ–ବୃଡ୍ଢେ, ବିଷୁବର ଘରେ ॥

ସକାଳର ଜନ ସୁଅ, ମଣିଷର ଭେଲା,
ମଣିଷର ଅସୁମାରି ଛକ ।
ମଣିଷ, ମଣିଷ ଖାଲି ମଣିଷର ସ୍ରୋତ
ଶ୍ରମଜୀବୀ, ବାବୁ, ଭଦ୍ରଲୋକ ।
ଶୀତର ଗୁଂଗୁଡ଼ି ପରି ମେଘରଇ ରଡ଼ି
ଚୌମଥାରେ, ମୌନ ବଂଦରେ ॥

ଭୀଷଣ ଖବର ଅଛି

ଆଜି ଏ ସକାଳେ

ଚା' ଆଉ ବିସ୍କୁଟ୍‌ ତଳେ,

ସପୁରିର ଖୋସା ପରି

ମଣିଷ ଦିହରେ

ନୂଆ କେଉଁ ପରସ୍ତ ଭିତରେ

ନୂତନ ଖବର ଅଛି

ଜରୁରୀ ଚିଠିରେ

ରେଡ଼ିଓର ସ୍ୱରେ, (ଆଉ) ଟେଲିଗ୍ରାଫ୍‌ ତାରେ

ସକାଳର ପାଣିଚିଆ କୁହୁଡ଼ି ପ୍ରସ୍ତରେ

କ୍ୟୁବା ନା ଚୀନ୍‌ ସଂବଂଧରେ!

ଭୋ'ରର ନାଟକରେ,

ପାତ୍ରପାତ୍ରୀଗଣେ,

ସବୁରିର କଂପିତ ଓଠରେ॥

ନୂତନ ସିଂଫନି ଅଛି

ତୁମରି ଓଠରେ,

ରାଜା ଆଉ ଗୋଲାମ–ବିବିରେ।

କାଲିକାର ରାତି ପାଏ

ନିର୍ଧୂମ ସକାଳେ,

ତମ ଆମ ସବୁରିର ଘରେ॥*

ନ୍ୟୁୟର୍କ୍‌।

ଅକ୍ଟୋବର ୨୨, ୧୯୬୨।

---

* ଗତ ଅକ୍ଟୋବର ମାସରେ ଆମେରିକାର ଷ୍ଟ୍ରିର ମିସନ୍‌ ଇଷ୍ଟରନ୍ୟାସନାଲଙ୍କ ନିମନ୍ତ୍ରଣକ୍ରମେ ଲେଖକ ଦ୍ୱିତୀୟବାର ଆମେରିକା ପରିଦର୍ଶନ କଲାବେଲେ।

ଏକ ଉପକଥା

ଦିଗପହଁଡ଼ି ପାହାଡ଼ ଶିଖେ

ରାଜା–ପୁନିଅ ଜନ୍ମ ।

ଛୋଟ ଏକ ଉପନଦୀର

ନିରୋଳା ଜଂକ୍‌ସନ୍‌,

ଚଢ଼େଇଁଙ୍କର ଭେଳା ।

ଆଜି କି ତାଙ୍କ ବାରୁଣୀ–ଯୋଗ

ଆଜି କି ମାଘମେଳା !!

ହଠାତ୍‌ କିଏ ମନପବନ

ଘୋଡ଼ା ଛୁଟାଇ ଆସେ,

କାଚକରତ ବାଡ଼ରେ ଘେରା

ରଜାଝିଅର ଦେଶେ ?

ଶୋଇଚି ଯିଏ ଶୟନଘରେ,

ରତ୍ନଦୀପ ପାଶେ ॥

କେଉଁ କାହାଣୀ ଦେଣୁ

ଆସିଚି ସିଏ କେଉଁ କାଳର କରୁଣ ଇତିହାସୁ ?

କେଉଁ ସମାଜ ତାକୁ

ପଠାଏ ଠାବ କରିବା ପାଇଁ କିସେ ?

ଡାଳିଂବ ଫୁଲ ଫୁଟିବାବେଳେ ମଲ୍ଲିଫୁଲ ଦିଶେ !!

ଦିଗପହଁଡ଼ି ପାହାଡ଼ ତଳେ

ସୋରିଷ–ଖେତ ଶେଷେ

ରୂପେଲି ନାନା ସପନର

ସେ ଉପନିବେଶେ !

ଅଥବା ମନଗହନ ପୁରେ

ଥକା ପ୍ରହର ପରେ

ଛୁଆଁଇ ତାର ଥରିଲା ପାଦ

ଚଲେ ସେ ଅଭିସାରେ,

ଗୋପନ ଅଂତଃପୁରେ,

କାଚକରତଘେରା ଖିଡ଼ିକି

ବାଟରେ ନିଶୀଥରେ ? ?

ପୂର୍ଣ୍ଣିମାରେ ମହାନଦୀକୂଲେ

ମହାନଦୀ ଧାର ।
   ନଈକୂଲ ବରଗଛର
   ଝୁଁକା ପତ୍ରମାଳ
   ଅଟକାଏ ଜହ୍ନକୁ ।
ପାଖରେ ବତିଖୁଁବକୁ ଲାଗି ହୋଇ
   ଶୋଇ ରହିଛି ଏକ ଧଳା ଗାଈ ॥

ଜୋଛନାର ଏକର,
ନଈବାଂକୁ ଲଂବିଯାଇଚି ଦିଗମୁହାଁଣ ଯାଏ ।
   ଥଳକୂଲ ନାଈଁ ॥

ଭାସିଆସେ ଏକ ରାଜହଂସୀ–ନାଆ,
ସାଦା ଡେଣାରେ ମାରି ଆହୁଲା ।
ମନେହେଲା,
ତା' ଉପରେ ବସିଚି ମୋର ମାଆ,
(ଯେ ମର ଶରୀରେ ନାଈଁ)
ଏକ ଧୋବଶାଢ଼ି ପିଂଧ
   ବିରାଟ ସେ ଯେପରି ଏସିଆ ॥

ଧବ୍ ଧବ୍ ଶାମୁକା ଓ ବାଲି... ॥

ଡଂଗା ଯାଏ ଚାଲି ।
   ପାର ହୋଇ ଏକ ପରେ ଏକ
   ଜ୍ୟାସ୍ନାର ମାଇଲ୍ ॥

ନଈପଠା ହସିଉଠେ ଖିଲ୍‌ଖିଲ୍ ॥

ପରିଶିଷ୍ଟ (୧)

‘ତୋଲିବା’ ଶବ୍ଦକୁ ‘ଟେକିବା’ ଅର୍ଥରେ ଲେଖକ ଅନେକ କବିତାରେ ବ୍ୟବହାର କରିଛନ୍ତି; ଯଥା– ‘ତୋଲି ଧର ତୋ ନିଶାଣ’ ଇତ୍ୟାଦି। ଏହାକୁ ‘ଡଗର’ ପତ୍ରିକା ୧୯୪୪ ସାଲରେ ଆକ୍ଷେପ କରି ଏହା ବଂଗଳାର ଅନୁକରଣ ବୋଲି ସଂପାଦକୀୟ ମତ ବ୍ୟକ୍ତ କରିଥିଲେ। ଏହାର ପ୍ରତିବାଦ ଜୟପୁର ମହାରାଜା ସ୍ୱର୍ଗୀୟ ବିକ୍ରମଦେବ ବର୍ମା ‘ଡଗର’ ପତ୍ରିକାରେ ସ୍ୱତଃପ୍ରଣୋଦିତ ହୋଇ କରିଥିଲେ। ତାଙ୍କ ପତ୍ର ପ୍ରକାଶ ପାଇବା ପରେ ‘ଡଗର’ ପତ୍ରିକା ନିଜ ଅଭିଯୋଗ ପ୍ରତ୍ୟାହାର କରିନେଇ ଦୁଃଖ ପ୍ରକାଶ କରିଥିଲେ। ତଳେ ବିକ୍ରମଦେବ ବର୍ମାଙ୍କ ପତ୍ର ଓ ‘ଡଗର’ ସଂପାଦକଙ୍କ ମନ୍ତବ୍ୟ ଅବିକଳ ପ୍ରକାଶ କରାଗଲା।

‘ଡଗର’

(୭ମ ବର୍ଷ, ୧୭ଶ ସଂଖ୍ୟା, ମାଘ, ପ୍ରଥମାର୍ଧ, ୧.୨.୧୯୪୪)

ଜୟପୁର ମହାରାଜାଙ୍କ ପତ୍ର

‘ଡଗର’ ସଂପାଦକ ମହାଶୟ,

ଆପଣ ଏହି ପତ୍ରକୁ ଯଥାରୂପେ ନିଜ ପତ୍ରିକାରେ ସ୍ଥାନ ଦାନ କରିବେ।

‘ତୋଲିବା’ ଶବ୍ଦ ‘ଟେକିବା’ ଅର୍ଥରେ ମଧ ଓଡ଼ିଆରେ ବ୍ୟବହୃତ।

ନନ୍ଦଙ୍କ ଶବ୍ଦତତ୍ତ୍ୱବୋଧାଭିଧାନ ୫୬୧ ପୃଷ୍ଠା ପ୍ରଥମ ସ୍ତମ୍ଭ ଦ୍ରଷ୍ଟବ୍ୟ।

ଗୋପାଳକୃଷ୍ଣ ପ୍ରୟୋଗ – ‘ତୋଲି ଦେ ମା ତନ୍ତ୍ର, ପୁରିଲା ସଂକଳ୍ପ’।

ବିଦଗ୍ଧ ଚିଂତାମଣିରେ – ‘ତୋଲି ମୁଁ ଧଇଲେ ଗୋଲି ହୋଇଗଲୁ ତୁହି’।

ଅଳମତିବିସ୍ତରେଣ। ଇତି।

ଆପଣଙ୍କର

ସ୍ୱା: ବିକ୍ରମଦେବ ବର୍ମା

ସାହିତ୍ୟସମ୍ରାଟ୍ ଶ୍ରୀ ଶ୍ରୀ ଶ୍ରୀ ବିକ୍ରମଦେବଙ୍କ ପତ୍ର ପାଇ ଆମ୍ଭମାନଙ୍କ ଭ୍ରମ ଦୂର ହୋଇଛି। ଶ୍ରୀ ସଚିଦାନନ୍ଦ ରାଉତରାୟକୁ ଅନୁରୋଧ, ସେ ଦୋଷ ଘେନିବେ ନାହିଁ।

‘ଡଗର’ ସଂପାଦକ

ନୂତନ କବିତାର ଭୂମିକା

ପ୍ରଥମ ଅଧ୍ୟାୟ

ନୂତନ କବିତାର ଭୂମିକା : ଏକ ଦୃଷ୍ଟିପାତ

ବାକ୍‌ରୀତି ସଙ୍ଗେ କାବ୍ୟିକ ରୀତିର ସମନ୍ୱୟ ଘଟାଇବା ଏବଂ ନୂତନ ଜୀବନର ପ୍ରତିନିଧ୍ୱତ୍ୱ କରିବା – ଏହାହିଁ ହେଉଚି ନୂତନ କବିତାର ମୂଳମନ୍ତ୍ର। 'ପ୍ରାଚୀନ କବିତା' ସର୍ବସାଧାରଣଙ୍କ ଠାରୁ ସମସ୍ତ ପ୍ରତ୍ୟକ୍ଷ ଯୋଗ ହରାଇବସିଥିଲା। ତା'ର କାରଣ, ସେ କବିତାର ଭାଷା ଜନସାଧାରଣଙ୍କ କଥିତ ଭାଷା ତ ଦୂରର କଥା, ସାଧାରଣ ବୋଧଗମ୍ୟ ଭାଷାଠାରୁ ମଧ୍ୟ ବହୁ ଦୂରରେ ଥିଲା। ଯମକ ଅଲଂକାରର ଭାରୀ ଦାମିକା ଗହଣା ପିନ୍ଧି, ନାନା ଗତିଚିତ୍ର ତଥା ଚିତ୍ରବନ୍ଧର ସ୍ଥୁଲ ଓଢ଼ଣାତଳେ ଓଡ଼ିଶାର କବିତାସାମ୍ରାଜ୍ଞୀ ଏପରି ଏକ ରୂପରେ ବିରାଜିତା ଥିଲେ ଯେ, ସେ ଅଲଂକାର ଓ ସାଜସଜ୍ଜାର ଆଡ଼ମ୍ବର ତଳୁ ତାଙ୍କର ପ୍ରକୃତ ଚେହେରା କ'ଣ ତାହା ବୁଝିବାକୁ ସର୍ବସାଧାରଣ ତ ଦୂରର କଥା, ଦେଶର ଶିକ୍ଷିତ ପାଠକସମାଜ ଓ ଚିହ୍ନରା ଗ୍ରାହକଶ୍ରେଣୀ ମଧ୍ୟ ଅସମର୍ଥ ହେଉଥିଲେ। କବିତା ସମାଜର ବା ସାଧାରଣ ଜୀବନର ପ୍ରତିନିଧ୍ୱ ନ ଥିଲା। ସେଥିରେ ନ ଥିଲା ତତ୍କାଳୀନ ଜୀବନଯାତ୍ରାର ମୂର୍ତ୍ତନ କିମ୍ୱା ଜୀବନଦେବତାଙ୍କର ଉଚ୍ଚାରଣ। ତାହା ଏକପ୍ରକାର ବୈଠକୀ ସ୍ତରରେ ପର୍ଯ୍ୟବସିତ ହୋଇ ପଡ଼ିରହିଥିଲା। ସମାଜ ବା ଜୀବନର ଯେଉଁ କ୍ଷୁଦ୍ର ଭଗ୍ନାଂଶକୁ ନେଇ ଏହା ନିଜର ପରିପ୍ରେକ୍ଷିତ ଜଗତ୍ ଗଢ଼ିଥିଲା, ତାହା କେବଳ ଦେଶର ବିରାଟ ମଣିଷଜୀବନ ଓ ମଣିଷସମାଜର ଏକ ଅତି କ୍ଷୁଦ୍ର ଅଂଶର ଅତିରଞ୍ଜିତ ନକଲି ରୂପ ମାତ୍ର। କାବ୍ୟ-କବିତାର ପାତ୍ର-ପାତ୍ରୀ ଥିଲେ ମାନବରୂପୀ ଭଗବାନ୍ ଓ ତାଙ୍କର ଲୀଳାସଙ୍ଗିନୀଗଣ, କିମ୍ୱା ରାଜା, ରାଜକୁମାରୀ ଓ ତା'ର ପ୍ରଣୟୀ। ବିଷୟବସ୍ତୁ ଯାହା ହେଉ ନା କାହିଁକି, ଭାଷା ବୋଧଗମ୍ୟ ହୋଇଥିଲେ ସାହିତ୍ୟ ଓ ପାଠକ ମଧ୍ୟରେ ହୁଏତ ଏତେଦୂର ବ୍ୟବଧାନ ଗଢ଼ି ଉଠି ନ ଥାନ୍ତା। କିନ୍ତୁ ସାହିତ୍ୟର ଭାଷା ଥିଲା କିତାବଦୋରସ୍ତ, ନିତାନ୍ତ କଠିନ ଆଭିଧାନିକ ଏବଂ ଯମକ, ଅନୁପ୍ରାସ ଶୃଙ୍ଖଳାବିମଣ୍ଡିତ ପୁଣି ସଂସ୍କୃତବହୁଳ; ଫଳରେ ଜନସାଧାରଣ ଓ ସାହିତ୍ୟ ମଧ୍ୟରେ ଦୁର୍ବୋଧତାର ପ୍ରାଚୀର କ୍ରମେ ଉଚ୍ଚରୁ ଉଚ୍ଚତର ହୋଇଉଠିଲା।*

<hr>

* '୫ଂକାର' ମାସିକପତ୍ରିକାରେ ୧ମ ବର୍ଷ ୧୦ମ ସଂଖ୍ୟାଠାରୁ ୨ୟ ବର୍ଷ ୭ମ ସଂଖ୍ୟା ପର୍ଯ୍ୟନ୍ତ (ଅକ୍ଟୋବର ୧୯୪୯ ଠାରୁ ୧୯୫୦ ମଧ୍ୟରେ) ପ୍ରକାଶିତ ଲେଖକଙ୍କର ଧାରାବାହିକ ପ୍ରବନ୍ଧର ପରିବର୍ଦ୍ଧିତ ସଂସ୍କରଣ।

'ପାଣ୍ଡୁଲିପି'ର ନାନ୍ଦୀମୁଖରେ ବିସ୍ତୃତ ଆଲୋଚନା ଦ୍ରଷ୍ଟବ୍ୟ ।

ରୀତିଯୁଗପୂର୍ବରୁ ସାରଳା ଦାସ ଓ ତାଙ୍କର ଅନତି ପରେ ଜଗନ୍ନାଥ ଦାସ ପ୍ରାକୃତ ବା ଲୋକସାଧାରଣଙ୍କ କଥିତ ଭାଷାରେ ସାହିତ୍ୟ ସୃଷ୍ଟି କରି ଜନସାଧାରଣ ଓ ସାହିତ୍ୟ ମଧ୍ୟରେ ଯେଉଁ ପ୍ରତ୍ୟକ୍ଷ ଆଦାନ–ପ୍ରଦାନର ସେତୁବନ୍ଧ ରଚନା କରି ଯାଇଥିଲେ, ତାହା ତାଙ୍କ ଯୁଗର ଅବସାନ ପରେ ପରେ ସଂସ୍କୃତର ପ୍ରଚଣ୍ଡ ଆକ୍ରମଣ ଫଳରେ ଭୁଶୁଡ଼ିପଡ଼ିଲା । ସାହିତ୍ୟ ପୁଣି ତା'ର ଆଭିଜାତ୍ୟର ନିର୍ଜନ ପ୍ରବାଳ ଦ୍ୱୀପରେ ବନ୍ଦୀ ହୋଇପଡ଼ିଲା । – ଜନତା ସଂଗେ, ଏପରି କି ଶିକ୍ଷିତ ମଧ୍ୟବିତ୍ତ (ଯେଉଁମାନେ କି ସବୁ ଯୁଗରେ ପ୍ରଧାନ ପାଠକଶ୍ରେଣୀ) – ସଙ୍ଗେ କୌଣସି ସମ୍ପର୍କ ତା'ର ଆଉ ରହିଲା ନାହିଁ ।

ସାରଳା ଦାସଙ୍କ ମହାଭାରତର ବାକ୍ଧର୍ମୀ ଭାଷା ଏବଂ 'ଅତିବଡ଼ି' ଜଗନ୍ନାଥ ଦାସଙ୍କର ଭାଗବତର ସରଳ ପ୍ରାଣପୂର୍ଣ୍ଣ ଲୋକବୋଧ ରଚନାବଳୀ ଓଡ଼ିଆ ଭାଷାରେ 'ଗଣସାହିତ୍ୟ'ର ଯେଉଁ ଆଶ୍ଚର୍ଯ୍ୟ ପୃଷ୍ଠଭୂମି ରଚନା କରିଥିଲେ, ତାହା ରୀତିଯୁଗରେ କ୍ରମେ ମଳିନ ହୋଇଚାଲିଲା । ଅବଶ୍ୟ ରୀତିଯୁଗରେ ମଧ୍ୟ କୁଳୀନ ସାହିତ୍ୟ ପାଖାପାଖି ସମାନ୍ତରାଳ ଭାବରେ ଲୋକାୟତ ସାହିତ୍ୟର ଏକ କ୍ଷୀଣ ଧାରା ଦେଖିବାକୁ ମିଳେ । ଭାବ ଓ ଅର୍ଥ ଦିଗରୁ ବିଚାର କଲେ ଏହା ଲୋକଜୀବନର ପ୍ରକୃତ ପ୍ରତିନିଧିତ୍ୱ କରୁ ନ ଥିଲେ ମଧ୍ୟ ଅନ୍ତତଃ ଭାଷାଦିଗରୁ ଏମାନଙ୍କୁ ଲୋକମୁଖୀ କୁହାଯିବ । ପଞ୍ଚସଖା ସାହିତ୍ୟ* ତଥା ଅସଂଖ୍ୟ ଲୋକଗାଥା, କୋଇଲି ଓ ଚଉତିଶା ପ୍ରଭୃତି ଏ ଦିଗର ପ୍ରକୃଷ୍ଟ ସାକ୍ଷ୍ୟ ଦିଅନ୍ତି । କାଳିଦାସଙ୍କ ଯୁଗରେ ଯେପରି ସାମନ୍ତତାନ୍ତ୍ରିକ ସମାଜ ପରିପ୍ରେକ୍ଷିତରେ ରଚିତ ସମ୍ଭ୍ରାନ୍ତ ସାହିତ୍ୟକୃତି ସଙ୍ଗେ ସଙ୍ଗେ ଏକ 'ଲୋକାୟତବାଦ'ର ସମ୍ବାଦ ମିଳେ, ଯାହାର ପୃଷ୍ଠପୋଷକ ଥିଲେ ମଧ୍ୟବିତ୍ତ 'ନାଗରିକ' ଶ୍ରେଣୀ, – ଓଡ଼ିଆ ସାହିତ୍ୟରେ ମଧ୍ୟ ସେଇପରି କିଞ୍ଚିତ୍ ଆଭାସ ରୀତି ଯୁଗରେ ମିଳେ । ଭାସଙ୍କ 'ମୃଚ୍ଛକଟିକ'

---

* 'ପଞ୍ଚସଖା' କଳ୍ପନାଟି ଯେ ଆମ୍ଲିକତ୍ୱ ଭିତ୍ତିହୀନ, ଏହା ପ୍ରମାଣିତ ହୋଇସାରିଛି । ଚୈତନ୍ୟଙ୍କ ପଞ୍ଚସଖା ବୋଲି କୁହାଯାଉଥିବା ଜଗନ୍ନାଥ ଦାସ, ବଳରାମ ଦାସ, ଅଚ୍ୟୁତାନନ୍ଦ ଦାସ, ଯଶୋବନ୍ତ ଦାସ ଓ ଶିଶୁ ଅନନ୍ତଙ୍କ ମଧ୍ୟରୁ କେବଳ ଜଗନ୍ନାଥ ଦାସ ଓ ବଳରାମ ଦାସ ହିଁ ଷୋଡ଼ଶ ଶତାଦ୍ଦୀର ପ୍ରଥମ ଭାଗର ବ୍ୟକ୍ତି ଥିଲେ ଏବଂ ଚୈତନ୍ୟଙ୍କ ସଂସ୍ପର୍ଶରେ ଆସିଥିଲେ । ଏଇ ପଞ୍ଚସଖା ରହସ୍ୟର ସ୍ରଷ୍ଟା ଅଚ୍ୟୁତାନନ୍ଦ ଦାସ, ତାଙ୍କ ମଲାଶୁର ଯଶୋବନ୍ତ ଦାସ ଏ ଦୁହେଁ ଅଷ୍ଟାଦଶ ଶତାଦ୍ଦୀର ଲୋକ ବୋଲି ପ୍ରମାଣ ମିଳେ । ଶିଶୁ ଅନନ୍ତ ମଧ୍ୟ ଅଷ୍ଟାଦଶ ଶତକର ପ୍ରଥମ ଭାଗର ଲୋକ ବୋଲି ପିଣ୍ଠିକ ଦାସଙ୍କ ରଚନାରୁ ଜଣାପଡ଼େ । ଏ ଦିଗରେ ବିସ୍ତୃତ ଆଲୋଚନା 'ଦିଗନ୍ତ' ପତ୍ରିକାର (ନୂଆ ପ୍ରସ୍ଥ) ସେପ୍ଟେମ୍ବର ୧୯୬୧ ସଂଖ୍ୟାରେ ସମ୍ପାଦକୀୟ ତଥା ଏକ ସ୍ୱତନ୍ତ୍ର ପ୍ରବନ୍ଧରେ ପ୍ରକାଶ ପାଇଛି । ସେ ସମ୍ପର୍କୀୟ ଲେଖାମାନ ପରିଶିଷ୍ଟ ରୂପେ ଏହି ପୁସ୍ତକରେ ସନ୍ନିବିଷ୍ଟ କରାଯାଉଚି ।

ସଚ୍ଚି ରାଉତରାୟ

'ମୃଚ୍ଛକଟିକ' ନାଟକର ଚାରୁଦତ୍ତ ଗୁପ୍ତଯୁଗର ସେଇ ଶ୍ରେଣୀର ଜଣେ ଜଣେ ପ୍ରତୀକ, ଯଦିଚ ଧନହୀନ । ଓଡ଼ିଶାର ସାଧବପୁଅ ସେଇ ଶ୍ରେଣୀର ପ୍ରତିନିଧି, ଯଦିଚ ସେ ବୃହସ୍ପତି ଓ ଚାର୍ବାକ ପ୍ରବର୍ତ୍ତିତ ବାସ୍ତବବାଦ, ନାସ୍ତିକତା ଓ ଭୋଗବାଦରେ ବିଶ୍ୱାସୀ ନୁହେଁ ।

କ୍ରମେ ରୀତିଯୁଗରେ ସାହିତ୍ୟର ସର୍ବଜନଗ୍ରାହ୍ୟ ଆବେଦନ ସଂକୁଚିତ ହୋଇଯିବା ପରେ ଜନସାଧାରଣ ସାହିତ୍ୟରୁ ସମସ୍ତ ପ୍ରକାର ପ୍ରତ୍ୟକ୍ଷ ଆଗ୍ରହ ହରାଇବସିଲେ । ସାହିତ୍ୟ ଜାତୀୟ ଜୀବନର ଦର୍ପଣ ନ ହୋଇ ଏକ ସୌଖୀନ ଶ୍ରେଣୀବିଶେଷର ଅବସରବିନୋଦନର ସାମଗ୍ରୀରେ ଆସି ପରିଣତ ହେଲା । ସମାଜ ସହିତ ନିଜର 'ସାହିତ୍ୟ' ବଜାୟ ରଖିବାରୁହିଁ ତା'ର ସାହିତ୍ୟ ନାମକରଣ ହୋଇଥିଲା । ମାତ୍ର ସମାଜଠାରୁ ପ୍ରତ୍ୟକ୍ଷ ସମ୍ପର୍କ ହରାଇ ସାହିତ୍ୟ ନିଜକୁ ନିଜେ ପରାସ୍ତ କଲା । ଏଇ ଆତ୍ମପରାଜୟର ଗ୍ଲାନି ଏପର୍ଯ୍ୟନ୍ତ ମଧ ଘୁଞ୍ଚ ନାଇ ।

ଲୋକେ ସେମାନଙ୍କର ସାହିତ୍ୟିକ ଚାହିଦା ମେଣ୍ଟାଇବା ପାଇଁ ନିଜ ନିଜର ଆଞ୍ଚଳିକ ପଲ୍ଲୀଗୀତ, ଲୋକଗାଥା (ballad), ପାଲା, ଛଉ, ଦଣ୍ଡ, ଚଡ଼ାଉତୁରା, ଦାସକାଠିଆ, ଚଇତିଘୋଡ଼ା, ବୀଣାକାର, ଗୋଟିପୁଅ ପ୍ରଭୃତି ଲୋକିକ ଅନୁଷ୍ଠାନମାନଙ୍କ ଉପରେ ବେଶୀ ପରିମାଣରେ ନିର୍ଭର କଲେ; ଫଳରେ ସଂସ୍କୃତପ୍ରଭାବିତ ଅଭିଜାତ ସାହିତ୍ୟ ପାଖାପାଖି ଲୋକସଂସ୍କୃତିର ବିଭିନ୍ନ ଅନୁଷ୍ଠାନମାନ ଦେଶରେ ଗଢ଼ିଉଠିଲା । ଏଇପରି ଦେଶରେ ଦୁଇଟି ସଂସ୍କୃତି ଓ ସାହିତ୍ୟ – ଗୋଟିଏ ସାମନ୍ତତାନ୍ତ୍ରିକ ଅଭିଜାତ ଶ୍ରେଣୀର ଏବଂ ଅନ୍ୟଟି ଲୋକସାଧାରଣଙ୍କର – ବୃଦ୍ଧି ପାଇବାକୁ ଲାଗିଲା । ସାମନ୍ତତନ୍ତ୍ରବାଦୀ ବା ଜାୟଗିରିଦାରୀ ସଭ୍ୟତାର ମୂଳ ଗୁଣ ଥିଲା – (କ) ଜମିର ଭୋଗଦଖଲର ଅଧିକାର ରାଜାଙ୍କଠାରୁ ଆରମ୍ଭ କରି ସ୍ତରେ ସ୍ତରେ ଚାଷୀ ପର୍ଯ୍ୟନ୍ତ ଚାଲିଯିବା (subinfeudation of land) ଏବଂ ବର୍ଣ୍ଣାଶ୍ରମ ଧର୍ମ, (ଖ) ସ୍ୱାମୀଧର୍ମ (Nobless oblige), (ଗ) ବୈରଦେୟ (blood feud and blood bond), (ଘ) ତାଲୁକର ସ୍ୱତ୍ୱଭୋଗ (benefice), (ଙ) ସ୍ତ୍ରୀଲୋକ ପ୍ରତି ସମ୍ମାନ (gallantry), (ଚ) ଭୋଗାଚାର ଏବଂ (ଛ) ବୀରତ୍ୱର ଲଢ଼େଇ (chivalry) । ଏ ଯୁଗର ସର୍ବଶ୍ରେଷ୍ଠ ଆଧ୍ୟିକ ତତ୍ତ୍ୱ ହେଉଚି ସ୍ୱାମୀଧର୍ମ । ଏ-ଯୁଗୀୟ ସାହିତ୍ୟରେ ଏଇ ସମସ୍ତ ମୂଳ ଗୁଣ ଅତି ସ୍ପଷ୍ଟ ଭାବରେ ପ୍ରତିଫଳିତ ହୋଇଚି ।* ପରେ ଏ ଦୁଇ ସଂସ୍କୃତି ମଧ୍ୟରେ ଗୋଟିଏ ନେ'ଣ ଦେ'ଣ ସମ୍ଭବ ହୋଇଥିଲା । ବିଶେଷତଃ ରାଜଶକ୍ତି ଓ ଜାୟଗିରିଦାରମାନଙ୍କ ପୃଷ୍ଟପୋଷକତାରେ ଅଭିଜାତ ଶ୍ରେଣୀକ-ସାହିତ୍ୟ ଲୋକ-ସଂସ୍କୃତିର ଅନୁଷ୍ଠାନ ଉପରେ ନିଜର ପ୍ରଭାବ ବିସ୍ତାର କରିବାକୁ ଛାଡ଼ି ନ ଥିଲା । ତେଣୁ ଗୋପବନ୍ଧୁଙ୍କର ସେଇ ଉକ୍ତି –

____
* ଡକ୍ଟର ଭୂପେନ୍ଦ୍ର ନାଥ ଦତ୍ତ, 'ସାହିତ୍ୟ ଓ ସମାଜ' ।

“ଗାଏ ତୁଁଭ ଗୀତ   ସଭାରେ ପଁଡ଼ିତ
ପଥେ ପାଁଥ ହୃଷ୍ଟମନା
ବିଲେ ଗାଏ ଚଷା,   ଅଁତଃପୁରେ ଯୋଷା,
ନୃତ୍ୟରଂଗେ ବାରାଂଗନା।”

କେବଳ ଏହି ଲୋକସଂସ୍କୃତିମୂଳକ ଅନୁଷ୍ଠାନମାନଙ୍କ ମାଧ୍ୟମରେ ହିଁ ସମ୍ଭବ ହୋଇପାରି ଥିଲା, ନିଜର ସୁଦୂରପ୍ରସାରୀ ଗୁଣଦ୍ୱାରା ନୁହେଁ। ସଂଗୀତମୟତା ଏଇ ସବୁ ଉଚ୍ଚାଂଗ ସାହିତ୍ୟର ପ୍ରଧାନ ଆକର୍ଷଣୀୟ ବସ୍ତୁ ଥିଲା। ତେଣୁ ସଂଗୀତର ପ୍ରଲୋଭନରେ ଅନେକେ ଏଇ ମାର୍ଗ-ସାହିତ୍ୟରୁ ଫାଇଦା ଉଠାଇବାକୁ ଛାଡ଼ୁ ନ ଥିଲେ।

ସେ ଯାହା ହେଉ, ଦେଶର ମୂଳ ସାହିତ୍ୟ କ୍ରମେ ଦେଉଳିଆ ହୋଇଯାଉଥିଲା। “ବୃହତ୍ତମ ସଂଖ୍ୟା ପାଇଁ ଗଭୀରତମ ଅଭିଜ୍ଞତା ପରିବେଷଣ” ଶିଳ୍ପକଳାର ଏଇ ସର୍ବଜନଗ୍ରାହ୍ୟ ପ୍ରତିମାନଟିକୁ ଅକ୍ଷରେ ଅକ୍ଷରେ ଓଲଟା ସାବ୍ୟସ୍ତ କରି ତତ୍କାଳୀନ ସାହିତ୍ୟିକମାନେ ଏକପ୍ରକାର ଶ୍ରେଣୀକ ସାହିତ୍ୟ ସୃଷ୍ଟି କରିବାରେ ବ୍ରତୀ ହୋଇ ପଡ଼ିଥିଲେ। କ୍ଷୁଦ୍ରତମ ସଂଖ୍ୟା ଆଗରେ ସୂକ୍ଷ୍ମତମ କାବ୍ୟକଳାର ଇନ୍ଦ୍ରଜାଲ ଦେଖାଇବା ଯେପରି ସେ ଯୁଗର କବିମାନଙ୍କର ଏକାନ୍ତ ଝୁଙ୍କ ଥିଲା! ସେମାନଙ୍କ ମତରେ ଶ୍ରେଷ୍ଠ ସାହିତ୍ୟିକ ସେହିମାନଙ୍କୁହିଁ କୁହାଯାଉଥିଲା, ଯେଉଁମାନେ ଅଳ୍ପ କେତେକ ସମଜଦାରଙ୍କ ଆଗରେ ସବୁଠାରୁ ବେଶୀ ଦୁର୍ବୋଧ ଓ ସୂକ୍ଷ୍ମତମ କାରୁକାର୍ଯ୍ୟପୂର୍ଣ୍ଣ କାବ୍ୟକବିତାର କୁହୁକ ଦେଖାଇପାରୁଥିଲେ। ଜଣକୁ, କେବଳ ଜଣକୁ, (ସେ ଜଣକ ହୁଏତ ତା'ର ପୃଷ୍ଠପୋଷକ ରାଜା ଓ ତା'ର ପାର୍ଷଦଗଣ) ଖୁସ୍ କରିବାହିଁ ଯେପରି ଅଧିକାଂଶ କୃତିର ଉଦ୍ଦେଶ୍ୟ ଥିଲା। ଶତକଡ଼ା ବାକୀ ଅନେଶ୍ୱତ ଜଣଙ୍କୁ ସାହିତ୍ୟ ବିଚାରଣକୁ ଆଣୁ ନ ଥିଲା। ସାହିତ୍ୟର ଏ ଅସହାୟ ଅବସ୍ଥା ଆଜି ଘୁଞ୍ଚ ନାଇ। ଆଜି ମଧ୍ୟ ସାହିତ୍ୟ ଶତକଡ଼ା ଷାଠିଏ ଜଣଙ୍କଠାରୁ କୌଣସି ପ୍ରତ୍ୟକ୍ଷ ସମର୍ଥନ ପାଇ ପାରି ନାଇଁ, – ଯଦିଚ ପୂର୍ବାପେକ୍ଷା ଅଧିକସଂଖ୍ୟକ ମଧ୍ୟବିତ୍ତ ଓ କ୍ରମବର୍ଦ୍ଧମାନ ଶିକ୍ଷିତ ମହଲ (ଯାହାଙ୍କୁ elite କିମ୍ବା ଦାତେଁତେଁ କୁହାଯାଇପାରେ) ମୁଦ୍ରାଯନ୍ତ୍ର, ଛପାବହି ଓ ପତ୍ରପତ୍ରିକା ଜରିଆରେ ସାହିତ୍ୟର ଆସରକୁ ଆକୃଷ୍ଟ ହୋଇ ଆସିଛନ୍ତି।

ସାହିତ୍ୟକୁ ଦୈନନ୍ଦିନ ଜୀବନର ଅନ୍ଦିକନ୍ଦିରେ ପ୍ରବେଶାଧିକାର ଏ ପର୍ଯ୍ୟନ୍ତ ମିଳିନାଇଁ। ଆଜି ସୁଦ୍ଧା ସାହିତ୍ୟ ଆମ ଜୀବନର ବହିର୍ଦ୍ୱାର ପର୍ଯ୍ୟନ୍ତ ଆସି ସେଠାରେ ତା'ର ଆବେଦନ ପେଶ୍ କରି କରି ଫେରିଯାଉଚି। ଯାର ପ୍ରଧାନ ଅନ୍ତରାୟ ହୋଇ ଦେଖାଦେଇଚି ଭାଷା। ବାକ୍‌ରୀତି ସଙ୍ଗେ କାବ୍ୟିକ ରୀତିର ପୂର୍ଣ୍ଣ ସମନ୍ୱୟ ନ ଘଟିବା ପର୍ଯ୍ୟନ୍ତ ସାହିତ୍ୟ ଆମ ଜୀବନର ଅନ୍ତଃପୁରରେ ପ୍ରବେଶ କରିପାରିବ ନାହିଁ। ତେଣୁ ନୂତନ କବିତାର ସର୍ବପ୍ରଥମ ଲକ୍ଷ୍ୟ ହେଉଛି ଭାଷାରୁ ସମସ୍ତ ପ୍ରକାର ରକ୍ଷିତ ସ୍ୱତ୍ୱ ଲୋପ କରି ଆମ ଜୀବନର ପ୍ରାତ୍ୟହିକ ଆସରରେ ସାହିତ୍ୟର ଆସନ ଟାଣ କରିବା। ତେଣୁ ସାହିତ୍ୟର

ଭାଷା ପ୍ରାତ୍ୟହିକ ଜୀବନର ଭାଷାର ଯେତେ ନିକଟବର୍ତ୍ତୀ ହୁଏ, ସେତେ ଏ କାର୍ଯ୍ୟ ସଫଳ ହେବା ଦିଗରେ ଜୋର୍‌ ପାଇବ ।

ଏ ଦିଗରେ ଭାଷାହିଁ ହେବ ତା'ର ପ୍ରଧାନ ସହାୟ । ଆମ ଦୈନଦିନ ଜୀବନର ବାସ୍ତବ ରୂପାୟନ କେବଳ ଆମର ଦୈନଦିନ ପରିବେଶ, ପରିମଣ୍ଡଳ ଓ ସାମାଜିକ ଆବେଷ୍ଟନୀ ମଧ୍ୟରୁ ସଂଗୃହୀତ ଶବ୍ଦ, ରୂପକଳ୍ପ ଓ ସମାଜବୋଧର ସଂକେତ ଦ୍ୱାରା ସମ୍ଭବ ହୋଇପାରେ । ଜୀବନର ବାସ୍ତବ ପରିପ୍ରେକ୍ଷୀର ବହିରାଙ୍ଗଳର ଭାଷା ଆମ ସଚ୍ଚେତନ ତଥା ନିର୍ଶ୍ଚେତନ (sub-conscious) ମନରେ କୌଣସି ଅନୁସଙ୍ଗ ସୃଷ୍ଟି କରିପାରିବ ନାହିଁ, ଏହା ସ୍ୱତଃସିଦ୍ଧ କଥା । ଅଥଚ ସାହିତ୍ୟକୁ ନିରାତ୍ମା ନିଃସଙ୍ଗତା ହାତରୁ ବଞ୍ଚାଇ ପ୍ରାଣବନ୍ତ କରିବାକୁ ହେଲେ ଏହାକୁ ଆମର ସାଧାରଣ ଜୀବନର କର୍ମମୁଖର ପ୍ରାଣକେନ୍ଦ୍ରରେ ପ୍ରତିଷ୍ଠା କରିବାକୁ ହେବହିଁ ହେବ ।

କାବ୍ୟିକ ଭାଷା ଓ କଥିତ ଭାଷା ମଧ୍ୟରେ ଗୋଟାଏ ସମନ୍ୱୟ ଉପରେ ନୂତନ କବିତାର ଇମାରତ ଗଢ଼ିବାକୁ ହେବ । ସେଥିପାଇଁ ଆମକୁ ସାହିତ୍ୟରେ ନିଛକ କାବ୍ୟିକ ଶବ୍ଦ ଓ ଅଭିଧାନିକ ଶବ୍ଦ ସବୁର ମୋହ ଯଥାସମ୍ଭବ କଟାଇ ନୂଆ ଚଳତି ଓ ବ୍ୟଞ୍ଜନାପୂର୍ଣ୍ଣ ଶବ୍ଦ ସବୁ ବ୍ୟବହାର କରିବାକୁ ହେବ । ସାଧୁ, ତତ୍‌ସମ ଓ ଆଭିଧାନିକ ଶବ୍ଦ ସବୁ ବର୍ଜନ କରି ଆମକୁ କାବ୍ୟ-କବିତାରେ ବାକ୍‌ଭଙ୍ଗୀ ପ୍ରବର୍ତ୍ତନ କରିବାକୁ ପଡ଼ିବ । ଯେଉଁ କବିତା ବାକ୍‌ଭଙ୍ଗୀର ଯେତେ ନିକଟବର୍ତ୍ତୀ, ସେ କବିତା ତେତେ ହୃଦୟଗ୍ରାହୀ ଓ ପ୍ରାଣବନ୍ତ; ଏ କଥାର ଦୃଷ୍ଟାନ୍ତ ସାରଳା ଦାସଙ୍କ ଅମର କୃତିରୁ ସଂଗ୍ରହ କରାଯାଇପାରେ । ମୋର 'ପାଣ୍ଡୁଲିପି' ପୁସ୍ତକର 'ନାନ୍ଦୀମୁଖ'ରେ ମୁଁ ଏହା ଦର୍ଶାଇଅଛି ।

ନୂତନ କବିତାରେ ଉପଧା ଓ ଯତିଯମକର ଆଦ୍ୟର ଗୌଣ –

ଯଦି ସାଧୁ, ତତ୍‌ସମ ଶବ୍ଦ ସବୁ କାବ୍ୟକ୍ଷେତ୍ରରୁ ବିଦାୟ ନିଅନ୍ତି, ତେବେ ଏହା ଅନୁମେୟ ଯେ, ଉପଧା ମେଳ ବା ଦ୍ୱିମାତ୍ରିକ ମେଳ ପକାଇବା ଭଳି ଶବ୍ଦସଂଖ୍ୟା ପୂର୍ବ ତୁଳନାରେ ଅଧିକ କମିଯିବ । ଏହା ଦେଖାଯାଇଛି ଯେ, ସାହିତ୍ୟରେ ସାଧୁ ଶବ୍ଦମାନଙ୍କର ବହୁଳ ପ୍ରଚଳନ ଥାଇ ମଧ୍ୟ ଉପଧାର କଡ଼ା କଟକଣା ଭିତରେ ରାଧାନାଥ ଓ ରବୀନ୍ଦ୍ରନାଥଙ୍କ ଭଳି ପ୍ରତିଭା ମଧ୍ୟ ଶବ୍ଦବୈକଲ୍ୟ, ଭାବସଂକୋଚ ଓ ଅସିଦ୍ଧ ଅମିତ୍ରାକ୍ଷର ମେଳ ଘଟାଇବାକୁ ନାନା ସ୍ଥାନରେ ବାଧ୍ୟ ହୋଇଛନ୍ତି । ଏହାର ବ୍ୟାପକ ଆଲୋଚନା ମୁଁ 'ଝଙ୍କାର' ପତ୍ରିକାରେ ଧାରାବାହିକ ପ୍ରବନ୍ଧମାନ ଲେଖି ୧୯୪୯-୫୦ ଏବଂ ୧୯୭୦ ସାଲରେ କରିଚି । ଏହି ପ୍ରବନ୍ଧଗୁଡ଼ିକ ଉପଧାପ୍ରସଙ୍ଗରେ ଏଇ ପୁସ୍ତକରେ ଅନ୍ୟତ୍ର ସନ୍ନିବିଷ୍ଟ ହୋଇଛନ୍ତି । ତେଣୁ ସାଧୁ ଶବ୍ଦ ବା କିତାବୀ ଶବ୍ଦମାନଙ୍କ ସଂଖ୍ୟା ପୂର୍ବାପେକ୍ଷା ଆହୁରି କମ୍‌ ହୋଇଯିବା ପରେଇ ଯଦି ପୁଣି ଉପଧା ରକ୍ଷା କରି ଚଲିବାକୁ ପଡ଼େ, ତେବେ କବିତାରେ ଆହୁରି ଭାବସଂକୋଚ ଓ ଶବ୍ଦବୈକଲ୍ୟ ଘଟିବହିଁ ଘଟିବ ଏଥିରେ କୌଣସି ସଦେହ ନାହିଁ ।

ତେଣୁ ସାହିତ୍ୟରେ ଭାବର ସ୍ୱଚ୍ଛନ୍ଦ, ପରିଚ୍ଛନ୍ନ ଓ ସ୍ୱାଭାବିକ ପ୍ରକାଶଦୃଷ୍ଟିରୁ ଦ୍ୱିମାତ୍ରିକ ଓ ଏକମାତ୍ରିକ ଏ ଉଭୟ ମେଳକୁ ସମାନ ମର୍ଯ୍ୟାଦାର ସହିତ ସ୍ଥାନ ଦେବା ଉଚିତ ।

ଉପଧାବର୍ଜନ ଅର୍ଥ କବିତାକ୍ଷେତ୍ରରୁ 'ଉପଧା'କୁ ଏକାବେଳକେ ମୂଳପୋଛ କିମ୍ବା ନିଷିଦ୍ଧ କରିବା ନୁହେଁ । ଉପଧାବର୍ଜନ ଅର୍ଥ କବିତାରେ ଉପଧା ଏକ ଅବଶ୍ୟ ପାଳନୀୟ ନିୟମରୂପେ ଆମୂଳଶେଷ ପର୍ଯ୍ୟନ୍ତ ନ ରହି ଏକ ଅଳଙ୍କାରରୂପେ ସମ୍ଭାବ୍ୟ ସ୍ଥଳରେ ବ୍ୟବହୃତ ହେଉ ଏବଂ ଏକାକ୍ଷରୀ ମେଳ ଓ ଦୁଇଅକ୍ଷରୀ ମେଳ ଉଭୟେ କବିତାରେ ସମାନ ମର୍ଯ୍ୟାଦା ଲାଭ କରନ୍ତୁ । ଏହାକୁ ଆଉ ଟିକିଏ ବୁଝେଇ କହିଲେ ଏଇଆ ହେବ ଯେ, ଉପଧାକୁ କବିତାର ସାଧାରଣ ନିୟମକ୍ଷେତ୍ରରୁ ନେଇଯାଇ ତା'ର ପୂର୍ବ ସ୍ଥାନରେ, ଅର୍ଥାତ୍ ଯମକ, ଅନୁପ୍ରାସାଦି ଅଳଙ୍କାରମାନଙ୍କ ମଧ୍ୟରେ ସୀମାବଦ୍ଧ ରଖାଯାଉ । ଉପଧା ରାଧାନାଥ ଓ ରାଧାନାଥୋତ୍ତର ଯୁଗରେ ଏକ ଅପରିହାର୍ଯ୍ୟ ସ୍ୱତନ୍ତ୍ର ନିୟମରୂପେ କବିତାରେ ସର୍ବତ୍ର ପ୍ରଚଳିତ ହେବା ପୂର୍ବରୁ ସର୍ବଯମକ, ମହାଯମକ, ପ୍ରାନ୍ତଯମକ, ଆଦ୍ୟପ୍ରାନ୍ତଯମକ ପୁଣି ଅନ୍ତ୍ୟାନୁପ୍ରାସ, ଆଦ୍ୟପ୍ରାନ୍ତାନୁପ୍ରାସ, ଅବନା* ବିଲୋମ, ଅନୁଲୋମ ଓ ମେଷଯୁଦ୍ଧ ଏବଂ ଅନ୍ୟାନ୍ୟ ଶୃଙ୍ଖଳାଦି ଭିତରେ ରହିଥିଲା ଏବଂ କବିତାର କ୍ଷମତା ଅନୁଯାୟୀ ସ୍ଥଳବିଶେଷରେ ଅନ୍ୟାନ୍ୟ ଅଳଙ୍କାର ପରି ବ୍ୟବହୃତ ହୋଇଆସୁଥିଲା; ମାତ୍ର ସବୁ କବିତାରେ ପ୍ରାରମ୍ଭରୁ ଶେଷଯାଏ ଏହାର ବ୍ୟବହାର ବର୍ତ୍ତମାନ ଭଳି ବାଧ୍ୟତାମୂଳକ ବା ଅଲଙ୍ଘନୀୟ ନ ଥିଲା; କେବଳ ସ୍ୱେଚ୍ଛାକୃତ ଥିଲା । ମାତ୍ର ଏଇ ଐଚ୍ଛିକ ବ୍ୟବହାରକୁ ବାଧ୍ୟତାମୂଳକ କରିବାଦ୍ୱାରା କବିତାର ସ୍ୱଚ୍ଛନ୍ଦ ଓ ଅବାଧ ପ୍ରକାଶ ପ୍ରତିହତ ହୋଇଛି । ବର୍ତ୍ତମାନ ଉପଧାକୁ ପୁଣି ଅଳଙ୍କାର-ଜଗତରେ ସାମିଲ କରି ଏହାର ବ୍ୟବହାରକୁ ସ୍ୱେଚ୍ଛାକୃତ ଓ ସୀମାବଦ୍ଧ କରାଯାଉ । ତାହାହେଲେ ସବୁ ଗୋଳମାଳର ନିଷ୍ପତ୍ତି ହୋଇଯିବ । ଯେ ଉପଧା ସାହାଯ୍ୟରେ ଯେତେଦୂର ସ୍ୱଚ୍ଛନ୍ଦରେ ଭାବପ୍ରକାଶ କରିପାରିଲା କରୁ, କାହାର କିଛି ଆପତ୍ତି ନାହିଁ; ମାତ୍ର କବିତା ଲେଖିବାକୁ ହେଲେ ପ୍ରତ୍ୟେକଙ୍କୁ ମୂଳରୁ ଶେଷଯାଏ ଉପଧା ମିଳେଇବାକୁ ହେବ, ଏଭଳି କୌଣସି ଧରାବନ୍ଧା ନିୟମ ବା ଜୋର-ଜବରଦସ୍ତି ନ ରହୁ ।

ଉପଧାର ନାମ ଉପାନ୍ତ୍ୟସ୍ୱରାନୁପ୍ରାସ ରହୁ –

ଏକ କଥାରେ, କବିତାର ଅପରିହାର୍ଯ୍ୟ ଅଙ୍ଗରୂପେ ଉପଧାକୁ ନ ଧରି ଏଣିକି ଅଳଙ୍କାରବିଶେଷ ରୂପେ ଗ୍ରହଣ କରାଯାଉ ଏବଂ ପ୍ରୟୋଜନାନୁସାରେ ଅନ୍ୟାନ୍ୟ ଯମକ, ଅନୁପ୍ରାସାଦି ଅଳଙ୍କାର ପରି କାବ୍ୟ-କବିତାଦିରେ ସ୍ଥଳବିଶେଷରେ ବ୍ୟବହାର କରାଯାଉ । ସମ୍ପ୍ରତି ପ୍ରଚଳିତ ଉପଧାର ବାଧ୍ୟତାମୂଳକ ଧରାବନ୍ଧା ପ୍ରୟୋଗ ସ୍ୱେଚ୍ଛିକ ହେଉ । 'ଉପଧା'

---

* 'ଅବନା'ରେ ବନାନବର୍ଜିତ ଶଢ ବ୍ୟବହାରଦୃଷ୍ଟିରୁ ଅଧିକାଂଶ ସ୍ଥଳରେ ଉପଧା ସ୍ୱତଃ ଦେଖାଦେଇଥାଏ । ଯେପରି ବିଦଗ୍ଧ ଚିନ୍ତାମଣିର ୨ ୯ଶ ଓ ୩୭ଶ ଚାନ୍ଦ ।

'ଚରଣତଳ ରଂଗକମଳ ମୃଦ ମଦନକର ।

ପଦର ବକ୍ର ଛଂଦନ ଶକ୍ର ଆକର୍ଷଭର ।'

ଏଭଳି ଏକ ସ୍ୱତନ୍ତ ନାମରେ ନ ଡାକି, ଉପଧାକୁ ବରଂ ଏଣିକି ଉପାନ୍ତ୍ୟସ୍ୱରାନୁପ୍ରାସ କୁହାଯାଉ । ତା'ହେଲେ ଉପଧା ଯେ ଏକ ସ୍ୱାଧୀନ ନିୟମ ନୁହେଁ, ଏହା ଯେ ଏକ ଅନୁପ୍ରାସ ଓ ପୂରାପୂରି ଅଲଂକାରଶ୍ରେଣୀରେ ସାମିଲ, ତା'ର ଏ ମୌଳିକ ସଂଜ୍ଞା ଓ ପରିଚୟ ସଙ୍ଗେ ନାମର ପୂର୍ଣ୍ଣ ସାମଞ୍ଜସ୍ୟ ସ୍ଥାପିତ ହେବ ।

ନୂତନ କବିତାର ଭବିଷ୍ୟତ –

ବର୍ତ୍ତମାନ ଅନେକେ ପଚାରିପାରନ୍ତି, ଉପଧା ଓ ଯତିନିୟମକ ଉଠିଗଲେ କବିତା ହୁଏ ତା'ର ଚମକ୍କାରିତା ଅନେକାଂଶରେ ହରାଇବସିବ । ଏଭଳି କବିତାର ଭବିଷ୍ୟତ୍ କ'ଣ ? ଯତିନିୟମକ କଥା ପରେ କହିବି; ଉପଧା ସମ୍ବନ୍ଧରେ କୁହାଯାଇପାରେ ଯେ ଓଡ଼ିଆ ଭାଷାର ଉଚ୍ଚାରଣ ତଥା ଧ୍ୱନିତତ୍ତ୍ୱ ଦୃଷ୍ଟିରୁ ଉପଧା ଏକ ଅସ୍ୱାଭାବିକ ନିୟମ । ଏକଥା ବହୁ ପ୍ରମାଣ ସହ ମୋର 'ପାଣ୍ଡୁଲିପି' ଭୂମିକାରେ ଏବଂ ଏଇ ପ୍ରବନ୍ଧର ପରବର୍ତ୍ତୀ ପୃଷ୍ଠାମାନଙ୍କରେ ଦେଖାଇ ଦିଆଯାଇଛି । ଉପଧାର କୌଣସି ସ୍ୱତନ୍ତ ଆକର୍ଷଣୀଶକ୍ତି ଓଡ଼ିଆଭାଷାରେ ନାହିଁ । ଅଧିକାଂଶ ଓଡ଼ିଆ ଶବ୍ଦ ଅକାରାନ୍ତ । ସେମାନେ ଦ୍ୱିମାତ୍ରିକ ମେଳ ବା ଦୁଇ ଉପାନ୍ତ୍ୟ ସ୍ୱରମିଳନର ଅପେକ୍ଷା ରଖନ୍ତି ନାହିଁ । ତା'ପରେ ଓଡ଼ିଆ ସାହିତ୍ୟରେ ଉପଧାର ପଛଭୂମି ନାହିଁ କି ଓଡ଼ିଆ ସାହିତ୍ୟର ପରମ୍ପରାରେ ଯାହାର କୌଣସି ସମର୍ଥନ ନାହିଁ । କି ସଂସ୍କୃତ, କି ଓଡ଼ିଆ କୌଣସି ସାହିତ୍ୟ ବ୍ୟାକରଣରେ ଉପଧାର କୌଣସି ପରିଚୟ ମିଳେ ନାହିଁ । ଓଡ଼ିଆରେ ଯାହାର ଚଳଣି ଖୁବ୍ ବେଶୀ ହେଲେ ଷାଠିଏ ବର୍ଷତଳର କଥା । ତେଣୁ ଏଭଳି ଏକ ଅର୍ବାଚୀନ, ବ୍ୟାକରଣଅସିଦ୍ଧ, ଅସ୍ୱାଭାବିକ ଓ ଧ୍ୱନିବିଜ୍ଞାନବିରୁଦ୍ଧ ନିୟମକୁ କବିତାର ସାଧାରଣ ନିୟମରୂପେ ଗ୍ରହଣ ନ କଲେ ଗୋଟା' ମହାଭାରତ ଅଶୁଦ୍ଧ ହୋଇଯିବ ବୋଲି ଭାବିବାର କୌଣସି ହେତୁ ନାହିଁ । ତା'ପରେ ଅଲଂକାରବିଶେଷ ଭାବରେ ଯାହାର ପ୍ରୟୋଗ ତ ନିଷିଦ୍ଧ କରାଯାଉନାହିଁ; କେବଳ ଏକ ଧରାବନ୍ଧା ଆମୂଳଚୂଲ ନିୟମରୂପେ କବିତାକ୍ଷେତ୍ରରୁ ଏହାର ତୁରନ୍ତ ଅପସାରଣ ଓ ଅଲଂକାରଜଗତକୁ ସ୍ଥାନାନ୍ତରଣ ଦାବି କରାଯାଉଛି ମାତ୍ର ।

ବର୍ତ୍ତମାନ କବିତାରେ ଯଦିପାତର 'ଯଥାସ୍ଥାନ' ନିରୂପଣ କରାଯାଉ । ଦ୍ୱିମାତ୍ରିକ ମେଳ ବା ଉପଧା-ମିଳନ ଛଡ଼ା, ଏକମାତ୍ରିକ ମେଳ ଥିବା ମିତ୍ରାକ୍ଷର କବିତା ମଧ୍ୟ ଆଧୁନିକ ଭାବପ୍ରବାହର ପ୍ରକାଶ ପାଇଁ ଅନେକ ସମୟରେ ଯଥେଷ୍ଟ ଅନୁକୂଳ ବୋଧ ହେଉନାହିଁ; ଫଳରେ ଆଧୁନିକ ଜୀବନର ଯେଉଁ ଭାବସ୍ରୋତ ପାରିପାର୍ଶ୍ୱିକ ଜଟିଳତା ମଧ୍ୟରେ ପଥରୁଦ୍ଧ ହୋଇ ପଡ଼ିଥିଲା, ତାକୁ ନୂତନ ପଥର ସନ୍ଧାନ ଦେବାପାଇଁ ଗଦ୍ୟକବିତା (Prose-verse) ଓ ମୁକ୍ତକବିତା (Vers libre) ପ୍ରଭୃତିର ଆବିର୍ଭାବ ଏକ ଐତିହାସିକ ଆବଶ୍ୟକତା ରୂପେ ବିବେଚିତ ହୋଇଛି । ମିତ୍ରାକ୍ଷର କବିତା ପାଖେ ପାଖେ ଅମେଳ କବିତା ଓ

ଗଦ୍ୟକବିତା ମଧ୍ୟ ଆଧୁନିକ କାବ୍ୟଜଗତର ନାନା ଜଟିଳ ସମସ୍ୟାର ସମାଧାନ କରିଚାଲିଛନ୍ତି । ମେଳ ଥିବା କବିତା ଓ ଅମେଳ କବିତା ପରସ୍ପରକୁ ସ୍ଥାନଚ୍ୟୁତ କରିବା କଥା ଜମା ଉଠୁନାଇ; ବରଂ ଉଭୟେ ଉଭୟର ସହକାରୀ ପରିପୂରକରୂପେ ହାତ ଧରାଧରି ହୋଇ ଆଗେଇ ଚାଲିଛନ୍ତି । ଫଳରେ ଏ ଦୁଇ ଭିନ୍ନ ପ୍ରକୃତିର କବିତା ଭିତରେ ପ୍ରତିଦ୍ୱନ୍ଦ୍ବିତା ଦେଖା ନ ଦେଇ ବରଂ ଏ ଦୁଇ କବିତାର ସମିଶ୍ରଣରେ ଏକପ୍ରକାର ମୁକ୍ତଛନ୍ଦ ଓ ଅନିୟମିତ ମିତ୍ରାକ୍ଷର ପଦ୍ୟ (irregular metre) ଦେଖାଦେଲାଣି – ଯାହା ସବୁପ୍ରକାର ଭାବର ଓଜନ ବହନ କରିବା ପକ୍ଷରେ ପ୍ରଶସ୍ତ ମନେ ହେଉଛି । ମୁକ୍ତକବିତା ବା ମୁକ୍ତକ ସଙ୍ଗେ ସଙ୍ଗେ ଗଦ୍ୟକବିତା ମଧ୍ୟ ସାହିତ୍ୟକ୍ଷେତ୍ରରେ ବେଶ୍ ଆସନ ଜମେଇ ବସିଚି । ଏହି ସବୁ କବିତାରେ ଦମ୍ ସମ୍ପୂର୍ଣ୍ଣତା ପାଏ ଅଂତ୍ୟବର୍ଣ୍ଣର ଧ୍ୱନିସାମ୍ୟରେ ନୁହେଁ, – ବକ୍ତବ୍ୟର ଏକ ଏକ ପର୍ଯ୍ୟାୟରେ strophic unity ମଧ୍ୟରେ ।

ବର୍ତ୍ତମାନ କବିତାର ସାର୍ଥକତା ଯେ ଯତିପାତ କିମ୍ବା ଧ୍ୱନିସାମ୍ୟ ବା ସେଇପରି ଅନ୍ୟ କୌଣସି ଆଙ୍ଗିକ ଉପରେ ନିର୍ଭର କରୁଚି, ଏହା ନୁହେଁ । ପୃଥ୍ବୀର ଭିନ୍ନ ଭିନ୍ନ ସାହିତ୍ୟରେ ମେଳହୀନ କବିତାମାନ ଲେଖାଯାଇ ସାହିତ୍ୟରେ ଉଚ୍ଚ ପ୍ରତିଷ୍ଠା ଓ ମର୍ଯ୍ୟାଦା ଲାଭ କଲେଣି । ମେଳ ଥିବା ମିତ୍ରାକ୍ଷର କବିତା ଓ ଅମେଳ ମୁକ୍ତକବିତା ଉଭୟେ ପରସ୍ପରର ପରିପୂରକରୂପେ କାବ୍ୟଜଗତ୍‍ରେ ତିଷ୍ଠି ରହିଛନ୍ତି ଏବଂ ଭବିଷ୍ୟତରେ ମଧ୍ୟ ଏହି ସହାବସ୍ଥାନ ନୀତି ଅବଲମ୍ବନ କରି ତିଷ୍ଠିରହିବେ ।

ମୁକ୍ତକବିତା ଓ ଗଦ୍ୟକବିତା ଆଜି ସମାନ ସୁପ୍ରତିଷ୍ଠିତ । ହୁଇଟ୍‍ମ୍ୟାନ, ଟୁର୍ଗେନିଭ୍‍ ତ ବହୁଦିନ ତଳର । ଗଦ୍ୟଧର୍ମୀ କବିତା ରଚନାରେ ଏମାନଙ୍କର ଅବଦାନ କ୍ରମପରିଣତି ଲାଭକରେ ହପ୍‍କିନ୍‍ସ, ଡ୍ରାଇଡେନ୍, ଲରେନ୍‍ସ ଏବଂ ଫରାସୀ ପ୍ରତୀକବାଦୀ କବିଗୋଷ୍ଠୀ, – ମାଲାର୍ମେ, ରାଁବୋ, ଭରଲେ୍ୟ ପ୍ରଭୃତିଙ୍କ କବିତାରେ । ସମସାମୟିକ କବିମାନଙ୍କ ମଧ୍ୟରେ ଏଜେରା ପାଉଣ୍ଡ, ଏଲିୟଟ୍, ପଲ ୟ୍ମୁଲାର, ଆର୍ସାଁଗ, ଅଡେନ୍ ସ୍ପେଣ୍ଡର, ଡେ ଲୁଇସ୍, କମିଙ୍ଗ୍‍ସ ପ୍ରମୁଖ ପ୍ରବୀଣ ଓ ତରୁଣ କବିମାନଙ୍କର ବହୁ ମୁକ୍ତଛନ୍ଦ କବିତା ପୃଥ୍ବୀର ସାହିତ୍ୟରେ ମେଳଯୁକ୍ତ ମିତ୍ରାକ୍ଷର କବିତାଠାରୁ କମ୍ ଆଦର ଲାଭ କରିନାଇ । ପାଉଣ୍ଡଙ୍କର କେତେକ କାଣ୍ଟୋ ଏବଂ ଏଲିୟଟଙ୍କର 'ପତିତ ଜମି' (Waste Land) ତ ଏପିକ୍‍ରେ ପରିଣତ ହେବାକୁ ବସିଲେଣି । ଆଜି ବରଂ ଏକଥା ମନେହେଉଚି ଯେ, ସମସାମୟିକ ଜୀବନର ଦୃଷ୍ଟିକୋଣ ଓ ଛନ୍ଦହୀନ ଦ୍ୱନ୍ଦ୍ୱମୟ ଜଳବାୟୁ ଯେପରି ଛନ୍ଦହୀନ ଓ ମେଳହୀନ, ଯଦିମୁକ୍ତ କବିତା ଭିତରେହିଁ ତାହା ବେଶୀ ସ୍ୱାଭାବିକ ଓ ସ୍ୱଚ୍ଛନ୍ଦଭାବରେ ପ୍ରକାଶ ଲାଭ କରିପାରୁଚି ଏବଂ ପାରିବ ।

ପଦ୍ୟର ଆବେଗସଂଚାରୀ ସ୍ୱଭାବ ସଙ୍ଗେ ଗଦ୍ୟର ପରିଛନ୍ନତା ଓ ରଜୁତାର ସଂଯୋଗ ହେଲେ ଏପରି ଏକ କାବ୍ୟିକ ଶକ୍ତିର ଉଦ୍‍ଭବ ହେବ, ଯାହା ଭାବର ପ୍ରକାଶ

ପାଇଁ ଅଧିକତର ଉନ୍ମୁକ୍ତ କ୍ଷେତ୍ର ଯୋଗାଇପାରିବ । ଖାଲି ସେତିକି ନୁହେଁ, ସବୁପ୍ରକାର ଭାବ ଓ ଶବ୍ଦର ଓଜନ ବହନପୂର୍ବକ ଭାରସାମ୍ୟ ରକ୍ଷା କରି ଚାଲିବା ଦିଗରେ ଏହା ପ୍ରକୃଷ୍ଟ ଭାବରେ କାର୍ଯ୍ୟକାରୀ ହୋଇପାରିବ । ପଦ୍ୟର ଆବେଗ ସଙ୍ଗେ ଗଦ୍ୟର ସୋଜା, ସରଳ, ସାବଲୀଳ ପ୍ରକାଶର ସମ୍ମିଶ୍ରଣ, ଏହାହିଁ ହେଉଟି ଗଦ୍ୟଧର୍ମୀ ନୂତନ କବିତାର ବୈଶିଷ୍ଟ୍ୟ ଓ ଉପଯୋଗର ପ୍ରଧାନ ହେତୁ ।

ମେଲ ବା ଅନ୍ତ୍ୟବର୍ଣ୍ଣର ଧ୍ୱନିଗତ ସାମ୍ୟ ଉପରେ ଏ-ଯୁଗୀୟ କବିତାର ସାର୍ଥକତା ଆଉ ନିର୍ଭର କରି ନାଇ । ଏହା ନିର୍ଭର କରୁଚି କବିତାର – ଅନ୍ତର୍ଦ୍ୟୋତନା, ସମାଜବୋଧ ଓ କବିମାନସର ସଂହତି ତଥା ସମ୍ବେଦନଶୀଳତା ଉପରେ । ଆଜି ବରଂ ଜୀବନ ଓ କବିତାର ଅପୂର୍ବ ସମନ୍ୱୟ ମୁହୂର୍ତ୍ତରେ ଏକଥା ମନେ ହେବା ସ୍ୱାଭାବିକ ଯେ, ମେଲହୀନ କବିତାରେ ନୈରାଶ୍ୟର କଥା କିଛି ନାଇ; ବରଂ ମେଲ, – ବିଶେଷ କରି ଦ୍ୱିମାତ୍ରିକ ମେଲର କଟକଣା   ଉଠିଗଲେ କବିତା ଏଭଲି ଏକ ସ୍ୱଚ୍ଛ, ନିର୍ମଲ ଓ ଶୁଭ୍ର ପରିଚ୍ଛନ୍ନ ଭାବରେ ପାଠକ ମନକୁ ସଂବୋଧନ କରିବା ପାଇଁ ଜୋର ପାଇବ । କବିତା ହେବ ଜୀବନର ସମସ୍ତ ଅନୁଭୂତି ତଥା ଅଭିଜ୍ଞତାର ଉଚ୍ଚାରଣ; ଜୀବନର ବିଶ୍ୱସ୍ତ ସ୍ୱରଲିପି ।

ଅନେକ ସାହିତ୍ୟସେବୀ ଗଦ୍ୟକବିତା ଓ ମୁକ୍ତକବିତା ବିରୁଦ୍ଧରେ ଖଡ୍ଗହସ୍ତ । ସେମାନଙ୍କ ମତରେ କବିତାରେ ମେଲ ନ ରହିଲେ ତାହା କବିତାପଦବାଚ୍ୟଇ ନୁହେଁ; ଏ ସମସ୍ତ ଅମର କାବ୍ୟ ଲେଖିବାରେ, ପଢ଼ିବାରେ ବା ବୁଝିବାରେ କିଛି ହେଲେ ଅସୁବିଧା ହେଉଥିଲା ପରି ତ ମନେ ହୁଏନାଇଁ । 'ମେଘଦୂତ' କିମ୍ବ 'କୁମାରସମ୍ବ ପଢ଼ିଲାବେଳେ ପାଠକ ଭାବର ଉଜ୍ଜ୍ୱାଲ କଲ୍ଲୋଲରେ କୁଆଡ଼େ ବୁଡ଼ି ତନ୍ମୟ ହୋଇଯାଏ – ତା'ର ମେଲ ପ୍ରତି ଖିଆଲଇ ନ ଥାଏ ।

ଓଡ଼ିଆଭାଷାରେ ଅସଂଖ୍ୟ ପଲ୍ଲୀଗୀତ, ବିଶେଷତଃ ଶଗଡ଼ିଆ ଗୀତରେ ମେଲ ନ ଥିଲେ ମଧ ତାହା ଚମତ୍କାର ଭାବରେ ବୋଲାଯାଇପାରେ ଏବଂ ଶୁଣିବାକୁ ମଧ ଭଲ ଲାଗେ । 'ସମରତରଂଗ' ଓ 'ଚତୁରବିନୋଦ'ର କବି ବ୍ରଜନାଥ ବଡ଼ଜେନା ଏପରି କେତେକ କବିତା ରଚନା କରିଯାଇଛନ୍ତି, ଯାହା ସମ୍ପୂର୍ଣ୍ଣ ଗଦ୍ୟଧର୍ମୀ ଏବଂ ଆଧୁନିକ ଗଦ୍ୟକବିତା ଓ ମୁକ୍ତକବିତା ସଙ୍ଗେ ପ୍ରାୟ ସମାନ । ସାରଲାଦାସଙ୍କ ଦାଣ୍ଠୀବୃତ ତ ଆଧୁନିକ ଗଦ୍ୟପଦ୍ୟ କବିତାର ସମସ୍ତ ଲକ୍ଷଣ ଓ ଚେହେରା ଅବିକଲ ଧରି ରଖିଚି । ତା'ଛଡ଼ା ଓଡ଼ିଶାର ପ୍ରାଚୀନତମ କାବ୍ୟ 'ରୁଦ୍ରସୁଧାନିଧି'ରେ ଗଦ୍ୟ–ପଦ୍ୟର ଅପୂର୍ବ ସମ୍ମିଶ୍ରଣ ଓ ସୁବିନ୍ୟାସ ଆଧୁନିକ ଗଦ୍ୟକବିତା ଓ ମୁକ୍ତକବିତାକୁ ମଧ ବହୁସ୍ଥାନରେ ସ୍ୱକୀୟ ବିଚକ୍ଷଣତା ଗୁଣରେ ଟପିଯାଇଚି । ଏ ସମସ୍ତର ବିଶଦ ଆଲୋଚନା ପରବର୍ତ୍ତୀ ପୃଷ୍ଠମାନଙ୍କରେ କରାଯାଉଚି ।

କବିତା ଓ ଶ୍ରୁତିପ୍ରିୟତା –

କବିତାର ରସସୃଷ୍ଟି ଓ ରସବୋଧ ଦିଗରେ ମେଲ ବା ଯତିପାତ କେତେଦୂର

ସାହାଯ୍ୟ କରେ, ସେଇ ମୂଲ୍ୟମାନରୁ ହିଁ ମେଳର ଆବଶ୍ୟକତା ବିଚାର୍ଯ୍ୟ ହେବା ଦରକାର । ମେଳର ଆବଶ୍ୟକତା ରସସୃଷ୍ଟି ପାଇଁ ଯେତେ ନୁହେଁ, ଶୁଣିବାକୁ ଭଲ ଲାଗେ ବୋଲି ଏବଂ ଶୁଣିକରି ମନେ ରଖିବା ପକ୍ଷରେ ସୁବିଧା ହୁଏ ବୋଲି ସେତେ ବେଶୀ । କର୍ଣ୍ଣରସାୟନହିଁ ଏହାର ମୁଖ୍ୟ ଉଦ୍ଦେଶ୍ୟ ।

ଆଦିମ ଅବିଭକ୍ତ (undifferentiated society) ସମାଜର ଅବିଭକ୍ତ ଅର୍ଥନୀତିରେ ଯେଉଁଠି ଶ୍ରମବିଭାଗ ନ ଥିଲା, ସେଠି ଅନ୍ୟାନ୍ୟ ଜିନିଷ ପରି କବିତା ମଧ୍ୟ ଅବିଭକ୍ତ ଥିଲା । ମଣିଷର ସେଇ ଆଦିମ ଅବିଭକ୍ତ ପଦ୍ୟରେ ନାଟ୍ୟକବିତା, ଗୀତିକବିତା, ଭାବକବିତା, ଗାଥାକବିତା ଆଦି ଏତେ ଶ୍ରେଣୀ–ବିନ୍ୟାସ ନ ଥିଲା । ସବୁ ବିଷୟ ଓ ଗୋଷ୍ଠୀର ସବୁ ଅଭିଜ୍ଞତାକୁ ପଦ୍ୟରେ ଲିପିବଦ୍ଧ କରି ଭବିଷ୍ୟତ୍ ବଂଶଧରମାନଙ୍କ ପାଇଁ ସାଇତି ରଖିବା ପ୍ରଥା ଥିଲା । ହେସିୟଦ (Hesiod) କୃଷକମାନଙ୍କ ଡାକବଚନକୁ ପଦ୍ୟାକାରରେ ଲିପିବଦ୍ଧ କରିଥିଲେ । Solon ଓମନୁ ସାମାଜିକ ଓ ରାଷ୍ଟ୍ରିକ ବିଧିବିଧାନ ସବୁ ପଦ୍ୟାକାରରେ ରଚନା କରିଥିଲେ । କୌଟିଲ୍ୟ ତାଙ୍କର ଅର୍ଥନୀତି ଓ କୂଟନୀତି ସଂକ୍ରାନ୍ତ ସିଦ୍ଧାନ୍ତ ସବୁ ପଦ୍ୟରେ ଲେଖିଥିଲେ । ମିଶରୀୟ ଜ୍ୟୋତିର୍ବିଜ୍ଞାନ ପଦ୍ୟରେ ରଚିତ ହୋଇଥିଲା ।[1] ଆମ ଦେଶରେ ମଧ୍ୟ ସେଇଆ ହୋଇଥିଲା । ଓଡ଼ିଆରେ ଗୁଣି ଗାରୁଡ଼ି, ଯନ୍ତ୍ରମନ୍ତ୍ର, କୁହୁକବିଦ୍ୟା, ଲୀଲାବତୀଙ୍କ ଗଣିତ, ଦର୍ଶନ, ଜ୍ୟୋତିର୍ବିଦ୍ୟା, ଠୁଣିମୁଣି, ଚିକିସା, ସମରବିଜ୍ଞାନ, 'ପାଇକଖେଦା'[2] ସବୁ ପଦ୍ୟରେ ରଚିତ । ମିତ୍ରାକ୍ଷର ପଦ୍ୟର ଏତାଦୃଶ ବହୁଳ ପ୍ରଚାରର ଅସଲ ସାମାଜିକ ଆବଶ୍ୟକତା ଥିଲା ଏହି ଯେ, ସମାଜରେ ଲିପିର ବହୁଳ ପ୍ରଚଳନ ନ ଥିଲା; ତେଣୁ ଗୋଷ୍ଠୀର ସମବେତନ ଅଭିଜ୍ଞତା ମେଳଯୁକ୍ତ ପଦ୍ୟରେ ରଚିତ ହୋଇ tribal festival ବା ପର୍ବପର୍ବାଣିମାନଙ୍କରେ ସାଧାରଣଙ୍କ ଆଗରେ ଆବୃତ୍ତି ବା ଗାନ କରାଯାଉଥିଲା ଏବଂ ସେ ସବୁକୁ ଗୋଷ୍ଠୀର ସମସ୍ତେ ଶୁଣି ମନେ ରଖୁଥିଲେ ଏବଂ ପୁରୁଷାନୁକ୍ରମେ ଭବିଷ୍ୟତ୍ ବଂଶଧରମାନଙ୍କୁ ମଧ୍ୟ ହସ୍ତାନ୍ତର କରୁଥିଲେ । ଏହିପରି ଶ୍ରୁତି ଓ ସ୍ମୃତିର ଉଦ୍ଭବ ।

ପ୍ରଥମେ ଶୁଣି କରି ଏବଂ ପରେ ମୁଖସ୍ଥ କରି ମନେ ରଖି ଏସବୁ ବିଦ୍ୟାର ନେ'ଣ ଦେ'ଣ ତଥା ପ୍ରଚାର ଓ ପ୍ରସାର ହେଉଥିଲା । ଲିପିର ପ୍ରଚଳନ ପରେ ମଧ୍ୟ ଲୋକମାନଙ୍କୁ ସ୍ମୃତିଶକ୍ତି ଉପରେ ନିର୍ଭର କରିବାକୁ ପଡୁଥିଲା; କାରଣ ସେତେବେଳେ ଆଜିକାଲିକା ପରି ମୁଦ୍ରାଯନ୍ତ୍ର ଓ ସାହିତ୍ୟର ବହୁଳ ପ୍ରଚାର ନ ଥିଲା । ପରେ ସମାଜରେ ଉତ୍ପାଦନର ଉତ୍କର୍ଷ ପାଇଁ ଶ୍ରମର ବଣ୍ଟୁଆରା ବା ଶ୍ରେଣୀବିଭାଗ ସୃଷ୍ଟି ହେଲା । ବିଶେଷ ବିଶେଷ କାମ କରିବା ପାଇଁ

---

୧.   Illusion And Reality by Christopher Caudwell.

୨.   ରେଂଗଳ ଗଡ଼ନାୟକ କହ୍ନାଇ ଚଂପତିକୃତ 'ପାଇକଖେଦା' – 'ସହକାର', ୧୮ ଭାଗ (୧୯୫୦)ରେ ସଦାଶିବ ରଥ ଶର୍ମାଙ୍କ ପ୍ରବନ୍ଧ ଦ୍ରଷ୍ଟବ୍ୟ ।

ବିଶେଷ ବିଶେଷ ଶ୍ରେଣୀ ବା ବର୍ଗର ଉଦ୍ଭାବନ କରାଗଲା । ଏହା ପରେ ପଦ୍ୟର ଡ୍ରାମା, ଏପିକ୍, ବ୍ୟାଲାଡ୍‌, ଲିରିକ୍‌ ଆଦି ନାନା ଶ୍ରେଣୀବିଭାଗ ଦେଖାଦେଲା । ସବୁ ବିଷୟ ଆଉ ଗୋଟିଏ ପ୍ରକାରେ ଲେଖା ନ ହୋଇ ନାଟକ, କବିତା ଆଦି ବିଷୟ-ବିଭାଗ ଦେଖାଦେଲା ।

ମାତ୍ର ଅନେକ ଶତାଦ୍ଧୀୟାଏଁ ମୁଦ୍ରାଯନ୍ତ୍ର ଉଦ୍ଭାବନ ବା ପ୍ରଚଳନ ହୋଇ ନ ଥିଲା । ଗୋଟିଏ ଗ୍ରାମରେ ହୁଏତ କୌଣସି କବିଙ୍କର କୌଣସି କୃତିର ଖଣ୍ଡିଏ ମାତ୍ର ପୋଥି ଥିଲା । ତେଣୁ ସେଇ ପୋଥିର ବିଷୟସବୁ ସର୍ବସାଧାରଣଙ୍କ ଗୋଚରକୁ ଆଣିବାର ଏକମାତ୍ର ଉପାୟ ଥିଲା ସାଧାରଣସ୍ଥାନ, ଯାତ୍ରା, ପର୍ବ, ଲୀଳା, ପାଲା, ଦାସକାଠିଆ, ଭାଗବତଟୁଙ୍ଗୀ ପ୍ରଭୃତି ଅନୁଷ୍ଠାନମାନଙ୍କ ଜରିଆରେ । ତେଣୁ ମେଳ ନ ଥିବା ପଦ୍ୟରେ ରଚିତ ହେଲେ ଏହାକୁ ମନେରଖିବା କଠିନ ହେବ ଏବଂ ଏହାର ପ୍ରଚାର ତଥା ପ୍ରସାର ବ୍ୟାହତ ହେବ ଜାଣି ଏହା ସବୁ ମେଳ ଥିବା ପଦ୍ୟାକାରରେ ରଚନା କରାଯାଉଥିଲା । କାରଣ ଗଦ୍ୟ ଅପେକ୍ଷା ପଦ୍ୟ ମନେ ରଖିବା ପକ୍ଷରେ ସହଜ ଓ ପ୍ରଚାର ପାଇଁ ଅଧିକ ଅନୁକୂଳ । ସମଗ୍ର ଏକାଦଶ ସ୍କନ୍ଧ 'ଭାଗବତ' କି ସମୁଦାୟ 'ରାମାୟଣ' ମୁଖସ୍ଥ କରି ଅନର୍ଗଳ ବୋଲିପାରୁଥିବା ଲୋକ ଏବେ ମଧ୍ୟ ଆମ ସମାଜରେ ବିରଳ ନୁହନ୍ତି ।

ମୁଦ୍ରାଯନ୍ତ୍ର ପ୍ରଚଳନ ହେବା ପରେ ଏବଂ ନାମ ପତ୍ରପତ୍ରିକା ଓ ପୁସ୍ତକାଦିରେ ପ୍ରକାଶ, ପୁଣି ଗ୍ରାମଫୋନ ଓ ରେଡ଼ିଓ, ଟେଲିଭିଜନ ଇତ୍ୟାଦିର ପ୍ରବର୍ଦ୍ଧନ ହେବା ଫଳରେ ବର୍ତ୍ତମାନ କୌଣସି ବିଷୟକୁ ପଦ୍ୟାକାରରେ ରଚନା କରି ମନେ ରଖିବା ଆଉ ଦରକାର ପଡ଼ୁନାଇ । ତେଣୁ ମିତ୍ରାକ୍ଷର ପଦ୍ୟ ବା ମେଳଯୁକ୍ତ ପଦ୍ୟର ସାମାଜିକ ଆବଶ୍ୟକତା ହ୍ରାସ ପାଇଚି । ଏଣିକି କବିତାର ରସସୃଷ୍ଟି ଓ ରସବୋଧର 'ମେଳ' ବା ଯଦିପାତ କେତେ ଦୂର ସାହାଯ୍ୟ କରିପାରୁଚି, କେବଳ ସେଇ ମୂଲ୍ୟମାନରୁଇ ମେଳର ଆବଶ୍ୟକତା ବିଚାର୍ଯ୍ୟ ହେବା ଦରକାର । ଏଣିକି କର୍ଣ୍ଣରସାୟନ ବା ଶ୍ରୁତିପ୍ରିୟତା କବିତାରେ ଆଉ ବଡ଼ କଥା ନୁହେଁ, ବଡ଼କଥା ହେଉଚି, କବିତା କେତେଦୂର ସମକାଳୀନ ଜୀବନର ଦ୍ୱିଧା-ଦ୍ୱନ୍ଦ- ସଂଦେହବିଜଡ଼ିତ ପଦଧ୍ୱନିକୁ ପରିସ୍ଫୁଟ କରିପାରୁଚି ।

ଯଦି-ଯମଜ-ଅନୁପ୍ରାସର ମାୟା ଆଭରଣ ଛାଡ଼ି ଆଜି କାବ୍ୟଲକ୍ଷ୍ମୀଙ୍କୁ ସ୍ୱକୀୟ ମହିମାରେ ଦ୍ୱୀପାନ୍ୱିତ କରି ଜୀବନର ପରମ ଦୀପିକାରୂପେ ପ୍ରକାଶ କରିପାରିବନାହିଁ ହେଉଚି ସମସାମୟିକ କବିପକ୍ଷରେ ପ୍ରଥମ ଦୁଃସାହସିକ ପଦକ୍ଷେପ ।

ଆଧୁନିକ କବିତାର ଦିଗ୍‌ନିର୍ଣ୍ଣୟ –

ପ୍ରଥମରୁ ମନେ ରଖିବା ଦରକାର, ଆଧୁନିକ କବିତା ଅନେକ ବିଷୟ ହରାଇଚି । ଯତି-ଯମକର ଯାଦୁକରୀ ପ୍ରଲୋଭନ, ଈଶ୍ୱରବିଶ୍ୱାସର ସ୍ଥିର ନୀଳ ସ୍ଥୈର୍ଯ୍ୟ ଏବଂ ରୋମାଣ୍ଟିସିଜିମ୍‌ର ମୃଦୁ ମଦିର ଭାବତରଙ୍ଗ କିଛି ଆଉ ତା'ର ନାଇ । ତଥାପି ଏହା ବଞ୍ଚ ରହି ପାରିଚି ନିଜର ଅସଂଭବ ଜୀବନୀଶକ୍ତିଯୋଗୁ; କିପରି ଓ କାହିଁକି ତାହାହିଁ ଆଶ୍ଚର୍ଯ୍ୟ ।

ସଭ୍ୟତାର ଶୈଶବ ଏବଂ ମଧ୍ୟଯୁଗରୁ ଆରମ୍ଭ କରି ଅନେକ ଶତକ ପର୍ଯ୍ୟନ୍ତ ଖାଲି ସାହିତ୍ୟ ନୁହେଁ, ସମସ୍ତ ଶିଳ୍ପକଳା। ବିକାଶ ଲାଭ କରିଥିଲା ଈଶ୍ୱରବିଶ୍ୱାସ ଉପରେ ନିର୍ଭର କରି। ଶିଳ୍ପ, ସାହିତ୍ୟ, ସଙ୍ଗୀତ, ସମସ୍ତ ରମ୍ୟକଳା ତାର ଆଶ୍ଚର୍ଯ୍ୟ ସାଫଲ୍ୟର ପ୍ରେରଣା ପାଇଥିଲା ଧର୍ମଠାରୁ। ଅଜଶୌଷବରେ ଅତୁଳନୀୟ ଅନେକ ମନ୍ଦିର, ମସଜିଦ, ତୋରଣ, ମିନାର ଓ ଗୀର୍ଜାର ଚୂଡ଼ା ଏସିଆ ଓ ୟୁରୋପର ନଗରେ ନଗରେ ଆତ୍ମପ୍ରକାଶ କରିଥିଲା, ଏକ ନୂତନ ପ୍ରାଣୀନ ପ୍ରକାଶର ପ୍ରାଚୁର୍ଯ୍ୟରେ। 'କଳାର ଇନ୍ଦ୍ରଜାଲ', 'ଶିଳ୍ପର ଚରମ ଉତ୍କର୍ଷ', ଏଇ କେତେ ପଦ କଥାରେହିଁ ଯେପରି ସେ – ଯୁଗର ମହିମାମୟ ଇତିହାସର ପୂର୍ଣ୍ଣ ପ୍ରକାଶ। କିନ୍ତୁ ଇତିହାସ ବେଶୀ ଦିନ ଏ ସଂସ୍କୃତିର ପରିଣତି ବରଦାସ୍ତ କଲା ନାଇଁ। ସମାଜର ସ୍ୱବିରୋଧ, ଅନ୍ତର୍ଦ୍ୱନ୍ଦ୍ୱ ନିଜର କବର ନିଜେଇ ରଚନା କରିପକାଇଲେ।

ଇତିହାସର ନିଷ୍ଠୁର ଉପହାସରେ ସେ ଧର୍ମବିଶ୍ୱାସର ରସ–ଉଭ କିପରି ଶୁଖିଆସିଲା, ରେନେସାଁର ପ୍ରଥମ ଉନ୍ମେଷଠାରୁ ଡାରଉଇନ୍‌ଙ୍କ ବିବର୍ତ୍ତନବାଦ ପର୍ଯ୍ୟନ୍ତ ଇତିହାସ ତା'ର ପରିବ୍ୟାପ୍ତ। ଧର୍ମାନୁଷ୍ଠାନିକ ଶାସନକୁ ସମାଜରେ ପକ୍କା କରିବାକୁ ହେଲେ ମଣିଷର ମନର ଜମିରେ ତା'ର ନିଅଁର ଗାଁଥନି ମଜବୁତ ହେବା ଚାହି। ତେଣୁ କେତେଗୁଡ଼ିଏ ଶାସ୍ତ୍ରୀୟ ମତ ବିଶ୍ୱାସକୁ ନାନା କୌଶଳରେ ଶତାବ୍ଦୀ ପରେ ଶତାବ୍ଦୀ ଜିଆଇ ରଖାଯାଇଥିଲା, ମଣିଷର ହେତୁବାଦ ଚାରିପାଖରେ ଅଚଳାୟତନର ପାଚିରି ଘେରାଇ। ରେନେସାଁର ଚିଉଜାଗରଣ ପରେ ସେଇ ସବୁ ପ୍ରାଚୀନ ଉତ୍‍ମା ସାଙ୍ଗେ ନବଜାତ ଦର୍ଶନ ବିଜ୍ଞାନ, ବିଶେଷକରି ପ୍ରାକୃତ ବିଜ୍ଞାନର ରୀତିମତ ହାତାହାତି ହୋଇଗଲା। ଡାରଉଇନ୍‌ ଜିମ୍‌ ସାଙ୍ଗେ ଉତ୍‍ମାର ଯେଉଁ ଲଢ଼େଇ, ସେଇ ବୋଧହୁଏ ୟୁରୋପୀୟ ରଣକ୍ଷେତ୍ରରେ ତା'ର ଶେଷ ଯୁଦ୍ଧ। ପରେ ଡାରଉଇନ୍‌ଙ୍କ ତତ୍ତ୍ୱଟାକୁ 'ହାତକରିବା ପାଇଁ ଯେଉଁ ଫଁଦି ପେଲି ପ୍ରଭୃତି ଚର୍ଚ୍ଚପକ୍ଷରୁ ଚଲାଇଥିଲେ, ତା ଅବଶ୍ୟ ଖୁବ୍‌ ହାସ୍ୟକର।'

ସପ୍ତଦଶ ଶତାବ୍ଦୀ – ଯାହାକୁ ୟୁରୋପର ପ୍ରତିଭାର ଶତକ କୁହାଯାଏ, ପଦାର୍ଥବିଜ୍ଞାନରେ ଆଶ୍ଚର୍ଯ୍ୟ ଉତ୍କର୍ଷ ଦେଖିଥିଲା। ଏଇ ପ୍ରାକୃତ ବିଜ୍ଞାନହିଁ ହେଉଟି ୟୁରୋପର ସବୁଠାରୁ ବଡ଼ କୀର୍ତ୍ତି। ପ୍ରାକୃତ ବିଜ୍ଞାନର ଜଗତରେ ସବୁକିଛି ସୁସଜ୍ଜିତ, ସୁବିନ୍ୟସ୍ତ ଏବଂ ଚମତ୍କାର ଶୃଙ୍ଖଳାରେ ଚାଳିତ। ସେ ଶତାବ୍ଦୀର ମନୋଭାବର ପ୍ରଥମ କଥା ହେଉଟି ଯେ 'ଜୀବଜଗତ, ମଣିଷସମାଜ ଓ ସମଗ୍ର-ବିଶ୍ୱ-ପ୍ରକୃତି ଏକ ଅଖଣ୍ଡ ନିୟମର ରାଜ୍ୟ। ସେଇ ସଜ୍ଜାହିଁ ସେତେବେଳର ଆର୍ଟକୁ ପ୍ରଭାବିତ କରିଟି। ବିଷୟବସ୍ତୁକୁ କରିଟି କିତାବଦୋରସ୍ତ, 'ଆଙ୍ଗିକ ହୋଇ ଉଠିଟି ଛାଞ୍ଚରେ ଢଳେଇକରା, ପ୍ରଥାଗତ।' ଏଇ ବୈଜ୍ଞାନିକ ମନୋଭାବକୁ ପଦାର୍ଥବିଜ୍ଞାନର ଫଳ ନ କହି ବରଂ ତା'ର ମୂଳ କାରଣ କହିବା ସଙ୍ଗତ। ତେଣୁ

ଅଷ୍ଟାଦଶ ଶତକର କ୍ଲାସିକାଲ ସାହିତ୍ୟରେ ଦେଖାଯାଏ ବିଶ୍ୱାସର ଏ ମୌଳ ପ୍ରେରଣା –
ସବୁକିଛି ମାପାରୂପା, ଗମ୍ଭୀର ସମ୍ଭୀର, ସବୁଥିରେ ଅସମ୍ଭବ ନିୟମାନୁବର୍ତ୍ତିତା ।

ଚାଞ୍ଚଲ୍ୟ ନାଇ, ବନ୍ଧାଗତର ବାହାରକୁ ପାଦ ବଢ଼ାଇବା ପାଇଁ ମନା – ମାନେ
ସବୁକିଛି ବେଶ୍ କ୍ଲାସିକାଲ । ବେଶ୍ ଏକ ଧୃପଦୀ ଗାମ୍ଭୀର୍ଯ୍ୟ । ଈଶ୍ୱରବିଶ୍ୱାସକୁ ତଡ଼ି,
ଦେଖାଗଲା, ବିଜ୍ଞାନ ଦିବ୍ୟ ଆରାମରେ ତା ସ୍ଥାନରେ ଆସନ ଜମେଇ ବସିଚି । ହିଉମ୍‌ଙ୍କ
ତୀକ୍ଷ୍ଣ ବିଶ୍ଳେଷଣରେ ବୁଝାପଡ଼ିଲା, ପ୍ରକୃତିର ନିୟମାନୁବର୍ତ୍ତିତାରେ ବିଶ୍ୱାସ ବିଶୁଦ୍ଧ ଯୁକ୍ତିର
ସୂତ୍ରରେ ପ୍ରମାଣିତ ହୁଏନା କି ପ୍ରତ୍ୟକ୍ଷ ଅଭିଜ୍ଞତାର ଇଲାକାରେ ତା'ର କୌଣସି ଭିତ୍ତି
ନାଇ । ଏହା ବିଜ୍ଞାନର ସିଦ୍ଧାନ୍ତ ନୁହେଁ; ପସ୍ଚୁଲେଟ୍ ମାତ୍ର । ୱାଇଟ୍‌ହେଡ୍ ବି ସାଫ୍
କହିଦେଲେ, ଏ ବିଶ୍ୱାସ ମଧ୍ୟଯୁଗୀୟ ଭଗବତ୍‌ବିଶ୍ୱାସରହିଁ ରୂପଭେଦ, ଯୁଗଧର୍ମର
ଦାଗିଦାରେ ପରଲୋକରୁ ଇହଲୋକକୁ ଓହ୍ଲାଇଆସିଚି ମାତ୍ର । ଯୁକ୍ତିର ଭୂମିରେ ଏସବୁ
ତର୍କ–ବିତର୍କ ଚାଲିଥିଲେ ମଧ୍ୟ ଅଷ୍ଟାଦଶ ଶତକର ସାହିତ୍ୟ ମୁଖ୍ୟତଃ କ୍ଲାସିକାଲରଇ
ରହିଗଲା । ଏସବୁ ଯୁକ୍ତିତର୍କର ଲଢ଼େଇ ମୋଟ୍‌ଉପରେ ସେ ସାହିତ୍ୟ ଉପରେ କିଛି ଦାଗ
କାଟିପାରିଲା ନାହିଁ । ହିଉମ୍‌ଙ୍କର ଭୂତଟା କିନ୍ତୁ ସାହିତ୍ୟର କାନ୍ଧରେ ଚାପି ରହିଥିଲା,
ସହଜରେ ଛାଡ଼ିଲା ନାଇ । ତେଣୁ ୧୯ଶ ଶତକର ଆରମ୍ଭରୁ ହିଁ କେତେକଟା
ଅଭ୍ୟାସଫଳରେ ଆଉ କେତେକଟା ହ୍ୟୁମ୍‌କ୍ୟାଟ୍‌ଙ୍କ ତୀବ୍ର ଘାତ–ପ୍ରତିଘାତର ପ୍ରତିକ୍ରିୟାରେ
ଯେତେବେଳେ ବିଜ୍ଞାନର ଆଖିଝଲସିଆ ରୂପ କ୍ଷୀଣ ହୋଇ ଆସୁଚି, ଠିକ୍ ସେତିକିବେଳେ
ରୋମାଣ୍ଟିକ୍ ଭାବାକୁଳତାର ପ୍ରବଳ ବନ୍ୟା ତା ପାଖ କଟେଇ ସାହିତ୍ୟକୁ ଅନ୍ୟ ବାଟରେ
ନେଇଗଲା ବିଂଶ ଶତକର ପ୍ରାରମ୍ଭରେ ବାର୍ଗସଁ ବିଜ୍ଞାନମାନସିକତାକୁ ପୁଣି ଛାଟେ ମାରି
ଆଉ ଏକ ଦଫା ସଜା ଦେଇଗଲେ ପ୍ରାଣ ଓ ମନର ଜମିରେ, ଗାଣିତିକ ବୈଜ୍ଞାନିକ
ପଦ୍ଧତିର ବିରାଟ ବ୍ୟର୍ଥତାର ଢୋଲ ପିଟି । ପୁଣି ମଧ୍ୟ ସେ ପ୍ରମାଣ କରିଗଲେ ଯେ,
ବାସ୍ତବତାର ପୂର୍ଣ୍ଣ ରୂପକୁ ଗ୍ରହଣ କରିବାପକ୍ଷରେ କେବଳ ବୁଦ୍ଧିବୃତ୍ତି ଯଥେଷ୍ଟ ନୁହେଁ;
ଏଥିପାଇଁ ଦରକାର intuition ବା ସହଜାତ ପ୍ରବୃତ୍ତିର ଏଜେନ୍ସି । ମାମୁଲି ଶଦ୍ଦମାନେ
କେବଳ ବୁଦ୍ଧି ପର୍ଯ୍ୟନ୍ତ ଯାଇପାରନ୍ତି; ସହଜାତ ପ୍ରବୃତ୍ତି ପର୍ଯ୍ୟନ୍ତ ନୁହେଁ । Analogy ବା
ସାଦୃଶ୍ୟବର୍ଣ୍ଣନା ଦ୍ୱାରା କେବଳ ସହଜାତ ପ୍ରବୃତ୍ତିକୁ ଉଦ୍ରେକ କରାଯାଇପାରେ ।

ଏଇ ସବୁ ଚଂଚଟ ଭିତରେ ପଦାର୍ଥବିଜ୍ଞାନ ନିଜର ନିୟମାନୁବର୍ତ୍ତିତାର ସୀମା
ନିଜ ତରଫରୁ ଗୋଟେଇନେଲା । ସାହିତ୍ୟିକମାନେ ତ ୧୯ଶ ଶତକରୁ ତା'ର କାଏମୀ
ସ୍ୱାର୍ଥ ବିରୁଦ୍ଧରେ ଲଢ଼େଇ ଆରମ୍ଭ କରିଦେଇଥିଲା ।*

କିନ୍ତୁ ରୋମାଣ୍ଟିସିଜିମ୍‌ର ଭୁଲ୍ ଭାଙ୍ଗିଲା ନିଦାରୁଣ ଭାବରେ – ଔଦ୍ୟୋଗିକ ବିପ୍ଲବର

(lindustrial rovolution) ପ୍ରାକ୍‍କାଳରେ । ସବୁ ତୁଙ୍ଗ ଆଶା ମଉଳିଗଲା । ସବୁ ବ୍ୟକ୍ତିସ୍ୱାତନ୍ତ୍ର୍ୟର ସ୍ୱପ୍ନ, ସବୁ ରଙ୍ଗିନ୍‍ ମସ୍ଗୁଲ୍‍ ଭବିଷ୍ୟତ୍‍ ଭାଙ୍ଗିପଡ଼ିଲା । ଭାଙ୍ଗିପଡ଼ିଲା ଶ୍ରେଣୀକ ସମାଜର ସ୍ୱାର୍ଥସଂଘାତ ସ୍ୱବିରୋଧରେ ।

ଫରାସୀ-ବିପ୍ଲବର ତ ମୃତ୍ୟୁ ହୋଇଥିଲା । କୁଆଡ଼େ ଲିଭିଯାଇଥିଲା ତା'ର ସେଇ ସାମ୍ୟ-ମୈତ୍ରୀ-ସୌଭ୍ରାତ୍ୟର ଦୀପ୍ତ ଘୋଷଣା । ସମାଜର ନୂଆ ଆର୍ଥନୀତିକ ବିଧାନର ଖୋସା ପାକଳ ଧରିଆସିବା ପରେ ଧନ ଉତ୍ପାଦନର ଯନ୍ତ୍ରପାତି କେତେକ ମୁଷ୍ଟିମେୟ ରକ୍ଷିତସ୍ୱାର୍ଥ ଅକ୍ତିଆର କରିନେଲେ । ସମାଜ ହେଲା ଏକ ନୈବ୍ୟକ୍ତିକ ବିପଣୀ । ଅର୍ଥାତ୍‍ ଏଠି ବ୍ୟକ୍ତିଗତ ବିକାକିଣା ରହିଲା ନାହିଁ, କିରାବିକା ହେଲା ସାମୂହିକ ଭାବରେ । କାହାର ଶ୍ରମ କିଏ କିଣୁଚି କିଛି ପ୍ରତ୍ୟକ୍ଷ ବୁଝିବାର ଉପାୟ ନାଇ । ଦାସ-ଯୁଗର ସିଧାସଳଖ କିଣାବିକା ବଦଲରେ ଆରମ୍ଭ ହେଲା ସାମାଜିକ କିଣାବିକା । ବ୍ୟକ୍ତିସ୍ୱାଧୀନତା ପ୍ରକୃତରେ ହେଲା ବଜାରେ ନିଜର ଶ୍ରମ ବିକିବାର ଅବାଧ ସ୍ୱାଧୀନତା । ପ୍ରକୃତରେ ହେଲା ବଜାରେ ନିଜର ବିକିବାର ଅବାଧ ସ୍ୱାଧୀନତା । ନୀତି ହେଲା, 'ଯାର ଯାହା ଖୁସୀ', "Laissez faire" – ଏଇ ହେଲା ଔଦ୍ୟୋଗିକ ଗଣତନ୍ତ୍ରର ରୂପରେଖ – ଇହାରି ଉପରେ ରାଷ୍ଟ୍ରିକ ଗଣତନ୍ତ୍ରର ଖସଡ଼ା ଛିଡ଼ା କରାଗଲା ନାନା ତତ୍ତ୍ୱର ପୁଟ ଚଢ଼ାଇ ।

ସାହିତ୍ୟର ରୋମାଣ୍ଟିକ ସ୍ୱପ୍ନ କୁଆଡ଼େ ମଉଳିଗଲା । ପୁଣି ବିଶ୍ୱାସର ମୂଳ ଉସ ଶୁଖିଆସିଲା । ଜଡ଼ବିଜ୍ଞାନର ପ୍ରଚଣ୍ଡ ଐରାବତୀ ଆଘାତରେ ଧର୍ମବିଶ୍ୱାସର ଜଳପ୍ରପାତ ତା ଆଗରୁ ଶୁଖିଯାଇଥିଲା । ସେ ଜଳପ୍ରସ୍ରବଣର ରଙ୍ଗିନ୍‍ ଇନ୍ଦ୍ରଧନୁ, ବିଶ୍ୱାସର ସୂର୍ଯ୍ୟକିରଣରେ ଧର୍ମର ଝଲମଲ ଉଜ୍ଜ୍ୱଲ ପରମ୍ପରା ଓ ପଟିଆରା, ଲୋକଗାଥା ଓ ପୁରାଣର ଅମୂଲ୍ୟ ଐଶ୍ୱର୍ଯ୍ୟ ସବୁ କୁଆଡ଼େ ଗତ ଶତାଢୀରୁ ଧୀରେଧୀରେ ଉଭେଇଯାଇଥିଲେ । ତା' ବଦଲରେ କିଛିଦିନ ସ୍ଥାନ ଦଖଲ କରି ବସିଥିଲା ଏକ ଯାନ୍ତ୍ରିକ ନିୟମାନୁବର୍ତିତା – ଦୁର୍ବିନୀତ ବିଜ୍ଞାନମାନସିକତାର ଅବଶ୍ୟଂଭାବୀ ପରିଣତ । ବିଜ୍ଞାନର ସେଇ ଭୂତଟାକୁ ତଡ଼ି ରୋମାଣ୍ଟିସିଜିମ୍‍ ଏକ ନୂଆ ସୃଜନ – ଏକ ନୂଆ ସମାଜ ଓ ଏକ ନୂଆ ମାନବସମ୍ପର୍କରେ ନକ୍ସା ଆଙ୍କି କି ଉଦ୍ଦାମ ବେଗରେ ଆଗେଇ ଚାଲି ନ ଥିଲା ! ତା'ର ସମସ୍ତ ସ୍ୱପ୍ନ ଅଧିକାର କରି ବସିଥିଲା । ଯନ୍ତ୍ର – ସ୍ୱାଧୀନ ଓ ସୁଖୀ ସମାଜର ଏକମାତ୍ର ପ୍ରତୀକ ଯନ୍ତ୍ର । ଭବିଷ୍ୟତର ନୂଆ ଦୁନିଆର ନକ୍ସା ସାହିତ୍ୟରେ; ନୂତନ ଜୀବନର ଶୁଭ ସନନ୍ଦ ସାହିତ୍ୟର ପତ୍ରେ ପତ୍ରେ, ଫ୍ଲବେର୍ଟ୍‍, ଭିକ୍ଟୋର ହୁଗୋ, ତରଣ ଜୋଲା, ଚିତ୍ରକର ସେଁଜେ, ଗାଁ ଗାଁ ସମସ୍ତେ ସ୍ୱପ୍ନବିଭୋର ।

ଫରାସୀ-ବିପ୍ଲବର ନୂଆ ନୂଆ ମନ୍ତ୍ରଦୀକ୍ଷା, – ସାମ୍ୟ ମୈତ୍ରୀ ଭ୍ରାତୃତ୍ୱ । କୁହୁକ ପରି ୟୁରୋପର ମନ ପ୍ରାଣ କିଏ ଯେପରି ମତେଇଦେଇଥିଲା । ମରିଶ୍‍ ଓୟେନ୍‍ ପ୍ରମୁଖଙ୍କର ନୂଆ

ରାମରାଜ୍ୟ, ସାମ୍ୟ ରାଜ୍ୟର କଳ୍ପନା ଓ ମାନବତନ୍ତ୍ରବାଦର ଖସଡ଼ା । ଇଂଲଣ୍ଡରେ ଡିକେନ୍‌ସଙ୍କ ଲେଖାରେ ଫୁଟିଉଠିଥିଲା ନୂତନ ଦିଗନ୍ତର ମାନଚିତ୍ର, ତା’ର ବ୍ୟର୍ଥତା, ହା-ହୁତାଶ । ଚାରିଆଡ଼େ ନୂଆ ସମାଜର ଚେହେରା ସମ୍ପର୍କରେ ନାନା କଳ୍ପନାଜଳ୍ପନା, ସଙ୍ଗେ ସଙ୍ଗେ ଆଗ୍ରହର ତୀବ୍ର ସଂକେତ । ଫ୍ରାନ୍‌ସରେ ରେନା ଓ ବାର୍ଥେଲେଟଙ୍କ କଣ୍ଠରେ ଏକକାଳୀନ ଆଶାବାଦର ଆଭ୍ଜ । ପ୍ରାକୃତିକ ନିର୍ବାଚନ ସମ୍ବନ୍ଧରେ ଡାରଉଇନ୍‌ଙ୍କ ମତବାଦଟା ଭୁଶୁଡ଼ି ପଡ଼ିବ । ରସାୟନବିଜ୍ଞାନରେ ସଂଶ୍ଳେଷଦ୍ୱାରା ମଣିଷ ଖାଲି ପ୍ରକୃତିକୁ ବଶୀଭୂତ ନୁହେଁ, ରୂପାନ୍ତରିତ ମଧ୍ୟ କରିପାରିବ, ଏ ଧାରଣା ସୃଷ୍ଟି ହେଲାଣି । ତେଣୁ ହାରଉଇନ୍‌ଙ୍କ ଭୂତାଟା ଆଉ ଆଗ ପରି ଉରାଉ ନାଇ । ରୋମାଣ୍ଟିସିଜିମ୍ ଖାଲି ସାହିତ୍ୟ ଓ ଦର୍ଶନ ନୁହେଁ, ବିଜ୍ଞାନ ଓ ବ୍ୟବସାୟ କ୍ଷେତ୍ରରେ ମଧ୍ୟ ବେଶ୍ ପ୍ରଭାବ ପକାଇପାରିଥିଲା । ଡାରଉଇନ୍‌ଙ୍କ ନିଜ ଦେଶର ଜମିରେ ମଧ୍ୟ ତାଙ୍କର ମତବାଦର ଚେରମୂଳ ଶିଥିଳ ହୋଇଆସିଲା ।

ତା’ପରେ ରାଜନୀତିକ ରୋମାଣ୍ଟିସିଜିମ୍ କ୍ଷେତ୍ରରେ ଜାଠଦଳକୁ ହଟାଇ ଦେଇ ଉଦାରନୈତିକ ଦଳର ଅଭ୍ୟୁତ୍‌ଥାନ । ଇଂଲଣ୍ଡର ରାଜନୀତିରେ ଉଦାରନୈତିକତାର କ୍ରମବିକାଶ ।

କିନ୍ତୁ କ’ଣ ହେଲା ଶେଷରେ ? କିଛି ହେଲା ନାଇ । ପୁଣି ନିରାଶା । ପୁଣି ମରୁଭୂମି ଖାଲି ଧୂ-ଧୂ- ବାଲି । ମାରୀଚ ସଭ୍ୟତାର ନକଲି ଡିଆଁମରା !

ଡିକେନ୍‌ସଙ୍କ କଣ୍ଠରେ ନିରାଶା । ହଠାତ୍ ଇଂଲଣ୍ଡବାସୀ ଦେଖିଲେ ଡିକେନ୍‌ସ ଓ ଫ୍ରାସୀ-ବିପ୍ଳବ ଦୁହେଁ ଏକା ସାଙ୍ଗରେ ଏକ ବର୍ଷ ମୃତ୍ୟୁମୁଖରେ ପଡ଼ିଛନ୍ତି । ଫ୍ରାସୀ ବିପ୍ଳବଂର ସ୍ୱର୍ଗରାଜ୍ୟର କଳ୍ପନା, ତା’ର ସମସ୍ତ ଖସଡ଼ା ଓ ନକ୍‌ସା ଅସଂଖ୍ୟ ଛିନ୍ନମୂଳ ଜୀବନର ଲୁହ ଓ ଲାହୁରେ କୁଆଡ଼େ ଧୋଇହୋଇଗଲା । ୧୮୭୦ ଖ୍ରୀଷ୍ଟାଦରେ ଫ୍ରାନ୍‌ସ ପ୍ରସିଆଦ୍ୱାରା ପରାଜିତ ହେବା ପରେ ଫ୍ରାସୀ-ବିପ୍ଳବର ସବୁ ତୁଙ୍ଗ ସ୍ୱପ୍ନ ଭଙ୍ଗାପାଣିରେ କୁଆଡ଼େ ଉଭେଇଗଲା ।[୭]

---

୧. "To many liberal-minded men the defeat of France by Prussia in 1870 seemed to mark at once the defeat of the French Revolution and that of the political doctrine it had engendered. As Chesterton had said, in that one year, Englishment saw the death of France and of Charles Dickness." *(Andre Mauris)*

୨. 'ପାଣ୍ଡୁଲିପି'-ନାଂଦୀମୁଖ ଦ୍ରଷ୍ଟବ୍ୟ ।

ଇଆଡ଼େ ରାଜନୀତିକ ସ୍ୱପ୍ନରାଜ୍ୟରେ ମଧ୍ୟ ଭଙ୍ଗା ପଡ଼ିଆସିଲା । ଗ୍ଲାଡ୍‌ଷ୍ଟୋନ୍ ମରିବାର ବହୁ ପୂର୍ବରୁ ଗ୍ଲାଡ୍‌ଷ୍ଟୋନୀୟ ଉଦାରନୈତିକତାର ମୃତ୍ୟୁ ଘଟିଥିଲା ।[୭]

ସେତେବେଳକୁ ଓସ୍କାର ୱାଇଲ୍ଡ଼ ବଞ୍ଚିଥାନ୍ତି । ନିଷ୍ଠୁର ବାସ୍ତବତା ପ୍ରତି ବିମୁଖ ହୋଇ ସେ ସାହିତ୍ୟକୁ ଫେରାଇ ନେଇ ଯିବାକୁ ଚାହିଁଲେ କଳ୍ପନାର କୁଞ୍ଜବନକୁ – ସ୍ୱପ୍ନର ସପ୍ତର୍ଷିମଣ୍ଡଳ ଭିତରକୁ । ସାହିତ୍ୟରେ ଶୁଣାଗଲା ପଳାୟନୀ ସ୍ୱର । ଦୈନନ୍ଦିନ ଜୀବନର ଜମି ଛାଡ଼ି ସାହିତ୍ୟ ଓ ଶିଳ୍ପକଳା ପଳାଇଯିବାକୁ ଚାହିଁଲେ କଳ୍ପନାରେ ଗଢ଼ା ହାତୀଦାନ୍ତର ପ୍ରାସାଦ ଭିତରକୁ – ଯେଉଁ ପ୍ରାସାଦ ଛିଡ଼ାହୋଇଛି ଏକ ନିରାଟ ଶୂନ୍ୟତା ଉପରେ । ଶିଳ୍ପକଳା ଓ ସାହିତ୍ୟର ଭୁଇଁରେ ଏକ ପ୍ରଥମ "Fin de siecle", 'ଆର୍ଟ ପାଇଁ ଆର୍ଟ' ମତବାଦ ଆନୁଷ୍ଠାନିକ ଭାବରେ ଆରମ୍ଭ ହେଲା । ଟେନିସନଙ୍କ ଭଳି ଧୀରସ୍ଥିର କବିଙ୍କ କଳ୍ପଲୋକରେ ମଧ ଜନ୍ମଲାଭ କଲେ ଦଳେ ଦରେ ଭଦ୍ରଭୁକ୍, ସ୍ୱପ୍ନବିଳାସୀ ମଣିଷ ।

ଫରାସୀ-ବିପ୍ଳବର ଏଭଳି ଶୋଚନୀୟ ପରାଜୟର କାରଣ କ'ଣ ? ଆଗରୁ କହିଛି, ଯେଉଁ ଯନ୍ତ୍ରକୁ ସୁଖୀ ସମାଜର ପ୍ରତୀକରୂପେ କଳ୍ପନା କରାଯାଉଥିଲା, ଯେଉଁ ଯନ୍ତ ମଣିଷର ଦୈହିକ ଶ୍ରମ ଲାଘବ କରି ତାକୁ ନାନା ସୁଖ-ସଂଭୋଗର ଅଧିକାରୀ କରିବ ବୋଲି ଆଶା କରାଯାଉଥିଲା, ସେଇ ଯନ୍ତ୍ରଇ ହେଲା ବର୍ତ୍ତମାନ ସମାଜରେ ଏକ ନୂଆ ଦାସଶ୍ରେଣୀର ସ୍ରଷ୍ଟା । ସେଇ ଯନ୍ତ୍ରକୁ ଆଶ୍ରୟ କରି ଯେଉଁ ସୌଦାଗରଶ୍ରେଣୀ ସମାଜରୁ ଅଭିଜାତମାନଙ୍କୁ ନିକାଲି ଦେଇ ଏକ ନୂଆ ସମାଜ ଗଢ଼ିବାକୁ ବିପ୍ଳବ କରୁଥିଲେ, ସେଇମାନେଇ ବର୍ତ୍ତମାନ ସମାଜରେ ରକ୍ଷିତ-ସ୍ୱାର୍ଥ ହୋଇ ବସିଲେ । ଯନ୍ତ୍ରକୁ ଅକ୍ତିଆର କରି ଏଇ ଧନପତିଶ୍ରେଣୀ ହୋଇଉଠିଲେ ସମାଜର ମାଲିକ । ଆଉ ସେମାନଙ୍କ ଦୌଲତଖାନାର ରସଦ ଯୋଗାଇଲା ବୁଭୁକ୍ଷୁ, ବାସହୀନ, ସର୍ବହରା "ପ୍ରୋଲେଟାରିୟାଟ୍" । ଅତୀତର ଦାସମାନଙ୍କ ସଙ୍ଗେ ଏମାନଙ୍କର ତଫାତ୍ ହେଲା ଏଇ ଯେ, ଏମାନଙ୍କ ପାଦରେ ଶିକୁଳି ନାଇ କି ମାଲିକ ଚାବୁକ୍ ଧରି ଏମାନଙ୍କ ପଛରେ ଦିନରାତି ପହରା ଦେଇ ବୁଲେ ନାଇ । ଏମାନେ ଖୁବ୍ 'ମୁକ୍ତ' – ସ୍ୱାଧୀନଭାବରେ ଗଣତାନ୍ତ୍ରିକ ବଜାରରେ ନିଜକୁ ଅବାଧରେ ବିକ୍ରି କରିବା ପାଇଁ ଏମାନେ ସବୁବେଲେ ମୁକ୍ତ ।

ପରବର୍ତ୍ତୀ ଅନେକ ବର୍ଷ ଧରି ପୁଣି ଲାଗିରହିଲା ଏଇ ମରୀଚିକାର ଛାୟା… ଶୂନ୍ୟ ହାହାକାର । ଏପରିକି ପରମବିଶ୍ୱାସୀ ଆର୍ନୋଲ୍ଡ଼ ଓ ଟେନିସନଙ୍କ କଣ୍ଠରେ ମଧ ସନ୍ଦେହର ପ୍ରଶ୍ନବାଚକ ଚିହ୍ନ ଦୋଲାୟମାନ ହେବାକୁ ଲାଗିଲା – ଯଦିଚ ତାହା ସାମୟିକ । ବିଶ୍ୱାସର ଅତଳସାଗର ଯିମିତି ଶୁଖିଆସୁଚି – କିନ୍ତୁ ତରଙ୍ଗର କ୍ଷୀଣ ଆଓ୍ୱାଜ ଯିମିତି ସେମାନେ ଶେଷ ପର୍ଯ୍ୟନ୍ତ ହରାଇନାହାନ୍ତି, କାନ୍ପାତି ରହିଛନ୍ତି ।*

---

[*] "Retreating to the breath
  Of the night wind, down the vast edges dear and naked shingles
of the World." - Arnold
  ଏବଂ "A monster, then a dream
   A discord. Dargons of the Prime." - *Tennyson.*

(ପ୍ରିୟବନ୍ଧୁ ହେଲେମ୍ ବିୟୋଗରେ)

ଏହିପରି ପ୍ରଥମ ମହାଯୁଦ୍ଧ ପର୍ଯ୍ୟନ୍ତ ବିତିଗଲା । ମହାଯୁଦ୍ଧର ବିଭୀଷିକାରେ ଖଣ୍ଡ-ବିଖଣ୍ଡ ରକ୍ତାକ୍ତ ପୃଥିବୀ ଆଉ ସେ ପୃଥିବୀର ଭୟଙ୍କର ବାସ୍ତବତା ଚାବୁକ୍ ପରେ ଚାବୁକ୍ ମାରି ମଣିଷର ବିକ୍ଷତ ମନକୁ ଘାଉଡ଼ କରିବାକୁ ଲାଗିଲା । ଚାରିଆଡ଼େ ମନେହେଲା ଯେମିତି ଗୋଟାଏ ନିରାତ୍ମା ଶୂନ୍ୟତାର ରାଜତ୍ୱ । ଶିଳ୍ପୀର ଭଙ୍ଗାରୁଜା କ୍ଷତବିକ୍ଷତ ମନ ବାସ୍ତବତା ଉପରୁ ଶେଷ ବିଶ୍ୱାସଟିକକ ହରାଇ ଆଶ୍ରୟ ପାଇଁ ଏଣେତେଣେ ଅଣ୍ଟାଳି ହେବାକୁ ଲାଗିଲା । ଏହି ସମୟରେ ୟୁରୋପର କୌଣସି କୋଣରେ ଶୁଣାଗଲା ଡାଡାଙ୍କର କଳାପାହାଡ଼ୀ ଗର୍ଜନ, – ନାହିଁ, କିଛି ନାହିଁ; ସତ୍ୟ ଖାଲି କବିର ଖିଆଲ । ଏହାରି ନାମ ହେଲା ଡାଡାବାଦ, ପରେ ଏଇଥୁରୁ, ଅତିବାସ୍ତବତା ବା ସୁରରିୟାଲିଜିମ୍‍ର ଜନ୍ମ । ଆରାଗଁ, ପଲ୍ ୟୁଲାର, ଆନ୍ଦ୍ରେ, ବ୍ରିଟେନ୍ ସମସ୍ତେ ଝାସ ଦେଲେ ସୁରରିୟାଲିଜିମ୍‍ର ପାତାଳ ଗହ୍ୱରକୁ – ଶିଳ୍ପୀ ପିକାଶୋ ବି । ଏଣେ ଇୟେଟସ୍ କେଲ୍ଟିକ୍ ଗୋଧୂଳିର ରୂପକଥା ରାଜ୍ୟରେ କାବ୍ୟର ମାଲମସଲା ସଂଗ୍ରହ କରିବାକୁ ବାହାରିଲେ । ଏଲିୟଟ୍, କାଥଲିକ୍ ଗୀର୍ଜାର ଚିତ୍ରମୟ ପଛଭୂମି ଉପରେ ଆଶ୍ରୟ ନେଲେ । ଆଉ ଏଜରା ପାଉଣ୍ଡ ଫ୍ୟାସିବାଦର ଜୋର୍ କରି ଗଢ଼ା ନକଲି ସଂହତିର ଛକରେ ଏକ ଭ୍ରାମ୍ୟମାଣ ଆଶ୍ରୟପ୍ରାର୍ଥୀ ପରି ହଠାତ୍ ଦିନେ ଯାଇ ହାଜର ହେଲେ ।

କିନ୍ତୁ କବିତାରେ ପାରିପାର୍ଶ୍ୱିକ ଜଟିଳତାର ସାର୍ବଜନୀନ ସମାଧାନର ପଥ ଏଭଳି 'ବ୍ୟକ୍ତିଗତ ଖାମଖିଆଲ' ଦ୍ୱାରା ସମ୍ଭବ ନୁହେଁ । ବର୍ତ୍ତମାନ ସମାଜ-ବ୍ୟବସ୍ଥାର ଅସଂଗତି ଓ ଅରାଜକତାର ନିରାକରଣର ବୈଜ୍ଞାନିକ ଉପାୟ ନ ଖୋଜି ଏଇ ଅସହାୟ ନେତିମୂଳକ ବାନପ୍ରସ୍ଥ ମନୋବୃତ୍ତି ଅବଲମ୍ବନ କଲେ ତାହା ଦୂର ହେବ ନାଇଁ ।

କାବ୍ୟଲୋକରେ ସେହି 'ନାହିଁ ନାହିଁ' ସ୍ୱର, ଏଇ ନଉର୍ଥକ ଜଳବାୟୁ ମଧ୍ୟରେ କାବ୍ୟ ଯେମିତି ନିଜର ଅସ୍ତିତ୍ୱକୁ ବି ଅସ୍ୱୀକାର କରିବାକୁ ବସିଚି ଦସ୍ତୁରମତ କାବ୍ୟିକ ସଂକଟ, କେଉଁଠ 'ଲଣ୍ଠନ ସେତୁ ଭାଙ୍ଗିପଡ଼ିଲା' ତ କେଉଁଠ ଶୁଣାଗଲା–

'ଲଣ୍ଠନ,

ଭିଏନା,

ଆଲୋକଜେଣ୍ଡ୍ରିଆ,

ସବୁ ମାୟାନଗରୀ,

ପ୍ରତିଭାସ ମାତ୍ର ।'

ମନେକରାଯାଉଥିଲା, ଈଶ୍ୱରବିଶ୍ୱାସ ଓ ନୂଆ ସମାଜ ଗଢ଼ିବାର ସ୍ୱପ୍ନ ଭାଙ୍ଗିଯିବା ପରେ ମାନବିକ ପ୍ରେମହିଁ ସାହିତ୍ୟକୁ ନିରାତ୍ମା ଶୂନ୍ୟତାର ଗ୍ରାସରୁ ବଞ୍ଚାଇବ । ସାହିତ୍ୟର ଶୁଷ୍କ ନିରାଶ କଣ୍ଠରେ ଫେରିଆସିବ ଆଶା– ଫେରିଆସିବ ତା'ର ବଞ୍ଚିବାର ପିପାସା ପୁଣି ଥରେ ସାଧାରଣ ଜୀବନର ଜମିରେ ।

କିନ୍ତୁ ସେଥିରେ ପୁଣି ବାଦ ସାଧିଲା ବିଜ୍ଞାନର ନବତମ ଶାଖା ମନୋବିଜ୍ଞାନର ଏକ ଶାଖା – ମନସମୀକ୍ଷା। ସଜ୍ଞାନ ଓ ନିର୍ଜ୍ଞାନ ବା ଅବଚେତନ (Subconscious) ମନର ନାନା ସ୍ତରର ନାନା ରହସ୍ୟର ଆବିଷ୍କାର କଲେ ଭିଏନିଜ୍ ସ୍କୁଲର ଶିକ୍ଷକଗଣ। ନାନା ନୂଆ ନୂଆ ତଥ୍ୟସବୁ ବାହାରିପଡ଼ିଲା। ଶେଷରେ ମଣିଷ ମନର ଯେଉଁ ଛବିଟା ସର୍ବସାଧାରଣଙ୍କ ଆଗରେ ଦେଖେଇଦିଆଗଲା, ତାହା ଯେଉଁପରି ବିସ୍ମୟକର, ସେହିପରି ଭୟଙ୍କର ଓ ଅପ୍ରୀତିକର। କିଛି ଆଉ ପବିତ୍ର ହୋଇ ରହିଲା ନାଇ। ସ୍ନେହ, ଦୟା, ପ୍ରେମ, ବାସଲ୍ୟ, ଭକ୍ତି ସବୁ ନାନା ଜଟିଳତାରେ ଭରିଗଲା। ଶେଲୀ, କିଟ୍ସ ବା ରବୀନ୍ଦ୍ରନାଥ ପ୍ରେମର ଯେଉଁ ଅବାଙ୍ମାନସଗୋଚର ଇନ୍ଦ୍ରଜାଲ ରଚନା କରିଥିଲେ, ତାହା ଏଇ ମନୋବୈଜ୍ଞାନିକମାନଙ୍କର ଫୁତ୍କାରରେ ସବୁ କୁଆଡ଼େ ଉଭେଇଗଲା। ଅଲଡ଼ସ ହାକ୍ସଲି, ଜେମସ୍ ଜୟସ୍ ପ୍ରଭୃତି ଫ୍ରୟଡ଼ୀୟ ମୁଦ୍ଗର ଧରି ଉପନ୍ୟାସଭୂଙ୍କରେ ଅବତୀର୍ଣ୍ଣ ହେଲେ। ଆଧୁନିକ କବିମାନେ ପ୍ରେମ ତ ପ୍ରେମ, ପ୍ରେମର ପାଖ ମାଡ଼ିବାକୁ ସୁଦ୍ଧା ରାଜି ହେଲେ ନାଇ। ସଜ୍ଞାନ ଓ ନିର୍ଜ୍ଞାନ ମନର ମିଶ୍ର ସମ୍ବେଦନରେ କବିତାର ପଥ ଖୋଲା ପ୍ରାନ୍ତର ଛାଡ଼ି surrelismର ପ୍ରାନ୍ତିକ ପାତାଲ ଆଡ଼କୁ ଗତି କରିବାକୁ ଲାଗିଲା। ତା'ର ଏଇ ନିମ୍ନଗାମୀ ସ୍ରୋତପ୍ରବାହ ରୋକିବାପାଇଁ ମାର୍କ୍ସବାଦର ଶାଣିତ ପ୍ରତିରୋଧ ନ ଥିଲେ କବିତା ଆଜି ଅତଲ ପାତାଲବାସୀ ହୋଇସାରିଥାନ୍ତା ବୋଧହୁଏ। ଅତିବାସ୍ତବତାର ଶ୍ରେଷ୍ଠ ରୂପକାର ଆରାଗଁ ମସ୍କୋ ପଲାଇ ଯାଇ ସେଠାରେ ମାର୍କ୍ସିଜିମର ଶିବିରରେହିଁ ଶିଳ୍ପକଲାର ନୂତନ ବିକାଶପଥର ସନ୍ଧାନ ପାଆନ୍ତି ଆଉ ସୁର୍ରିୟାଲିଜିମ୍ ପ୍ରତ୍ୟାଖ୍ୟାନ କରି ଜନସାଧାରଣଙ୍କ ଶିବିରରେ ଆସି ସାମିଲ ହୁଅନ୍ତି। ପିକାସୋ ମଧ ଧୀରେ ଧୀରେ ସୁର୍ରିୟାଲିଜିମର ଛକ ଅତକ୍ରମ କରି କମ୍ୟୁନିଜିମ୍ର ଛାଉଣିରେ ଆସି ଦେଖାଦିଅନ୍ତି। ଏପରିକି ବୃଦ୍ଧ ରେମାରୋଲ୍ୟାଁ ଓ ଆନାତୋଲା ଫ୍ରାନ୍ସ ମଧ ମୃତ୍ୟୁ ପୂର୍ବରୁ କମ୍ୟୁନିଜିମ୍ ମତବାଦ ଗ୍ରହଣ କରନ୍ତି।

ସୁର୍ରିୟାଲିଜିମ୍ ଆଶ୍ଚର୍ଯ୍ୟ ପ୍ରାଥମିକ ସଫଳତା ପରେ ପୁଣି ଧୀରେ ଧୀରେ ମାନ୍ଦା ହୋଇଆସେ।

ଏଇ ହେଲା ମୋଟାମୋଟି ବିଶ୍ୱସାହିତ୍ୟର ଦିଗ୍‌ଦର୍ଶନ। ବିକାଶର ଏଇସବୁ ଆମୁଖ ଓ ସଂକେତ ଭିତରେ ସାହିତ୍ୟ ନିରୀକ୍ଷା ପରୀକ୍ଷା ରୂପ ବଦଲିଯାଇଛି। ଏଇ ବାସ୍ତବ ପରିପ୍ରେକ୍ଷିତ ଭିତରେ ସାହିତ୍ୟର ଚେହେରା ଓ ମାନସରୂପ ମଧ ଧୀରେ ଧୀରେ ଅନ୍ୟ ପ୍ରକାର ହୋଇଛି।

ଏ ସବୁର ପ୍ରଭାବ ଯେ ଭାରତୀୟ ସାହିତ୍ୟ ତଥା ଉତ୍କଳୀୟ ସାହିତ୍ୟ ଉପରେ ନ ପଡ଼ିଚି, ତା ନୁହେଁ; ବରଂ ଖୁବ୍ ଗଭୀରଭାବରେ ପଡ଼ିଚି।

ସେଥିପାଇଁ କହୁଥିଲି, ଆଧୁନିକ କବିତା ଅନେକ କିଛି ହରାଇଚି; ସମସ୍ତ ହରାଇ

ମରୁଭୂମିରେ ବାଟ ଖୋଜି ବୁଲୁଚି । ଏ ମରୁଭୂମି କିଛି କବିତାର ନିଜସ୍ୱ ସୃଷ୍ଟି ନୁହେଁ । ସେ ୟାକୁ ତିଆରି କରିନାଇ କି ନିମନ୍ତ୍ରଣ କରି ଆଣିନାଇ । ଏହା ହେଉଚି ତା'ର ବାସ୍ତବତା ଓ ତା'ର ପରିବେଶ, ତା'ର ପରିସ୍ଥିତି । ଏହି ଅସହ୍ୟ ପରିସ୍ଥିତି ଭିତରେ ସେ କିନ୍ତୁ ବଞ୍ଚି ରହି ପାରିଚି, – ବଞ୍ଚିରହିବାର ଆଶ୍ଚର୍ଯ୍ୟ ସାହାସ ଦେଖାଇଚି । ସେଇ ମରୁଭୂମିକୁ ଜୀବନ୍ତ କରି ଫୁଟାଇବା ଯେମିତି ଆଜି ତା'ର ମସ୍ତବଡ଼ କାମ । ସେଇ ଧୂ ଧୂ ବାଲିବଣ୍ଟରେ ନୂତନ ଶାକସବ୍‌ଜିର ସଂକେତ ଦେବା – ନୂଆ ଜୀବନର ମାନଚିତ୍ର ଫୁଟାଇବା ମଧ ତା'ର ସେଇପରି ବଡ଼ କର୍ତ୍ତବ୍ୟ । ପ୍ରଥମ କାମଟି ସୁନ୍ଦର ଭାବରେ କରିପାରିଚନ୍ତି ଏଲିୟଟ୍‌ । ସେଇ ମରୁଭୂମିର ଧୂ ଧୂ ମରୀଚିକା – ତା'ର ମାରୀଚ ଆକର୍ଷଣ ସବୁ ଯିମିତି ଅମର ହୋଇ ଫୁଟିୟାଉଟିଚି ତାଙ୍କ କାବ୍ୟର ଯାଦୁଦଣ୍ଡ ସ୍ୱର୍ଶରେ । ସବୁ ଯିମିତି ଜୀବନ ପାଇ କଥା କହିୟାଉଟିଚି ତାଙ୍କ କାବ୍ୟର କେତେ ଏକର ଶୁଷ୍କ ପତିତ ଭୁଇଁ ଉପରେ – ଯେଉଁଠି ଦେଖାଯାଉଚି, ଲଣ୍ଠନ ସେତ ଭାଙ୍ଗି ପଡ଼ୁଚି – ଲଣ୍ଠନ, ଭିଏନା ଓ ଆଲେକଜେଣ୍ଡ୍ରିଆ ସବୁ ମାୟା ନଗରୀ ପରି ଧୀରେ ଧୀରେ ଲିଭିୟାଉଚନ୍ତି ମରୁଭୂମିର ଚକ୍ରବାଲ ଡେଇଁ । କବିତା ହୋଇଉଟିଚି କବିର ମରୁପିପାସୀ ତୃଷାର୍ତ ମନର ଉଚ୍ଚାରଣ – ତା'ର ଅସହ୍ୟ ଆବହର ପ୍ରମୂର୍ତ୍ତନ ।

ନୂତନ କବିତାର ଦିଗ୍‌ ଦର୍ଶନ –

କିନ୍ତୁ କବିତା ଖାଲି ନାହିଁ ଭିତରେ ବଡ଼ ହୋଇ ନ ପାରେ । ଖାଲି ନେତିବାଚକ ମାନସିକ ଭଙ୍ଗୀ, ଫାଙ୍କା ରୂପକଣ୍ଠ ମାରଫତରେ ବର୍ତ୍ତମାନର ତୁଙ୍ଗ ବ୍ୟର୍ଥତାର ସଂକେତ ଦେଇ କବିତାର ଛୁଟି ନୁହେଁ । କବିତାରେ ଯାହା ଇତିବାଚକ, ଯାହା ହଁ–ଧର୍ମୀ, ତାହା ମରୁଭୂମିରେ ଶାକସବ୍‌ଜି ଫୁଟାଇବା ଦିଗରେ, ଉଦୟର ଦିଗରେ ଅଗ୍ରସର । ଆଜି ସାହିତ୍ୟ ମଣିଷର ଆଶ୍ଚର୍ଯ୍ୟ ଅଗ୍ରଗତିର ପଦଚିହ୍ନରେ ଉଜ୍ଜ୍ୱଲ । ମଣିଷର ସମ୍ପୂର୍ଣ୍ଣ ବିକାଶ, ତା'ର ପାରିପାର୍ଶ୍ୱିକ ପରିବେଷ୍ଟନୀ ଏବଂ ତା'ର ଆବହ ତଥା ଚରିତ୍ର ନାନା ଦିଗରେ ସ୍ୱଚ୍ଛ ମୂର୍ତ୍ତନରେ ସେ ସାହିତ୍ୟ ଜୀବନ୍ତ । ଦୁଃଖର କଥା, ଆମ ଦେଶରେ ମାର୍କ୍ସବାଦୀ ସାହିତ୍ୟ ନେତିବାଚକ ସ୍ତର ବା ଆଦୋଳନର ସ୍ତର ଏପର୍ଯ୍ୟନ୍ତ ଉର୍ଦ୍ଧ୍ୱ ହୋଇପାରିଲା ନାଇ । ଏ ଦେଶର କମ୍ୟୁନିଷ୍ଟ ସାହିତ୍ୟ ରୋମାଣ୍ଟିକ୍‌ ଭାବାଲୁତାର ଛକ ଯାହା ଏଇ ଶତକର ପୂର୍ବାହ୍ନରେ ନିଷିଦ୍ଧ ହୋଇଯାଇଚି, ଏପର୍ଯ୍ୟନ୍ତ ବି ପାର ହୋଇପାରିଲା ନାଇ । ତେଣୁ ଦେଶର ମାର୍କ୍ସୀୟ କବିତାରେ 'ଦାଆ', 'ହାତୁଡ଼ି', 'ବୁର୍ଜୁୟା', 'ପାମର', 'ସୟତାନ', 'ଦସ୍ୟୁ', 'ଶୋଷଣ' ଆଦି ଶବ୍ଦଗୁଡ଼ିକ କାଢ଼ିନେଇ ତା' ଜାଗାରେ 'ଫାଲ୍‌ଗୁନ', 'ବସନ୍ତ', 'କୋକିଲ', 'ପ୍ରିୟା', 'ସଜନୀ', 'ମଳୟ', 'ଜୋଛନା' ପ୍ରଭୃତି ଶବ୍ଦସବୁ ବସେଇଦେଲେ ଏ କବିତା ମଧ୍ୟଯୁଗର ବା ଏ ଯୁଗର ବିଶୁଦ୍ଧ ରୋମାଣ୍ଟିକ୍‌ କବିତାଠାରୁ କିଛି ମାତ୍ର ପ୍ରଥକ୍‌ ବୋଲି ମନେ ହେବ

ନାଇ । କବିତାରେ ପ୍ରଗତି କହିଲେ ସେମାନେ କେବଳ ବୁର୍ଜୋଆକୁ ଗାଳିଦେବାହିଁ ବୁଝନ୍ତି । ତେଣୁ କାବ୍ୟଦୃଷ୍ଟିରୁ ଏ ଦେଶର ମାର୍କସୀୟ କବିତା ଅତ୍ୟନ୍ତ ଅନଗ୍ରସର ଏବଂ ଏବେ ସୁଦ୍ଧା ରୋମାଣ୍ଟିକ୍ ଶୈଶବ ଅତିକ୍ରମ କରିନାଇ ବୋଲି ସହଜରେ ରାୟ ଦେଇ ହେବ । ମଣିଷ ଯେ ଏକ ଐତିହାସିକ ଅଦୃଷ୍ଟବାଦ (determinism)ର ସଂଖ୍ୟାକଣ୍ଠେଇ ନୁହେଁ, ସେ ଯେ ଏକ ଜୀବନ୍ତ ବ୍ୟକ୍ତିତ୍ୱ – ନିଜର ପରିବେଶକୁ ବଦଲାଇବା ସଙ୍ଗେ ସଙ୍ଗେ ସେ ଯେ ନାନାଭାବରେ ନବ ନବ ରୂପରେ ରୂପାନ୍ତରିତ ହୋଇଯାଉଚି ଏବଂ ସେ ରୂପାନ୍ତରର ଚେହେରା କେତେବେଲେ କିପରି ଆକାର ଧରୁଚି, ମାର୍କସବାଦର ଏ ମୂଳ ଧାରଣା ଓ ସନ୍ଧାନର କୌଣସି ପରିଚୟ ଆମ ଦେଶର ମାର୍କସବାଦୀଙ୍କ ଉଚିତ ସାହିତ୍ୟରୁ ମିଲେ ନାଇ । 'ସାହିତ୍ୟ' ଅର୍ଥ ସେମାନେ ପ୍ରୋପାଗଣ୍ଡାହିଁ ବୁଝିଥାନ୍ତି ।

ଆଧୁନିକ ସାହିତ୍ୟର ନୂଆ କଲେବର କିପରି କେବେ କେଉଁ ବାଟରେ ପୁଣି କି ପ୍ରକାର ନୂତନ ସଂହତି ଭିତରେ ଫୁଟିଉଠିବ, ତାହା ଆଜି ବି ସାଧାରଣ ମଧ୍ୟବିତ୍ତ ସାହିତ୍ୟିକ ମନରେ ପ୍ରହେଲିକା ସୃଷ୍ଟି କରେ । ମାର୍କସବାଦର କେଉଁ ଦୁରୂହ, ଦୁର୍ଗମ ପଥ ଦେଇ କିମ୍ବା ମନୋବିଜ୍ଞାନର କେଉଁ ସୁଦୂର ତମସାଚ୍ଛନ୍ନ ଉପତ୍ୟକାରେ କିମ୍ବା ଏ ଦୁଇଟିର ସରକାରୀ ସମ୍ପର୍କ ବାହାରେ ନୂତନ ଏକ ମାନବତାବୋଧର ଉଦ୍‌ବୋଧନରେ କବିତା ତା'ର ନୂତନ ସାର୍ଥକତାର ଚିହ୍ନ ଖୋଜି ପାଇବ, ଏ କଥା ଆଜି ଅସ୍ପଷ୍ଟ ନ ହେଲେ ମଧ୍ୟ ସାଧାରଣ ସାହିତ୍ୟସେବୀ ମନରେ କୌଣସି ଉତ୍ସାହ ସୃଷ୍ଟି କରେ ନାଇ ।

ଗତ ତିରିଶ ଦଶକରେ ସାହିତ୍ୟ ଓ ଶିଳ୍ପକୁ କେନ୍ଦ୍ରମୁଖୀ କରି ତାକୁ ମାନସିକ ସଂକଟରୁ ତ୍ରାଣ କରିବ ବୋଲି କମ୍ୟୁନିଜମ୍ ଯେଉଁ ନିର୍ଭର ପ୍ରତିଶ୍ରୁତିର ସଂକେତ ଦେଇଥିଲା, ତାହା ବିପରୀତ ବାସ୍ତବତାର ରୂଢ଼ ଆଘାତରେ ସମ୍ପୂର୍ଣ୍ଣ ଚୂରମାର ହୋଇଯାଇଚି । ଦ୍ୱିତୀୟ ମହାଯୁଦ୍ଧ ପରେ ରଷିଆରେ ସ୍ତାଲିନ୍‌ବାଦର କୁସିତ ରୂପ; କଲା, ଶିଳ୍ପ ଓ ସାହିତ୍ୟ ଉଦ୍ୟମକୁ regimentation କରି କୁଷିଗତକରଣ, ସମସ୍ତ ସାଂସ୍କୃତିକ ମୂଲ୍ୟକୁ ସରକାରୀ ଦଲ ଓ କଲର ଆଶୁ ଉଦ୍ଦେଶ୍ୟସାଧନକଣ୍ଠେ ବ୍ୟବହାର ଏବଂ ଜୀବନର ସମସ୍ତ ଆଧ୍ୟାତ୍ମିକ ଓ ନୈତିକ ମୂଲ୍ୟ ଅସ୍ୱୀକାର, ଏ ସମସ୍ତ ଘଟନା ଗୋଟିକ ପରେ ଗୋଟିଏ ଘଟି ବିଶ୍ୱାସର ପାକଲ ହୋଇଆସୁଥିବା ଏ ଶତକର ମଣିଷମାନକୁ ପ୍ରଚଣ୍ଡ ଆଘାତ ଦେଇଚି । ତିରିଶ ଦଶକର ପ୍ରାରମ୍ଭରେ ଟମାସମ୍ୟାନଙ୍କ 'କୁହୁକ ପର୍ବତ', ରୋମାରୋଲାଁଙ୍କର ଶେଷ ଜୀବନର ବାଣୀ 'ମୁଁ ବିଶ୍ରାମ କରିବି ନାଇ' ଏବଂ ଅଦେନ୍‌, ସ୍ପେଣ୍ଡାର, ଆର୍ନାଁଗ ପ୍ରମୁଖ ତରୁଣମାନଙ୍କ କୃତିରେ ପ୍ରବଲ ଆଶାବାଦର ଉଦାଉ ଘୋଷଣା ଉପରେ କମ୍ୟୁନିଜମର ସୁଦୂରପ୍ରସାରୀ ପ୍ରଭାବ କିଛି ଅଛପା ନ ଥିଲା; କିନ୍ତୁ ସହସା ସବୁ ପୁଣି ମଉଲିଗଲା । ମଣିଷର ଦିଗ୍‌ମଣ୍ଡଲ ପୁଣି ହୋଇଉଠିଲା କୁଜ୍‌ଝଟିକାମୟ । ୧୯୫୦ ଦଶକଟି ପୁଣି ନୈରାଶ୍ୟ ଓ ବିତୃଷ୍ଣାର

ମରୁଚିତ୍ରରେ ପର୍ଯ୍ୟବସିତ ହେଲା। ଏଣେ ମାଓ-ସେ-ତୁଂ 'ଶହ ଶହ ଫୁଲ ଫୁଟିବ' ବୋଲି ଯେଉଁ ଆଶ୍ୱାସନା ବାଣୀ ଶୁଣାଇଥିଲେ, ତାହା ତାଙ୍କର ତିବ୍ବତ ଅଭିଯାନ ଓ ଭାରତ-ଆକ୍ରମଣ ପରେ 'ସହସ୍ର ତୋପ ଫୁଟିବ'ରେ ଆସି ପରିଣତ ହୋଇଛି।

ପୂର୍ବ-ୟୁରୋପୀୟ ଦେଶମାନଙ୍କୁ କୁକ୍ଷିଗତ କରିବା ଏବଂ ପ୍ରାଚ୍ୟ ଭୂମଣ୍ଡଳରେ ଚାଇନାର ପ୍ରସାରଣଶୀଳ ରାକ୍ଷସୀ ପରରାଷ୍ଟ୍ରନୀତି ସମଗ୍ର ପୃଥ୍ବୀରେ ମହା ଆତଙ୍କ ସୃଷ୍ଟି କରିଚି। ମୁକ୍ତ ଜୀବନ ଏବଂ ମୁକ୍ତ ସମାଜରେ ବିଶ୍ୱାସ କରୁଥିବା ପୃଥ୍ବୀର ପ୍ରତ୍ୟେକ ନାଗରିକ, – ସେ ଶିଳ୍ପୀ ହେଉ ବା ଲେଖକ ହେଉ ବା ସାଧାରଣ ଲୋକ ହେଉ, ଆଜି କମ୍ୟୁନିଷ୍ଟ ଏକଚ୍ଛତ୍ରବାଦର ଶିବିରରୁ ପୃଥ୍ବୀର ନିରାପତ୍ତା ରକ୍ଷା କରିବା ଲାଗି ଦୃଢ଼ସଂକଳ୍ପ। ସରକାରୀ ସାମ୍ୟବାଦର ସୈନିକତା ଓ ଗଣତନ୍ତ୍ରବିରୋଧୀ ସମାଜବ୍ୟବସ୍ଥା ବିରୁଦ୍ଧରେ ବିଶ୍ୱର ଜନମତ ବିଦ୍ରୋହୀ ହୋଇ ଉଠିଚି। ଗତ ତିରିଶ ଦଶକରେ କମ୍ୟୁନିଜିମ୍ ପୃଥ୍ବୀର ପ୍ରତ୍ୟେକ ଦେଶର ଲେଖକ ଓ କଳାକାରମାନଙ୍କ ମନରେ ଯେଉଁ ନୂତନ ଆଶା ଓ ବିଶ୍ୱାସର ଦିଗ୍ବାରେଣୀ ସୃଷ୍ଟି କରିଥିଲା, ତାହା ପଚାଶ ଦଶକରେ ଖାଲି ବ୍ୟର୍ଥତା ନୁହେଁ, ତୀବ୍ର ପ୍ରତିକ୍ରିୟାରେ ପରିଣତ ହୋଇଚି।

ଆଜି ସାମ୍ୟବାଦ କହିଲେ ବୁଝାଯାଉଚି ଯୁଦ୍ଧ, ବିଭୀଷିକା, ସଂଗଠିତ ଦସ୍ୟୁତା ଏବଂ ପରରାଜ୍ୟ ଲୁଣ୍ଠନ। ତେଣୁ ଯେଉଁ ସାମାନ୍ୟ ଆଶାର ଝଲକ ମଣିଷ ଆଗରେ ଝଲସି ଉଠିଥିଲା, ତାହା ଆଜି ଦାରୁଣ ଦୁର୍ଦ୍ଦିନର ନିର୍ମମ ପରିହାସରେ ପରିଣତ ହୋଇଚି।

ଏହିପରି ନାନା ପରାଜୟର ବ୍ୟର୍ଥତା ଓ ପଳାୟନର ଗ୍ଲାନି ଏବଂ ନାନା ବିପର୍ଯ୍ୟୟ ଓ ବିଡ଼ମ୍ବନାର ସଂକଟ କବିତାର ପ୍ରାଣଶକ୍ତି ଉପରେ ବାରମ୍ବାର ପ୍ରଚଣ୍ଡ ଆଘାତ କରିଚି, ତାହା ବର୍ଣ୍ଣନା କଲେ ଏକ ବିରାଟ ଗ୍ରନ୍ଥ ହେବ।

ଦୁଇ ଦୁଇଟା ମହାଯୁଦ୍ଧର ମାଡ଼ ଖାଇ ଗୋଟିଏ ପୁରୁଷକାଳ ଭିତରେ ନାନା ଯୁଗାନ୍ତକାରୀ ଘଟନାର ଶିକାର ହୋଇ – ବିଦେଶୀ ଶାସନର କ୍ରୂର ନିର୍ଯାତନ, ତାଡ଼ନା ଓ ଦେଶବ୍ୟାପୀ ନବଜାଗରଣର ଝଟିକା ପ୍ଲାବନ, ଜାତୀୟ ମୁକ୍ତିସଂଗ୍ରାମର ବକ୍ର ଡାକରା ଓ ଅଗ୍ନିପର୍ବ ଏବଂ ଗଣ-ଆଦୋଳନର ତୀବ୍ର ବିକ୍ଷୋଭ, ଦେଶବିଭାଜନ, ସାମ୍ପ୍ରଦାୟିକ ହଣାକଟା ଏବଂ ସ୍ୱାଧୀନତାର ଉତ୍ତେଜନା ଓ ସ୍ୱାଧୀନୋତ୍ତର ଭାରତବର୍ଷର ସମସ୍ତ ପ୍ରକାର ଆଶା, ଆକାଙ୍କ୍ଷା ଓ ନୈରାଶ୍ୟ ଛାୟାର ଅନ୍ତରଙ୍ଗ ଓ ବହିରଙ୍ଗ ପ୍ରକାଶର ଚିହ୍ନ ଏ କବିତାର ପଦକ୍ଷେପକୁ କେତେବେଳେ ଦ୍ରୁତ ଏବଂ କେତେବେଳେ ବା ବିଳମ୍ବିତ ଓ ଶଙ୍କିତ କରିଚି; କିନ୍ତୁ ଏ କବିତା ଯେ ଆଗେଇ ଚାଲିଚି, ଏହାହିଁ ଏହା ପକ୍ଷରେ ବଡ଼ କଥା।

ଏସବୁ ସତ୍ତ୍ୱେ, ଆଜିର କବିତା ଯେ ମରିନାହିଁ, ଏହାହିଁ ତା ପକ୍ଷରେ ସବୁଠାରୁ ଆଶ୍ଚର୍ଯ୍ୟ କଥା। ହୋଇପାରେ, ଆଜିର କବିତା କେବଳ ମରୁଭୂମିର କବିତା; କିନ୍ତୁ ଏ

ମରୁଭୂମି ପାଇଁ ସେ ଦାୟୀ ନୁହେଁ। ଏଥିରେ ଲଜ୍ଜାର ବିଷୟ କ'ଣ ଅଛି ? ମରୁଭୂମିର କବିତା, ମରୁଭୂମିର କବିତା ହେବ ନାଇ ତ ଆଉ କ'ଣ ହେବ ? ଏଇ ଉଷ୍ତର ମରୁର ଚିତ୍ରପଟ ହେବା ଛଡ଼ା ତା'ର ସେତେବେଳେ ଅନ୍ୟ ଉପାୟ କ'ଣ ଥିଲା ? ଅନ୍ୟ କିଛି ହେବାଟାହିଁ ବରଂ ତା ପକ୍ଷରେ ଅସ୍ୱାଭାବିକ ହୋଇଥାନ୍ତା। ସେଥିପାଇଁ କହୁଥିଲି, ମେଳ ଅପେକ୍ଷା ଅମେଳ ଭିତରେହିଁ ତା'ର ଛନ୍ଦର ସ୍ୱତଃପ୍ରକାଶ। ମରୁଭୂମିର ଭଙ୍ଗାପୋଡ଼ା ସଂହତି, ତା'ର ସ୍ୱବିରୋଧ ଓ ଅନ୍ତର୍ଦ୍ୱନ୍ଦ ଅମେଳ ଭିତରେହିଁ ଆଜି ସୁନ୍ଦର ଭାବରେ ପ୍ରକାଶ ହୋଇ ପାରୁଚି। ଆଜିର କବିତା ଯିମିତି ଆଜିର ଶ୍ରେଷ୍ଠ ପ୍ରତିବାଦ !!

କିନ୍ତୁ ଏଇ ଧୂ-ଧୂ ମରୁଚିତ୍ର ଯେ ଆଧୁନିକ କବିତାର ପୂର୍ଣ୍ଣଛେଦ ନୁହେ କି ମରୁଯାତ୍ରାର କ୍ୟାରାଭାନ୍ ଯେ ନୂତନ କବିତାର ଶେଷକଥା ନୁହେଁ, ଏଥିରେ ଯୁକ୍ତିର ପ୍ରୟୋଜନ କ'ଣ ଅଛି ?

ଏହାକୁ ମରୁଯାତ୍ରାଇ ବା ଖାଲି କୁହାଯିବ କିପରି ? କବିତା ଯଦି ଆଗର ଶ୍ୟାମଳତା, ଆଗର କୋମଳତା ହରାଇଥାଏ ତ ତା' ବଦଲରେ ସେ ଏମିତି କିଛି ପାଇଚି, ଯାହା ଖାଲି ତପ୍ତ ବାଲିର ମରୀଚିକା ମାତ୍ର ନୁହେ। କୋମଳତା ହରାଇ ସେ ପାଇଚି ମାଂସପେଶୀ, ଦୃଢ଼ ନିର୍ଭୀକ ଅଙ୍ଗଚାଳନା ଶକ୍ତି; ଶ୍ୟାମଳତା ହରାଇ ସେ ପାଇଚି ପ୍ରାଣୀନ ତେଜସ୍ୱିତା। ସେଥିପାଇଁ କହୁଥିଲି, ଆଜିର କବିତା ସମସ୍ତ କିଛି ହରାଇ ଏପରି କିଛି ପାଇଚି, ଯାହା ତା'ର ହରାଇବାର ସବୁ କ୍ଷତିକୁ ଏକ ଆଶ୍ଚର୍ଯ୍ୟ ଔଜ୍ୱଲ୍ୟରେ ଭରିଦେଇଚି।

ଆଜିର କବିତା ଆଉ ଜୀବନର ଭଗ୍ନାଂଶକୁ ନେଇ ପଡ଼ି ରହି ନାଇ। ସମଗ୍ର ଜୀବନର ସହସ୍ରଦଳ ପଦ୍ମହିଁ ତା'ର ଆଧାର। ଜୀବନର କୌଣସି ଏକ ଅଂଶ – ଧର୍ମ, ଈଶ୍ୱରପ୍ରେମ, ମାନବପ୍ରେମ, ଆଶା, ନିରାଶା, ସଂଗ୍ରାମ, ପ୍ରତିଯୋଗିତା, ପ୍ରଣୟ, ତାହା ଯେତେ ରୋମାଞ୍ଚକର ହେଉନା କାହିଁକି, ଆଧୁନିକ କବିତାକୁ ଆଉ ପୂର୍ଣ୍ଣ ସାନ୍ତୋଷ ଦେଇ ପାରୁ ନାଇ। ସମଗ୍ର ଜୀବନ – ସମ୍ପୂର୍ଣ୍ଣ ମଣିଷକୁ ନେଇ ଆଜି କବିତାର କାରବାର।

ଉନବିଂଶ ଶତକର ଶେଷ ପର୍ଯ୍ୟନ୍ତ କାବ୍ୟର ପରିଧି ଥିଲା ସଂକୀର୍ଣ୍ଣ। ପ୍ରେମ, ଈଶ୍ୱର, ପ୍ରାକୃତିକ ସୌନ୍ଦର୍ଯ୍ୟ ସମ୍ୱନ୍ଧରେ ସ୍ରୋତମୟ ଉଚ୍ଛ୍ୱାସ, କିମ୍ୱା ଏଇ ଧରଣର 'ଚିରନ୍ତନ' ଓ ଚିରାଚରିତ କେତୋଟି ହୃଦୟାବେଗ ମଧ୍ୟରେ କବିତା ଥିଲା ଆବଦ୍ଧ। ସେ ପରିଧିର ବେଢ଼ା ଆଜି ଭାଙ୍ଗିଚି। ଏପରି କିଛି ଆଜି ନାଇଁ, ଯାହା କାବ୍ୟର କବିତା ପ୍ରସ୍ତୁତ ! ଚିନ୍ତା ଓ ବୁଦ୍ଧିର ରାଜ୍ୟ – ଯାହା କବିତାପକ୍ଷରେ ଏତେଦିନ ନିଷିଦ୍ଧ ଅଞ୍ଚଳ ଥିଲା – ଆଜି ଆଉ କାବ୍ୟର ବହିର୍ଭୂତ ଇଲାକା ନୁହେଁ। ଜୀବନର ଏଇ ଯେ ବିରାଟ ଉତ୍ତରାଧିକାର ହାସଲ କରିବା କବିତାପକ୍ଷରେ ସମ୍ଭବ ହେଲା, 'ଏଥିରେ ଚିନ୍ତନ ଓ ବେଦନା ଯେଉଁପରି ମିଶିଚି,

କର୍ମପ୍ରେରଣାର ବି ସେଇପରି ସଂଗମ ହୋଇଚି; ଅର୍ଥାତ୍‌ ମଣିଷର ଅଂଶବିଶେଷ ନୁହେଁ, ସମ୍ପୂର୍ଣ୍ଣ ମଣିଷ ସାଙ୍ଗରେଇ କବିତାର ଦିଆନିଆ ଚାଲୁହେଲା ।' (ଏ.ଏସ୍‌. ୟାୟୁବ)

ଜୀବନର କୌଣସି ଦିଗ ତା'ର ନାଗରିକ, ଆର୍ଥନୀତିକ, ରାଷ୍ଟ୍ରିକ ବା ସାମାଜିକ ପରିବେଶ କିମ୍ବ ଆନ୍ତର୍ମାନବିକ ସମ୍ପର୍କ କିଛି ଆଉ କବିତାର ଧରାଛୁଆଁର ବାହାରେ ନୁହେଁ । ରାସ୍ତାର ଡଷ୍ଟବିନ୍‌ ଓ ଲାଇଟ୍‌ ପୋଷ୍ଟଠାରୁ ଆରମ୍ଭ କରି ଆକାଶର ଏରୋପ୍ଲେନ୍‌ ପର୍ଯ୍ୟନ୍ତ, ପୁଣି ବଗିଚାର ଯୁଇ, ଚାମେଲିଠାରୁ ଆରମ୍ଭ କରି କାରଖାନାର ଚିମ୍‌ନୀ ପର୍ଯ୍ୟନ୍ତ, ପୁଣି କବି, ଦାର୍ଶନିକ, ଚିତ୍ରକର, ଡାକ୍ତର, ଶ୍ରମିକ, କୃଷକ, ଛାତ୍ରଛାତ୍ରୀ, ନାବିକ, ଧାତ୍ରୀ, ଇଞ୍ଜିନିୟର, ସୈନିକ, ମଧ୍ୟବିତ୍ତ, ବୁଦ୍ଧିଜୀବୀ, ସୌଦାଗରଠାରୁ ଆରମ୍ଭ କରି ସମାଜର ଉଚ୍ଚତମ ଓ ନିମ୍ନ ଶ୍ରେଣୀର ଅସଂଖ୍ୟ ପାତ୍ରପାତ୍ରୀ ଆଜି କାବ୍ୟର ପ୍ରେକ୍ଷାଗୃହରେ ସମ୍ମାନିତ କୁଶୀଲବ । ସବୁରି ଭିତରେ କାବ୍ୟର ପ୍ରଚୁର ସମ୍ଭାବନା ପୁରିରହିଚି । ସମସ୍ତଙ୍କ ସ୍ଥାନ ସାହିତ୍ୟ ଓ କାବ୍ୟରେ ଅଛି । ସେଇ ସମ୍ଭାବନାକୁ ମୂର୍ତ୍ତ କରିବା ଉପରେଇ ଯିମିତି ଆଧୁନିକ ସାହିତ୍ୟ ଓ କାବ୍ୟର ସାର୍ଥକତା ନିର୍ଭର କରୁଚି ।

କାବ୍ୟର ଦୁରନ୍ତ ଅଭିଯାନ କେତେଦୂର ଜୟଯୁକ୍ତ ହୋଇଚି; ତା'ର ଅଭିଜ୍ଞାନ ଆଧୁନିକ କାବ୍ୟ ନିଜେ; ବାହାରର ପ୍ରମାଣ-ପତ୍ର ଦର୍କାର ନାଇ ।

ଛୋଟ ଭାବକବିତା ବା ଲିରିକ୍‌ରେ ଆଜି ଏକଧାରେ ଡ୍ରାମା ଓ ଏପିକ୍‌ର ବିଶାଳତା ଓ ଚିତ୍ରମୟତା ଯେପରି ପ୍ରବେଶ କରିଚି, ଉପନ୍ୟାସର ସାମ୍ପ୍ରତିକତା ଓ ବାସ୍ତବବୋଧ ପୁଣି ଛୋଟ ଗଳ୍ପର ଚିତ୍ର ସେଇପରି ନିଜର ମୁଦ୍ରା ରଖିଯାଇଚି । ଛୋଟ ଲିରିକ୍‌ ଭିତରେ ଆଜି ମହାକାବ୍ୟର ନିବେଦନ ନାନା ଚିତ୍ରକଳ୍ପ ଓ ରୂପକ ସାହାଯ୍ୟରେ ଝଲମଲ କରି ଉଠୁଚି । ଖାଲି ସେତିକି ନୁହେଁ, ଲିରିକ୍‌ ଆଜି ଆଉ ପୂର୍ବପରି ବ୍ୟକ୍ତିକୈନ୍ଦ୍ରିକ, ଭାବସର୍ବସ୍ୱ ନୁହେଁ; ଚିନ୍ତାର ଦୋୟାତନାରେ ସାମୂହିକ ଜୀବନର ଉପଲବ୍ଧିରେ ପ୍ରତ୍ୟେକ ଲାଇନ ତା'ର ଚକ୍‌ଚକ୍‌, ଉଜ୍ଜ୍ୱଳ । ଲିରିକ୍‌ ଆଜି ବ୍ୟକ୍ତିବିଶେଷକୁ ଏକ ସମାଜନିରପେକ୍ଷ, ଅସଂବଂଧ ଅସ୍ତିତ୍ୱରୂପେ ଧାରଣା କରେ ନାଇ; ଧାରଣା କରେ ସାମୂହିକ ସମାଜସଭାର ପ୍ରାଣକେନ୍ଦ୍ରରୂପେ । ବ୍ୟକ୍ତିର ଦୁଃଖ, ବେଦନା, ଅଶ୍ରୁ, ହାସ୍ୟରେ ଲିରିକ୍‌ ଆଜି ଏପରି ଏକ ନିର୍ବ୍ୟକ୍ତିକ ସମାଜମାନସର ପରିଚୟ ଦେଇଚି, ଯାହା ତାକୁ ବ୍ୟକ୍ତିଗତ ସ୍ତରର ବହୁ ଊର୍ଦ୍ଧ୍ୱରେ ପ୍ରାୟ ମହାକାବ୍ୟର ଅଙ୍ଗନରେ ନେଇ ଅଭିଷିକ୍ତ କରିଚି । ଅନ୍ୟପକ୍ଷେ ଅସଂବନ୍ଧ ଅନୁଭୂତି ବୋଲି ଆଜି କିଛି ନାଇ – ଯାହା କାର୍ଯ୍ୟ-କାରଣ ସମ୍ବନ୍ଧ କିମ୍ବ ପାରିପାର୍ଶ୍ୱିକ ଜଳବାୟୁର ଅପେକ୍ଷା ନରଖି ସ୍ୱୟଂଭୂ ପରି ନିଜ ଖିଆଲରେ ଫୁଟିଉଠିବ ।

ନାନା ରୂପକର ପରୀକ୍ଷା, ନାନା ଅନୁସଙ୍ଗର ବିଚାର, ନାନା ଅନଭ୍ୟସ୍ତ ଶଦ ଓ ଚିତ୍ରକଳ୍ପକୁ ନେଇ କବିତାରେ ଏକ ନୂତନ ସଂବେଦନ ସୃଷ୍ଟି କରିବାର ପ୍ରୟାସ, ଉପମା

ଛାଡ଼ି ରୂପକ ସାହାଯ୍ୟରେ ବର୍ଣ୍ଣିତ ବିଷୟ ସଙ୍ଗେ କବି ଓ ପାଠକର ଅଧିକତର ସହଯୋଗ ଆଣିବାର ଉଦ୍ୟମ ଆଧୁନିକ କବିତାକୁ ଅଭୂତ କ୍ଷମତାରେ ଶକ୍ତିଶାଳୀ କରିଛି। ଆଧୁନିକ କବିତାର ଏ ସାଧନା ଦେଖିଲେ ସ୍ତମ୍ଭିତ ହେବାକୁ ହୁଏ ଏବଂ ଜଣେ ଆଧୁନିକ ଲେଖକଙ୍କ ଭାଷାରେ ମନେହୁଏ,– 'ଆଧୁନିକ କବି ଯେପରି ପରୀକ୍ଷାଗାରର ବୈଜ୍ଞାନିକ; ପରୀକ୍ଷା ଚାଲିଛି ନାନା ରସାୟନର, ଛନ୍ଦ ଓ ଛନ୍ଦୋମୁକ୍ତିର, ସମେଳ ଓ ଅମେଳ ପଂଙ୍କ୍ତିର, ନାନା ଖାପଛଡ଼ା ଉପମା ଓ ଧାରୁଆ କାବ୍ୟର, ଆଉ ନାନା ଅକସ୍ମାତ୍ ଚିତ୍ରକଳ୍ପ ଓ ଖଣ୍ଡିତ ରୂପକର।'

ତେଣୁ ଆଧୁନିକ କବିତା ସମ୍ବନ୍ଧରେ ନିରାଶ ହେବାର କିଛି କାରଣ ନାଇଁ। ଏ କବିତା ଅନେକ କିଛି ହରାଇଛି, ସନ୍ଦେହ ନାଇଁ। ହରାଇଛି ଛନ୍ଦ ଓ ଭାଷାର ମସୃଣ ସୁଷମା – ଅଳଙ୍କାରର ରସାଳ ସମର୍ଥନ – ବିଶ୍ୱାସର ଗଭୀର ଦ୍ୟୋତନା – ଆଉ ସ୍ୱପ୍ନର ଅନେକ ଅନେକ ଚିତ୍ରମୟତା; କିନ୍ତୁ ପାଇଛି ଜୀବନର ସମଗ୍ର ପରିଚୟ ଓ ନୂତନ ଦିଗନ୍ତର ସନ୍ଧାନ। ସମାଜ ଓ ଜୀବନରେ ଯାହା କିଛି ଅବହେଳିତ, ଯାହା କିଛି ଅନ୍ତ୍ୟଜ ହୋଇ ପଡ଼ିରହିଥିଲା, ସେଇ ଅବହେଳିତ ଭଗ୍ନସ୍ତୂପ ଭିତରୁ ସେ ଯେପରି ଖୋଜି ପାଇଛି କାବ୍ୟର ଅମୂଲ୍ୟ ରସଦ।

ପୂର୍ବରୁ କୁହାଯାଇଛି – ଛନ୍ଦ, ଅନୁପ୍ରାସ, ଉପଧା, ଯତିଯମକ, ମିତ୍ରାକ୍ଷର ଏସବୁ ଆଧୁନିକ କବିତାପକ୍ଷରେ ଗୌଣ; ସତ୍ୟ କେବଳ ଜୀବନ; ଏକମାତ୍ର ପରିପୂର୍ଣ୍ଣ ସମଗ୍ର ଜୀବନ। ଆଧୁନିକ କବିତା ପାଇଁ ଜଳବାୟୁ ତିଆରି କରିବା ପ୍ରତ୍ୟେକ ଅଗ୍ରଗାମୀ ସାହିତ୍ୟିକର କାମ। ଏପରି ଏକ ମୁକ୍ତ, ବାଧାବନ୍ଧନହୀନ ମାଧ୍ୟମ ଆଜି ଗଢ଼ିବା ଦର୍କାର– ଯାହା ଭିତରେ କାବ୍ୟ–ଲକ୍ଷ୍ମୀଙ୍କର ସ୍ୱଚ୍ଛନ୍ଦ ପ୍ରକାଶ ହୋଇପାରିବ। କାବ୍ୟ ହେବ ଅନୁଭୂତି ଓ ଅଭିଜ୍ଞତାର ଉଚ୍ଚାରଣ–ଧ୍ୱନି ବା ପଦମିଳନ ନୁହେଁ। ଆଜିର ଉପଧାବିରୋଧୀ ଆନ୍ଦୋଳନ ସେଇ ମୁକ୍ତ ମାଧ୍ୟମ ଗଢ଼ିବା ଦିଗରେ ପ୍ରଥମ ପ୍ରୟାସ ମାତ୍ର।

ପଛକୁ ଫେରିଯିବା ପାଇଁ ବୃଥା ଚିତ୍କାର କରି କିଛି ଲାଭ ନାଇଁ। ଇତିହାସ ତା କରେଇଦେବ ନାଇଁ। ଟାଉନ୍‌ହଲ୍‌ରେ ସଭା କରି ଚାରିଶ' ବର୍ଷ ତଳର ଅତୀତର ଅନ୍ଧାର ଭିତରୁ କି ଭଞ୍ଜ–କବିସୂର୍ଯ୍ୟ ଯୁଗକୁ ପଳେଇଯିବା ପାଇଁ ଚେଷ୍ଟା କଲେ ଆମର ପାଦ ହେବ ଖଣ୍ଡ; କାରଣ ପଛକୁ ଫେରିବାର ବାଟ ଏକାବେଳକେ ବନ୍ଦ। ସମୟର ମେଘନାଦ ପାଚେରି ଡେଇଁବାକୁ ଗଲେ ଗୋଡ଼ ହାତ ଭାଙ୍ଗି ଛୋଟା ହେବା ସାର ହେବ ମାତ୍ର।

ଆଧୁନିକ ଲକ୍ଷ୍ୟ ଆଧୁନିକତର, ବର୍ତ୍ତମାନର ଲକ୍ଷ୍ୟ ଭବିଷ୍ୟମାନ; ପଛକୁ ଫେରିଯିବାର ପ୍ରତିକ୍ରିୟା ନୁହେଁ। ଲକ୍ଷ୍ୟ ଉତ୍ତରଣ।

ଦ୍ୱିତୀୟ ଅଧ୍ୟାୟ
ନୂତନ କବିତାରେ ଚିତ୍ରକଳ୍ପ : 'ଇମେଜିଜମ୍'ର ସ୍ୱାଗତ

ଗୋଟିଏ ଗୋଟିଏ ଶବ୍ଦର ଗୋଟିଏ ଗୋଟିଏ ସଂକେତ ଦ୍ୱାରା ଅର୍ଥବୋଧ ହୁଏ। ଏଇ ସଂକେତ ଈଶ୍ୱରଙ୍କ ଇଚ୍ଛାକ୍ରମେ ହୋଇଟି, ଅର୍ଥାତ୍ ସେ ଯେଉଁ ଶବ୍ଦ ଦ୍ୱାରା ଯାହା ପ୍ରତିପାଦନ କରିଛନ୍ତି, ତଦ୍ୱାରା ତାହାରହିଁ ବୋଧ ହୁଏ। ଏହା ପ୍ରାଚୀନ ମତ। ନବ୍ୟ ମତରେ ଅନୁକୃତିବାଦରେ ଭାଷାର ଉତ୍ପତ୍ତି। ଏଇ ସଂକେତକୁ ଅଭିଧା ଶକ୍ତି ବା ଶବ୍ଦର ଶକ୍ୟାର୍ଥ କୁହାଯାଏ।

(ପଣ୍ଡିତ ଲାଲମୋହନ ବିଦ୍ୟାନିଧି, – 'କାବ୍ୟ-ନିର୍ଣ୍ଣୟ')

ଯେଉଁ ଶବ୍ଦ ଯେଉଁ ପଦାର୍ଥର ସଂକେତ ଦିଏ, ବୁଦ୍ଧି ତାହାକୁ ଗ୍ରହଣ କରି ସେଇ ପଦାର୍ଥକୁ ବୁଝେ ଏବଂ ସେଇ ପଦାର୍ଥ (phenomenon) ବିଷୟରେ ସମ୍ୟକ୍ ଧାରଣ କରେ। ଗୋଟିଏ ଗୋଟିଏ ବସ୍ତୁ ବା ବିଷୟର ଯେଉଁ ଅର୍ଥ କିମ୍ବା ସଂକେତ ଶବ୍ଦ ବହନ କରେ, ତାହା କାହାର ମନଗଢ଼ା ଜିନିଷ ନୁହେଁ। ତାହା ଶତାଦ୍ଦୀ ଶତାଦ୍ଦୀବ୍ୟାପୀ ସାମାଜିକ ଜୀବନରୁ ଉଦ୍ଭୂତ। ସେ ଅର୍ଥ ବା ସଂକେତ ପଛଆଡ଼େ ବହୁକାଳର ସାମାଜିକ ସମର୍ଥନ ଓ ସମ୍ମତି ରହିଆସିଅଛି।

'ଟେବୁଲ' କହିଲେ ସମସ୍ତ ଟେବୁଲକୁ ବୁଝାଏ। 'ଘୋଡ଼ା' କହିଲେ ସମଗ୍ର ଘୋଡ଼ାଜାତିକୁ ବୁଝାଏ। ଏଥିରେ କୌଣସି ଜଣେ ଲୋକର ବ୍ୟକ୍ତିଗତ ପ୍ରତିକ୍ରିୟା କ'ଣ, ତାହା ପ୍ରକାଶ ପାଇବାର ଅବକାଶ ନାଇ। ତେଣୁ stock words ବା counter words ଅର୍ଥାତ୍ ସାଧାରଣ ପ୍ରଚଳିତ ଶବ୍ଦମାନଙ୍କ ଦ୍ୱାରା ଜିନିଷଟିର ସାଧାରଣ ବିଭାବଗୁଡ଼ିକ ବୁଝାଯାଇଥାଏ ମାତ୍ର। 'ଟେବୁଲ' କହିଲେ ବକ୍ତା ବା ଶ୍ରୋତା ସମସ୍ତ ଟେବୁଲକୁ ଦେଖନ୍ତି ନାଇ; କୌଣସି ଗୋଟିଏ ଟେବୁଲକୁ ହିଁ ଦେଖିଥାନ୍ତି। ତେଣୁ ଏଇ ବିଶେଷ ଟେବୁଲଟି ସମ୍ବନ୍ଧରେ ତାଙ୍କର ବ୍ୟକ୍ତିଗତ ପ୍ରତିକ୍ରିୟା ପ୍ରଚଳିତ ଶବ୍ଦ (conventional) ବ୍ୟବହାର ଦ୍ୱାରା ସୂଚିତ ହେବାର କୌଣସି ସୁଯୋଗ ପାଏ ନାଇ। ଏହାଦ୍ୱାରା ସମଗ୍ର ଜିନିଷକୁ types ହିସାବରେ ଦେଖାଯାଏ; individuals ବା ଏକକ ବସ୍ତୁ ହିସାବରେ ନୁହେଁ।

କିନ୍ତୁ ଅସଲ ସମସ୍ୟାଟି ହେଉଟି, ପ୍ରତ୍ୟେକ ଜିନିଷକୁ ତାହା ଯେପରି, ଠିକ୍ ସେଇପରି ଭାବରେ ଦେଖିବା; ଶ୍ରେଣୀଗତ ଭାବରେ ନୁହେଁ କି ଆବ୍‌ଷ୍ଟ୍ରାକ୍ଟ ଭାବରେ ନୁହେଁ। ସେଥିରେ ନିଜର କର୍ମପ୍ରବୃତ୍ତିକୁ ମିଶାଇ ନ ଦେଇ ତାକୁ ଏକ ନିରପେକ୍ଷ ଦୃଷ୍ଟିକୋଣରୁ ଅବଲୋକନ କରିବା ଦ୍ୱାରା ତା'ର ସ୍ୱରୂପର ପୂର୍ଣ୍ଣତା ଉପଲବ୍ଧ କରି ହେବ।

ଟି.ଇ. ହ୍ୟୁମ୍ ଏ‍ଇ ସବୁ ସମସ୍ୟାର ଆଲୋଚନା କରି ସାହିତ୍ୟର ଯେଉଁ ସଂଜ୍ଞା ନିରୂପଣ କରନ୍ତି, ତାହା ଏହିପରି ଭାବରେ ଆସି ପହଞ୍ଚେ – "Literature, in fact, may be defined as entirely the deliberate standing still, hovering and thinking oneself into an artificial view, for the moment and not effecting any real actions at all"*

ତା'ପରେ ଦ୍ୱିତୀୟ ସମସ୍ୟାଟି ହେଉଚି, ଭାଷାକୁ ନିଜର ବକ୍ତବ୍ୟ ପ୍ରକାଶ କରିବା ଦିଗରେ ଉପଯୋଗୀ କରିବା ପାଇଁ ମୋଡ଼ାମୋଡ଼ି କରିବା (- 'to bend') । ଏହାକୁ ଲେଖକ ଏପରିଭାବରେ ମୋଡ଼ାମୋଡ଼ି କରେ ଯେ, ତା'ର unconventional vision ବା ଅନନ୍ୟ ଦୃଷ୍ଟିକୋଣଟି ଯେପରି ତଦ୍ୱାରା ପୂର୍ଣ୍ଣ ପ୍ରକାଶ ଲାଭ କରିପାରେ । ସେ ଏପରି ଶବ୍ଦସବୁ ନିର୍ବାଚନ କରେ, ଯାହା ତା'ର ଭାବପ୍ରକାଶ ଦିଗରେ ସମ୍ପୂର୍ଣ୍ଣ କାମରେ ଲାଗିବେ । ମାମୁଲି ଶବ୍ଦମାନଙ୍କର, ଅର୍ଥାତ୍ counter words ମାନଙ୍କର ଅର୍ଥପରିବହନ କ୍ଷମତା ସାମାଜିକ ଚଳଣି ଭିତରେ ସୀମାବଦ୍ଧ । ମୁଦ୍ରା ଭଳି ସେମାନଙ୍କର ଅର୍ଥପରିବହନ କ୍ଷମତା ସାମାଜିକ ଚଳଣି ଭିତରେ ସୀମାବଦ୍ଧ । ମୁଦ୍ରା ଭଳି ସେମାନଙ୍କର ମୂଲ୍ୟର ନିର୍ଦ୍ଦିଷ୍ଟ ପରିସର ଅଛି । ତେଣୁ ଅର୍ଥର ସମ୍ମତ ଇଲାକା ବାହାରେ ସେମାନେ ଏକ ପ୍ରକାର ଅଚଳ । ଏହା ଲେଖକ ଓ ପାଠକ ଉଭୟଙ୍କ କ୍ଷେତ୍ରରେ ପ୍ରାୟ ସମାନ ପ୍ରଯୁଜ୍ୟ । କାରଣ ଶବ୍ଦ କେବଳ ପରିଦର୍ଶନ (perception) ବୁଝାଏ ନାଇଁ; ପରିବହନ (communication) ମଧ କରେ । ଶବ୍ଦର ଏକ ସମ୍ୟାଦର୍ଶୀଲତା ତା'ର ଅନ୍ୟ ଏକ ପ୍ରଧାନ ଗୁଣ । ଏହା ସହିତ ପାଠକଶ୍ରେଣୀ ଜଡ଼ିତ । ତେଣୁ ଏହା କୁହାଯାଇପାରେ ଯେ, ସମ୍ମତ ଇଲାକାର ପରିସର ଭିତରେ ଶବ୍ଦ ଯେଉଁ ପ୍ରତୀୟମାନକୁ ପ୍ରକାଶ କରେ ଏବଂ ବୁଦ୍ଧି ଦ୍ୱାରା ଯାହାର ସ୍ୱରୂପ ବୋଧ ହୁଏ, ତାହା କେବଳ ଆଂଶିକ ମାତ୍ର । କାରଣ କୌଣସି ଜିନିଷର ସମ୍ୟକ୍ ଉପଲବ୍ଧ କେବଳ ବୁଦ୍ଧି ଦ୍ୱାରା ସମ୍ଭବ ହୋଇ ନ ପାରେ । ଏଥିପାଇଁ ସହଜାତପ୍ରବୃଭି ବା intuitionର ସାହାଯ୍ୟ ନେବା ଦରକାର ପଡ଼େ । ମାମୁଲି ଶବ୍ଦାବଳୀ ସହଜାତପ୍ରବୃଭିକୁ ଉଦ୍ରେକ କରିବା ଦିଗରେ ଯଥେଷ୍ଟ ନୁହନ୍ତି । ଏହି କାରଣରୁ ଚିତ୍ରକଳ୍ପ ବା 'ଇମେଜ୍' ପ୍ରୟୋଗ କରାଯାଇଥାଏ । ଚିତ୍ରକଳ୍ପ ସାହାଯ୍ୟରେ ବାସ୍ତବତାର ଯେଉଁଅଂଶ ବୁଦ୍ଧିର ଅତିରିକ୍ତ ଓ ଅନଧିଗମ୍ୟ, ତାହା ହୃଦ୍‌ବୋଧ ହୋଇପାରେ ।

"The word circulates at a fixed value, though to individuals, it may have other values outside the agreed area of meaning. Both the perceptual and communicative use of words emphalse the abstract, rather than the individual; words tend to asume the charactristics of counters that can be moved about of a chess board."

* Imagism : Stanley K. Coffman.

"The artist's second problem, then, is to break the still general patterns which make language icapable of expressing an individual personal reaction. Instead of conveying only part of an emotion, the part representing the agreed area of meaning, he seeks to convey the full range of his own individual feeling; he endeavours to express what lies outside the circle repreesented by the word as a counter. His success depends directly upon his ability to use metaphor because by revealing new analogies to the reader he can convey the freshness and individuality of his vision." *('Imagism', P.52)*

ଟି.ଇ. ହ୍ୟୁମଙ୍କ ମତରେ 'each word must be an image seen. not a counter',[୧] ସିଧାସଳଖ ଭାବେ ଏକକ ଓ ବ୍ୟକ୍ତିକ ପ୍ରତିକ୍ରିୟା ପ୍ରକାଶ ପକ୍ଷରେ ଚିତ୍ରକଳ୍ପ ବା ସାଦୃଶ୍ୟ – ପ୍ରତିପାଦନ ଏକାନ୍ତ ଦରକାରୀ । କାରଣ ଏଭଳି ସିଧାସଳଖ ଚିତ୍ର ନିବେଦନ ଦୈହିକ ଅନୁଭବ ଜାଗରିତ କରିଥାଏ । ପାଠକ ଏଇ ଅନୁଭୂତିକୁ ନିଜର, ଏକାନ୍ତ ନିଜର ବୋଲି ଗ୍ରହଣ କରିନିଏ ।

"The image is a representation of a physical object, and the reader reacts to it in the same way he would to a physical object.

A direct, personal reaction eliminates the need for poet and reader to communicate through the levelling medium of ordinary counter words. Further, the physical thing evokes in the reader an emotion he feels as his own, and he is therefore, inclined to linger over it with much pleasure. A poetry of images "endeavours to arrest you and to make you countinuosly see aphysical thing, to prevent you gliding through an abstract process."[୨]

ଚିତ୍ରକଳ୍ପ ବା ରୂପକଳ୍ପମାନଙ୍କର ସାକାରତ୍ୱ ଫଳରେ ଲେଖକର ଦୃଷ୍ଟିର ଅଭିନବତ୍ୱ ପ୍ରକଟିତ ହୁଏ । ବହୁତଗୁଡ଼ିଏ ଚିତ୍ରକଳ୍ପର ଏକତ୍ର ସମାବେଶ ଦ୍ୱାରା ସାଦୃଶବର୍ଣ୍ଣନାର ଶକ୍ତି ଓ କ୍ରମ ବୃଦ୍ଧିପାଏ ।

"କେବେ ହେଲେ ସାଦା କଥା କହିବ ନାଇ । ଏହାର କିଛି ଫଳ ହୁଏ ନାଇ ।" ହ୍ୟୁମ୍ କହୁଥିଲେ; "ସବୁବେଳେ ଆନାଲୋଜି ବା ସାଦୃଶ୍ୟ ବ୍ୟବହାର କରିବ । ଏହା ଅନ୍ୟ ଏକ ନୂତନ ଜଗତ୍ ଉଦ୍ଘାଟନ କରିଦେବ ।"

---

୧. "Notes on Language and Style," 292, Appendix III in T.E. Hume- published by Michel Roberts.

୨. Speculations (New Your, 1924), 1134, T.E. Hume as imagist, Stanley K. Coffman in Imagism.

ଲେଖିବା ସମୟରେ ପ୍ରତ୍ୟେକ ଜିନିଷକୁ ଲେଖକ ପ୍ରଥମେ ଦେଖିଥାନ୍ତି ଏବଂ ତା'ର ଚାକ୍ଷୁଷ ବିଶେଷତ୍ୱ ସମ୍ବନ୍ଧରେ ଅବହିତ ଥାନ୍ତି । ଏଇ ଚିତ୍ରକଳ୍ପହିଁ ଲେଖାକୁ ଜୋରଦାର କରେ ।

ସାଦୃଶ୍ୟ ବା analogy ସମ୍ବନ୍ଧୀୟତତ୍ତ୍ୱ ହ୍ୟୁମ୍ ପ୍ରସିଦ୍ଧ ଫରାସୀ ଦାର୍ଶନିକ ବାର୍ଗ୍‌ଶଁକଠାରୁ ଗ୍ରହଣ କରନ୍ତି ।

ଶବ୍ଦ ଦ୍ୱାରା ବସ୍ତୁର ଅନ୍ତରଙ୍ଗ ଜୀବନ ପ୍ରକାଶ ପାଏ ନାଇଁ । ବିଶେଷତଃ ଭାଷା ବୁଦ୍ଧିର ଅଗ୍ରାହ୍ୟ କୌଣସି ବିଷୟ ବା ଅନୁଭବର ପ୍ରକାଶ କରିବା ଦିଗରେ ଅକ୍ଷମ । ଭାଷା ବୁଦ୍ଧିର ବିକାଶ ଦିଗରେ ଯଥେଷ୍ଟ ସାହାଯ୍ୟ କରିଚି, ଏଥିରେ ସନ୍ଦେହ ନାଇଁ । ଭାଷା ନ ଥିଲେ ମଣିଷର ବୁଦ୍ଧି କେବଳ ବାହ୍ୟ ବସ୍ତୁମାନଙ୍କୁ ନେଇ ପଡ଼ିରହିଥାନ୍ତା ଏବଂ ଗଭୀର ଚିନ୍ତନ ନିମନ୍ତେ ଉପଯୋଗୀ ହୋଇ ଉଠି ପାରି ନ ଥାନ୍ତା । କିନ୍ତୁ ବାସ୍ତବତାର ସମ୍ୟକ୍ ଉପଲବ୍ଧ୍ ଖାଲି କ'ଣ ବୁଦ୍ଧି ଦ୍ୱାରା କିୟ ଚିନ୍ତା ଦ୍ୱାରା ସମ୍ଭବ ? ତା ତ ନୁହେଁ ।

ବାର୍ଗ୍‌ଶଁକ ମତରେ ବୁଦ୍ଧି ବା ଜ୍ଞାନର ଧରାଛୁଆଁର ବାହାରେ ଯେଉଁ ସବୁ ପରସ୍ପର ନିର୍ଭରଶୀଲ ଉପକରଣଗୁଡ଼ିକ ରହିଗଲା, ବାସ୍ତବତାର ସେଗୁଡ଼ିକ ମଧ୍ୟ ଅଂଶ । ବାର୍ଗ୍‌ଶଁକ ଅନ୍ୟ ମତଟି ଯାହା ହ୍ୟୁମ୍ ଗ୍ରହଣ କରନ୍ତି, ତାହା ହେଉଚି ଏହି ଯେ, କର୍ମ ପ୍ରତି ମଣିଷମନର ଉନ୍ମୁଖତା ରହିତ କରିବା ଦ୍ୱାରାହିଁ ବାସ୍ତବତାର ପ୍ରକୃତ ସ୍ୱରୂପ ଉଦ୍‌ଘାଟନ କରି ହେବ ।

"The mind or intellect apprehends (external phenomena in such a way that man can act on them, not so that he can know them; it place veli between man and reality. It is the artist who, emancipated from the necessity of action, can lift the veil and expose reality."

(-Coffman's Imagism)

କର୍ମବନ୍ଧନରୁ ମୁକ୍ତ କବିହିଁ କେବଳ ବାସ୍ତବତା ଓ ମଣିଷ ଭିତରେ ଘନୀଭୂତ ହୋଇଆସୁଥିବା ଭେଦର ପର୍ଦ୍ଦାଟାକୁ ଉନ୍ମୋଚନ କରି ବାସ୍ତବତାର ପୂର୍ଣ୍ଣ ରୂପ ପ୍ରକଟ କରିପାରେ । କାରଣ ଅନ୍ୟମାନେ ବସ୍ତୁର ସ୍ୱରୂପ ପ୍ରଥମେ ବୁଦ୍ଧି ମାର୍ଫତରେ କିଞ୍ଚିଟା ଜାଣିବା ସଙ୍ଗେ ସଙ୍ଗେ ତଦନୁଯାୟୀ କର୍ମ କରିବାକୁ ବାହାରିପଡ଼ନ୍ତି, କିନ୍ତୁ କବି ବା ଲେଖକ ପକ୍ଷରେ ସେପରି କିଛି କର୍ମ କରିବାର ତାଗିଦା ନ ଥାଏ; କାରଣ ସେ କେବଳ ନିରପେକ୍ଷ ଦ୍ରଷ୍ଟା – କର୍ତ୍ତା ଓ କର୍ମର ବନ୍ଧନପାଶରେ ଆବଦ୍ଧ ନୁହେଁ ।

'ଟାଇମ୍ ଆଣ୍ଡ ଫ୍ରି ଉଇଲ୍' (ନିଉୟର୍କ, ୧୯୧୦) ଗ୍ରନ୍ଥରେ ବାର୍ଗ୍‌ଶଁ କହିଛନ୍ତି "The poet is he with whom feelings develop into images, and the images themeselves into words which translate them while obey-ing the laws of rhythm."

ଏକାଧିକ ଚିତ୍ରକଳ୍ପର ସମାହାର ଅନେକ ସମୟରେ ସ୍ୱତନ୍ତ ଓ ଭିନ୍ନ ଧରଣର ଚିତ୍ରକଳ୍ପ ସୃଷ୍ଟି କରିଥାଏ। ସଂଗୀତବିଦ୍ୟାରେ ଏ ତଥ୍ୟର ସତ୍ୟତା ବହୁ ପୂର୍ବରୁ ପ୍ରମାଣିତ ହୋଇସାରିଚି। ଏକ-ଡାଇମେନ୍ ସେନାଲ୍ ସଂଗୀତ ସ୍ଥାନରେ ଦୁଇସ୍ୱରବିଶିଷ୍ଟ ସଂଗୀତର ପ୍ରବର୍ତନ ପରେ ସଂଗୀତରାଜ୍ୟରେ ଅଭୂତପୂର୍ବ ବିପ୍ଳବ ଘଟିଥିଲା। ସେଇପରି ଗୋଟିଏ ଚାକ୍ଷୁଷ କର୍ଡ଼ରୁ ଦୁଇଟି ଚିତ୍ରକଳ୍ପ ବା ଇମେଜ୍ ଜନ୍ମଲାଭ କରିପାରନ୍ତି। ସେମାନେ ଏକତ୍ର ହୋଇ ଅନ୍ୟ ଏକ ସ୍ୱତନ୍ତ ଇମେଜ୍ ସୃଷ୍ଟି କରିପାରନ୍ତି, ଯାହା ସେମାନଙ୍କର ପ୍ରତ୍ୟେକଠାରୁ ପୃଥକ୍ ଓ ସ୍ୱତନ୍ତ।

ଚିତ୍ରକଳ୍ପ 'ଜିନିଷ'ର ପୂର୍ଣ୍ଣତର ରୂପ ପ୍ରକାଶ କରିବା ଦିଗରେ ମାମୁଲି ଶବ୍ଦ ତୁଳନାରେ ଅଧିକତର ପ୍ରଶସ୍ତ ଓ ଅନୁକୂଳ ହେଲେ ମଧ୍ୟ ସମଗ୍ର ରୂପ ପ୍ରକାଶ ଦିଗରେ ଏମାନଙ୍କର କ୍ଷମତା ସୀମାବଦ୍ଧ ବୋଲି ବାର୍ଗଁ ପ୍ରତିପାଦିତ କରିଯାଇଛନ୍ତି। ବାର୍ଗଁଙ୍କ ମତରେ 'ଅସାଧାରଣ' (unique) ବା 'ଅନିର୍ବଚନୀୟ' (inexpressible) ବୋଲି କେତେକ ଜିନିଷ ତଥାପି ମଧ୍ୟ ରହିଯିବେ, ତାହା ଇମେଜ୍ ଦ୍ୱାରା ପ୍ରକଟିତ ହେବା ସମ୍ଭବ ନୁହେଁ।

"No image can replace the intuition of duration, but many diverse images, borrowed from very different order of things, may, by the convergence of their action, direct consciousness to the precise point whrere there is a certain intuition to be seized." (An introduction to Metaphysics, 16)

ଆର୍ଟିଷ୍ଟ ବୁଦ୍ଧିର ସକ୍ରିୟତା ଓ ପ୍ରତିରୋଧକୁ ସ୍ୱର ଓ ଚିତ୍ର ଦ୍ୱାରା ଶାନ୍ତଶିଥିଳ କରିପକାଇ ଏପରି ଏକ ମାନସିକ ଅବସ୍ଥା ସୃଷ୍ଟି କରିବାକୁ ଚେଷ୍ଟା କରେ, ଯାହା ସାଦୃଶ୍ୟଗତ ବ୍ୟଞ୍ଜନା ଗ୍ରହଣ କରିବା ପକ୍ଷରେ ଅନୁକୂଳ ହୁଏ। ତେଣୁ ସହଜାତପ୍ରବୃତ୍ତିର ସାହାଯ୍ୟ ଗ୍ରହଣ କରିବା ଅପରିହାର୍ଯ୍ୟ ଏବଂ ଏଇ ସହଜାତପ୍ରବୃତ୍ତିର ଉଦ୍ବୋଧନ ନିମନ୍ତେ analogy ପ୍ରୟୋଗର ଉପଯୋଗିତା ସମ୍ପର୍କରେ ବାର୍ଗଁ ଏକପ୍ରକାର ନିଃସନ୍ଦେହ।

ହ୍ୟୁମ୍ କିନ୍ତୁ ବାର୍ଗଁଙ୍କ ଭଳି ସହଜାତପ୍ରବୃତ୍ତିକୁ ଏତେ ବ୍ୟାପକ କ୍ଷମତା କିମ୍ବା ଗୁରୁତ୍ୱ ଦେବାକୁ ନାରାଜ। ସେ ଆନାଲୋଜିକୁ ଗ୍ରହଣ କରିଛନ୍ତି କେବଳ ଏଇଥିପାଇଁ ଯେ, ଏହା ନିଜର ସାକାରତ୍ୱ ବଳରେ ମଣିଷ ମନରେ ଏକ ଦୈହିକ ଅନୁଭୂତିର ସ୍ପନ୍ଦନ ଖେଳାଇ ଦେଇପାରେ। ଏହା ଏକ ବ୍ୟକ୍ତିକ ପ୍ରତିକ୍ରିୟା ଓ ଦ୍ୟୋତନା ସୃଷ୍ଟି କରିପାରେ। ଏହା ବାସ୍ତବତା ସହିତ ମଣିଷ ମନର ନୂଆ ନୂଆ ସମ୍ପର୍କ ଓ ସାଦୃଶ୍ୟ ଉଦ୍ଘାଟନ କରି ପାଠକୁ ତା'ର ପୂର୍ବ-ନିର୍ଦ୍ଧାରିତ ଜଗତର ବାହାରକୁ ଘେନିଯାଇପାରେ।

ହ୍ୟୁମ୍ ସାହିତ୍ୟର ଶ୍ରେଣୀ ବିଭାଜନ କରି ସାହିତ୍ୟକୁ କେବଳ କ୍ଲାସିକ୍ ନୋହିଲେ ରୋମାଣ୍ଟିକ୍, ଏଇ ଦୁଇ ଭାଗରେ ବିଭକ୍ତ କରିଯାଇଛନ୍ତି। ରୋମାଣ୍ଟିକ୍ ମନେକରେ, ସେ

ଧର୍ମ, ବାହ୍ୟ ଜଗତ ଏବଂ ପ୍ରଚଳିତ ସତ୍ୟମାନଙ୍କର ବାସ୍ତବତା ହୃଦୟଙ୍ଗମ କରିବାକୁ ସମର୍ଥ। ସେ ମଣିଷକୁ ହିଁ ସବୁ ଜିନିଷର ମାପକାଠି ବୋଲି ମନେକରେ। ବ୍ୟକ୍ତିସ୍ୱାତନ୍ତ୍ର୍ୟ ଏମାନଙ୍କ ଦୃଷ୍ଟିଭଙ୍ଗୀର ମୂଳକଥା। କ୍ଲାସିସିଷ୍ଟ କିନ୍ତୁ ଅନ୍ୟ ପ୍ରକାର ଭାବେ। ସେ ମନେକରେ ଧର୍ମ, ନିର୍ବିକଳ୍ପ ସତ୍ୟ ଏବଂ ବାହ୍ୟ ଜଗତ୍ ତଥା ମଣିଷର ମନ ଓ ବୁଦ୍ଧି ମଧ୍ୟରେ ଯେଉଁ ବ୍ୟବଧାନ ରହିଚି, ସେସବୁକୁ କେବଳ ବୁଦ୍ଧି ଦ୍ୱାରା ସଂଯୋଗ କରି ହେବ ନାଇ। ସେଥିପାଇଁ ଲୋଡ଼ା ସହଜାତ ପ୍ରବୃତ୍ତି ଇନ୍ଟୁଇସନ। ସେ ମନେ କରେ, ଭଗବାନ୍ ସବୁ ଜିନିଷର ମାନଦଣ୍ଡ ବା absolute measure; ମଣିଷ ତାଙ୍କର ଅଧୀନ ଏବଂ ବାସ୍ତବତାର ସମ୍ୟକ୍ ଉପଲବ୍ଧ ଦିଗରେ ତା'ର ଜ୍ଞାନବୁଦ୍ଧିର କରାମତି ସୀମାବଦ୍ଧ।

କିଟ୍ସ, ଶେଲି, ବାଇରନ୍, ସୁଇନବର୍ଣ ପ୍ରମୁଖ ରୋମାଣ୍ଟିକ୍ ପୂର୍ବାଚାର୍ଯ୍ୟଗଣ ବୁଦ୍ଧି-ବିଦ୍ୟାର ଦୌଡ଼ ସମ୍ବନ୍ଧରେ ଯେତେଦୂର ଆଶାବାନ୍, କ୍ଲାସିସିଷ୍ଟମାନେ ସେତେଦୂର ନୁହନ୍ତି।

ଇମେଜିଜମ୍‌ର ଆବିର୍ଭାବ –

ହ୍ୟୁମ୍ ପ୍ରଥମେ ୧୯୦୮ରେ ତାଙ୍କର ପୋଏଟ୍ରି କ୍ଲବ୍ ସ୍ଥାପନ କରନ୍ତି। ୧୯୦୯ ଠାରୁ ଏଇ କ୍ଲବ୍‌ର ସାପ୍ତାହିକ ବୈଠକମାନ ଆରମ୍ଭ ହୁଏ। ଜାପାନୀ ଓ ହିବ୍ରୁ ଭାଷାର କବିମାନଙ୍କ କବିତାଠାରୁ ଆରମ୍ଭ କରି ଫରାସୀ ପ୍ରତୀକବାଦୀମାନଙ୍କ କବିତାର ଆଲୋଚନା ସବୁ କିଛି କରାହୁଏ। ଏମାନଙ୍କର ପ୍ରଥମ 'ଆଂଥୋଲଜି' ୧୯୧୨ରେ ପ୍ରକାଶ ପାଏ। ହ୍ୟୁମ୍ ଫ୍ଲିଣ୍ଟ, ଏଜେରା ପାଉଣ୍ଡ, ହିଲ୍ଡା ଡୁଲିଟ୍‌ଲ, ଆଲଡିଙ୍ଗଟନ୍, ମିସ୍ ମନରୋ ଏଥିରେ ସକ୍ରିୟ ଅଂଶଗ୍ରହଣ କରନ୍ତି। ପାଉଣ୍ଡଙ୍କ ପ୍ରସ୍ତାବନା ଅନୁସାରେ ଟାଗୋର ଏବଂ ଇଏଟ୍‌ସଙ୍କ କବିତା ମଧ୍ୟ 'ପୋଏଟ୍ରି'ର ପ୍ରଥମ ସଂଖ୍ୟାରେ ପ୍ରକାଶ ପାଏ; କିନ୍ତୁ ପରେ ଏମାନଙ୍କୁ ବାଦ୍ ଦିଆଯାଏ। ଲରେନ୍ସ ମଧ୍ୟ ବାଦ୍ ଯାନ୍ତି।

ନାନା ଆବର୍ତ୍ତନ ଓ ବିବର୍ତ୍ତନ ମଧ୍ୟରେ ରୂପକଳ୍ପବାଦ ବା ଇମେଜିଜମ୍ ବିକାଶଲାଭ କରେ। ହ୍ୟୁମ୍ ପୋଏଟ୍ରି କ୍ଲବ୍ ମାରଫତ୍‌ରେ ଏ ସମ୍ବନ୍ଧରେ ନିଜର ମତବାଦ ପ୍ରଚାର କରୁଥାନ୍ତି; କିନ୍ତୁ ମତବାଦଟା ହ୍ୟୁମ୍‌ଙ୍କର ହେଲେ ମଧ୍ୟ ନାମକରଣଟା ବୋଧହୁଏ ପାଉଣ୍ଡଙ୍କର। ଏ ଦିଗରେ ଆଲଡିଙ୍ଗଟନଙ୍କ 'Life for Life Sake' (ନ୍ୟୁୟର୍କ, ୧୯୪୧) ଗ୍ରନ୍ଥରେ ଏକ ମଜାର ଘଟଣା ଲେଖାଅଛି। ପ୍ରଥମେ ୧୯୧୨ରେ ହିଲ୍ଡା ଡୁଲିଟ୍‌ଲ ଓ ଆଲଡିଙ୍ଗଟନ୍ ପ୍ରମୁଖଙ୍କର କେତେକ କବିତା ପଢ଼ି ଏଜରା ପାଉଣ୍ଡ ହଠାତ୍ କହିଉଠିଲେ, 'ଏସବୁ ଇମେଜିଷ୍ଟ ବ୍ୟାପାର।' କିନ୍ତୁ ଇମେଜିଜମ୍‌ର ରୂପରେଖ କ'ଣ ସେତେବେଳକୁ କିଛି ସ୍ଥିର ହୋଇନଥାଏ – ଯଦିଚ ପୋଏଟ୍ରି କ୍ଲବରେ ଏ ସବୁର ସରଗରମ ତାତ୍ତ୍ୱିକ ଆଲୋଚନା ବହୁ ଦିନରୁ ହ୍ୟୁମ୍ ଚଲାଇଆସୁଥାନ୍ତି। ନାମକରଣଟା ପାଉଣ୍ଡଙ୍କର ହେଲେ ମଧ୍ୟ ହ୍ୟୁମ୍ ଇମେଜିଜମ୍‌ର ପ୍ରବର୍ତ୍ତକ ବୋଲି ନିଜେ ପାଉଣ୍ଡ Les magistesରେ ପ୍ରକାଶିତ

ଟି.ଇ. ହ୍ୟୁମଙ୍କର ସମଗ୍ର କବିତାବଳୀର ଭୂମିକା ଲେଖି ଇମେଜିଷ୍ଟମାନଙ୍କୁ ‘୧୯୦୯ର ବିସ୍ତୃତ ସ୍କୁଲ’ର ବଂଶଧର ବୋଲି ବର୍ଣ୍ଣନା କରିଥିଲେ। ପରେ କିନ୍ତୁ ସେ ଏଥିପାଇଁ ଅନୁଶୋଚନା କରନ୍ତି। ହ୍ୟୁମଙ୍କୁ ଏ ମତବାଦର ଆଦିପ୍ରବର୍ତ୍ତକ ବୋଲି ଜାହିର କରି ସେ ନିଜକୁ ଏଥିରୁ ବଞ୍ଚିତ କରିଥିବାଯୋଗୁଁ ଅବସୋସ କରନ୍ତି।

୧୯୧୨–୧୩ ପର୍ଯ୍ୟନ୍ତ ପାଉଣ୍ଡ ହିଁ ଏ ନୂଆ ମତବାଦର ପ୍ରଧାନ ପ୍ରଚାରକରୂପେ କାର୍ଯ୍ୟକରନ୍ତି। ତା’ପରେ ୧୯୧୩ରେ ମିସ୍ ଆମି ଲୋଏଲ୍ ଆସି ପାଉଣ୍ଡଙ୍କଠାରୁ ଧୀରେଧୀରେ ନେତୃତ୍ୱ କାଢ଼ିନିଅନ୍ତି। ଶେଷରେ ଏଥିରେ ଏତେ ଗୌଣ ଓ ମୌଳିକ ପରିବର୍ତ୍ତନ ହୁଏ ଯେ, ଅନେକେ ଠଠାରେ ଇମେଜିଜ୍‌ମ୍ ନ କହି ‘ଆମିଜିଜ୍‌ମ୍’ (ଆମି ଲୋଏଲଙ୍କ ନାମାନୁସାରେ) କହିବାକୁ ଲାଗନ୍ତି। ଏଇ ଦୀର୍ଘ ପାଞ୍ଚ ବର୍ଷର ଅସ୍ତିତ୍ୱ ମଧ୍ୟରେ ଇମେଜିଜମ୍‌ର ପ୍ରସାରକଳ୍ପେ କେତୋଟି ମୁଖପତ୍ର ଓ ସଂକଳନଗ୍ରନ୍ଥ (ଯଁାଥୋଲଜି) ପ୍ରକାଶ ପାଏ। ପ୍ରଥମ ଇସ୍ତାହାରଟି ମୁଖ୍ୟତଃ ପାଉଣ୍ଡଙ୍କ ପରିଚାଳନାର ବାହାରେ, ପାଉଣ୍ଡ ମଧ୍ୟ 'Des Imagistes'ର ସମ୍ପାଦନା ଓ ପ୍ରକାଶନରେ ପ୍ରଧାନ ଭୂମିକା କରନ୍ତି। କିନ୍ତୁ ପରବର୍ତ୍ତୀ ତିନୋଟି ପ୍ରକାଶନ ଅନ୍ୟମାନଙ୍କ ନେତୃତ୍ୱରେ ପ୍ରକାଶିତ ହୁଏ ଏବଂ ସେଥିରେ ସେମାନଙ୍କର ନିଜ ନିଜ ମତବାଦମାନ ପ୍ରକାଶ ପାଏ।

କେତୋଟି ଇଜେଷ୍ଟ କବିତାର ନିଦର୍ଶନ –

ତଳେ ଉଦ୍ଧୃତ କବିତାଗୁଡ଼ିକ ଟି.ଇ. ହ୍ୟୁମଙ୍କ ଦ୍ୱାରା ରଚିତ। କବିତା ହିସାବରେ ସେମାନେ ଖୁବ୍ ଉଚ୍ଚ ସ୍ତରର ନ ହେଲେ ମଧ୍ୟ ଇମେଜିଷ୍ଟ ଦୃଷ୍ଟିଭଙ୍ଗୀର ପ୍ରତିଫଳନ ଦିଗରେ ସେଗୁଡ଼ିକ ଉଲ୍ଲେଖନୀୟ। କବିତାଗୁଡ଼ିକର ବିଷୟବସ୍ତୁ ଦୈନନ୍ଦିନ ଜୀବନର ପ୍ରତ୍ୟକ୍ଷଦର୍ଶନ ଉପରେ ଭିତ୍ତିଶୀଳ।

> "Above the quiet dock in midnight
>   Tangled in the tall mast's corded height,
>   Hangs the moon. What seemed so far away
>   Is but a child's ballon, forgotten after play."

କିମ୍ବା "Alluring, earth-seducing, with high conceits
        is the sunset that coquettes
        at the end of westward streets."

ଏବଂ "A sudden flaring sky
      troubling strangely the passer-by
      with vision, allen to long streets, of Cytherea,
      or the smooth flesh of Lady Castlemaine..."
      ('Above the Dock' Speculations, 266)

କିମ୍ବା, ଆମି ଲୋଏଲଙ୍କର

"Great heaps of shining glass
Pricked out of the stubble
By a full high moon."
                    (Tendencies in Modern American Poetry,242
                    Boston and New Your, 1931)
ଏଲିଏଟ୍‌ଙ୍କର "Preludes"ର ଶେଷ ଦୁଇ ଧାଡ଼ି –
"The worlds rsolve like anicent women
Gathering fuel in vacant lots."
ନିଜ କବିତାର 'ଇମେଜିମ୍‌'ର ନିଦର୍ଶନ ଦେବାକୁ ଯାଇ ଏଜରା ପାଉଣ୍ଡ ନିଜେ
ନିମ୍ନ ଦୁଇଧାଡ଼ି ନିର୍ବାଚନ କରିଥିଲେ –
"The apparition of these faces in the crowd;
 Petals on a wet, black bough."
 (In A station of the Metro, Personae, 104)
ଏପରିକି ଇଏଟ୍‌ସଙ୍କୁ ମଧ ତାଙ୍କର "The Magi" କବିତାଟି ସଂକ୍ରାନ୍ତରେ ପାଉଣ୍ଡ
ଇମେଜିଷ୍ଟ ବୋଲି ଦାବି କରିଥିଲେ ।
"Now as at all times I can see in the minds eye,
In their stiff, painted clothes the pale, unsatisfied ones
Appear and disappear in the blue depth of the sky
With all their ancient faces like rain beaten stones
And all their helms of silver hovering side by side."
ପାଉଣ୍ଡଙ୍କର ନିଜ କବିତା 'Phanopoeia'ରୁ (or "Imagism") ରୂପକଳ୍ପ
ସମୟରେ ତାଙ୍କର ନିଜର ଧାରଣା ଏବଂ ଯେଉଁ ତୀକ୍ଷ୍ଣ, ଶାଣିତ ଏବଂ ପରିଚ୍ଛନ୍ନ
ସୌନ୍ଦର୍ଯ୍ୟର ପ୍ରଶଂସକ, ତା'ର ଉଦାହରଣ ମିଳେ –
"Ao !
The whirling tissue of light
Is woven and grown solid beneath us :
The sea-clear sappire of air, the sea-dark clarity
stretches both sea-chiff and ocean"
ଏହି ପଂକ୍ତିରେ ଯେଉଁ ରତ୍ନସୁଲଭ ଭଠିନତା ଓ ସୋଜା ସାବଲୀଲ କଥନ –
ରୀତି ଦେଖାଯାଏ, ତାହା ଇମେଜିଜମ୍‌ର ଲକ୍ଷଣ ତଥା ବିଭୂତି ଓ ବିଭୂଷଣ ।

ଇଂପ୍ରେସନିଷ୍ଟମାନେ, ଯେଉଁମାନେ "Pink pigs blossoming upon the
hillside" ଭଳି ରଚନାମାନ ଲେଖୁଥିଲେ, ସେମାନଙ୍କର ରୟାବୌଁ, ମାଲାର୍ମେ, ଭାରଲେ
ପ୍ରମୁଖ ଫରାସୀ ପ୍ରତୀକବାଦୀ କବିମାନଙ୍କର ତତ୍ତ୍ୱ ପରି ଇମେଜିଜମ୍‌ର ତତ୍ତ୍ୱଟା ହୁଏତ
ସେତେ ଆକର୍ଷଣୀୟ ନୁହେଁ । ଏକଥା ପାଉଣ୍ଡ ମଧ ତାଙ୍କର 'Les Imagisters'ର
ଭୂମିକାରେ ସ୍ୱୀକାର କରିଛନ୍ତି । ପାଉଣ୍ଡ 'ପୋଏଟ୍ରି'ର ଜାନୁଆରୀ ସଂଖ୍ୟାରେ କେତେକ

ମନ୍ତବ୍ୟ ପ୍ରକାଶ କରନ୍ତି । ସେଠାରେ ସେ କହନ୍ତି ଯେ, Precision ଇମେଜିଷ୍ଟମାନଙ୍କର ଅନ୍ୟତମ ଧେୟ* । ୧୯୧୩ ମାର୍ଚ୍ଚ ମାସରେ ସେ ତାଙ୍କର "A Few Don'ts by an imagiste" ଛାପନ୍ତି । ସେଠାରେ କେତେକ ନୀତି ନିର୍ଣ୍ଣୟ କରାଯାଏ । ସେଠାରେ ନିମ୍ନଲିଖିତ ନିୟମଗୁଡ଼ିକ ଅଙ୍ଗୀଭୂତ ।

1. Direct treatment of the 'thing' whether subjective or objective.
2. To use absolutely no word that did not, contribute to the presentation.
3. As regards rythm; to compose in sequence of the (irregular) musical phrase, not in sequence of the metronome.

 'Some Imagist Poets' ୧୯୧୫ରେ ପ୍ରକାଶ ପାଏ । ଏଥିରେ ସାତଜଣ କବିଙ୍କର କବିତା ଅନ୍ତର୍ଗତ ଥିଲା । ଏକ ଲମ୍ବା ମୁଖବନ୍ଧରେ ପାଉଣ୍ଡ ଯେଉଁ ସବୁ ନୀତି ବ୍ୟାନ କରିଥିଲେ, ତାହା ସଂକ୍ଷେପରେ ଏଇ –

୧। ସାଧାରଣ କଥିତ ଭାଷାର ବ୍ୟବହାର । କିନ୍ତୁ ସବୁବେଳେ କଠିନ ବା exact wordର ବ୍ୟବହାର (To use the language of the common speech, but to emyloy always the exact word. not the near exact, nor the merely decorative word.)

୨। ନୂଆ ନୂଆ ଛନ୍ଦ ସୃଷ୍ଟି । ନୂଆ ନୂଆ ମୁଡ଼ର ବାହକରୂପେ ନୂଆ ଛନ୍ଦହିଁ ଉପଯୋଗୀ । ପୁରୁଣା ଛନ୍ଦ ପୁରାତନ ମୁଡ଼ର ପ୍ରତିଧ୍ୱନି ମାତ୍ର । 'ମୁକ୍ତଛନ୍ଦ' କବିତା ଯେ ଏକମାତ୍ର ଫର୍ମ, ଆମେ ଏହା ଉପରେ ବର୍ତ୍ତମାନ ବେଶୀ ଜୋର୍ ଦେଉନାହୁଁ; କିନ୍ତୁ ଆମେ ବିଶ୍ୱାସ କରୁ ଯେ, ପାରମ୍ପରିକ ମିତ୍ରାକ୍ଷର କବିତା ତୁଳନାରେ ମୁକ୍ତ କବିତା ଦ୍ୱାରା କବିର ବ୍ୟକ୍ତିତ୍ୱ ଅଧିକ ପରିସ୍ଫୁଟ ହୋଇ ପାରିବ ।

୩। ବିଷୟବସ୍ତୁ ନିର୍ବାଚନରେ ବ୍ୟାପକତମ ସ୍ୱାଧୀନତା ।

 ଏରୋପ୍ଲେନ୍ ବା ଅଟୋମୋବିଲ୍ ବିଷୟରେ ଖରାପ କବିତା ଲେଖିବା ଯେପରି ଭଲ ଆର୍ଟ ନୁହେଁ, ପୁରାତନ ବିଷୟମାନଙ୍କ ଉପରେ ଭଲ କବିତା ଲେଖିବା ସେଇପରି ଦୋଷାବହ ନୁହେଁ । ଆଧୁନିକ ଜୀବନର ଆର୍ଟିଷ୍ଟିକ୍ ମୂଲ୍ୟ ଉପରେ ଆମର ଅଟଳ ବିଶ୍ୱାସ ରହିଛି । ଆମେ ମନେକରୁଁ, ୧୯୧୧ ମସିହାର ଏରୋପ୍ଲେନ୍‍ରେ ସେପରି କିଛି ଅତିଉନ୍ମାଦନାକାରୀ ଜିନିଷ ନାଇ କିମ୍ବା ସେପରି କିଛି ମାନଧତା ଅମଳର ବିଷୟ ନାଇ ।

୪। ଇମେଜ୍ ପ୍ରୟୋଗ । ଆମେ ଏକ ଚିତ୍ରକାରଗୋଷ୍ଠୀ ନୋହୁଁ । ତଥାପି ଆମେ ମନେ କରୁଁ, କବିତା ସମସ୍ତ ବୃତ୍ତାନ୍ତ ସଠିକ୍ ଭାବରେ ଜ୍ଞାପନ କରିବ, vague generalitiesକୁ ନେଇ ବ୍ୟସ୍ତ ରହିବ ନାଇ ।

---

* "The Youngest school here that has the nerve to call itself a school is that of the imagists - one of their watchwords is Precision."

୫। Hard ଏବଂ clear କବିତା ପ୍ରଣୟନ। ତାହା ଛାୟାଛନ୍ଦ କିମ୍ବା ଅନିଦିଷ୍ଟ ହେଲେ ଚଳିବ ନାହିଁ।

୬। ଶେଷରେ ଆମ ସମସ୍ତଙ୍କର ମତ ଯେ, କନ୍‌ସେନ୍‌ଟ୍ରେସନ୍ ବା ଏକାଗ୍ରତାହିଁ କବିତାର ପ୍ରାଣ-ଶକ୍ତି।

ଫରାସୀ ପ୍ରତୀକାବାଦ ଓ ଇମେଜିଜମ୍ –

୧୯୧୨ ଠାରୁ ୧୯୧୮ ପର୍ଯ୍ୟନ୍ତ ଇମେଜିଷ୍ଟମାନେ ଫରାସୀ ସିମ୍ବଲିଷ୍ଟମାନଙ୍କ ଲେଖାକୁ ନିଜ ରଚନା ପରି ଖୁବ୍ ଜନପ୍ରିୟ କରିବାରେ ଲାଗିପଡ଼ିଥିଲେ। ଫ୍ରାନ୍ସରେ ଯେଉଁ ସବୁ କାବ୍ୟକୃତି ସେ ସମୟରେ ପ୍ରକାଶ ପାଇଥିଲା, ପାଉଣ୍ଡ ମଧ ଦିନେ ତା’ର ଖୁବ୍ ତାରିଫ୍ କରୁଥିଲେ।

ଏଇ ପ୍ରତୀକବାଦୀ ବା ସିମ୍ବଲିଷ୍ଟମାନଙ୍କ ମଧ୍ୟରେ De Gourment, Rimband, Mallarme, Verlain ପ୍ରଧାନ।

ସିମ୍ବଲ ବା ପ୍ରତୀକର ଗୁରୁତ୍ୱ ଅବିସମ୍ବାଦୀ; କାରଣ ଏହା କଳ୍ପନାକୁ ଏକ ଯୁକ୍ତିଯୁକ୍ତ ଛାଞ୍ଚରେ ବାନ୍ଧିରଖେ (clothes the idea in sensible form)। ଏଇ ଉଦ୍ଦେଶ୍ୟରେ ଏମାନେ ପାରମ୍ପରିକ ପନ୍ଥା ଧରି ଅଗ୍ରସର ହୋଇଥାନ୍ତି; କିନ୍ତୁ ଅଜଣା (unknown) ଉପରେ ର୍ୟାବୋଙ୍କର ବିଶ୍ୱାସର ଆତିଶଯ୍ୟ, ମାଲାର୍ମେଙ୍କର love of abstraction ଏବଂ ଲ୍ୟାଫାର୍ଗଙ୍କର ସଟିକ୍ ଅଥଚ ଖାମଖିଆଲୀ ରୂପକଳ୍ପ ଏହାକୁ ସାମାନ୍ୟକରଣ ବା generalisation ର ବିପଦ ଆଡ଼କୁ ଠେଲିନେଉଥିଲା।

ଭାରଲେନ୍‌ଙ୍କର ଗୁରୁ-ଗମ୍ଭୀର ଘଣ୍ଟାଟି, ପୁଣି ଭାସମାନ ପତ୍ର, ଚନ୍ଦ୍ରାଲୋକରେ କ୍ରନ୍ଦନରତ, ଶ୍ୱେତ ଜଳପ୍ରସ୍ରବଣ ପ୍ରଭୃତି ପ୍ରତୀକରେ ସେଇ ବିଷାଦର ସ୍ୱରଟିକୁ ଧରିରଖିବା ପାଇଁ ଚେଷ୍ଟା; କିନ୍ତୁ ସିମ୍ବଲର ଗତିଧାରା ବଡ଼ ସୀମିତ କ୍ଷେତ୍ରରେ ଆବଦ୍ଧ। ବାହାର ପ୍ରକୃତି ସଙ୍ଗେ ସମତା ରଖି ନିଜକୁ ନିଜର ପ୍ରତୀୟମାନର ପରିସର ମଧ୍ୟରେ ସଂକୁଚିତ କରି ଚାଲିବାକୁ ହୁଏ ଏମାନଙ୍କୁ। ରହସ୍ୟ ମଧ୍ୟରେ ଏମାନେ ବିଷୟବସ୍ତୁ ବା idea ଜ୍ଞାପନ କରିବାକୁ ଇଚ୍ଛୁକ; କାରଣ ରହସ୍ୟ ହିଁ କେବଳ ତାକୁ ପୂରଣ କରିପାରେ।

ମାଲାର୍ମେ ଆଉ ଏକ ଜଟିଳ ଆଙ୍ଗିକ ବ୍ୟବହାର କରୁଥିଲେ। ତାଙ୍କର ବାସ୍ତବତା ଏକ idea; କିନ୍ତୁ ଏଇ ଆଇଡ଼ିଆ ‘ନେତି’ର ମରଣଶୀଳତାର। ଯାହା ନାଇ ତା’ର ନାଞ୍ଜାର୍ଥିକ ଉଚାରଣ – ଯାହା ପାରମ୍ପରିକ ଦୃଷ୍ଟିରୁ ବାସ୍ତବ, ତାକୁ ଅବାସ୍ତବତାରେ ରୂପାନ୍ତରିତ କରି unreal ର ପ୍ରତିପାଦନ। ତାଙ୍କ ବରଡ଼ରେ ପଥର ପାଲଟିଯାଇଥିବା ହଂସ ପ୍ରତୀକଟି ଏ ସମ୍ପର୍କରେ ଉଲ୍ଲେଖନୀୟ।

ର୍ୟାବୋଙ୍କ କବିତାରେ ରହସ୍ୟମୟ (Mystery)ର ବିଭାବ ଫୁଟାଇବାର ପ୍ରୟାସ

ଦେଖିବାକୁ ମିଳେ । ମିଷ୍ଟି ନୁହେଁ, ମିଷ୍ଟିର ଗୁଣର ପ୍ରତିପାଦନ ଯେପରି ତାଙ୍କର ଲକ୍ଷ୍ୟ । ନୌକାର ନିରୁଦ୍ଦେଶ ଯାତ୍ରା କବିଙ୍କର Unknownର ଆବିଷ୍କାରରେ ଯାତ୍ରାର ପ୍ରତୀକ । ସେ ରୂପକଟ ବ୍ୟବହାର କରିଛନ୍ତି ବିଷୟଟିର ଅବତାରଣା କିମ୍ବା ତାକୁ ଉଦ୍ଭାସିତ କରିବା ଅଭିପ୍ରାୟରେ ନୁହେଁ; ତାକୁ ପ୍ରତିଭାତ କରିବାହିଁ ଯେପରି ତାଙ୍କର ଲକ୍ଷ୍ୟ ।

ସିମ୍ବଲିଷ୍ଟମାନେ ବାର୍ଗସଁଙ୍କ ଅବ୍ୟକ୍ତ ଓ ଅକ୍ଷେୟ ଉପରେ ପ୍ରଭୂତ ଜୋର ଦିଅନ୍ତି । ବାର୍ଗସଁଙ୍କ ଉକ୍ତି "Art aims at impressing feelings on us rather than expressing them; it suggests them to us and willingly dispenses with the imitation of nature when it finds some effacious means." ଉପରେ ସେମାନେ ଜୋର ଦେଇଥାନ୍ତି ।

ଫରାସୀ ପ୍ରତୀକବାଦୀ କବିମାନଙ୍କ ସମ୍ବନ୍ଧରେ ହ୍ୟୁମ୍ ଏକପ୍ରକାର ନୀରବ । କିନ୍ତୁ ଇୟେଟ୍ସଙ୍କ କବିତାରେ କେତେକ ଅନୁରୂପ ପ୍ରତୀକଧର୍ମୀ ଗୁଣ ସମ୍ପର୍କରେ ତାଙ୍କର ଉକ୍ତିଟି ବିଶେଷ ପ୍ରଣିଧାନଯୋଗ୍ୟ ।

W.B. Yeats attempts to ennoble his craft strenuously believing in the supernatural world, racememory, magic and saying that symbols can recall these where prose could not. This is an attempt to bring in infinity again.

ଅତଏବ 'ଆକ୍ଚୁୟାଲ' 'ପ୍ରିସିସନ୍' ଏବଂ 'ହାର୍ଡ ଏଣ୍ଡ କ୍ଲିଆର' ଏହିସବୁ ଗୁଣଗୁଡ଼ିକ ଯେ ଇମେଜିଷ୍ଟ କବିତାର ବଡ଼ ଆଧେୟ, ଏହା ଜଣାପଡ଼େ ।

ଆମିଜିମ୍ : ଭୋର୍ଟେକ୍ସବାଦ : ଭବିଷ୍ୟତ୍‌ବାଦ –

ପୂର୍ବରୁ ଆମିଜିମ୍ ସମ୍ବନ୍ଧରେ ସୂଚନା ଦେଇଚି । ଏହା ଆମ ଲୋୟେଲଙ୍କ ନାମାନୁସାରେ ବ୍ୟଙ୍ଗକ୍ରମେ କୁହାଯାଇଥାଏ । ଦୁଇ-ତିନି ବର୍ଷ ପରେ ଏଜେରା ପାଉଣ୍ଡ ଓ ପ୍ରାକ୍ତନ ଇମେଜିଷ୍ଟ ଗ୍ରୁପର ଅଧିକାଂଶ କବି ଏବଂ ଆମି ଲୋୟେଲଙ୍କଠାରୁ ସମ୍ପର୍କ ଛିନ୍ନ କରି ଅଲଗା ହୋଇଯାନ୍ତି । ସେତେବେଳେ ଆମି ଲୋୟେଲ ହିଁ ଆନ୍ଦୋଳନର ନେତୃତ୍ୱ ନିଅନ୍ତି । ୧୯୧୫ ଏବଂ ୧୬ରେ ପ୍ରକାଶିତ ଆନ୍ଥୋଲୋଜିମାନଙ୍କରେ ନୂତନ ନୀତି-ନିୟମ ସବୁ ଘୋଷଣା କରାଯାଏ ।

The exact word. We make quite a heavy strees on that...
ଇତ୍ୟାଦି ।

Simplicity and directness of speech, subtlely and beauty of rhythms, individualistic freedom of idea, clearness & vividness of presentation... ଇତ୍ୟାଦି ।

ଆମି ଲୋୟେଲଙ୍କ ନେତୃତ୍ୱାଧୀନରେ ଇମେଜିଜ୍‌ମ ନିଜର ନୀତି ଓ ନିୟମକୁ

ଅତ୍ୟନ୍ତ କୋହଳ କରି broadbased କରିବାକୁ ଚେଷ୍ଟା କରିଥିଲା । କବିତାର 'କଠିନତା' ବା hardness ଉପରେ ସେତେ ଅଧିକ ଜୋର ଦିଆ ନ ଯାଇ ଅନ୍ୟ କେତେକ ନୂତନ ଆରୋପ ଉପରେ ଜୋର୍ ଦିଆଗଲା । ସେଥିମଧ୍ୟରୁ ଗୋଟିଏ ହେଉଚି ଆମି ଲୋୟେଲଙ୍କ ପ୍ରବର୍ତ୍ତିତ ଶବ୍ଦ "internality" । ପାଉଣ୍ଡ ଓ ହ୍ୟୁମ୍ଙ୍କର ନୈର୍ବ୍ୟକ୍ତିକ ଆର୍ଟ ବଦଳରେ ସେ ଏକପ୍ରକାର ସବ୍‌ଜେକ୍‌ଟିଭ୍ ଆର୍ଟର ପକ୍ଷପାତୀ ହୋଇପଡ଼ନ୍ତି ।

ଫରାସୀ ସିମ୍ବଲର ପାଖାପାଖି ଏଇ ଧରଣର ଅନେକ କବିତା ଆମି ଲୋୟେଲଙ୍କ ଲେଖନୀରୁ ମଧ୍ୟ ପ୍ରକାଶ ପାଇବାକୁ ଲାଗେ । ଏଜେରା ପାଉଣ୍ଡ ଏଇ ସମୟରେ Vorticist ଓ ଅନ୍ୟାନ୍ୟ ଦଳ-ଉପଦଳର କବିମାନଙ୍କ ସଙ୍ଗେ ଲହର-ପହର ହେବାର ଉପକ୍ରମ କରନ୍ତି ।

Our Vortex is not afraid of the Past; it has forgotten its existence.

Our Vortex regards the futures as sentimental at the Past.

ଫ୍ୟୁଚରିଷ୍ଟମାନଙ୍କର (ଭବିଷ୍ୟତ୍‌ବାଦୀମାନଙ୍କର) ଚରମବାଦୀ ଦର୍ଶନ ସଙ୍ଗେ ଏମାନଙ୍କର ବେଶ୍ କିଛି ଅମେଳ ଦେଖାଯାଏ ।

ଆଧୁନିକ ଜୀବନର ଜଟିଳତା : ଏହାର ପରିମିତି –

ଆଧୁନିକ ଜୀବନ ଜଟିଳରୁ ଜଟିଳତମ ହୋଇଉଠୁଚି । ଔଦ୍ୟୋଗିକ ବିପ୍ଳବ ପରେ ନାଗରିକ ଜୀବନର (urbanization) ଦ୍ରୁତବିକାଶ ସବୁ ଦେଶର ଜୀବନଯାତ୍ରାକୁ ଆଦୋଳିତ କରିଚି । ସମାଜରେ ନାନା ସମସ୍ୟା ଓ ସେଇସବୁ ସମସ୍ୟାର ସମାଧାନର ପଥ ଦେଖାଦେଇଚି । ୧୯୬୧ ନଭେମ୍ବର ମାସରେ ଦିଲ୍ଲୀଠାରେ ହୋଇଥିବା 'ଆନ୍ତର୍ଜାତିକ ସାହିତ୍ୟ ସେମିନାର'ରେ ଆଲ୍‌ଡ଼ସ୍ ହକ୍‌ସଲି କହିଥିଲେ, ଆମ ସମାଜରେ ଲକ୍ଷ ଲକ୍ଷ ଲୋକ ଅଛନ୍ତି ଯେଉଁମାନେ ଗାଈ ଦେଖିନାହାନ୍ତି ଓ ଫସଲଟା ଦେଖିନାହାନ୍ତି । ସେମାନଙ୍କ ପ୍ରତି ସାହିତ୍ୟର କ'ଣ କିଛି ଅବଦାନ ନାହିଁ ? ଦିନ ଶୀଘ୍ର ଆସୁଚି, ଯେତେବେଳେ ଏରୋପ୍ଲେନ୍ ଦେଖିଥିବା କିମ୍ବା ସେଥିରେ ଚଢ଼ିଥିବା ଲୋକଙ୍କ ସଂଖ୍ୟା ଗାଈ କିମ୍ବା ଧାନଫସଲ ଦେଖିଥିବା ଲୋକଙ୍କ ସଂଖ୍ୟା ହୁଏତ ସମାନ ହୋଇଯିବ ।

ଏହା ଏକ ଗଭୀର ପ୍ରଶ୍ନ ।

ସେ ଯାହା ହେଉ, ଆଧୁନିକ କବିତାକୁ ସବୁ ଦିଗରୁ ଭାରସାମ୍ୟ ରକ୍ଷା କରି ଚାଲିବାକୁ ହେଉଚି ।*

---

* ଉକ୍ତ ବିଶ୍ୱସାହିତ୍ୟ ସେମିନାରରେ ଲେଖକର ପ୍ରଦତ୍ତ ଭାଷଣରେ ଆଧୁନିକ କବିତାର ଆଲୋଚନା ଦ୍ରଷ୍ଟବ୍ୟ । ଏହା ଭାରତୀୟ ସାହିତ୍ୟ ଏକାଡ଼େମୀ ଦ୍ୱାରା ପ୍ରକାଶିତ ହୋଇଅଛି ।

ଜୀବନର ପୂର୍ଣ୍ଣାଙ୍ଗ ପ୍ରକାଶ କରିବା ଆଉ ‘ଏପିକ୍’ ପରି କବିତାର ଲକ୍ଷୀଭୂତ ବିଷୟ ନୁହେଁ; ସମ୍ଭବ ବି ନୁହେଁ। ସମଗ୍ର ଜାତୀୟ ପ୍ରତିଭା ଓ ଜାତୀୟ ଚରିତ୍ରର ପ୍ରକାଶ ‘ଏପିକ୍’ ସାହାଯ୍ୟରେ ହୋଇପାରୁଥିଲା; ମାତ୍ର ଏପିକ୍‌ର ଯୁଗ ଆଉ ନାଇଁ। ତଥାପି କବିତା ଆଉ ରୋମାଣ୍ଟିସିଜିମ୍ ଆଡ଼କୁ ମୋଡ଼ ଫେରାଇବ ନାଇଁ, ଅନ୍ତତଃ ଚଳନ୍ତି ଶତକରେ, ଏକଥା ଆଜି ଜଳଜଳ ଦେଖାଯାଉଚି। କ୍ଲାସିସିଜମ୍ ଆଡ଼କୁହିଁ ତା’ର ଗତି।

ଏଇ ‘ନିଓ କ୍ଲାସିସିଜମ୍’ର ଲକ୍ଷ୍ୟ ଓ ଆବିସନ୍ କ’ଣ ? ପୂର୍ଣ୍ଣାଙ୍ଗ ଜୀବନ ନହେଉ ପଛକେ ଅନ୍ତତଃ ସେଇ ଜୀବନର ଏକ କ୍ଷୁଦ୍ର ଭଗ୍ନାଂଶ ଭିତରେ ‘ପୂର୍ଣ୍ଣ’ର ଯଥାସମ୍ଭବ ସଂକେତ ଦେବା ତା’ର ଧ୍ୟେୟ ଓ ଉଚ୍ଚାଭିଳାଷ। ଜୀବନର ଏଇ ଭଗ୍ନାଂଶ ମଧରେ ନାନା ଚିତ୍ରକଳ୍ପ ସାହାଯ୍ୟରେ ଯେତେଦୂର ସମ୍ଭବ ‘ବୃହତର’ର ସନ୍ଧାନ ଦେବା ନିମନ୍ତେ ଇମେଜିଜମ୍‌ର ପ୍ରୟାସ। ମୁହୂର୍ତ୍ତହିଁ Important, ମୁହୂର୍ତ୍ତଇ ସବୁ। ଏଇ ମୁହୂର୍ତ୍ତକୁ ନେଇ ‘Stream of Consciousness School’ର ପରୀକ୍ଷା ଆଶାତୀତ ସଫଳତା ଲାଭ କରିଚି। ଆଲଡ଼ସ୍ ହକ୍‌ସଲିଙ୍କ୍ ‘Point counter Point’ ଏବଂ ଜେମ୍ସ ଜୟସଙ୍କ ‘Ulysses’ ଏଇ ଉପନ୍ୟାସ ଦୁଇଟିରେ ଏଇ ସଫଳ ପରୀକ୍ଷାର ଉଜ୍ଜ୍ୱଳ ସ୍ୱାକ୍ଷର ବର୍ତ୍ତମାନ।

ତେଣୁ ପୂର୍ବେ ଯେପରି ବିସ୍ତୃତ ବର୍ଣ୍ଣନାଞ୍ଚଳରେ ଜୀବନର ଚିତ୍ର ପରିବେଷଣ କରଯାଉଥିଲା, ତାହା ଆଜି ଆଉ ସମ୍ଭବ ନୁହେଁ। ଜୀବନ ଆଜି ହୋଇପଡ଼ିଚି ଅତି ବ୍ୟାପକ, ଅତି ଜଟିଳ। କେବଳ ତା’ର ସଂକେତ ଦେବାହିଁ ନୂତନ କବିତାର ଅଭିପ୍ରେତ – ବର୍ଣ୍ଣନା ନୁହେଁ। ବର୍ଣ୍ଣନା ମଧ ଅସମ୍ଭବ।

ତେଣୁ ଡେସ୍କ୍ରିପ୍‌ସନ୍ ନୁହେଁ, ‘ଇନ୍‌ଭୋକେଶନ୍’ ଦ୍ୱାରାହିଁ ନୂତନ କବିତା ବାସ୍ତବତାର ରୂପାୟନ କରିବାକୁ ପ୍ରୟାସୀ। କବିତାର ବର୍ଣ୍ଣନାତ୍ମକ ରୀତି ଏ ଯୁଗରେ ସମ୍ପୂର୍ଣ୍ଣ ଅଚଳ ଓ ଅକାମୀ ମଧ। ତେଣୁ ଶାବ୍ଦିକ ବର୍ଣ୍ଣନା ନୁହେଁ, ଚିତ୍ରକଳ୍ପ ସାହାଯ୍ୟରେ ସହଜାତ ପ୍ରବୃତ୍ତିକୁ ଜାଗରିତ କରି ତାହା ସାହାଯ୍ୟରେ ବାସ୍ତବତା ଯେଉଁ ଅଂଶ ବୃଦ୍ଧିର ଅନଧିଗମ୍ୟ ହୋଇ ରହିଗଲା, ସେଇ ପୂର୍ଣ୍ଣାଙ୍ଗ ରୂପର ପରିସ୍ଫୁଟନ କରିବାଇ କବିତାର ଲକ୍ଷ୍ୟ। ବାସ୍ତବତା ସଙ୍ଗେ ମଣିଷ ମନର ବିଭିନ୍ନ ସାଦୃଶ୍ୟମାନ ଆବିସ୍କାର କରି ଏଇ ଦୁରୂହ କାର୍ଯ୍ୟରେ ସଫଳତା ଅର୍ଜନ କରିବା ସମ୍ଭବ ହୋଇପାରିଚି।

ତୃତୀୟ ଅଧାୟ
ନୂତନ କବିତାର ଛନ୍ଦ

ମୁକ୍ତଛନ୍ଦ (Verse libre-fee verse) ନୂତନ କବିତାପକ୍ଷରେ ପ୍ରଶସ୍ତ ଛନ୍ଦ, ଏହା ସର୍ବସମ୍ମତ । ଖାଲି ସିମ୍ବଲିଷ୍ଟ ନୁହନ୍ତି, ଇମେଜିଷ୍ଟମାନେ ମଧ ଏଥିରେ ଏକମତ । ଏଇ ଫ୍ରିଭାର୍ସ ଫରାସୀମାନଙ୍କ ଦ୍ୱାରାହିଁ ପ୍ରଥମେ ପ୍ରବର୍ତ୍ତିତ ହୁଏ । Duhamel ଏବଂ Vildrac ପ୍ରଥମ ଓ ଶେଷ ଧାଡ଼ି ମଧ୍ୟରେ ଧ୍ୱନିସାମ୍ୟ କଥାଟାର କଳ୍ପନା କରନ୍ତି । ପରେ Verse libre କଥାଟା ଇମେଜିଜମ୍ ସଙ୍ଗେ ଆନୁଷ୍ଠାନିକ ଭାବେ ଜଡ଼ିତ ହୋଇପଡ଼େ । ସେମାନେ ଘୋଷଣା କରନ୍ତି, ଆମେ ଛନ୍ଦର ନୂତନତ୍ୱ ଚାହୁଁ । ନୂତନ ଛନ୍ଦ ହିଁ ନୂଆ ନୂଆ ଭାବ ଓ ମୁଡ୍ ପ୍ରକାଶ କରିପାରିବ । ଭର୍ସ ଲିବ୍ରେ ଏକମାତ୍ର ଉପଯୋଗୀ ଛନ୍ଦ ନ ହେଲେ ମଧ ସର୍ବୋତ୍କୃଷ୍ଟ ଛନ୍ଦ । ପାଉଣ୍ଡଙ୍କ ମତରେ ମ୍ୟୁଜିକାଲ ଫ୍ରେଜର ବାକ୍‌ଭଙ୍ଗୀ ଅବଲମ୍ବନ କରି ଛନ୍ଦ ରଚିତ ହେବା ଦରକାର । ଅର୍ଥାତ୍ ଏହା ବାକ୍‌ଧର୍ମୀ ହେବ ।

ଗୁସ୍ତେଭ୍ କାହନ (Gustave Kahn) ସମସାମୟିକ ଫ୍ରେଞ୍ଚ କବିତାର ରେନେସାଁ ଯୁଗରେ ଭର୍ସ ଲିବ୍ରେ ବା ମୁକ୍ତଛନ୍ଦ ଉଦ୍‌ଭାବନ କରନ୍ତି । ସେ ଇଂରାଜୀ କବିମାନଙ୍କୁ ମଧ ନିଜ ଭାଷାରେ ଏ ଛନ୍ଦର ପ୍ରଚଳନ କରିବା ଲାଗି ଅନୁରୋଧ ଜଣାଇ ଏକ ବିବୃତି ପ୍ରକାଶ କରନ୍ତି । ୧୯୧୦ରେ ଚାର୍ଲ୍ସ ଭିଲଡ୍ରାକ୍ ଏବଂ ଜର୍ଜ୍ସ ଡୁହେମେଲ ସେମାନଙ୍କର Notes suria technique poetique, ଅର୍ଥାତ୍ 'ଏ ଡିଫେନ୍ସ ଅଫ୍ ଭର୍ସ ଲିବ୍ରେ' ପ୍ରକାଶ କରନ୍ତି । ଭିଲଡ୍ରାକ୍ ଓ ଡୁହେମେଲଙ୍କ ପ୍ରକୃତ ଉଦ୍ଦେଶ୍ୟ ଭର୍ସଫର୍ମର ନମନୀୟତା ବା Flexibility ସାଧନ ଆଲେକ୍‌ଜେଣ୍ଡ୍ରିୟା ବୃଉର କଠୋରତା ଲାଘବ କରିବା ଦିଗରେ କବିମାନଙ୍କୁ ଏକ ଉପାୟ ଯୋଗାଇ ଦେବାପାଇଁ ସେମାନେ ଏ ଫର୍ମର ପୋଷକତା କରନ୍ତି । କିନ୍ତୁ ସଙ୍ଗେ ସଙ୍ଗେ ପ୍ୟାଟନର ଆବଶ୍ୟକତା ଦୃଷ୍ଟିରୁ ସେମାନେ ମତ ଦିଅନ୍ତି ଯେ ପ୍ରତି ଲାଇନ୍‌ରେ 'ରିଦମିକ୍ କନ୍‌ଷ୍ଟାଣ୍ଟ' (Rhythmic Constant) ରଖାଯିବା ଦରକାର ।

ସମ ଅକ୍ଷରରେ ରଚିତ ଏଇ ଇନ୍ସ୍ଟାଣ୍ଟ ଛନ୍ଦ ଓ ପ୍ୟାଟନର ଐକ୍ୟବିଧାନ କରିବା ଉଦ୍ଦେଶ୍ୟରେ ପ୍ରୟୋଗ କରାଯିବା ଉଚିତ ବୋଲି ସେମାନେ ମନେ କରନ୍ତି ।

II oy yne armoire a' pleime lui, sante,

Qui a entendu les voix de mes grand' tances

Qui a entendu la voix de moni-Pire.

x x x x

ଏଥିରୁ ସ୍ପଷ୍ଟ ଜଣାଯାଏ, ଏହା ମୁକ୍ତ ନୁହେଁ, ହୁଇଟ୍‌ମ୍ୟାନ୍ "Out of the Gradle'ରେ ଯେପରି କେତେଗୁଡ଼ିଏ କଥାକୁ ପୁନଃପୁନଃ ପ୍ରୟୋଗ କରିଚନ୍ତି; ତା'ରି ଅନୁକରଣରେ ଏହା କରାଯାଇଚି ମାତ୍ର । ଉଦ୍ଦେଶ୍ୟ ଏ ପୌନଃପୁନିକ ଏଫେକ୍ଟ ସୃଷ୍ଟି କରିବା । ଫ୍ରାନ୍‌ସିସ୍ ଭିଲୋଁ-ଗ୍ରିଫିନ୍, ଏମିଲି ଭେରାହାରେଁ ଏବଂ ଫ୍ରାନ୍‌ସିସ୍ ଜେମସ୍ ବହୁ କ୍ଷେତ୍ରରେ ଭର୍ସ ଲିବ୍ରେ ବ୍ୟବହାର କରିଛନ୍ତି, ପୁଣି ଅନେକ ସ୍ଥଳରେ ପ୍ରଚଳିତ ପାରମ୍ପରିକ ଛନ୍ଦ ଗ୍ରହଣ କରିଛନ୍ତି ।

ପାଉଣ୍ଡ ମ୍ୟୁଜିକାଲ୍ ପ୍ୟାଟର୍ନ ଅବଲମ୍ବନ କରି ଛନ୍ଦର ଆରୋହଣ ଅବରୋହଣ ନିର୍ଣ୍ଣୟ କରିବାର ପକ୍ଷପାତୀ । ତାଙ୍କର ଉଦ୍ଦେଶ୍ୟ କଥିତସ୍ୱର ଅନୁପାତରେ ଛନ୍ଦର ଗତି ନିର୍ଦ୍ଧାରିତ ହେବା ଉଚିତ; ଏକ ପୂର୍ବକଳ୍ପିତ ବୃଉରେ ନୁହେଁ । ଏଲିୟଟ୍ ନିଜର ଏକ ସମ୍ପୂର୍ଣ୍ଣ ଅଲଗା ପ୍ରକାରର ଛନ୍ଦ ପ୍ରଚଳନ କରିଛନ୍ତି । ସେ ପ୍ରଚଳିତ ଯତି କବିତା ସଙ୍ଗେ ଯତିହୀନ ମୁକ୍ତ କବିତାକୁ ମିଳାଇଦେଇଚନ୍ତି । ୧ ୯ ୧ ୭ ସାଲରେ ଏଲିୟଟ୍ ଘୋଷଣା କରନ୍ତି, "ଭର୍ସ ଲିବ୍ରେ ନାଇଁ । ମିଟ୍ର ହାତରୁ ଖସି ପଲାଇଯିବାର ପ୍ରଶ୍ନ ଅବାନ୍ତର । କେବଳ ଏହା ଉପରେ ପ୍ରଭୁତ୍ୱ କରିବାର ପ୍ରଶ୍ନହିଁ ରହିଚି ।"

ଆମି ଲୋଏଲ୍ ଫ୍ଲିଣ୍ଟଙ୍କ କଥାର ପ୍ରତିଧ୍ୱନି କରି ଭର୍ସ ଲିବ୍ରେକୁ unrhymed candence ଆଖ୍ୟା ଦିଅନ୍ତି । ସେ କହନ୍ତି, ଏହା ଅର୍ଗାନିକ୍ ରିଦ୍‌ମ ଉପରେ ଗଠିତ ହୋଇଚି – ଯାହାର ଅର୍ଥ ହେଉଚି, "rhythm of the speaking voice with its necessity for breathing rather than on a strict metrical system." ('Sword Blades and Poppy Seeds' by Army Lowell).

ଏହାଛଡ଼ା ସେ ଛନ୍ଦ ନିରୂପଣରେ Concept of return ପ୍ରଚଳନ କରିବାକୁ ମନସ୍ଥ କରନ୍ତି ।

"The rhythm of prose is long and slightly curved, the rhythm of verse is much shorter, with a tendency to return back upon itself."

କଲଂବିୟା ବିଶ୍ୱବିଦ୍ୟାଳୟର ଅଧ୍ୟାପକ ମି. ପ୍ୟାଟରସନ୍‌ଙ୍କ ସାହାଯ୍ୟରେ ସେ ତାଙ୍କର ଛନ୍ଦ ସମ୍ପର୍କୀୟ ପରୀକ୍ଷାକୁ ଏକ ବୈଜ୍ଞାନିକ ଭିତ୍ତି ଉପରେ ପ୍ରତିଷ୍ଠା କରିବା ପାଇଁ ଚେଷ୍ଟାର ଅନ୍ତ ରଖୀ ନ ଥିଲେ ।

ସେ ନିଜ ପ୍ରଣୀତ 'Thomson's Lunch Room' ଏବଂ ହିଲ୍‌ଡ୍ରାଡ଼୍ ଲିଟ୍‌ଲଙ୍କ 'Oread' କବିତା ଦୁଇଟି ନିଜେ ଆବୃତ୍ତି କରି ପ୍ୟାଟରସନଙ୍କ 'Sound photograph' ମେସିନ୍‌ରେ ତହିଁରେ ଥିବା unrhymed cadenceର ଗତିବିଧ୍ୟ ନିରୀକ୍ଷଣ କରିଥିଲେ । ଅନେକ ବାର ଧ୍ୱନି ଫଟୋଗ୍ରାଫ୍‌ ନିଆଯିବା ପରେ ସେ ନିର୍ଭର ଭାବରେ ବୁଝିପାରନ୍ତି ଯେ "that a cadence represents a line rising to a certain height and then dropping away to mount again, farther on, That a poem in free verse may achieve the effect of the return by the recurrence of one particular time-length between accents."

କଫମ୍ୟାନ୍‌ କହନ୍ତି, "Ignoring the question of line meaurment she here concentrated upon the time-unit between primary accents as the organising factor in freeverse, and her analysis explained the normative 'foot' in these terms rather than in the terms of syllble count, as in French, or of a fixed count of stressed and unstressed syllables, as in English."

ଭର୍ସ ଲିବ୍ରେରେ ଛନ୍ଦର ଦମ୍‌ ସମ୍ପୂର୍ଣ୍ଣତା ପାଏ ଉଚ୍ଚାରଣର ପର୍ଯ୍ୟାୟରେ; ଅନ୍ତର୍ଛନ୍ଦରେ କୌଣସି ନିର୍ଦ୍ଧାରିତ ମାପ ବା ନିର୍ଦ୍ଦିଷ୍ଟ ଅକ୍ଷରମାନଙ୍କ ଦ୍ୱାରା ରଚିତ ଚରଣର ଅନୁବର୍ତନରେ ନୁହେଁ । 'ସ୍ୱିଙ୍ଗ୍ ଭୟସ୍' ବା ବାକ୍‌ରୀତି ବିଧ୍ୟ ଏଇ ଛନ୍ଦର ପରିମାପକ ।

ମୋଟ୍‌ ଉପରେ କୁହାଯିବ, ଇମେଜିଜମ୍‌ ଯେଉଁଠି ଡଗ୍‌ମାରେ ପରିଣତ ହୋଇଚି, ସେଠି ସୃଷ୍ଟିର ଅବକାଶ ଖୁବ୍‌ କମ୍‌ । କିନ୍ତୁ ବାସ୍ତବତାର ପୂର୍ଣ୍ଣାଙ୍ଗ ପ୍ରକାଶ ଦିଗରେ ତଥା ସହଜାତ ପ୍ରବୃତ୍ତିକୁ ଉଦ୍‌ଘାଟନ କରି ତା ସାହାଯ୍ୟରେ ବାସ୍ତବତାର ଉପଲବ୍ଧ କରିବା ଦିଗରେ ଇମେଜ୍‌ ଯେ ଆବଶ୍ୟମ୍ଭାବୀ, ଏଥିରେ କୌଣସି ସନ୍ଦେହ ନାଇ ।

ଇମେଜିଜ୍‌ମର ମୂଳତତ୍ତ୍ୱ ତଥା ଏହାର ନୂଆ ସ୍ୱର ଓ ଆଙ୍ଗିକ ଦ୍ୱାରା ନୂତନ କବିତା ଯଥେଷ୍ଟ ଲାଭବାନ ଓ ପ୍ରାଣବନ୍ତ ହେବା ସଙ୍ଗେ ସଙ୍ଗେ ଏକ ନୂତନ ପଦକ୍ଷେପ କରିବାର ସାହସ ସଞ୍ଚୟ କରିଚି । ଏହା ଯେ କବିତାକୁ ନୂଆ ମାର୍ଗଦର୍ଶନ ଦେଇଚି, ସେଥିରେ ମତଦ୍ୱୈଧ କରିବାର ଅବକାଶ ନାଇ ।

ଓଡ଼ିଶାର ପରମ୍ପରାରେ ଗଦ୍ୟଛନ୍ଦର ଚଳଣି –

ଆମ ଓଡ଼ିଆରେ ପୟାର ବା ପୟାଜାତୀୟ ଛନ୍ଦ ସବୁ ପ୍ରକାର ଭାବର ଓଜନ ବହନ କରି ଛନ୍ଦ ରକ୍ଷାକରିବା ଦିଗରେ ମୁକ୍ତଛନ୍ଦ ପରେ ଅଧିକତର ପ୍ରଶସ୍ତ ବୋଲି ମୁଁ 'ପାଣ୍ଡୁଲିପି' ଗ୍ରନ୍ଥର ନାନ୍ଦୀମୁଖରେ ଦର୍ଶାଇଅଛି। ପୟାରରେ ଏକ ଭାରୀ ସାଧୁଶବ୍ଦ ପାଖରେ ଏକ କଥିତ ଶବ୍ଦ ବା ଗ୍ରାମ୍ୟ ଶବ୍ଦକୁ ଅକ୍ଲେଶରେ ବସାଇ ଦିଆଯାଇପାରେ। ଜଣେ ଲେଖକଙ୍କ ଭାଷାରେ, ପୟାର ସାହାଯ୍ୟରେ କ'ଣ କରାଯାଇପାରେ, ଆଉ କ'ଣ କରାଯାଇ ନ ପାରେ, ତାହା କହିବା କଷ୍ଟ। ଏହା ଆଶ୍ଚର୍ଯ୍ୟ elastisity ବା ରବର ପରି ସମ୍ପ୍ରସାରଣ-ସଂକୋଚନଶୀଳତା। ଏହାକୁ ସବୁ ପ୍ରକାର ଭାବପ୍ରକାଶର ଉପଯୋଗୀ କରିଚି। ('ପାଣ୍ଡୁଲିପି' ଭୂମିକା)

ପୟାର ପରେ ପଲ୍ଲିକବିତାର ଛନ୍ଦ ସ୍ୱତଃ ମନରେ ଉଦ୍ରେକ ହୁଏ। ଏଥିରେ ମଧ ମୁକ୍ତ ଭାବପ୍ରକାଶ ପାଇଁ ବହୁତ ସୁଯୋଗ ରହିଚି। ଏମାନଙ୍କର ଛନ୍ଦବିନ୍ୟାସ କେତେକ ନିର୍ଦ୍ଦିଷ୍ଟ ଅକ୍ଷର ଦ୍ୱାରା ନିର୍ଦ୍ଧାରିତ ନୁହେଁ। ବୋଲିବାର ଭଙ୍ଗୀରେ ପଦଗୁଡ଼ିକୁ ଅନାୟାସରେ ହ୍ରସ୍ୱ ବା ଦୀର୍ଘ କରାଯାଇପାରେ। ('ପାଣ୍ଡୁଲିପି' ଭୂମିକା ଦ୍ରଷ୍ଟବ୍ୟ)

ଦାଣ୍ଡିବୃତ୍ତର ଗଦ୍ୟଛନ୍ଦ –

ସାରଳା ଦାସଙ୍କ ମହାଭାରତର ଛନ୍ଦ, ଯାହା ଦାଣ୍ଡିବୃତ୍ତ ନାମରେ ପ୍ରଖ୍ୟାତ, ଗଦ୍ୟରୀତି ସଙ୍ଗେ ପଦ୍ୟରୀତିର ଅଭୁତ ସମନ୍ୱୟରେ ଆଧୁନିକ କବିତାକୁ ମଧ ହାର ମନାଇଦିଏ; ଫଳରେ ପ୍ରାଣପ୍ରାଚୁର୍ଯ୍ୟ ତଥା ସ୍ୱାଭାବିକ ପ୍ରକାଶଭଙ୍ଗୀର ସେ ସାହିତ୍ୟ ଅତ୍ୟନ୍ତ ରୁଦ୍ଧିବନ୍ତ ଓ ଜୀବନ୍ତ। ନୂତନ କବିତାକୁ ସେଥିରୁ ଅନେକ କିଛି ଗ୍ରହଣ କରିବାକୁ ହେବ। ଏହି ଦୃଷ୍ଟିରୁ ସାରଳା ଦାସଙ୍କୁ ଓଡ଼ିଶାର ଶ୍ରେଷ୍ଠ ସାହିତ୍ୟପୁରୁଷ ବୋଲି ମୁଁ କହିଥାଏଁ।

କେତୋଟି ଉଦାହରଣ ତଳେ ଦିଆଗଲା। –

"ଶୁଣି କୋପ କଲା ଧୃତରାଷ୍ଟ୍ରର ବଳା।
ରାଗେଣ ବୋଇଲା ରେ କିରାତ
ଯେଥୁ ବହନ ହୋଇ ପଲା।"

xxx

ପୁଣି

"ସେ ଜାରା କିରାତ ଅନେକ କ୍ରୋଧ କଲା
ସେଇ ଆଖଡ଼ାରୁ ଆପଣା ପଲ୍ଲିକି ବୋଲି
ବୃତ୍ତାନ୍ତ କଟାଇଲା।"
"ଆପଣା ପଲ୍ଲିର ଦ୍ୱାରେ ଭିଆଇଲା ଆଖଡ଼ା

ଦ୍ୱାଦଶ ଯୋଜନେ ଥାଇ ସାଧଇ ମହାବୀରା ।"

(ସାରଳା ମହାଭାରତ-ଆଦିପର୍ବ)

'ରୁଦ୍ରସୁଧାନିଧୂ'ର ଛନ୍ଦ –

ଆଦିକବି ସାରଳା ଦାସଙ୍କ ପୂର୍ବରୁ ରଚିତ ବୋଲି କୁହାଯାଉଥିବା 'ରୁଦ୍ର-ସୁଧାନିଧୂ' ଆଧୁନିକ ଛନ୍ଦର ଅନେକ ମୌଳିକ ଲକ୍ଷଣ ଧରିରଖିଛି । (ଅଧ୍ୟାପକ ଆର୍ତବଲ୍ଲଭ ଏହାକୁ ୧୭ଶ ଶତାଧୀ ବା ତତ୍‌ପୂର୍ବର ଲେଖା ବୋଲି କହନ୍ତି ।) ଏହା ଏଭଳି ଏକ ଶୈଳୀରେ ଲେଖା ଯେ, ଏହାକୁ ଗଦ୍ୟପଦ୍ୟର ସମ୍ମିଶ୍ରଣ କୁହାଯାଇପାରେ ।

ଯଥା –

> "ଯେମନ୍ତେ ଦେଖି । ଅମୃତ ଲୋଚନେ ନିରେଖି ।
> ଜ୍ଞାନ ବୁଦ୍ଧି ଜାଣି ଦେବ ଇନ୍ଦ୍ର ମୁକୁଟମଣି ।
> ମନେ ବିଚାରି ବୋଇଲେ ଦେଖି ଜାଣିମା ନା ଏମାନଙ୍କର ଅନ୍ତର୍ଗତ ଦୋଷ ।
> ଜାଣି ଅନ୍ତର୍ଗତ ଦୋଷ ପରୀକ୍ଷା କରି ମଣିବା ତ ସେ ଯେତେ ବିଚାରି ।
> ଜଗତ ପ୍ରଭୁ ତ୍ରିପୁରାରି । ପାର୍ବତୀଙ୍କୁ ହକାରି । କୋମଳ ରସ କଉତୁକ କରି ।
>
> କର୍ଣ୍ଣମୂଳେ ଆଗ୍ୟାଁ ଦିଲେ । ହେ ଶୁଭ ଶାକଂବରି ଦେବି !
> ତୁ ତ ମାୟାସ୍ୱରୂପୀ । ପରମ ମୋହିନୀରୂପୀ ।
> ବ୍ରହ୍ମାଦି ତିରଣ ପରିଜଁତେ ବାହିଜ୍ୟ ଅନ୍ତରେ ଅଛୁ ବହପି ।
> ଏ ତୋହର ବିଭ୍ରମ ମାୟାର ଗୁଣ ।
> ଏହାଙ୍କର ବୋଧ ଉଦୟ ହୋଇଲା କି ବୁଦ୍ଧି ଅଚଳ ନିର୍ମଳ ପଣ ।
>
> ଏ ଦୁହିଙ୍କି ସୂକ୍ଷ୍ମ ବିଚାରି ନିକିତିରେ ପକାଇ ତୁଲିଲେ
> ଜାଣିବା ନା କାହାର କେତେ ଲଘୁ ପରିମାଣିବା ।"

('ରୁଦ୍ର ସୁଧାନିଧୂ' – ନାରାୟଣାନନ୍ଦ ଅବଧୂତ ସ୍ୱାମୀ)

ଏ କବିତାରେ ଗଦ୍ୟପଦ୍ୟର ଅପୂର୍ବ ସମ୍ମିଶ୍ରଣ ଓ ସମନ୍ୱୟ ଓଡ଼ିଆ କବିତାର ଛନ୍ଦ ନିରୂପଣ ଦିଗରେ ଏକ ନୂଆ ଦିଗ୍‌ଦର୍ଶନର ସୂଚନା ଦେଇଛି – ଯାହା ପୃଥିବୀର ଅନ୍ୟ ଭାଷାର ପ୍ରାଚୀନ ସାହିତ୍ୟରେ ବିରଳ । ଏ ଦିଗରୁ, ଏଇ ମହାନ୍ ଉତ୍ତରାଧିକାରର ଦାୟାଦରୂପେ ପ୍ରତ୍ୟେକ ଓଡ଼ିଆ କବି ନିଜକୁ ଭାଗ୍ୟବାନ୍ ମନେ କରିବା ଉଚିତ । ସାରଳା ଦାସଙ୍କ ଦାଣ୍ଡିବୃତ୍ତର ଉଦାହୃତ ପଦମାନଙ୍କରେ ମଧ ସ୍ୱରର ହ୍ରସ୍ୱତା ଓ ଦୀର୍ଘତା ଗାୟକର ନିଶ୍ୱାସପାତର ଅନୁକ୍ରମ ପ୍ରତି ଅପେକ୍ଷା ରଖି ରଚିତ ବୋଲି ଜଣାଯାଉଚି ।

ଆହୁରି ଅତୀତକୁ ଗଲେ ବୌଦ୍ଧ ଚର୍ଯ୍ୟାପଦର କୃଷ୍ଣାଚାର୍ଯ୍ୟଙ୍କ (କାହ୍ନୁ ପା – ଯେ କି

ଓଡ଼ିଆ ଥିଲେ ବୋଲି ତିବ୍ବତୀୟ ସୂତ୍ର 'ପାଗ୍ ଶାସ୍ ଜାନ ୪ାନ୍'ରୁ ପ୍ରମାଣ ମିଳେ) ପ୍ରଣୀତ ଏକ ବୌଦ୍ଧଦୋହାଁ, ଯାହା ଅଷ୍ଟମ ଶତକର ତନ୍ତ୍ରଯୁଗର ପ୍ରାକୃତ ଭାଷାରେ (ତାହା କି ଭାଷା ?) ଲିଖିତ, ସେଥିରୁ ଏକ ଉଦାହରଣ ଦିଆଯାଉ। ଉଦାହୃତ ପଦର ଗଦ୍ୟାୟିତ ଭଙ୍ଗୀଟି ଅନୁଧାବନୀୟ –

"ଆ'ଲୋ ଡୋଂବୀ ତୋଏ ସମ କରିବ ମ ସାଂଗ

ନୋଘିଣ କାଂହ କାପାଲି ଜୋଇ ଲାଗ।

ତୁ ଲୋ ଡୋଂବୀ ହାଉଁ କପାଲୀ

ତୋହର ଅଂତରେ ମୋ ଏ ଘାଲିଲି ହାଡ଼ରି ମାଲୀ।" (ବୌଦ୍ଧଚର୍ଯ୍ୟାପଦ)

ଏହାପରେ ଇଂରାଜୀ ଅମଲର ୧୯ଶ ଶତାଦ୍ଦୀରେ ଢେଙ୍କାନାଳର 'ସମର ତରଙ୍ଗ' ପ୍ରଣେତା କବି ବ୍ରଜନାଥ ବଡ଼ଜେନାଙ୍କ କୃତୀ 'ଚତୁର ବିନୋଦ' ନାମକ ଗ୍ରନ୍ଥରେ ଗଦ୍ୟଧର୍ମୀ ଛନ୍ଦର ଯେଉଁ ନିଦର୍ଶନ ପାଉଁ, ସେଥିରୁ ଆଧୁନିକ କବିତାର ଛନ୍ଦକୁ ଯେଉଁମାନେ ବୈଦେଶିକ ଅନୁକରଣ ବୋଲି କହିଥାନ୍ତି (ଅଥଚ ସେମାନେ ନିଜେ 'ଉପଧା' ଭଳି ଏକ ବୈଦେଶିକ ଅନୁକୃତିର ଚିହ୍ନକ ଆଙ୍କଡ଼ି ଧରି) ସେମାନଙ୍କୁ ଠିକଣା ଜବାବ ଦେଇହେବ। ନିମ୍ନୋଦ୍ଧୃତ ପଂକ୍ତିରେ ଧାଡ଼ିଗୁଡ଼ିକ ଅସମାନ – ଛୋଟ ବଡ଼। ଆଧୁନିକ କବିତା ପରି ବକ୍ତବ୍ୟର ଗୋଟିଏ ଗୋଟିଏ ପର୍ଯ୍ୟାୟରେ ଛନ୍ଦ ପଡ଼ୁଅଛି – ଅଥଚ କୌଣସି ନିର୍ଦ୍ଧାରିତ ଫର୍ମ ନାଇ। ମଝିରେ ମଝିରେ ପୁଣି ଅନ୍ତର୍ଛାନ୍ଦ (interim rhyme) ଦେଖିବାକୁ ମିଳେ, ଯାହା ଆଧୁନିକ ଛନ୍ଦରେ ପ୍ରାୟ ରହିଥାଏ। 'ଚତୁର ବିନୋଦ'ର ଗୋଟିଏ ପ୍ରଗୀତ –

"ନୀଳଧରି ନାମରେ ସେ ରାଜାଂକର ଥିଲେ ଏକ ରାଣୀ।

ସୁନ୍ଦରପଣରେ ଯଥା ରମ୍ୟା ବୃକ୍ଷ ଠାଣି।

ଶଂଖ ସୁଂଦର ନାସା। ମୟୂରକଂଠ ଭାଷା

XXX

ମୃଦଂଗମୋଟ କଟି ଦଶମାସ ଗର୍ଭ ହେଲା ପରି।

ବଂଧା ରାଣୀର ବାହାରିଥାଏ ସର୍ବକାଳେ ଥଂତଲ ପେଟ ଗୋଟି।

ବରଷକୟାକ ସଂପାତି ସଂପାତି ଧନ

ପିତୃଶ୍ରାଦ୍ଧ ଦିନ

ରାଜା ରାଣୀଂକୁ ଘେନି ଭୁଂଜଂତି ଉଦରଭରା ଅନ୍ନ।

(ବ୍ରଜନାଥ ବଡ଼ଜେନା, ୧୭୭୨-୧୭୯୫, 'ଚତୁର ବିନୋଦ')

ଏହିପରି ବହୁ ଦୃଷ୍ଟାନ୍ତ ଦିଆଯାଇପାରେ। ଓଡ଼ିଶାର ପ୍ରାଚୀନ ସାହିତ୍ୟରେ ଗଦ୍ୟଧର୍ମୀ

ଆଧୁନିକ ଛନ୍ଦ ତଥା ବାକ୍‌ଧର୍ମୀ କବିତାର ଯେପରି ସୁଦୃଢ଼ ସମର୍ଥନ ତଥା ମୂଲ୍ୟାୟନ ରହିଛି, ଅନ୍ୟାନ୍ୟ ପ୍ରାଦେଶିକ ସାହିତ୍ୟରେ ତହିଁର ଦୃଷ୍ଟାନ୍ତ ବିରଳ।

ଅବଶ୍ୟ ଏକଥା ସ୍ୱୀକାର୍ଯ୍ୟ ଯେ, ଗୀତିମୟତା ଓ ପଦ୍ୟର ଲାଳିତ୍ୟ କବିତାକୁ ଶ୍ରୁତିମଧୁର କରିଥାଏ। କିନ୍ତୁ ଭାବତାରଲ୍ୟ ଶବ୍ଦର ମିତବ୍ୟୟିତା ରକ୍ଷା କରିବାକୁ ଅସମର୍ଥ ହୋଇ ଅତିଶୟୋକ୍ତି ଅବାଚକତା, ଅପ୍ରାସଙ୍ଗିକ ଲଘୁ ନାଟକୀୟତାର ସୃଷ୍ଟି, ଏଇପରି ବହୁ ଦୋଷରେ ପଦେ ପଦେ କେନ୍ଦ୍ରଚ୍ୟୁତ ହେବାର ବିପଦ ରହିଛି। ତେଣୁ ଆଧୁନିକ ଜୀବନର ଜଟିଳତାର ପ୍ରକାଶ ଲାଗି ଯେଉଁ ଶାଣିତ ବକ୍ତବ୍ୟର ପ୍ରୟୋଜନ, ତାହାର ପ୍ରକାଶ ଲାଗି ଗୀତିଛନ୍ଦର ପ୍ରଲୋଭନୀୟ ପ୍ରୟୋଗକୁ ପ୍ରତ୍ୟାହାର କରିବାକୁ ପଡ଼େ। ତା'ଛଡ଼ା କବିତାରେ ସଂଗୀତର ଗୀତିମୟତାର ଆଉ କୌଣସି ଦରକାର ନାଇ; ବରଂ ଦରକାର ଅଛି ଚିତ୍ରମୟତାର – ଯାହା ବାସ୍ତବତାର ପୂର୍ଣ୍ଣ ପରିଚୟ ଦେଇପାରିବ, ଯାହା ତାକୁ ରୋମାଣ୍ଟିସିଜିମ୍‌ର ପଥରୁ ଫେରାଇ ନୂଆ କ୍ଲାସିସିଜିମ୍ ଆଡ଼କୁ ଘେନିଯାଇପାରିବ। ତେଣୁ କେନ୍ଦ୍ରମୁଖୀ ହେବା ହିଁ ଆଧୁନିକ କବିତା ପକ୍ଷରେ ସବୁଠାରୁ ବଡ଼ କଥା; ରୀତିସର୍ବସ୍ୱ ବା ଧ୍ୱନିସର୍ବସ୍ୱ ହେବା ନୁହେଁ।

ଆଧୁନିକ ଓଡ଼ିଆ କବିତାରେ ଚିତ୍ରକଳ୍ପର କେତେକ ନମୁନା –

ଆଧୁନିକ ଓଡ଼ିଆ କବିତାରେ ଚିତ୍ରକଳ୍ପର କେତୋଟି ଉଦାହରଣ ତଳେ ଦିଆଗଲା। ପହିଲି ଉଦାହରଣଗୁଡ଼ିକ ମୋ ନିଜ ରଚନାରୁଇ ଦିଆଯାଉଚି –

୧) "ରାମ ନାମ ସତ୍ୟ ହେଉ ଆଜି ରାମ ନାମ।
  ଅଦାଲତେ ଭିଡ଼ ନାଇଁ, ନଇଁଆସେ ଅଳସ ବିଶ୍ରାମ।
  ଚର୍ବ ପରି ସ୍ନିଗ୍ଧ ନିଦ, ସୁମସୃଣ ସୌଖୀନ ସପନ
  ତରୁଣ ଆଇନଜୀବୀ ମନେ କରେ କି ମାୟା ରଚନ।

  XXX

  ଯ୍ୟାରି ମଧେ ବୁଡ଼େ ସୂର୍ଯ୍ୟ, ଉଇଁଆସେ ଚାଂଦ ଶରତର
  ଯେପରି ସୁନାର ଦାଆ କାଟି କାଟି ଅଁଧାର ଫସଲ।
  ବୁଣିଦିଏ ହୀରାର ମୁରୁଜ,
  ହସିଉଠେ ନଦୀପଠା, କାଠଯୋଡ଼ୀ ପଥର ବୁରୁଜ।
  ହଂସୟୂଥ ଧାରେ ଉଡ଼ିଯାଂତି,
  ପଥର ଚଉକି ପରେ ସ୍ୱପ୍ନ ଦେଖେ ବଂଦନା ମହାଂତି।"

  ('ରାମ ନାମ ସତ୍ୟ ହେ' – ପାଣ୍ଡୁଲିପି)

୨) “ଛଦ୍ମବେଶୀ, ମୁଁ ଯେ ଛଦ୍ମବେଶୀ –
    ତୁମେ ମୋର ଶମୀଶାଖା, ତୁମ କୋଳେ ମୁହିଁ ପରଦେଶୀ
    ଲୁଚାଇଚି ଅସ୍ତ୍ର ମୋର, ହଜାଇଚି ମୋର ଅଗ୍ନି-ତୂଣୀ,
    ଆଷାଢ଼ର ରହସ୍ୟରେ ରଚିଚି ମୋ ସୁବର୍ଣ୍ଣ ଛାଉଣି ।”

(‘କୃଷ୍ଣା ନଦୀ ବହିଯାଏ ଧୀରେ’ – ପାଣ୍ଡୁଲିପି)

୩) “ଅଦୂରେ ଭୋଜନାଳୟେ
    ଦେଖାଯାଏ
    ଏଇ ରାସ୍ତାଛକୁ –
    ନିର୍ଜନ ସୈନିକ ଏକ ପିଏ ବସି ଚା’ ।
    ନିରୋଳା ରେଷ୍ଟୋରାଁ ।
    ବିବର୍ଣ୍ଣ ଚା’ରେ ଭାସେ ସୈନିକର ମୁହଁ
    ନିଭିଆସେ ବସ୍ତିର ଆଲୁଅ ।”   (‘ଚନ୍ଦ୍ରାବତୀ’– ପାଣ୍ଡୁଲିପି)

୪) “ବାହାରେ କଳହରତ ଭିଖାରି ଦି’ଜଣ,
    ଉପରେ ଟିଣର ଜହ୍ନ,
    ଯାଏ ବୁଡ଼ି
    ଈଷତ୍ କୁହୁଡ଼ି ।
    କଦଂବଫୁଲିଆ ଜହ୍ନ ହେଲା ଆସି ନାଲ ।
    ମନେହୁଏ ଏକ ମୃତ ହରିଣର ଛାଲ
    ଢାଂକେ ପୃଥିବୀ
    ପାହାଡ଼ ନଦୀ ବି ।”

(‘ଲବଣ୍ୟବତୀକୁ ଚଂଦ୍ରଭାନୁର ଚିଟାଉ’ –

ପାଣ୍ଡୁଲିପି)

୫) “ମୃତବସା ଗାଭୀ
    ଊର୍ଦ୍ଧ୍ୱଶ୍ୱାସେ ଛିନ୍ନ କରେ ନାଭି
    ମରିଛି ତା ବସ୍ତରୀ
    ଅଛି ଖାଲି ଏକ ଆକାର ନକଲି –
    ଅଦ୍ଭୁତ ବାଛୁରୀ,
    ଚିରାକନା କାଗଜେ ତିଆରି
    ଦୁଗ୍ଧଜୀବୀ ଚତୁର ଦୁହାଁଲି

ପାତିଅଛି ଫାଂଦ – ଭୀଷଣ ଫଂସାଦ
ପ୍ରତାରିତ କରିବାକୁ ଜନନୀର ସ୍ତନେ ।
ଜୀବନଟା ତା ଆଖିରେ ମୃତ୍ୟୁର କୁସୀଦ ।”

('ଚିନ୍ତାମଣି ମହାନ୍ତି – ପାଣ୍ଡୁଲିପି)

୬)	“ହୀରାର ମାଛର ତୀର୍ଯ୍ୟକ ଗତିକୋଣ
	ହଠାତ୍‍ ଫେରିଲା, କିପରି ଫେରିଲା ଜାଣ ?
	ସୁନାର ମାଛର ଆଖିର ପ୍ରସ୍ରବଣ
	ହଠାତ୍‍ ଯେ ତାର ତରୀପଥେ ଦେଲା ଧକ୍‍କା ।

XXX

	ସୁନାର ମାଛରର କରୁଣ ଅବୁଝ ଆଖି
	ଶଂଖଚିଲରେ ଆକାଶୁ ଆଣିଲା ଡାକି ।
	ମେଘ ଆଉ ଧାନ ବର୍ଷା ଓ ମାଟି ମିଳି
	ଗଢ଼ିଲେ କି ଆଉ ଜୀବନର ଜ୍ୟାମିତି ?” ('ଜ୍ୟାମିତି'–ପାଣ୍ଡୁଲିପି)

୭)	“ନିଦ୍ରାରେ ଚାଲିବା ଚାଲ । (କିପରି ଚାଲିବା ?)
	କାଂଥ ବାଡ଼େ ଛାଇ ପଛେ ପଛେ
	ଅନେକ ସ୍ମୃତି ଆଉ ବିସ୍ମୃତିର ପାହାଚେ ପାହାଚେ –
	ଏ ଅଂଧାର ସିଡ଼ି ଦେଇ ବହୁ ମୃତ ପାଦଚିହ୍ନ ମେଳେ
	ବହୁ ଖୁଣୀ, ସରାପୀ, ପକେଟମାରୁରେ କିଂବା
	କେଉଁ ଆତ୍ମଘାତୀ ଘୁମଂତ କଂକାଳେ
	ପଚାରିବା ପରିଚୟ । ମନେ ପକାଇବା କେବେ ଦେଖା
	ହୋଇଛି କି ନାଇଁ ?

XXX

	ନାନା ମୁହୂର୍ତର ବିଂବେ
	ନିଜକୁ ଦେଖିବା ଚାଲ ନନା ମୃତ ଘଟନାର କାଚେ
	ସହରର ମିଂଜି ମିଂଜି କିରାସିନି ବତି ଖୁଂବେ ଖୁଂବେ
	ଅବା କେଉଁ ଅମୁହାଁ ସୁଡ଼ଂଗେ
	ଅବା ନିଷ୍ଠୁର ଗଲିରେ
	ନିଜକୁ ଦେଖିବା ସେଇ ଭଙ୍ଗା ବାରାଂଡ଼ାରେ
	ନିର୍ଜନ ସିଡ଼ିରେ ॥” ('ସ୍ୱଗତ')

୮) “ଅନ୍ଧକାର ଦ୍ବୈପାୟନ

ପିତୃମୁଖ ଏ ଅଶ୍ବତ୍ଥ ଶାଖା।

ମାତା ହେଉ ଏଇ ନଦୀ

ବିଶ୍ବାସର ନିର୍ଜନ ପରିଖା।” (‘ସ୍ମୃତିଲିଖନ’–ସ୍ବଗତ)

୯) “କେବଳ ଛଡ଼ା ଛଡ଼ା ଅଛ କେତୋଟି ନକ୍ଷତ୍ର

ଏଠି ସେଠି ଦେଖାଯାଆନ୍ତି।

ମଝିରେ ତାଙ୍କର ବଡ଼ ବଡ଼ ଫାଙ୍କ।

ନୂଆ ଗଣତି ଶିଖୁଥିବା ଏକ ଶୁଭ୍ର ନିର୍ମଳ ଶିଶୁ

ଯେମିତି ପଚାରିଲେ ମାନସାଙ୍କ –

ଗଣିଯାଏ ନିର୍ବିକାରେ ଏକ ଦୁଇ ତିନ୍ ପରେ

ସାତ ନଅ ବା ଚଉଦ ଅଙ୍କ।” (‘ସମୀକ୍ଷା’ – ସ୍ବଗତ)

୧୦) “ନିର୍ଜନ ପଲ୍ଲୀର ପଥେ

ତେଜପତ୍ର ଗଛର ଶାଖାରେ

ପକ୍ଷୀଟିଏ ପୁଚ୍ଛ ମେଲେ,

ପାଖେ ତାର ଟେଲିଗ୍ରାଫ୍ ତାରେ

ଅସ୍ପଷ୍ଟ ଗୁଞ୍ଜନ ଉଠେ

ବାର୍ତ୍ତା ଛୁଟେ ବିଦ୍ୟୁତ୍ ବେଗରେ

କାହାର ସଂବାଦ ଯାଏ ? କି ବାର୍ତ୍ତା ?

କେ ସଂକେତ କରେ ?

କିଛି ଦୂରେ ପଦ୍ମଜଳେ

ସ୍ନାନ କରେ

ଗ୍ରାମର ଉଲୁପୀ,

ଏଇ ବୋଧେ ଶୁଭ ଦୃଷ୍ଟି।

ଏଇ ବୋଧେ

ଶ୍ୟାମଘନ ୟୁ.ପି.।” (‘ୟୁ.ପି.ରେ ସଂଧ୍ୟା’–ଅଭିଜ୍ଞାନ)

ଆଗରୁ କୁହାଯାଇଛି, ରତ୍ନବତ୍ କଠିନତା (Jewel-like hardness)

directness, objectivity ଏବଂ ଏକ ପରିଚ୍ଛନ୍ନ ସୋଜା ବକ୍ତବ୍ୟ ଚିତ୍ରକଳ୍ପର ସଫଳତା

ପାଇଁ ଏକାନ୍ତ ଲୋଡ଼ା। ଅବଜେକ୍ଟିଭ୍ ବା ବାସ୍ତବମୁଖୀ ରୂପକଳ୍ପ ପ୍ରଥମ କଥା। ତା’ହେଲେହିଁ

ପାଠକମନରେ ତାହା ଏକ ଦୈହିକ ଅନୁଭବ (physical sense) ଜାଗରିତ କରିପାରିବ

ଏବଂ ପାଠକ ଓ ଚିତ୍ରକଳ୍ପ ମଧ୍ୟରେ ବ୍ୟବଧାନ ଆଉ ରହିବ ନାଇଁ। ପାଠକ ଏହାକୁ ନିଜର ଓ ନିଜର ଅଭିଜ୍ଞତା ବୋଲି ଜ୍ଞାନ କରିବ। ତେଣୁ ସୋଜା ସଳଖ, ଅବ୍‌ଜେକ୍‌ଟିଭ୍‌ ପ୍ରକାଶ ଚିତ୍ରକଳ୍ପ ପ୍ରୟୋଗର ପ୍ରଥମ ଓ ପ୍ରଧାନ ଲକ୍ଷ୍ୟ ହେବା ଆବଶ୍ୟକ। ଭାଷାର ତାରଲ୍ୟ, ସିଧାସଳଖ ନ କହି ଘୁରେଇ-ଫେରେଇ ବେଶୀ ଗୁଡ଼ାଏ କଥାରେ ତାହା ପରୋକ୍ଷଭାବେ ପ୍ରକାଶ କରିବା ଏବଂ ଅବ୍‌ଜେକ୍‌ଟିଭ୍‌ ପ୍ରକାଶ ବଦଳରେ ସବ୍‌ଜେକ୍‌ଟିଭ ପ୍ରକାଶଭଙ୍ଗୀ ଗ୍ରହଣ କରିବା ଦ୍ୱାରା ଚିତ୍ରକଳ୍ପର ଶକ୍ତି ଓ କାର୍ଯ୍ୟକାରିତା ବ୍ୟାହତ ହୋଇଥାଏ। ଏହା ପ୍ରତ୍ୟେକ ଲେଖକ-ଲେଖିକା ସ୍ମରଣ ରଖିବା ଉଚିତ।

ଅନ୍ୟ କେତେକ ଚିତ୍ରକଳ୍ପୀ କବିତାର ଉଦାହରଣ –

ହାତ ପାଖରେ ଅନ୍ୟାନ୍ୟ ଚିତ୍ରକଳ୍ପଯୁକ୍ତ କବିତା ବେଶୀ ନ ମିଳିବାରୁ ମୁଁ ନିଜ କବିତାରୁ ହିଁ ଆବଶ୍ୟକ ଉଦାହରଣ ଦେବାକୁ ବାଧ୍ୟ ହୋଇଛି। ମୋ' ପାଖରେ ଥିବା ଗୋଟିଏ ଦୁଇଟି ସଂକଳନ ଗ୍ରନ୍ଥ ଏବଂ କେତେକ ପୁରୁଣା ମାସିକପତ୍ରରୁ ଅନ୍ୟାନ୍ୟ ସାମ୍ପ୍ରତିକ କବିମାନଙ୍କ ଲେଖାରୁ ଅଳ୍ପ କେତୋଟି ଉଦାହରଣ ତଳେ ଦେଲି। ଆହୁରି ଅନେକ ଭଲ ଭଲ କବିତା ଥିବ, ଯାହା ମୋର ଦୃଷ୍ଟିକୁ ଆସି ନାଇଁ, କିମ୍ୱା ଉପସ୍ଥିତ ହାତ ପାଖରେ ନାଇଁ। ତେଣୁ ଯାହା ସହଜରେ ମିଳିଲା, ସେତିକିରେ ସନ୍ତୁଷ୍ଟ ହେବାକୁ ପଡ଼ୁଛି।

“ମୁଁ ତମକୁ ଡାକୁଥିଲି ସତେ ଅବା ମଝି ପୋଖରୀରେ
ଭାସୁଥିବା ହଂସ ଏକ ଡାକୁଥିଲା ପହଁଚା ହଂସକୁ
ପୋଖରୀର ହୁଡ଼ା ଭାଂଗି ଯେତେବେଳେ ପାଣି ଆସିଗଲା
ତୁମେ ଫେରିଚାହିଁଲନି। କାହାପାଇଁ ଏତେ ବେଶୀ ଭୟ ?
ଏବଂ ଓଦା ଶାଲ୍‌ପତ୍ରେ ଚକ୍‌ଚକ୍‌ ଖରା ଝଲ୍‌ସୁ ଥିଲା
ସତେ ଅବା ପଲଟଣ କେତେ ଶୋଇଥିଲେ ସୂର୍ଯ୍ୟମୁହାଁ ହୋଇ
ଏବଂ ତାଂକ ନଂବରମାନ ପାଲିସରେ ଜଳିଲା ଜଳିଲା।
କାହାକୁ ଡରିଲ ତମେ ? ଆମେ ଫେରି ଦେଖିଲୁଁ ଗାଆଁରେ
ସବୁରି ଦରଜା ମେଲା, କେଉଁଠାରେ କୁଂଠିତ ଘୁସୁରି
ଓଟରା ହେବାର ଚିହ୍ନ, କେଉଁଠାରେ ବୁଣା ମାଂଡ଼ିଆ ତ
ଅନ୍ୟଠାରେ ଭଂଗା ହାଂଡ଼ି, ଲାଉତୁଂବା ଅଥବା ଜୁଆଳୀ,
ସେମାନେ ଯେମିତି ମଧ ପଳାଇବା ନିମିତ୍ତ ଉଦ୍ୟତ
ଅଥଚ ପାରଂତି ନାଇଁ ଗାଆଁମୁଂଡ ଦୋଛକି ରାସ୍ତାରେ
କାଚ ଓ ମଂଦାର ଫୁଲ, ମୋଡ଼ା ମୂର୍ଗୀ ଏବଂ ଦୁର୍ବାଂକୁରା।

ପାହାଡ଼ ଉପରୁ ଆମେ ତାହାପରେ ଦେଖିଲୁଁ ତମର
ଲ°ବା ଲ°ବା ଗୋଡ଼ ଏବ° ବୁଗେନ୍‌ଭିଲ୍‌ ଡ଼ାହା ପରି ହାତ,
ମଟରର ଆଲୁଅରେ ଛାଇ ପରି ଆକାଶ ଛୁଇଁଚି,
ବସ୍ତିର ପୁନରେଦ୍ରକ, ଚାରିଆଡ଼େ ଜ°ଗଲ ସଫେଇ,"
('ଇ°ଦ୍ରଧନୁ' – ରମାକାଂତ ରଥ)

ପୁଣି, "ସେ କହିଲା ଏହି ମୋର ସାର୍କ ଶାଢ଼ି ଆକାଶ ରଙ୍ଗରେ
ଆକାଶରୁ ଖସି ଆସେ ତାରା ଆଉ ସଜ ରାଉତରା।
ଏ ଅଁଧାର ଶୋଇପଡ଼େ ଜାକିଜୁକି ନିର୍ବ୍ବାଦେ
ନିଶବଦ ଘୋଡ଼ିଘାଡ଼ି ହୋଇ
ଆଉ ନିଶବଦ ଚଇତ୍ର ଯାଏ ଗଲି ଗଲି ରାସ୍ତା ରାସ୍ତା
ଘୋଡ଼ାଗାଡ଼ି ରିକ୍‌ସାଗାଡ଼ି ଚଢ଼ି।
ଇଲେକ୍‌ଟ୍ରିକ୍‌ ଆଲୁଅରେ, ଲକ୍‌ସ ସାବୁନ, ତିଲ ତେଲ
ଗୁଡ଼ାଖୁ ବା ହାଇଦର ବିଡ଼ି
ଚୈତ୍ର ସପନ ନେଇ ତୁମଠାରୁ ଇ°ଦ୍ରଜାଲ ନେଇ
ଗାଁଧିଟୋପି ପିଂଧ ଚାଲେ ଏ ରାସ୍ତାରେ ଭିଡ଼ ଠେଲି ଠେଲି।"
('କପୋତ କପୋତୀ' – ଗୁରୁପ୍ରସାଦ ମହାନ୍ତି।
'ଓଡ଼ିଆ ପ୍ରେମ କବିତା' ନାମକ ପୁସ୍ତକରୁ ସଂଗୃହୀତ)

କିମ୍ବା, "ଯେ ପୃଥିବୀ ବଂଚି ରହେ
ମାଟି ଶାଢ଼ି
ଘାସ ଧଡ଼ି
ଦେହରେ ବେଢ଼ାଇ
ସେ ପୃଥିବୀ ଛାଡ଼ିଗଲି –
ରଖିଗଲି ସେ ତୁମରି ପାଇଁ।"
('ତୁମକୁ ମୁଁ' – ଭାନୁଜୀ ରାଓ – ଉପରୋକ୍ତ ସଂକଳନ)

କିମ୍ବା, "ଦର୍ଶକ ସହିଲା ପରି
ସରସ ହୃଦୟେ
ବିଷାଦ ଓ କାରୁଣ୍ୟର ଭାର
ଟ୍ରାଜେଡ଼ିର
ସହିପାର ତମେ ମୋର

ଯେତେ ମଧ ନିପୀଡ଼ନ

ଯେତେ ଅତ୍ୟାଚାର ।"

(‘ନିପୀଡ଼ିତାସୁ’ – କୃଷ୍ଣଚରଣ ବେହେରା – ଉପରୋକ୍ତ ସଂକଳନ)

ସାହିତ୍ୟରେ ନିରୁତ୍ସାହ ବୋଲି କୌଣସି କଥା ନାଇ; ତେଣୁ ନୂତନ ଓଡ଼ିଆ ସାହିତ୍ୟ ଦିନେ ବିଶ୍ୱଦରବାରରେ କାହିଁକି ସ୍ଥାନ ଦଖଲ କରି ନ ପାରିବ, ତା'ର କୌଣସି ଯୁକ୍ତିଯୁକ୍ତ ହେତୁ ନାଇ । ଦିନ ଥିଲା, ଏଇ ଦେଶର ଶିଳ୍ପ, ଏଇ ଦେଶର ଭାସ୍କର୍ଯ୍ୟ ସମଗ୍ର ବିଶ୍ୱରେ ଉତ୍କର୍ଷତାର ଚରମ ଶିଖର ଆରୋହଣ କରିପାରିଥିଲା । ଏ ଦେଶର କୋଣାର୍କ, ଏ ଦେଶର ଶିଳ୍ପୀର ଗଢ଼ା ରାଜରାଣୀ ମନ୍ଦିର, ମୁକ୍ତେଶ୍ୱରଙ୍କ ତୋରଣ, ଭୁବନେଶ୍ୱରର ‘ଶାଳଭଂଜିକା’ ସମଗ୍ର ଭାରତୀୟ ଭାସ୍କର୍ଯ୍ୟର ଉଜ୍ଜ୍ୱଳତମ ରତ୍ନ ଥିଲା । ଇତିହାସର ପୁନରାନୁବର୍ତନ ଅସମ୍ଭବ ନୁହେଁ ।

ହୋଇପାରେ, ଭୌତିକ ସଭ୍ୟତାର ମାନଦଣ୍ଡରେ ଆମ ଦେଶ ଅନଗ୍ରସର, ଆମେ ପୃଥିବୀର ଅନ୍ୟାନ୍ୟ ଦେଶ ଏବଂ ଏପରିକି, ଭାରତବର୍ଷର ବହୁ ପ୍ରଦେଶର ଶହେ ବର୍ଷ ପଛରେ ପଡ଼ିଛୁ । ଆମର ଜାତୀୟଜୀବନ ବିକାଶର ଅନେକ ନିମ୍ନସ୍ତରରେ ରହିଚି; କିନ୍ତୁ ସଭ୍ୟତା ବଡ଼ ହେଲେ ଯେ ବଡ଼ କବି କିମ୍ବା ଶିଳ୍ପୀ ଜନ୍ମ ହେବେ, ତା'ର କୌଣସି ମାନେ ନାଇ । ଇଂରାଜୀ ଲେଖକ Herbert Read କହନ୍ତି "The poet is not a direct product of civilization. It cannot be maintained that greater the civilization, the greater will be the poet."

ରୋମକ ସଭ୍ୟତା ଗ୍ରୀକ୍‌ ସଭ୍ୟତା ତୁଲନାରେ ସଂଗଠନ ଓ ପରିସର ଦୃଷ୍ଟିରୁ ଅନେକେ ବଡ଼ ଥିଲା । କିନ୍ତୁ ଗ୍ରୀକ୍‌ କବିମାନଙ୍କ ତୁଲନାରେ ରୋମୀୟ କବି ବଡ଼ ଥିଲେ କି ? ହାବର୍ଟ ରିଡ଼ଙ୍କ ଭାଷାରେ – "The Roman civilization was greater in scope and organisation than the Greek civilization but no one but a bigoted Latinist would hold that the Latin poets were superior than Greek."

ମୁଁ ଏ ବିଷୟରେ ଆଦୌ ନୈରାଶ୍ୟବୋଧ କରୁ ନାଇ । ହୋଇପାରେ, ନୂତନ କବିତା ସାଧାରଣଙ୍କ ଆସରରେ ପହଞ୍ଚିବା ପାଇଁ ଆଉ ଟିକିଏ ସମୟ ନେବ । ବିଶ୍ୱର ଦୃଷ୍ଟି ଆକର୍ଷଣ କରିବା ପୂର୍ବରୁ ଆହୁରି ଅନେକ ସଂଗ୍ରାମ ଓ ଅଧ୍ୟୟନ ତାକୁ କରିବାକୁ ପଡ଼ିବ । କିନ୍ତୁ ଏହାର ଭବିଷ୍ୟତ ସମ୍ବନ୍ଧରେ ମୁଁ ସତତ ଆଶାବାନ୍‌ । ନୈରାଶ୍ୟର କୌଣସି କାରଣ ମୁଁ ଦେଖି ପାରୁ ନାଇ ।

ଆଧୁନିକ ଓଡ଼ିଆ କବିତାର ଛନ୍ଦ : କେତୋଟି ଉଦାହରଣ –

ପୟାର ଜାତୀୟ–

>"ଆକାଶରେ ଫିକା ଜହ୍ନ – ସାବୁନର ଫେଣ ପରି ସଫା,
>ଆଲୁଅ ଓ ଅଁଧାରର ମଧ୍ୟେ ସେ ଯେ କରିଅଛି ରଫା ।
>ବହୁ ଦୂରେ ଯନ୍ତ୍ରଶାଳେ ଚିମ୍ନୀଟା କାଶେ ନିଜ ଛାଏଁ,
>ଧାନଶିଡ଼ି ନଦୀ ଟପି ସକାଳର ଡାକଗାଡ଼ି ଧାଏଁ ।
>ପଢ଼ିଅଛି କବିତାରେ ଏତେବେଳେ କାଁଦେ ଚକ୍ରବାକ,
>ହଠାତ୍ ଯେ ଦେଖା ହେଲା ବହୁଦିନେ ପ୍ରତିମା ନାୟକ ।
>ଜାପାନୀ କାଗଜଫୁଲ ପରି ଦେହେ ବୟସର ଧୂଳି,
>ପଚାରିଲି– 'ଭଲ ଅଛ ?' କଣ୍ଠେ ମୋର ବିଷନ୍ନ ଗୋଧୂଳି ।
>   ହସିଲା ପ୍ରତିମା –
>ଆକାଶର ନୀଳରେଖା ଗେରୁଆ ମାଟିର ନୀଳ୍ ସୀମା
>   ଛୁଏଁ ଯେଉଁଠାରେ xxx
>ମୁହଁରେ ଖାକିର ହସ, ଆଖିରେ ତା ରାତିର ଇସାରା ।
>ଦୁଇ ପାଖେ ଦ୍ରୁତ ବନ, ଗତିବାନ୍ ନକ୍ଷତ୍ର ଧାରା ।"xxx

('ପ୍ରତିମା ନାୟକ' – ପାଣ୍ଡୁଲିପି)

ମିଶ୍ରିତ ବାକ୍ ଛଂଦ –

>"ଆବେଦନ, ନିବେଦନ ମାନପତ୍ର ପାଳା,
>ଦିନ ଶେଷରେ ଫେରିଆସୁଥିଲା ଅତରବିକାଳି ଫେରିବାଲା ।
>ତା'ପରେ ସ୍ତବ୍ଧ, ଅଚେତନ ଅସହିଷ୍ଣୁ ରାତି ।
>ଅତୀତର ମଶାଣିରେ ହାଇ ମାରୁଥିଲା
>ଅର୍ଦ୍ଧମୃତ, ଜୀର୍ଣ୍ଣ ବାରବାଟି !
>ଉପରେ 'ନାସପାତି ରଂଗ'ର ଜହ୍ନ
>ତଳେ ଅସଂଭବ ଅପରିଚ୍ଛନ୍ନ
>ଜନତାର ସୁଅ !
>ଶବ ପରି ମୁହଁ ତା'ର ଫିକା ।
>ଏଇ ତମ ଜନ୍ନର ଭୂମିକା ।"

('ଗୋପବଂଧୁ ଦାସ' – ପାଣ୍ଡୁଲିପି)

ଏ ପଂକ୍ତି ମଧ୍ୟରେ ଥିବା ଅଂତର୍ଚ୍ଛଂଦ ଲକ୍ଷଣୀୟ ।

ବାକ୍ଛନ୍ଦ –

"ମାଟିଆବୁରୁଜର ମଇଳା ଆକାଶରେ

ଜହ୍ନ ଉଠିଚି ।

ଛୋଟ ଛୋଟ ଆଲୁଅର ବାତି

ଚାରିଆଡ଼େ ଖେଳେ ।

ଜହ୍ନ ଉଠିଚି, ଆହା, ଉଠ, ଉଠୁ ।

ପଦ୍ମ ଫୁଟୁ

ଏଇ ଅଁଧାରେ ।

ମୋ ମନରେ ବି ବେଳେବେଳେ

ଜହ୍ନ ଉଠେ,

ସୂର୍ଯ୍ୟ ଛୁଟେ ।

ମୁଁ ବି କବିତା ଲେଖେ,

ସ୍ୱପ୍ନ ଦେଖେ

ଛନ୍ଦ–ଶିଖୀ ପୁଚ୍ଛ ତୋଲେ,

ନାଚେ ।

ମୋ ମନର ପାହାଡେ ପାହାଡେ,

ଉଦୟର ପାଦଚିହ୍ନ ଫୁଟେ ।"

('ମାଟିଆବୁରୁଜର ଜହ୍ନ' – ପାଣ୍ଡୁଲିପି)

ଗଦ୍ୟଛନ୍ଦ –

"ସେମାନେ ଧାଇଁଆସୁଛଁତି ଉଡ଼ଁତା ସାପ ପରି ଜିଭ ବଢ଼ାଇ,

ଭାସମାନ ଉଲ୍କା ପରି ନିଆଁର ଗୁଚ୍ଛ ତୋଲି ।

ସେମାନଙ୍କର ମଖମଲ ପଖାରେ ଆରାକାନ ଜଁଗଲର

ଜଲୀୟ ବାଷ୍ପ,

ପ୍ରଶାଁତ ମହାସାଗରର ଫସ୍‌ଫରସ୍...”

('ବୋମାରୁ'– ପାଣ୍ଡୁଲିପି)

ଗଦ୍ୟଧର୍ମୀ ଛନ୍ଦ –

"ରାଜଜେମାଁକ ମନ ଖରାପ,

ସେ ବସି ଏସରରାଜ ବଜାଉଛଁତି ।

ବିମର୍ଷ ନାରୀର ବ୍ୟଥା

ବୋହିଆଣେ କେଉଁ ଅନାଦି କାଳର
ଯୌବନର ଶାପ,
ସୁଦୂର ଶ୍ରାବସ୍ତୀ
ଅବା ପାଟଳିପୁତ୍ରର କଥା ।
ଆଖିର ଲୁହରେ
କଜଳ ଯାଇଚି ମିଳି,
ତାଙ୍କର ଦୀର୍ଘରାତ୍ରିର କବରୀରେ
ପାନପିକ ରଂଗର ଶିମୁଳି ।
ଚଇତ୍ରର ଚିତ୍ରନଭେ
ସୂର୍ଯ୍ୟାସ୍ତର ତୂଳୀ
ତେଣେ କୁକୁଡ଼ାର ଚୂଳ ପରି
ଜଳିଉଠେ
ଲୋହିତ ଗୋଧୂଲି ।" ('ରାଜଜେମା' – ପାଣ୍ଡୁଲିପି)
କିମ୍ବା, "ଝିଂକ କାଠି ଦେହୁ ଝାଡ଼ୁଁ ବିଂଧ୍ବାକୁ ଲକ୍ଷ୍ୟ,
ଅଗଣନ ଅକଲନ ଲକ୍ଷ ଲକ୍ଷ କାମନା ରଂଧ୍ରରେ ।
ଧାଇଁବାକୁ ଇଚ୍ଛା ହୁଏ ପିଛା ଧରି
ଭୁଲ ଆଉ ଭୁଲାଣିଆ ଆଶାର ମାରୀଚ ।
ଯୁଗ ଯୁଗ ଅଂଧାରରେ ବଂଦୀ କେଉଁ ଅନାତ୍ମିକ ବିଦଗ୍ଧ କଇଁଚ
ବେକ ଟେକି ଚାହେଁ ଅବା ଆଶ୍ୱିନର କୁହୁକ ସଂଜରେ ।"
('ଏକ ଆଶ୍ୱିନର ବିଦଗ୍ଧ କବିତା – 'ସ୍ୱଗତ' – ସଚ୍ଚିରାଉତରାୟ)
କିଂବା, "ଆଉ ହେ ମୋର ଜୀବନବ୍ୟାପୀ ମହାପ୍ରସ୍ଥ ଅଶସଫଳତା !
ହେ ମୋର ତଟସ୍ଥ ଆତ୍ମାର ଉଚ୍ଚାରଣଗଣ !
ତୁମେ ମୋର ଏକାଂତ ନିଜର । ଏକାଂତ ନକ୍ଷତ୍ର ମୋର ।"
('ସ୍ୱଗତ' – ସଚ୍ଚି ରାଉତରାୟ)
ପୁଣି, "ଏ ରାତିର ପବନରେ ଘୂର୍ଣ୍ଣିବାୟୁ ଭିତରୁ ତୁମର ସେ ଆକାଶ ଆଡ଼କୁ,
ମୁଁ ଆଜି ପଠାଏ ମୋର ଏ ବିରହ ଭୟ ପୁଣି ସ୍ତୂପ ସ୍ତୂପ ନିରର୍ଥକ ବାଲି;
ମୁଁ ପଠାଏ ତୁମ ପାଇଁ ମୋର ରୋଗ-ଯନ୍ତ୍ରଣା ଓ ମୋ ଦେହର
ଝାଳ ଆଉ ତାତିର ଖବର
ମୁଁ ପଠାଏ ତୁମ ଆଡ଼େ ମୋର ଶତ ପ୍ରେତାତ୍ମାର ନଷ୍ଟ ଯେତେ ଆଶା ଆଉ –

ମୋର ପିତୃପୁରୁଷର ଜରାମୃତ୍ୟୁ ବ୍ୟାଧିର ଖବର।"

('ଚିଠି' – ଗୁରୁପ୍ରସାଦ ମହାନ୍ତି)

ପୁଣି, "ଏ ରାତିର ପବନରେ ଘୂର୍ଣ୍ଣିବାୟୁ ଭିତରୁ ତୁମର ସେ ଆକାଶ ଆଡ଼କୁ,
ମୁଁ ଆଜି ପଠାଏ ମୋର ଏ ବିରହ ଭୟ ପୁଣି ସ୍ତୂପ ସ୍ତୂପ ନିରର୍ଥକ ବାଲି;
ମୁଁ ପଠାଏ ତୁମ ପାଇଁ ମୋର ରୋଗ–ଯନ୍ତ୍ରଣା ଓ ମୋ ଦେହର

ଝାଳ ଆଉ ତାତିର ଖବର

ମୁଁ ପଠାଏ ତୁମ ଆଢ଼େ ମୋର ଶତ ପ୍ରେତାତ୍ମାର ନଷ୍ଟ ଯେତେ ଆଶା ଆଉ –
ମୋର ପିତୃପୁରୁଷର ଜରାମୃତ୍ୟୁ ବ୍ୟାଧିର ଖବର।"

('ଚିଠି' – ଗୁରୁପ୍ରସାଦ ମହାନ୍ତି)

ପୁଣି, "ପବନର ପାନିଆରେ
ବାଳ ବାଂଧେ – ପୃଥିବୀର ରାତି
ତାରାଫୁଲ ଖୋସି,
ତୁମର ବିବର୍ଣ୍ଣ ହାତ
ମୋ' ହାତକୁ ଚାପିଦିଏ ଆସି।"

('ପ୍ରଶ୍ନ' – ଭାନୁଜୀ ରାଉ)

କିମ୍ବା, "ମାନବର ସଂତାନହୀନତା ଅସଂଭବ'
ଏଇ ପ୍ରତ୍ୟୟରେ
ତୁମେ ଓ ମୁଁ
ହାତରେ ନେଇ ହାତର ଉଷ୍ମତା –
ଚାଲି ଚାଲି ଚାଲିଛେ
ଏଇ ମଶାଣିର ଧାରେ ଧାରେ,
ଭାଗିରଥୀର ପୁଣ୍ୟ ତୋୟରେ
ଦେଖି ଦେଖି ଗୃଧ୍ରପଲର ପ୍ରତିଚ୍ଛବି,
ନର ଅସ୍ଥି କଂକାଳ
ପକାଇ ପଛରେ।" ('ପ୍ରାର୍ଥନା କର' – ଡ. ତ୍ରିବିକ୍ରମ ପତି)

କିମ୍ବା, "ଏ ରାତିର ଏତେ ତାରା ସ୍ମୃତି ଆଣେ ତୁମ ସାଥେ
ଯୁଗ ଯୁଗ ଅନାଦି ଯୁଗର
ତୁମରି ପାଖରେ ଆଜି ମୁଁ ଭାବେ ହଠାତ୍ ଅବା ଏ ବାଲିରେ
ସ୍ମୃତି ବୁଣି ବୁଣି

ଏ ରାତି ବିଛାଇ ଦେବି ସ୍ମୃତି ଆଉ ଯୁଗ ଯୁଗ କଳ୍ପ କଳ୍ପ ତାରା

ଆଉ ତାରା

ତୁମରି ଭ୍ରୁଲତା ତଳେ ହଜିଯିବ ଦିଗ୍‌ବଳୟ

ବିନୋଦ ନାୟକ ଆଉ ସଚି ରାଉତରା।"

('କପୋତ କପୋତୀ – ଗୁରୁପ୍ରସାଦ ମହାନ୍ତି)

ଆଧୁନିକ ଓଡ଼ିଆ କବିତାରେ କେତେକ ମୁକ୍ତଛନ୍ଦ କବିତାର ଉଦାହରଣ –

"ସ୍ୱର୍ଣ୍ଣବୀଜ ଫସଲର ସ୍ୱପ୍ନ ଲାଗେ ହୀରକ ସଂଧ୍ୟାରେ।

ଉତ୍ତରଳ ନଦୀସ୍ରୋତ ବହିଚାଲେ

ସମୁଦ୍ର ପ୍ରଖର ଇଙ୍ଗିତେ।

ଅପରୂପ ପୃଥ୍ବୀର ମୁକ୍ତଲୀଳା ସଖୀ...

ହୁଏତ ସୁଦୂରେ କାହିଁ

ସ୍ୱପ୍ନ ଅବା ସତ୍ୟ ହୋଇ ଆକାଶ ଛୁଇଁଛି।"

('ହୀରକ ସ୍ୱପ୍ନ' – ବିନୋଦଚନ୍ଦ୍ର ନାୟକ)

କିମ୍ୱା, "ରୁହ... ଆଉ ଟିକିଏ ରୁହ...

ତୁମର କେଶର ଆଘ୍ରାଣକୁ ମୁଁ କରିନିଏ ମୁଖସ୍ତ;

ତୁମର ଦୃଷ୍ଟିର ଗଭୀରତା ତଳେ

ମୁଁ ଦେଇଯାଏଁ ସ୍ୱପ୍ନର ବିସ୍ଫୋରଣ,

ତୁମର ତନୁର ଅର୍କେଷ୍ଟାରେ – ମୁଁ ବଜାଏ ମୋର

ଦ୍ୱାପର ଯୁଗର ବଂଶୀ।"

('ଦାହକାମୀ' – ଜୀବନାନନ୍ଦ ପାଣି)

ପୁଣି, "ତୁମେ ବିଷୁବରେଖାର କନ୍ୟା;

ଉଷାପର ବନହଂସୀ, ସୂର୍ଯ୍ୟର ମୟୂରୀ

ମୁଁ ସଂତାନ ଉତ୍ତର ମେରୁର

ନିରୁତ୍ତାପ ମସୃଣ ବରଫ, ଚଂଦ୍ର ଚାତକ।

ମଝିରେ ଆମର ଯେତେ ବସଂତର ବ୍ୟାକୁଳ ଭୂମିକା।

ଯେତେ ତାର କଂପନ, ଆବେଗ; ଯେତେ ତାର ଇଂଦ୍ରଜାଲ।

ଶୀତର ସର୍ବସ୍ୱ ଲୁଟି ମୁଁ ପାଇଛି ଫେରାପତ୍ରଟିଏ;

କିଂତୁ ଗ୍ରୀଷ୍ମର ଅଯାଚିତ ଦାନେ

ତୁମେ ପାଇଥ ଲକ୍ଷ ଇଂଦ୍ରଧନୁ।

ତନ୍ମୟ ମୁଁ ଦେଖେ ଖାଲି ଅଂଗେ ଅଂଗେ ତବ
ସୂର୍ଯ୍ୟର ଅଜସ୍ର ଚୁଂବନେ ଫଳର ପକ୍ୱତା;
କୁସୁମର ପାଣ୍ଡୁଲିପି – ଆଉ
ପରିପୂର୍ଣ୍ଣତାର ବନ୍ୟା ।"

('ସୂର୍ଯ୍ୟ ମୋର ନୁହେଁ ପ୍ରତିଦ୍ୱଂଦ୍ୱୀ' – ଜୀବନାନନ୍ଦ ପାଣି)

ଖାଲି ଛନ୍ଦର ସାର୍ଥକ ଉପଯୋଗ ଦିଗରୁ ନୁହେଁ, ଭାବସୌଷ୍ଠବ ଏବଂ ନିଜ କେନ୍ଦ୍ରର ସଫଳ ଅନ୍ୱେଷଣ ଶୁଭ ସଂଠକ କେତେକ ନବୀନ ଲେଖକଙ୍କ ଲେଖାରେ ଯେପରି ଫୁଟି ଉଠିଚି, ସେଥିରେ ନିରର୍ଥକତାର କୌଣସି ଲକ୍ଷଣ ମୁଁ ଦେଖି ପାରୁନାଇ କି ନିରୁତ୍ସାହ ବୋଧ କରୁ ନାଇ ଜମା ।

'ନୂତନ'ର ଅଭ୍ୟୁଦୟ : ନୂତନ ବନାମ ପ୍ରାଚୀନ –

ନୂତନ ସାହିତ୍ୟରୁଚି ସଂଗେ ପ୍ରାଚୀନ ସାହିତ୍ୟରୁଚିର ଯେଉଁ ଅମେଳ, ତା ମୂଳରେ ରହିଚି ଆଧୁନିକ ଓ ପ୍ରାଚୀନ ସମାଜ ମଧ୍ୟରେ ଥିବା ମୌଳିକ ତାରତମ୍ୟ । ପ୍ରାଚୀନ ସାହିତ୍ୟ ତତ୍କାଳୀନ ସମାଜର ଚାହିଦା ଓ ରୁଚି ଅନୁଯାୟୀ ଲିଖିତ ହୋଇଥିଲା । ସେ ସାହିତ୍ୟର ଯେଉଁମାନେ ପ୍ରଧାନ ପୃଷ୍ଠପୋଷକ ଓ ଗ୍ରାହକ ଥିଲେ, ସେହି ରାଜା, ଜମିଦାର ଓ ସାମନ୍ତଶ୍ରେଣୀର ମନୋରଞ୍ଜନ କରିବାହିଁ ସେ-ସାହିତ୍ୟର ପ୍ରଧାନ ଲକ୍ଷ୍ୟ ଥିଲା । ଅନ୍ୟମାନଙ୍କ ଭାଗରେ ସେଥିରୁ କିଞ୍ଚିତ୍‌ ଯଦି କେତେବେଳେ ପଡ଼ିଯାଉଥିଲା ତ ତାହା ସୌଭାଗ୍ୟର ବିଷୟ ଥିଲା । ମାତ୍ର ଅବସ୍ଥାଚକ୍ର ଓ ଯୁଗରୁଚିର ପରିବର୍ତ୍ତନ ସଂଗେ ସଂଗେ ପରିସ୍ଥିତି ସମ୍ପୂର୍ଣ୍ଣ ବଦଳିଯାଇଚି । ବର୍ତ୍ତମାନ ସାହିତ୍ୟ ସମାଜର ବୃହତ୍ତର ଅଂଶର ସଂସ୍ପର୍ଶରେ ଆସିବା ପାଇଁ ପୂର୍ବାପେକ୍ଷା ଅଧିକ ସୁଯୋଗ ପାଇଚି । ବର୍ତ୍ତମାନ ସାହିତ୍ୟ ଅନେକଟା ମୁକ୍ତ । ତେଣୁ ଏଇ ନୂଆ ପାଣିପାଗରେ ସାହିତ୍ୟ ଯେ ପ୍ରାଚୀନ ଭାବ, ଭାଷା ଓ ଆଙ୍ଗିକଠାରୁ ପୃଥକ୍‌ ହେବ, ଏହାହିଁ ହେଉଚି ସ୍ୱାଭାବିକ ନିୟମ; ତେଣୁ ଏଥରେ ବିଚଳିତ ହେବା ବା ଏହାର ବୈରତା କରିବା ବୁଦ୍ଧିମାନ ଦ୍ରଷ୍ଟାର ଲକ୍ଷଣ ନୁହେଁ ।

ସେହିପରି, ଯେଉଁ ଆଧୁନିକମାନେ ପ୍ରାଚୀନ ସାହିତ୍ୟକୁ ତା'ର ଆଭିମୁଖ୍ୟ ତଥା ଭାବ ଓ ଭାଷା ନିମନ୍ତେ ଆକ୍ରମଣ କରିଥାନ୍ତି, ସେମାନେ ମଧ୍ୟ ସେହିପରି ଭୁଲ କରିବସନ୍ତି । ସେ ଯୁଗୀୟ ସାମାଜିକ ପରିବେଶ ସମ୍ବନ୍ଧରେ ଐତିହାସିକ ପୁରୋଦୃଷ୍ଟିର ଏକାନ୍ତ ଅଭାବହିଁ ଏ ପ୍ରକାର ଭୁଲ ପାଇଁ ଦାୟୀ ।

ନୂତନ ସାହିତ୍ୟ ବିଷୟରେ କହିଲାବେଳେ ପ୍ରାଚୀନ ସାହିତ୍ୟକୁ ସମ୍ପୂର୍ଣ୍ଣ ବର୍ଜନ ବା ବୟକଟ୍‌ କରିବା କଥା ଜମା ଉଠୁନାଇଁ । ପ୍ରାଚୀନର ଯାହା ଦୋଷ, ଯଥା– ଶବ୍ଦିକତା, ଅତିରଞ୍ଜନ, ରୀତିପ୍ରାଧାନ୍ୟ, ଅବାସ୍ତବତା, କୃତ୍ରିମତା – ଏ ସମସ୍ତ ପରିହାର କରି ଏହାର

ଯାହା ଗୁଣ, ଯଥା – କ୍ଲାସିକାଲ୍ ମନୋଭଙ୍ଗୀ, ସାଦୃଶ୍ୟ ଉଦ୍‌ଘାଟନ ଦ୍ୱାରା ବିଷୟର ସ୍ୱରୂପକଥନ ଇତ୍ୟାଦି ଗ୍ରହଣ କରିବାକୁ ଆଧୁନିକ ସାହିତ୍ୟ କୁଣ୍ଠିତ ନୁହେଁ। ମୋଟଉପରେ ଏକ ପୁଷ୍କଳ ଐତିହାସିକ ପୁରୋଦୃଷ୍ଟିହିଁ ସାହିତ୍ୟକୁ ଭ୍ରଷ୍ଟତା ହାତରୁ ରକ୍ଷାକରିବ। ଅସହିଷ୍ଣୁତା ପ୍ରକୃତ କାର୍ଯ୍ୟ-କାରଣ-ସମ୍ବନ୍ଧବୋଧର ଏକାନ୍ତିକ ଅଭାବର ପରିଚାୟକ। ଏହା ପ୍ରଗତିର ପରିପନ୍ଥୀ, ପ୍ରତିକ୍ରିୟାର ବାହନ।

କାବ୍ୟ କବିତାର ମୂଳଧର୍ମ –

କୌଣସି ତାତ୍ତ୍ୱିକ ପୁଟି ଚଢ଼ାଇ କାବ୍ୟ କବିତାକୁ ହୃଦୟଗ୍ରାହୀ କରିବାକୁ ଯିବା ହାସ୍ୟାସ୍ପଦ। କବିତାର ଏକମାତ୍ର ବ୍ୟାଖ୍ୟା ଯେ କବିତା, ଏଥରେ କିଞ୍ଚିମାତ୍ର ସଦେହ ନାଇ। କୌଣସି ତତ୍ତ୍ୱ ଉପରେ ଛିଡ଼ା କରାଇ ଯେଉଁମାନେ କବିତାର ମୂଲ୍ୟବୃଦ୍ଧି କରିବାକୁ ଚେଷ୍ଟା କରନ୍ତି, ସେମାନେ ବଡ଼ ତତ୍ତ୍ୱକାର ହୋଇପାରନ୍ତି; କିନ୍ତୁ କବି ନୁହନ୍ତି।

ସବୁ ଯୁଗରେ କବିତାର ଆକର୍ଷଣୀ ଶକ୍ତି ତା'ର ନିଜ ଭିତରୁହିଁ ବାହାରିଥାଏ। ତେଣୁ ଉପଦେଶ ଦେଇ ବା ହୁକୁମ ଦେଇ କବିତା କେବେ ପାଠକର ହୃଦୟ କେନ୍ଦ୍ରରେ ଆସନ ଜମେଇ ନ ପାରେ।

ସବୁ ଯୁଗରେ କବିତା 'କାନ୍ତା ସମ୍ମିତ ଉପଦେଶ' ଭଲି ନିଜର ସୌନ୍ଦର୍ଯ୍ୟ ବଳରେ ପାଠକର ଚିତ୍ତ ଜୟ କରିଥାଏ। ଜୋର-ଜବରଦସ୍ତି କରି ବା ବକ୍ତୃତା ଦେଇ ସେ ଯାହା କରି ନ ପାରେ, ନିଜର ଅନ୍ତର୍ନିହିତ ମାଧୁର୍ଯ୍ୟବଳରେ ସେ ତାହା ଅନାୟାସରେ କରିପାରେ।

ଭିନ୍ନ ଭିନ୍ନ ଆଲଂକାରିକ ତଥା ତତ୍ତ୍ୱକାର କବିତାର ଭିନ୍ନ ଭିନ୍ନ ସଂଜ୍ଞା ନିରୂପଣ କରିଯାଇଛନ୍ତି। କାହା କାହ ମତରେ ଧ୍ୱନି, କାହା ମତରେ ରସ ପୁଣି କାହା ମତରେ ରୀତି କାବ୍ୟ-କବିତାର ଆତ୍ମା ବା ମୂଳ ଗୁଣ ବୋଲି କୁହାଯାଇଟି।*

---

* ଆଚାର୍ଯ୍ୟ ଦଣ୍ଡିଙ୍କ ମତରେ, "ଇଷ୍ଟାର୍ଥ ବ୍ୟବଚ୍ଛିନ୍ନ ପଦାବଳୀ"; ଅର୍ଥାତ୍ ଅଭିପ୍ରେତାର୍ଥ ପ୍ରକାଶ କରିବା ପଦାବଳୀହିଁ କାବ୍ୟ।

ବାମନାଚାର୍ଯ୍ୟ ମତରେ "ରୀତିରାତ୍ମା କାବ୍ୟସ୍ୟ"; ଅର୍ଥାତ୍ ରୀତିହିଁ ହେଉଟି କାବ୍ୟର ଆତ୍ମା।

ଆନନ୍ଦବର୍ଦ୍ଧନାଚାର୍ଯ୍ୟ କହନ୍ତି, "ଧ୍ୱନିରାତ୍ମା କାବ୍ୟସ୍ୟ"; ଅର୍ଥାତ୍ କାବ୍ୟର ଆତ୍ମା ହେଉଟି ଧ୍ୱନି।

ବିଶ୍ୱନାଥ କବିରାଜଙ୍କ ସିଦ୍ଧାନ୍ତ– "ବାକ୍ୟଂ ରସାତ୍ମକଂ କାବ୍ୟମ୍"। କାବ୍ୟର ଆତ୍ମା ରସ। ତାଙ୍କ ମତରେ ରୀତି କାବ୍ୟର ଅବୟବ ମାତ୍ର।

ମମ୍ମଟ ଭଟ ରସହିଁ କାବ୍ୟର ଅନ୍ତରାତ୍ମା ବୋଲି ପ୍ରତିପାଦନ କରିଛନ୍ତି। (ବିଶେଷ ବିବରଣୀ ପାଇଁ ଅ: ଆର୍ତ୍ତବଲ୍ଲଭ ମହାନ୍ତିଙ୍କ 'ରସକଲ୍ଲୋଲ ଆଲୋଚନା', ସଚ୍ଚିଦାନନ୍ଦ ତ୍ରିଭୁବନ ଦେବଙ୍କ 'ଅଲଂକାର ତରଂଗିଣୀ', ବଙ୍ଗଳା 'କାବ୍ୟ ନିର୍ଣ୍ଣୟ' ଦ୍ରଷ୍ଟବ୍ୟ।)

ଯିଏ ଯାହା କହନ୍ତୁ ନା କାହିଁକି, କବିତାର ହୃଦୟଗ୍ରାହୀ ଶକ୍ତି ଯେ ତା'ର ସମ୍ବେଦନଶୀଲତା ଉପରେ ନିର୍ଭର କରୁଚି, ଏଥିରେ କୌଣସି ମତାନ୍ତର ନାଇ । ପୁଣି, ଏହା ଯଦି ବାସ୍ତବତାକୁ ଉଦ୍‌ଘାଟନ କରି ନ ପାରେ, ତେବେ ପାଠକମନରେ କୌଣସି ରେଖାପାତ କରିପାରିବ ନାଇ । ଅନେକ ରହସ୍ୟମୟ, ଅତୀନ୍ଦ୍ରିୟବାଦୀ କବିତା ମଧ୍ୟ ବାସ୍ତବ ରାଜ୍ୟରୁ ଉପମା–ଉପମେୟାଦି ସଂଗ୍ରହ କରି ପାଠକର ହୃଦୟ ହେବାପାଇଁ ଚେଷ୍ଟା କରିଥାନ୍ତି; କାରଣ ଭାଷାର ମୂଳଭିତ୍ତି ହେଲା ସମାଜ । ସେ ଅବାସ୍ତବ ରାଜ୍ୟର କଳ୍ପନା ତଥା ଭାଷା ଓ ଭାବ ସାହାଯ୍ୟରେ ପାଠକ ମନରେ ପ୍ରବେଶ କରିପାରିବ ନାଇ । ମୋଟ୍ ଉପରେ, ପାଠକ ପ୍ରାଣରେ କବିର ଭାବସଂଚାର କରିବାହିଁ କବିତାର ପ୍ରଧାନ ଅଭିପ୍ରେତ । ସେଥିପାଇଁ କେଉଁ ମାର୍ଗ ପ୍ରଶସ୍ତ, ତାହା ସେ ନିଜେ ସ୍ଥିର କରି ନେଇଥାଏ ।

ବାସ୍ତବତାର ସ୍ୱରୂପ ଉଦ୍‌ଘାଟନର ନୂତନ କବିତାର ଲକ୍ଷ୍ୟ –

ବାସ୍ତବତା କହିଲେ ଖାଲି ଜଡ଼ଜଗତ୍‌କୁ ବୁଝାଏ ନାଇ । କବିମାନ ଓ ସମାଜମାନସର ପରିପୂର୍ଣ୍ଣତମ ଚିତ୍ର ଏହାର ପରିଧିର ଅନ୍ତର୍ଗତ । କବିର ସମଗ୍ର ଚେତନା ଓ ତା'ର ସମାଜବୋଧକୁ ଛାଡ଼ି ବାସ୍ତବତା କଦାପି ସମ୍ପୂର୍ଣ୍ଣ ହୋଇ ନ ପାରେ । ଏଇ ସମସ୍ତକୁ ନେଇ ତା'ର ଆପେକ୍ଷିକ କାବ୍ୟଜଗତ୍‌ ।

କିନ୍ତୁ ଏଇଠାରେ ଆଧୁନିକ କବିକୁ ସତର୍କ ହେବାକୁ ପଡ଼େ । ବାସ୍ତବତାର ନିଚ୍ଛକ ବର୍ଣ୍ଣନା ବା ଫଟୋଗ୍ରାଫି କବିତା ନୁହେଁ, ତାହା ଏକପ୍ରକାର ଖବରକାଗଜୀ ରିପୋର୍ଟ ମାତ୍ର ।

ବାସ୍ତବତା ବର୍ତ୍ତମାନ ଏତେ ବ୍ୟାପକ ଏବଂ ଏତେ ଦ୍ୱିଧା, ଦ୍ୱନ୍ଦ୍ୱ, ସ୍ୱବିରୋଧ ଓ ସଂକଟ, ସମସ୍ୟାରେ ଜଟିଳ ଯେ ଏହାକୁ କେବଳ ବର୍ଣ୍ଣନା କରି ବା ଅନ୍ୟ କଥାରେ ଫଟୋଗ୍ରାଫି ଦ୍ୱାରା ଚିତ୍ରିତ କରି ହେବନାଇ । ଏଇ କାରଣରୁ ଚିତ୍ରକଳ୍ପ ବା image ର ଆବଶ୍ୟକତା ପଡ଼େ ।

ଚିତ୍ରକଳ୍ପହିଁ ବାସ୍ତବତା ପୂର୍ଣ୍ଣତର ସ୍ୱରୂପ ଉଦ୍‌ଘାଟନ କରି ପାରିବ ଏବଂ ତାହାକୁ ପାଠକ ନିକଟରେ ନିବେଦନ କରି ପାରିବ;–ଯାହା ମାମୁଲି ଶବ୍ଦମାନେ କରିପାରିବେ ନାଇ ।

Wordsworth କହିଛନ୍ତି, "all good poetry is the spontaneous over-flow of powerful feelings; it takes its origin from emotions rec-ollected in tranquility."

ଶେଲିଙ୍କ ମତରେ, "Peotry is the record of the best and happlest moments of the happiest and best minds." ସେଇ ପୁଣି କହନ୍ତି, "Our sweetest songs are those that tell of saddest thoughts" । ତେଣୁ ସେ ଆନନ୍ଦକୁ ବିଷାଦଠାରୁ, ସୁଖକୁ ଦୁଃଖଠାରୁ ବିଚ୍ଛିନ୍ନ କରି ଦେଖିନାହାନ୍ତି

ଟିଲକ୍ଷ୍ୟ ଓ ୟୁଟିଲିଟି ବା ପ୍ରୟୋଜନୀୟତା ଦୃଷ୍ଟିରୁ କଳାର ମୂଲ୍ୟ ନିର୍ଦ୍ଧାରଣ କରିଛନ୍ତି । ପୂର୍ବରୁ କୁହାଯାଇଛି, ଜୀବନ ବର୍ତ୍ତମାନ ଏତେ ଜଟିଳ ଓ ଏତେ ବ୍ୟାପକ ହୋଇପଡ଼ିଚି ଯେ, ସମଗ୍ର ଜୀବନର ରୂପାୟନ କରିବାର ଦୁଃସାହସ କୌଣସି କାବ୍ୟକବିତାର ଆଉ ନାଇ । ତାହା ମହାକାବ୍ୟଯୁଗରେଇ ସମ୍ଭବ ହୋଇପାରୁଥିଲା । କାରଣ, ଜୀବନ ଓ ତା'ର ପରିପ୍ରେକ୍ଷିତ ଜଗତ୍ ସେତେବେଳେ ଅନେକଟା ସରଳ ଥିଲା । ବାସ୍ତବତାର ଗୋଟାଏ ମୋଟାମୋଟି ଧାରଣା କରିପାରିବା ସେତେବେଳେ ଆଜିକାଲିକା ପରି ଅସମ୍ଭବ ନ ଥିଲା ।

ବର୍ତ୍ତମାନ ଜୀବନ ଆଉ ତା'ର ବାସ୍ତବତାର କ୍ଷୁଦ୍ର ଭଗ୍ନାଂଶକୁ ନେଇ କବିତାକୁ, ଖାଲି କବିତା କାହିଁକି, ଗଳ୍ପ, ଉପନ୍ୟାସ, ନାଟକ, ଏକାଙ୍କିକା, ସମସ୍ତଙ୍କୁ ସନ୍ତୁଷ୍ଟ ରହିବାକୁ ପଡ଼ୁଚି । ତେଣୁ ଏଇ 'ବିନ୍ଦୁ' ମଧ୍ୟରେ 'ସିନ୍ଧୁ'ର ଯେତେଦୂର ସମ୍ଭବ, ବ୍ୟାପକତାର ପରିଚୟ ଦେବାଲାଗି ଇ ଚିତ୍ରକଳ୍ପ ଓ ଅନୁସଙ୍ଗ ଇତ୍ୟାଦିର ସାହାଯ୍ୟ ନେବାକୁ ପଡ଼େ । ନୋହିଲେ ଖାଲି ମାମୁଲି ଶବ୍ଦମାନଙ୍କ ଉପରେ ନିର୍ଭର କରି ରହିଲେ କବିତା ଏକପ୍ରକାର ଫଟୋଗ୍ରାଫିରେ ପରିଣତ ହେବ; ବିନ୍ଦୁ ବିନ୍ଦୁ ଇ ରହିଥିବ । ସିନ୍ଧୁର ସ୍ୱରୂପ ସେଥିରେ ଫୁଟି ଉଠିପାରିବ ନାଇ; କବିତା ଜୀବନର ବୃହତ୍ତର ଅର୍ଥ ହରାଇ ବସିବ । ଏଭଳି କବିତା ହେବ ଏକ ଚାଞ୍ଚଲ୍ୟକର ମୁହୂର୍ତ୍ତର ଏକ ବିଚ୍ଛିନ୍ନ ସ୍ମରଣ ମାତ୍ର; ଜୀବନର ଅବିଚ୍ଛିନ୍ନ ସମଗ୍ରତାର ରୂପ ସେଥିରେ ପ୍ରତିଫଳିତ ହେବ ନାଇ ।   ତେଣୁ, କବିତାର ସ୍ୱଳ୍ପପରିସର ଭିତରେ ଜୀବନ ଓ ତା'ର ବାସ୍ତବତାର ଯେତେ ଦୂର ସମ୍ଭବ, ବୃହତ୍ତର ସ୍ୱରୂପ ନିବେଦନ କରିବା ପକ୍ଷରେ ରୂପକଳ୍ପାଦିର ଆବଶ୍ୟକତା ଅପରିହାର୍ଯ୍ୟ ମନେହୁଏ ।

ଆଧୁନିକ ସାହିତ୍ୟର ଆନ୍ତର୍ଜାତିକ ଓ ଲୌକିକ ପ୍ରତିମା –

ବିଜ୍ଞାନର ଦ୍ରୁତ ଅଗ୍ରଗତିକୁ ଧନ୍ୟବାଦ, ପୃଥିବୀ ଆଉ ପୂର୍ବପରି ଦୂରତ୍ୱ କିମ୍ବା ସମୟ ଦ୍ୱାରା ଖଣ୍ଡ-ବିଖଣ୍ଡ ନୁହେଁ । ରେଲ, ଜାହାଜ, ବାୟୁଯାନ, ସମ୍ବାଦପତ୍ର, ତାର, ବେତାର, ସିନେମା, ଥ୍ୟେଟର ପ୍ରଭୃତି ଫଳରେ ପୃଥିବୀ ଆଜି କ୍ରମେ ନିକଟତର ହୋଇ ଆସୁଚି । କବିର ଲୌକିକତା, ଏପରିକି ତା'ର ଦେଶୀୟତା ମଧ୍ୟ ଏକ ଆନ୍ତର୍ଜାତିକ ଚେତନାରେ କ୍ରମେ ଏକାକାର ହୋଇଯାଇଚି । ଜଣେ ଲୋକ ଆଜି ସକାଲେ କଲିକତାରେ, କିମ୍ବା ଧରନ୍ତୁ, ଆମର ଏଇ କଟକରେ ପ୍ରାତଃରାଶ କରି ଲଣ୍ଡନରେ ମଧ୍ୟାହ୍ନଭୋଜନ ଏବଂ ନ୍ୟୁୟର୍କରେ ରାତ୍ରିଭୋଜନ କରିବାରିବା ଅସମ୍ଭବ ନୁହେଁ । ଯେଉଁମାନେ ପୃଥିବୀର ଦୂର-ଦୂରାନ୍ତ ଅଞ୍ଚଲ ଦେଖିବାର ସୁବିଧା ପାଇ ନାହାନ୍ତି, ସେମାନେ ମଧ୍ୟ ପତ୍ରପତ୍ରିକା, ପୁସ୍ତକାବଳୀ, ସମ୍ବାଦପତ୍ର, ସିନେମା ଏବଂ ବେତାର, ଟେଲିଭିଜନ ଇତ୍ୟାଦି ସାହାୟ୍ୟରେ ପୃଥିବୀର ଦୂରବର୍ତ୍ତୀ କୋଣର ସମ୍ବାଦ ପ୍ରତିମୁହୂର୍ତ୍ତରେ ପାଇପାରୁଛନ୍ତି । ପୃଥିବୀଠାରୁ ସେମାନେ ଆଉ ଛିନ୍ନ-ବିଚ୍ଛିନ୍ନ ନୁହନ୍ତି । ଆଜି ଉତ୍ତରମେରୁରେ ବରଫ୍ସ୍ତୂପ ତରଲି ଯାଇ ଜଳପ୍ଲାବନ ହେଲେ,

ଏକ ଘଣ୍ଟା ମଧ୍ୟରେ ତାହା ଓଡ଼ିଶାର ଗ୍ରାମଗହଳରେ ମଧ୍ୟ ରେଡ଼ିଓ ଓ ସମ୍ବାଦପତ୍ର ମାର୍ଫତରେ ଲୋକଙ୍କ ନିକଟରେ ପହଞ୍ଚି ଯାଇ ପାରୁଛି । ଆଜି ଲେଖକର ଓ ପାଠକର ସମାଜମାନସିକତା ଓ ବିଶ୍ୱମାନସିକତା ପ୍ରତି ମୁହୂର୍ତ୍ତରେ ବ୍ୟାପକତର ହୋଇ ଚାଲିଚି । ତେଣୁ ସାହିତ୍ୟରେ ପୃଥିବୀର ବିଭିନ୍ନ ଦେଶର ରୂପକଳ୍ପ, ଜୀବନ–ଚିତ୍ର ଏବଂ ଉପମା ଉପମେୟାଦି ବାସ୍ତବତାର ଅଙ୍ଗରୂପେ ଆତ୍ମପ୍ରକାଶ କରୁଛନ୍ତି । କେହି ଏହାକୁ ଝରକା କବାଟ ବନ୍ଦକରି ଅଟକାଇ ପାରିବ ନାଇଁ । ଆମର ଲୌକିକ ପ୍ରତିମାମାନେ ଆଜି ଆନ୍ତର୍ଜାତିକ ପ୍ରତିମାମାନଙ୍କ ସଙ୍ଗେ ପାଖାପାଖି ଠିଆ ହୋଇଛନ୍ତି ।

ଏ ସବୁ କ୍ରମପ୍ରସାରଣକୁ ଯେଉଁମାନେ ବୈଦେଶିକ କହି ନାକ ଟେକନ୍ତି, ସେମାନଙ୍କୁ ମୁଁ ପଚାରେ, ସେମାନେ କ'ଣ ସେମାନଙ୍କର ବିଚ୍ଛିନ୍ନ ଲୌକିକତାକୁ ଜୋର କରି ଜିଆଇ ରଖି ପାରିବେ ? ସେମାନେ କ'ଣ ସମୟ ବିରୁଦ୍ଧରେ ଏକକ ସଂଗ୍ରାମ କରି ଜୟୀ ହୋଇପାରିବେ ? ଜୀବନର ଚେହେରାଟା ସେମାନେ କହିଲେ କ'ଣ ବଦଳିଯିବ ? ତେବେ ଏତେ ଅଭିମାନ ଓ ଅଭିଯୋଗ କିଆଁ ? ସାହିତ୍ୟ ଜୀବନର ପ୍ରତିବିମ୍ବ ହେଲେ ଦୋଷର କଥା କ'ଣ ରହିଲା ? ସାହିତ୍ୟର ଜନ୍ମ ଜୀବନ ମଧ୍ୟରୁ, ନା ବ୍ୟକ୍ତିବିଶେଷର ଖାମଖିଆଲୀ କଳ୍ପନା ଭିତରୁ ? ସେ କାହା କଥା ମାନିବ ? ସେ ବିରାଟ ମଣିଷ ଜୀବନ ଯେଉଁ ବାଟରେ ଚାଲିବି ଓ ସାହିତ୍ୟକୁ ଚଲାଉଚି, ସେ ବାଟରେ ଚାଲିବ, ନା ୟାଙ୍କ କଥା ମାନି ଘରକଣରେ ପଶି ରହିବ ?

ମୋର କବିତାରୁ ଗୋଟିଏ ଦିଓଟି ଉଦାହରଣ ଦିଏଁ –

"ତାର ସ୍ୱର୍ଶ

ତା ଦେହର ଗଂଧ ଆଉ ତରଳିତ ହର୍ଷ,

ଲୀଳାୟିତ ସ୍ତ୍ରୀୟୋଚିତ ଲଳିତ ଇସ୍ୱାତ

ଆଖିର ଶିଖୀର ଭଂଗୀ

ଅଗଣିତ କାମନାର ଅନିନ୍ଦିତ ନୀଳାଭ ଚୌରଂଘି ॥

ମନେପଡ଼େ, ମନେପଡ଼େ, ମନେପଡ଼େ ।

ଅତିଦୂରେ

ଫଳଭରା ଜାମୁବନ ଛାୟା ଗହଳରେ

ସେ ମୋର

ଦଶାର୍ଣ ଗ୍ରାମ ।

ନାମ ମେଲବୋର୍ଣ ।

ମୋ ପ୍ରିୟ ନଗରୀ ।" ('ସ୍ମୃତିଲେଖା',–କବିତା–୧୯୬୨)

ଏଠାରେ କଲିକତାରେ ସୁପରିଚିତ ଟୌରଂଘିର ରୂପକଳ୍ପଟି ସଙ୍ଗେ କାଳିଦାସଙ୍କ 'ମେଘଦୂତ' ବର୍ଣ୍ଣିତ 'ଦଶାର୍ଣ୍ଣ ଗ୍ରାମ'ର ରୂପକଳ୍ପଟି ମଧ୍ୟ ବ୍ୟବହାର କରାଯାଇଛି । କେଉଁଟି ପାଠକ ମନରେ ଏକ ଦୈହିକ ଚେତନା ବା ସ୍ପନ୍ଦନ ସୃଷ୍ଟି କରିପାରୁଛି ? ନିଶ୍ଚୟ ଟୌରଂଘି । ଏହା ପାଠକର ପ୍ରତ୍ୟକ୍ଷ ଅନୁଭୂତି ଭିତରର ଇମେଜ୍ । ତେଣୁ ତା ମନରେ ଏକ ଫିଜିକାଲ୍ ବା ଦୈହିକ ଚେତନା ଜାଗରଣ କରିଦିଏ; ମାତ୍ର ଦଶାର୍ଣ୍ଣ ଗ୍ରାମ ସେପରି କୌଣସି ରେଖାପାତ କରି ପାରେ ନାଇ । ତା'ର କାରଣ ଆଧୁନିକ ପାଠକ ସଙ୍ଗେ ଏହାର କୌଣସି ପ୍ରତ୍ୟକ୍ଷ ଯୋଗସୂତ୍ର ନାଇ । ଯଦିବା ଥିଲା, ତାହା ପୁରୁଣା ହୋଇଯାଇଛି - ପୂର୍ବକାଳ ପରି ତାହା ଆଉ ଶାଣିତ ଆବେଦନ ସୃଷ୍ଟି କରିପାରେ ନାଇ । ପୁଣି ଏଇ ବହିର ଅନ୍ୟତ୍ର –

'ତାଁକ ଜୀବନର ନିରୀହ ଏସ୍‌ପ୍ଲାନେଡ୍‌

ଉପରେ ଏତେ ରଂଗ-ବେରଂଗର ଗୋଳମାଳ

ସେ ଜମା ସହ୍ୟ କରି ପାରଂତି ନାଇ ।" ('ତିନୋଟି ଚରିତ୍ର' - 'କୀଚକ')

ଜଣେ ବିଶିଷ୍ଟ ଲେଖକବନ୍ଧୁ ଥରେ ଏ ସମ୍ପର୍କରେ ମତ ଦେଇଥିଲେ – ଆମ ଓଡ଼ିଶାରେ କେତେଜଣ ଲୋକ ଟୌରଂଘି ବା ଏସ୍‌ପ୍ଲାନେଡ୍‌ ଦେଖିଛନ୍ତି ଯେ ଏହାକୁ ବୁଝିବେ ? ମୁଁ ତାଙ୍କୁ କହିଥିଲି, କଲିକତା ପୃଥିବୀର ସର୍ବାପେକ୍ଷା ବୃହତ୍ତମ ଓଡ଼ିଆ ଭାଷାଭାଷୀ ନଗରୀ । କଲିକତା ଓ ତା'ର ଉପକଣ୍ଠରେ ପ୍ରାୟ ଅନୂର୍ଧ୍ୱ ୫/୬ ଲକ୍ଷ ଓଡ଼ିଆ ରହିଛନ୍ତି, ଯାହା କଟକ ସହରର ଲୋକସଂଖ୍ୟାର ପ୍ରାୟ ପାଞ୍ଚଗୁଣ । ଏହାଛଡ଼ା ଓଡ଼ିଶାର ଆହୁରି ୫୦-୬୦ ଲକ୍ଷ ଲୋକ ନିଶ୍ଚୟ କଲିକତା ଦେଖିଥିବେ । ତେଣୁ ଏଭଲି 'ଇମେଜେରି'କୁ ଯଦି ଓଡ଼ିଆ ପାଠକେ ବୁଝି ନ ପାରିବେ ଏବଂ ପ୍ରତି କଥାରେ ଯଦି ପ୍ରତ୍ୟକ୍ଷଦର୍ଶନ ଲୋଡ଼ା ହୁଏ, ତେବେ 'ଅଲକାପୁରୀ', 'ପାରିଜାତ', 'ରଂଭୋରୁ' ପ୍ରଭୃତି ବା କେତେଜଣ ଲୋକଙ୍କର ବୋଧଗମ୍ୟ ହେବ ? କେଇଟା ଲୋକ ଓଡ଼ିଶାରେ ରମ୍ଭାର ଉରୁ ବା କିନ୍ନର କଣ୍ଠ କିମ୍ୱା 'ପାରିଜାତ' ଫୁଲ ବା ସିଂହକଟି (କମଳାକାନ୍ତ ବାହନ ଭକ୍ଷ୍ୟଧାରୀ ନାରାୟାନକଟି) ଦେଖିଛନ୍ତି ବା ସେ ସମ୍ୱନ୍ଧରେ ପ୍ରତ୍ୟକ୍ଷ ଧାରଣ କରିପାରିବେ ? ଆମ ଓଡ଼ିଶା ସୀମାର ଦେଢ଼ଶହ ମାଇଲ ଦୂରର ଜିନିଷକୁ ଏତେ ଘନିଷ୍ଠ ଯୋଗାଯୋଗ ସତ୍ତ୍ୱେ ଯଦି ସେମାନେ ବୁଝି ନପାରିବେ, ତେବେ ଆମର ଏ ପୃଥିବୀ ଏବଂ ଆମର ଏଇ ଇହକାଲଟାର ବାହାରେ ପରକାଳର ସ୍ୱର୍ଗୀୟ ଜିନିଷସବୁରୁ ସେମାନେ କ'ଣ ବା ବୁଝିବେ ଏବଂ କ'ଣ ବା ରସ ଆସ୍ୱାଦନ କରିପାରିବେ ? ଅଥଚ ଏଇ ପାରଲୌକିକ ଜିନିଷସବୁ ଆମର ଏକାନ୍ତ ନିଜର ଏବଂ ଆମର ଦୈନନ୍ଦିନ ବାସ୍ତବ ଜଗତର ବସ୍ତୁପୁଞ୍ଜ କେତେକଙ୍କ ଆଖିରେ ବୈଦେଶିକ ଓ ବହିରାଗତ । ରକ୍ଷଣଶୀଳତା ଓ କୂପମଣ୍ଡୁକତାର ସୀମା ଆଉ କେତେ ଦୂର ଯାଇପାରେ ?

ଘଷରା ରେଜିକୀ ପରି ଘଷରା ଉପମା ଓ ଚିତ୍ରକଳ୍ପ ମଧ୍ୟ ସମୟରେ ନିଜର ଆକର୍ଷଣୀ ଶକ୍ତି ଓ ଚମତ୍କାରିତା ହରାଇବସନ୍ତି। ଏକ ସମୟରେ ସେମାନଙ୍କର ଯେଉଁ ପ୍ରଭାବ ଥାଏ, ଅନ୍ୟ ଯୁଗରେ ତାହା କର୍ପୂର ପରି କୁଆଡ଼େ ହୁଏତ ଉଡ଼ିଯାଇପାରେ। ସେମାନେ ଫ୍ଲାଟ୍‌ ବା ନିତାନ୍ତ ସାଦାସିଧା ମନେ ହୋଇପାରନ୍ତି। ଏହା ଆମର ପ୍ରତ୍ୟକ୍ଷ ଅନୁଭବର କଥା। 'ଚକୋର', 'ଚନ୍ଦ୍ର', 'କୋକିଲ' ଓ 'କମଳିନୀ' ପ୍ରଭୃତି କେତୋଟି ମାମୁଲି କଥା ଓ ବନ୍ଧାଗତ ଭିତରେ ଯେଉଁମାନଙ୍କର ଉପମାଜଗତ୍‌ ସୀମାୟିତ, ସେମାନଙ୍କୁ ବା ଏ ଯୁଗୀୟ ଲେଖକର କ'ଣ କୈଫିୟତ ଦେବାକୁ ଅଛି ?

ଆନ୍ତର୍ଜାତିକତା, ବିଶ୍ୱମାନସିକତା ଆଜି ଆମର ନିରାଟ ବାସ୍ତବତାରେ ପରିଣତ ହୋଇଚି। ଏହାକୁ ବୈଦେଶିକ ବା ବହିରାଗତ କହିବା ଅସଂଗତ। ଏହା ଯଦି ବୈଦେଶିକ ହୁଏ, ତେବେ ଆମ ଜୀବନର ଶତକଡ଼ା ୯୦ ଭାଗଇ ବୈଦେଶିକ ବୋଲି କୁହାଯିବ। ଆମର ଚଳଣି ଓ ଚିନ୍ତାଧାରାକୁ ସକାଳୁ ସନ୍ଧ୍ୟା ପର୍ଯ୍ୟନ୍ତ ନିରୀକ୍ଷଣ କଲେ ଆମେ ନିଜେଇ ବୁଝିପାରିବା, ଆମର ଶତକଡ଼ା କେତେ ଭାଗ ଦେଶୀୟ ଏବଂ କେତେ ପ୍ରତିଶତ ବହିରାଗତ। ('ବୈଦେଶିକ' ଶବ୍ଦଟା ଏଠାରେ ବ୍ୟବହାର ନ କରିବାଇ ଭଲ।)

ତେଣୁ, କଥା-କଥାକେ ଯେଉଁମାନେ ଆଧୁନିକ ସାହିତ୍ୟକୁ ଅନୁକରଣସର୍ବସ୍ୱ ବା ବୈଦେଶିକତାଦୋଷଦୁଷ୍ଟ ବୋଲି ଡେଙ୍ଗୁରା ପିଟନ୍ତି, ସେମାନେ କହିବେ କି, ତାଙ୍କର ଚିରାଚରିତ ଶବ୍ଦ ବା ଉପମାସବୁର (ଯାହା ପ୍ରାଚୀନ ଓଡ଼ିଆ ସଂସ୍କୃତ ସାହିତ୍ୟରୁ ଆମଦାନି) କେତେ ଭାଗ ଆମର ଜୀବନ ସଙ୍ଗେ ସଂପୃକ୍ତ – ଯାହାକୁ କି ପାଠକ ନିଜର ଅଭିଜ୍ଞତାର ବିଷୟ ବୋଲି ମନେ କରିପାରିବ ?

ଚନ୍ଦ୍ର, ଚକୋର, କମଳିନୀ କିମ୍ବା ସିଂହକଟି ପ୍ରଭୃତି ଉପମା ଆଜି ଘଷରା ପଇସା ପରି ଅଚଳ ନୁହନ୍ତି କି ? ସେମାନେ ଆଧୁନିକ ମନରେ କିଛି ସ୍ପନ୍ଦନ ବା ସମ୍ବେଦନ ସୃଷ୍ଟି କରନ୍ତି କି ?

ଆମେ ସବୁ ଜିନିଷରେ ଆଧୁନିକ ହେବୁ, କିନ୍ତୁ ସାହିତ୍ୟଟାକୁ ଆଧୁନିକ ହେବାକୁ ଦେବୁ ନାଇ ! ତାକୁ ସେଇ ପୁରୁଣା ପଚାଶ ବର୍ଷ ତଳର ଫୋର୍ଡ଼ ଗାଡ଼ି ପରି ଘଷରା କରି ରଖିଥ୍ବୁ ଏହା କିପରି କଥା ?

ନିଜେ କୋଟ୍‌, ପ୍ୟାଣ୍ଟ, ଟାଇ ପିନ୍ଧି; ଟ୍ରାମ, ମଟର, ରିକ୍‌ସା ଚଢ଼ି ଆମେ ଅଫିସ କରିବୁଁ; ସନ୍ଧ୍ୟାବେଳେ ବିଜୁଲି ଆଲୁଅ ତଳେ ମାଇକ୍ରୋଫୋନ୍‌ ସାମ୍‌ନାରେ ଛିଡ଼ା ହୋଇ ଆଧୁନିକତା ବିରୁଦ୍ଧରେ ଓଜସ୍ୱିନୀ ଭାଷଣ ଦେବୁ। ଏଇ ହେଇଚି ବର୍ତ୍ତମାନ ସାହିତ୍ୟ ସମାଲୋଚନାର ହଲ୍‌ ଫେସନ୍‌। ସାହିତ୍ୟ ଯେପରି ଜୀବନଠାରୁ ଛିନ୍ଦ୍‌ବିଚ୍ଛିନ୍ନ ଏକ ଅହେତୁକ

ମନଗଢ଼ା ଜିନିଷ ଯେ, ଜୀବନଠାରୁ ବାଡ଼ ପକାଇ ଆମେ ତାକୁ ନିଜର ମର୍ଜି ଅନୁସାରେ ଯେପରି ଇଚ୍ଛା ସେପରି ଗଢ଼ି ନେଇ ପାରିବୁଁ ।

'ପୁରାତନ'ର ଯାହା ସୁନ୍ଦର, ଯାହା ରୁଚିର ଓ ରୁଚିକର ତାହାର ଆଦର ବା ପ୍ରଶଂସା କରିବା ଏକ କଥା; ଆଉ ତାକୁ ଆଶ୍ରୟ କରି ଆଗକୁ ପାଦ ନ ବଢ଼ାଇବା ଅନ୍ୟ ଏକ କଥା । କୋଣାର୍କ, ଭୁବନେଶ୍ୱର, ପୁରୀର ଅନୁପମ ମନ୍ଦିରଶିଳ୍ପ – କିଏ ପ୍ରଶଂସା ନ କରେ ? କିନ୍ତୁ ଏହା ବୋଲି କେହି ଆଜିକାଲି ସେଇ ଢାଞ୍ଚାରେ ଘରଦ୍ୱାର ତୋଳି, ସେଇଭଳି ଆଲୋକ ବତାସହୀନ ଅନ୍ଧକାରପୂର୍ଣ୍ଣ ପଥରପୁରୀ ଭିତରେ ରହିପାରିବ କି ? ତେଣୁ କଥା– କଥାକେ ପୁରାତନର ଦ୍ୱାହି ଦେବା ଅର୍ଥ ଜୀବନର ଅଗ୍ରଗତିକୁ ଅସ୍ୱୀକାର କରିବା ନୁହେଁ କି ? ଅତୀତସଚେତନ ହେବା ଆମର ବାସ୍ତବତାର ରୋକ୍‌ଠୋକ୍‌ ଅସ୍ୱୀକାର ଏବଂ ଜୀବନର ପରିପନ୍ଥୀ । ଏଥିରେ ମଙ୍ଗଳ ହୁଏ ନାଇ । ଏହା ଏକପ୍ରକାର ଶିବପୂଜା; ଶିବ ଏଥିରେ ନାହାନ୍ତି ।

ଅସଲ କଥା, ଆଧୁନିକତାଟାକୁ ଆମର ଯେତେ ଭୟ ନୁହେଁ ନିଜର ପ୍ରଭାବ, ପ୍ରତିପଭି ହରାଇ ବସିବାର ଭୟ ତେତେ ବେଶ । ସାହିତ୍ୟ ଯଦି ନୂଆ ମାର୍ଗ ବାଛିନିଏ, ତେବେ କେତେ ଜଣଙ୍କର ନେତୃତ୍ୱ ଓ ପ୍ରତିଷ୍ଠା ନିଶ୍ଚୟ ଆଉ ରହିବ ନାଇ । ଭୟର ଜୀବାଣୁ ସେଇଠାରେ । 'ପରମ୍ପରା'ର ଚଡ଼କପୂଜା ଖାଲି ଏକ ବାହାନା ମାତ୍ର । ଆତ୍ମପ୍ରତାରଣା ଓ ସ୍ୱବିରୋଧର ସୀମା ଆଉ କେତେଦୂର ଯାଇପାରେ ?

ଚତୁର୍ଥ ଅଧ୍ୟାୟ
ଓଡ଼ିଆ ସାହିତ୍ୟରେ 'ଉପଧା'ର ଚଳଣି

ଓଡ଼ିଆଭାଷାରେ 'ଉପଧା' ପ୍ରୟୋଗର ସମୀଚୀନତା ସମ୍ପର୍କରେ ମୁଁ ପ୍ରଥମେ ୧୯୪୧ ସାଲରେ 'ପାଣ୍ଡୁଲିପି' ପୁସ୍ତକର ନାନ୍ଦୀମୁଖରେ ଏବଂ ପରେ ୧୯୪୯ ସାଲ ଏବଂ ୧୯୫୦ ସାଲ 'ଝଙ୍କାର' ପତ୍ରିକାରେ ବିସ୍ତୃତ ଆଲୋଚନା କରେଁ। ଏଇ ସନ୍ଦର୍ଭରେ କିଞ୍ଚିତ୍ ପୂର୍ବରୁ ମଧ୍ୟ ଓଡ଼ିଆରେ ଉପଧା ଚଳଣିର ଅସଂଗତି ବିଷୟରେ କେତେକ ସୂଚନା ଦେଇଚି।

ଓଡ଼ିଆରେ ଉପଧା ଏକ ଅର୍ବାଚୀନ ପ୍ରୟୋଗ। ରାଧାନାଥ-ଯୁଗରେହିଁ ଏହାର ଉଦ୍ଭବ ଓ ପ୍ରସାର। ତେଣୁ ଏହାର ବୟସ ଷାଠିଏରୁ ବେଶୀ ନୁହେଁ; ଅଥଚ ଓଡ଼ିଆଭାଷା ଏକାଦଶ ଶତାବ୍ଦୀରୁ ଜୀବିତ ରହିଚି। ଏହାର ସାହିତ୍ୟ ଅତ୍ୟନ୍ତ ପୁଷ୍କଳ ଓ ରୁଦ୍ଧିମନ୍ତ। ଓଡ଼ିଆରେ ଉପଧା ଚଳଣିର କୌଣସି ପରମ୍ପରା ବିଂଶ ଶତକ ପୂର୍ବରୁ ନ ଥିଲା। ଅବଶ୍ୟ କାଁ–ଭାଁ କେତୋଟି ସଙ୍ଗୀତରେ (ଯଥା– 'ରସମାନସ ରାଧୁକେଶ') ଏବଂ ଦେବଦୁଲ୍ଲଭ ଦାସଙ୍କ 'ରହସ୍ୟମଞ୍ଜରୀ' କାବ୍ୟର ଦଶମ ଛାନ୍ଦର କେତୋଟି ପଂକ୍ତିରେ ଏହାର ଖାପଛଡ଼ା ନିଦର୍ଶନ ମିଳେ। କିନ୍ତୁ ଏଥିରେ କବିଙ୍କର ଉପଧାଲକ୍ଷ୍ୟ ଥିଲା ବୋଲି କହିବା ଅସଂଗତ; କାରଣ ପରବର୍ତ୍ତୀ ପାଦମାନଙ୍କରେ ଉପଧାଭଙ୍ଗ ଦେଖାଯାଏ।

୧୯୪୯ ଖ୍ରୀଷ୍ଟାବ୍ଦରେ ଟିକିଲିର ରାଜବାହାଦୁର ୭ଲକ୍ଷ୍ମୀନାରାୟଣ ହରିଚନ୍ଦନ ଜଗଦେବ ଲେଖକକୁ ପତ୍ର ଲେଖି କେତେକ ପ୍ରାଚୀନ ଓଡ଼ିଆ ପୁସ୍ତକ ଓ ଅଳଂକାର ଗ୍ରନ୍ଥ ଯୋଗାଇଦେଇଥିଲେ ଏବଂ ମୋର ଉପଧାବିରୋଧୀ ଆନ୍ଦୋଳନକୁ ପୂର୍ଣ୍ଣପ୍ରାଣରେ ସମର୍ଥନ କରିଥିଲେ। ୧୯୧୩ ଖ୍ରୀଷ୍ଟାବ୍ଦରେ ବାମଣ୍ଡା ହିତୈଷିଣୀ ଇଲେକ୍ଟ୍ରିକ୍ ମେସିନ୍ ପ୍ରେସରେ ମୁଦ୍ରିତ ମିଶ୍ର ଶ୍ରୀ ବ୍ରଜବନ୍ଧୁ ଦେବଶର୍ମା ପ୍ରଣୀତ 'ଉପଧା ବିଚାର' ପୁସ୍ତକଟି ବିଶେଷ ଭାବରେ ଉଲ୍ଲେଖନୀୟ। ମିଶ୍ର ଶ୍ରୀ ବ୍ରଜବନ୍ଧୁ ଦେବଶର୍ମା ତାଙ୍କ ପୁସ୍ତକରେ ଆଠଟି ମୀମାଂସାରେ ଉପଧାର ଦୋଷଗୁଣ ବିବେଚନା କରି ଓଡ଼ିଆ କାବ୍ୟକବିତାର ପ୍ରତିଭା ଓ ପରମ୍ପରା ଦୃଷ୍ଟିରୁ ଉପଧାପ୍ରୟୋଗ ସମ୍ପୂର୍ଣ୍ଣ ଅଯୌକ୍ତିକ ବୋଲି ଯେପରି ଅକାଟ୍ୟ ପ୍ରମାଣ ଦର୍ଶାଇଛନ୍ତି, ତାହା ପ୍ରତ୍ୟେକ ନବ ସାହିତ୍ୟିକ – ପକ୍ଷରେ ଅନୁଶୀଳନୀୟ। ଏହାଛଡ଼ା ବାମଣ୍ଡାର ସ୍ୱର୍ଗୀୟ ରାଜା ସଚ୍ଚିଦାନନ୍ଦ ତ୍ରିଭୁବନ ଦେବଙ୍କ ପ୍ରଣୀତ 'ଅଳଂକାରସାର' ଏବଂ

ପ୍ରାଚୀ-ପ୍ରକାଶିତ 'ଲାବଣ୍ୟବତୀ' ଗ୍ରନ୍ଥରେ ଏବଂ ମୋର ପୂଜ୍ୟ ଅଧ୍ୟାପକ ଆର୍ତ୍ତବଲ୍ଲଭ ମହାନ୍ତିଙ୍କ ଲେଖା ମୁଖବନ୍ଧ ଏବଂ ବଙ୍ଗଲାରେ ପଣ୍ଡିତ ଲାଲମୋହନ ବିଦ୍ୟାନିଧିଙ୍କ କୃତ 'କାବ୍ୟ-ନିର୍ଣ୍ଣୟ' ନାମକ ଅଲଂକାର ଗ୍ରନ୍ଥ (ପ୍ରଥମ ପ୍ରକାଶ- ୧ ୯ ୬ ୨) ଏ ଦିଗରେ ଯଥେଷ୍ଟ ଆଲୋକପାତ କରନ୍ତି ।

ଓଡ଼ିଆରେ ଉପଧା କିପରି ଓ କାହିଁକି ପ୍ରଚଳିତ ହେଲା ତା'ର କୌଣସି ଯୁକ୍ତିଯୁକ୍ତ କାରଣ ଏହାର ଆଦ୍ୟ ପ୍ରବର୍ତ୍ତକ ରାୟ ରାଧାନାଥ ରାୟବାହାଦୁର କିମ୍ବା ଅନ୍ୟ ପୁରୋଧା ରାଓ ମଧୁସୂଦନ ରାୟବାହାଦୁର କେହି ନିଜର କୌଣସି ଗ୍ରନ୍ଥରେ ଦେଇନାହାନ୍ତି ।

ସାରଳାଯୁଗ, ରୀତିଯୁଗ କିମ୍ବା ପଞ୍ଚସଖା ସାହିତ୍ୟରେ ଉପଧାର ଗୋଟିଏ ହେଲେ ନିଦର୍ଶନ ଦେଖିବାକୁ ମିଳେ ନାଇ; ଅଥଚ ହଠାତ୍ ଏଭଳି ଏକ ବାଧ୍ୟତାମୂଳକ ନିୟମ ଏଡ଼େ ବ୍ୟାପକଭାବରେ ସମଗ୍ର କାବ୍ୟକବିତାରେ ଆସନ ଦଖଲ କରିବସିଲା କେଉଁ ଅଧିକାରରେ, ଏହାହିଁ ଆଶ୍ଚର୍ଯ୍ୟର କଥା ।

ବ୍ରଜବନ୍ଧୁ ମିଶ୍ର ଦେବଶର୍ମାଙ୍କ ମତରେ ଉପଧା କ୍ରମେ ଇଂରାଜୀ ସାହିତ୍ୟରୁ ବଙ୍ଗଭାଷାକୁ ଏବଂ ପରେ ବଙ୍ଗଭାଷାରୁ ଓଡ଼ିଆଭାଷାକୁ ଆମଦାନି ହେଲା । ଏହାକୁ ବଙ୍ଗଦେଶରୁ ବାଟବରଣ କରି ଆଣିଲେ ଆମ ସାହିତ୍ୟର ସେ-ଯୁଗୀୟ ବଡ଼ପଣ୍ଡାମାନେ, ଯେଉଁମାନେ ସରକାରୀ ଚାକିରିସୂତ୍ରରେ ପାଠ୍ୟପୁସ୍ତକ ନିର୍ବାଚନରେ ବି ହର୍ତ୍ତାକର୍ତ୍ତା-ବିଧାତା ଥିଲେ ।

ଦେବଶର୍ମାଙ୍କ ମତରେ, ଏହା ସ୍ୱତଃସିଦ୍ଧ କଥା ଯେ ପଦାଂଶସ୍ଥିତ ଅସଂକ୍ଷିପ୍ତ ବର୍ଣ୍ଣଯୋଜିତ ଇଂରାଜୀ ଶଦ୍ଧମାଳାର ଉଚ୍ଚାରଣକାଳରେ ଯୁକ୍ତ ବା ଅଯୁକ୍ତ ଉପାନ୍ତ୍ୟ ସ୍ୱରବର୍ଣ୍ଣ ନ୍ୟସ୍ତ ହୁଏ । ଏହା ସେଇ ଭାଷାର ସାହିତ୍ୟରେ ପ୍ରୟୋଜନୀୟ ଲାଲିତ୍ୟ ଓ ମାଧୁରୀ ରଖେ । ଇଂରାଜୀ ଭାଷା ରାଜଭାଷା ହୋଇଥିବାରୁ ବଙ୍ଗ-ସାହିତ୍ୟ ଓ ଓଡ଼ିଆ-ସାହିତ୍ୟ ଉପରେ ତା'ର ପ୍ରଭାବ ପଡ଼ିବା ସ୍ୱାଭାବିକ । ଇଂରାଜୀ ମିତ୍ରାକ୍ଷର ପଦ୍ୟରେ ଶେଷ ଶଦ୍ଧର ଉଚ୍ଚାରଣ ଅଧିକାଂଶ ସ୍ଥଳରେ ହଲନ୍ତଯୁକ୍ତ ହୋଇଥିବାରୁ ଶେଷବର୍ଣ୍ଣର ପୂର୍ବବର୍ଣ୍ଣର ଯୁକ୍ତ ବା ଅଯୁକ୍ତ ସ୍ୱରର ସମତା ରକ୍ଷା ସେ ଭାଷାର କାବ୍ୟକବିତାରେ ଏକ ନ୍ୟାୟସଙ୍ଗତ ବିଧିରୂପେ ଆତ୍ମପ୍ରକାଶ କରିଥିବାର ଜଣାଯାଏ । ଆଉ ମଧ୍ୟ ପୁଙ୍ଖାନୁପୁଙ୍ଖରୂପେ ଆଲୋଚନା କଲେ ସ୍ପଷ୍ଟ ଜଣାଯାଏ ଯେ ଖାଲି ଇଂରାଜୀ କାହିଁକି, ପୃଥିବୀର ସମସ୍ତ ଭାଷାର ସାହିତ୍ୟରେ ଉପଧା ପୂର୍ବକାଳର ପ୍ରଚଳିତ ନିୟମ ନୁହେଁ; ଏହା ଏକ ଅର୍ବାଚୀନ ବିଧି । କାଳକ୍ରମେ ମାତ୍ର କେତେ ଶହ ବର୍ଷ ପୂର୍ବେ ଇଂରାଜୀ ଓ ଅନ୍ୟାନ୍ୟ ଭାଷାର କାବ୍ୟ-ସାହିତ୍ୟରେ ଏ ଉପଧା ନିୟମ ପ୍ରଚଳିତ ହୋଇଚି । ବହୁ ପ୍ରାଚୀନ ଇଂରାଜୀ ଗାଥାରେ ଉପଧା ଆଦୌ ନାଇ । ରସରଙ୍କ ଭଲି ମହାକବିଙ୍କ କାବ୍ୟରେ ଏହାର ବ୍ୟାପକ ପ୍ରଚଳନ ଦେଖାଯାଏ ନାଇ ।

ଭାରତବର୍ଷରେ ଇଂରାଜୀ ସାହିତ୍ୟ କାଏମ୍ ହେବା ପରେ ସମଗ୍ର ଭାରତର ଦୃଷ୍ଟି ଇଂରାଜୀ ସାହିତ୍ୟ ପ୍ରତି ଆକୃଷ୍ଟ ହେଲା । ଇଂରାଜୀ ସାହିତ୍ୟର ଅନୁକରଣରେ କାବ୍ୟକବିତା ଲେଖୁଥିବା ବଙ୍ଗୀୟ ଲେଖକମାନେ ମିତ୍ରାକ୍ଷର ପଦ୍ୟରେ 'ଉପଧା' ପ୍ରଚଳନ କଲେ । ସେମାନେ ଦେଖିଲେ ଯେ, ବଙ୍ଗଭାଷାରେ ଉଚ୍ଚାରିତ ଶବ୍ଦସମୂହର ଶେଷ ବର୍ଣ୍ଣ ଅର୍ଦ୍ଧୋଚ୍ଚାରିତ ଅର୍ଥାତ୍ ହଳନ୍ତ ଅଟେ । ତେଣୁ ଏଇ ହଳନ୍ତ ବର୍ଣ୍ଣର ପୂର୍ବବର୍ତ୍ତୀ ସ୍ୱରଯୁକ୍ତ ବ୍ୟଞ୍ଜନ ହଳନ୍ତ ବର୍ଣ୍ଣଟି ହ୍ରସ୍ୱ ସତ୍ତ୍ୱେ ଦୀର୍ଘ ଉଚ୍ଚାରିତ ହୁଏ; ଯଥା—ମାଥନ୍–ବାଥନ୍ । ସୁତରାଂ ମିତ୍ରାକ୍ଷର ପଦ୍ୟରେ ଇଂରାଜୀ ଭାଷା ପରି ଶେଷ ବର୍ଣ୍ଣର ପୂର୍ବବର୍ତ୍ତୀ ଯୁକ୍ତାଯୁକ୍ତ ସ୍ୱରବର୍ଣ୍ଣର ସମତା ବା ଧ୍ୱନି–ସାମ୍ୟ ରକ୍ଷାକରିବା ସେମାନେ କର୍ତ୍ତବ୍ୟ ମନେ କଲେ । ('ଉପଧା ବିଚାର')

କିନ୍ତୁ ଓଡ଼ିଆ ଶବ୍ଦର ଉଚ୍ଚାରଣ ସଙ୍ଗେ ଇଂରାଜୀ ଓ ବଙ୍ଗଳା ଶବ୍ଦର ଉଚ୍ଚାରଣର ମୌଳିକ ତାରତମ୍ୟ ଅଛି । ଅଧିକାଂଶ ଓଡ଼ିଆ ଶବ୍ଦର ଶେଷ ବର୍ଣ୍ଣ ସ୍ୱରଯୁକ୍ତ–ଇଂରାଜୀ ଓ ବଙ୍ଗଳା ଶବ୍ଦ ପରି ହଳନ୍ତ ନୁହେଁ । ତେଣୁ ଓଡ଼ିଆ ଭାଷାରେ କବିତାରେ ପୁଣି ଉପାନ୍ତ୍ୟ ସ୍ୱରର ସମତା ରକ୍ଷାକରିବା ଇଂରାଜୀ ଓ ବଙ୍ଗଳା ଭାଷା ପରି ଆବଶ୍ୟକୀୟ ନୁହେଁ । ଓଡ଼ିଆଭାଷାରେ ଉପାନ୍ତ୍ୟ ସ୍ୱରର ସମତା ରକ୍ଷା ସମ୍ପୂର୍ଣ୍ଣ ଅଦରକାରୀ; ବରଂ ଅଳଂକାରବିଶେଷ ପରି ସ୍ଥଳବିଶେଷରେ ଏହା ବ୍ୟବହାର କରାଯାଇପାରେ ।

ଅନେକେ ମନେ କରିଥାନ୍ତି ଯେ, ସଂସ୍କୃତ ସାହିତ୍ୟରୁ ଉପାଧାର ଜନ୍ମ । ସେମାନଙ୍କ ଯୁକ୍ତି ହେଉଚି – ସଂସ୍କୃତଭାଷା ଅନ୍ୟାନ୍ୟ ଭାଷାର ଜନ୍ମଦାତ୍ରୀ । ସଂସ୍କୃତ ସାହିତ୍ୟ ପୃଥିବୀର ସମସ୍ତ ସାହିତ୍ୟର ମୂଳଭିତ୍ତି । ଅତଏବ ଉପଧା ମଧ୍ୟ ସର୍ବପ୍ରଥମ ସଂସ୍କୃତ ସାହିତ୍ୟରୁ ଉତ୍ପନ୍ନ ହୋଇଥିବା ବିଶ୍ୱାସଯୋଗ୍ୟ ।

ସଂସ୍କୃତ ସାହିତ୍ୟରେ ସ୍ଥଳବିଶେଷରେ 'ଉପଧା' ପ୍ରୟୋଗ ଦେଖାଯାଇଥାଏ ସତ, ମାତ୍ର ତାହା ଲେଖକଙ୍କର ଉପାଧାଲକ୍ଷ୍ୟ ବୋଲି ମନେହୁଏ ନାଇ । ସଂସ୍କୃତ–ଭାଷାରେ ଶ୍ଲୋକସଂଖ୍ୟାହିଁ ସଂସ୍କୃତରେ ବେଶୀ । ଠାଏ ଠାଏ ମିତ୍ରାକ୍ଷର ଶ୍ଲୋକରେ ଶେଷ ଦୁଇ ପାଦର ଶେଷ ଅକ୍ଷରମାନଙ୍କର ପୂର୍ବବର୍ତ୍ତୀ ଯୁକ୍ତସ୍ୱରବର୍ଣ୍ଣର ସମତା ଦେଖି କେହି କେହି କହିପାରନ୍ତି ଯେ, ଏଇପରି ଯେତେଗୁଡ଼ିଏ ଶ୍ଲୋକ ବା ପଦ୍ୟ ଦେଖାଯାଏ, ତାହା ସବୁ 'ଉପଧା' ଶ୍ରେଣୀୟ; ଯଥା– "ପୁତ୍ରାଦପି ଧନଭାଜାଂ ଭୀତିଃ । ସର୍ବତ୍ରୈଷା କଥିତା ନୀତିଃ ।"

ଏଠାରେ ଉପାନ୍ତ୍ୟ ବର୍ଣ୍ଣ 'ଭୀ' ଓ 'ନୀ'ର ଯୁକ୍ତସ୍ୱର 'ଈ'ର ସମତା ରକ୍ଷିତ ହୋଇଚି ।

କିନ୍ତୁ ଏହା ଲେଖକଙ୍କର ଉପଧାଲକ୍ଷ୍ୟର ପ୍ରମାଣ ଦିଏ ନାଇ । ତାହା ହୋଇଥିଲେ ଶ୍ଲୋକାନ୍ୱିତ ସମସ୍ତ ଚରଣରେ ଏହା ଦେଖାଯାଆନ୍ତା । ଏଇ ଶ୍ଲୋକର ପୂର୍ବବର୍ତ୍ତୀ – "ଅର୍ଥମନର୍ଥଂ ଭାବୟ ନିତ୍ୟଂ–ନାସ୍ତିତତଃ ସୁଖଲେଶଃ ସତ୍ୟଂ ।"

ଶ୍ଲୋକରେ 'ଉପଧା' ନିୟମ ଦେଖାଯାଏ ନାଇ। ଶ୍ରୀ ଦେବଶର୍ମାଙ୍କ ମତରେ ପ୍ରତ୍ୟେକ କବିତା ଏକ ବିଶେଷ ଗୁଣକୁ ଆଶ୍ରୟ କରି ଲେଖା। ପଦ୍ୟର ଅନ୍ତର୍ଗତ ଚରଣମାନଙ୍କରେ ସ୍ଥାନେ ସ୍ଥାନେ କୌଣସି ଗୋଟିଏ ବିଶେଷ ଗୁଣ ଦେଖାଯାଏ। ଯେଉଁ ରଚନା ଯେଉଁ ଗୁଣରେ ରଖିବା ଅଭିମତ ହୁଏ, ସେଇ ରଚନାରେ ଠିକ୍ ତା'ର ଉପଯୋଗୀ ବୃତ୍ତ ଓ ଶବ୍ଦାଦି ବିନ୍ୟାସ କରିବା ଆବଶ୍ୟକ ହୋଇଥାଏ। ସେପରି ଶବ୍ଦମାନ ତଦୁପଯୋଗୀ ବର୍ଣ୍ଣମାନଙ୍କ ଦ୍ୱାରା ଗଠିତ ହୁଅନ୍ତି। ସୁତରାଂ ସେଇ ଗୁଣ ସମ୍ପୂର୍ଣ୍ଣ ମର୍ଯ୍ୟାଦାରକ୍ଷାଦୃଷ୍ଟିରେ ରଚିତ ପଦ୍ୟମାନଙ୍କରେ ଭାବୁକମାନେ ସ୍ୱତଃପ୍ରଣୋଦିତ ହୋଇ ରଚନା କରିବାବେଳେ ପଦମାନଙ୍କରେ ଶବ୍ଦବିଶେଷରେ ପାଦଦ୍ୱୟର ଶେଷାକ୍ଷର-ପୂର୍ବବର୍ତ୍ତୀ ଯୁକ୍ତସ୍ୱରବର୍ଣ୍ଣର ସମତା ସ୍ୱଭାବତଃ ରହିଯାଏ। ଏପରି ରଚନା ଉପଧାଲକ୍ଷ୍ୟ ରଚନା ନୁହେଁ। ଅତଏବ ସଂସ୍କୃତ କବିମାନେ ଉପଧା ରଚନାରେ ଲକ୍ଷ୍ୟ ରଖିନାହାନ୍ତି। ଅବଶ୍ୟ ସଂଗୀତ କଥା ସ୍ୱତନ୍ତ୍ର। ଏହାର ମୁଖ୍ୟ ଉଦ୍ଦେଶ୍ୟ କର୍ଣ୍ଣରସାୟନତା। 'ଗୀତଗୋବିନ୍ଦ' ପ୍ରଭୃତି ତାଲମାନଲୟଯୁକ୍ତ ସଂଗୀତ ରାଗିଣୀ ରଚକମାନେ ସ୍ୱରୋଚ୍ଚାରଣରେ ଆରୋହ ଅବରୋହ ପ୍ରତି ଲକ୍ଷ୍ୟ ରଖି ପଦ୍ୟ ରଚନା କରିବାବେଳେ ଉପାନ୍ତ୍ୟ ସ୍ୱରର ସମତା ସ୍ୱାଭାବିକଭାବେ ପଡ଼ିଯାଇଅଛି ବା ସମତା ରକ୍ଷାକରିବା ହୁଏତ ଆବଶ୍ୟକ ବୋଧ ହୋଇଟି।

'ଉପଧା' ରଚନା ସଂସ୍କୃତ କବିମାନଙ୍କର ଲକ୍ଷ୍ୟ ହୋଇଥିଲେ ସେମାନେ ଯମକ-ଅନୁପ୍ରାସ-ସମ୍ବଳିତ କଷ୍ଟକର ପଦ୍ୟମାନ ରଚନା କରିଯାଇଥିଲେ ମଧ ଶ୍ଲୋକର ଶେଷାକ୍ଷର ମାନଙ୍କର ପୂର୍ବବର୍ତ୍ତୀ ସ୍ୱରବର୍ଣ୍ଣର ମିଳନ ଅନାୟାସରେ ରକ୍ଷା କରିଯାଇଥାନ୍ତେ। ମାତ୍ର ସେମାନେ ଏହା କରିନାହାନ୍ତି କାହିଁକି ? ଏପରିକି ସେମାନେ ମିତ୍ରାକ୍ଷର ପର୍ଯ୍ୟନ୍ତ ବର୍ଜନ କରି କେବଳ ଅମିତ୍ରାକ୍ଷରରେ ଶ୍ଲୋକାଦି ରଚନା କରିଯାଇଛନ୍ତି; ଯଥା- ରଘୁବଂଶ, ମେଘଦୂତ, ନୈଷଧ ଓ କୁମାରସମ୍ଭବ ଇତ୍ୟାଦି।

ସଂସ୍କୃତ କବିମାନେ 'ଉପଧା' ପ୍ରୟୋଗ ବିଷୟରେ ଲକ୍ଷ୍ୟ ରଖିଥିଲେ ବା ସଚେତନ ଥିଲେ, ସଂସ୍କୃତ ବ୍ୟାକରଣମାନଙ୍କରେ ଉପଧାର ସଂଜ୍ଞା ଅନ୍ୟପ୍ରକାର ହୋଇଥାନ୍ତା। ଉପଧା ନାମର ଲକ୍ଷଣ 'ସାରସ୍ୱତ' ନାମକ ସଂସ୍କୃତ ବ୍ୟାକରଣରେ ଦେଖାଯାଏ। ସଂସ୍କୃତ ବ୍ୟାକରଣର ସଂଜ୍ଞାପ୍ରକରଣରେ ଉପଧାର ସଂଜ୍ଞା "ଅଂତ୍ୟାତ୍ ପୂର୍ବୋପଧା", "ଅଂତ୍ୟାତ୍ ବର୍ଣ୍ଣମାତ୍ରାତ୍ ପୂର୍ବୋ ଯୋ ବର୍ଣ୍ଣଃ ସ ଉପଧା ସଂଜ୍ଞକୋ ଭବତି।" ଅର୍ଥାତ୍ ଅଂତ୍ୟବର୍ଣ୍ଣର ପୂର୍ବବର୍ତ୍ତୀ ବର୍ଣ୍ଣର ନାମ ଉପଧା। ଏହି ହେଲା ଉପଧାର ସଂଜ୍ଞା। କିନ୍ତୁ ଆଜିକାଲି କବିତାରେ ଉପଧା କ'ଣ ଠିକ୍ ଏଇ ଅର୍ଥରେ ବ୍ୟବହୃତ ହୁଏ ? ଆଜିକାଲି କବିତାରେ ଉପଧାର ଚଳଣି କହିଲେ ଅଂତବର୍ଣ୍ଣର ପୂର୍ବବର୍ଣ୍ଣର ଯୁକ୍ତ ବା ଅଯୁକ୍ତ ସ୍ୱରବର୍ଣ୍ଣକୁ ହିଁ ବୁଝାଏ; ଅଂତ୍ୟବର୍ଣ୍ଣର ପୂର୍ବବର୍ତ୍ତୀ ବର୍ଣ୍ଣକୁ ନୁହେଁ। ଅଧୁନା ପ୍ରଚଳିତ ଉପଧାର ଲକ୍ଷଣ ହେଉଟି

ପଦ୍ୟର ଦୁଇ ଲାଇନ୍‌ର ଶେଷବର୍ଣ୍ଣର ପୂର୍ବବର୍ତ୍ତୀ ସ୍ୱରବର୍ଣ୍ଣଯୁକ୍ତ ବା ଅଯୁକ୍ତ ଭାବରେ କିମ୍ବା କୌଣସି ଲାଇନ୍‌ର ଶେଷବର୍ଣ୍ଣର ପୂର୍ବବର୍ତ୍ତୀ ଯୁକ୍ତସ୍ୱର ଅନ୍ୟ ଲାଇନ୍‌ର ଅଯୁକ୍ତ ସ୍ୱର ସଙ୍ଗେ ସମତା ରକ୍ଷା କଲେ ତାକୁ ଉପଧା–ମିଳନ କୁହାଯିବ। ମାତ୍ର କୌଣସି ବ୍ୟାକରଣରେ ଏପରି ଉପଧା ଲକ୍ଷଣ ଦେଖାଯାଏ ନାଇ। ଅଁତ୍ୟବର୍ଣ୍ଣର ପୂର୍ବବର୍ତ୍ତୀ ବର୍ଣ୍ଣର ନାମ ଉପାନ୍ତ୍ୟ। ଏ ଲକ୍ଷଣଟି ବ୍ୟାକରଣମାନଙ୍କରେ ପରିଲକ୍ଷିତ ହୁଏ। ଯଦି ଏଇ ଉପାନ୍ତ୍ୟକୁ ଉପଧା କୁହାଯିବ, ତେବେ ଉପାନ୍ତ୍ୟ ସ୍ଥଲରେ ଉପଧା କହିବାର ପ୍ରୟୋଜନ କ'ଣ ? ପଦ୍ୟର ପ୍ରତ୍ୟେକ ପାଦର ଶେଷବର୍ଣ୍ଣର ପୂର୍ବବର୍ତ୍ତୀ ଯୁକ୍ତ ବା ଅଯୁକ୍ତ ସ୍ୱରର ସମତା ଉପଧା ମିଳନ ହେଲେ ଉପେନ୍ଦ୍ରଭଞ୍ଜଙ୍କ ଲୋମ ବିଲୋମ ଓ ମେଷଯୁଦ୍ଧ ମଧ୍ୟ ଉପଧାଶ୍ରେଣୀର ଅନ୍ତର୍ଗତ।

"ରବର ବିହେ କଷ୍ଟ ସୁକୀର ତୋ ସରୋଷ

ରସଦା ଦରବ ତୁହି ନାଶ ପ୍ରାଣେ ରସ।

XXX

ଶରଣେ ପ୍ରାସନାହିଁ ତୁ ବରଦ ଦାସର

ସରୋଷ ତୋର କି ସୁଷ୍ଟ କହେ ବୀରବର।"

(ପ୍ରେମସୁଧାନିଧ୍‌–୧୫ ଛାନ୍ଦ)

ଏହାର ପ୍ରଥମ ଦୁଇଧାଡ଼ି ମଧ୍ୟରୁ ୪ର୍ଥ ଓ ୨ୟ ଧାଡ଼ିକୁ ବିପରୀତ ଦିଗରୁ (ବାମଆଡ଼ୁ) ପଢ଼ିଲେ ଯାହା ହେବ, ୧ମ ଓ ୩ୟ ଧାଡ଼ି ଦକ୍ଷିଣ ଦିଗରୁ ପଢ଼ିଲେ ସେଇଆ ହେବ। ଏହାହିଁ ପଦ୍ୟର ପ୍ରତ୍ୟେକ ପଦର ଉପଧା, ଉପାନ୍ତ୍ୟ ବର୍ଣ୍ଣର ସ୍ୱରର ସାମ୍ୟଅର୍ଥରେ, ଉପଧା ନୁହେଁ। ମେଷଯୁଦ୍ଧରେ ମଧ୍ୟ ସେଇପରି ଉପଧା ଲକ୍ଷଣ ଦେଖାଯାଏ। ତ୍ରିପଦୀ, ପଞ୍ଚପଦୀ ଓ ସପ୍ତପଦୀ ପଦ୍ୟରେ, ଯଥା –

ରାମା ଶିଶିରେ ଘୋର ନିଶିରେ

ଦୁଃଖ ରାଶିରେ ଭାସି।

ବସି ଏକାଁତ ମାନସେ କାଁତ

ସ୍ୱରୂପ କାଁତ ଘୋଷି। (ପ୍ରେମସୁଧାନିଧ୍‌)

ଏଠାରେ ପ୍ରଥମ ଲାଇନ୍‌ରେ ପ୍ରଥମ ପାଦର ଆଦ୍ୟ ଅଁଶରେ ୫ ଅକ୍ଷର – ୨ୟ ଅଁଶରେ ପାଞ୍ଚ ଅକ୍ଷର। ଆଦ୍ୟ ଅଁଶର ଶେଷ ଅକ୍ଷର 'ରେ'ର ପୂର୍ବବର୍ତ୍ତୀ ଅକ୍ଷର 'ଶି'। ଦ୍ୱିତୀୟ ଅଁଶରେ ସେଇପରି ପାଞ୍ଚ ଅକ୍ଷର, ଶେଷ ଅକ୍ଷର 'ରେ'ର ପୂର୍ବବର୍ତ୍ତୀ ଅକ୍ଷର 'ଶି'। ତୃତୀୟ ଅଁଶର ମଧ୍ୟ ସେହିପରି; କେବଳ ଚତୁର୍ଥ ଅଁଶ 'ଭାସି'ଟି ସ୍ୱତନ୍ତ୍ର ଅର୍ଥାତ୍‌ ଏଠାରେ ପୂର୍ବସ୍ୱରବର୍ଣ୍ଣର ସମତା ନାଇ – ଯଥା 'ଭା' ଓ 'ଘୋ'। ଏଇ ଶେଷ ଅଁଶଟିର ସମତା ଥିଲେ ଏହାକୁ ପୂରାପୂରି ପୂର୍ବବର୍ଣ୍ଣାନୁପ୍ରାସ କୁହାଯାଇପାରନ୍ତା। ଏଠାରେ ୪ର୍ଥ

ଅଂଶଟି ବାଦ୍ ଦେଲେ ବାକି ସବୁ ଅଂଶରେ ଉପଧା ମିଳନ ହୋଇଚି। ଅଂତ୍ୟବର୍ଷ୍ଣର ସମତାହିଁ ଏଠାରେ ଲକ୍ଷ୍ୟ – ଉପାନ୍ତ୍ୟ ସ୍ୱରର ସମତା ନୁହେଁ; କାରଣ 'ଅଂତ୍ୟାତ୍ ପୂର୍ବୋପଧା'। ଆଉ ପାଦର ଶେଷ ଶବ୍ଦ ନୁହେଁ, ପାଦ ମଧ୍ୟସ୍ଥିତ ପ୍ରତି ଭାଗମାନଙ୍କରେ ଉପାନ୍ତ୍ୟ ବର୍ଷ୍ଣର ସମତା ରହିଚି।

ପୂର୍ବେ ଉତ୍କଳୀୟ କାବ୍ୟମାନଙ୍କରେ ଏକ ଉପାନ୍ତ୍ୟବର୍ଷ୍ଣର ସମତା ସ୍ଥାନେ ସ୍ଥାନେ ନାନା ଅନୁପ୍ରାସ ଆକାରରେ ଓ ଯମକାଦି ମଧ୍ୟରେ ଦେଖାଦେଇଚି। କାବ୍ୟ ମଧ୍ୟରେ ଯମକାଦି ସଦୃଶ ଏହା କୌଣସି କୌଣସି ଛାନ୍ଦରେ ବା ପଦରେ ଥିଲେ କାବ୍ୟର ଶୋଭା ବର୍ଦ୍ଧିତ ହୁଏ; ମାତ୍ର ସମଗ୍ର କାବ୍ୟଟି ଏଇ ନିୟମରେ ରଚିତ ହେଲେ ଏହାଦ୍ୱାରା କାବ୍ୟର ବୈଚିତ୍ର୍ୟ ଓ ସୌନ୍ଦର୍ଯ୍ୟ ନଷ୍ଟ ହେବା ସ୍ୱାଭାବିକ। ଯମକ, ଅନୁପ୍ରାସ ପରି କବିତାରେ ମଝିରେ ମଝିରେ ଉପଧା ଓ ଉପାନ୍ତ୍ୟ ସ୍ୱରର ସମତା ବେଶ୍ ଔଜ୍ଜ୍ୱଲ୍ୟ ସୃଷ୍ଟି କରିପାରେ ଓ କବିତାର ଆକର୍ଷଣୀ ଶକ୍ତି ଏହାଦ୍ୱାରା ବୃଦ୍ଧି ପାଇପାରେ ବୋଲି ଯୁକ୍ତି କରାଯାଇପାରେ। ମାତ୍ର ଏହା ଯେତେବେଳେ ଏକ ବାଧ୍ୟତାମୂଳକ ନିୟମରେ ପରିଣତ ହୋଇ ସମଗ୍ର କାବ୍ୟକୁ ଆମୂଳଚୂଲ ଗ୍ରାସ କରିବାକୁ ଉଦ୍ୟତ ହୁଏ, ସେତେବେଳେ ଏଇ ଉପଧାର କଡ଼ା କଟକଣା ଭିତରେ କାବ୍ୟର ପ୍ରାଣଶକ୍ତି ସଙ୍ଗେ ସଙ୍ଗେ ତା'ର ବାହ୍ୟିକ ସୌନ୍ଦର୍ଯ୍ୟ ଓ ବୈଚିତ୍ର୍ୟ ମଧ୍ୟ ଯଥେଷ୍ଟ ପରିମାଣରେ ନଷ୍ଟ ହୋଇଯାଏ।

ପ୍ରାଚୀନ ଉତ୍କଳୀୟ କବିମାନେ ଉପାନ୍ତ୍ୟ ବର୍ଷ୍ଣାନୁପ୍ରାସରେ ଅନେକ ଛାନ୍ଦ ରଚନା କରିଯାଇଛନ୍ତି। କିନ୍ତୁ ଏହାକୁ ଅଧୁନା ପ୍ରଚଳିତ ଉପଧା ଲକ୍ଷଣ ନ କହି ପୂର୍ବବର୍ଷ୍ଣାନୁପ୍ରାସ କହିବା ଅଧିକତର ସଂଗତ ହେବ। ଭଞ୍ଜ କବିଙ୍କର –

"ଶୁଣ ସୁଜନେ ନବ ଯଉବନୀ

ହୋଇ ବନିତା ମଂଡିଲା ଅବନୀ।"

  XXX

"ପାଂଚେ ମଂଦର କୁଚ ବଢ଼ିପାରେ

କିଂଶୀ ନ ବୁଡ଼ି ମଳି ପାରାବାରେ।"

  XXX

"ଏଶୁ ଉପମାଗଣେ ନିରଂତର

କି କରିବା ଭାବି ହେଲେ କାତର।" (ଲା:ବ:)

ଏଠାରେ 'ଯଉବନୀ' ଓ 'ଅବନୀ' ଏ ଦୁଇ ଶବ୍ଦର ଉପାନ୍ତ୍ୟ ବର୍ଷ୍ଣ 'ବ'। ଏଭଳି ସମତା ପୂର୍ବବର୍ଷ୍ଣାନୁପ୍ରାସର ଲକ୍ଷଣ। 'ଲାବଣ୍ୟବତୀ'ର ସମଗ୍ର ତୃତୀୟ ଛାନ୍ଦଟି (କେଦାର ରାଗ, ଚିତ୍ରକେଳି ବାଣୀ) ଏଇପରି ପୂର୍ବବର୍ଷ୍ଣାନୁପ୍ରାସରେ ରଚିତ ହୋଇଚି। 'ବିଦଗ୍ଧ

ଚିଂତାମଣି'ର ଗୋଟିଏ ଛାନ୍ଦ (ତୃତୀୟ ଛାନ୍ଦ – ରାଗ – ରସକୋଇଲା – ଅଂତ୍ୟାନୁପ୍ରାସ)
ସମ୍ପୂର୍ଣ୍ଣ ଏହି ରୀତିରେ ରଚିତ ।

> "କୃଷ୍ଟ ପଭଗଂଡ କାଳ ଅଂତରେ
> ନବ କିଶୋର ବୟଃ ଆଗତରେ
> ଶୋଭା ବିଚେଷ୍ଟା ବାହାର ଭିତରେ
> ଦୀପ୍ତିମଂତ ହେଲେ ସ୍ଥାନ ସ୍ଥିତରେ ସେ
> ଘେ ନ ଧୀମଂତେ ଚିଉରେ ହେ ।
> କ୍ରମେ କ୍ରମେ ଦିନୁ ଦିନୁ ଆନୁ ଆନ –
> ରୀତି ଖ୍ୟାତ ଅତୀତରେ ଯେ ।"

xxx

> "ପରସ୍ପରେ ଏହି ରୂପେ କହିଲେ
> ହସି ଗୋପୀ ବକ୍ରନେତ୍ରେ ଚାହିଁଲେ ।
> ଜଗତମୋହନ ମନ ମୋହିଲେ ।
> ଗୋପୀଂକ ହୃଦରେ କୃଷ୍ଣ ରହିଲେ ସେ
> ପ୍ରୀତି ଆରଂଭ ପହିଲେ ଯେ ।
> ଭାବ ସଂଧାନ ବିଧାନ ବରଧନ
> ମାନସେ ଜାଗି ରହିଲେ ଯେ ।"*

'ବିଦର୍ଗ୍ଧ ଚିଂତାମଣି' କାର ଅଭିମନ୍ୟୁ ସାମନ୍ତସିଂହାର ଏଭଳି ପଦ୍ୟକୁ
ଅଂତ୍ୟାନୁପ୍ରାସ ଆଖ୍ୟା ଦେଇଯାଇଚନ୍ତି । ଏଥିରେ ପ୍ରତି ଧାଡ଼ିର ଶେଷ ପଦର ଶେଷ ଅକ୍ଷର
ସଙ୍ଗେ ପୂର୍ବରେ ଥିବା ଗୋଟା ବର୍ଣ୍ଣର (ଅର୍ଥାତ୍ ଉପାଂତ୍ୟ ବର୍ଣ୍ଣର) ସମତା ରକ୍ଷା କରାଯାଇଚି ।

ମାତ୍ର ନବକଳ୍ପିତ ଉପଧାରେ ଗୋଟା ଉପାନ୍ତ୍ୟ ବର୍ଣ୍ଣର ସମତା ନୁହେଁ – କେବଳ
ସେଇ ଉପାନ୍ତ୍ୟ ବର୍ଣ୍ଣର ଯୁକ୍ତ ବା ଅଯୁକ୍ତ ସ୍ୱରର ସମତାହିଁ ବୁଝାଏ । ଉଦାହରଣ–

> "ଉତ୍କଳ ଛାୟାପଥ ନୟନ ରମେ
> ଧରମଦାଂଡ କି ସେ ପାପ କର୍ଦ୍ଦମେ ।"   (ରାଧାନାଥ)

ଏଇ ପଦ୍ୟର ପ୍ରଥମ ଧାଡ଼ିର ଶେଷ ଅକ୍ଷରର ପୂର୍ବବର୍ତ୍ତୀ ହଳନ୍ତବର୍ଣ୍ଣରେ 'ଅ'
ଯୁକ୍ତ ହୋଇ 'ର' ହୋଇଥିବାରୁ ଏଇ ଯୁକ୍ତସ୍ୱର 'ଅ' ସଙ୍ଗେ ୨ୟ ଧାଡ଼ିର ଶେଷ ବର୍ଣ୍ଣର
ପୂର୍ବବର୍ତ୍ତୀ 'ଦ'ରେ ମିଶ୍ରିତ 'ଅ' ସ୍ୱରବର୍ଣ୍ଣର ମିଳନକୁ ନବ୍ୟ ପ୍ରଚଳିତ ଉପଧା କୁହାଯାଉଚି ।
ଅର୍ଥାତ୍ ବର୍ତ୍ତମାନ ଯୁଗର ଉପଧା କେବଳ ଶେଷବର୍ଣ୍ଣର ପୂର୍ବବର୍ତ୍ତୀ ଯୁକ୍ତାଯୁକ୍ତ ସ୍ୱରବର୍ଣ୍ଣ ।**

---

* ଶ୍ରୀ ଆର୍ତ୍ତବଲ୍ଲଭ ମହାନ୍ତି 'ଲାବଣ୍ୟବତୀ' ଗ୍ରନ୍ଥର ମୁଖବନ୍ଧରେ ଏହାକୁ ପ୍ରାଂତାନୁପ୍ରାସ କହିଚନ୍ତି ।
** 'ଉପଧା ବିଚାର' ଅବଲମ୍ବନରେ ।

ପୂର୍ବେ କବିମାନେ କେବଳ ଶେଷବର୍ଣ୍ଣର ପୂର୍ବସ୍ଥିତ ଯୁକ୍ତାଯୁକ୍ତ ସ୍ୱରବର୍ଣ୍ଣର ସମତା ପ୍ରତି ଲକ୍ଷ୍ୟ ନ ରଖି, ଅନ୍ତ୍ୟାନୁପ୍ରାସ ରୀତିରେ କାବ୍ୟର ସ୍ଥଳବିଶେଷରେ ଗୋଟା ଉପାନ୍ତ୍ୟ ବର୍ଣ୍ଣର ସମତା ରକ୍ଷା କରି ଯାଇଚନ୍ତି । ‘ଉପଧା ବିଚାର’ ମତରେ ପ୍ରାଚୀନ କବିମାନେ ସ୍ୱରଚିତ କାବ୍ୟ ମଧରେ ଗୋଟିଏ ଦିଓଟି ଛାନ୍ଦ ଏଇ ଅନୁପ୍ରାସରେ ରଚନା କରି ସେଇ କାବ୍ୟର ସୌନ୍ଦର୍ଯ୍ୟ ବର୍ଦ୍ଧନ କରିଯାଇଚନ୍ତି । କାବ୍ୟ ମଧରେ ଗୋଟିଏ ଯୋଡ଼ିଏ ଛାନ୍ଦ ଏପରି ନ ଥାଇ ଯଦି ସମଗ୍ର ଛାନ୍ଦରେ ଏହି ଅନୁପ୍ରାସ ରକ୍ଷାକରିବା ମନସ୍ଥ କରିଥାନ୍ତେ, ତେବେ ସେହି କାବ୍ୟମାନ କଦାପି ସୁନ୍ଦର ଦେଖାଯାଇ ନଥାନ୍ତା । କାବ୍ୟର ସମସ୍ତ ଅଂଶ ଏଇ ଅନୁପ୍ରାସରେ ମଣ୍ଡନ କରିବା ଚିନ୍ତା ଲେଖକ ହୃଦୟରେ ପ୍ରବେଶ କଲେ ଭାବ ଓ ଅନ୍ୟାନ୍ୟ ଗଠନମାଧୁରୀ ଏକାବେଳ୍‌କେ ବିକୃତ ହୋଇଯାନ୍ତା, ଏପରିକି ରଚନେଚ୍ଛୁ କାବ୍ୟର ମନୋଗତ ଛାନ୍ଦ ପର୍ଯ୍ୟନ୍ତ କନ୍ଦର୍ପ ରୂପ ଧାରଣ କରି ସାହିତ୍ୟକ୍ଷେତ୍ରରେ ଅପଦାର୍ଥ ହୋଇପଡନ୍ତା । ସୁତରାଂ ଏହି ବିଷୟଟି ପ୍ରାଚୀନ କବିମାନେ ସମ୍ପୂର୍ଣ୍ଣରୂପେ ଅବଗତ ହୋଇଥିବାରୁ ପ୍ରୟୋଜନୀୟ ସ୍ଥଳରେ ଏହା ପ୍ରୟୋଗ କରି ଜାତୀୟ ସାହିତ୍ୟର ଗୌରବ ରକ୍ଷା କରି ଅଛନ୍ତି । (‘ଉପଧା ବିଚାର’) ।

“ଅବଶ୍ୟ କୌଣସି କୌଣସି ପ୍ରାଚୀନ ଉତ୍କଳୀୟ କାବ୍ୟ ଯେ ଆମୂଳଚୂଳ ଏଇ ଅନ୍ତ୍ୟାନୁପ୍ରାସରେ ଲିଖିତ ହୋଇ ନାଇ, ତା’ ନୁହେଁ । ଅନେକ ଓଡ଼ିଆ କାବ୍ୟମାନଙ୍କରେ ଆମୂଳଚୂଳ ପୂର୍ବାନୁପ୍ରାସ ବା ଆଦ୍ୟାନୁପ୍ରାସ ଯେପରି ଦେଖାଯାଏ (ଯଥା– ‘ରସକଲ୍ଲୋଲ’ରେ ‘କ’ ଅକ୍ଷର, ‘ସୁଭଦ୍ରା-ପରିଣୟ’ରେ ‘ସ’ ଅକ୍ଷର, ‘ବୈଦେହୀଶବିଲାସ’ରେ ‘ବ’ ଅକ୍ଷର, ‘ବାସୁଦେବବିଲାସ’ରେ ‘ବ’ ଅକ୍ଷର, ‘କଳା-କଉତୁକ’ରେ ପୂର୍ବ ଓ ପ୍ରାନ୍ତ ‘କ’ ଅନୁପ୍ରାସ) କୌଣସି କୌଣସି କାବ୍ୟରେ ମୂଳରୁ ଶେଷଯାଏ ପ୍ରାନ୍ତାନୁପ୍ରାସ ମଧ ସେହିପରି ଦେଖାଯାଏ । ତେଣୁ ଓଡ଼ିଆରେ କାବ୍ୟର ସମସ୍ତ ଛାନ୍ଦ ପ୍ରାନ୍ତାନୁପ୍ରାସ ରୀତିରେ ଲିଖିତ ହୋଇ ନାଇ, ‘ଉପଧା ବିଚାର’ ଲେଖକଙ୍କର ଏ ଉକ୍ତି ସମ୍ପୂର୍ଣ୍ଣ ସତ୍ୟ ନୁହେଁ ।

୧୯୫୦ରେ ଟିକିଲିର ରାଜାବାହାଦୁର ଶ୍ରୀ ଲକ୍ଷ୍ମୀନାରାୟଣ ହରିଚନ୍ଦନ ଜଗଦେବ ଟିକିଲିର ପ୍ରାକ୍ତନ ରାଜା ଶ୍ରୀ ପଦ୍ମନାଭ ଦେବଙ୍କ ପ୍ରଣୀତ ‘ଭାବବତୀ’ ନାମକ ଖଣ୍ଡିଏ କାବ୍ୟଗ୍ରନ୍ଥ (୧୮୮୦–୧୮୩୬) ଲେଖକକୁ ସାଦର ଉପହାର ପ୍ରଦାନ କରିଥିଲେ । ଏଇ ‘ଭାବବତୀ’ କାବ୍ୟଟି ୧୫ଟି ଛାନ୍ଦରେ ବିଭକ୍ତ । ସମଗ୍ର କାବ୍ୟଟି ଆମୂଳଚୂଳ ଅନ୍ତ୍ୟାନୁପ୍ରାସ ଓ ଉପଧା ଏ ଉଭୟ ରୀତିରେ ଲିଖିତ । ଅଧିକାଂଶ ସ୍ଥଳରେ ଉପର ଲାଇନ୍‌ର ଶେଷ ପଦର ଶେଷ ଅକ୍ଷରର ପୂର୍ବବର୍ତ୍ତୀ ଅକ୍ଷର, ଅନ୍ୟ ଲାଇନ୍‌ର ଶେଷ ପଦର ଶେଷ ଅକ୍ଷରର ପୂର୍ବବର୍ତ୍ତୀ ଅକ୍ଷର ସଙ୍ଗେ ସମାନ ବା ଅନ୍ତ୍ୟାନୁପ୍ରାସ ଦେଖାଯାଏ; ଯଥା –

“ସୂଚି ଭେଦନ କୁସୁମକୁ ସ୍ମୟରେ
ରକ୍ତ କଷାୟିତ ବସନ,

ମଣି ଶାଣରେ ରସାଣରେ କୁଂଦନ

ହୁଏ ଉପାଦେୟ ଯେସନ

ତଥା ଆଗରେ

ସର୍ବଥାଏ ପୂର୍ବ ରାଗରେ

ଶୋଭା ଲଭଇ ସଂଭୋଗ ଏଣୁ ତାର

ଉଦ୍‌ବେଗ ସଂହତି ନାଗରେ ।”   (ଭାବବତୀ– ୯–୩୫)

ପୁଣି ଏ କାବ୍ୟରେ ଠାଏ ଠାଏ ଅଧୁନା ଅର୍ଥରେ ଉପଧା ଲକ୍ଷଣ ମଧ ଦେଖାଯାଏ ।
ଅର୍ଥାତ୍‌ ଦୁଇ ଧାଡ଼ିର ଉପାନ୍ତ୍ୟ ବର୍ଣ୍ଣର ଯୁକ୍ତ ବା ଅଯୁକ୍ତ ସ୍ୱରବର୍ଣ୍ଣର ସମତା, ଯଥା –

“ଏଥୁ ଅଂତରେ ଚରିତ

ଶୁଣି ସ୍ଥିର କରି ଚିତ୍ତ

ବିଚକ୍ଷଣ ଜନେ ତତକ୍ଷଣ ମନେ

କର ପ୍ରମୋଦ ସଂଚିତ ।

ନବୀନ ଭାବ ଉଦ୍ଧାମ

ବହିବାରୁ ନିଜ ନାମ

ସାର୍ଥ କଲା ବାମନେତ୍ରା ହେବ କାମ

ଯେ ରସରେ ପୂର୍ଣ୍ଣ କାମ ।

ସେ କୁମାର ଦିବ୍ୟ ନଟ

ଇଂଦ୍ରଜାଲ ପରକଟ

କଲା ପରି ଦଶ ଦିଗରେ ପ୍ରକାଶ

ନ ଆସେ ଏକା ନିକଟ । (୧୫–୩)

ଏଠାରେ ‘ଚରିତ’ ଶବ୍ଦର ଉପାନ୍ତ୍ୟ ବର୍ଣ୍ଣ ‘ରି’ରେ ଯୁକ୍ତସ୍ୱର ‘ଇ’ ସଙ୍ଗେ ‘ଚିତ୍ତ’
ଶବ୍ଦର ଉପାନ୍ତ୍ୟ ବର୍ଣ୍ଣ ‘ଚି’ରେ ଯୁକ୍ତସ୍ୱର ‘ଇ’ର ସମତା ରକ୍ଷା ହୋଇଚି – ଯଦିଚ ‘ରି’
ଓ ‘ଚି’ ପ୍ରଥକ୍‌ ବର୍ଣ୍ଣ, ସେମାନଙ୍କ ମଧରେ ବର୍ଣ୍ଣାନୁପ୍ରାସ ନାଇ । ସେଇପରି ଉଦ୍ଧାମ, ନାମ,
ରାମ, ନଟ, ପରକଟ, ନିକଟ ପ୍ରଭୃତି ଶବ୍ଦରେ ଉପାନ୍ତ୍ୟ ବର୍ଣ୍ଣରେ ଯୁକ୍ତ ସ୍ୱରବର୍ଣ୍ଣର
ସମତା ଦେଖିବାକୁ ମିଳେ । ପ୍ରଥମେ ଉଦାହୃତ ପଦ୍ୟାଂଶରେ ଗୋଟା ଉପାନ୍ତ୍ୟ ବର୍ଣ୍ଣର
ସମତା, ଯଥା– ‘ବସନ’ର ‘ସ’ ‘ଯେସନ’ର ‘ସ’ ‘ଆଗରେ’ ଶବ୍ଦର ‘ଗ’ ‘ପୂର୍ବଭାଗ’
ଶବ୍ଦର ‘ଗ’ ସଙ୍ଗେ ମେଳ ଖାଉଥିବାରୁ ଏହାକୁ ଅନ୍ତ୍ୟାନୁପ୍ରାସ ବୋଲି କୁହାଯାଇପାରେ ।

ଏ କାବ୍ୟର ଭୂମିକାରେ ପ୍ରକାଶକ କହିଚନ୍ତି, “ଉପଧା ମେଳ ରଖି ମିତ୍ରାକ୍ଷରେ
କାବ୍ୟ ରଚନା କରିବା ସମୟରେ କବିଙ୍କର ସମ୍ପୂର୍ଣ୍ଣ ଦୃଷ୍ଟିଥିବା ପରିଲକ୍ଷିତ ହୁଏ ।”

ମାତ୍ର 'ଭାବବତୀ' କାବ୍ୟକୁ ଏକ ମିଶ୍ର ମେଲରେ କାବ୍ୟ କହିବା ଅଧିକ ଯୁକ୍ତିସଙ୍ଗତ। ଏହା ଅଧିକାଂଶ ସ୍ଥଳରେ ଅନ୍ତ୍ୟାନୁପ୍ରାସ, ପୁଣି ସ୍ଥଳବିଶେଷରେ ଉପଧା – ଏଇ ଦୁଇ ରୀତିରେ ରଚିତ ହୋଇଥିବାରୁ ଏହାକୁ ଖାଲି ଉପଧାରେ (ଆଧୁନିକ ଅର୍ଥରେ) ବା ଖାଲି ଅନ୍ତ୍ୟାନୁପ୍ରାସରେ ରଚିତ ବୋଲି କୁହାଯାଇ ନ ପାରେ। ଏଭଳି କାବ୍ୟ କିନ୍ତୁ ଓଡ଼ିଶାରେ ଅତ୍ୟନ୍ତ ବିରଳ। ଅଧିକାଂଶ ପ୍ରାଚୀନ ଉତ୍କଳୀୟ କବି ସ୍ୱରଚିତ କାବ୍ୟମାନଙ୍କରେ ସ୍ଥଳବିଶେଷରେ ବା ଛାନ୍ଦବିଶେଷରେ କାବ୍ୟର ମନୋହାରିଣୀ ଓ ଆକର୍ଷଣୀ ଶକ୍ତି ବଢ଼ାଇବା ପାଇଁ ଅନ୍ତ୍ୟାନୁପ୍ରାସ ବ୍ୟବହାର କରିଥିଲେ ସୁଦ୍ଧା, ଦ୍ୱିମାତ୍ରିକ ମେଲକୁ କାବ୍ୟର ଏକ ଅପରିହାର୍ଯ୍ୟ ଅଙ୍ଗରୂପେ ସର୍ବତ୍ର ବାଧ-ବାଧକତାରୂପେ ଗ୍ରହଣ କରି ନାହାନ୍ତି। ଏଇ ଦିଗରୁ ବିଚାର କଲେ 'ଉପଧା ବିଚାର' ଲେଖକଙ୍କ ଉକ୍ତିର ସାରବତ୍ତା ହୃଦୟଙ୍ଗମ ହୁଏ।

ଜୟଦେବକୃତ 'ଗୀତଗୋବିନ୍ଦ'ରେ ଉପଧା ମିଳନ –

ପୂର୍ବରୁ କୁହାଯାଇଛି, ପ୍ରାଚୀନ ଓଡ଼ିଆ କାବ୍ୟକବିତା ପରି ପ୍ରାଚୀନ ସଂସ୍କୃତ କାବ୍ୟକବିତାଦିରେ ଠିକ୍ ଆଧୁନିକ ଯୁଗରେ ପ୍ରଚଳିତ ଅର୍ଥରେ ଉପଧା-ମିଳନ ପ୍ରାୟ ଦେଖାଯାଏ ନାଇ। ଯେଉଁଠାରେ ବା ଦେଖାଯାଏ, ତାହା ଅଧିକାଂଶ ସ୍ଥଳରେ ପ୍ରାନ୍ତାନୁପ୍ରାସରୂପେ ବ୍ୟବହୃତ ହୋଇଛି। ଗୀତଗୋବିନ୍ଦକାର ସ୍ୱୀୟ ପଦାବଳୀରେ ପ୍ରାୟ ଆଧୁନିକ ରୀତିରେ ଉପଧା-ମିଳନ ଘଟାଇଥିବାର ଦେଖାଯାଏ। ଏହା ସଂସ୍କୃତ କବିତାରେ ଏକ ଯୁଗାନ୍ତକାରୀ ଘଟନା। ମାତ୍ର ଗୀତଗୋବିନ୍ଦ ସାଧାରଣ କାବ୍ୟଗ୍ରନ୍ଥଠାରୁ ପୃଥକ୍। ଏହା ସଂଗୀତପ୍ରଧାନ – କର୍ଣ୍ଣରସାୟନ ଓ ଶ୍ରୁତିମାଧୁର୍ଯ୍ୟ ଏହା ପ୍ରଧାନ ଲକ୍ଷ୍ୟ। ତେଣୁ ସ୍ୱରର ଆରୋହ-ଅବରୋହ ପ୍ରତି ଦୃଷ୍ଟି ରଖି ସଂଗୀତ ରଚନା କରିଥିବାରୁ ଉପଧା- ମିଳନ ସ୍ୱାଭାବିକ ଭାବେ ହୋଇଛି। ଅନ୍ୟାନ୍ୟ କାବ୍ୟ ଗ୍ରନ୍ଥରେ ଏଭଳି ଉପଧାଲକ୍ଷ୍ୟ ଭାବପ୍ରକାଶରେ ଅଯଥା ବାଧା ଓ ଜଟିଳତା ଘଟାଇଥାନ୍ତା। ଗୀତଗୋବିନ୍ଦରେ ବ୍ୟବହୃତ ଉପଧାର ନମୁନା –

"ପ୍ରଳୟପୟୋଧିଜଲେ ଧୃତବାନସି ବେଦଂ
ବିହିତ ବହିତ୍ରଚରିତ୍ରମଖେଦମ୍।"

"ତବ କରକମଳବରେ ନଖମଦ୍ଭୁତଶୃଙ୍ଗମ୍
ଦଲିତହିରଣ୍ୟକଶିପୁତନୁଭୃଙ୍ଗମ୍।"
ସଂସ୍କୃତ ଭାଷାରେ ହସନ୍ତ ବର୍ଣ୍ଣ ପଦ୍ୟରେ ବର୍ଣ୍ଣଗଣନା ମଧ୍ୟରେ ପରିଗଣିତ ହୁଏ

ନାଇ।* କିନ୍ତୁ ବଙ୍ଗ ବା ଓଡ଼ିଆରେ ହସନ୍ତ ବର୍ଣ୍ଣକୁ ମଧ୍ୟ ଗୋଟିଏ ବର୍ଣ୍ଣ ବୋଲି ଧରାଯାଏ। ତେଣୁ ବଙ୍ଗଳା ଓ ଓଡ଼ିଆ ଭାଷାରେ ବେଦଂ, ନିଖେଦମ୍, ଶୃଙ୍ଗମ୍, ଭୃଙ୍ଗମ୍, ପ୍ରାଂତାନୁପ୍ରାସ ହୋଇଯାଏ। ମାତ୍ର ସଂସ୍କୃତରେ ତାହା ନ ହୋଇ ଉପାନ୍ତ୍ୟ ସ୍ୱରର ସମତା ପ୍ରତିପାଦନ କରି ଉପଧା-ଲକ୍ଷଣ ପ୍ରକଟିତ କରୁଚି। ପୁଣି –

> "ଚଂଦନଚର୍ଚ୍ଚିତନୀଳକଳେବର ପୀତବସନବନମାଳୀ
> କେଲିଚଳନ୍ମଣିକୁଂଡଲମଂଡିତଗଂଡଯୁଗସ୍ମିତଶାଳୀ।"

> କିମ୍ବା।

> "ଲଳିତଲବଂଗଲତାପରିଶୀଳନ କୋମଳମଲୟସମୀରେ
> ମଧୁକରନିକର କରଂବିତକୋକିଲ କୂଜିତକୁଂଜକୁଟୀରେ।"

ପ୍ରଭୃତି ପଦରେ ପଦର ଶେଷ ଅକ୍ଷର ଅସନ୍ତ ଶବ୍ଦ ନୁହେଁ; ମାତ୍ରାବିଶିଷ୍ଟ। ଏଠାରେ 'ମାଳୀ' ସଙ୍ଗେ 'ଶାଳୀ', 'ସମୀରେ' ସଙ୍ଗେ 'କୁଟୀରେ' ମେଳ ଉପାନ୍ତ୍ୟ ବର୍ଣ୍ଣରେ ଯୁକ୍ତ ସ୍ୱରର ସମତା ସୂଚାଇ ଉପଧାଗୁଣ ଧାରଣ କରିଚି। ସ୍ଥାନେ ସ୍ଥାନେ ଯେ ପ୍ରାନ୍ତାନୁପ୍ରାସ ବା ଗୋଟା ଉପାନ୍ତ ବର୍ଣ୍ଣର ସମତା ନାଇ, ତାହା ନୁହେଁ; ଯଥା–

> "ରତିଗୃହଜଘନେ ବିପୁଲାପଘନେ ମନସିଜକନକାସନେ
> ମଣିମୟରଶନଂ ତୋରଣହସନଂ ବିକୀରତି କୃତବାସନେ
> ଚରଣକିଶଳୟେ କମଳାନିଲୟେ ନଖମଣିଗଣପୂଜିତେ
> ବରହିରପବରଣଂ ଯାବକଭରଣଂ ଜନୟତି ହୃଦି ଯୋଜିତେ
> ରମୟତି ସୁଦୃଶଂ କାମପି ସୁଭୃଶଂ ଖଲହଲଧରସୋଦରେ
> କିମଫଲମବସଂ ଚିରମିହ ବିରସଂ ବଦ ସଖି ବିଟପୋଦରେ,"

xxx

(ସପ୍ତମ ସର୍ଗ)

ସପ୍ତମ ସର୍ଗର ଗୀତଟି "ଅନିଲତରଲ କୁବଲୟ ନୟନେନ – ତପତି ନାସା କିଶଲୟଶୟନେନ"ଠାରୁ ଆରମ୍ଭ କରି "ଜୟଦେବ ଭଣିତବଚନେନ – ପ୍ରବଶିତୁ ହରିରପି ହୃଦୟମନେନ" ପର୍ଯ୍ୟନ୍ତ ଉପଧା ପରିବର୍ତ୍ତେ ବରଂ ପ୍ରାନ୍ତାନୁପ୍ରାସରେ ରଚିତ କହିଲେ ଅଧିକ ଯୁକ୍ତିଯୁକ୍ତ ହେବ।**

---

* 'କାବ୍ୟ-ନିଷ୍ଣୟ' (ବଙ୍ଗଳା) ପଣ୍ଡିତ ଲାଲମୋହନ ବିଦ୍ୟାନିଧି ପ୍ରଣୀତ ୧୮୬୨ ଖ୍ରୀଷ୍ଟାବ୍ଦରେ ପ୍ରଥମେ ପ୍ରକାଶିତ।

** ସପ୍ତମ ସର୍ଗସ୍ଥ ମାଲବ ରାଗରେ ରଚିତ ଗୀତର ମଧ୍ୟ "କଥିତ ସମୟେହପି ହରିରହହ ନ ଯୟୌ ବନଂ" ଠାରୁ ଆରମ୍ଭ କରି "ମାମପିନେ ଚେତସା" ପର୍ଯ୍ୟନ୍ତ ଅତ୍ୟାନୁପ୍ରାସରେ ରଚିତ। ନବମ ସର୍ଗସ୍ଥ "ହରିରଭିସରତି ବହତି ମୃଦୁପବନେ" ଗୀତଟି ଅତ୍ୟାନୁପ୍ରାସରେ ରଚିତ।

କିନ୍ତୁ ଏକଥା ମନେ ରଖିବାକୁ ହେବ ଯେ, ଗୀତଗୋବିନ୍ଦ ଭଳି ସଂଗୀତପ୍ରଧାନ କାବ୍ୟଗ୍ରନ୍ଥ ପ୍ରତି ଯାହା ପ୍ରଯୁଜ୍ୟ, ଅନ୍ୟାନ୍ୟ ଭାବପ୍ରଧାନ କାବ୍ୟକବିତା ପ୍ରତି ତାହା ପ୍ରଯୁଜ୍ୟ ନୁହେଁ। ଗୀତଗୋବିନ୍ଦର ପ୍ରଥମ ଓ ପ୍ରଧାନ ଲକ୍ଷ୍ୟ କର୍ଣରସାୟନ ବା ସ୍ୱରମାଧୁରୀ ସୃଷ୍ଟି, କବିତାର ଅନ୍ୟାନ୍ୟ ଗୁଣ ଗୌଣ। ତେଣୁ ଉପଧା ଓ ଯୁଗ୍ମମେଳର ଯେଉଁ ଉଜ୍ଜ୍ୱଳ ପରମ୍ପରା ଗୀତଗୋବିନ୍ଦକାର ସୃଷ୍ଟି କରିଗଲେ, ତାହା ତାଙ୍କ ପରବର୍ତ୍ତୀ ସଂସ୍କୃତ ଓ ଉତ୍କଳୀ କବିମାନଙ୍କୁ ତେତେ ଗଭୀର ଭାବରେ ପ୍ରଭାବିତ କରିପାରିନାଇ। କାରଣ ସେମାନଙ୍କ ପ୍ରଧାନ ଲକ୍ଷ୍ୟ ଥିଲା ବିଷୟବସ୍ତୁର ବର୍ଣନା ଓ ଗଭୀରତା ପ୍ରତି; ସ୍ୱରର ଇନ୍ଦ୍ରଜାଲ ସୃଷ୍ଟି କରିବା ଦିଗରେ ସେତେ ନୁହେଁ। ଅର୍ଥାତ୍ ସେମାନେ ସଂଗୀତ ନୁହେଁ, କାବ୍ୟ ରଚନା କରିବା ପ୍ରତି ଦୃଷ୍ଟି ରଖିଥିଲେ।

ପ୍ରସିଦ୍ଧ ଓ ନିପୁଣ ଶାଢକ ତଥା ଆଲଂକାରିକ ଉପେନ୍ଦ୍ର ଭଞ୍ଜ, ଦୀନକୃଷ୍ଣ ପ୍ରମୁଖ ଉତ୍କଳୀ କବିବୃନ୍ଦ ଯେ ଗୀତଗୋବିନ୍ଦ ପଢ଼ି ନ ଥିଲେ, ତା ନୁହେଁ; କିନ୍ତୁ କେହି ସ୍ୱରଚନାରେ ଉପଧା–ମିଳନ ପ୍ରତି ଦୃଷ୍ଟିଦେଇ ନାହାନ୍ତି। କବିତାର ସୁସ୍ଥ ଆଙ୍ଗିକ ଓ ବିକାଶ ପକ୍ଷରେ ଉପଧା ମିଳନ ଅପରିହାର୍ଯ୍ୟ ହୋଇଥିଲେ ଏଇ ସବୁ ଅସମ୍ଭବ ଶଢକୁଶଳୀ କବି ସେମାନଙ୍କ ରଚନାରେ ଏହାକୁ ସ୍ଥାନ ଦେଇ ନ ଥାନ୍ତେ ?

ଉପେନ୍ଦ୍ର ଭଞ୍ଜ ଯେ ଜୟଦେବଙ୍କୁ ବଡ଼ ଭକ୍ତି ଓ ସମ୍ମାନ କରୁଥିଲେ, ଏହା ତାଙ୍କ ନିଜ କୃତିରୁ ପ୍ରମାଣିତ ହୁଏ। "ଜୟଦେବ ଦୀନକୃଷ୍ଣ ପୟରେ ତା ଶରଣ, ଆନ କବିମାନଙ୍କର ମାଥେ ବାମ ଚରଣ।"* ତଥାପି ଉପେନ୍ଦ୍ରଙ୍କ କାବ୍ୟରେ ସ୍ଥଳବିଶେଷରେ ଅନ୍ୟାନ୍ୟ ଯମକ, ଅନୁପ୍ରାସ, ଅଲଂକାରାଦି ପରି କାବ୍ୟର ଶୋଭା ବଢ଼ାଇବାପାଇଁ ପ୍ରାନ୍ତାନୁପ୍ରାସ ଇତ୍ୟାଦିର ପ୍ରୟୋଗ ଦେଖାଗଲେ ମଧ୍ୟ ଏବଂ ଗୀତଗୋବିନ୍ଦ ଦ୍ୱାରା ସେ ଯଥେଷ୍ଟ ପ୍ରଭାବିତ ହୋଇଥିଲେ ମଧ୍ୟ ଜୟଦେବପ୍ରବର୍ତ୍ତିତ ଉପଧା ନିୟମକୁ ସେ ନିଜ ରଚନାରେ ସ୍ଥାନ ଦେଇ ନାହାନ୍ତି।

ଗୀତଗୋବିନ୍ଦରେ ଉପଧାଭଙ୍ଗ (?) –

ଜୟଦେବଙ୍କ ଉପଧା ପ୍ରୟୋଗ ପ୍ରଣାଳୀ ସମ୍ପର୍କରେ ଗୋଟିଏ ବିଷୟ ଲକ୍ଷ୍ୟ କରିବାର ଅଛି। ଜୟଦେବ

"କ୍ଷିତିରତି ବିପୁଲତରେ ତବ ତିଷ୍ଟତି ପୃଷ୍ଠେ

ଧରଣୀ ଧାରଣକିଣ ଚକ୍ରଗରିଷ୍ଠେ।"

---

* ଅଧ୍ୟାପକ ଆର୍ଦ୍ଧବଲ୍ଲଭ ମହାନ୍ତିଙ୍କ ମତରେ ଶଂସିତ ପଦଟି ଉପେନ୍ଦ୍ର ଭଞ୍ଜଙ୍କ ଭଳି ଉଦାରହୃଦୟ କବି ପକ୍ଷରେ ଲେଖିବା ସମ୍ଭବ ନୁହେଁ। ଏଭଳି ଅହଂକୃତ ଉକ୍ତି ମହାକବିଙ୍କ ପକ୍ଷରେ ଅସ୍ୱାଭାବିକ। ('ଲାବଣ୍ୟବତୀ' ମୁଖବନ୍ଧ – ପ୍ରାଚୀ ପ୍ରକାଶନ)

ପଦରେ 'ପୃଷ୍ଟ' ଶବ୍ଦର 'ପୃ' ବର୍ଣ୍ଣ ସଙ୍ଗେ 'ଗରିଷ୍ଟେ' ଶବ୍ଦର 'ରି' ବର୍ଣ୍ଣର ଉପଧାମିଳନ ଘଟାଇଛନ୍ତି । ଓଡ଼ିଆରେ 'ପୃ' ବର୍ଣ୍ଣ ଉଚ୍ଚାରଣ 'ପ୍ର'; ବଙ୍ଗଲା ପରି ପ୍ରି ନୁହେଁ । ବଙ୍ଗଲାରେ (ହିନ୍ଦୀ, ତେଲୁଗୁ, ତାମିଲ ଆଦି ଭାଷାରେ ମଧ୍ୟ) ପୃଷ୍ଟକୁ ପ୍ରିଷ୍ଟ, କୃଷ୍ଣକୁ କ୍ରିଷ୍ଣ, ବୃଷ୍ଟିକୁ ବ୍ରିଷ୍ଟି ଉଚ୍ଚାରଣ କରାଯାଏ । କିନ୍ତୁ ଓଡ଼ିଆରେ ପୃଷ୍ଟ, କୃଷ୍ଣ, ବୃଷ୍ଟି, କୃମି ଯଥାକ୍ରମେ ପୁଷ୍ଟ, କୁଷ୍ଣ, ବୁଷ୍ଟି, କୁମି (ଅପଭ୍ରଂଶ କୁରୁମି) ଉଚ୍ଚାରଣ କରାଯାଏ । ଅତଏବ ଓଡ଼ିଆ ଉଚ୍ଚାରଣ ଅନୁସାରେ ପୃଷ୍ଟ ସଙ୍ଗେ ଗରିଷ୍ଟର ମେଳ ଉପଧା ନିୟମାନୁସାରେ ଶୁଦ୍ଧ ମେଳ ନୁହେଁ । ଏହା ଉପଧାଭଙ୍ଗ-ଦୋଷଦୁଷ୍ଟ । ବଙ୍ଗଲାରେ ଉଚ୍ଚାରଣଦୃଷ୍ଟିରୁ ଏ ପ୍ରକାର ଯୁଗ୍ମମେଳ, ବରଂ ଶୁଦ୍ଧ । ଜୟଦେବଙ୍କୁ ଓଡ଼ିଆ ବୋଲି ଦାବି କରାଯାଉଚି । ଏଥୁରୁ ଏଇଆ ପ୍ରତିପାଦିତ ହେଉଚି ଯେ, ଜୟଦେବ ହୁଏତ ଉପଧାଲକ୍ଷ୍ୟକୁ ଗୌଣ ବୋଲି ଭାବିଥିଲେ । ଜୟଦେବଙ୍କ ଭଳି ସିଦ୍ଧ ଉପଧା-ଲକ୍ଷ୍ୟକୁ ଗୌଣ ବୋଲି ଭାବି ନ ଥିଲେ ନିଜ ରଚନାରେ ଏଭଳି ଏକ ତ୍ରୁଟି କଦାପି ସହ୍ୟ କରିଥାନ୍ତେ ବୋଲି ମନେହୁଏନାହିଁ । ଗୀତଗୋବିନ୍ଦ ସଂଗୀତ କାବ୍ୟ ହୋଇଥିବାରୁ ଏଥୁରେ କେଉଁଠି କେଉଁଠି ଉପଧା-ମିଳନ ଘଟିବା ସ୍ୱାଭାବିକ ।

ପ୍ରାଚୀନ ଓଡ଼ିଆ କାବ୍ୟକବିତାରେ ଉପଧାର ପ୍ରଚ୍ଛନ୍ନ ଲକ୍ଷଣ –

ଉତ୍କଳ ସାହିତ୍ୟର ପୂର୍ବାଚାର୍ଯ୍ୟଗଣ ବହୁ ଆୟାସ ଓ ଅପେକ୍ଷାକୃତ ଅଧିକତର କଷ୍ଟସାଧ୍ୟ ଅଲଙ୍କାରାଦି ନିଜ କୃତିରେ ନିପୁଣ ଭାବେ ପ୍ରୟୋଗ କରିଯାଇଛନ୍ତି; କିନ୍ତୁ ଅପେକ୍ଷାକୃତ ଅଳ୍ପ ଆୟାସସାଧ୍ୟ ଉପଧାମିଳନ ପ୍ରତି ଆଦୌ ଦୃଷ୍ଟି ଦେଇ ନାହାନ୍ତି । ଏପରି କି ଜୟଦେବଙ୍କ ପରବର୍ତ୍ତୀ ଯୁଗରେ ଜନ୍ମ ଏବଂ ଗୀତଗୋବିନ୍ଦ ଦ୍ୱାରା ପ୍ରଭାବାନ୍ୱିତ ହୋଇ ମଧ୍ୟ ସେମାନେ ଜାଣିଶୁଣି ଉପଧାନିୟମ ବର୍ଜନ କରିଛନ୍ତି । ଉଦାହରଣ –

ଆଦ୍ୟଯମକ– ଏହା ପାଦର ବା ପାଦଭାଗର ଆଦ୍ୟରେ ରହେ; ଯଥା –

"ବିଲସି ବିଳସି ବନେ ପର୍ଣ୍ଣବାସେ ଯାଇଁ,
ବିଦିତ ଆଦ୍ୟ ଯମକ ପିଶିତ ଶୁଷ୍କ ତହିଁ ।" (ବୈଦେହୀଶ-ବିଲାସ)

"ସଲିଲେ ଉଡୁପ ଦେଖ ରେ ହୋଇଅଛି ଶୋଭନ,
ସଲୀଲେ ଉଡୁପବଦନୀ ଖେଳିବାକୁ ମୋ ମନ ।" (ଲାବଣ୍ୟବତୀ)

ମଧ୍ୟଯମକ, ଯଥା–

"ନବୀନ ଜୀମୂତ ଜୀମୂତସ୍ତନା କି ଏ ଉଦିତ
ଏ ନୀଳ କମଳ କମଳ ବିଂଦୁ ବୋହି ତେମଂତ ।"

(ଲାବଣ୍ୟବତୀ–୬।୨୧)

ପ୍ରାନ୍ତ ଯମକ, ଯଥା–

"ବିଶିଷ୍ଟର ଅନୁକୂଲ ପୁଷ ଦୀନବଂଧୁ

ବିନୋଦରେ ସଂଗେ ଘେନି ହରେ ଦୀନବଂଧୁ।"

(ବୈଦେହୀଶବିଲାସ – ୧ ୯।୩୯)

ଆଦ୍ୟପ୍ରାନ୍ତ ଯମକ –

"ବସନ୍ତରେ ବିରହୀ ଅବଶ, ବସନ୍ତଦୂତ ଭାଷିଲେ ବଶ

ବସଇ ଉଠଇ ପିକକୁ କହଇ ଯୁଗ ସମ ରଜନୀ ଦିବସ।"

(ପ୍ରେ:ସୁ:–୧ ୧ଶ ଛାନ୍ଦ)

ଦେଖାଯାଉଚି ଯେ, ପ୍ରାନ୍ତଯମକ ଓ ଆଦ୍ୟପ୍ରାନ୍ତଯମକରେ ଉପାନ୍ତ୍ୟ ବର୍ଣ୍ଣର ପୂର୍ଣ୍ଣ ସମତାରେ ଉପଧା ଲକ୍ଷଣ ପ୍ରଚ୍ଛନ୍ନ ରହିଛି। ପରେ ଏ ସମ୍ବନ୍ଧରେ ବିସ୍ତୃତ ଆଲୋଚନା କରାଯିବ।

"ଅଂତ୍ୟାତ୍ ପୂର୍ବଉପଧା"–

ପୂର୍ବ ପ୍ରବନ୍ଧରେ କୁହାଯାଇଛି 'ଉପଧା' କହିଲେ ସଂସ୍କୃତରେ ଯାହା ବୁଝାଏ, ତାହା ସଙ୍ଗେ ନବ୍ୟ ପ୍ରଚଳିତ ଉପଧାର ଆକାଶ ପାତାଳ ତଫାତ୍। ଓଡ଼ିଆ ବ୍ୟାକରଣ, ଅଲଂକାର ଗ୍ରନ୍ଥ ସବୁଥିରେ ଉପଧା ଶବ୍ଦର ନାମଗନ୍ଧ ନାଇ। 'ରସପଂଚକ', 'ଅଲଂକାରବୋଧୋଦୟ', ଶ୍ରୀ ସଚ୍ଚିଦାନନ୍ଦ ତ୍ରିଭୁବନ ଦେବଙ୍କ ପ୍ରଣୀତ 'ଅଲଂକାରସାର' ଓ ପଣ୍ଡିତ କୁଲମଣି ଦାଶଙ୍କ 'ଅଲଂକାର ତରଂଗିଣୀ', ପୁଣି ଭାଷା ବ୍ୟାକରଣରୁ 'ସର୍ବସାର ବ୍ୟାକରଣ' ପର୍ଯ୍ୟନ୍ତ କୌଣସି ପୁସ୍ତକରେ ନବପ୍ରଚଳିତ ଉପଧାର ନାମଗନ୍ଧ ସୁଦ୍ଧା ଦେଖାଯାଏ ନାଇ। ପ୍ରାଚୀନ ସଂସ୍କୃତ ଓ ଓଡ଼ିଆ କାବ୍ୟକବିତାଦିରେ ମଧ ଉପଧାର କୌଣସି ସ୍ୱତନ୍ତ୍ର ବ୍ୟବହାର ପରିଲକ୍ଷିତ ହୁଏ ନାଇ, ଅବଶ୍ୟ ସଂଗୀତକାବ୍ୟ ଗୀତଗୋବିନ୍ଦ ଛଡ଼ା। (ମାତ୍ର ସଂଗୀତର ଉଦ୍ଦେଶ୍ୟ ଓ ଗଠନରୀତି ସ୍ୱତନ୍ତ୍ର। ଏହା ଭାବପ୍ରଧାନ ନୁହେଁ – ସ୍ୱରପ୍ରଧାନ। କର୍ଣ୍ଣରସାୟନ ଯାର ଲକ୍ଷ୍ୟ।)

'ସାରସ୍ୱତ' ନାମକ ସଂସ୍କୃତ ବ୍ୟାକରଣରେ ଉପଧାର ସଂଜ୍ଞା। 'ଅଂତ୍ୟାତ୍ ପୂର୍ବଉପଧା'। ଅର୍ଥାତ୍, "ଅଂତ୍ୟାତ୍ ବର୍ଣ୍ଣ ମାତ୍ରାତ୍ ପୂର୍ବୋ ଯୋଗ ବର୍ଣ୍ଣଃ ସ ଉପଧା ସଂଜ୍ଞକୋ ଭବତି।" (ଅଂତ୍ୟବର୍ଣ୍ଣର ପୂର୍ବବର୍ତୀ ବର୍ଣ୍ଣର ନାମ ଉପଧା)। ଆଗରୁ କହିରଖିଚି, ଉପଧାର ଏଭଳି ବ୍ୟାଖ୍ୟା ସଙ୍ଗେ ଏହାର ଆଜିକାଲିକାର ଚଳଣିର କୌଣସି ସମ୍ବନ୍ଧ ନାଇ। ଆଜିକାଲି 'ଉପଧା' କହିଲେ କେବଳ କବିତାର ଗୋଟିଏ ଧାଡ଼ିର ଶେଷ ଅକ୍ଷରର ପୂର୍ବ ଅକ୍ଷରର ଯୁକ୍ତ ବା ଅଯୁକ୍ତ ସ୍ୱରବର୍ଣ୍ଣହିଁ ବୁଝାଏ। "ଇତିହାସ ରଂଗସ୍ଥଳୀ ତୁ ଚିଲିକା"– ଏ କବିତା ଧାଡ଼ିର ଶେଷ ଅକ୍ଷର 'କା'ର ପୂର୍ବ ଅକ୍ଷର 'ଲି'; ଏଇ 'ଲି' ସଙ୍ଗେ ଯୁକ୍ତସ୍ୱର 'ଇ' ହେଉଚି ଏଠାରେ ଉପଧା।

ମାତ୍ର ସଂସ୍କୃତ ବ୍ୟାକରଣ ଅନୁସାରେ ଉପଧା କେବଳ ଯେ କବିତାର ଶେଷ

ପଦର ଶେଷ ଅକ୍ଷରର ପୂର୍ବବର୍ତ୍ତୀ ଅକ୍ଷରକୁ ବୁଝାଏ ତା ନୁହେଁ; ଉପରନ୍ତୁ ଏହା କବିତାର ପ୍ରତ୍ୟେକ ପଦର ଶେଷ ଅକ୍ଷରର ପୂର୍ବବର୍ତ୍ତୀ ଅକ୍ଷରକୁ ବୁଝାଏ। ନବପ୍ରଚଳିତ ଉପଧା ପରେ ଖାଲି ଉପାନ୍ତ୍ୟ ଅକ୍ଷର ସଙ୍ଗେ ଯୁକ୍ତ ବା ଅଯୁକ୍ତ ସ୍ୱରକୁ ବୁଝାଏ ନାଇ। ଉଦାହରଣସ୍ୱରୂପ, 'ଇତିହାସ ରଙ୍ଗସ୍ଥଳୀ ତୁ ଚିଲିକା' – ଏଇ ବାକ୍ୟରେ ୪ଟି ପଦ ଅଛି। ପ୍ରଥମ ପଦ 'ଇତିହାସ'ରେ 'ହା' ହେଉଚି ଉପଧା, ୨ୟ ପଦ 'ରଙ୍ଗସ୍ଥଳୀ'ରେ 'ଲି' ହେଉଚି ଉପଧା; 'କାରଣ ଅନ୍ତ୍ୟାତ୍ ପୂଉପଧା।' ସଂସ୍କୃତ ବ୍ୟାକରଣରେ ଉପଧାର ଯେଉଁ ସଂଜ୍ଞା ଦେଖାଯାଏ, ତଦନୁଯାୟୀ କବିତାର ପ୍ରତ୍ୟେକ ଶବ୍ଦର ଉପଧା ଅଛି। ଖାଲି ଧାଡ଼ିର ଶେଷ ଶବ୍ଦର ନୁହେଁ; ପ୍ରତି ଶବ୍ଦର ଶେଷ ଅକ୍ଷରର ପୂର୍ବବର୍ତ୍ତୀ ଅକ୍ଷର ହେଉଚି ଉପଧା। ଏଠାରେ ଗୋଟା ଉପାନ୍ତ୍ୟ ଅକ୍ଷରକୁ ଉପଧା ଆଖ୍ୟା ଦିଆଯାଇଚି, କେବଳ ତହିଁର ଯୁକ୍ତାୟୁକ୍ତ ସ୍ୱରକୁ ନୁହେଁ। ଏଇ ନିୟମ ଅନୁସାରେ ସବୁ ଅନ୍ତ୍ୟାନୁପ୍ରାସଯୁକ୍ତ କବିତା ଉପଧାଶ୍ରେଣୀଭୁକ୍ତ। କେବଳ ଅନ୍ତ୍ୟାନୁପ୍ରାସ ବା ପାଦର ଶେଷ ନୁହେଁ, ମଧ୍ୟବର୍ତ୍ତୀ ପଦଗୁଡ଼ିକରେ ମଧ୍ୟ ଉପଧାମିଳନ ଘଟିପାରେ, ଯେପରି ତ୍ରିପଦୀ, ପଞ୍ଚପଦୀ ଓ ସପ୍ତପଦୀ ପ୍ରଭୃତି ପଦ୍ୟ। 'ପ୍ରେମସୁଧାନିଧି'ରେ କାଳୀ ରାଗରେ ରଚିତ –

"ରାମା ଶିଶିରେ / ଘୋର ନିଶିରେ / ଦୁଃଖ ରାଶିରେ ଭାସି।" ଏଠାରେ ପ୍ରଥମ ଅଂଶରେ 'ଶି' ହେଉଚି ଉପଧା, ୨ୟ ଅଂଶରେ 'ଶି' ହେଉଚି ଉପଧା, ୩ୟ ଅଂଶରେ 'ଶି' ହେଉଚି ଉପଧା। ଏଥିରେ ସଂସ୍କୃତ ବ୍ୟାକରଣ ଅନୁସାରେ ପ୍ରଥମ ୩ ଅଂଶରେ ଉପଧାମିଳନ ଘଟିଚି।

ପୁଣି 'ବିଦଗ୍ଧଚିନ୍ତାମଣି'ର–

"ମିତ ଅଁତରେ କୃଷ୍ଣ କାତରେ କୁଂଜ ଭିତରେ ବସି,
ମନୋଦୁଃଖରେ ବୋଲଂତି ଖରେ ଉଦୟ ଖରେ ଶଶୀ।"
ଏଠାରେ ଖାଲି ଶେଷ ଶବ୍ଦ ନୁହଁ, ପ୍ରତି ଅଂଶର ଶେଷ ଶବ୍ଦମାନଙ୍କରେ ଉପଧାମିଳନ ହୋଇଚି। ଏ ଉପଧାର ଅର୍ଥ ଖାଲି ଉପାନ୍ତ୍ୟ ସ୍ୱରର ସମତା ନୁହଁ, ପୂରା ଉପାନ୍ତ୍ୟ ବର୍ଣ୍ଣର ସମତା। କାରର 'ଅନ୍ତ୍ୟାତ୍ ପୂର୍ବଉପଧା'–ଅର୍ଥାତ୍ ଅନ୍ତ୍ୟବର୍ଣ୍ଣର ପୂର୍ବବର୍ଣ୍ଣକୁ ହିଁ ଉପଧା କୁହାଯାଏ, ସଂସ୍କୃତ 'ସାରସ୍ୱତ ବ୍ୟାକରଣ'ରେ ଦିଆଯାଇଥିବା ଉପଧାର 'ଅନ୍ତ୍ୟାତ୍ ପୂର୍ବଉପଧା' ବା ପ୍ରତି ଶବ୍ଦର ଅନ୍ତିମ ବର୍ଣ୍ଣର ପୂର୍ବବର୍ତ୍ତୀ ବର୍ଣ୍ଣର ସାମ୍ୟକୁ ଯଦି ଉପଧା କୁହାଯାଏ ତେବେ ଓଡ଼ିଆ କାବ୍ୟମାନଙ୍କରେ ଅନ୍ତ୍ୟାନୁପ୍ରାସଯୁକ୍ତ ପଦାବଳୀ (ଯଥା– 'ଲାବଣ୍ୟବତୀ'ର ୩ୟ ଛାଦ, 'ବିଦଗ୍ଧ ଚିନ୍ତାମଣି'ର ୩ୟ ଛାଦ, ତ୍ରିପଦୀ, ମେଷଯୁଦ୍ଧ, ଲୋମବିଲୋମ, ପ୍ରାନ୍ତ୍ୟମକ) ଆଦିକୁ ଉପଧା ନିୟମରେ ଉଚିତ ବୋଲି କହିବାକୁ ହେବ – କାରଣ ଏଥିରେ ସମଗ୍ର ଉପାନ୍ତ୍ୟ ବର୍ଣ୍ଣର ସମତା ରକ୍ଷିତ ହୋଇଚି। ଆଜିକାଲିକା ନବ୍ୟ

ପ୍ରଚଳିତ ଉପଧା ଅର୍ଥରେ କେବଳ ଉପାନ୍ତ୍ୟ ସ୍ୱରର ସମତା ନୁହେଁ, ଅଧିକନ୍ତୁ ସମଗ୍ର ଉପାନ୍ତ୍ୟ ବର୍ଣ୍ଣର ସମତା ଏଥିରେ ଅଛି ।

ଆଜିକାଲି ଉପଧାର ଅର୍ଥ ହେଉଛି କେବଳ କବିତାର ପ୍ରତି ଧାଡ଼ିର ଶେଷ ଶବ୍ଦର ଅନ୍ତ୍ୟବର୍ଣ୍ଣର ପୂର୍ବବର୍ତ୍ତୀ ଅକ୍ଷରର ଯୁକ୍ତାଯୁକ୍ତସ୍ୱରର ସମତା । ଅତଏବ ଦେଖାଯାଉଚି, ଉପଧା ତା'ର ମୂଳ ସଂଜ୍ଞାରୁ କ୍ରମେ ଭ୍ରଷ୍ଟ ହୋଇ କିଂଭୂତକିମାକାର ରୂପ ଧାରଣ କରି ସମଗ୍ର ଆଧୁନିକ ଓଡ଼ିଆ କବିତାକୁ ଗ୍ରାସ କରି ବସିଚି । ଭୂତାବିଷ୍ଟ ପରି ଓଡ଼ିଶାର କାବ୍ୟ-ଲକ୍ଷ୍ମୀ ଉପଧାଗ୍ରସ୍ତ ହୋଇ ଆଜି ନିଜର ପ୍ରକାଶର ସ୍ୱାଧୀନତା ଓ ଗତିଶକ୍ତି ହରାଇବସିଛନ୍ତି ।

ଓଡ଼ିଶାରେ ଉପଧାର ଚଳଣି –

ଆଗରୁ କହିଚି, ଜୟଦେବଙ୍କ ଭଳି କବିଙ୍କ ପ୍ରଭାବ ଏଡ଼ିଦେଇ ଯେଉଁ ଓଡ଼ିଆ ସାହିତ୍ୟ ଉପଧାର ସୁନାଶିକୁଳି ଦୂରକୁ ଫିଙ୍ଗିଦେଇଥିଲା, ସେ ପୁଣି ସେ ଜଞ୍ଜିରରେ କେବେ କେଉଁପରି ଛନ୍ଦି ହୋଇ ଧୀରେ ଧୀରେ ନିଜର ଚଳତ୍‌ଶକ୍ତି ହରାଇବସିଲା ? ପୂର୍ବରୁ କୁହାଯାଇଚି, ବଙ୍ଗ ଅନୁକୃତିରେ ଓଡ଼ିଆ ସାହିତ୍ୟରେ ଆଧୁନିକ ଅର୍ଥରେ ଉପଧା ପ୍ରବେଶ ଲାଭ କଲା ଇଂରାଜୀ ଅମଲର ଆରମ୍ଭ ପରେ ।

ରାୟ ଓ ରାଓ କବିଙ୍କ ପୂର୍ବରୁ ଓଡ଼ିଶାର ଜଳବାୟୁରେ ଓ ଓଡ଼ିଆ ଶବ୍ଦାବଳୀର ଉଚ୍ଚାରଣଗତ ବୈଶିଷ୍ଟ୍ୟଯୋଗୁଁ ଉପଧା ଏ ଦେଶରେ ବିଶେଷ ପ୍ରତିଷ୍ଠା ଲାଭ କରି ପାରି ନ ଥିଲା । ଅବଶ୍ୟ ଶ୍ରୀ ଆର୍ତ୍ତବଲ୍ଲଭ ମହାନ୍ତି କହିବାନୁସାରେ ରାୟ-ରାଓ କବିଙ୍କ ପୂର୍ବରୁ କବି ତ୍ରିପୁରାରି ଦାସଙ୍କ 'ରାମକୃଷ୍ଣ କେଳିକଲ୍ଲୋଲ' ଓଡ଼ିଆ ସାହିତ୍ୟରେ ପ୍ରଥମ ଉପଧାଯୁକ୍ତ ଓଡ଼ିଆ କାବ୍ୟ । ପୂର୍ବରୁ ଟିକିଲି ରାଜା ଶ୍ରୀ ପଦ୍ମନାଭ ଦେବଙ୍କ 'ଭାବବତୀ' (୧୮୦– ୧୮୩୨) କାବ୍ୟ କଥା କୁହାଯାଇଚି । ଏଥିରେ ଅନ୍ତ୍ୟାନୁପ୍ରାସ ଓ ଉପଧା ରକ୍ଷା କରି ମିତ୍ରାକ୍ଷରରେ କବିତା ରଚିତ ହୋଇଚି ।

ରାମପ୍ରସନ୍ନ ବାବୁ, ପ୍ରଭାକର ବିଦ୍ୟାରତ୍ନ ଓ ଗୋବିନ୍ଦ ରଥ ପ୍ରମୁଖଙ୍କ ରଚିତ ପଦ୍ୟମାଳା, ପଦ୍ୟପାଠ, କବିତାକଳାପ ଓ କୁସୁମକଳିକାଦି ପଦ୍ୟପୁସ୍ତକ ଆଉ ଉତ୍କଳ ମଧୁପାଦି ସାହିତ୍ୟ ପତ୍ରିକାମାନଙ୍କରେ ଏ ଉପଧା ପ୍ରଣାଳୀ ପ୍ରଥମେ କିଛି କିଛି ଦେଖାହେଲା; ପରେ ରାଧାନାଥ ରାୟ ଓ ମଧୁସୂଦନ ରାଓ ଏହାକୁ ଓଡ଼ିଆରେ ସୁପ୍ରତିଷ୍ଠିତ କଲେ । 'ଉପଧା ବିଚାର' ପୁସ୍ତକରୁ ଜଣାଯାଏ ଯେ, ରାୟ ରାଧାନାଥ ରାୟବାହାଦୁର ଓ ମଧୁସୂଦନ ରାଓଙ୍କ କୃତ କବିତାବଳୀ ଓଡ଼ିଶାର ଭର୍ଣ୍ଣାକୁୟୁଲାର ଶ୍ରେଣୀର ପାଠ୍ୟ ରୂପେ ଗୃହୀତ ହେବା ପରେ କବିତାବଳୀର ବ୍ୟାଖ୍ୟାକାର ଓ ପ୍ରକାଶକ ଉପକ୍ରମଣିକାରେ ସର୍ବପ୍ରଥମ ଏଇ ନବ ପ୍ରଚଳିତ ଉପଧାର ନାମ ଜଣାଇ ଉପଧାଯୁକ୍ତ ପଦ୍ୟକୁ ପୂର୍ଣ୍ଣ ମିତ୍ରାକ୍ଷର ଓ ଉପଧାବିହୀନ ପଦ୍ୟକୁ ଅପୂର୍ଣ୍ଣ ମିତ୍ରାକ୍ଷର ବୋଲି ଜାହିର କଲେ ।

ପଣ୍ଡିତ ଶ୍ରୀ କୁଳମଣି ଦାସଙ୍କ 'ଅଳଂକାର ତରଙ୍ଗିଣୀ'ର ୩୧ ପୃଷ୍ଠାରେ 'ଉପଧା' ଶବ୍ଦର ନାମ–ଗନ୍ଧ ଲେଖା ନାଇଁ। ତଥାପି ପଦ୍ୟ କ'ଣ ବୁଝାଇବାକୁ ଯାଇ ସେ ଲେଖିଛନ୍ତି ଯେ, ଯେଉଁ ପଦ୍ୟର ପ୍ରଥମ ପାଦର ଅନ୍ତ୍ୟବର୍ଷ ଓ ଉପାନ୍ତ୍ୟ ସ୍ୱର ପରବର୍ତ୍ତୀ ପାଦର ଅନ୍ତ୍ୟବର୍ଷ ଓ ଉପାନ୍ତ୍ୟ ସ୍ୱରର ମିଳନ ଥାଏ, ତାହାକୁ ପୂର୍ଣ୍ଣ ମିତ୍ରାକ୍ଷଣ ଛନ୍ଦ ବୋଲାଯାଏ।

ପରବର୍ତ୍ତୀ ଓଡ଼ିଆ କବିତାରେ ଉପଧା –

ଉଦାହରଣ –

"ସଂଚରଣଶୀଳ ନବ ତମାଳ ଭୂରୁହ
ସଂଗେ ଘେନି ଆସୁଛି କି ସଖା–ଶାଖା–ବ୍ୟୂହ।
ସ୍ୱର୍ଣ୍ଣବର୍ଷାଏ ଏଣିକି।
ସଂପାଦିବେ ମୂର୍ତ୍ତିମନ୍ତ ରତନ ଶ୍ରେଣୀକି। (ଚଂପୂ)"

ଏଠାରେ ପଦ୍ୟରେ ପ୍ରଥମ ପାଦର ଅନ୍ତ୍ୟବର୍ଷ 'ହ' ଓ ଉପାନ୍ତ୍ୟ ସ୍ୱର 'ଉ' ସଂଗେ ୨ୟ ପାଦର ଅନ୍ତ୍ୟବର୍ଷ ଓ ଉପାନ୍ତ୍ୟ ସ୍ୱରର ସମ୍ପୂର୍ଣ୍ଣ ମିଳନ ହୋଇଚି ଓ ତୃତୀୟ ପାଦର ଅନ୍ତ୍ୟବର୍ଷ 'କି' ଓ ଉପାନ୍ତ୍ୟ ସ୍ୱର 'ଇ' ସଙ୍ଗରେ ୪ର୍ଥ ପାଦର ଅନ୍ତ୍ୟବର୍ଷ ଓ ଉପାନ୍ତ୍ୟ ସ୍ୱରର ମିଳନ ହୋଇଚି। ତେଣୁ ଏହା ପୂର୍ଣ୍ଣ ମିତ୍ରାକ୍ଷର ଛନ୍ଦରେ ରଚିତ।

ଏ ମତ ସତ ହେଲେ ଉପେନ୍ଦ୍ର ଭଞ୍ଜ, ଦୀନକୃଷ୍ଣ, ଭକ୍ତଚରଣ, ଅଭିମନ୍ୟୁ, ଯଦୁମଣି, କବିସୂର୍ଯ୍ୟ ଆଦି ସମସ୍ତ ପ୍ରାଚୀନ ଓଡ଼ିଆ କବିଙ୍କ କୃତି ଏବଂ ସମସ୍ତ ପ୍ରାଚୀନ ଓଡ଼ିଆ ଓ ସଂସ୍କୃତ କାବ୍ୟକବିତାନାଟକାଦି ଅପୂର୍ଣ୍ଣ ମିତ୍ରାକ୍ଷରରେ ରଚିତ ବୋଲି କହିବାକୁ ହେବ। କାରଣ ଏମାନେ ସମସ୍ତେ କେବଳ କବିତାର ଗୋଟିଏ ପାଦର ଶେଷ ବର୍ଷ ସଂଗେ ଅନ୍ୟ ପାଦର ଶେଷ ବର୍ଷର ମିଳନ ଘଟାଇ କାବ୍ୟ ରଚନା କରିଯାଇଛନ୍ତି; କେହି ଉପାନ୍ତ୍ୟ ସ୍ୱରର ମିଳନ କରିବା ଦିଗରେ ଦୃଷ୍ଟି ଦେଇ ନାହାନ୍ତି। କେବଳ ଅନ୍ତ୍ୟବର୍ଷର ସମତା ରହିଲେ ପଦ୍ୟର ମେଳ ଯଥେଷ୍ଟ ହେଲା ବୋଲି ସେମାନେ ମନେ କରିଛନ୍ତି। ମିତାକ୍ଷରର ସଂଜ୍ଞା ସେମାନଙ୍କ ସମୟରେ ଯାହା ଥିଲା, ତାକୁ ସେମାନେ ପରିବର୍ତ୍ତନ କରିବା ଆଦୌ ପ୍ରୟୋଜନୀୟ ମନେ କରି ନ ଥିଲେ। ମିତ୍ରାକ୍ଷରର ଏ ନୂତନ ସଂଜ୍ଞା ସେମାନଙ୍କୁ ଜଣାଥିଲେ ସେମାନଙ୍କର କାବ୍ୟକବିତାର ଚେହେରା ହୁଏତ ଅନ୍ୟ ପ୍ରକାର ହୋଇଥାନ୍ତା କିମ୍ବ ସେମାନେ ଅଧିକାଂଶ ସଂସ୍କୃତ ଶ୍ଲୋକାଦି ଅନୁରୂପରେ ଅମିତ୍ରାକ୍ଷର ଛନ୍ଦରେ ହିଁ କବିତା ରଚନା କରିଥାନ୍ତେ।

ରାଜା ଶ୍ରୀ ସଚ୍ଚିଦାନନ୍ଦ ତ୍ରିଭୁବନ ଦେବଙ୍କ ପ୍ରଣୀତ 'ଅଳଂକାର ସାର' ଆଉ ଖଣ୍ଡିଏ ଅଳଂକାର ଗ୍ରନ୍ଥ। ଏଥିରେ ମଧ୍ୟ ଉପଧା ଶବ୍ଦର ଚିହ୍ନ–ବର୍ଷ ନାଇଁ। ତଥାପି ମିତ୍ରାକ୍ଷର ପ୍ରସଙ୍ଗରେ ଲେଖିଛନ୍ତି – ମିତ୍ରାକ୍ଷର ଦୁଇ ପ୍ରକାର, ଯଥା – ପୂର୍ଣ୍ଣ ମିତ୍ରାକ୍ଷର, ଅପୂର୍ଣ୍ଣ ମିତ୍ରାକ୍ଷର।

ପଦ ଶେଷରେ ଉପାନ୍ତ୍ୟ ସ୍ୱର ସହିତ ମିତ୍ରାକ୍ଷରର ମେଳ ହେଲେ ମିତ୍ରାକ୍ଷର ହୁଏ। କେବଳ ପାଦ ଶେଷସ୍ଥିତ ସ୍ୱର ସହିତ ବର୍ଷ ସାମ୍ୟ ହେଲେ ଅପୂର୍ଷ ମିତ୍ରାକ୍ଷର ହୁଏ। (ପୃ. ୨୦)

ଏ ମହାଶୟଙ୍କୁ ମଧ୍ୟ ସେଇ ପ୍ରକାର ଜବାବ ଦିଆଯାଇପାରେ ମାତ୍ର। ସୁଖର କଥା, ସେ ମହାଶୟ ନିଜ ଭ୍ରମ ଶୀଘ୍ର ବୁଝିପାରିଥିଲେ ଏବଂ ନିଜ ପ୍ରଣୀତ 'ସୁନ୍ଦରୀ' ଚଉତିଶାରେ ଉପଧା ନିୟମ ବର୍ଜନ କରି ଏକମାତ୍ରିକ ମେଳ ଚଉତିଶାରେ ବ୍ୟବହାର କରିଯାଇଛନ୍ତି। 'ସୁନ୍ଦରୀ' କାବ୍ୟର ପ୍ରଥମ କେତେକ ଅଂଶ ତଳେ ଦିଆଗଲା—

"କି କହିବି ମୁହିଁ ମୋ ହୃଦ–ନିକଷ–

କନକରେଖାରୂପିଣି ! ରେ

କେତକୀ ଶୁଭାଂଗି ! ଜିତଘନକେଶି !

ଛଇଲି–ମୁକୁଟମଣି ! ରେ ସୁନ୍ଦରି !

କଳକଂଠି ! ସୋହାଗିନି ରେ

କେଳି–ଲାଳସ–ଚାରୁ ପଟୁ କପୋତ–

ଉନ୍ନତ–ବକ୍ଷ–ଶୋଭିନି ରେ !"

ଏଠାରେ 'କନକରେଖାରୂପିଣି' ସଙ୍ଗେ 'ଛଇଲି–ମୁକୁଟମଣି' ମେଳ ପଡ଼ିଚି। 'ରୂପିଣି'ର ଉପାନ୍ତ୍ୟ ସ୍ୱର ପି–ସ୍ଥିତ 'ଇ' 'ମୁକୁଟମଣି'ର ଉପାଂତ୍ୟ ସ୍ୱର ମ–ସ୍ଥିତ 'ଅ'। ତେଣୁ ଉପାନ୍ତ୍ୟ ସ୍ୱରର ମିଳନ ହେଉ ନାଇ। ଅତଏବ କବି ଏକମାତ୍ରା ମେଳଇ ବ୍ୟବହାର କରିଛନ୍ତି; ଉପଧା ମେଳ ବା ଦ୍ୱିମାତ୍ରିକ ମେଳ ବର୍ଜନ କରିଅଛନ୍ତି।

ଓଡ଼ିଆ ଭାଷାକୋଷକାର ଶ୍ରୀଯୁକ୍ତ ପ୍ରହରାଜ ମହାଶୟ ଅବଶ୍ୟ ଗୋଟିଏ ଲାଇନ୍‌ରେ ଉପଧାର ଅର୍ଥ ନିର୍ଣୟ କରିଦେଇଛନ୍ତି ଏବଂ ଉପଧା ଅର୍ଥ ସମଗ୍ର ଉପାନ୍ତ୍ୟ ବର୍ଷର (pre-ultimate letter of a word) ମିଳନ ବୋଲି ପ୍ରତିପାଦିତ କରିଛନ୍ତି। ଉପଧାର ପୂର୍ଷ ପରିଚୟ ଭାଷାକୋଷରୁ ମିଳେ ନାଇ; ବରଂ ବିକୃତ ଅର୍ଥଇ ମିଳେ। କାରଣ ଉପଧା ଅର୍ଥ ତ ବର୍ତ୍ତମାନ ସମଗ୍ର ଉପାନ୍ତ୍ୟ ବର୍ଷର ମିଳନ ନୁହେଁ – ଉପାନ୍ତ୍ୟ ସ୍ୱରର ମିଳନ ମାତ୍ର। ତା ପୁଣି ଧାଡ଼ିର ଶେଷ ଶବ୍ଦର; ଯେକୌଣସି ଶବ୍ଦ ନୁହେଁ।

ବଂଗ ଭାଷାରେ ଉପଧାର ସ୍ୱାଭାବିକ ଅଭ୍ୟୁତ୍‌ଥାନ –

ଅବଶ୍ୟ ରବୀନ୍ଦ୍ରନାଥ ପ୍ରଥମେ ବଙ୍ଗ ସାହିତ୍ୟରେ ଉପଧାର ବହୁଧା ବୈଚିତ୍ର୍ୟ ଉଦ୍‌ଘାଟନ କରନ୍ତି। କିନ୍ତୁ ବଙ୍ଗ ଭାଷାର ପ୍ରକୃତି ଓ ସେଇ ଭାଷାର ଶବ୍ଦମାନଙ୍କର ଉଚ୍ଚାରଣ ଧର୍ମ ସଙ୍ଗେ ଉପଧାର ସ୍ୱାଭାବିକ ଯୋଗ ଥିବାରୁ ଏହା ବହୁ ପ୍ରାଚୀନ କାଲରୁ ସେ ସାହିତ୍ୟରେ ନାନା ଭାବରେ ଆସନ ଜମାଇ ଆସୁଥିଲା। କବି କଙ୍କଣ, ଚଣ୍ଡିଦାସ, ବିଦ୍ୟାସୁନ୍ଦର, ରାମପ୍ରସାଦ, ହେମଚନ୍ଦ୍ର ପ୍ରଭୃତିଙ୍କ ରଚନା ଓ ଅନ୍ନଦାମଙ୍ଗଳ, କାଶୀଦାସ ମହାଭାରତ,

କୃତିବାସ ରାମାୟଣ, ରାଜା ରାମମୋହନ ରାୟ ମାଇକେଲ ମଧୁସୂଦନ ଦତ୍ତ, ରଙ୍ଗଲାଲ ବଙ୍ଗୋପାଧ୍ୟାୟଙ୍କ କବିତାଦିରେ ଏକମାତ୍ରିକ ମେଳର ଅଭାବ ନ ଥିଲେ ମଧ ଅନେକ ଜାଗାରେ ଦ୍ୱିମାତ୍ରିକ ମେଳ ବା ଉପଧା ଦେଖାଯାଏ। ଏଥିରୁ ବୁଝାଯାଏ ଯେ, ଉପଧା ବା ଦୁଇ ମାତ୍ରାର ମେଳ ବଙ୍ଗ ଭାଷାର ସ୍ୱଭାବ-ଧର୍ମ; ତାହା ମଧ ହେବାର କଥା। କାରଣ ବଙ୍ଗ ଭାଷାରେ ଇଂରାଜୀ ଭଳି ଶବ୍ଦର ଶେଷ ଅକ୍ଷର ଅଧିକାଂଶ ଜାଗାରେ ଅର୍ଦ୍ଧୋଚ୍ଚାରିତ ବା ହଲ୍ ବର୍ଣ୍ଣ। ତେଣୁ ଅନ୍ତ୍ୟବର୍ଣ୍ଣର ପୂର୍ବ ବର୍ଣ୍ଣସ୍ଥ ସ୍ୱର ଉଚ୍ଚାରଣର ପୂର୍ଣ୍ଣତା ପାଇଁ, ଦୀର୍ଘ ଉଚ୍ଚାରିତ ହୋଇଥାଏ; ଯଥା- ମନ୍ (ମଅନ୍), ବନ୍ (ବଅନ୍), ଗାନ୍ (ଗାଆନ୍), ତାନ୍ (ତାଆନ୍)। ତେଣୁ ଖାଲି ଶେଷ ଅକ୍ଷର ହଲ୍ ବର୍ଣ୍ଣର ସାଦୃଶ୍ୟ ଦେଖି ମେଳ ହେଲେ ସେ ମେଳ ଅର୍ଦ୍ଧୋଚ୍ଚାରିତ ହେବ। କିନ୍ତୁ ବଙ୍ଗଲା 'ପାଖୀ', 'ଦେଖୀ' ପ୍ରଭୃତି ଶବ୍ଦରେ ଉପାନ୍ତ୍ୟ ବର୍ଣ୍ଣ 'ପା' ବା 'ଦେ' – ଦୀର୍ଘ ଉଚ୍ଚାରିତ ହୁଏ ନାଇ; ଯେହେତୁ ଅନ୍ତ୍ୟବର୍ଣ୍ଣ 'ଖୀ' ଓ 'ଖି' ହଲନ୍ତବର୍ଣ୍ଣ ନୁହନ୍ତି। ଅତଏବ ଶେଷ ଅକ୍ଷରର ପୂର୍ବ ବର୍ଣ୍ଣରେ ଯୁକ୍ତାଯୁକ୍ତ ସ୍ୱରର ସମତା ପୂର୍ଣ୍ଣାଙ୍ଗମେଳ ପକ୍ଷରେ ଅପରିହାର୍ଯ୍ୟ। ମାତ୍ର ଓଡ଼ିଶାରେ ଠିକ୍ ଓଲଟା। ଓଡ଼ିଆରେ ଅଧିକାଂଶ ଅକ୍ଷର ମାତ୍ରାଯୁକ୍ତ। ଆମେ ମନ୍, ବନ୍ କହୁନା, କହୁଁ ମନ (+ଅ), ବନ (+ଅ)। ଓଡ଼ିଆରେ ଉପାନ୍ତ୍ୟ 'ମ' ଓ 'ବ' ଦୀର୍ଘ ଉଚ୍ଚାରିତ ହୁଏ ନାଇ। ତେଣୁ ଆମ ଓଡ଼ିଆରେ କେବଳ ଶେଷ ଅକ୍ଷରର ମେଳ ଅପୂର୍ଣ୍ଣ ମେଳ ହୁଏ ନା; ପୂର୍ଣ୍ଣ ମେଳ ହୁଏ। ଅବଶ୍ୟ ଯେଉଁଠି ଏହା ହଲନ୍ତ ବର୍ଣ୍ଣ ନୁହେଁ, ସେଇଠି ଏକଥା କେବଳ ଉଚ୍ଚାରଣ ଦୃଷ୍ଟିରୁ କୁହାଯାଉଅଛି।

ବଙ୍ଗଲାର ନବଯୁଗ-ପ୍ରବର୍ତ୍ତକ ରାଜା ରାମମୋହନ ରାୟ ତାଙ୍କ ପ୍ରଣୀତ 'ଗୌଡ଼ୀୟ ଭାଷା ବ୍ୟାକରଣ'ରେ ଛନ୍ଦ ସମ୍ବନ୍ଧରେ ଆଲୋଚନା କଲାବେଳେ ପ୍ରତ୍ୟେକ ପାଦର ଶେଷ ଯୁକ୍ତାଯୁକ୍ତ ସ୍ୱର ଓ ହଲ୍ ବର୍ଣ୍ଣର ସମତା ରକ୍ଷା କରି ମିତ୍ରାକ୍ଷର ପଦ୍ୟ ରଚିତ ହେବା କଥା ବିଚାର କରଥନ୍ତି; କିନ୍ତୁ ନିଜ ବ୍ୟାକରଣରେ ଉପଧା ସମ୍ପର୍କରେ କିଛି ଉଲ୍ଲେଖ କରିନାହାନ୍ତି। ତାଙ୍କ ସ୍ୱକୃତ କବିତାର ବହୁଳାଂଶରେ ଉପଧା ମେଳ ସଙ୍ଗେ ସଙ୍ଗେ ଏକାକ୍ଷରୀ ମେଳ ଠାଏ ଠାଏ ଥିବାର ଦେଖାଯାଏ, ଯଥା-

"ମନ୍ ରେ ଭ୍ରାନ୍ତି ତୋମାର –
ଆବାହନ ବିସର୍ଜନ କର ତୁମି କାର ?
ସର୍ବତ୍ର ଯେ ବିଭୁ ଥାକେ ଇହା ଗଚ୍ଛ ବଲ ତାକେ
ତୁମି ବା କେ, କେ ଆନେ କାକେ, ଏ କି ଚମତ୍କାର ?
ସମସ୍ତ ଜଗଦାଧାରେ ଆସନ ପ୍ରଦାନ କରେ
ଇହ ତିଷ୍ଠ ବଲ ତାରେ, ଏ କି ବ୍ୟବହାର ?

ଏ କି ଦେଖି ଅସମ୍ଭବ ବିବିଧ ନୈବେଦ୍ୟ ସବ
ଦିୟେ କାରେ କର ସ୍ତବ, ଏ ବିଶ୍ୱ ଯାହାର ।”

ପଦ୍ୟର ସର୍ବତ୍ର ଉପଧା-ମିଳନ ଦେଖାଗଲେ ମଧ ରେଖାଙ୍କିତ ‘ଜଗଦାଧାରେ’
ସଙ୍ଗେ ‘କରେ’ ଶବ୍ଦର ମେଳ ଉପଧାସମ୍ମତ ନୁହେଁ; ବରଂ ଏକାକ୍ଷରୀ ମେଳ । ପୁଣି ଏ
ଏକାକ୍ଷରୀ ମେଳ ‘ଧାରେ’, ‘କରେ’ – ଏଇ ଅ-ହଳନ୍ତ ଶବ୍ଦ ମଧ୍ୟରେ ଘଟିଚି ।

୧୮୫୭ ଖ୍ରୀଷ୍ଟାବ୍ଦରେ ବଙ୍ଗଳା ସମ୍ବାଦପତ୍ରରେ ଓ ଶାନ୍ତିପୁରର ବସ୍ତ୍ର ଉପରେ
ପରିଦୃଶ୍ୟମାନ ଗୀତ; ଯଥା–

“ସୁଖେ ଥାକୁକ୍ ବିଦ୍ୟାସାଗର ଚିରିଜୀବୀ ହୟେ
ସଦରେ କରିଛେ ରିପୋର୍ଟ ବିଧବାଦେର ହବେ ଦିୟେ
କବେ ହବେ ଶୁଭଦିନ୍, ପ୍ରକାଶିବେ ଏ ଆଇନ୍
ଦେଶେ ଦେଶେ ଜେଲାୟ ଜେଲାୟ ବେରୁବେ ହୁକୁମ୍
ବିଧବା ରମଣୀର ବିୟୋର ଲେଗେ ଯବେ ଧୂମ୍;
ମନେର ସୁଖେ ଥାକ୍ ବୋ ମୋରା ମନୋମତ ପତି ଲୟେ ।
ଏମନ୍ ଦିନ୍ କବେ ହବେ ବୈଧବ୍ୟ ଯନ୍ତ୍ରଣା ଯାବେ
ଆଭରଣ ପରିବ ସବେ ଲେକେ ଦେଖବେ ତାଇ
ଆଲୋଚାଲ କାଟଁକଲା ମସଲାର ମୁଖେ ଦିୟେ ଛାଇ
ଏୟୋ ହ’ୟେ ଯାବ ସବେ ବରଣଡାଲା ମାଥାୟ ଲୟେ ।”

ଏଠାରେ ମଧ ଦ୍ୱିମାତ୍ରିକ ମେଳ ସଙ୍ଗେ ପ୍ରଚୁର ଏକାକ୍ଷରୀ ମେଳ ଦେଖାଯାଏ ।
ବିଶେଷତଃ ଅ-ହଳନ୍ତ ଶବ୍ଦ ମଧ୍ୟରେ ।

ତଥାପି ରବୀନ୍ଦ୍ରନାଥଙ୍କ ପର୍ଯ୍ୟନ୍ତ ବଙ୍ଗଳାରେ ଯେ ଦ୍ୱିମାତ୍ରିକ ମେଳ ଏକ
ବାଧତାମୂଳକ ନିୟମ ବା ଅନ୍ଧ ସଂସ୍କାରରେ ପରିଣତ ହୋଇ ନ ଥିଲା, ତାହା ଚଣ୍ଡିଦାସ,
ବିଦ୍ୟାସୁନ୍ଦର, ଅନ୍ନଦାମଙ୍ଗଳ, କାଶୀଦାସ ମହାଭାରତ, କୃଭିବାସ ରାମାୟଣ ପଢ଼ିଲେ
ବୁଝାଯାଏ । ଏପରିକି ସ୍ୱୟଂ ରବୀନ୍ଦ୍ରନାଥ ମଧ ନିଜ ବାଲ୍ୟ ବୟସରେ ରଚିତ ବହୁ
କବିତାରେ ଯତ୍ରତତ୍ର ଏକାକ୍ଷରୀ ମେଳ ବ୍ୟବହାର କରିଛନ୍ତି; ଯଥା–

“କେବଲ ଆନନ୍ଦେ ବସି ସେଥା ମୁଖେ ନାଇ ଏକଟିଓ କଥା,
ତୋମାରି ସେ ପୁରୋହିତ, ପ୍ରଭୁ, କରିବେ ତୋମାରି ଆରାଧନା ।”

(ରବୀନ୍ଦ୍ରନାଥ)

ପ୍ରାଚୀନ ବଙ୍ଗଳା କାବ୍ୟ-କବିତାରେ ଉପଧା ନିୟମବର୍ଜିତ ବହୁ ଏକାକ୍ଷରୀ ମେଳ
ଯୁଗ୍ମମେଳ ସଙ୍ଗେ ସଙ୍ଗେ ଥିବାର ଦେଖାଯାଏ ।

“ଶ୍ରୀରାଧାର ଖେଦେର ବାନୀ

ଶୁନେ ସେ ଯେ ନୀଲମନି

ଲଜ୍ଜାର ମାଥାୟ ଦିୟେ ଜଲାଂଜଲି

ପଦ୍ମିନୀର ଯେମନ ରାତ୍ରିତେ ଅଲି

ମରି ମରି ଆମରି ସେ ହେର

କି ବଲି, ଶ୍ରୀରାଧାର ପାଦତଲେ ବନମାଲୀ –” (ପଦ କଳ୍ପତରୁ)

ଏଠାରେ ‘ବାନୀ’ ସଙ୍ଗେ ‘ନୀଲମନି’ର ମେଲ; ପୁଣି ‘ଜଲାଂଜଲି’ ଓ ‘ଅଲି’
ସଙ୍ଗରେ ‘ବନମାଲୀ’ର ମେଲ ଉପଧା-ଲକ୍ଷଣଯୁକ୍ତ ନୁହେଁ। ଏଠି ଦେଖିବାର କଥା,
ଏଗୁଡ଼ିକ କିନ୍ତୁ ପ୍ରତ୍ୟେକେ ଅ-ହଳଂତ ଶବ୍ଦ।

“କମଲିନୀ ଆଜି ଏ କି, କମଲକାନନ ଦେଖି

ଚରଣକମଲେ ନୀଲ କମଲ କେ ଦିଲ କମଲମୁଖୀ

ଗାଂଗା ଯାର ରଚନ କମଲେ,

ହୟେ ତ୍ରିଲୋକ ଉଦ୍ଧାରିଲେ।” (ମଧୁକାନ୍‍–)

“ଲଂପଟ ନିରିଦୟ, ହରି ଦୟାମୟ ବଲାଅ ତୁମି କୋନ ଗୁନେ

କେଉ ଚଂଦନ ଦାନେ ବସିଲ ରାଜ ସିଂହାସନେ।

ଆମରା ପ୍ରାଣଦାନେ ସ୍ଥାନ ପେଲମ ନା ଶ୍ରୀଚରଣେ।

ହୋଥା ରାଜକନ୍ୟା ବନବାସୀ,

ହୋଥା ଦାସୀ ହୟ ରାଜମହିଷୀ

ସେ ତ ତୋମାରି କୃପାୟ,

ଯାରେ ରାଖ ପାୟ,

ସେ ସକଲି ପାୟ।” (ଗୋବିଂଦ ଅଧିକାରୀ)

ପୁଣି,   “ସକଲଇ ତୋମାର ଇଚ୍ଛା, ଇଚ୍ଛାମୟୀ ତାରା ତୁମି,

ତୋର କର୍ମେ ତୁମି କର, ଲୋକାକେ ବଲେ କରି ଆମି।”

(ରଘନାଥ ରାୟ ଦେଓୟାନ ମହାଶୟ)

ଏଠାରେ ‘ଦେଖି’ ସଙ୍ଗେ ‘ମୁଖୀ’, ‘କମଲେ’ ସଙ୍ଗେ ‘ଉଦ୍ଧାରିଲେ’, ପୁଣି
‘ଗୁନେ’ ସଙ୍ଗେ ‘ସିଂହାସନେ’ ଓ ‘ବନବାସୀ’ ସଙ୍ଗେ ‘ମହିଷୀ’ର ମେଲ ଉପଧାସଙ୍ଗତ
ନୁହେ। ‘ତୁମି’ ସଙ୍ଗେ ‘ଆମି’ର ମେଲ ମଧ ସେଇପରି। ଏସବୁ ଏକ ଅକ୍ଷରର ମେଲ,
ପୁଣି ଅ-ହଳଂତ ଶବ୍ଦ। ଚଣ୍ଡିଦାସଙ୍କ ସମୟରୁ ଏଭଲି ମେଲର ପ୍ରଚଲନ ଦେଖାଯାଏ;
ଯଥା–

“କି ମୋହିନୀ ଜାନ ବଁଧୁ କି ମୋହିନୀ ଜାନ
ଅବଲାର ପ୍ରାନ୍ ନିତେ ନାହି ତୋମା ହେନ।
ରାତି କୈନୁ ଦିବସ, ଦିବସ କୈନୁ ରାତି
ବୁଝିବେ ପାରିନୁ ବଁଧୁ ତୋମାର ପୀରିତି।
ଘର କୈନୁ ବାହିର ବାହିର କୈନୁ ଘର
ପର କୈନୁ ଆପନ ଆପନ କୈନୁ ପର।...
ବାଶୁଲୀ ଆଦେଶେ ଦ୍ୱିଜ ଚଁଡ଼ିଦାସେ କୟ
ପରେର ଲାଗିୟା କି ଆପନା ପର ହୟ।”

ଏଠାରେ ‘ଜାନ’ ସଙ୍ଗେ ‘ହେନ’, ‘ରାତି’ ସଙ୍ଗେ ‘ପୀରତି’ର ମେଲ, ଏକମାତ୍ରିକ ମେଲ। ଏ ସମସ୍ତ ଅ-ହଳନ୍ତ ଶବ୍ଦ। ମାତ୍ର ‘ଘର’ ସଙ୍ଗେ ‘ପର’ର ମେଲ ଉପଧା-ଲକ୍ଷଣପୂର୍ଣ୍ଣ। କହିବା ନିଷ୍ପ୍ରୟୋଜନ ‘ଘର’ ଓ ‘ପର’ ଉଭୟେ ହଳନ୍ତ ଶବ୍ଦ।

ଅବଶ୍ୟ ପ୍ରତ୍ୟେକ ସ୍ଥାନରେ ଯେ ଠିକ୍ ଏଇପରି ହଳନ୍ତ ଅ-ହଳନ୍ତ ଶବ୍ଦ ଦେଖି ବାଛି ବିଚାରି ଏକମାତ୍ରିକ ବା ଦ୍ୱିମାତ୍ରିକ ମେଲ ପ୍ରବର୍ତ୍ତିତ ହୋଇଚି, ତାହା ନୁହେଁ। ମାତ୍ର ଏଥ୍‌ରୁ ବଙ୍ଗଲା ଶବ୍ଦର ସ୍ୱଭାବ-ଧର୍ମ ଓ ଉଚ୍ଚାରଣଗତ ଭାରସାମ୍ୟ ଜଣାଯାଏ। କାଳକ୍ରମେ ଅଧିକାଂଶ ହଳନ୍ତ ଶବ୍ଦ ସଙ୍ଗେ ଅ-ହଳନ୍ତ ଶବ୍ଦ ସବୁ ବି ସାମିଲ ହୋଇ ଉପଧା ନିୟମର ଅଧୀନ ହୋଇଥ୍‌ବେ; ଆଉ ବଙ୍ଗ କବିତାରେ ଉପଧା ଏକ ସ୍ୱାଭାବିକ ପରିଣତିରୂପେ ଆତ୍ମପ୍ରକାଶ କରିଥ୍‌ବ।

ବିଦ୍ୟାପତିଙ୍କ ଗୀତ –

“ଅରୁନ ପୂରୁବଦିଶ ବହଲ ସଗର ନିଶ
ଗଗନ ମଗନ ଭେଲ ଚଁଦା,
ମୁନି ଗେଲ କୁମୁଦିନୀ ତଇଓ ତୋହର ଧନି
ମୁନଇ ମୁଖ ଅରବିଁଦା।”...

ଜ୍ଞାନ ଦାସ –

“ଉଚଲ ବଲିୟା ଅଚଲେ ଚଡ଼ିନୁ
ପଡ଼ିନୁ ଅଗାଧ ଜଲେ
ଲଛିମୀ ଚାହିତେ ଦରିଦ୍ର ବେଢ଼ଇ
ମାନିକ ହାରାନୁ ହେଲେ।
ପିୟାସ ଲାଗିୟା ଜଲଦ ସେବିନୁ,
ପାଇନୁ ବଜର ତାପେ

ଜ୍ଞାନଦାସ କହେ ପୀରିତି କରିୟା

ପାଛେ ଠେକହ ଅନୁତାପେ।"

ତଳେ ଅନ୍ୟାନ୍ୟ ଉଦାହରଣ ଦିଆଗଲା –

୧)   "ଯାଁର କ୍ରୋଧେ କଳଙ୍କୀ ହଇଲ କଳାନିଧ

ଯାଁର କ୍ରୋଧେ ଲବଣାଂବୁ ହଲଇ ବାରିଧ

ଯାଁର କ୍ରୋଧେ ଅନଲ ହଇଲ ସର୍ବଭକ୍ଷ

ଯାଁର କ୍ରୋଧେ ଭଗାଂଗ ହଇଲ ସହସ୍ରାକ୍ଷ।"

(କାଶୀଦାସ ମହାଭାରତ, ଆଦିପର୍ବ)

୨)   "ତିଳଫୁଲ ଜିନି ନାସା   ବସଂତ-କୋକିଲଭାଷା

ଭ୍ରୁୟୁଗଲ ଚାପ ସହୋଦର,

ଖଂଜନ-ଗଂଜନ ଆଖି   ଅକଲଂକ ଶଶିମୁଖୀ

ଶିରୋରୁହ ଅସିତ ଚାମର।"

(କବିକଂକଣ ଚଣ୍ଡୀଦାସ)

('ଆଖି' ସଂଗେ 'ମୁଖୀ'ର ମେଲ ଦ୍ୱିମାତ୍ରିକ ନୁହେ।)

୩)   "କାଳୀୟ ଦହରେ ଜଲେ   କୁମାରୀ କମଲ ଦଲେ

ଗଜଗିଲେ ଉଗାରେ ଅଂଗନା

ଅତି କୃଶୋଦରୀ ବାଲା   ମାତଂଗ ଜିନିୟା ଲୀଳା

ଶଶିମୁଖୀ ଖଂଜନନୟନା।

ଛିଲ ଯେଇ ସରସିଜେ   ସରୋଜ ଖାଇଲ ଗଜେ

ଅଳିଗନ ଉଡ଼େ ଘାଁକେ ଘାଁକେ

ଆମି ତ ବୈଦେଶୀ ସାଧୁ   ତୁମି ଅକଲଂକ ବିଧ

ଛଲେ ନାହିଁ ପଡ଼ିହ ବିପାକେ।"

(କବିକଂକଣ ଚଣ୍ଡୀ)

୪)   "ନିତେ ଚାହେଁ ଫୁଲ୍ଲରା ହାତରେ ଧନୁଶର

ଛଡ଼ାଇତେ ନାରେ ବାମା ହଇଲ ଫାଁଫର।

ଶର ଧନୁ ସ୍ତଭିଂତ ଦେଖିୟା ମହାବୀରେ

କହେନ କରୁଣାମୟୀ ମୃଦୁ ମଂଦ ସ୍ୱରେ…"

(କବିକଂକଣ ଚଣ୍ଡୀ)

୫)   "ଶୁନ୍‌ରେ କାଂଡାରୀ ଭାଇ ବିପରୀତ ଦେଖି

କହିବ ରାଜାର ଆଗେ, ସବେ ହଓ ସାକ୍ଷୀ ।
ପ୍ରାମାନିକ ବଳକ୍ଷେ, ଗଭୀର ବହେ ଜଳ
ଇଥେ ଉପଜିଲ ଭାଇ, କମଲେ କମଲ..."
                                    (କବିକଂକଣ ଚଣ୍ଡୀ)

୬)   "କନକ–କମଲ ରୁଚି   ସ୍ୱାହା ସ୍ୱାଧା କିବା ଶଚୀ
                 ମଦନମଂଜରୀ କଳାବତୀ,
        ସରସ୍ୱତୀ କିବା ରମା   ଚିତ୍ରଲେଖା, ତିଲୋଉମା
                 ସତ୍ୟଭାମା, ରଂଭା, ଅରୁଂଧତୀ ।"
                                    (କବିକଂକଣ ଚଣ୍ଡୀ)

୭)   "କି କରିବ କୋଥୋ ଯାବ ଅନୁଜ ଲକ୍ଷ୍ମଣ
        କୋଥା ଗେଲେ ସୀତା ପାବ କର ନିରୂପଣ ।
        ମନ ବୁଝିବାରେ ବୁଝି ଆମାର ଜାନକୀ
        ଲୁକାଇୟା ଆଛେନ ଲକ୍ଷ୍ମଣ ଦେଖ ଦେଖୀ ।"
                                    (କୃତ୍ତିବାସ ରାମାୟଣ)

୮)   "ଭାରତ ଭାରତ – ଖ୍ୟାତ ଆପନାର ଗୁଣେ
        ରାଜେନ୍ଦ୍ର ରାଜେନ୍ଦ୍ର ପ୍ରାୟ, ତାହରଇ ବର୍ଣ୍ଣେ ।
        ଅଚଳ ଅଚଳ ଅତି ପାଷାଣ ପାଷାଣ ମତି ।"
                                    (ଅନ୍ନଦାମଂଗଳ)

୯)   "ପଦ୍ମିନୀ ମୁଦୟେ ଆଁଖି ଚାଂଦେରେ ଦେଖିଲେ
        କୃଷ୍ଣଚନ୍ଦ୍ରେ ଦେଖିତେ ପଦ୍ମିନୀ ଆଖି ମେଲେ
        ଚାଂଦେର ହୃଦୟେ କାଲି କଳଂକ କେବଲ
        କୃଷ୍ଣଚନ୍ଦ୍ର ହୃଦେ କାଲି ସର୍ବଦା ଉଜ୍ଜ୍ୱଲ ।"   (ଅନ୍ନଦାମଂଗଳ)

୧୦)   "ପଇଆ ଚରଣତରି ତରି ଭବେ ଆଶା
        ତରିବାରେ ସିଂଧୁଭବ ଭବ ସେ କରସା
        କାତରେ କିଂକର ଡାକେ ତାର ଭବ ଭବ
        କର ପାପ, ହର ତାପ କର ଶିବ ଶିବ ।"   (ଅନ୍ନଦାମଂଗଳ)

        ଏ ପ୍ରତ୍ୟେକ ପଦ୍ୟରେ ଏକମାତ୍ରିକ ମେଲ ଯଥେଷ୍ଟ ବ୍ୟବହୃତ ହୋଇଚି; ଯଦିଚ
ଦ୍ୱିମାତ୍ରିକ ମେଲ ବେଶୀ । ଅଧିକାଂଶ ଜାଗାରେ ଦ୍ୱିମାତ୍ରିକ ମେଲ ସଂଗେ ସ୍ଥାନେ ସ୍ଥାନେ
କ୍ୱଚିତ୍ ଏକମାତ୍ରାର ମେଲ ଦେଖାଯାଏ ।

ଏଇପରି ପ୍ରାଚୀନ ବଙ୍ଗଳା କାବ୍ୟ-କବିତାର ବହୁ ଦୃଷ୍ଟାନ୍ତ ଦେଖାଇ କୁହାଯାଇପାରେ ଯେ, ସେ ଦେଶର ପ୍ରାଚୀନ କବିବୃନ୍ଦ ବଙ୍ଗ ଭାଷାର ଭିନ୍ନ ଉଚ୍ଚାରଣଦୃଷ୍ଟିରୁ ସମ୍ପୂର୍ଣ୍ଣ ସ୍ୱାଭାବିକ ଭାବରେ ଅଧିକାଂଶ ସ୍ଥଳରେ ଉପଧା ମେଳ ବା ଯୁଗ୍ମମେଳ ବ୍ୟବହାର କରୁଥିଲେ ମଧ ଏକ ଅକ୍ଷରର ମେଳକୁ ବର୍ଜନ କରି ନ ଥିଲେ । ଦ୍ୱିମାତ୍ରିକ ମେଳ ସ୍ୱାଭାବିକ ଭାବରେ କାବ୍ୟ ରଚନା ସମୟରେ ଆସିଯାଉଥିଲା । ଏଥିପାଇଁ ସେମାନଙ୍କ ଶବ୍ଦର ଗଠନ ଓ ଉଚ୍ଚାରଣ ଦାୟୀ । ଦ୍ୱିମାତ୍ରିକ ମେଳ ନ ଦେଲେ ହିଁକ°ତ ଶବ୍ଦସବୁ ଅପୂର୍ଣ୍ଣ ମେଳରୂପେ ଜଣାଯିବେ, ଯେହେତୁ ସେଗୁଡ଼ିକ ଅର୍ଦ୍ଧୋଚ୍ଚାରିତ ଶବ୍ଦ । ତେଣୁ ବାଂଗଳା ଭାଷାର ପ୍ରାଚୀନ ସାହିତ୍ୟ ଆଲୋଚନା କଲେ ଜଣାଯାଏ ଯେ ଉପଧା ସ୍ୱାଭାବିକ ଭାବରେ ବହୁ ପୂର୍ବରୁ ନାନାଭାବରେ ସେଥିରେ ଆସି ପଶିଯାଇଚି–ଏପରି କି ଇଂରାଜୀ ଭାଷାର ପ୍ରଭାବ ପଡ଼ିବାର ବହୁ ଶତାବ୍ଦୀ ପୂର୍ବରୁ କବିକଂକଣ ଚଣ୍ଡୀ ଓ କୃତ୍ତିବାସଙ୍କ ସମୟରୁ । ମାତ୍ର ଇଂରାଜୀ ପ୍ରଭାବରେ ସେମାନେ ଉପଧାକୁ ଏକ ସଂସ୍କାରରୂପେ ଗ୍ରହଣ କରି ଏକମାତ୍ରିକ ମେଳରୁ ସାହିତ୍ୟରୁ ସଂପୂର୍ଣ୍ଣରୂପେ ନିର୍ବାସିତ କରି ଦେଇଅଛନ୍ତି ।

ଓଡ଼ିଆ ସାହିତ୍ୟରେ ୟାର ପ୍ରଭାବ–

ମାତ୍ର ଓଡ଼ିଆ ସାହିତ୍ୟର ଏହା ଠିକ ଓଲଟା । ଏଠି ଉପଧା କେବେ ସ୍ୱାଭାବିକ ଭାବେ ସାହିତ୍ୟରେ ଦେଖା ଦେଇ ନାଇ । କାରଣ ଓଡ଼ିଆ ଭାଷାର ଉଚ୍ଚାରପଦ୍ଧତି ପକ୍ଷରେ ଉପଧା ପ୍ରୟୋଗ ଏକ ଅସ୍ୱାଭାବିକ ପ୍ରଣାଳୀ; ତେଣୁ ଉତ୍କଳ ସାହିତ୍ୟ ଇଂରାଜୀ ଅମଲ ପର୍ଯ୍ୟନ୍ତ ଉପଧାକୁ କଦାପି ପ୍ରଶ୍ରୟ ଦେଇ ନାଇ । କବି ଜୟଦେବଙ୍କ ପ୍ରଭାବ ମଧ ସେ ଏଡ଼ି ଦେଇଥିଲା; ମାତ୍ର ଇଂରାଜୀ ସାହିତ୍ୟର ପ୍ରଭାବ ପଡ଼ିବା ପରେ ବାଂଗଳା ବାଟେ ହଠାତ୍ ଉପଧା କୌଣସି ପ୍ରକାରେ ପ୍ରବେଶପତ୍ର ଯୋଗାଡ଼ କରି ପଣ୍ଡିତ୍ ଦ୍ୱାରପଥରେ ଉତ୍କଳ ଭାରତୀଙ୍କ ମନ୍ଦିର ବେଢ଼ାରେ ପ୍ରବେଶ କଲା । ସେ ପ୍ରବେଶ କେତେଦୂର ବିଧିସଙ୍ଗତ, କେତେଦୂର ବିଜ୍ଞାନସଙ୍ଗତ ବା କେତେଦୂର ପ୍ରୟୋଜନୀୟ, ତାହା କେହି ପଚାରିବାକୁ ମଧ ଅବକାଶ ପାଇଲେ ନାଇ । କାରଣ ଘରପାଖ ବଙ୍ଗ-ସାହିତ୍ୟର ନଜିର ସେମାନଙ୍କ ଆଖି ବନ୍ଦ କରି ଦେଲା । ପ୍ରଥମେ ରାୟ ଓ ରାଓ କବି, ତା'ପରେ ମେହେର, ତାପରେ ପଲ୍ଲୀକବି ନନ୍ଦକିଶୋରବି । ଚିନ୍ତାମଣି ତ ସହଜେ । ଏଥିରେ କ୍ଷତି ହେବ କି ଲାଭ ହେବ, ଟିକିଏ ଭଲ କରି ବିଚାର କଲେ ନାଇ । ଉତ୍କଳର କାବ୍ୟ-ଲକ୍ଷ୍ମୀଙ୍କର ଶିରୀଷକୋମଳ ପଦଯୁଗଳ ସେମାନେ ଏଇ ଉପଧାରୂପକ ଶିଂକୁଳିରେ ଚିରକାଳ ପାଇଁ ବାନ୍ଧି ଦେଇ ଗଲେ । ପ୍ରାଚୀନ କବିମାନେ ନାନା ଭାରୀ ଦାମୀ ଦାମୀ ଜଡ଼ୋଆ ଅଲଙ୍କାର ସବୁ ପିନ୍ଧାଇ ଦେଇ କାବ୍ୟଲକ୍ଷ୍ମୀଙ୍କର ସୁକୁମାର ଦେହଲତାର ଗଠଣ ଓ ପ୍ରାକୃତିକ ସୌନ୍ଦର୍ଯ୍ୟ ଅନେକ

ପରିମାଣରେ ନଷ୍ଟ କରିଦେଇଥିଲେ; କିନ୍ତୁ ତାଙ୍କର ଗତିବିଧିର ସ୍ୱାଧୀନତା ସେମାନେ ସମ୍ପୂର୍ଣ୍ଣ ବାନ୍ଧି ଦେଇ ଯାଇ ନଥିଲେ। ବୋହିପାରିବା ଶକ୍ତିଠାରୁ ଅଧିକ ଓଜନର ଭାରୀ ଭାରୀ ଅଳଙ୍କାରମାନ ଲଦି ଦେଇ ସେମାନେ ଆମ କାବ୍ୟଲକ୍ଷ୍ମୀଙ୍କୁ କିଛି କିଛି ଜଖମ କରିଥିଲେ, ସଂଦେହ ନାଇ; କିନ୍ତୁ ସେ ଅଳଙ୍କାର ପିନ୍ଧିବାଟାକୁ ଏକ କଡ଼ା ନିୟମରେ ପରିଣତ ନ କରି, କବିତାକୁ ନିଃଶ୍ୱାସ ମାରିବା ପାଇଁ ଟିକିଏ ଫୁରୁସତ ଅନ୍ତତଃ ସେମାନେ ଦେଇଯାଇଥିଲେ। କିନ୍ତୁ ଆମର ନିକଟଗେତ୍ରୀୟ ପୂର୍ବଜମାନେ ସେତକ ମଧ୍ୟ ସହ୍ୟ କରି ପାରିଲେ ନାଇ। ସେମାନେ ଉପଧାରୂପକ ଏକ ବାଧତାମୂଳକ ଆମୂଳ ବନ୍ଧନରେ କାବ୍ୟ-ଲକ୍ଷ୍ମୀଙ୍କୁ ବାନ୍ଧି ଦେଇଗଲେ—ଯେଉଁଠାରୁ କି ତାଙ୍କର ଆଉ ଆମରଣ ମୁକ୍ତି ନାଇ। ଭାରି ଅଳଙ୍କାର, ଅନୁପ୍ରାସ, ଯମକ, ଶୃଙ୍ଖଳାଦି ପୂର୍ବ କବିମାନେ ସ୍ଥଲବିଶେଷରେ ବ୍ୟବହାର କରୁଥିଲେ ମଧ୍ୟ କବିତା ରଚନାର ଆରମ୍ଭରୁ ଶେଷ ପର୍ଯ୍ୟନ୍ତ କେଉଁଠି ଯମକ ଅନୁପ୍ରାସ ବ୍ୟବହାର କରିବାର କଡ଼ାକଡ଼ି ନିୟମ ସେମାନେ ଜାରି କରି ନଥିଲେ। କିନ୍ତୁ 'ଉପଧା' କବଲରୁ ଆରମ୍ଭରୁ ଶେଷ ପର୍ଯ୍ୟନ୍ତ କେତେବେଳେ ହେଲେ କବିତାର ମୁକ୍ତି ନାଇ। ଏହା ଏକ ଅଲଙ୍ଘ୍ୟ, ଅମୋଘ, ଅପରିହାର୍ଯ୍ୟ ନାଗପାଶପରି ମୂଳରୁ ଶେଷଯାଏ କବିତାକୁ ବାନ୍ଧି ରଖିବ। ଆଶ୍ଚର୍ଯ୍ୟର କଥା, ସବୁଜ ଦଲ, ଯେଉଁମାନେ ଭାଷାର ସ୍ୱାଧୀନତାକୁ ମୂଳମନ୍ତ୍ର କରି ସାହିତ୍ୟକ୍ଷେତ୍ରରେ ଆନ୍ଦୋଳନ ଆରମ୍ଭ କରିଥିଲେ ଓ କେତେକ ପରିମାଣରେ ଆଧୁନିକ ଓଡ଼ିଆ କବିତାକୁ ପୂର୍ବର ଶାଢ଼ିକତା ଓ ଅଳଙ୍କାରାଦି କବଲରୁ ମୁକ୍ତ କରି ଯଥେଷ୍ଟ ସରଲ, ମାନେ liberalise କରିବାକୁ ସମର୍ଥ ବି ହୋଇଥିଲେ, ସେମାନେ ମଧ୍ୟ ଏଇ ଉପଧା ବିରୁଦ୍ଧରେ ଉଠବାର କଲେ ନାଇ। ସେମାନେ ଓଲଟା ଏହାକୁ ନତ ମସ୍ତକରେ ଗ୍ରହଣ କରିନେଇ ଏଇ ଲୁହାର ଶୃଙ୍ଖଳଟାକୁ ସୁନାର ଶିକୁଳିରେ ପରିଣତ କରି ଦେଇଗଲେ। ଯାର ଶାସ୍ତିଭୋଗ ଓ ପ୍ରାୟଶ୍ଚିତ କରିବାକୁ ହେଉଛି, ସେମାନଙ୍କୁ ନୁହେଁ, ସେମାନଙ୍କର ପରେ ଯିଏ ଆସିଲେ ସେଇ ନୂତନ ସାହିତ୍ୟିକମାନଙ୍କୁ।

ଭାବପ୍ରବଣ, ସ୍ୱପ୍ନମୁଖୀ ସାହିତ୍ୟ ଗଢ଼ିବାରେ ଉପଧାଠାରୁ ସାମାନ୍ୟ ଉତ୍କୋଚ ଯେ ସବୁଜମାନେ ନେଇ ନଥିଲେ, ତା ନୁହେଁ। କାରଣ ଏଭଲି ସାହିତ୍ୟ ପାଇଁ ସ୍ୱରର ଯେଉଁ ସବୁ ଝଙ୍କାର ବା ଇନ୍ଦ୍ରଜାଲ ଦରକାର, ତାହା ସେମାନେ ହୁଏତ କିଛି କିଛି ଉପାଧାଠାରୁ ପାଇପାରିଥିଲେ—ଯଦିଚ ତାର ବିନିମୟରେ ସେମାନଙ୍କୁ ହରାଇବାକୁ ହୋଇଥିବ ଅନେକ ବେଶୀ। ମାଂସପେଶୀର ଅନେକ ସଜୀବତା, ଦେହର ଅନେକ ସ୍ୱାସ୍ଥ୍ୟ ଓ ସ୍ୱାଭାବିକ ବଲୀନ ବିକାଶ, ଦୃଷ୍ଟିର ଅନେକ ପ୍ରଖରତା ଓ ସର୍ବୋପରି ଚିନ୍ତାର ଅନେକ ବ୍ୟାପକତା ଓ ସ୍ୱକୀୟତା,

ଆଉ ତୂଳୀର ପ୍ରସାର ଓ ପରିସର ବଦଳରେ ସେମାନେ ହୁଏତ ଉପଧାରୁ ଟିକିଏ କଣ୍ଠର ମୋଲାୟମ୍ 'ମିହି ଧ୍ୱନି' ଓ 'ମିଠା ଆଓ୍ଆଜ୍' ପାଇଥିଲେ ପାଇଥିବେ; କିନ୍ତୁ ସବୁଜର କ୍ଷତି ଏ-ଯୁଗକୁ ପୂରଣ କରିବାକୁଇ ପଡ଼ିବ। କାରଣ ଏ-ଯୁଗର ସାହିତ୍ୟିକ ଆଗରେ ଜୀବନ ଓ ଦୁନିଆ ଆଉ ସେପରି ସବୁଜ, ସୁନ୍ଦର, ସ୍ୱଚ୍ଛଳ ହୋଇ ନାଇ। ସବୁ ଓଲଟପାଲଟ ହୋଇଯାଇଚି; ସବୁ ଆଜି ହୋଇଉଠିଚି ଧୂସରଭଙ୍ଗୁର ଓ ବସ୍ତୁକୈନ୍ଦ୍ରିକ। ଯାହା ଯାହା ଅଛି ତାକୁ ରୂପ ଦେବାକୁ ହେଲେ ଦରକାର ନୂଆ ଭାଷା, ନୂଆ ମାଧମ, ନୂଆ ଆଙ୍ଗିକ ଓ ନୂଆ ଗତିକୋଣ। ତେଣୁ ଆଜି ଉପଧାକୁ ଏ ଯୁଗର ପ୍ରଥମ ପ୍ରଶ୍ନ, କାବ୍ୟର ମୁକ୍ତି। ମୁକ୍ତିର ପ୍ରଥମେ ଲୋଡ଼ା। ତା'ପରେ ଗଢ଼ିବାର ପ୍ରଶ୍ନ ଉଠିବ।

ଆଧୁନିକ କବିତାରେ ଉପଧା-ବିଚାର ଓ ଅନ୍ୟାନ୍ୟ ସମସ୍ୟା–

ଓଡ଼ିଆ ସାହିତ୍ୟର ପରମ୍ପରାରେ ଉପଧାର ତାତ୍ପର୍ଯ୍ୟ–

ଯମକ ଓ ଅନୁପ୍ରାସାଦି ବିଶ୍ଳେଷଣରେ ଉପଧାର ପରିଚୟ–

କବିତାର ମଣ୍ଡଣୀ ପାଇଁ ପ୍ରାଚୀନ କବିମାନେ ସ୍ୱ ସ୍ୱ କ୍ଷମତାନୁଯାୟୀ ଯମକ, ଅନୁପ୍ରାସ, ଶୃଙ୍ଖଳାଦି ପ୍ରୟୋଗ କରି ଓଡ଼ିଆ ସାହିତ୍ୟର ଗୌରବ ବୃଦ୍ଧି କରିଯାଇଛନ୍ତି। ସେ ଯୁଗରେ କାବ୍ୟର ବିଷୟବସ୍ତୁ ପ୍ରାୟ ଏକପ୍ରକାର ଥିଲା। ପ୍ରଣୟ ଓ ଭଗବତ୍ପ୍ରେମ ଏଇ ଦୁଇଟି ବିଷୟହିଁ ଭିନ୍ନ ଭିନ୍ନ ଭାବରେ କାବ୍ୟ-କବିତାମାନଙ୍କରେ ବର୍ଣ୍ଣିତ ହୋଇଆସୁଥିଲା। ତେଣୁ ବିଷୟ-ବସ୍ତୁ ଓ ଭାବରେ ଧରାବନ୍ଧା ପରିସର ଭିତରେ କବିର କୌଣସି ନୂତନତ୍ୱ ଦେଖାଇବାର ଅବସର ନଥିଲା; ପ୍ରତ୍ୟେକ କବି ନିଜର ବିଚକ୍ଷଣତା ଓ ପ୍ରତିଭା ପ୍ରମାଣ କରିବା ପାଇଁ ଭାବପ୍ରକାଶର ଭଙ୍ଗୀ, ଆଙ୍ଗିକ ଓ ଶବ୍ଦର କାରୁକାର୍ଯ୍ୟ ଉପରେହିଁ ବେଶୀ ନିର୍ଭର କରିବାକୁ ବାଧ୍ୟ ହେଉଥିଲା। କେଉଁ କବି ସେ ପୁରୁଣା କଥାକୁ କିପରି ନୂତନ ଭାବରେ, ନୂତନ ଶବ୍ଦବିନ୍ୟାସରେ ଓ ଅଳଙ୍କରଣ ଭିତରେ କହିପାରୁଚି, ତା'ରି ଦ୍ୱାରା ତାର ପ୍ରତିଭାର ପରିଚୟ ମିଳୁଥିଲା; ତେଣୁ ସେ ଯୁଗର କବିମାନଙ୍କର ବିଶେଷ ଧାନ କାବ୍ୟର ମଣ୍ଡଣୀ ଦିଗରେ ଥିଲା। ଓଡ଼ିଆ ସ୍ଥାପତ୍ୟ ପରି ଓଡ଼ିଆ କାବ୍ୟ ମଧ ଅପୂର୍ବ କାରୁକାର୍ଯ୍ୟମଣ୍ଡିତ ହୋଇଉଠିଥିଲା।

ଯମକ, ଅନୁପ୍ରାସ, ଶୃଙ୍ଖଳା, ଶ୍ଳେଷ, ବର୍ଣ୍ଣଚିତ୍ର, ଗତିଚିତ୍ର ଗୋମୂତ୍ର ଆଦି ବିଚିତ୍ର ଓ ବିବିଧ ଉପାୟରେ ଓଡ଼ିଆ କାବ୍ୟଲକ୍ଷ୍ମୀଙ୍କର ରୂପସୌଷ୍ଠବ ବଢ଼ାଇବାକୁ ଚେଷ୍ଟା କରାଯାଇଥିଲା।

ଯମକ (Analogue)-

ସାର୍ଥକ ବାକ୍ୟ ମଧରେ ଭିନ୍ନାର୍ଥବୋଧକ ଏକ ପ୍ରକାର ଶବ୍ଦର ପୁନରାବୃତ୍ତିକୁ ଯମକ କୁହାଯାଏ। ଭିନ୍ନ ଭିନ୍ନ ଅର୍ଥଯୁକ୍ତ ସାର୍ଥକ ସ୍ୱରବ୍ୟଞ୍ଜକ ସଂହତିର ପୂର୍ବକ୍ରମ ଅନୁଯାୟୀ

ଆବୃଭିହିଁ ଯମକ । ପଦ୍ୟର ଆଦ୍ୟରେ ଦୁଇଟି ସମୋଚ୍ଚାରିତ ସମବର୍ଷ୍ଟବିଶିଷ୍ଟ ଶବ୍ଦ ଥିଲେ, ଆଦ୍ୟ-ଯମକରୁ ସୁନ୍ଦରତା ସାଧିତ ହୁଏ । ସେହିପରି ମାଲ ମାଲ ସମ ଶବ୍ଦଦ୍ୱାରା ମାଲଯମକ, ଯୋଡ଼ି ଯୋଡ଼ି ସମ ଶବ୍ଦଦ୍ୱାରା ଯୋଡ଼ି ଯମକ, ଆଦ୍ୟ ଓ ପ୍ରାନ୍ତ ସମ ଶବ୍ଦଦ୍ୱାରା ଆଦ୍ୟ-ପ୍ରାନ୍ତ ଯମକ, ଉଭୟ ପାଦ ସମ ଶବ୍ଦଦ୍ୱାରା ସର୍ବଯମକ ବା ମହାଯମକର ସୌନ୍ଦର୍ଯ୍ୟ ପ୍ରକାଶିତ ହୁଏ । ଓଡ଼ିଆ ସାହିତ୍ୟରେ ଆହୁରି ଅନେକ ପ୍ରକାର ଯମକ ପ୍ରଚଳିତ ଥିବାର ଦେଖାଯାଏ । ଏକାକ୍ଷର ଯମକ, ଦ୍ୱିବର୍ଣ୍ଣାଦି ଯମକ, ଦ୍ୱନ୍ଦ୍ୱାଦ୍ୟ ଯମକ, ଦ୍ୱିରୁକ୍ତ ଯମକ, ଅନୁଚ୍ଛନ୍ଦ ଯମକ, ସମପାଦ ଯମକ, ଧ୍ୱନି ଯମକ, ମଧ୍ୟ ଯମକ, ମଧ୍ୟ-ଅନ୍ତ ଯମକ, ଆଦି ମଧ୍ୟ ଯମକ, ନିୟମ ଯମକ, ଶୃଙ୍ଖଳା ଯମକ, ପ୍ରାନ୍ତ-ଶୃଙ୍ଖଳା, ସିଂହାବଲୋକନ, ଚକ୍ରସିଂହାବଲୋକନ, ମଣ୍ଡୁକପ୍ଲୁତି ଶୃଙ୍ଖଳା, ଗଂଗାସ୍ରୋତଧ୍ୱକାର ଶୃଙ୍ଖଳା, ସର୍ବାଂଗପାଦ ଶୃଙ୍ଖଳା, ପାଦ ପ୍ରତିଲୋମ ବା ମେଷଯୁଦ୍ଧ ଯମକ, ଶ୍ଳୋକାର୍ଧ ପ୍ରତିଲୋମ ଯମକ ଇତ୍ୟାଦି । ଭରତଙ୍କ ମତରେ ଶବ୍ଦରେ ଅଭ୍ୟାସରେ ଯମକ ହୁଏ । ତାହା ଦଶ ପ୍ରକାର- ପଦାନ୍ତ, କାଂଚୀ (ବା ଆଦ୍ୟପ୍ରାନ୍ତ), ସମୁଦ୍‌ଗ, ବିକ୍ରାନ୍ତ, ଚକ୍ରବାଳ, ସଂଦଷ୍ଟ, ପଦାଦି ଯମକ, ଆମ୍ରେଡ଼ିତ, ଚତୁର୍ବ୍ୟସିତ ଓ ମାଲା ।* ପୁନଶ୍ଚ ଯମକର ନାନାପ୍ରକାର ଭେଦ ହୁଏ । ପ୍ରଥମତଃ ଯମକ ଅବ୍ୟପେତ (ଲଗାଲଗି ହୋଇ), ବ୍ୟପେତ (ଛଡ଼ାଛଡ଼ି ହୋଇ) ଭେଦରେ ଦ୍ୱିବିଧ । ତାପରେ ସ୍ଥାନ ଅସ୍ଥାନ ଓ ପାଦଭେଦରେ ତାହା ବହୁବିଧ । ଯମକରେ ସମ ଶବ୍ଦ ସବୁ ଭିନ୍ନ ଭିନ୍ନ ଅର୍ଥଯୁକ୍ତ ହେବା ବିଧେୟ । କାରଣ ଯେଉଁଠି ଦୁଇଟିଯାକ ଗୋଟିଏ ଅର୍ଥଯୁକ୍ତ ପଦ ହେବେ, ସେଠାରେ ତାହା ଲାଟାନୁପ୍ରାସ ହୋଇଯିବ । ବର୍ଣ୍ଣାନୁପ୍ରାସରେ କେବଳ ବ୍ୟଂଜନ ବର୍ଣ୍ଣର ଆବୃଭି ହୁଏ; ମାତ୍ର ଯମକରେ ସ୍ୱର ଓ ବ୍ୟଂଜନ ଉଭୟଙ୍କର ଆବୃଭି ହୋଇଥାଏ । ତେଣୁ ଲାଟାନୁପ୍ରାସ ଓ ବର୍ଣ୍ଣାନୁପ୍ରାସଠାରୁ ଯମକ ସ୍ୱତନ୍ତ୍ର । ପାଦ ମଧ୍ୟରେ ଆଦି, ମଧ୍ୟ ଓ ଅନ୍ତକ୍ରମରେ ରହିଲ ତାହା ସ୍ଥାନ-ଯମକ ହୁଏ । ଅବ୍ୟପେତ ଯମକରେ ଗୋଟିଏ ପାଦରେ ଆବୃଭି ହୁଏ, ତେଣୁ ଏକ ପାଦରେ ଶବ୍ଦ ଅନ୍ୟ ପାଦରେ ଆବୃଭ ହୁଏ ନାଇ । ଆବୃଭିର ଆଧିକ୍ୟରେ ଅବ୍ୟପେତ ଯମକରେ ଆଦି ମଧ୍ୟ ଓ ଅନ୍ତ ହେତୁ ତ୍ରିବିଧ ଯମକ ହୁଏ ବୋଲି ଆର୍ଟବାବୁ ଦର୍ଶାଇଛନ୍ତି । ବ୍ୟପେତ ଯମକରେ ମଧ୍ୟ ଅବ୍ୟପେତ ପରି ପଦର ଚାରି ପାଦରେ, ତିନି ପାଦରେ, ଦୁଇ ପାଦରେ ଓ ଏକ ପାଦରେ ଆଦି-ମଧ୍ୟାଦି ସପ୍ତପ୍ରକାର ଭେଦରେ ଯମକମାନ ହୁଏ ।

---

(୨) କାଂଚୀ-ପାଦର ଆଦିରେ ଓ ଅନ୍ତରେ ସମାନ ବର୍ଣ୍ଣବିଶିଷ୍ଟ ପଦ ଥିଲେ ଏହି ଯମକ ହୁଏ। କାଂଚୀକୁ ଆଦ୍ୟପ୍ରାନ୍ତ ଯମକ କୁହାଯାଇଥାଏ। ଭୋଜରାଜଙ୍କ ମତରେ ଏଥିରେ ପାଦର ଶେଷ ଶବ୍ଦ ପର ପାଦର ଅଦ୍ୟରେ ଆବୃତ ହୁଏ। ଭରତ ଏହାକୁ ଚକ୍ରବାଳ କହନ୍ତି। ଓଡ଼ିଆରେ ଏହା ଶୃଙ୍ଖଳା ନାମରେ ଖ୍ୟାତ। ଏହାକୁ ମଧ୍ୟ ସିଂହାବଲୋକନ କହନ୍ତି। ପ୍ରଥମ ଧାଡ଼ିରେ ଶେଷପଦ ଦ୍ୱିତୀୟ ଧାଡ଼ିର ଆଦ୍ୟରେ ଆବୃତ ହେବାରୁ ସିଂହର ଅବଲୋକନ ସଙ୍ଗେ ସାଦୃଶ୍ୟ ଥିବା ଦେଖି ଏହିପରି କୁହାଯାଏ।

(୩) ସମୁଦ୍ଗ-ପଦର ଅଧ ଯେବେ ଆବୃତ ହୁଏ; ଅର୍ଥାତ୍ ଦ୍ୱିପାଦ ଥିବା ପଦରେ ପ୍ରଥମ ପାଦ ଦ୍ୱିତୀୟ ପାଦରେ ଏବଂ ଚାରି ପାଦ ଥିଲେ, ପ୍ରଥମ ପାଦ ଓ ଦ୍ୱିତୀୟ ପାଦ ତୃତୀୟ ଓ ଚତୁର୍ଥ ପାଦରେ ଆବୃତ ହୁଏ।

(୪) ବିକ୍ରାନ୍ତ-ଗୋଟିଏ ଗୋଟିଏ ପାଦର ତ୍ୟାଗରେ ଦୁଇଟି ପାଦ ସଦୃଶ ହେଲେ ଏକ ଯମକ ହୁଏ।

ଚତୁଷ୍ପାଦ ଏକାକାର ହେଲେ ମହାଯମକ ହୁଏ, ଏହି ସଂସ୍କୃତ ଆଲଙ୍କାରିକମାନେ କହନ୍ତି; କିନ୍ତୁ ଓଡ଼ିଆରେ ସର୍ବଯମକ କହନ୍ତି। ଭରତ ଏହାକୁ ଚତୁର୍ବ୍ୟବସିତ କହନ୍ତି। ଏହାହିଁ ହେଲା ଯମକର ମୋଟାମୋଟି ପରିଚୟ ଓ ଲକ୍ଷଣ।

୧। ଏକାକ୍ଷରାଦ୍ୟ ଯମକ-ଉଦାହରଣ-

"ଝଲି ମୁଖ ନଳିନ ଝସଜିତନୟକ ଝସକେତନ ଶରଘର-

ଝରଝର ନିରତ ଝରୁଥାଇ ଅମୃତ ଝକ ହାସରେ ତୋହର ରେ।

ଝଲକାଇଁ !

ଝଂକାର ବୀଣାଜିଣା ଗିର। ଝନନ କିଂକିଣୀ ମଧୁର।

ଝର୍ଝର ସୁହଂସକ ଝଲକାଦି ଏ ଦକ ଝଟିତି ମୋହେ ତିନିପୁର ରେ।"

(ବି:ଚି:-୩୬।୬)

ଏଠାରେ ପ୍ରତ୍ୟେକ ଭାଗର ଆଦ୍ୟ ଅକ୍ଷର ଅନ୍ୟ ଭାଗମାନଙ୍କର ପ୍ରଥମରେ ଆବୃତ ହୋଇଅଛି। ଏଥିରେ ଉପଧାର କୌଣସି ଲକ୍ଷଣ ଦେଖାଯାଏ ନାଇଁ। ଉପଧା ଅନ୍ତସ୍ୱର ବର୍ଣ୍ଣମାନଙ୍କର ସମତା ବୁଝାଉଥିବା ସ୍ଥଲେ ଏଠାରେ କେବଳ ଆଦ୍ୟ ବର୍ଣ୍ଣମାନଙ୍କର ସମତା ବା ସୌସାଦୃଶ୍ୟ ଦେଖାଯାଉଛି।

(୫) ଚକ୍ରବାଳ- ପୂର୍ବ ପାଦର 'ଅନ୍ତ'ର ସହିତ ପର ପାଦର 'ଆଦି' ସମ ହେଲେ ଏହା ହୁଏ।

(୬) ସଂଦୃଷ୍ଟ–୨ୟ ପାଦ ୪ର୍ଥ ପାଦରେ ଆବୃତ୍ତ ହେଲେ ଏହା ହୁଏ। ଦଣ୍ଡୀଆଚାର୍ଯ୍ୟମତେ ପୂର୍ବପାଦର ଶେଷ ପାଦର ଆଦ୍ୟରେ ଆବୃତ୍ତ ହେଲେ ସଂଦୃଷ୍ଟ ହୁଏ।

(୭) ପାଦାଦି ଯମକ–ପ୍ରଥମ ପାଦର ଆଦିରେ ଥିବା ବର୍ଣ୍ଣ ସହିତ ଯଦି ଅନ୍ୟ ତିନିପାଦର ଆଦିରେ ଆବୃତ୍ତ ହୁଏ।

(୮) ଆମ୍ରେଡ଼ିତ– ପ୍ରତ୍ୟେକ ପାଦର ଶେଷରେ ଅକ୍ଷର ସଂହତିର ଆବୃତ୍ତିରେ ଏହି ଯମକ ହୁଏ। ଏହା ଏକପ୍ରକାର ପ୍ରାନ୍ତ ଯମକ।

(୯) ଚତୁର୍ବ୍ୟବସିତ– ଚାରି ପାଦ ଥିବା ପଦରେ ପ୍ରଥମ ପାଦ ଆଉ ତିନି ପାଦରେ ଆବୃତ୍ତ ହେଲେ ଚତୁର୍ବ୍ୟବସିତ ଯମକ ହୁଏ। ଏହା ସଂସ୍କୃତରେ ମହାଯମକ ଓ ଓଡ଼ିଆରେ ସର୍ବଯମକ। ଉପେନ୍ଦ୍ର ଯାହାକୁ ମହାଯମକ କହନ୍ତି, ତାକୁ ସଂସ୍କୃତରେ ମହାଯମକରୂପେ ସ୍ୱୀକାର କରନ୍ତି ନାହିଁ।

(୧୦) ମାଲାଯମକ–ନାନାରୂପ ସ୍ୱରରେ ଯୁକ୍ତ ହୋଇ ଗୋଟିଏ ବ୍ୟଞ୍ଜନବର୍ଣ୍ଣ ପୁନଃ ପୁନଃ ଆବୃତ୍ତ ହେଲେ ମାଲାଯମକ ବୋଲି ଡକାଯାଏ। ଉପେନ୍ଦ୍ର ମାଲାଯମକକୁ ଅନ୍ୟ ପ୍ରକାର କହନ୍ତି। (ଲାବଣ୍ୟବତୀ, ପ୍ରାଚୀ, ମୁଖବନ୍ଧ)

ଯମକଂ–"ସତ୍ୟର୍ଥେ ପୃଥଗର୍ଥାୟାଃ ସ୍ୱରବ୍ୟଞ୍ଜନ ସଂହତେଃ।

କ୍ରମେଣ ତେନୈବାବୃତ୍ତିର୍ୟମକଂ ବିନିଗଦ୍ୟତେ।"

(ଅଳଙ୍କାରସ୍ୱରୂପଂ ଯଦୁକ୍ତଂ ଦଣ୍ଡିନା)–କାବ୍ୟନିର୍ଣ୍ଣୟ ହେଲେ ଚତୁର୍ବ୍ୟବସିତ ଯମକ ହୁଏ।

୨। ଦ୍ୱିବର୍ଣ୍ଣାଦ୍ୟ ଯମକ– ପ୍ରତ୍ୟେକ ଭାଗର ଆଦ୍ୟ ଅକ୍ଷରମାନ ଆବୃତ୍ତ ହେଲେ ଏଇ ଯମକ ହୋଇଥାଏ। ଉଦାହରଣ–

"ଗଗନାଦି ତ୍ରିଲୋକ ସୁସୁଖ ସୃଷ୍ଟିଯାକ ଛିଛି କରୁଛି ମନେ ଭାବି। ମମତା ସଦା ମୋର ନାନା ଭଙ୍ଗିମା ତୋର ବିବିଧ ମତେ ଦେଖୁଥିବି ରେ ବିଦଗଧାଃ

ମୁଁ ମୁମୁକ୍ଷୁବତ ହୋଇଛି। ଶଶ ଶଶୀ ନ୍ୟାୟ ତ ଅଛି।

ଶେଷେ ସେବା ତ ନାହିଁ ସୁସୁଖ ହେବ କାହିଁ

ଧୀ ଧୀର ଏ ଘେନି ନୋହୁଛି ରେ।" (ବି: ଚି: ୩୬।୭)

ଏହା ବ୍ୟପେତ ଓ ଅବ୍ୟପେତ ଉଭୟ। ଏ ଯମକରେ ଆଦ୍ୟ ଅକ୍ଷରମାନ ଅବ୍ୟପେତ ଅର୍ଥାତ୍ ପାଦ ମଧ୍ୟରେ ଓ ବ୍ୟପେତ ଅର୍ଥାତ୍ ପାଦାନ୍ତରରେ ଆବୃତ୍ତ ହୋଇଛନ୍ତି। ପ୍ରଥମ ପାଦର 'ସୁ' ଓ 'ଛି' ସେଇ ପାଦ ମଧ୍ୟରେ ପୁନରାବୃତ୍ତି ହୋଇଛନ୍ତି। ଦ୍ୱିତୀୟ

ପାଦର 'ମ' ସେଇ ପାଦରେ ଓ ପର ପାଦରେ 'ମୁଁ' ରେ ଆବୃତ ହୋଇଛି। ତା' ଛଡ଼ା
'ଶ' ଓ 'ଧୀ' ମଧ୍ୟ ଆବୃତ ହୋଇଛନ୍ତି ଓ ପ୍ରଥମ ପାଦର 'ସୁ' ଚତୁର୍ଥ ପାଦରେ ପୁନାରାବୃତ୍ତି
ହୋଇଛି। ଏ ଯମକରେ ଉପଧାର କୌଣସି ଲକ୍ଷଣ ଫୁଟୁ ନାଇ।

୩। ଦ୍ୱନ୍ଦ୍ୱାଦ୍ୟ ଯମକ-ପୂର୍ବବତ୍ ପ୍ରତ୍ୟେକ ଭାଗର ଆଦ୍ୟରେ ଗୋଟିଏ ଶଦ୍ଧ
ଆବୃତ ହେଲେ ଆବୃତ ଶଦ୍ଧଟି ନିରର୍ଥକ ବା ସାର୍ଥକ ହୋଇପାରେ-ମାତ୍ର ଯୋଡ଼ିଯୋଡ଼ି
ପରି ଦିଶୁଥିବା। ଉଦାହରଣ-

"ବରବରନୀ ଅଛୁ ଦିଶେ ଦିଶେ ଦିଶୁଛୁ ମାର ମରଣା ମାରୁଅଛି।
ଆସ ଆଶ ନ ନାଶ ତୋଷ ତୋ ସଂଚା ଦାସ ବସ ବଶହୋଇ ମାଗୁଛିରେ।
ଜୀବଜୀବ !
କରୁ କରୁଣା ଉଣା ଯେବେ। ଲେକେ ଲୋକେ ହସିବେ ତେବେ।
ରସି ରସିକାବର ଭାଷ ଭାଷ ମଧୁର ତାର ତାରକାଶୋଭି ଏବେ ରେ।"
(ବି:ଚି:୩୬।୯)

ଏହା ମଧ୍ୟ ଏକପ୍ରକାର ଆଦ୍ୟ ଯମକ; ତେଣୁ ଅନ୍ତ୍ୟବର୍ଣ୍ଣର ସମତାସୂଚକ ଉପଧା
ସଙ୍ଗେ ବିଶେଷ କିଛି ଯାର ସମ୍ପର୍କ ନାଇ। ଏହା ମଧ୍ୟ ଅବ୍ୟପେଟ ଅର୍ଥାତ୍ ପାଦ ମଧ୍ୟରେ
ସୀମାବଦ୍ଧ। ମାତ୍ର ଉପାଧା ବ୍ୟପେଟ ଅର୍ଥାତ୍ ପଦାଂତ ସହିତ ସଂଶ୍ଳିଷ୍ଟ।

୪। ଦ୍ୱିରୁକ୍ତି ଯମକ-ଶଦ୍ଧମାନେ ପ୍ରତ୍ୟେକ ଭାଗର ଶେଷରେ ଆବୃତ ହେଲେ
ଏଇ ଯମକ ହୁଏ। ଉଦାହରଣ-

"ସ୍ବେଦରେ ଗମଗମ ବଦନ ତମତମ ଦିଶଇ ରୀତି ଆନ ଆନ
ଶରୀର ଝମଝମ ହୃଦୟ ଦମଦମ କାମ କରୁଛି ଘନଘନରେ।
ବାରବାର।
ଲୁହ ବହଇ ଧାର ଧାର। ଗତି ହେଲାଣି ଥରଥର।
ପ୍ରେମରେ ଗରଗର ଡାକୁଛି ହର ହର, ଭାସୁଛି ବଂଧୁ ଧର ଧର ରେ।"
(ବି: ଚି: ୩୬।୧୦)

ଏହା ଅବ୍ୟପେଟ; ତେଣୁ ଉପଧାଲକ୍ଷଣବର୍ଜିତ।

୫। ଯୁଗ୍ମ ଯମକ- ପ୍ରତ୍ୟେକ ଭାଗର ଶେଷରେ ଦ୍ୱିବର୍ଣ୍ଣବିଶିଷ୍ଟ ନିରର୍ଥକ ବା ସାର୍ଥକ
ଶଦ୍ଧର ଦ୍ୱିତ୍ୱରେ ଏ ଯମକ ହୁଏ। ଉଦାହରଣ-

"ସୁକଲୋକରକର-ହାସ ସୁଧାର ଧାର ହରେ ଜୀବ କାତରତର

ମୋ ତାପ ବାରବାର ତୁ ତ ସଂସାର ସାରସୁୟଶକୁ ବିସ୍ତାର ତାର ରେ ।
ପ୍ରାଣପ୍ରାଣ ।

ନ ବହ ଗୁଣ ଦର ଦର । ଦୁର୍ଗତି ଅଦେହର ହର ।
କୃପାରେ ବରବରନି ତୁ କିଂକର କର ନୋହିଲେ ନାହିଁ ଧର ଧର ରେ ।”
(ବି: ଚି: ୩୬୧୧)

୬। ଅନୁଚ୍ଛଂଦ ଯମକ-ଶଦ୍ଧମାନେ ଯେବେ ସ୍ୱ ଅବୟବସ୍ତୁ ପରବର୍ତ୍ତୀ ବର୍ଷମାନଙ୍କରେ ଛଦାଛଦି ହୋଇ ରହନ୍ତି, ତେବେ ଏ ଯମକ ହୁଏ । ଉଦାହରଣ-

“ରମଣୀମଣି ସର ସରସ ରସସାର ସାରଙ୍ଗ ରଙ୍ଗ ବରଧନ ।
ଧନର ନ ରସିବା ଶିବାରି ବାରି ଦେବା ଦେବାଦି ବାଦିର କି ମାନରେ ।
ମାନିନୀର ।

ନୀରସ ରସଦା ଦେବାର । ବାର ତରତରେ ବିହର । ହରଷ ରସଭାବି ଭାବନି ବନୀ ଯିବ ଜୀବର ବର ସୁଖ ଘରରେ ।”

ଏହା ମଧ ଅବ୍ୟପେଟ । (ବି:ଚି:୩୬୧୨)

୭। ସମଗ୍ର-ଯମକ-ଦୁଇ ବା ତତୋଧିକ ବର୍ଷ ସଂହତି ପଦରେ ପୁନଃପୁନଃ ବହୁଶଃ ଆବୃତ୍ତ ହେଲେ ସମଗ୍ର-ଯମକ ହୁଏ । ଉଦାହରଣ-

“କୁଂଦର କୋରକର ସୁଂଦର ସୁରଦର ହୃଦର ହରଷର ଶିର,
ଭଙ୍ଗୀର ପରସ୍ପର ସଙ୍ଗୀର ଗୀର ବରଯୋଗୀର ଧୀର ପୁର ଚୋର ରେ ।
ଦରହର ।

ତୁ ମାରବୀର ଶରଘର । ରମାର ତାର ତର ହର ।
ଶିବାର ପରଚୁର ସେବାର ପରଚାର ହେବାର ବରବର ତୋର ରେ ।”
(ବି: ଚି: ୩୬୧୩)

ଏହା ସ୍ଥାନ ଓ ଅସ୍ଥାନ ଯମକ ଅଟେ । ଅର୍ଥାତ୍ କେବଳ ଗୋଟିଏ ପାଦ ନୁହେଁ, ଅନ୍ୟ ପଦମାନଙ୍କରେ ମଧ ବର୍ଷଦ୍ୱୟର ସଂହତିର ବହୁଶଃ ଆବୃତ୍ତି କରାଯାଇପାରେ । ଫଳରେ ଏହା ଉପଧା-ଲକ୍ଷଣଯୁକ୍ତ ହୋଇପାରେ । ଅଂତ୍ୟ ଶଦ୍ଗୁଡ଼ିକରେ ଯଦି ଏଇ ଦୁଇ ଅକ୍ଷରବିଶିଷ୍ଟ ସମବର୍ଷର ଆବୃତ୍ତି ହୁଏ, ତେବେ ଅତ୍ୟ ଓ ଉପାଂତ୍ୟ ଏ ଦୁଇବର୍ଷ ସମତା ପ୍ରାପ୍ତ ହେବା ସଂଭାବନା । କେବଳ ଉପାଂତ୍ୟ ସମତା ନ ଘଟି ଉପାଂତ୍ୟ ଓ ଅଂତ୍ୟ ଉଭୟ ବର୍ଷର ସମତା ଘଟିପାରେ । ଏହାକୁ ପୂରା ଉପଧା କୁହା ନଗଲେ ମଧ ଉପଧାର କେତେକ ତାତ୍ପର୍ଯ୍ୟ ଧାରଣ କରିଚି ବୋଲି କୁହାଯାଇପାରେ ।

୮। ଧ୍ବନି ଯମକ- କେତେକ ବର୍ଣ୍ଣ ସହତି ବା ପଦର ବାରମ୍ବାର ଆବୃତ୍ତିରେ ଉଚ୍ଚାରିତ ଧ୍ବନିରେ ସମତା ପ୍ରତୀକ ହୁଏ ଓ କର୍ଣ୍ଣପ୍ରୀତିକର ହୁଏ। ଉଦାହରଣ-

"ସରସ ରସ ରତ ରସର ସର ସତ ରାଜି ରାଜି ରାଜୀବ ତୋଷେ।

ସାର ସାର ସାରତ ରସାର ସାରସାତ ମାନ ମାନ ମାନସ ରସେ ରେ।

ଜୀବଜୀବ।

ରତ ରତ ରତନ ସୁତ। ତରତର ତରୁଣୀ ତୁ ତ।

ରହ ରହ ରହସେ ହର ହର ହରସେ ଭାସ୍ମି ଭାସ୍ମି ଭାସିଲି ମୁଁ ତ ରେ।"

(ବି: ଚି: ୩୬୧୯)

୯। ଆଦ୍ୟ ଯମକ- ଏହା ପାଦର ବା ପାଦ ଭାଗର ଆଦ୍ୟରେ ରହେ; ଅବ୍ୟପେତ ଓ ବ୍ୟପେତ ଭେଦରେ ଦ୍ବିବିଧ। ଉଦାହରଣ-

"ବରଜୀବରସେ ଦେଇ ମାନସ,

ବରଜି ବରଷେ ଅମେଧ ଗ୍ରାସ

ଦେହେ ମନ୍ଦାକିନୀ ରଜ ଲଗାଇ,

ଗ୍ରାମ ଶୁକରୀ କି ହୋଇବ ଗାଈ।

ଜନେ ହସିବେ ଏହି ତହୁଁ ଫଳ।"   (କବିତା କଲ୍ଲୋଳିନୀ)

ଏଠାରେ ପ୍ରଥମ ପାଦ ଓ ଦ୍ବିତୀୟ ପାଦ ଆଦ୍ୟରେ "ବରଜୀବରସେ" "ବରଜି ବରଷେ" ଏଇ ପ୍ରକାର ସମଶବ୍ଦଦ୍ବୟର ଆବୃତ୍ତିଯୋଗୁଁ ଆଦ୍ୟଯମକ ହେଲା। କିମ୍ବା,

"ବିଳସି ବନେ ପର୍ଣ୍ଣବାସେ ଯାଇଁ,

ବିଦ୍ୟ ଆଦ୍ୟଯମକ ପିଶିତ ଶୁଷ୍କେ ତହିଁ ଯେ।

ବଳୀ ବଳିପୃଷ୍ଟ ଧାଂପେ ଆହାର ଲୋଭିତେ,

ବଳି ବଳିଶୋଭିନୀ ତାହାର ନିବାରିତେ ଯେ।"

(ବୈ: ବି: ୧ ୯-୩୫୍୩୬)

ଏଠାରେ ପ୍ରଥମ ଉଦାହରଣଟି ବ୍ୟପେତ, ଦ୍ବିତୀୟ ଉଦାହରଣଟି ଅବ୍ୟପେତ- ଯଦିଚ ଏହାର ଶେଷ ପାଦଦ୍ବୟ ବ୍ୟପେତ ଅର୍ଥାତ୍ ପର ପାଦରେ ଆବୃତ।

୧ ୦। ମଧ୍ୟ ଯମକ-

"ଦେଖରେ ନଳିନି ନଳିନୀ, ନଳିନୀରେ ପୂରିତ

ଭ୍ରମଂତି ଭ୍ରମରେ ଭ୍ରମରେ, ଭ୍ରମରେ ଏ ଶୋଭିତ।" (ଲା:ବ:)

ଏଠାରେ ଅବ୍ୟପେତ।

୧ ୧। ପ୍ରାଂତ ଯମକ ବା ଅଂତ୍ୟ ଯମକ–

"କ୍ଷେପଣୀ କ୍ଷେପଣ ତୋହରି ସଲିଲେ

ହୀରକର ଉଦ୍ୟ ଉଠିଲା ସଲୀଲେ।" (ଚିଲିକା)

କିମ୍ଵା

'ବୈଦେହୀଶ ବିଳାସ'ର–

"ବିଶିଷ୍ଟରେ ଅନୁକୂଳ ବୁଂସ ଦୀନବନ୍ଧୁ

ବିନୋଦରେ ସଂଗେ ଘେନି ହରେ ଦିନବନ୍ଧୁ।"

ଏ ଯମକରେ ଉପଧା–ଲକ୍ଷଣ ସଂସ୍କୃତ ସଂଜ୍ଞା ଅନୁସାରେ ପୂରିରହିଚି। ଅଂତ୍ୟ ବର୍ଣ୍ଣମାନଙ୍କର ପୂର୍ଣ୍ଣ ସମତା ଦେଖାଯାଉଚି। ଉପଧାର ସମସ୍ତ ଲକ୍ଷଣ ଏଥିରେ ଥାଇ 'ଅଧିକଂତୁ ନ ଦୋଷାୟ' ରୀତିରେ ଉପାଂତ୍ୟ ସ୍ୱରରେ କେବଳ ସମତା ନୁହେ, ପୂର୍ଣ୍ଣ ଉପାଂତ୍ୟ ବର୍ଣ୍ଣଗୁଡ଼ିକର ସମତା ଘଟିଯାଇଚି।

୧ ୨। ଆଦ୍ୟପ୍ରାଂତ ଯମକ–

"ବସଂତରେ ବିରହୀ ଅବଶ।

ବସଂତଦୂତଭାଷୀରେ ବଶ।

ବସଇ ଉଠଇ ପିକକୁ କହଇ ଯୁଗ ସମ ରଜନୀ ଦିବସ ହେ।"

(ପ୍ରେମସୁଧାନିଧି–୧ ୧ଶ ଛାନ୍ଦ)

ଏହା ମଧ ଅବ୍ୟପେତ ଉପଧା ଲକ୍ଷଣଯୁକ୍ତ; କାରଣ, ଅନ୍ତ୍ୟ ଯମକ ଏହାର ଅନ୍ତର୍ଗତ। ଅବଶ୍ୟ ସଂସ୍କୃତ ସଂଜ୍ଞା ଅନୁସାରେ–

"ଭୁବନ ଏଥିରେ ପୂରିତ ମୋହେ ସର୍ବ ଭୁବନ।

ଜୀବନବନ୍ଧୁ ଏ ନିଶ୍ଚୟ ପ୍ରାଣୀଙ୍କର ଜୀବନ।"

(ଲା: ବ: ୭।୨ ୨)

୧ ୩। ଆଦି, ମଧ ଓ ଅନ୍ତ୍ୟ ଯମକ–

"ରଣ ରଣକ ଦର୍ପବାରଣ।

ରଣରଣ ନୂପୁର ଚରଣ।

ରଣରେ ତା'ର ତାକୁ ଜୟ କାରଣ

ଘେନି ଥାଇ ସେହି ମୋ ଶରଣ ହେ। କୋକିଳ।"

(ପ୍ରେମସୁଧାନିଧି– ୧ ।୧ ।୨୩)

    ଏଥିରେ ମଧ୍ୟ ଆଁତ୍ୟ ଯମକର ସମସ୍ତ ତାତ୍ପର୍ଯ୍ୟ ବିଦ୍ୟମାନ; ତେଣୁ ପୂର୍ବ ଯମକଦ୍ୱୟ ପରି ଏଥିରେ ମଧ୍ୟ ଉପଧାର ଲକ୍ଷଣସବୁ ରହିଚି।

    ୧୪। ମହାଯମକ– ଏ ବିଷୟରେ ଭୋଜରାଜଙ୍କ ସଙ୍ଗେ ଉତ୍କଳର ଉପେନ୍ଦ୍ର ଭଞ୍ଜ ଓ ଅଭିମନ୍ୟୁଙ୍କର ମତଭେଦ ଦେଖାଯାଏ। ଭୋଜରାଜଙ୍କ ମତରେ ଯଦି ପ୍ରଥମ ପାଦ ଅନ୍ୟ ତିନି ପାଦରେ ଆବୃତ ହୁଏ, ପାଦମାନଙ୍କୁ ଦୁଇ ଭାଗ କରି ପଦକୁ ଆଠ ଭାଗ କଲେ– ପ୍ରଥମ, ତୃତୀୟ, ପଞ୍ଚମ, ସପ୍ତମ, ସମାନ ତଥା ଦ୍ୱିତୀୟ, ଚତୁର୍ଥ, ଷଷ୍ଠ ଓ ଅଷ୍ଟମ ସମାନ ହେଲେ ମହାଯମକ ହୁଏ। କିନ୍ତୁ ଓଡ଼ିଆରେ ଏହା ଭିନ୍ନ। ଓଡ଼ିଆରେ ପ୍ରଥମ ଦୁଇ ପାଦ ସମାନ ହେଲେ ଓ ତୃତୀୟ, ଚତୁର୍ଥ ପାଦ ସମାନ ହେଲେ ମହାଯମକ ହୁଏ; ଯଥା–

“ରମ୍ଭା ଉରୁବଶୀ ବାର ଆଣିକି ଲୋକରେ

ରମ୍ଭା ଉରୁ ବସିବାର ଆଣି କି ଲୋକରେ।

ଖରେ ହଂସ ଗତି ରହେ କାନ୍ତ ଆଲୋକରେ

ଖରେ ହଂସଗତି ରହେ କାନ୍ତ ଆଲୋକରେ।” (ବି: ଚି: ୩୪।୩୨)

୧୫। ସର୍ବଯମକ–

“ବିଭାବରେ ହରିବର ସୁମନର ଶରେ।

ବିଭାବରେ ହରିବର ସୁମନର ଶରେ।

ବିଭାବରେ ହରିବର ସୁମନର ଶରେ।

ବିଭାବରେ ହରିବର ସୁମନର ଶରେ।

ଉପେନ୍ଦ୍ର ଭଞ୍ଜ କଥିତ ପ୍ରଥମ ପାଦର ଅନ୍ତରେ ଓ ଦ୍ୱିତୀୟ ପାଦର ଅନ୍ତରେ ଏକ ଶବ୍ଦର ପୁନଃ ପୁନଃ ଆବୃତିକୁ ମହାଯମକ କହନ୍ତି।

“ବିଥୀ ବିଥୀ ଶୋଭା ଦିଶେ କୁମୁଦ କୁମୁଦ

ବିଲୋକ ବାସ ପ୍ରକାଶି କୁମୁଦ କୁମୁଦ।” (ବୈ: ବି–୧ ୯/୧୩)

ପୁଣି, “ବଂଶ ପ୍ରକାଶିବ ସୁମନଶର ସୁମନଶର।

ମହୀ କି ଆଣିଲା ସୁମନସର ସୁମନସର”। – (ମହାଯମକ)

ଦୁଇପଦ ଥିବା ପଦରେ ଉଭୟ ପାଦ ସମାନ ଥିଲେ ଅର୍ଥାତ୍ ପ୍ରଥମ ପାଦ ଦ୍ୱିତୀୟରେ ଆବୃତ ହେଲେ, ତାହା ଉପେନ୍ଦ୍ରଙ୍କ ମତରେ ସର୍ବଯମକ;

    ଯଥା–

“ବଇଦେହି ସୁମନୀ ସୁମନା ଏ ସୁରଭି ।

ବଇଦେହୀ ସୁମନା ସୁମନା ଏ ସୁରଭି ।” (ବୈ: ବି: –୧ ୯/୧ ୪)

ପୁଣି, “ଅହିମକର ତାପନାଶେ ଶୋଭା ସାରସଚକ୍ରେ ।

ଅହିମକର ତାପନାଶେ ଶୋଭା ସାରସ ଚକ୍ରେ ।” (ଲାବଣ୍ୟବତୀ)

ଉପେନ୍ଦ୍ର ଓ ଅଭିମନ୍ୟୁ କଥିତ ସର୍ବଯମକ ସଂସ୍କୃତରେ ମହାଯମକ ଅଟେ । ଉପେନ୍ଦ୍ରଂ ଯାହାକୁ ମହାଯମକ କହନ୍ତି, ସଂସ୍କୃତ ଆଲଙ୍କାରିକମାନେ ତାହା ଗ୍ରହଣ କରନ୍ତି ନାଇ ବୋଲି ଶ୍ରୀ ଆର୍ତ୍ତବଲ୍ଲଭ ମହାନ୍ତି ଦର୍ଶାଇଛନ୍ତି ।

ମହାଯମକ ଓ ସର୍ବଯମକରେ ଉପଧା ଲକ୍ଷଣ ପ୍ରଚ୍ଛନ୍ନ ଅଛି । କାରଣ ସଂସ୍କୃତ ବ୍ୟାକରଣ ସଂଜ୍ଞା ଅନୁଯାୟୀ ଅନ୍ତ୍ୟବର୍ଣ୍ଣର ସମତା ରହୁଛି ।

୧ ୬। ମାଲଯମକ– ପଦର ପାଦମାନଙ୍କରେ ପ୍ରାୟ ଆଦ୍ୟକୁ ଛାଡ଼ି ପରେ ଶବ୍ଦମାନଙ୍କ ପୁନଃ ପୁନଃ ଆବୃତ୍ତିରେ ମାଲଯମକ ହୁଏ ।

“ବିଚାରଇ ମାଲଯମକରେ କବି ମନେ ।

ବୁଲେ ରାମ–ରାମ ରାମନେତ୍ରୀ ଘେନି ବନେ ।

ବୃହତ୍ ଭାନୁ ଭାନୁ ଭାନୁପ୍ରଭା ତାପ ନାହିଁ ।

ବୃତ ତମାଲମାଲ ମାଲତୀଲତା ଯହିଁ ଯେ ।” + + +

ଂ(ବୈ: ବି: ୧ ୯ ଛାନ୍ଦ–୧ ପଦ)

୧ ୭। ଯୋଡ଼ି ଯମକ – ପଦମାନଙ୍କରେ ଶବ୍ଦମାନ ଯୋଡ଼ି ଯୋଡ଼ି ହୋଇଥିଲେ ଯୋଡ଼ି ଯମକ ହୁଏ । ଏହା ଯୁଗ୍ମଯମକ ପରି ।

୧ ୮। ନିୟମ ଯମକ – ପାଦର ଆଦ୍ୟରେ ଶବ୍ଦର ତିନିବାର ଆବୃତ୍ତିରେ ଏ ଯମକ ହୁଏ ।

“ଧୀରେ ଧୀରେ ଧୀରେ ଘେନ ଏଥୁ ଦେଇ ଶ୍ରୁତି ।

ଧର ଧର ଧରଣୀଶୋଭାକି କହୁଛନ୍ତି ।” (ବି: ଚି: ୨ ୦ ଛାନ୍ଦ)

ଯମକ ଆଲୋଚନାରେ କେଉଁ ଯମକରେ ଉପଧା ଲକ୍ଷଣ କିପରି ଭାବେ ପ୍ରକାଶ୍ୟରେ ବା ପ୍ରଚ୍ଛନ୍ନରେ ଫୁଟିଛି, ତାହା ତନ୍ତୁତନ୍ତୁ କରି ଦେଖାଇ ଦିଆଗଲା । ବର୍ତ୍ତମାନ ଅନୁପ୍ରାସ ଆଲୋଚନାରେ ଉପଧାର ପରିଚୟ କିପରି, ଦେଖାଯାଉ ।*

---

*ଯମକର ଲକ୍ଷଣାଦି ପ୍ରାଚୀପ୍ରକାଶିତ ‘ଲାବଣ୍ୟବତୀ’ ଗ୍ରନ୍ଥ (ମୁଖବନ୍ଧ), ‘ଅଲଙ୍କାରତରଂଗିଣୀ’ ଓ ବଙ୍ଗଳା ‘କାବ୍ୟନିର୍ଣ୍ଣୟ’ ଆଦି ଅଲଙ୍କାର ଗ୍ରନ୍ଥମାନଙ୍କରୁ ଗ୍ରହଣ କରାଯାଇଛି । ଏଥିପାଇଁ ଲେଖକ ଉକ୍ତ ଗ୍ରନ୍ଥକାରମାନଙ୍କ ନିକଟରେ ଋଣୀ !

ଅନୁପ୍ରାସ (alliteration)

ବାକ୍ୟ ମଧ୍ୟରେ ଏକପ୍ରକାର ବ୍ୟଞ୍ଜନ ବର୍ଣ୍ଣର ପୁନଃ ପୁନଃ ଆବୃତ୍ତିକୁ ଅନୁପ୍ରାସ କୁହାଯାଏ । ଦାଣ୍ଡ୍ୟାଚାର୍ଯ୍ୟଙ୍କ ମତରେ ଏହା ବୃତ୍ୟାନୁପ୍ରାସ ଓ ଶ୍ରୁତ୍ୟାନୁପ୍ରାସ । 'ସାହିତ୍ୟଦର୍ପଣ' ମତରେ ଛେକ, ବୃତ୍ତି, ଶ୍ରୁତି, ଅନ୍ତ୍ୟ ଓ ଲାଟ ଭେଦରେ ଅନୁପ୍ରାସ ପାଞ୍ଚ ପ୍ରକାର ।

ଭୋଜରାଜଙ୍କ ମତରେ ଏହା ନାନାପ୍ରକାର । ଶ୍ରୀ ଆର୍ତ୍ତବଲ୍ଲଭ ମହାନ୍ତି ଭୋଜରାଜଙ୍କ ମତାନୁସାରେ ଅନୁପ୍ରାସର ବିଶଦ ଆଲୋଚନା ତାଙ୍କ 'ଲାବଣ୍ୟବତୀ' ଗ୍ରନ୍ଥର ମୁଖବନ୍ଧରେ କରିଛନ୍ତି । ଏଠାରେ ତାହାର ଆଲୋଚନା କରିବା ନିଷ୍ପ୍ରୟୋଜନ । କେବଳ କେତୋଟି ପ୍ରଧାନ ପ୍ରଧାନ ଅନୁପ୍ରାସ ବିଶ୍ଲେଷଣ କରି ସେଥିରେ ଉପଧା ଲକ୍ଷଣ କିପରି ଫୁଟୁଛି, ତାହା ଦେଖାଇ ଦେବା ଦରକାର ।

୧। ଛେକାନୁପ୍ରାସ– ବ୍ୟଞ୍ଜନବର୍ଣ୍ଣମାନେ ଥରେ ଉଚ୍ଚାରିତ ହୋଇ ପର୍ଯ୍ୟାୟକ୍ରମେ ପୁନରୁଚ୍ଚାରିତ ହେଲେ ଛେକାନୁପ୍ରାସ କୁହାଯାଏ ।

"ଦେଖି ନବକାଳିକା ବକାଳିକାମାଳିନୀ ଆଲୀ କାଳିକାନ୍ତ ସ୍ମରି

ରକ୍ଷା କେମନ୍ତେ କରି କରିବା ମଉ କରିଗତିକି ଏମନ୍ତ ବିଚାରି ।

ସେ ସହଚରି ।

ଭାବେ ବଞ୍ଚିଲେ ଏ କାଳକୁ, କଥା ଥିବ କାଳକାଳକୁ

ଏକେ ତ କ୍ଷୀଣ ଦିନ ହେଲା ଦୁର୍ଦ୍ଦିନ ଦିନ ନ ଲଭୁ ବଲ୍ଲଭମେଳକୁ ।"

(ଲାବଣ୍ୟବତୀ)

ଏଠାରେ 'ଲକ' ପର୍ଯ୍ୟାୟକ୍ରମେ ବହୁବାର ଉଚ୍ଚାରିତ ହୋଇଥିବାରୁ ଛେକାନୁପ୍ରାସ ହେଲା ।

୨। ବୃତ୍ୟାନୁପ୍ରାସ–ପର୍ଯ୍ୟାୟକ୍ରମେ ହେଉ ବା ନହେଉ, ଯେବେ ଗୋଟିଏ ବ୍ୟଞ୍ଜନବର୍ଣ୍ଣ ବାକ୍ୟ ମଧ୍ୟରେ ବାରମ୍ବାର ଉଚ୍ଚାରିତ ହୁଏ, ତେବେ ତାକୁ ବୃତ୍ୟାନୁପ୍ରାସ କହନ୍ତି ।

"ଲୁଣି ମଣିଲିଣି ମଧୁଝରକୁ

ଶୁଣି ବିଷମ ବଂଶୀସ୍ଵରକୁ

କି ବାଇ ହୋଇଲି ଲିଭାଇବି ବୋଲି

ସ୍ଵର ଧନଞ୍ଜୟ ହେତୁକି ଗୋ ।"   (ସଂଗୀତ କଞ୍ଚଲତା)

ଏଠାରେ 'ଣ' 'ସ' ଓ 'ଲ' ବର୍ଣ୍ଣର ବାରମ୍ବାର ଉଚ୍ଚାରଣ ହେତୁ ବୃତ୍ୟାନୁପ୍ରାସ ହେଲା ।

"ଚ୍ୟୁତ ମୁକୁଳ-କୁଳ-ସଂଚଲ-ଅଲିକୁଳ

ଗୁଣ ଗୁଣ ରଞ୍ଜନ ଗାନେ

ମଦକଳ କୋକିଳ କଳରବ ସଂକୁଳ

ରଞ୍ଜିତ ବାଦନ ତାନେ–"

(ମଦନମୋହନ ତର୍କାଳଂକାର–ବଙ୍ଗଳା)

ଏଠାରେ 'କ', 'ଲ', 'ନ' ଇତ୍ୟାଦି ବ୍ୟାଞ୍ଜନ ବର୍ଣ୍ଣର ବାରମ୍ବାର ଉଲ୍ଲେଖ ଯୋଗୁଁ ବୃତ୍ୟାନୁପ୍ରାସ ହେଲା।

୩। ଶ୍ରୁତ୍ୟାନୁପ୍ରାସ– ପାଦସ୍ଥିତ ବର୍ଣ୍ଣମାନଙ୍କର ଏପରି ସନ୍ନିବେଶ ହେବ ଯେପରି କି ସେସବୁ ଏକ ପଦ ରୂପେ ବୋଧ ହେବ।

"ଚେଟି ଚତୁରୀ ଚାହିଁଲା ନିଶି ନାସେ

ପାଶେ ନାହିଁ ଦିବ୍ୟ ତରୁଣ

ମାରିହୃଦେ ହାତ ନାଥ ନାଥ ବୋଲି

ଉଡେଇ ସ୍ଵରେ କଲା କାରୁଣ୍ୟ"

(ଲାବଣ୍ୟବତୀ, ୧/୨୧)

ଏଇ ଶ୍ରୁତ୍ୟାନୁପ୍ରାସ ପୁଣି ଗ୍ରାମ୍ୟ, ନାଗର ଓ ଉପନାଗର, ଏବଂ ଗ୍ରାମ୍ୟ ପୁଣି ୪ ଭାଗରେ ମସୃଣାଦି ରୂପରେ ବିଭକ୍ତ। ସେ-ସବୁର ଆଲୋଚନା ଆର୍ଟବାବୁ କରିଛନ୍ତି।

୪। ଲାଟାନୁପ୍ରାସ– ଭିନ୍ନ ପ୍ରବୃତ୍ତି ହେତୁ ଅର୍ଥର ଅଭେଦରେ ପଦାବୃତ୍ତି।

"ସ୍ଵରେ ସ୍ଵର ଯଶେ ଯଶ ପୁଣି ଗୌରବ ଗୌରବ,

ଧୈର୍ଯ୍ୟେ ଧୈର୍ଯ୍ୟ ଉଦଧ୍ଵର ଲଂଘି ଭାଷଇ ରାଘବ।"

୫। ଅଂତ୍ୟାନୁପ୍ରାସ– ପାଦମାନଙ୍କର ଶେଷ ଦୁଇ ବର୍ଣ୍ଣର ସମତାକୁ ଅଂତ୍ୟାନୁପ୍ରାସ କୁହାଯାଏ ବୋଲି ପୂର୍ବରୁ କୁହାଯାଇଛି।

"କୃଷ୍ଣ ପଉଗଂଡ଼ କାଳ ଅନ୍ତରେ

ନବ କିଶୋର ବୟ ଆଗତରେ

ଶୋଭା ବିଚେଷ୍ଟା ବାହାର ଭିତରେ

ଦୀପ୍ତିବଂତ ହେଲେ ସ୍ଥାନ ଅନ୍ତରେ ସେ

ଘେନ ଧୀମଂତେ ଚିଉରେ ହେ।

କ୍ରମେ କ୍ରମେ ଦିନୁ ଦିନୁ ଆନୁ ଆନ ରୀତି ଖ୍ୟାତି ଅତୀତରେ ହେ। ୧।"

ଏଠାରେ ଅଂତ୍ୟବର୍ଷଦ୍ୱୟର ସବୁ ପାଦରେ ପୂରାପୂରି ସମତା ଘଟିଚି। 'ଲାବଣ୍ୟବତୀ'ର ସମଗ୍ର ୩ୟ ଛାଦି ଏଇ ଅଂତ୍ୟାନୁପ୍ରାସରେ ରଚିତ। ଯଥା–

"ଶୁଣି ରସିକେ ନବ ଯଉବନୀ
ହୋଇ ବନିତା ମଣ୍ଡିଲା ଅବନୀ।"

ଏଇପରି 'ଲାବଣ୍ୟବତୀ'ର ସମଗ୍ର ୩ୟ ଛାଦଟି ଅଂତ୍ୟାନୁପ୍ରାସରେ ପୂର୍ଣ୍ଣ। ଅଭିମନ୍ୟୁ ମଧ ଲେଖିଛନ୍ତି–

"ଗତି କରନ୍ତେ ପଥରେ।
ଦ୍ରବି ହୋଇ ବହିଯିବେ ପଥରେ। ସଜନୀ, ଗୋ।
ନ ଭୁଲିବ କେ ମନମଥାରେ।"

ପୁଣି

"ଗୋପେ କେବା ନାହିଁ ତ ମୋତେ ହେଲା ଅହିତ।
ନିରବଧି ରାଧା ରାଧା ଡାକେ ସେହି ତ।
କହ ଯାଇ ତହିଁକି।
ପରିହାସୀ ମୁହାଁ କି
କୁଞ୍ଜବନକୁ ଡାକଇ ମୋତେ କାହିଁକି ?"

ଏ ସମସ୍ତ କବିତା ଅଂତ୍ୟାନୁପ୍ରାସରେ ଲେଖା। 'ବିଦଗ୍ଧ ଚିନ୍ତାମଣି'ର ସମଗ୍ର ୩ୟ ଛାଦଟି ଏଇ ଅନୁପ୍ରାସରେ ରଚିତ।

ଉପଧାର ସମସ୍ତ ଲକ୍ଷଣ ଅଂତ୍ୟାନୁପ୍ରାସରେ ଭରପୂର ରହିଚି। କହିବାକୁ ଗଲେ ଏଇ ଅଂତ୍ୟାନୁପ୍ରାସରୁ ହିଁ ଉପଧା ଜାତ ହୋଇଥିବାର ଅନୁମିତି ହୁଏ। ବସ୍ତୁତଃ ଅଂତ୍ୟାନୁପ୍ରାସ ଉପଧାର ସମସ୍ତ ଦାବି ଓ ସମସ୍ତ ବିଭୂତି ଧରି ରଖିଥିବାବେଲେ ପୁଣି ଉପଧା, ଏ ନୂତନ ନିୟମର ସୃଷ୍ଟି ଅୟଥା ନୁହେଁ କି ?

ଏଇ ପାଞ୍ଛୋଟି ପ୍ରଧାନ ଅନୁପ୍ରାସ ଛଡ଼ା ଅନ୍ୟ କେତୋଟି ଅନୁପ୍ରାସ ମଧ ଦେଖାଯାଇଥାନ୍ତି। ସେଗୁଡ଼ିକ ଏଇ ବିଭିନ୍ନ ଅନୁପ୍ରାସର ସଂମିଶ୍ରଣରେ ଜାତ ଓ ଶାଖାନୁପ୍ରାସରୂପେ ପ୍ରତୀତ ହୁଅନ୍ତି।

ବର୍ଣ୍ଣାନୁପ୍ରାସ– ବର୍ଣ୍ଣର ଆବୃଭିରେ ବର୍ଣ୍ଣାନୁପ୍ରାସ ହୁଏ। ଏହା ୧୨ ପ୍ରକାର। ସ୍ତବକବାନ, ସ୍ଥାନୀ, ଗର୍ଭ, ବିବୃତସବୃତ, ଗୃହୀତମୁକ୍ତ, କ୍ରମବାନ, ବିପର୍ୟସ୍ତ, ସଂପୁଟ, ମିଥୁନ, ବେଣୀକା, ଚିତ୍ର ଓ ବିଚିତ୍ର।

"କଉଶିକୀ ତଟନିକଟ ଅଟବୀ ମଧେ ବ୍ରଜଲୀଳା ହେଉଛି।

ଗୁଣନିଧାନୀ ସାବଧାନୀ ହୁଅରେ ଦେଖ୍ୟିବାକୁ ମୁଁ କହୁଛି।"

(କୋ: ବ୍ର: ସ୍ଵ: - ୧୦)

ପଦାନୁପ୍ରାସ- ପଦର ସମଗ୍ର ବର୍ଣ୍ଣମାନଙ୍କର ଆଶ୍ରୟରେ ଆବୃତ। ଏହା ମଧ ୧୨ ପ୍ରକାର। ଏହା ବିଶେଷ ବିବରଣୀ ଅଧାପକ ଆର୍ଟବଲ୍ଲଭଙ୍କ ସଂଦର୍ଭରୁ ମିଳିବ।

ଆଦ୍ୟାନୁପ୍ରାସ - ଓଡ଼ିଶାରେ ପ୍ରକାଣ୍ଡ ପ୍ରକାଣ୍ଡ କାବ୍ୟମାନ ଆଦ୍ୟାନୁପ୍ରାସ ବା ପୂର୍ବାନୁପ୍ରାସରେ ଲେଖାଯାଇଛି। ରସକଲ୍ଲୋଲ 'କ' ଅକ୍ଷରରେ, ସୁଭଦ୍ରା ପରିଣୟ 'ସ' ଅକ୍ଷରରେ, ବୈଦେହୀଶ-ବିଲାସ 'ବ' ଅକ୍ଷରରେ, କଳାକଉତୁକରେ ପୂର୍ବ ଓ ପ୍ରାନ୍ତ 'କ' ଅକ୍ଷରରେ ରଚିତ।

ମଧ୍ୟାନୁପ୍ରାସ-

ଆହା ହା ନବରମଣୀମଣି।

ତୋ ଗୁଣ ଗୁଣି ଗୁଣି ଯିବ କି ମୋ ଜୀବ। (ବି: ଚି: - ୩୬/୪)

ଆଦ୍ୟପ୍ରାତଂମଧ୍ୟାନୁପ୍ରାସ - ବିଦଗ୍ଧ ଚିନ୍ତାମଣି ସମଗ୍ର ୨୩ ଛାନ୍ଦଟି ଆଦ୍ୟପ୍ରାତଂମଧ୍ୟାନୁପ୍ରାସରେ ଲେଖା।

"ଧୀରେ ଧୀରେ ଶୁଣ ରସ

କିଶୋରୀ ବିରସ କରି ପଟରେ ସଂଚିତ ଚିଉ ହର ହର ମୋ ବେଦନା ବୋଲେ ସୁବେଦନା ହେଉ କି ଚିତ୍ରପୁଂସ କାନ୍ତ କାନ୍ତ।" ଇତ୍ୟାଦି।

ଆଦ୍ୟପ୍ରାନ୍ତ୍ୟାନୁପ୍ରାସ-

"ସରସେ ଛାନ୍ଦ କରିବି।

ସଂଥ ମାନସ ହରିବି।

ସଂଚାରୀ ଗମନେ ଗୋବିନ୍ଦ ବିମନେ ବୋଲନ୍ତି, କେହି ତରିବି।"

(ବି: ଚି: ଛାନ୍ଦ- ୨୮)

ବିଶ୍ରାମାନୁପ୍ରାସ-ବିଦଗ୍ଧ ଚିନ୍ତାମଣିର ୩୬ ଛାନ୍ଦଟି ଏଇ ଅନୁପ୍ରାସରେ ଲେଖା।

"ଘେନ ଆହେ ଅନଘ ସୁରମ୍ୟ ଛାନ୍ଦ ଅଘନାଶନ ପ୍ରେମରସସ୍ଣାଘ।

ରସିକଜନ ରାଘବର ଆନନ୍ଦ ଓଘ ଘନରସଦାୟକ ମେଘ ହେ।

ବିଘ୍ନସିଂହ।" ଇତ୍ୟାଦି

ତ୍ରିଭଙ୍ଗ ଅନୁପ୍ରାସ-

"ରମା ଶିଶିରେ ଘୋର ନିଶିରେ ଦୁଃଖରାଶିରେ ଭାସି।" (ପ୍ରେ: ସୁ:)

ଦ୍ୱିଭଙ୍ଗ ଅନୁପ୍ରାସ-

"ଜଗବାନ୍ଧବ ଲୀଳା ମାଧବ ଜନେ ଶୁଣ ଦେଇ ମନ।" (ବି: ଚି:)

ଅନୁପ୍ରାସ ଆଲୋଚନା କରି ଏଥିରେ ଉପଧାର ପରିଚୟ କିପରି, ତାହା ଦେଖାଇ ଦିଆଗଲା। ବର୍ତ୍ତମାନ ଶୃଙ୍ଖଳା ଓ ଶ୍ଳେଷ ଆଲୋଚନା କରାଯାଉ।

ଶୃଙ୍ଖଳା- ପୂର୍ବ ପାଦର ଅଂଚ ଯେ ପର ପାଦର ଆଦ୍ୟରେ ଆବୃତ ହୁଏ ଏବଂ ଏଇ କ୍ରମରେ ପ୍ରସଙ୍ଗ ଶେଷ ହୁଏ, ତାକୁ ଶୃଙ୍ଖଳା କହନ୍ତି।

"କର ଶ୍ରବଣ ସଜ୍ଜନଜନ ରସବର

ବରଜଇଶ ନନ୍ଦନ ସରମ୍ୟ ଉତ୍ତର।"

(ବି: ଚି: ୩୭ ଛାନ୍ଦ- ୧)

ଯମକ ପ୍ରାତଂ ଶୃଙ୍ଖଳା- ପାଦର ଅନ୍ତରେ ଯମକ ଥାଇ ପାଦର ଅନ୍ତ ଶବ୍ଦ ପର ପାଦର ଆଦ୍ୟରେ ଆହୁରି ହୁଏ ଏବଂ ଏଇ କ୍ରମରେ ପ୍ରସଙ୍ଗ ସମାପ୍ତି ହୁଏ।

"ଧୀର ଚକୋର ଆନନ୍ଦବରଧନ ଚାନ୍ଦ

ଏ ଛାନ୍ଦ ରସ ସଂସାରସାର,

ସାରସବାସୀ ସୁପ୍ରେମାରାଧିକା

ମଦନେ ହୋଇ କାତରତର। (ବି: ଚି: ୩୮ ଛାନ୍ଦ)

ଶୃଙ୍ଖଳାକୁ ମଧ ସିଂହାବଲୋକନ କହନ୍ତି; କାରଣ ସିଂହର ଅବଲୋକନ ସଙ୍ଗରେ ୟାର ସାଦୃଶ୍ୟ ଅଛି। ଅର୍ଥାତ୍ ପ୍ରଥମ ପାଦର ଅନ୍ତ୍ୟ ଶବ୍ଦ ପର ପାଦର ଆଦ୍ୟ ଅକ୍ଷରକୁ ଲକ୍ଷ୍ୟ ରଖେ ଓ ସେ ଦୁହେଁ ସମାନ।

ଚକ୍ର-ସିଂହାବଲୋକନ- ପ୍ରଥମ ପାଦର ଆଦ୍ୟରେ ଥିବା ଶବ୍ଦ ପ୍ରାନ୍ତରେ ଆବୃତ ହୋଇ ପୁନଶ୍ଚ ପର ପାଦର ଆଦ୍ୟରେ ଆବୃତ ହେବ ଏବଂ ପରେ ପାଦର ପ୍ରାନ୍ତ ଶବ୍ଦ ପର ପାଦର ଆଦ୍ୟରେ ନିଜେ ବା ତାର ଅଂଗସ୍ଥିତ ବର୍ଣ୍ଣମାନ ଆବୃତ ହେଲେ ଏହି ଯମକ ହୁଏ।

"ଧୀରେ ଏ ଛାନ୍ଦ ଆଦସିଂଧୁଚାନ୍ଦ ବିଚାରଣା କର ଧୀରେ।

ଧୀରେ ଭାବନା କଲେ ହେଉ ଚେତନା ଗୋବିନ୍ଦ ସୁଶାୟନରେ।

ଶୟନରେ କି ମୁଁ ସ୍ୱପନେ ଦେଖିଲି ନାଗରୀମୁକୁଟମଣି।

କୃତ ମଣିବି କି କରି କୋଳେ ଧରିଥିଲି ସୁସାର ସେକ୍ଷଣି।" (ବି: ବି: ଛାନ୍ଦ ୩୩)

ବିଦଗ୍ଧ ଚିନ୍ତାମଣିର ସମଗ୍ର ୩୩ ଛାଦଟି ସିଂହାବଲୋକନ ଯମକରେ ରଚିତ ।

ମଣ୍ଡୁକପ୍ଳୁତି – ପୂର୍ବ ପାଦର ଶେଷ ଶବ୍ଦ ପର ପାଦର ଆଦ୍ୟରେ ଆବୃଭ ହୋଇ ମଧ୍ୟରେ ମଧ୍ୟରେ ଅକ୍ଷରମାନ ଛାଡ଼ି ଛାଡ଼ି ଆବୃଭ ହୁଏ ଓ ବର୍ଷ ବିଶେଷ ମଧ୍ୟ ଛାଡ଼ି ଛାଡ଼ି ହୋଇ ପ୍ରାୟ ମୂଳରୁ ଶେଷ ପର୍ଯ୍ୟନ୍ତ ପଦରେ ରହେ ।

“ବର ବାରଣଗମନା ମନାଉଛି ଅନା,

ଅନାୟତରେ ସୁମୁହିଁ ତ ବିମନା ।

ମନାକ କରୁଣା କର କରକଦର୍ଶନା,

ସନାମ ହେବି ନିରତ ରତ ପାଇ ସିନା ।” (ବି:ଚି: ୩୪।୪ ୧)

ଏଥରେ ମନା ମନା, ମୁହିଁ ମୁହିଁ, କର କର, ରତ ରତ ମଧ୍ୟରେ ଯମକ ଓ ନଅଟି ‘ନା’ ଅଛି– ମଣ୍ଡୁକର ପ୍ଳୁତି ପରି ଏଇ ‘ନା’ ଅକ୍ଷର ଛାଡ଼ି ଛାଡ଼ି ବସିଚି ।

ମଣ୍ଡୁକ ପ୍ଲୁତି – ଦୁଇ ଦୁଇ ବର୍ଷ ଛାଡ଼ି ପଢ଼ିଲେ ଅର୍ଥ ମିଳିବ ।

“ଦେଖାଇବି ଅସ୍ତ ସୁଖଦାନିରେ ।

ଆସୁ ତୋ ଆଲୀ ପ୍ରାଣ ରଖ ମୋରେ ।

ପାଶେ ଆସ ଗୋ ତାକୁ ବୋଲି କରି ।

ବିଜେ କରା ରହି ନେତ୍ର ଡୋରି ।

ଅର୍ଥାତ୍ “ଦେବି ସୁନିଆ ଆଶ ମୋ ପାଶକୁ ।

ଗଙ୍ଗା ସ୍ରୋତାଧିକାର ଶୃଙ୍ଖଳା – “ପ୍ରଥମ ପାଦର ପ୍ରଥମ ଅକ୍ଷର ସ୍ଥିର ଏବଂ ପାଦର ଶେଷ ଓ ଆଦ୍ୟ ସବୁଠାରେ ଗୋଟିଏ ଅକ୍ଷର ରହିଥାଏ: ଅର୍ଥାତ୍ ପ୍ରଥମ ପାଦର ଅକ୍ଷର ପାଦର ପ୍ରାଞ୍ଚ ଓ ଆଦ୍ୟ ଅକ୍ଷର ସହିତ ପତିତ ହେଲେ ଏକ-ଅର୍ଥବୋଧକ ଶବ୍ଦ ବୁଝାଇବ’ ଯେପରି ଗଙ୍ଗାର ଜଳ ସର୍ବତ୍ର ବିସ୍ତୃତ ହେଲେ ଲୋକେ ସେ ଜଳକୁ ଗଙ୍ଗାଜଳ କହନ୍ତି, ସେହିପରି ଏଠାରେ ଏକ ବିଷୟ ଜଣାଯିବ, ପୁନଶ୍ଚ ପ୍ରଥମ ପାଦର ପ୍ରଥମ ଅକ୍ଷର ପରେ ଗୋଟିଏ ଗୋଟିଏ ବର୍ଣ୍ଣର ଦ୍ଵିରୁକ୍ତି ମୂଳରୁ ଶେଷ ପର୍ଯ୍ୟନ୍ତ ରହେ ।

“ବର ରସ ସରର ସାସାରର ସସହି ।

ହିତତ ସେସେ ବିବି ଭୀଭୀ ବବ ତତ ହିଁ ।”

ଲୋମବିଲୋମ ଓ ମେଷଯୁଦ୍ଧ – ଏ ଯମକରେ ଓଲଟାଇ କରି ପଢ଼ିବାକୁ ହେବ । ଏପରି ପଢ଼ିଲେ ପୂର୍ବପାଠ ଓ ପରପାଠ ସମାନ ହେବ । ଓଡ଼ିଆରେ ଏହାକୁ ଉପେନ୍ଦ୍ରଭଞ୍ଜାଦି ବିଲୋମଅନୁଲୋମ କହନ୍ତି; କାରଣ ପ୍ରଦଭ ପାଠଟି ଅନୁଲୋମରେ ଥାଏ– ଓଲଟାଇ ପଢ଼ିବାଟି ବିଲୋମ ।

"ବୀର ଯେତେ ସେନାବାର

ରସା ସାର ରବା ନାଶେ ତେଜେ ରବି

ବିହେ ତେଜି ପୂରିତର ତମ ମତ

ରତ ରିପୁଜିତେ ହେବି।" (ବୈ:ବି: ୪ ୯–୧ ୭)

'ପ୍ରେମସୁଧାନିଧ'ର ଦୃଷ୍ଟାଂତ –

"ରବର ବିହେ କଷ୍ଟ ସୁକୀର ତୋସରୋଷ

ରସଦା ଦରବ ତୁହି ନାଶ ପ୍ରାଣେ ରସ।

xxx

ସରଣେ ପ୍ରାସ ନାହିଁ ତୁ ବରଦ ବାସର

ସରୋଷ ତୋର କି ସୃଷ୍ଟ କହେ ବୀରବର।"

ଏହାର ପ୍ରଥମ ଦୁଇଧାଡ଼ି ମଧରୁ ୪ର୍ଥ ଓ ୨ୟ ଧାଡ଼ି ବିପରୀତ ଦିଗରୁ ପାଠ କଲେ ୧ମ ଓ ୩ୟ ଧାଡ଼ିର ଦକ୍ଷିଣ ଦିଗରୁ ପଢ଼ିବା ସଙ୍ଗେ ସମାନ ହେବ। ଏଠାରେ ପୂରାପୂରି ଅଁତ୍ୟାନୁପ୍ରାସ ବିଦ୍ୟମାନ; ତେଣୁ ଉପଧା ପରିଚୟ ବର୍ତ୍ତମାନ। ଉପଧାର ସମସ୍ତ ଲକ୍ଷଣ ମେଷଯୁଦ୍ଧରେ ପ୍ରଚ୍ଛନ୍ନ ରହିଚି।

ଏହି ସମସ୍ତ ଯମକ, ଅନୁପ୍ରାସ ଓ ଶୃଙ୍ଖଳା ଛନ୍ଦା ଓଡ଼ିଆ ସାହିତ୍ୟରେ ନାନାପ୍ରକାର ଗତିଚିତ୍ର ଦେଖାଯାଆନ୍ତି; ଯଥା– ଗତପ୍ରତ୍ୟାଗତ, ତୁରଙ୍ଗପଦ, ଅଜାମେଷ ଯୁଦ୍ଧ, ମଣ୍ଡୁକପ୍ଲୁତି, ଶାର୍ଦୂଲବିକ୍ରୀଡ଼ିତ, ଗୋମୂତ୍ରିକା ଓ ସର୍ବତୋଭଦ୍ର ଇତ୍ୟାଦି। ଏହାର ବିଶେଷ ଆଲୋଚନା ଶ୍ରୀ ଅନଂତ ତ୍ରିପାଠୀଙ୍କ 'ଅଲଙ୍କାରସାର' ଗ୍ରଂଥ ଓ ଅଧ୍ୟାପକ ଆର୍ତ୍ତବଲ୍ଲଭଙ୍କ ଲେଖାରୁ ମିଳିବ। ଏଠାରେ କେବଳ ଉପଧାର ପରିଚୟ ଏ ସବୁ ଗତିଚିତ୍ରରେ କିପରି ଫୁଟିଚି, ତାହା ଦେଖାଇଦେବା ପାଇଁ ଦିଗ୍‌ଦର୍ଶନ ମାତ୍ର ଦିଆଗଲା। ଗତପ୍ରତ୍ୟାଗତ ବା ଅନୁଲୋମବିଲୋମ, ତାହା ମଧ୍ୟ ମେଷଯୁଦ୍ଧ ନାମରେ କଥିତ।

("ବିଲୋମଲୋମ ମେଷଯୁଦ୍ଧରେ ଚାଟୁକୃତ ଯେ"–)

"ବରଦ ବିରସାନନ ସାର ବିଦରବ–

ବଧ ମାନ ଜରତ ତରଜନ ମାଧବ ଯେ

ବିଢ୍ୟ ମାର ତ ହେବ ବହେ ତର ମାଧବି–

ବିହେ ସଦା ତରସ ଶରତ ଦାସ ହେବି।" (ଲ।:ବ: ୧ ୯–୩ ୬। ୩୩)

ଏଥରେ ଧାଡ଼ିକୁ ମୂଲରୁ ଶେଷଯାଏ ପଢ଼ିଲେ ଯାହା ହେବ, ଶେଷରୁ ମୂଲଯାଏ

ଓଲଟାଇ ପଢ଼ିଲେ ସେଇଆ ହେବ । କାବ୍ୟଗତ ଲୋମବିଲୋମ 'ପ୍ରେମସୁଧାନିଧି'ର ୧୫ଶ ଛାନ୍ଦ । ଏଥିରେ ଉପଧା ପରିଚୟ ସମସ୍ତ ବର୍ଣ୍ଣମାନ ଥାଏ । ପୂର୍ବରୁ ଉଦାହରଣ ଅନ୍ୟ ପ୍ରସଙ୍ଗରେ ଦିଆଯାଇଛି ।

ତୁରଙ୍ଗପଦ-ନ୍ୟାୟବଳ ଖେଳରେ ଘୋଡ଼ା ଯେପରି ଅଢ଼େଇ ଘର ଛାଡ଼ି ପଦ ପକାଏ, 'ସେଇପରି ପଦ ବର୍ଣ୍ଣମାନଙ୍କର ବସାଣ ହୋଇଥାଏ ।'

"ଗଜପତି ଭୀରୁଇଂଶ । କରି ନାହିଁ ମୁଁ ତ ଦୋଷ ।
ତେଜ ଅତି ଗୁରୁ ରୋଷ । ତାରି ସହି ସତ ତୋଷ ।"
ଶାର୍ଦୂଲବିକ୍ରୀଡ଼ିତ-
"କବର ଶୋହେ ରେ ତୋ ମାନସରେ
ରସସାଭିଲାଷୀ ରତି ରୂପରେ ।"
ପ୍ରଥମ ପାଦର ବର୍ଣ୍ଣମାନଙ୍କର ସଙ୍ଗେ ଦ୍ୱିତୀୟ ପାଦର ବର୍ଣ୍ଣ ତଳ ଉପରକୁ କରି ପଢ଼ିଲେ ହେବ "କର ବସ ରସାଶୋଭି ହେଲାରେ ତୋଷି ମାର ନଟି ସରୁରେ ପରେ ।"
ସର୍ବତୋଭଦ୍ର- 'ପଦର ପାଦକୁ ଅନୁଲୋମବିଲୋମରେ ପଢ଼ିଲେ ସମାନ ହୁଏ । ପୁଣି ପ୍ରତି ପାଦର ପ୍ରଥମ ବର୍ଣ୍ଣମାନକୁ ଉପରୁ ତଳକୁ ଓ ସେଇ ପାଦମାନଙ୍କୁ ତଳୁ ଉପରକୁ ପଢ଼ିଲେ ୨ୟ ପାଦର ଅକ୍ଷରମାନ ଏବଂ ସେଇପରି ୩ୟ ଓ ୪ର୍ଥ ପାଦର ଅକ୍ଷର ପାଠରେ ସର୍ବତୋଭଦ୍ର ହୁଏ ।'

"ବିଦଗ୍‌ଧଚିନ୍ତାମଣି" - ପୃ: ୬୩-୭ ପଦ-
'ହ ର ସ ର ର ସ ହ ର ତ ର ସ ସ ର ତ ର
ଶ ର ଧ ର ର ଧ ର ସ ର ତ ର ସ ସ ର ତ ରା ।' (ବି:ଚି:)
ଗୋମୂତ୍ର ଛଂଦ-
"ହା ହା ହୀରାହାସୀ ବର ଭାବସିନ୍ଧୁ ।
ସାହାଧରାଭୂଷୀ ମୋର ଜୀବବନ୍ଧୁ ।" (ଚି:ବ:ପୃ.-୪୧, ୭ମ ଦପ; ଆଉ ମଧ ବୈ: ଚି: ୪୯- ୧୩ ପଦ, ଲା:ବ: ୭ମ ଛାନ୍ଦ-୮-୯ ପଦ ।)

ଏଥିରେ ପ୍ରଥମ ପାଦର ୧ମ, ୩ୟ ଓ ୫ମାଦି ବର୍ଣ୍ଣ ସହ ୨ୟ ପାଦର ୪ର୍ଥ, ୬ଷ୍ଠାଦି ବର୍ଣ୍ଣ ପାଠ ଓ ୨ୟ ପାଦର ୧ମ, ୩ୟ ଓ ୫ମାଦି ବର୍ଣ୍ଣ ସହ ୧ମ ପାଦର ୨ୟ, ୪ର୍ଥ ଓ ୬ଷ୍ଠାଦି ବର୍ଣ୍ଣ ପାଠକଲେ ଯଥାକ୍ରମେ ପ୍ରଥମ ପାଦ ଓ ଦ୍ୱିତୀୟ ପାଦ ହେବ । (ଆର୍ତ୍ତବଲ୍ଲଭ ମହାନ୍ତି)

ଏହାଛଡ଼ା. ଅବନାଦି ନାନାବିଧ ରହିଚି – ସେ ସବୁଥିରେ ସ୍ଥଳବିଶେଷରେ ଉପଧାଲକ୍ଷଣ ପରିସ୍ଫୁଟ ହୁଏ।

ବର୍ତ୍ତମାନ ସମସ୍ତ ଯମକ, ଅନୁପ୍ରାସ ଓ ଶୃଙ୍ଖଳାଦି ଆଲୋଚନା କରି ଦେଖାଗଲା ଯେ, ଓଡ଼ିଆରେ ଉପଧା କିଛି ଅଜଣା ନ ଥିଲା। ଉପଧାର ସମସ୍ତ ଲକ୍ଷ୍ୟ ଓ ଗୁଣ 'ସମଗ୍ରଯମକ', 'ମହାଯମକ', 'ଅନ୍ତ୍ୟଯମକ', 'ଆଦିଯମକ'ରେ ପୁଣି ଅନୁପ୍ରାସ ମଧ୍ୟରେ 'ଅନ୍ତ୍ୟାନୁପ୍ରାସ', 'ଆଦ୍ୟାପ୍ରାନ୍ତାନୁପ୍ରାସ' ଓ 'ବର୍ଣ୍ଣାନୁପ୍ରାସ' ମଧ୍ୟରେ ଏବଂ ଶୃଙ୍ଖଳାରେ 'ଅନୁଲୋମ-ବିଲୋମ' ଓ ମେଷଯୁଦ୍ଧ' ପୁଣି କେଉଁଠି କେଉଁଠି 'ଚକ୍ରସିଂହାବଲୋକନ' ମଧ୍ୟରେ ବିଦ୍ୟମାନ ଥିଲା। କିନ୍ତୁ ଓଡ଼ିଆ କବିମାନେ ଉପଧାରୂପକ ଗୋଟାଏ ନୂତନ ନିୟମ ଗଢ଼ି ନିଜ ନିଜ ରଚନାରେ ତହିଁର ଆମୂଳ ପ୍ରୟୋଗ କରିବାର ଆଦୌ ପକ୍ଷପାତୀ ନ ଥିଲେ। ଏପରି କି ଜୟଦେବଙ୍କ ଗୀତଗୋବିନ୍ଦର ପ୍ରଭାବ ମଧ୍ୟ ସେମାନଙ୍କୁ ଏ ଦିଗରେ ଅନୁପ୍ରାଣିତ କରି ପାରି ନ ଥିଲା। ତାର କାରଣ ସେମାନେ ଉପଧାକୁ ଅଳଙ୍କାର ବିଶେଷ ବୋଲି ମନେ କରୁଥିଲେ ଏବଂ ଅନ୍ୟାନ୍ୟ ଅଳଙ୍କାର ଯଥା- ଯମକ, ଅନୁପ୍ରାସ, ଶୃଙ୍ଖଳାଦି ପରି ସେମାନେ ଭାଷାର ମଣ୍ଡନ ଓ ସୌଷ୍ଠବବୃଦ୍ଧି ପାଇଁ ଅନ୍ତ୍ୟାନୁପ୍ରାସ, ସର୍ବଯମକାଦି ଛଳରେ ଉପଧା-ସୂଚିତ ଗୁଣାବଳୀର ସଦ୍‌ବ୍ୟବହାର କରିଯାଇଛନ୍ତି। କିନ୍ତୁ ଉପଧାକୁ ଅଳଙ୍କାରଶାସ୍ତ୍ରରୁ ଟାଣିଆଣି ଏକ ବାଧ୍ୟତାମୂଳକ କଡ଼ାକଡ଼ି ନିୟମକାନୁନରୂପେ ଖାଡ଼ା କରିଦେଇ କବିତାର ଆମୂଳ ବନ୍ଧନର କାରଣ ହେବାକୁ ସେମାନେ ଆଦୌ ରାଜି ନଥିଲେ। ତା'ପରେ ଓଡ଼ିଆ ଶବ୍ଦର ଉଚ୍ଚାରଣଗତ ଭାରସାମ୍ୟ ଓ ଧ୍ୱନିଗତ ବିଶେଷତ୍ୱ ପ୍ରତି ସେମାନେ ସମ୍ପୂର୍ଣ୍ଣ ଅବହିତ ଥିଲେ। ଅଧିକାଂଶ ଓଡ଼ିଆ ଶବ୍ଦ ମାତ୍ରାଯୁକ୍ତ: ଏଥିରେ ହଳନ୍ତ ଶବ୍ଦ କମ୍। ତେଣୁ ଏକାକ୍ଷରୀ ମେଳ ଏ ଭାଷାରେ ପୂର୍ଣ୍ଣ ମେଳ ଓ ଯଥେଷ୍ଟ ମେଳ ବୋଲି ସେମାନେ ମନେକରୁଥିଲେ। ତେଣୁ ବଙ୍ଗଳା ଓ ସଂସ୍କୃତ ଗୀତଗୋବିନ୍ଦ ଅନୁକରଣରେ ସେମାନେ ଦ୍ୱିମାତ୍ରିକ ମେଳକୁ କଦାପି ଓଡ଼ିଆ ଭାଷାରେ ପ୍ରଶ୍ରୟ ଦେଇ ନଥିଲେ। ଏହା କରିବାଦ୍ୱାରା ସେମାନେ ଯେ ଓଡ଼ିଆ କାବ୍ୟଭାରତୀଙ୍କୁ ଏକ ଚିରସ୍ଥାୟୀ ଶୃଙ୍ଖଳକବଳରୁ ରକ୍ଷା କରି ଯାଇଥିଲେ, ଏଥିରେ ସନ୍ଦେହ ନାଇ। ଏଥିପାଇଁ ସେମାନେ ଚିରପ୍ରଣମ୍ୟ।

ଆଧୁନିକ ଓଡ଼ିଆ କବିତାରେ 'ଉପଧା' ନବ୍ୟ ଉପଧାରେ ନାନା ଅସଙ୍ଗତି-ପ୍ରଥମେ ଦେଖିବା କଥା, ଆଧୁନିକ କବିତା ପ୍ରାଚୀନ କାବ୍ୟକବିତା ତୁଲନାରେ କେତେଦୂର ମୁକ୍ତ, କେତେଦୂର ସ୍ୱାଧୀନ। ଯେଉଁ କବିତା ଯେତେଦୂର ମୁକ୍ତ ଭାବପ୍ରକାଶର ସୁଯୋଗ ସୁବିଧା, ସେ କବିତା ତେତେ ଅଧିକ ଜୀବନ୍ତ; ଆଉ ସମାଜର ନାନା ଭାବଧାରା

ଓକଞ୍ଜନାର ସ୍ୱଚ୍ଛ ମୂର୍ତ୍ତନ ଲାଗି ସେ କବିତା ସେତେଦୂର ପ୍ରଶସ୍ତ। ପ୍ରାଚୀନ କବିତାର ଭାରାକ୍ରାନ୍ତ ଯମକ, ଅନୁପ୍ରାସ, ଶୃଙ୍ଖଳାଦି ଅଳଙ୍କାରମାନ ନବ୍ୟ କବିତାରେ ବିରଳ। ଏ ଦିଗରୁ ବିଚାର କଲେ ନବ୍ୟ କବିତା ପ୍ରାଚୀନ ତୁଳନାରେ ଯଥେଷ୍ଟ ଭାରମୁକ୍ତ, ଲଘୁ, ସରଳ ଓ ସର୍ବଜନ ବୋଧ। କିନ୍ତୁ ପ୍ରାଚୀନ କବିମାନେ ଯମକ ଅନୁପ୍ରାସାଦି ସ୍ଥଳବିଶେଷରେ ନିଜର ଖୁସି ଓ କ୍ଷମତା ଅନୁସାରେ ଭାଷାର ମଣ୍ଡଣି ବା କାରୁକାର୍ଯ୍ୟ ପାଇଁ ବ୍ୟବହାର କରିଥିବା ସ୍ଥଳେ ଆଧୁନିକ କବିତା ଆରମ୍ଭରୁ ଶେଷ ପର୍ଯ୍ୟନ୍ତ ଉପଧା ରୂପକ ଶୃଙ୍ଖଳକୁ ଗୋଡ଼ରେ ଜଡ଼େଇ ଧରି ନିଜ ଗତିର ସ୍ୱାଧୀନତା ଯଥେଷ୍ଟ ପରିମାଣରେ ହ୍ରାସ କରିବସିଚି। ଆଜି ଉପାଧରେ ଯେତେ ସମୟ ଓ ଶକ୍ତି ଖର୍ଚ୍ଚ କରାଯାଉଚି, ସେଇ ଶକ୍ତି ଓ ପରିଶ୍ରମ ବ୍ୟୟ କଲେ ଭଲ ଯମକ ଅନୁପ୍ରାସାଦି ଅନାୟାସରେ ରଚନା କରାଯାଇପାରନ୍ତା; କିନ୍ତୁ କୌଣସି ଆଧୁନିକ ଲେଖକ ସେପରି କରିବାକୁ ରାଜି ହେବେ କି ?

ଯଦି ସାହିତ୍ୟରେ ରୁଚିର ପରିବର୍ଦ୍ଧନ ଲାଗି ହେଉ ବା ସାହିତ୍ୟକୁ ସର୍ବଜନବୋଧ କରିବା ଲାଗି ହେଉ, ଜଟିଳ ଓ ଭାରୀ ଅଳଙ୍କାରମାନ ବର୍ଜନ କରିବା ଆବଶ୍ୟକ ହୋଇଥାଏ, ତେବେ ପୁଣି ଉପଧାକୁ ଆଙ୍କଡି ଧରିବାର ଯଥାର୍ଥତା କେଉଁଠି କିମ୍ବ ଉପଧା ପିଛାରେ ଖର୍ଚ୍ଚ ହେଉଥିବା ଶକ୍ତି ଓ ପରିଶ୍ରମ ଖଟାଇ ପୁଣି ଯମକ ଅନୁପ୍ରାସାଦି ରଚନା କରିବା ଆପତ୍ତିଜନକ ବା ହେବ କାହିଁକି ? ଆଧୁନିକ ଲେଖକମାନେ ସେପରି କରୁନାହାନ୍ତି କାହିଁକି ? ଏଥିରୁ ଜଣାଯାଉଚି ଯେ ସେମାନେ ଏକନିଃଶ୍ୱାସରେ ଯମକ ଅନୁପ୍ରାସାଦିକୁ କବିତାର ସ୍ୱାଧୀନତାପକ୍ଷରେ ଅନୁକୂଳ ନୁହେଁ ବୋଲି ମାନିନେବା ସଙ୍ଗେ ସଙ୍ଗେ ଅନ୍ୟ ନିଃଶ୍ୱାସରେ ଅନ୍ତ୍ୟାନୁପ୍ରାସ ବା ସେଇ ଧରଣର 'ଉପଧା' ପ୍ରଭୃତି ଅନୁଶାସନକୁ ଗଡ୍ଡାଳିକା ପ୍ରବାହରେ ପାଳନ କରିବାକୁ ସ୍ୱୀକୃତ ହେଉଚନ୍ତି। ଏହା ଦୁଇଟି ପରସ୍ପର ବିରୋଧୀ କଥା ନୁହେଁ କି ?

ଇତିହାସର ଛାନ୍ଦ ସଙ୍ଗେ ପାଦ ମିଳାଇ ସାହିତ୍ୟିକ ରୁଚି ଆଗେଇଚାଲିଚି। କାବ୍ୟକୁ ନାନା ବନ୍ଧନରୁ ମୁକ୍ତ କରି ଆଧୁନିକ ଜୀବନର ମୂର୍ତ୍ତନ ଓ ପ୍ରତିଫଳନ ପାଇଁ ଉପଯୁକ୍ତ କରି ଗଢ଼ିବା ଏକ ଐତିହାସିକ ଦାୟିତ୍ୱରୂପେ ସାହିତ୍ୟ କ୍ଷେତ୍ରରେ ଦେଖାଦେଇଚି। ବର୍ତ୍ତମାନ ଆଉ ଗତ ଶତାଢ଼ିର ପୁରାତନକୁ ଫେରିଯିବା ସମ୍ଭବ ନୁହେ– ଉଚିତ ମଧ ନୁହେ। ଏ ରୁଚିର ପ୍ରଗତି ଖାଲି ସାହିତ୍ୟକ୍ଷେତ୍ରରେ ନୁହେଁ, ଆମର ସାମାଜିକ ଓ ଦୈନନ୍ଦିନ ଜୀବନରେ ମଧ ବିରାଟ ପରିବର୍ତ୍ତନର ସୂଚନା ଦେଉଚି। ଆଜିକାଲି କୋଣାର୍କ ବା ଭୁବନେଶ୍ୱର ଛାନ୍ଦରେ କେହି ବାସଭବନ ଗଢ଼ିବାକୁ ଲକ୍ଷ୍ୟ ରଖେ ନାଇ। ଗୋଟିଏ ସୁନ୍ଦର, ପରିଚ୍ଛନ୍ନ ପ୍ରଚୁର ଆଲୋକ ବାୟୁ ଚଳାଚଳ ଉପଯୋଗୀ ପ୍ରଶସ୍ତ ବାସଗୃହଁ ସମସ୍ତଙ୍କର କାମ୍ୟ। ସେଇପରି

ଆଧୁନିକା ନାରୀ ଆଉ ପୂର୍ବପରି ଭାରୀ ଭାରୀ ଦାମୀ ଗହଣା ପିନ୍ଧି ନିଜର ରୂପସଜ୍ଜା କରୁନାହିଁ; ତାହା ସଂପୂର୍ଣ୍ଣ ଅରୁଚିକର ଓ ଅସ୍ୱାସ୍ଥ୍ୟକର ବୋଧ ହେଉଚି। ସାଦା, ସରଳ, ହାଲୁକା ଆଧୁନିକ ବେଶଭୂଷାରେ ହିଁ ତାର ସ୍ୱାଭାବିକ ସୌନ୍ଦର୍ଯ୍ୟ ବିକଶିତ ହେଉଚି। ତେଣୁ ପୁରାତନର ସେଇ ଯମକ, ଅନୁପ୍ରାସ ଓ ଶୃଙ୍ଖଳା ଯୁଗର ସାହିତ୍ୟକୁ ଗ୍ରହଣ କରି ନେବାପାଇଁ ଚିକ୍ରାର କରିବା ଯାହା, ବର୍ତ୍ତମାନକୁ ଛାଡ଼ି ତିନି ଶହ ବର୍ଷତଳର ମୃତ ଅତୀତ ଭିତରକୁ ପଳାଇଯିବା ପାଇଁ ବୃଥା ଚେଷ୍ଟା କରିବା ସେଇଆ। ଉଭୟ ଅସମ୍ଭବ କଥା– ଇତିହାସ ବିରୁଦ୍ଧ। ଆଧୁନିକ ଯୁଗର ଲକ୍ଷ୍ୟ ହେଉଚି ଆଧୁନିକତର ଯୁଗକୁ ଗତି କରିବା। ପ୍ରଗତି ହିଁ ତାର ଲକ୍ଷ୍ୟ– ପ୍ରତିକ୍ରିୟା ନୁହେଁ। ଇତିହାସ ଓ ପ୍ରକୃତି ସଙ୍ଗେ ଲଢ଼ାଇ ଲାଗି ପାଗପଟକା ବାନ୍ଧି ବାହାରିଲେ ଇତିହାସ ବା ପ୍ରକୃତି କିଛି ବଦଳିଯିବ ନାହିଁ; ନିଜେ ହାସ୍ୟାସ୍ପଦ ହେବାଇ ସାର ହେବ ମାତ୍ର।

ତେଣୁ ଉପଧା–ଯୁଗରେ ଆମ କାବ୍ୟ–କବିତା କେତେ ମୁକ୍ତ, ଏଇ ମୂଲ୍ୟାମାନରେ ଉପଧାର ବିଚାର ହେବା ଆବଶ୍ୟକ। ଅବଶ୍ୟ ବଙ୍ଗଳା ଓ ଇଂରାଜୀର ନଜିର ଦେଇ କିଛି ଲାଭ ନାହିଁ। ବଙ୍ଗଳା ଓ ଇଂରାଜୀ ଭାଷାରେ ଶବ୍ଦର ଗଠନ ଉପଧାପକ୍ଷରେ ସଂପୂର୍ଣ୍ଣ ଅନୁକୂଳ। ସେ ଭାଷମାନଙ୍କର ଅଧିକାଂଶ ଶବ୍ଦ ହଲନ୍ତ– ତେଣୁ ସେମାନଙ୍କର ଗଠନ ମଧ ସେହିପରି। ତେଣୁ ଜଣେ ବଙ୍ଗାଳୀ ବା ଇଂରେଜୀ କବିକୁ ଏଥିପାଇଁ କଷ୍ଟ ସହ୍ୟ କରିବାକୁ ପଡ଼େ ନାହିଁ – ତା ଭାଷା ତାକୁ ସହଜରେ ଉପଧା ଉପଯୋଗୀ ଶବ୍ଦସବୁ ହାତ ପାଖରେ ଯୋଗାଇଦିଏ। ମାତ୍ର ଆମ ଭାଷାରେ ହଲନ୍ତ ଶବ୍ଦ ବିରଳ। ଆମକୁ ମାତ୍ରାଯୁକ୍ତ ଶବ୍ଦମାନଙ୍କରେ ଉପଧା ରକ୍ଷା କରିବାକୁ ହେଲେ ରୀତିମତ କଷ୍ଟ କରି ଶବ୍ଦ ଅନ୍ବେଷଣ କରିବାକୁ ପଡ଼ିବ; ଫଳରେ ଆମର ଚିନ୍ତା ଓ ଭାବନାର ଆମୁଖ୍ୟ ବ୍ୟାହତ ହେବ ବା ରୂପାନ୍ତର ଧାରଣ କରି ଉପଧା ସଙ୍ଗେ ନିଜକୁ ଖାପ ଖୁଆଇବାକୁ ବାଧ ହେବ– ଗତ୍ୟନ୍ତର ନାହିଁ। ଉଦାହରଣ ସ୍ୱରୂପ 'ପ୍ରିୟା' ଦେଇ କବିତା ଆରମ୍ଭ କରାଗଲା। କବିର କବିତା ଲେଖୁ ଲେଖୁ ଲକ୍ଷ୍ୟ ରହିଲା ପର ଲାଇନରେ କିପରି 'ହିୟା' ବା 'ନିଆଁ' ପଡ଼ିବ। ତା ମନର ଭାବନା କଣ ଥିଲା, ସେ କଣ ଲେଖିବାକୁ ଚାହୁଁଥିଲା, ତାହା ସେ ଓ ତାର ଅନ୍ତର୍ଯାମୀ ଜାଣନ୍ତି। କିନ୍ତୁ ତାକୁ ଏପରି କିଛି ବାଧ ହୋଇ ଲେଖିବାକୁ ପଡ଼ିବ, ଯାହା 'ନିଆଁ' ସଙ୍ଗେ ଖାପ ଖାଇବ; ଫଳରେ ସେ ମୂଲ ଭାବନାକୁ ଭୁଲି ନିଆଁ ସଙ୍ଗେ ମେଳ ଖାଇଲା ଭଲି କିଛି ଗୋଟାଏ ଚିନ୍ତା କରିବାକୁ ବାଧ ହେବ।

ଅତଏବ ଦେଖାଯାଉଚି, ଶବ୍ଦ ଏଭଲି କ୍ଷେତରେ ଚିନ୍ତାର ବାହନ ନୁହେ– ଚିନ୍ତା ବରଂ ଶବ୍ଦର ଏଭଲି କ୍ଷେତରେ ଚିନ୍ତାର ବାହନ ନୁହେ ଚିନ୍ତା ବରଂ ଶବ୍ଦର ପଛେ ପଛେ

ଛୁଟି ନିଜକୁ ଓଲଟପାଲଟ କରି କରି ଚାଲିଟି । ତେଣୁ କବିତାର ଆଙ୍ଗିକ ଏଭଳି କ୍ଷେତ୍ରରେ ଚିନ୍ତାକୁ ଗଢୁଚି– ଚିନ୍ତା କବିତାକୁ ନୁହେ । କବିର ମୂଳ ଚିନ୍ତା ବା ଲକ୍ଷ୍ୟ କଣ ଥିଲା, ତାହା ସେ କେତେବେଳୁ ଭୁଲିସାରିଲାଣି, ବର୍ତ୍ତମାନ କେବଳ ଲକ୍ଷ୍ୟ କିପରି ଗୋଟାଏ କବିତା ହେବ– ଯେଉଁଥିରେ 'ପ୍ରିୟା' ସଙ୍ଗେ ଉପଧା ମେଳ ପଡ଼ିଲା ଭଳି 'ନିଆଁ' 'ହିୟା' ଆଦି ଶବ୍ଦ ସବୁ ଥିବ । କୌଣସି ମତେ କବିତାଟାଏ ଯେ ନ ହେବ ତା' ନୁହେ । କବିତାଲେଖା ବିଦ୍ୟା ଜଣାଥିଲେ 'ପ୍ରିୟା' ଓ 'ନିଆଁ' ଉଭୟେ ସହଜରେ ମିଳିଯିବେ – କିନ୍ତୁ ସେ ଯେ ପ୍ରଥମରୁ କଣ କହିବାକୁ ଚାହୁଁଥିଲା, ଆଉ ଅବସ୍ଥା–ବିପାକରେ ପଡ଼ି କଣ ଶେଷରେ କହିଲା, ସେ କଥା ପଚାରିଲେ କବିର ଅନ୍ତରାତ୍ମା ଓ ଅନ୍ତର୍ଯ୍ୟାମୀ ଉଭୟେ ଉପହାସ କରି ଉଠିବେ । ଏଇ ହେଲା କାବ୍ୟର ସ୍ୱାଧୀନତା । ଏଭଳି କାବ୍ୟର ସ୍ରଷ୍ଟା କବି ନୁହେ; ବରଂ କାବ୍ୟ ହିଁ ଏଠି କବିର ସ୍ରଷ୍ଟା । ଏଭଳି ଅସହ୍ୟ ପରିସ୍ଥିତି ଭିତରେ ଅର୍ଥାତ୍ 'ପ୍ରିୟା' ସଙ୍ଗେ 'ନିଆଁ' ମିଳାଇବା ପରିସ୍ଥିତିରେ ବରଂ କାବ୍ୟରେ ଯଦି ଶେଷୋକ୍ତ ପଦାର୍ଥଟି ସଂଯୋଗ କରାଯାଏ ତା' ହେଲେ କବି ଓ କାବ୍ୟ କାହାରି କିଛି ଅମଙ୍ଗଳ ହେବ ବୋଲି ମନେ ହୁଏ ନାଇ ।

ଅବଶ୍ୟ ବଡ଼ ବଡ଼ କାବ୍ୟ ବିଶେଷତଃ ଦୀର୍ଘ ବର୍ଣ୍ଣନାତ୍ମକ କାବ୍ୟରେ ଉପଧାର ବିଭ୍ରାଟ ସେତେ ବେଶି ଆଖିରେ ପଡ଼େ ନାଇ । ଭାବ ହ୍ରସ୍ୱ ଦୀର୍ଘ ହେଲେ କବି ପର ଧାଡ଼ିମାନଙ୍କରେ (କାବ୍ୟର ବିରାଟ ପରିସର ଯୋଗୁଁ) – ସମ୍ଭାଳି ନେବାକୁ ସୁବିଧା ପାଏ ଏବଂ ବହୁଳ କଥନାଦି ଦୋଷ, ବର୍ଣ୍ଣନା–ଭଙ୍ଗୀରେ କୌଣସି ପ୍ରକାର ସୁହାଇଯାଏ । କିନ୍ତୁ ଭାବପ୍ରଧାନ ଛୋଟ କବିତାର ସଂହତିପକ୍ଷରେ ଉପଧା ବିଭ୍ରାଟ ଜନିତ ଅତିକଥନତା ବା କୌଣସି ପ୍ରକାର ଭାବର ବୈକଲ୍ୟ, ଜଡ଼ତା ବା ଅପରିଚ୍ଛନ୍ନତା ମାରାତ୍ମକ କାବ୍ୟଦୋଷ ସୃଷ୍ଟି କରିପାରେ । ଆଜିକାଲି ବଡ଼ କାବ୍ୟର ଯୁଗ ନୁହେ । ଅଧିକାଂଶ କବି ହିଁ ଭାବୋଚ୍ଛ୍ୱାସସଂପୂର୍ଣ୍ଣ ଲିରିକ୍ ବା ଭାବକବିତା ବା ପ୍ରଗୀତ କିମ୍ବ ସନେଟ୍ ଧରଣର ଛୋଟ ଛୋଟ କବିତା ଲେଖି ନିଜ ଅନ୍ତରର ଭାବ ବ୍ୟକ୍ତ କରିଥାନ୍ତି । ଉପଧାର କଟକଣା ଭିତରେ ଲିରିକ୍ ଯଦି କବିର ହୃଦଗତ ଭାବକୁ ପ୍ରକାଶ ନକରି ମେଳ ସଙ୍ଗେ ଖାପ ଖାଇଲା ଭଳି ଅନ୍ୟ ଭାବନା ପ୍ରକାଶକରେ, ଅର୍ଥାତ୍ ଭାବନା ଯଦି ମେଳଦ୍ୱାରା ନିୟନ୍ତ୍ରିତ ହୁଏ, ତେବେ ଭାବ–କବିତା ଆଉ ଭାବକବିତା ହୋଇ ରହିବ ନାଇ । ଏହା କବିର ଅନ୍ତର୍ଲୋକର ଭାବକଲ୍ଲୋଳର ମୂର୍ଚ୍ଛନା ବା ମୁଦ୍ରା ବହନ ନ କରି କବିତାର ବହିରଙ୍ଗ ସଜାଇବା ତାଗିଦାରେ ନିଜର ଶୁଭ୍ର ଅନନ୍ୟତା ହରାଇବସିବ । କବିତା ଭାବପ୍ରକାଶର ବାହନ ନ ହୋଇ ଛନ୍ଦପ୍ରକାଶର ଯନ୍ତ୍ର ମାତ୍ର ହେବ । ପୁଣି, ବହୁକ୍ଷେତ୍ରରେ କବି କବିତା ଲେଖିବା ପରିବର୍ତ୍ତେ କବିତାହିଁ କବିକି ଲେଖାଇବ ।

ଉପଧା ଫଳରେ ନାନା ଅସଙ୍ଗତି ଓ ଯଥେଚ୍ଛାଚାର କିପରି ସାହିତ୍ୟରେ କ୍ରମେ କ୍ରମେ ପ୍ରବେଶ କରୁଚି, ତାହା ମଧ୍ୟ ଆଲୋଚନା କରିବା ଦରକାର ।

(୧) ପ୍ରଥମ କଥା, ମିଶ୍ର ବର୍ଣ୍ଣ ଓ ଅମିଶ୍ର ବର୍ଣ୍ଣର ପାର୍ଥକ୍ୟ କ୍ରମେ ଲୋପ ପାଇଯାଉଚି ଓ ଉଭୟେ ସମାନ ବୋଲି କ୍ରମେ ବୋଧ ହେଉଚନ୍ତି । ଉଦାହରଣସ୍ୱରୂପ–

"ବାଳକ ବାଳିକା ଧରିଣ ଚାଙ୍ଗୁଡ଼ି
ଫୁଲ ତୋଳୁଛନ୍ତି ଦଉଡ଼ି ଦଉଡ଼ି ।"

ପ୍ରଥମ ଧାଡ଼ିର ଉପାନ୍ତ୍ୟ 'ଙ୍ଗୁ' ସଙ୍ଗେ ଦ୍ୱିତୀୟ ଧାଡ଼ିର 'ଉ'ର ଉପଧା ମିଳନ ହୋଇଚି; ମାତ୍ର ଉଭୟ ବର୍ଣ୍ଣ ସମାନ ନୁହନ୍ତି । ଉପର ଧାଡ଼ିରେ 'ଙ'ରେ ମିଶ୍ରିତ 'ଉ' ସଙ୍ଗରେ ତଳ ଧାଡ଼ିର ଅମିଶ୍ର 'ଉ' ଉପଧା ମେଳ । ଉଭୟ ଉପାନ୍ତ୍ୟ ବର୍ଣ୍ଣ ବିଚ୍ଛେଦ କରି ଦେଖିଲେ ଏଇପରି ହେବ –

୧ମ ଧାଡ଼ି....... ଉ+ଗ୍+ଉ=ଙ୍ଗୁ, ୨ୟ ଧାଡ଼ି ..... ଉ=ଉ

ଉପରର ଉପାନ୍ତ୍ୟ ବର୍ଣ୍ଣଟି ମିଶ୍ର ବର୍ଣ୍ଣ । ଗୋଟିଏ ଅନୁନାସିକ ବର୍ଣ୍ଣ, ଗୋଟିଏ ହଳ ବର୍ଣ୍ଣ ଓ ଗୋଟିଏ ସ୍ୱରବର୍ଣ୍ଣ ଏକତ୍ର ମିଶି ଉର୍ଦ୍ଧ୍ୱ ଉପାନ୍ତ୍ୟ ବର୍ଣ୍ଣଟି ସୃଷ୍ଟି ହୋଇଚି । ଅତଏବ ଏଇ ମିଶ୍ର ଉପାନ୍ତ୍ୟ ସଙ୍ଗେ ତଳର ଅମିଶ୍ର ଉପାନ୍ତର ସମତା କିପରି ରକ୍ଷା ହୋଇପାରେ ? ମିଶ୍ରୀ-ମିଶ୍ରିତ ଛେନା ଓ ଖାଲି ଛେନା କଣ ସମାନ ହୋଇପାରେ ?"*

(୨) ପ୍ରଭାତିଲା ବିଭାବରୀ ହସିଲେ ଉଜ୍ଜ୍ୱଲେ
ପଙ୍କଜବରଣୀ ଉଷା ଉଦୟ ଅଚଲେ ।

ଏ ପଦ୍ୟ ପାଦଦ୍ୱୟର ଅନ୍ତ୍ୟବର୍ଣ୍ଣରେ 'ଲେ' ଅଛି । ଏହାକୁ ବିଶ୍ଳେଷଣ କଲେ–
ଲ+ଏ= ଲେ, ଲ+ଏ=ଲେ

ନବ୍ୟ ମତରେ ଉପଧାର ଅର୍ଥ ଅନ୍ତ୍ୟରେ ଥିବା ବର୍ଣ୍ଣ ଓ ଅନ୍ତ୍ୟବର୍ଣ୍ଣ ପୂର୍ବପରି ଥିବା ସ୍ୱରର ସମତା । ତା ହେଲେ 'ଲେ' ଏକାଧାରରେ ଅନ୍ତ୍ୟବର୍ଣ୍ଣ ଓ ଉପାନ୍ତ୍ୟ ବର୍ଣ୍ଣ ଧାରଣ କରୁଚି; ଯଥା – ଲ+ଏ । ଅତଏବ ଯାବତୀୟ ମିତ୍ରାକ୍ଷର ପଦ୍ୟରେ ଉଭୟ ପାଦର ଶେଷ ଅକ୍ଷର ମାତ୍ରାଯୁକ୍ତ ଥିଲେ, ଉପଧର ସମତା ରକ୍ଷା ଅଛି ରହିବାକୁ ହେବ । କିନ୍ତୁ ନବ୍ୟ ଉପଧା ଉପାସକମାନେ ଏହା ସ୍ୱୀକାର କରିବେ ତ ?

ଉପଧାର ସ୍ୱତଂତ୍ର ଆକର୍ଷଣୀ ଶକ୍ତି ?–

ପଦ୍ୟର ଆକର୍ଷଣୀ ଶକ୍ତି ଉପମା ବଢ଼ାଇଥାଏ ବୋଲି ଅନେକ ସମୟରେ ଯୁକ୍ତି ହୁଏ । ମାତ୍ର ଉପଧାର କୌଣସି ସ୍ୱନ୍ତ୍ର ଆକର୍ଷଣୀ ଶକ୍ତି ଅଛି, ଏ କଥା ସଦେହଜନକ । ପଣ୍ଡିତ ଶ୍ରୀ ବ୍ରଜବନ୍ଧୁ ମିଶ୍ର ଦେବ ଶର୍ମାଙ୍କ ମତରେ ପଦ୍ୟରେ ଆକର୍ଷଣୀ ଶକ୍ତି ଅନ୍ୟ

କାରଣରୁ ବଢ଼ିଥାଏ; ଖାସ୍ ଉପଧା ଯୋଗୁଁ ନୁହେଁ। ଉଦାହରଣ ସ୍ୱରୂପ, ରାଧାନାଥଙ୍କ ଚିଲିକା କାବ୍ୟର ସର୍ବାପେକ୍ଷା ଶ୍ରୁତିମଧୁର ପ୍ରଥମ ପଦଟି କଥା ସେ ବିଚାର କରିଛନ୍ତି–

"ଉତ୍କଳ–କମଳା–ବିଲାସ–ଦୀର୍ଘିକା–

ମରାଳ–ମାଳିନୀ–ନୀଳାମ୍ବୁ ଚିଲିକା।"

ଏଇ ପଦଟିର ସମସ୍ତ ସୌନ୍ଦର୍ଯ୍ୟ 'ଳ' ଅନୁପ୍ରାସ ଥିବା କାରଣରୁ ହୋଇଚି। କେବଳ ଉପାନ୍ତ୍ୟ ବର୍ଣ୍ଣଦ୍ୱୟରେ ଯୁକ୍ତ 'ଈ' ସ୍ୱରବର୍ଣ୍ଣର ସମତାରକ୍ଷା ଯୋଗୁଁ ଏ ପଦର ସୁନ୍ଦରତା ବଢ଼ି ନାଇ; ଖାଲି ଉପଧା ଯୋଗୁଁ କବିତାର ସୌନ୍ଦର୍ଯ୍ୟ ବଢ଼ିଯାଉଥିଲେ–

"ଆଜି ଅଟଇ ରବିବାର / କାଲି ହେବଟି ସୋମାର।"

କିମ୍ବା

"ଶୁଣ ପରୀକ୍ଷ ନରନାଥ / କୃଷ୍ଟଚରିତ ଏ ବୃତ୍ତାନ୍ତ।"

ଏଇ ଦୁଇ ଧାଡ଼ିରେ ଖାଲି ଶେଷ ଦୁଇ ଶବ୍ଦରେ ଯେ ଉପଧାମିଳନ ହୋଇଚି ତା ନୁହେ, ପ୍ରଥମ ଧାଡ଼ିର ପ୍ରତ୍ୟେକ ଶବ୍ଦର ୨ୟ ଧାଡ଼ିର ପ୍ରତ୍ୟେକ ଶବ୍ଦ ସଙ୍ଗେ ଉପଧାମିଳନ ହୋଇଚି। ଅର୍ଥାତ୍ 'ଆଜି' ସଙ୍ଗେ 'କାଲି'ର ଉପଧାର ମେଳ ଘଟିଚି; ଯଥା– ଉପାନ୍ତ୍ୟ 'ଆ' ସ୍ୱର ସଙ୍ଗେ ତଳ ଧାଡ଼ିର 'କାଲି'ର ଉପାନ୍ତ୍ୟ 'ଆ' ସ୍ୱରର ଉପଧାମେଳ ଘଟିଚି। 'ଅଟଇ' ଶବ୍ଦର ଉପଧା 'ଅ' ସଙ୍ଗେ ତଳ ଧାଡ଼ିର 'ହେବଟି' ଶବ୍ଦର ଉପଧା 'ଅ'ର ଉପଧାମିଳନ ଘଟିଚି। ସଂସ୍କୃତ ନିୟମାନୁସାରେ ଖାଲି ଧାଡ଼ିର ଶେଷ ଶବ୍ଦ ନୁହେ, ପ୍ରତି ଶବ୍ଦର ଉପଧା ଅଛି(ଅତ୍ୟାତ୍ ପୂର୍ବୋପଧ); ଅତ,ବ ଏ ଦୁଇ ଧାଡ଼ି କବିତାରେ କେବଳ ଗୋଟାଏ ନୁହେ, ତିନି ତିନିଟା ଉପଧା ମିଳନ ଘଟିଚି। ପୁଣି ବାର ସଙ୍ଗେ ବାରର ଅନ୍ତ୍ୟାନୁପ୍ରାସ ଘଟିଛି। ଏତେ ଅଳଙ୍କାର ଓ ତିନି ତିନିଟା ଉପଧା ମେଳ ଥାଉ ଥାଉ ଏ କବିତା ସାହିତ୍ୟ–ଭଣ୍ଡାରର 'ଅଲିଆଟୋକେଇ'ରେ ହିଁ ସ୍ଥାନ ପାଇବା ଉଚିତ ମନେ ହେଉଚି କାହିଁକି ? ଯଦି ଉପଧାର ସ୍ୱକୀୟ କିଛି ଆକର୍ଷଣୀ ଶକ୍ତି ଥାନ୍ତା, ତା'ହେଲେ ଶଂସିତ ପଦ୍ୟ–ପଦରେ ତିନି–ତିନିଟା ଉପଧା ମେଳ ଥିବା ସ୍ଥଲେ ଏହା ତ୍ରିବାର ଆକର୍ଷଣୀୟ ହୋଇପାରିଥାନ୍ତା। କିନ୍ତୁ ତାହା ନ ହେଉଚି କାହିଁକି ? ଦ୍ୱିତୀୟ ଉଦ୍ଧୃତ ପଦଟିରେ ମଧ ସେଇପରି ପ୍ରଥମ ଧାଡ଼ିର ପ୍ରତ୍ୟେକ ଶବ୍ଦ ସଙ୍ଗେ ପର ଧାଡ଼ିର ସବୁ ଶବ୍ଦର ଉପାନ୍ତ୍ୟ ସ୍ୱରର ସମତା ରହିଚି; ତଥାପି ଏହା କାହିଁକି ସୁନ୍ଦର ଓ ସାହିତ୍ୟ ପଦବାଚ୍ୟ ହେଉ ନାଇ ?

ଉପଧାରେ ଭାବର କ୍ଷତି ଓ ବୈକଲ୍ୟ–

ପୂର୍ବରୁ ପ୍ରିୟ, ନିଆଁ ଉଦାହରଣ ଦେଇ ଭାବପ୍ରକାଶରେ ଉପଧା କିପରି ଅଲଙ୍ଘନୀୟ କ୍ଷତି ଘଟାଏ, ତାହା ଦର୍ଶାଇଦିଆଯାଇଚି। ଉପଧା କବିତା ରଚନାର ଏକ ଅପରିହାର୍ଯ୍ୟ

ନିୟମ ହୋଇଥିବାରୁ ପ୍ରଥମେ କବିତା ଲେଖିବ ବସିବା ବେଳୁ କବିର ମନ ଦ୍ୱିମାତ୍ରିକ ମେଳ ଖୋଜିବା ଦିଗରେ ବ୍ୟସ୍ତ ରହେ; ତେଣୁ ତାର ଭାବନା ତାକୁ ଯେଉଁ ଦିଗରେ ଚାଳିତ କରେ, ସେ ଦିଗରେ ନ ଯାଇ କବି ମେଳ ଅନୁସାରେ ଭାବନାର ଗତି ଓ ଚେହେରା ବଦଳାଇବାକୁ ବାଧ୍ୟ ହୋଇଥାନ୍ତି। ତେଣୁ ଅଧିକାଂଶ କବିତା ହୋଇଉଠେ କବିର ମୂଳ ଭାବନାଠାରୁ ସଂପୂର୍ଣ୍ଣ ପୃଥକ୍। ତାହାଛଡ଼ା କବିର ଯେତିକି କହିବାର କଥା ବା ଯାହା କହିବାର କଥା, ମେଳର ଖାତିରରେ ତାହା ଠିକ୍ ସେଇପରି ସେତିକିରେ କୁହା ନ ଯାଇ ହୁଏତ ଅଳ୍ପ, ବେଶୀ ହେବାକୁ ବାଧ୍ୟ ହୁଏ। ଏହାର ପ୍ରମାଣ ସାହିତ୍ୟରୁ ଖୋଜିବସିଲେ ଭୂରି ଭୂରି ବାହାରିବ। କବିର ମୂଳ ଭାବନା ପ୍ରଥମେ କଣ ଥିଲା, ଏହାର କୌଣସି ଲିଖିତ ଦଲିଲପତ୍ର ନାଇଁ; ତେଣୁ ଉପଧା-ପୀଡ଼ନରେ ତାହା କେଉଁଠି କିପରି କେତେଦୂର ବିକୃତ ହୋଇଚି, ତାହା ପ୍ରମାଣ କରି ଦେଖାଇବାର ସୁବିଧା ନାଇଁ। ତେଣୁ ମୌଳିକ କବିତା ଛାଡ଼ି ଅନୁବାଦର ଶରଣାପନ୍ନ ହେବା ଏ କ୍ଷେତ୍ରରେ ଏକମାତ୍ର ଉପାୟ। କାରଣ ଅନୁବାଦ ସାହିତ୍ୟରେ ମୂଳପାଠ ସାହିତ୍ୟ ଅନୂଦିତ ଅଂଶର ତାରତମ୍ୟ ସହଜରେ ଧରାପଡ଼ିଯିବ। ପ୍ରଥମେ କାଳିଦାସଙ୍କ ମେଘଦୂତ ଓ ରାଧାନାଥକୃତ ତହିଁର ଅନୁବାଦ ବିଚାର କରାଯାଉ। କାଳିଦାସ ଲେଖିଲେ–

      “କଶ୍ଚିତ୍କାଂତାବିରହଗୁରୁଣା ସ୍ୱାଧିକାରାତ୍ପ୍ରମଉଃ
      ଶାପେନାସ୍ତଂଗମିତମହିମା ବର୍ଷଭୋଗ୍ୟେଣଭର୍ତୁଃ
      ଯକ୍ଷଶ୍ଚକ୍ରେ ଜନକତନୟାସ୍ନାନପୁଣ୍ୟୋଦକେଷୁ
      ସ୍ନିଗ୍ଧଛାୟାତରୁଷୁ ବସତିଂ ରାମଗିର୍ୟାଶ୍ରମେଷୁ–।”

      (ଅର୍ଥାତ୍ ସ୍ୱାଧିକାରରେ ପ୍ରମଉ କୌଣସି ଯକ୍ଷ – ଯାହାର ବର୍ଷଭୋଗ୍ୟ କାଂତା ବିରହ-ଗୁରୁ-ସ୍ୱାମୀ-ଶାପଦ୍ୱାରା ମହିମା ଅସ୍ତଗତ ହୋଇଅଛି; ସେ ଜନକତନୟା ସ୍ନାନପୁଣ୍ୟୋଦକ ଓ ତରୁଛାୟାସ୍ନିଗ୍ଧ ରାମଗିରିରେ ଆଶ୍ରମ ରଚନା କଲା।)

      ରାଧାନାଥ ଅନୁବାଦ କଲେ–
      “ଦକ୍ଷିଣ ଦେଶେ ରାମଗିରି ଶୋଭନ,
      ବିମଳ ଶୁଭ୍ର ଯହିଁ ନଦୀ ଜୀବନ।
      ଜନକକନ୍ୟାସ୍ନାନେ ପବିତ୍ର ଅତି,
      ପର୍ଶ ଗହଳେ ଯହିଁ ତରୁବ୍ରତତୀ।
      ତହିଁ କୁବେରଶାପେ ହୋଇ ପ୍ରେରିତ
      ରହିଲା ଯକ୍ଷ ଦୁଃଖ ଆତୁରଚିତ।

ବସର ଅନ୍ତେ ହେବ ଶାପମୋଚନ,

ବସର ଅନ୍ତେ କାନ୍ତା ସଙ୍ଗେ ମିଳନ ।”

ମୂଳପାଠ ସଙ୍ଗେ ଅନୁବାଦ ମିଳାଇ ଦେଖିଲେ ସ୍ପଷ୍ଟ ଜଣାଯିବ, ଏହା ଏକାଧାରରେ ସଂକୁଚିତ ଓ ଅଯଥା ପ୍ରସାରିତ ହୋଇଛି । “ବର୍ଷଭୋଗ୍ୟେନ ଶାପେନ” ଏଇ ସଂକ୍ଷେପ ସୂଚିତ ପଦ୍ୟାଂଶଟି ରାଧାନାଥ ଅଯଥା ଟାଣିଓଟାରି “ବସର ଅନ୍ତେ ହେବ ଶାପ ମୋଚନ-ବସର ଅନ୍ତେ କାନ୍ତା ସଙ୍ଗେ ମିଳନ” ଏଇ ଦୀର୍ଘ ଦୁଇଧାଡ଼ି କବିତା ଭିତରେ ପ୍ରକାଶ କରିଛନ୍ତି । ଏଥିରେ ମୌଳିକ ସୌନ୍ଦର୍ଯ୍ୟ ବହୁତ ଖଣ୍ଡିତ ହୋଇଛି । ଅତିକଥନ ଏଠାରେ ମୌଳିକ ବାକ୍ୟର ସଂହତି ନଷ୍ଟ କରିଦେଇଛି । ପୁଣି ଯକ୍ଷ ଯେଉଁ କାରଣରୁ ‘ଶାପ’ ପାଇ ଏ ଦୁର୍ଦଶା ଭୋଗ କରୁଛି, ସେହି ଅସଲ କାରଣଟିକୁ ରାଧାନାଥ ଉଲ୍ଲେଖ କରିବାକୁ ସୁବିଧା ପାଇନାହାନ୍ତି । ‘ସ୍ୱାଧିକାରାତ୍ ପ୍ରମତ୍ତ’ ଏହି ମୂଳ କାରଣଟିକୁ ସେ ଏକାବେଳକେ ବାଦ୍ ଦେଇଦେଇଛନ୍ତି । !

କିନ୍ତୁ କବି ଯଦି ଉପଧାରଣା ପ୍ରତି ଦୃଷ୍ଟି ନ ଦେଇ ଏକମାତ୍ରିକ ମେଳରେ କବିତାଟିକୁ ଲେଖିଥାନ୍ତେ, ସେଥିରେ ସେ ମୂଳଭାବ ପ୍ରକାଶ କରିବାରେ ଏତେଦୂର ବାଧା ବିପଦର ସମ୍ମୁଖୀନ ହୋଇ ନ ଥାନ୍ତେ । ଉଦାହରଣ ସ୍ୱରୂପ, ଶ୍ରୀ ବ୍ରଜବନ୍ଧୁ ମିଶ୍ରଙ୍କଂକୃତ ଏକମାତ୍ରିକ ମେଳରେ ରଚିତ ଅନୁବାଦଟି ତଳେ ଦିଆଗଲା-କହିବା ବାହୁଲ୍ୟ ଯେ, ଏହା ମୂଳପାଠର ସମସ୍ତ କଥା ବିଶ୍ୱସ୍ତ ଭାବରେ ପ୍ରକାଶ କରିଛି ।

“କେବଣ ଯକ୍ଷ ସ୍ୱାଧିକାର ମତରୁ

ବରଷ- ଭୋଗ୍ୟ-କାନ୍ତା-ବିଚ୍ଛେଦ ଗୁରୁ-

ସ୍ୱାମୀଶାପେ ମହିମାଗତ, ଆଶ୍ରମ

କଲା ଜନକରାଜତନୟା ସ୍ନାନ-

ବଶରୁ ପୁଣ୍ୟୋଦକ, ତରୁଛାୟାରେ

ହୋଇଛି ସ୍ନିଗ୍ଧ; ସେହି ରାମଗିରିରେ ।”

(୨) ଆଉ ଗୋଟିଏ ଉଦାହରଣ ଦିଆଯାଉ । ମାଇକେଲ୍ ମଧୁସୂଦନ ଦତ୍ତ ତାଙ୍କ “ମେଘନାଦବଧ କାବ୍ୟ” ରେ ଅମିତ୍ରାକ୍ଷର ବୃତ୍ତରେ ପ୍ରମିଳାର ଚିତାରୋହଣ ବା ମେଘନାଦର ଅନ୍ତିମ ଶବସଂସ୍କାର ଉପଲକ୍ଷରେ ରାବଣ ମୁହଁରେ କହିଚନ୍ତି-

“ସଁଅପି ରାଜ୍ୟଭାର, ପୁତ୍ର, ତୋମାୟ, କରିବ ମହାଯାତ୍ରା ।” ଅର୍ଥାତ୍ ରାବଣ ଦୁଃଖ ପ୍ରକାଶ କରି କହୁଚି, “ରେ ପୁତ୍ର, ତୋତେ ରାଜ୍ୟଭାର ସମର୍ପି ଦେଇ ମୁଁ ମହାଯାତ୍ରା କରିବାକୁ ଭାବୁଥିଲି; କିନ୍ତୁ ଆଜି ଯେ କଣ ହେଲା ?”

ରାମପ୍ରସନ୍ନ ବାବୁ ମିତ୍ରାକ୍ଷରେ ଯାର ଅନୁବାଦ କରି 'ପଦ୍ୟପାଠ' ନାମକ ପଦ୍ୟଗ୍ରନ୍ଥରେ ଛପେଇଥିଲେ । ଏଇ ପୁସ୍ତକ ଶିକ୍ଷା ବିଭାଗରେ ପ୍ରଚଳିତ ଥିଲା । ରାମପ୍ରସନ୍ନ ବାବୁଙ୍କ ଅନୁବାଦ ଏଠାରେ ଅବିକଳ ଉଦ୍ଧାର କରାଗଲା–

"ଦେଇ ତୋତେ ରାଜ୍ୟଭାର, ନ ଦେଇ କାହାକୁ
    ଯିବାକୁ ମାନସ ଥିଲା ଏ ମହାଯାତ୍ରାକୁ ।"

ଏଠାରେ ଉପଧା ମିଳାଇବାକୁ ଯାଇ ରାମପ୍ରସନ୍ନବାବୁ କିପରି ହରବର ହୋଇଛନ୍ତି ! ! "ଦେଇ ତୋତେ ରାଜ୍ୟଭାର", ସଙ୍ଗେ 'ନ ଦେଇ କାହାକୁ' ଏ ଅଯଥା ବାକ୍ୟବୃଦ୍ଧି କାହିଁକି ? ଏହା କବିତାର ସବୁ ସୌନ୍ଦର୍ଯ୍ୟ ମାଟି କରି ଦେଇଛି । ପ୍ରଶ୍ନ ଉଠିପାରେ, ଏହା ତ ଆଉ ଆକ୍ଷରିକ ଅନୁବାଦ ନୁହେଁ– ମୁକ୍ତ ଅନୁବାଦ–ଯାହାକୁ ଇଂରାଜରେ free translation କହନ୍ତି । ତେବେ ରାମପ୍ରସନ୍ନ ବାବୁ ଟିକିଏ ଏ ପାଖ ସେପାଖ କଲେ ଆପତ୍ତି କଣ ? କିନ୍ତୁ ଆପତ୍ତି ସେଥିପାଇଁ ନୁହେଁ; ଆପତ୍ତି ହେଉଛି ବାକ୍ୟଟିର ସମୀଚୀନତା ନେଇ । ରାବଣର ଜ୍ୟେଷ୍ଠପୁତ୍ର ମେଘନାଦ ଚିତାରେ ଶାୟିତ, ପୁତ୍ରବଧୂ ପ୍ରମିଳା ଶୋକରେ ମୁହ୍ୟମାନା ଓ ସ୍ୱାମୀର ସହଗାମିନୀ ହେବା ପାଇଁ ବସିଛି । ସେଠି ରାବଣ ମୁହଁରେ ସେ ଆଉ କାହାକୁ ରାଜ୍ୟଭାର ଦେବା ନଦେବା କଥା ବିଚାରୁଥିଲା ବୋଲି ଉଠାଇବା ସମୀଚୀନ ହୋଇଚି କି ? ତା'ପରେ ଇନ୍ଦ୍ରଜିତ ଜ୍ୟେଷ୍ଠପୁତ୍ର–ରାଜ୍ୟଭାର ତାରି ଏକା ପ୍ରାପ୍ୟ; ଅନ୍ୟ କାହାର ନୁହେଁ । ଏକଥା ରାବଣ ଓ ଉପସ୍ଥିତ ସମସ୍ତେ ଜାଣନ୍ତି, ତେଣୁ ଏପରି କହିବା କଣ ଦରକାର ଥିଲା । ଅସଲ କଥା ହେଉଚି, ଉପଧାର ତାଡ଼ନାରେ ରାମପ୍ରସନ୍ନ ବାବୁ ବାକ୍ୟଟିକୁ ଏପରି ଅଯଥା ବଢ଼ାଇ କବିତାଟିକୁ ମାଟିକରି ଦେଇଛନ୍ତି । କାହିଁକି ଏକାକ୍ଷରୀ ମେଳରେ ତ ବେଶ୍ ସହଜରେ କୁହାଯାଇପାରିଥାନ୍ତା–

"କରିବି ମହାଯାତ୍ରା ଆରେ କୁମର
    ସମର୍ପି ଦେଇ ତତେ ଏ ରାଜ୍ୟଭାର ।"

କିମ୍ବା ମୂଳଭାବକୁ ଲକ୍ଷ୍ୟ ରଖି–

ଦେଇ ତତେ ରାଜ୍ୟଭାର ତୋଷିଣ ନେତ୍ରକୁ,
    ଯିବାକୁ ମାନସ ଥିଲା ଏ ମହାଯାତ୍ରାକୁ ।"

ଲେଖାଯାଇପାରିଥାନ୍ତା ।* କିନ୍ତୁ ଏକାକ୍ଷରୀ ମେଳରେ ଗୋଟା ମହାଭାରତ ଅଶୁଦ୍ଧ ହୋଇଯାଇଥାନ୍ତା ଯେ ।

---

*ଉପଧା ଯେ କିଭଳି ସଂସ୍କାରରେ ପରିଣତ ହେଲାଣି, ଏହା ତାର ଏକ ଜ୍ୱଳନ୍ତ ଦୃଷ୍ଟାନ୍ତ ।

(୩) "କୃଷ୍ଣକୁ ବିଦ୍ଧିରେ ବକ୍ଷେ ତୀକ୍ଷଣରେ ଶରେ

ଶୋଣିତ ଉଗାରେ କୃପ ପଡ଼ି ରଥପରେ।"

କୃଷ୍ଣକୁ ପ୍ରଥମ ପାଦରେ ମାନ୍ୟଭାବରେ ରଖାଯାଇ ଦ୍ୱିତୀୟ ପାଦରେ ଅମାନ୍ୟ ଭାବରେ ଭକ୍ତି କରାଯାଇଛି। ଅବଶ୍ୟ 'ଶରେ' ଓ 'ପରେ' ଉଭୟ ପଦର ଉପାନ୍ତ୍ୟ ସ୍ୱର ମେଳ ଘଟିଛି; କିନ୍ତୁ ଏଇ ଉପଧା ମିଳାଇବାକୁ ଯାଇ କବିତାଟିକୁ ବଡ଼ ଅସୁବିଧାରେ ପକାଇଦିଆଯାଇଛି।

(୪) "ବିରାଜଇ ନୀଳ ବର୍ଣ୍ଣେ ଢଳଢଳ ବିତାନ

କି ଅବା ଅପାର ସିନ୍ଧୁ ଉର୍ଦ୍ଧ୍ୱଦେଶେ ଲମ୍ୟାୟମାନ।"

ଉପାନ୍ତ୍ୟ ସ୍ୱର ମିଳାଇବା ଲାଗି କବି 'ଲମ୍ୟାୟମାନ' କରିଛନ୍ତି। ଏଥିରୁ ସେ 'ସିନ୍ଧୁ'କୁ ଉର୍ଦ୍ଧ୍ୱଦେଶରେ ମନ ଭିତରେ ଯେପରି ରୂପରେ କଳ୍ପନା କରିଥିଲେ, ଉପଧା ଯୋଗୁଁ ସେଇ ଭାବରେ ପ୍ରକାଶ କରି ନପାରି ଏକ ଅନୁପଯୋଗୀ ଶବ୍ଦ ପ୍ରୟୋଗ କରିଦେଲେ।୧

ଉପଧା ଯୋଗୁଁ ଶବ୍ଦର ବୈକଲ୍ୟ ଓ ବିକୃତି–

ଉପଧା ଯୋଗୁଁ ଭାବ ପ୍ରକାଶର କ୍ଷତି ଓ କୈବଲ୍ୟ ବିଷୟ କୁହାଗଲା। ଉପଧା ଏକ ଅସ୍ୱାଭାବିକ ବିଧ୍ ହୋଇଥିବାରୁ ଏହାକୁ ରକ୍ଷାକରିବାକୁ ଯାଇ କବିମାନେ ନାନା ଅସୁବିଧାରେ ପଡ଼ିବା ସ୍ୱାଭାବିକ। ଏପରିକି ଜୟଦେବଙ୍କ ଭଳି ସିଦ୍ଧ କବି, ଯାହାଙ୍କୁ ଆମେ ଓଡ଼ିଆ କହୁଥାଇଁ, ନିଜ କବିତାରେ 'ପୃଷ୍ଠେ' ସଙ୍ଗେ 'ଗରିଷ୍ଠେ' ଶବ୍ଦର ଉପଧା ମିଳାଇଚନ୍ତି। ଓଡ଼ିଆରେ 'ପୃଷ୍ଠ'କୁ ବଙ୍ଗଳା ପରି 'ପ୍ରିଷ୍ଠ' କହନ୍ତି ନାଇ; 'ପୃଷ୍ଠ ହିଁ କହନ୍ତି। କିନ୍ତୁ ଜୟଦେବ ବୋଧହୁଏ ଉପଧାମେଳକୁ ଗୌଣ ବିବେଚନା କରୁଥିବାରୁ ସେ ଶବ୍ଦର ବିକୃତି ନ ଘଟାଇ ସେଇପରି ପ୍ରୟୋଗ କରିଛନ୍ତି।୨

ଓଡ଼ିଆ ଓ ବଙ୍ଗଳା ସାହିତ୍ୟରେ ଅନେକ ଲବ୍ଧପ୍ରତିଷ୍ଠ କବି ଉପଧା ଖାତିରରେ ଶବ୍ଦବିକୃତି ଘଟାଇବାକୁ ବାଧ୍ୟ ହୋଇଅଛନ୍ତି। ଏହା ନାନା ଉଦାହରଣ ଦେଇ ଦେଖାଇ ଦିଆଯାଇପାରେ।

"ଅଙ୍ଗଲାଗି ପାଇଁ କନ୍ଦପଲ୍ଲୀଜାତ

ହରିଦ୍ରା ଯୋଗାଏ ବୋଦ

ଅନୁଗୁଳ ଶାଳ-କ୍ଷୀରେ ହେଉଅଛି

ନଅରେ ଧୂପ ଆମୋଦ।" – ରାଧାନାଥ

---

୧. ଉପଧା ବିଚାର

୨. କ୍ଷିତିରତିବିପୁଳତରେ ତବତିଷ୍ଟତିପୃଷ୍ଠେ

ଧରଣୀଧାରଣ କିଣ ଚକ୍ରଗରିଷ୍ଠେ। (ଗୀତଗୋବିନ୍ଦ-୧-୬)

ଏଠାରେ ଉପଧାର ଉତ୍ପୀଡ଼ନରେ ‘ବୋଦ’କୁ ‘ବୋଦ’ କରିବାକୁ କବି ବାଧ୍ୟ ହୋଇଛନ୍ତି ।

“କ୍ରମେ ବାଲାତପ ଶ୍ରୀକ୍ଷେତ୍ରେ ରଞ୍ଜିଲା

ସୌଧମାଳା ଅବଦାତ

ଗୌରୀ-ଗୁରୁ-ଶ୍ବେତ-ଶୃଙ୍ଗୁ, ଝରିଲା କି

ଗୈରିକ ଧାରା ପ୍ରପାତ ।” – ରାଧାନାଥ

ଏ ସ୍ଥଳରେ ଉପଧା ମେଳ ଲାଗି ‘ଅବଦାତ’ ଶବ୍ଦର ଅବତାରଣା କବିତାର ଶବ୍ଦମାଧୁର୍ଯ୍ୟ ହ୍ରାସ କରିଚି । ୧

ରବୀନ୍ଦ୍ର– କାବ୍ୟରୁ ଉଦାହରଣ–

ରବୀନ୍ଦ୍ରନାଥଙ୍କ ଭଳି କବିଙ୍କ ଲେଖାରୁ ମଧ୍ୟ ଉପଧାଯୋଗୁ ଶବ୍ଦର ସ୍ୱାଭାବିକ ଉଚ୍ଚାରଣ କିପରି ବିକୃତ ହୋଇଯାଇଚି, ତାହା ଉଦାହରଣ ଦେଖାଇଦେବା ସମ୍ଭବ । ଯୁଗ୍ମମେଳର ଖାତିରେ କବି ରବୀନ୍ଦ୍ରନାଥଙ୍କୁ ଯେତେବେଳେ ବାରମ୍ବାର ବିପଦରେ ପଡ଼ିବାକୁ ହୋଇଚି, ସେତେବେଳେ ସାଧାରଣ କବିଙ୍କ କଥା ସହଜରେ ଅନୁମେୟ ।

“ଦୁଗ୍ଧ ଫେନଶୟ୍ୟନ କରି ଆଲା

ସ୍ୱପ୍ନ ଦେଖେ ଘୁମାୟ ରାଜବାଲା ।” (“ସୋନାର ଦରୀ’–’ନିଦ୍ରିତା’)

ଉପଧାର ଜୁଲୁମରେ ଏଠାରେ ‘ଆଲୋ’ ପରି ଗୋଟିଏ ସୁନ୍ଦର ନିରୀହ ଶବ୍ଦ ମାତ୍ର ଖାଇ ‘ଆଲା’ ଏଇ ବିକୃତ ଅସ୍ୱାଭାବିକ ରୂପ ଧାରଣ କରିଚି; ଆଉ ତା ପୁଣି ରବୀନ୍ଦ୍ରନାଥଙ୍କ ପରି ପ୍ରତିଭାର କଲମରେ ! ! ‘ଆଲୋ ଲେଖ୍ୟପାରିଥିଲେ କେଡ଼େ ଚମତ୍କାର ହୋଇ ନଥାନ୍ତା ! !

‘ସୋନାର ତରୀ’ ‘ସ୍ୱପ୍ନୋତ୍ଥିତା’ କବିତାରେ ‘ମାଲା’ ଓ ‘ବାଲା’ ସଙ୍ଗେ ପଦ ମିଲାଇବା ପାଇଁ ରବୀନ୍ଦ୍ରନାଥ ‘ଉତଲା’ କୁ ‘ଉତାଲା’ ଲେଖିଛନ୍ତି କେବଳ ଯୁଗ୍ମ ମେଳ ସଂସ୍କାରର ବଶବର୍ତ୍ତୀ ହୋଇ । ‘ଉତାଲା’ ଭଳି ଶବ୍ଦକୁ ବିକୃତ କରି ନ ଲେଖି ‘ଉତଲା’ ଲେଖିଥିଲେ କଣ ବା କ୍ଷତି ହୋଇଯାଇଥାନ୍ତା ? ଅବଶ୍ୟ ଉପଧାଭଙ୍ଗ ହୋଇଥାନ୍ତା: କିନ୍ତୁ ଶବ୍ଦଟି ତ ଅଯଥା ବିକୃତି ହାତରୁ ରକ୍ଷାପାଇଥାନ୍ତା । ‘ଚିତ୍ରା’ର ‘ନଗର ସଂଗୀତ’ କବିତାରେ ରବୀନ୍ଦ୍ରନାଥ ‘କାକଲି’ ସଙ୍ଗରେ ‘ଆକୁଲି’କୁ ମିଲାଇଚନ୍ତି । ଏଠାରେ ସେ ଅସମ୍ଭବ ସାହସ ଦେଖାଇ ‘କାକଲି’କୁ ‘କାକୁଲି’ କରି ନାହାନ୍ତି; ଶବ୍ଦଟିକୁ ଅବିକୃତ ରଖିଛନ୍ତି ।’

---

୧. ଉପଧା ବିଚାର

୨. କବିତା– ଆଷାଢ଼, ୧୩୫୮, କଲିକତା ।

ଏଇପରି ଓଡ଼ିଆ ଓ ବଙ୍ଗଳାରୁ ନାନା ଉଦାହରଣ ଦେଖାଇ ଉପଧାର ଦୌରାତ୍ମ୍ୟରେ ଅନେକ ସୁନ୍ଦର ଶବ୍ଦ କିପରି ବିକୃତ ହୋଇଯାଇଛନ୍ତି, ତାର ନଜିର ହାଜର କରାଯାଇପାରେ ।

ଅନ୍ୟାନ୍ୟ କାବ୍ୟଗତ ଦୋଷ–

ଖାଲି ଶବ୍ଦର ବିକୃତି ନୁହେ, ଅନ୍ୟାନ୍ୟ ଅନେକ ଦୋଷରେ ମଧ କବିତାକୁ ଉପଧା ସଂସ୍କାରଯୋଗୁ ଭାଗୀ ହେବାକୁ ହୁଏ ।

ଅସମାନକର୍ତୃତ୍ୱ ଦୋଷ –

"ଘନ ଘନ ଲୋତକଧାରା ନୟନୁ

ଝରି ତିନ୍ତିଲା ବକ୍ଷ, ତିନ୍ତିଲା ଧନୁ ।" (ସୀତା ବନବାସ – ମ: ରାଓ)

ଏଠାରେ 'ନୟନୁ' ଓ 'ଧନୁ' ଏ ଦୁଇ ଶବ୍ଦ ଉପାନ୍ତ୍ୟ ସ୍ୱରର ସମତା ଯୋଗୁ ବିଶୁଦ୍ଧ ଉପଧା ମେଳ, ସନ୍ଦେହ ନାଇ । କିନ୍ତୁ ଉପଧା କଟକଣା ଯୋଗୁ କବି ଅସୁବିଧାରେ ପଡ଼ି ଏକ ବାକ୍ୟରେ ଅସମାପିକା କ୍ରିୟା 'ଝରି' ଓ ସମାପିକା କ୍ରିୟା 'ତିନ୍ତିଲା'ର ସ୍ୱତନ୍ତ୍ର କର୍ତ୍ତାରୂପେ ଯଥାକ୍ରମେ 'ଲୋତକଧାରା' ଓ 'ଧନୁ'କୁ ବସାର ଅସମାନକର୍ତୃତ୍ୱ ଦୋଷରେ ଭାଗୀ ହୋଇଛନ୍ତି ।

ବିରୁଦ୍ଧମତିକାରିତା ଦୋଷ–

"ଏଣେ କରେ ବୋଲି ଅମର–ସରଣୀ,

ବିରାଞ୍ଜତି ଚନ୍ଦ୍ରଚୂଡ଼ ଚୂଡ଼ାମଣି ।" (ଚିଲିକା)

ଏଠାରେ ଉପଧା ମିଳନ ଘଟାଇବାକୁ ଯାଇ କବି ସିଧାସଳଖ 'ଚନ୍ଦ୍ର' ନ କହି ଅଯଥା ପଦ ବଢ଼ାଇ 'ଚନ୍ଦ୍ରଚୂଡ଼ ଚୂଡ଼ାମଣି' କହିବାଦ୍ୱାରା ବିରୁଦ୍ଧମତିକାରିତା ଦୋଷରେ ଭାଗୀ ହୋଇଚନ୍ତି । 'ଭବ' ନ କହି 'ଭବାନୀପତି' ଘୂରାଇ ବଙ୍କାଇ କହିବା ପରି ଏତେ କଥାରେ 'ଚନ୍ଦ୍ର' କହିବା କି ଦରକାର ଥିଲା ? କେବଳ ଉପଧା ରକ୍ଷା ଲାଗି କବି ଏପରି ବଙ୍କା ପଥର ଆଶ୍ରୟ ନେଇଚନ୍ତି ସିନା ।*

ଅସିଦ୍ଧ ମେଳର କ୍ରମବୃଦ୍ଧି–

ଉପଧା ଯୋଗୁ ଅଶୁଦ୍ଧ ମେଳର ପ୍ରୟୋଗ କ୍ରମେ ବୃଦ୍ଧପ୍ରାପ୍ତ ହେଉଚି । ଓଡ଼ିଆ ସାହିତ୍ୟରେ ଉପଧାର ଚଳଣି ପରଠାରୁ କ ସଙ୍ଗେ ଖ ର, ଗ ସଙ୍ଗେ ଘ ର, ଚ ସଙ୍ଗେ ଛ ର, ଦ ସଙ୍ଗେ ଧ ର, ବ ସଙ୍ଗେ ଭ ର, ର ସଙ୍ଗେ ଳ ର, ଡ ସଙ୍ଗେ ଢ ର, ତ ସଙ୍ଗେ ଥ ର ମେଳ କ୍ରମେ ଶୁଦ୍ଧ ମେଳରୂପେ ସାହିତ୍ୟରେ ଆସନ ଜମାଇ

'ଅଳଙ୍କାର ତରଙ୍ଗିଣୀ'

ବସିଲେଣି । ଏଣିକି ଏସବୁ ମେଳ ଯେ ଅଶୁଦ୍ଧ, ଏ ଧାରଣା କ୍ରମେ ଲୋପ
ପାଇବାକୁ ବସିଲାଣି । ଏବେ ଏଭଳି ଅସମ ବା ବିଷମ ବର୍ଣ୍ଣମେଳ ଆଉ ଆଖ୍ଖିକି ବାଧୁନାଇ
– କ୍ରମେ ଦେହସୁହା ହୋଇ ଅଭ୍ୟାସରେ ପରିଣତ ହେବାକୁ ବସିଲାଣି । ଉପଧା ମେଳର
କଟକଣା ଯୋଗୁ ଉପାନ୍ତ୍ୟ ସ୍ବରର ସମତା ଥିବା ଭଲ ସମବର୍ଣ୍ଣର ମେଳ ନ ମିଳିବାରୁ
କବିମାନେ କ୍ରମେ ଅସମ ବର୍ଣ୍ଣର ମେଳକୁ ଉପାନ୍ତ୍ୟ ସ୍ବରର ସମତା ଥିଲେ ମେଳରୂପେ
ଚଳାଇ ନେଉଚନ୍ତି । ଭୂରି ଭୂରି ଉଦାହରଣ ଓଡ଼ିଆ ସାହିତ୍ୟରୁ ଦିଆଯାଇପାରେ–

'କ' ସଙ୍ଗେ 'ଖ'ର ଅସିଦ୍ଧ ମିତ୍ରାକ୍ଷର ମେଳ–

“ଗଢ଼ୁଥିଲା ବାଳା ଶୟନେ ତନୁକୁ
ଏପଟେ ସେ ପଟେ ରଖି,
ଆତୁରେ ତ୍ରିଦୋଷ-ରୋଗୀ ଗଡ଼େ ଯଥା
ଘୋଟିଲେ ଶଯ୍ୟା-କଣ୍ଟକୀ।” (ରାଧାନାଥ)

'ଚ' ସଙ୍ଗେ 'ଛ'ର ଅସମ ମେଳ–

“ଲଳିତାର ସ୍ମିତ ଲଳିତ ଅଧରେ
ଉପମାକୁ କରେ ଛି,ଛି,
ଯୌବନ ପବନ-କ୍ଷୁଭିତ ନିକି ସେ
ରାଗ-ସାଗରର ବୀଚି” (ଯଯାତି କେଶରୀ)

କିମ୍ବା–

“ବଳୟିତ ଭୁଜେ ବନ୍ଦୀକରି ବାଳା
କାନ୍ତକୁ ନେମ କୌତୁକେ
ଜାଗି ଦେଖୁଥିଲା କରମାଣ୍ଡି ମାତ୍ର
କୁଣ୍ଢାଇଚି ଭ୍ରାନ୍ତ ସୁଖେ।”

'ତ' ସଙ୍ଗେ 'ଥ' ର–

“ମାତ୍ର ଆହା କାହିଁ ଅକିଞ୍ଚନ ମୁହିଁ
କାହିଁ ଉତ୍କ୍ଲେଶ ସୁତା ?
ନୋହିବା କଥାକୁ ମନେ ପୋଷି, ମନ
ଥୟ ଧରୁ ନାଇ ବୃଥା।” (ଯଯାତି କେଶରୀ)

ପୁଣି –

“ରସିକଶେଖର କୁମର କୁମାରୀ
ରସିକା–ବଇଜୟନ୍ତୀ
ଲଭିଲେ ଅଶେଷ ରତନ ସୁହାଗେ
ଭବସାଗରକୁ ମନ୍ଥି।” (ରାଧାନାଥ)

'ଡ' ସଙ୍ଗେ 'ଢ'ର ଅସମ ମେଳ–

"ବାରୁଣୀ କୁଞ୍ଜିମେ କୋଟି ହୀରା ନୀଳା
ମଣି ମୁକ୍ତା ଜରି ଶାଢ଼ି
ପ୍ରକୃତି କି ସ୍ତରେ ସ୍ତରେ ରଖ୍ଥିଲା
ଗଣତି ଲାଗି ସଜାଡ଼ି।"

'ଦ' ସଙ୍ଗେ 'ଧ'ର ଅସମ ମେଳ–

"ନୋହେ ମୋର ଯେବେ କି ଫଳ ଭିଆଇ
ପ୍ରାରବ୍ଧ ସଙ୍ଗେ ବିରୋଧ,
ରୋଧ୍ବ ନାହିଁ ତ ପ୍ରାରବ୍ଧ ଯୁବାର
ସଂକଳ୍ପ-ସଙ୍ଗ ବିନୋଦ।"

'ଇ' ସଙ୍ଗେ 'ହୀ'ର ମେଳ–

"ଏତେ ଦିନ ଯାଏ ଥିଲା ମୋ ହୃଦୟ
ବଚସ୍ବର ମୋର ହୋଇ
କିଏ ଜାଣିଥିଲା କ୍ଷଣେ ହୋଇଯିବ
ଏହି ରୂପେ ପ୍ରଭୁଦ୍ରୋହୀ।"

'ବ' ସଙ୍ଗେ 'ଭ'ର ଅସମ ମିଳନ–

"ଲଜ୍ଜାବଶେ ବାଳା   ଶଯ୍ୟାରୁ ଓହ୍ଲାଇ
ତଳେ ଯାଇ ହେଲା ଉଭା,
ସଙ୍ଗେ ସଙ୍ଗେ ତଳେ   ଓହ୍ଲାଇ ତା କର-
ପଲ୍ଲବ ଧଇଲା ଯୁବା।"

"ଖଞ୍ଜିବା ଆଗରୁ ଶରାସନେ ଶର ଲାଜେ କରଭ
ପଲାଉଣ ଥିଲା ପରିହରି ନିଜ ଉରୁ ଗରବ।" (ଉଷା)

ଏଇପରି ଅସଂଖ୍ୟ ଅସିଦ୍ଧ ମିତ୍ରାକ୍ଷର ଉପଧା-ଯୁଗରେ ଓଡ଼ିଆ ସାହିତ୍ୟରେ କ୍ରମେ ଶୁଦ୍ଧ ମେଳରୂପେ ଚଳିଯିବାକୁ ବସିଲେଣି। ଏଭଳି ଅସିଦ୍ଧ ଯୁଗ୍ମମେଳ ଦେବା ଅପେକ୍ଷା ସିଦ୍ଧ ଏକମାତ୍ରିକ ମେଳ ଦେବା ବା ମୋଟେ ମେଳ ନ ଦେବାହିଁ ଭଲ।

ଉପଧା ପ୍ରଣାଳୀ ଉଠିଗଲେ ସାହିତ୍ୟରୁ ଭାଷା, ଶବ୍ଦ ଓ ଭାବପ୍ରକାଶରେ ଦୌନ୍ୟ, ବୈକଲ୍ୟ ଓ ବିକୃତି ଦୂର ହୋଇ ଏକ ପରିଚ୍ଛନ୍ନ ଓ ସରଳ ସଂହତି ଗଢ଼ିଉଠିବ।

---

୧. 'ଉପଧା ବିଚାର'ରୁ ସଂଗୃହୀତ।

୨. ଶ୍ରୀ ସଚିଦାନନ୍ଦ ତ୍ରିଭୁବନଦେବଙ୍କ ପ୍ରଣୀତ 'ଅଲଙ୍କାରସାର'ରୁ ସଂଗୃହୀତ ଉପଧାର ବହିଷ୍କରଣ ଏକ ଜରୁରୀ ଦାବି–

ଅନେକ ଓଡ଼ିଆ ସାହିତ୍ୟରେ ଉପଧାର ଚଳଣି ରାଧାନାଥଙ୍କ ପୂର୍ବରୁ ଥିଲା ବୋଲି ସଭାସମିତିମାନଙ୍କରେ ଶ୍ରୋତାମାନଙ୍କର ଅଜ୍ଞତାର ସୁଯୋଗ ନେଇ ପ୍ରଚାର କରୁଥିବାର ଦେଖାଯାଏ। ସେମାନେ ମୂଲ ପ୍ରଶ୍ନଟିକୁ ବାଁଚାଲିଆ କରିବା ପାଇଁ ଏପରି ଅପଚେଷ୍ଟା କରିଥାନ୍ତି। ସେମାନେ ଷୋଡ଼ଶ ଶତାଦ୍ଦୀର କବି 'ରହସ୍ୟମଞ୍ଜରୀ' ପ୍ରଣେତା ଦେବଦୁର୍ଲ୍ଲଭ ଦାସଙ୍କ ଉଦାହରଣ ଦେଇ ଉକ୍ତ କାବ୍ୟଗ୍ରନ୍ଥର ଦଶମ ସ୍କନ୍ଧରେ ଉପଧା ରଖାଯାଇଚି ବୋଲି କହିଥିବାର ଲେଖକ ଶୁଣିଚି। ଲୋକଙ୍କ ମନରେ ଭ୍ରାନ୍ତ ଧାରଣା ସୃଷ୍ଟି କରିବା ହିଁ ସେମାନଙ୍କର ମତଲବ। ଅବଶ୍ୟ ସଙ୍ଗୀତର ସ୍ୱତଃସ୍ଫୁର୍ତ ପ୍ରବାହରେ 'ରହସ୍ୟମଞ୍ଜରୀ'ର ଦଶମ ଛାନ୍ଦର କେତେକ ସ୍ଥାନରେ ଯେ ସ୍ୱତଃ ଉପଧା ପଡ଼ିଯାଇଚି, ଏଥିରେ କୌଣସି ସନ୍ଦେହ ନାଇ। କିନ୍ତୁ ଏହାଦ୍ୱାରା କବିଙ୍କର ଉପଧାଲକ୍ଷ୍ୟ ବୁଝାଯାଉନାଇ: କାରଣ ପରବର୍ତ୍ତୀ ଚରଣମାନଙ୍କରେ ଉପଧାଭଙ୍ଗ ହୋଇଚି। 'ରହସ୍ୟମଞ୍ଜରୀ' ଦଶମ ଛାନ୍ଦର କେତୋଟି ଉପଧାଯୁକ୍ତ ପଦ ଯଥା–

"ଚରଣ ଅରୁଣ ରାଜେ,

କନକ ନୂପୁର ସାଜେ,

 କଟିକିଙ୍କିଣୀ ଘଣ୍ଟି ଠଣରଣ

କଙ୍କଣ ଝଙ୍କ ବାଜେ।" ଇତ୍ୟାଦି

ଏହି ଧରଣର ଗୋଟିଏ ଦିଓଟି ପଂକ୍ତି ଉଦ୍ଧାର କରି ସେମାନେ ପ୍ରାଚୀନ ଓଡ଼ିଆ ସାହିତ୍ୟରେ ଉପଧା ଥିଲା ବୋଲି ଦର୍ଶାଇଥାନ୍ତି; ମାତ୍ର ଶଂସିତ ପଦଗୁଡ଼ିକର ଠିକ୍ ୨୦ ଧାଡ଼ି ପରେ ଏଇ ଛାନ୍ଦରେ ଥିବା–

"ମୋତେ ସଜ କର ସଖି

(ମୁ) କନ୍ହାଇକି ଯିବି ଦେଖି

ମୂରଲୀ ବଜାଇ ମନ୍ଦ ମନ୍ଦ କରି

ଦୂରୁଁ ଠାରୁଥାଇ ଆଖି।"

ପ୍ରଭୃତି ଉପଧାରହିତ ପଦଗୁଡ଼ିକର ବିଷୟ ଇଚ୍ଛା କରି ଭୁଲିଯାନ୍ତି। ସେଇ ଦଶମ ଛାନ୍ଦରେ ଆଉ ଟିକିଏ ଆଗକୁ ଗଲେ ଭେଟିବା–

"କୁଣ୍ଠ ଦାମପରି ବିଦ

(ମୋର) ବାହୁଟି ଉପରେ ବାନ୍ଧ,

ଶ୍ରବଣେ ଭର ମୋ ଝଲକ ଚକ୍ର

ଫେରତା ମୁକୁତା ବନ୍ଦ ।”

କିମ୍ବା, “ଏତେ କହି କରି ବାଳୀ

ମୋହେଶ ପଡ଼ିଲା ଢଳି”

କିମ୍ବା ସେଇ ଛାନ୍ଦର ଶେଷ ପଦରେ “ଇତି ଶ୍ରୀ ରହସ୍ୟମଞ୍ଜରୀ ଦଶମ ଛାନ୍ଦେ ରାଧିକା ପ୍ରତାପ ଗୋପୀ ବିଳାପ ବନ୍ଦେ” ଇତ୍ୟାଦି ଉପଧାହୀନ ଅନ୍ତ୍ୟମିଳନ ବିଷୟ ଜାଣିଶୁଣି ଉହ୍ୟ ରଖନ୍ତି ।

ତେଣୁ ଓଡ଼ିଆ ସାହିତ୍ୟରେ ଉପଧା ଥିଲା ଓ ରହିବ, ଏପରି ଯୁକ୍ତି କେବଳ ସେଇଭଳି ଲୋକଙ୍କ ପକ୍ଷରେ କରିବା ସମ୍ଭବ, ଯେଉଁମାନେ ଭାଷାର ଧ୍ୱନିତତ୍ତ୍ୱ କିମ୍ବା ପୂର୍ବ ଇତିହାସ ନ ବୁଝି କେବଳ ଅନ୍ଧ ଅନୁକରଣର ବଶବର୍ତ୍ତୀ ହୋଇ ଏକ ବିଜ୍ଞାନବିରୁଦ୍ଧ ପ୍ରଥାକୁ ଅଭ୍ୟାସବଶତଃ ହେଉ ବା ଅହେତୁକ ଜିଦ୍ ଯୋଗୁଁ ହେଉ, ଆଙ୍କଡ଼ି ଧରିବାକୁ ବଦ୍ଧପରିକର । କୌଣସି ଯୁକ୍ତି ବା ହେତୁବାଦ ସେମାନଙ୍କ କାନ ଭିତରେ ପ୍ରବେଶ କରିବାକୁ ଅକ୍ଷମ ।

ଅବଶ୍ୟ ମୁଁ ପୂର୍ବରୁ କହିଛି ଏବଂ ବର୍ତ୍ତମାନ ମଧ୍ୟ କହୁଚି ଯେ, ଉପଧା ଯଦି କାବ୍ୟକବିତାରେ ଉପାନ୍ତ୍ୟସ୍ୱରାନୁପ୍ରାସ ବା ପୂର୍ବସ୍ୱରାନୁପ୍ରାସ ନାମରେ ରହି ଅଳଙ୍କାର ଜଗତର ଅନ୍ତର୍ଗତ ହୁଏ ଏବଂ ବେଳେବେଳେ ପଦର ଶୋଭା ବଢ଼ାଇବା ପାଇଁ ଭାବପ୍ରକାଶକୁ ବ୍ୟାହତ ନ କରି ବ୍ୟବହୃତ ହୁଏ, ତେବେ କାହାର କିଛି ଆପଭି କରିବାର ନାଇ । ପୂର୍ବେ ମଧ୍ୟ ଏହାର ସମସ୍ତ ଲକ୍ଷଣ ପ୍ରଚ୍ଛନ୍ନଭାବରେ ବିଭିନ୍ନ ଯମକ-ଅନୁପ୍ରାସାଦି ମଧ୍ୟରେ ରହିଥିଲା- ବର୍ତ୍ତମାନ ରହିଲେ ମଧ୍ୟ କାହାର କିଛି କ୍ଷତି ନାଇଁ । କିନ୍ତୁ ଏକ ଅମୋଘ ବାଧ୍ୟତାମୂଳକ ନିୟମରୂପେ ଏହା କବିତାକ୍ଷେତ୍ରରୁ ବହିଷ୍କୃତ ହେଉ । ପ୍ରତି କବିତାରେ ଯତିମିଳନରେ ଏହାକୁ ଏକ ‘ଅବଶ୍ୟ’ରୂପେ ବ୍ୟବହାର କରିବା ଅର୍ଥ କବିତାର ପ୍ରାଣଶକ୍ତି ଏବଂ ଗତିବେଗକୁ ସ୍ଖୁର୍ଣ୍ଣ ଏବଂ ବ୍ୟାହତ କରିବା ଏବଂ ଏକପ୍ରକାର କଣ୍ଟ୍ରୋଲ ପ୍ରଥା ଜାରି କରି ରଖିବା ।

ଓଡ଼ିଶାର ନୂତନ ସାହିତ୍ୟପ୍ରତିଭା ଏଭଳି କଣ୍ଟ୍ରୋଲ ପ୍ରଥାର ଘୋରତର ବିରୋଧୀ ।

ପଞ୍ଚମ ଅଧ୍ୟାୟ
ସତ୍ୟ ଓ ବିଜ୍ଞାନ ବିଶ୍ୱଜନୀନ

ଆଉ ଏକ ଆକ୍ଷେପ ବେଳେବେଳେ କାନରେ ପଡ଼େ। ଅନେକଙ୍କୁ କହିବାର ଶୁଣାଯାଏ ଯେ, ଆଧୁନିକ କବିତାର ଭାବଧାରା ଓ ଶୈଳୀ ବିଦେଶାଗତ; ଏହା ଆମର ନିଜସ୍ୱ ନୁହେଁ। ଯାହା କିଛି ଅଗ୍ରଗାମୀ, ତାହା ହୁଏତ ବୈଦେଶିକ ଅନୁକରଣ; ନୋହିଲେ ପଡ଼ୋଶୀ ସାହିତ୍ୟରୁ ଆମଦାନି, ଆମଦାନି ହୋଇଚି ବୋଲି ସେମାନଙ୍କର ଅଭ୍ୟାସଗତ ଅଭିମତ। ଅଥଚ ସେଇମାନେ ହିଁ ହେଉଛନ୍ତି ଆମ ଭାଷାରେ ଉପଧାମିଳନ ଭଳି ଏକ ବୈଦେଶିକ ପ୍ରଥାର ଅନ୍ଧ ପୂଜକ ଓ ପରିପୋଷାକ। ଏହାର ବୈଦେଶିକତା ସେମାନଙ୍କ ନାକରେ ବାଜେନାହିଁ। ବ୍ୟକ୍ତିପ୍ରଧାନ ରୋମାଣ୍ଟିକ୍‌ବାଦର ସମସ୍ତ ଭୋଗୈଶ୍ୱର୍ଯ୍ୟ ଉପରେ ସେମାନଙ୍କର ଦଖଲ ସ୍ୱତ୍ୱ ପ୍ରତିବାଦର ବାହାରେ। ସେଥିରେ ସେମାନେ ବୈଦେଶିକତାର ଗନ୍ଧ ପାଆନ୍ତି ନାଇ; ଅଥଚ ଏଇ ଉଜ୍ଜ୍ୱଲ ରୋମାଣ୍ଟିସିଜମ୍ ଏବଂ ତାର ବ୍ୟକ୍ତିକେନ୍ଦ୍ରିକତା, ଯାହା ପୂରାପୂରି ପାଶ୍ଚାତ୍ୟର ଆମଦାନି– ଆମ ଦେଶର ପୁରୋଦୃଷ୍ଟି କିମ୍ବା ପରମ୍ପରା ସଙ୍ଗେ ତାହାର ଯେ କିଛିମାତ୍ର ଯୋଗ ନାଇ, ଏକଥାଟା ସେମାନେ ବୁଝି ମଧ୍ୟ ବୁଝନ୍ତି ନାଇ, କିମ୍ବା ନ ବୁଝିବା ବାହାନା କରନ୍ତି।

ପୂର୍ବରୁ ଦେଖା ଦିଆଯାଇଚି, ନୂତନ କବିତାର ବଳିଷ୍ଠ ସମର୍ଥନ ପ୍ରାଚୀନ ଓଡ଼ିଆ ସାହିତ୍ୟର ପରମ୍ପରା ଯେପରି ଅଛି, ସେପରି ସମର୍ଥନ ରୋମାଣ୍ଟିକ କିମ୍ବା ଅନ୍ୟ କୌଣସି କବିତାର ନାଇ। ଯେଉଁ ଗଦ୍ୟଧର୍ମୀ ବାକ୍‌ଛନ୍ଦର ପ୍ରବର୍ତ୍ତନ କରିଥିବା ଯୋଗୁଁ ନୂତନ କବିତା ବିରୁଦ୍ଧରେ 'ଲଗୁଡ଼' ଉତ୍ତୋଳନ କରାଯାଇଥାଏ ଏବଂ ଯାହାକୁ 'ହୁଇଟ୍‌ମ୍ୟାନୀୟ' କୁହାଯାଏ, (କେବଳ ସେଇ ନାହିଁଟି ସେମାନେ ଜାଣିଛନ୍ତି)। ତାହାଠାରୁ ଅଧିକ ମାତ୍ରାରେ ଗଦ୍ୟଛନ୍ଦ ସାରଳା ଦାସଙ୍କ ଦାଣ୍ଡୀବୃତ୍ତ, ବଡ଼ଜେନାଙ୍କ ପ୍ରଗୀତ ଏବଂ 'ରୁଦ୍ରସୁଧାନିଧି'ର ଛତ୍ରେ ଛତ୍ରେ ଭରିରହିଚି। ଯେଉଁ ସାଧାରଣ କଥିତ ଭାଷାର ପ୍ରୟୋଗ ଯୋଗୁଁ ନୂତନ

କବିତା। ବିଦେଶୀ ଅନୁକୃତି ବୋଲି ନାଲିସ୍ କରାହୁଏ, ତହିଁରୁ ଭୂରି ଭୂରି ଦୃଷ୍ଟାନ୍ତ ଆମର ପୂର୍ବାଚାର୍ଯ୍ୟମାନଙ୍କ କାବ୍ୟକୃତିରେ ରହିଛି। ପରନ୍ତୁ ଏଇଟାଇ ହେଉଛି ଆମର ଚିରନ୍ତର କାବ୍ୟ ପରମ୍ପରାର ସ୍ୱାଭାବିକ ଧାରା; ପ୍ରମୋଦଭବନର କିମ୍ବା ବୈଠକଖାନାର ସୌଖୀନ ମୁଲାୟମ, ପ୍ରେମସନ୍ନ୍ୟାସଣର ଭାଷା ନୁହେଁ।

ବାବୁମାନେ ହୁଏତ ଲକ୍ଷ୍ୟ କରିଥିବେ କରୁଣା, ମୈତ୍ରୀ, ସାମ୍ୟ ଓ ଔଦାର୍ଯ୍ୟ ଓଡ଼ିଆ ସଂସ୍କୃତିର ଭୁଲବୀଜ। ପ୍ରୀତି, ପରକୀୟ କିମ୍ବା ସହଜିଆ ଭାବତାରଲ୍ୟ ଚୈତନ୍ୟଯୁଗୀୟ ଗୌଡ଼ଦେଶ ଓ ଇସଲାମ ପ୍ରଭାବିତ 'ସୁଫିଜିମ୍' ରୁ ଆମଦାନି କରାଯାଇଛି। ଓଡ଼ିଶାର ରକ୍ତଗଙ୍ଗାଗତ ଜଗନ୍ନାଥ-ସଂସ୍କୃତି ସହିତ ଏହାର ପଦେ ପଦେ ଅମେଳ। ତେଣୁ ସେ ଭଲି ଏକ ଗତାୟୁ (decadent) ବାହାକ ହେବାକୁ ନାସ୍ତି କରିଦେଇ ସାଂପ୍ରତିକ ସାହିତ୍ୟ କ'ଣ ମସ୍ତବତ୍ ଅପରାଧ କରି ବସଛି !!

ଭାରତବର୍ଷ ସ୍ୱାଧୀନତା ପାଇବାର ପନ୍ଦର ବର୍ଷ ହୋଇଗଲାଣି। ସମାଜତନ୍ତ୍ରୀ ସମାଜର ଢାଞ୍ଚା ଆମର ସର୍ବବାଦୀସମ୍ମତ ରାଷ୍ଟ୍ରନୀତିରେ ପରିଣତ ହୋଇଛି। ଖାଲି ଏବେ ନୁହେଁ, ସ୍ୱାଧୀନତା ପାଇବାର ବହୁବର୍ଷ ପୂର୍ବରୁ ମଧ୍ୟ ଏ ଦେଶର ଜନତା ସାମ୍ୟ, ମୈତ୍ରୀ ଓ ମାନବିକ ଅଧିକାର ପାଇଁ ସଂଗ୍ରାମୀ କରିଆସିଛି; ପ୍ରାଣବଳି ଦେଇଛି, ଦୁଃଖନିର୍ଯ୍ୟାତନା, ମୃତ୍ୟୁବରଣ କରିଛି। ଏଇଟା ତାର ପୋଥିପଢ଼ା କିମ୍ବା କାନଶୁଣା ଜିନିଷ ନୁହେଁ; ଅଙ୍ଗେ ନିଭାଇବା ଜିନିଷ। ଖାଲି ସେତିକି ନୁହେଁ, ଆମେ କୃଷିଅର୍ଥନୀତି ଛାଡ଼ି କୃଷିକେନ୍ଦ୍ରିକ ଶିଳ୍ପୋନ୍ନୟନ ଆଡ଼କୁ ପାଦ ବଢ଼ାଇଛୁ–ତାକୁ ଅତିକ୍ରମ କରି ପୁଣି ଶିଳ୍ପଭିତ୍ତିକ ସମାଜ ଓ ସଭ୍ୟତା ଗଠନର ସ୍ୱପ୍ନ ଦେଖୁଛୁଁ। ଏହାର ଚିତ୍ର ଦେବା ତା'ହେଲେ କଣ ଗୋଟାଏ ଅତିବଡ଼ ଅପରାଧ ହୋଇଗଲା ? ନୂତନ ସାହିତ୍ୟର ସମାଜବାଦୀ ଆଭିମୁଖ୍ୟ ତେବେ କଣ ଏକ ନୂଆ କଥା ? ଏହାହିଁ କଣ ତା' ହେଲେ ବୈଦେଶିକ ଅନୁକରଣ ? ଖାଲି ସହଜିଆ ପରକୀୟାବାଦଟା କ'ଣ ତା'ହେଲେ ଏକମାତ୍ର ଖାଣ୍ଟି ଦେଶୀ ଜିନିଷ, ଆଉ ବାକି ସବୁ ଭେଜାଲ୍ ? ନୂଆ ସାହିତ୍ୟର କେଉଁ ଜିନିଷଟା ତେବେ ବୈଦେଶିକ ? ଏହାର ଉତ୍ତର ଦେବ କିଏ ?

ଏତେକାଳ ଜନତାର ଜୀବନସଂଗ୍ରାମଠାରୁ ବହୁ ଦୂରରେ ରହି, ଦେଶର ସମସ୍ତ ପ୍ରକାର ଜନଆନ୍ଦୋଳନ ତଥା ଲୋକ-ଆଭିମୁଖ୍ୟଠାରୁ ନିରାପଦ ଦୂରତ୍ୱ ବଜାୟ ରଖି ଯେଉଁମାନେ ଆଜି ନାନାପ୍ରକାର ଉପଦେଶର 'ଝୁଡ଼ି' ଧରି ଆଗେଇ ଆସଛି ଏବଂ ତାହା ଗୃହୀତ ନ ହେଲେ ସମାଲୋଚନାର ଚାବୁକ ଧରି ବାହାରି ପଡ଼ନ୍ତି, ସେମାନଙ୍କୁ ଦେଖିଲେ ପ୍ରକୃତରେ ଦୟା ହୁଏ। ମନେହୁଏ, ସେମାନେ ଯେପରି ଏକ କଣଠେସା ବିଚ୍ଛିନ୍ନ ଟାପୁର ଲୋକ, 'ରିପ୍ ଭ୍ୟାନ୍ ଉଇଁକ୍ଲୁ' ପରି ଶତାଧିର ଚାରିଭାଗ ସମୟ ନିରୋଲାରେ କଟାଇ ଦେଇ ଆଜି ହଠାତ୍ ସାହିତ୍ୟରେ ନେତୃତ୍ୱର ଶୃଙ୍ଗ ଆରୋହଣ କରିବା ପାଇଁ ଦ୍ରୁତପଦରେ

ଆଗେଇ ଆସୁଛନ୍ତି ।

ନୂଆ ସାହିତ୍ୟ ବିରୁଦ୍ଧରେ ଆନୀତ ଅପରାଧ ଫର୍ଦ୍ଦଗୁଡ଼ିକ ଓଲଟ ପାଲଟ କରି ଦେଖାଯିବା ଉଚିତ । ନିର୍ଜ୍ଞାନ ଓ ଅବଚେତନ ମନର ଯେଉଁସବୁ ସଂକେତ ଓ ସମ୍ବାଦ ନୂତନ କବିତା ପରିବେଷଣ କରୁଚି, ତାହାହିଁ କଣ ବୈଦେଶିକ ଦୋଷଦୁଷ୍ଟ ? ତା ସାମନାରେ ହଠାତ୍ ଏକ ସମ୍ପୂର୍ଣ୍ଣ ଅଜଣା, ଅନାବିଷ୍କୃତ ନୂଆ ଜଗତ୍ର ଦ୍ୱାରା ଖୋଲିଗଲା । ସେଥ୍ରୁ ବାହାରି ଆସିଲେ ଯୁଗଯୁଗର୍ତ୍ତର କେତେ ଘୁମନ୍ତ କାମନାର କେତେ ନିଷିଦ୍ଧ ସଭ୍ୟତା ଅଧୁନା ମୃତ ପାତ୍ରପାତ୍ରୀ ଓ ପଦାତିକରଣ ବାହାରି ଆସିଲେ କେତେ ବିକୃତ ଓ ଦଲିତ ଇଚ୍ଛାର ପ୍ରତିନିଧିମାନେ ନିଷିଦ୍ଧ ଦରକାର ବାଟ ଦେଇ- ଯେଉଁମାନଙ୍କ କଥା କେବେ କେହି ଏ ଭୂଇଁରେ କହି ନାଇ, କେହି କେହି ଭାବି ମଧ ନାଇ-ସେମାନଙ୍କୁ ସାଦରେ ପାଦ-ପ୍ରଦୀପ ସାମନାକୁ ବରଣ କରିନେବାଟା କ'ଣ ହେଲା ତା' ପକ୍ଷରେ ଏତେବଡ଼ ଅମାର୍ଜ୍ଜନୀୟ ଅପରାଧ ? ଏହା ନକରି ସେ ଯଦି ପ୍ରିୟା-ପ୍ରୀତି-ପ୍ରଣୟମୂଳକ କବିତା ଲେଖିଥାଆନ୍ତା, କିମ୍ବ ସାଆଁତିଆ ସମାଜର ମୁଖରୋଚକ ସ୍ୱାମୀ-ଧର୍ମର ଚିତ୍ର ଆଙ୍କି ପାଠ୍ୟପୁସ୍ତକ-ଜଗତକୁ ମାତ୍ର କରି ଦେଇଥାଆନ୍ତା ଏବଂ ତା' ଫଳରେ ବିଚ୍ୟୁତ ହୋଇପଡ଼ିଥାଆନ୍ତା ଏ ଦେଶର ସଂସ୍କୃତିର ମୂଳଧାରାରୁ - ତେବେ ତାହାହିଁ କଣ ତା' ପକ୍ଷରେ ହୋଇଥାଆନ୍ତା ଖୁବ୍ ଗୋଟାଏ ପୌରୁଷର ବିଷୟ ! ଦୁର୍ଭାଗ୍ୟର ବିଷୟ, ସେପ୍ରକାର ସହଜାତ ଗୌରବବୋଧର ଅଧିକାରୀ ହୋଇ ସେ ଜନ୍ମ ନାଇ । ତା'ର ଜନ୍ମ ଅଗଣନ କ୍ଷୁଧ୍ତ ଜୀବନର ସଂଘର୍ଷମୟ ବାତ୍ୟାସଙ୍କୁଲିତ ବେଳାଭୂଇଁରେ । ସୌଖୀନ ପ୍ରଫେସରୀ ମହଲର ଆଦବକାଇଦାରେ ସେ ଦୋରସ୍ତ ନୁହେଁ । ସେତକ ସଦ୍‌ଗୁଣ ଭଗବାନ୍ ତାକୁ ଦେଇନାହାନ୍ତି । ପ୍ରାତଃସ୍ମରଣୀୟ ସେଇମାନେ, ଯେଉଁମାନେ ସମସ୍ତଙ୍କ ଆଖିରେ ଧୂଲି ଦେଇ 'ସ୍ୱଦେଶୀ'ର ଦୁଆ ଉଠାଇ ଶସ୍ତାରେ ବସ୍ତା ବସ୍ତା ବାହାଦୁରି ଲୁଟ୍ କରି ପାରୁଛନ୍ତି । ସେମାନେ ଚିରପ୍ରଣମ୍ୟ, ସେମାନେ ଚିର ସମ୍ଭ୍ରମର ପାତ୍ର; କିନ୍ତୁ ଭଲ ପାଇବାର ନୁହନ୍ତି ।

ଯାହା ସତ୍ୟ, ଯାହା ବିଜ୍ଞାନପ୍ରସୂତ, ତାହା ବିଶ୍ୱଜନୀନ; ତାହା ଦେଶକାଲ ପାତ୍ରର ସୀମା ବାହାରେ । ତେଣୁ ସେଥ୍ରେ ସ୍ୱଦେଶୀ-ବିଦେଶୀ ଏ ରେଖା-ବିଭାଜନ ଚାଲିପାରେ ନାଇ । ଯାହା କିଛି ବିଜ୍ଞାନର ଦାନ, ଯେଉଁଥ୍ରେ ସତ୍ୟର ପ୍ରକାଶ, ତାହା ସମଗ୍ର ମଣିଷଜାତିର ସମାନ ଉତ୍ତରାଧିକାର । ବିଜ୍ଞାନ ଯାହା କିଛି ଦେଇ ଯାଇଚି ତାହା କାହାର ଏକଚାଟିଆ ଭୋଗ୍-ଦଖଲରେ ରହି ନାଇ । ରେଲ, ମୋଟର, ବେତାର, ବିଦ୍ୟୁତ, ଏରୋପ୍ଲେନ୍, ଜଲଯାନ ଆଜି କୌଣସି ଦେଶ-ବିଦେଶର ଭୌଗୋଲିକତା ଭିତରେ ସୀମିତ ନୁହଁନ୍ତି । ଏ ସବୁକୁ ଆମେ କ'ଣ ବୈଦେଶିକ ବୋଲି ଫିଙ୍ଗି ଦେଉଥାଉଁ ? ତେଣୁ ସ୍ୱଦେଶିକତାର 'ବୋଲି' ଆଉଡ଼ାଇ ସତ୍ୟ ସାର୍ବଜନୀନ ପ୍ରତି ଦରଜା ଝରକା ବନ୍ଦ କରିଦେବା ନୂତନ ସାହିତ୍ୟପକ୍ଷରେ ଅବୋଧ । ସେ ଏହାକୁ ନିଜକୁ ନିଜେ ବଞ୍ଚିତ କରିବା ମନେକରେ ।

ଆତ୍ମବଞ୍ଚନା ତା' ପକ୍ଷରେ ଅସହ୍ୟ। ଆଜି, ଭାବରେ ଚିନ୍ତାରେ ଯେଉଁ ଉତ୍ପ୍ଲବୀ ବନ୍ୟା ମାଡ଼ିଆସୁଚି-ଯାହା ଉପକୂଳରୁ ଉପକୂଳ, ଏକ ଦିଂଗନ୍ତରୁ ଅନ୍ୟ ଦିଗନ୍ତ ଏବଂ ଏକ ମହାଦେଶରୁ ଅନ୍ୟ ମହାଦେଶ ପର୍ଯ୍ୟନ୍ତ ବିସ୍ତୃତ; ଯାହା ଭିତରେ ରହିଚି ମଣିଷର ବଞ୍ଚିବାର ଦାବି ଏବଂ ତାର ସମବେଦ ଅଭିଜ୍ଞତାର ଭୂୟୋଦର୍ଶନ ଆଉ ମହାନ୍ ପ୍ରଗତିର ପଦାଙ୍କ, ତାହା ପ୍ରତ୍ୟେକ ଦେଶର ମଣିଷକୁ ପ୍ରଭାବିତ କରିବଇ କରିବ। ସମୁଦ୍ରର ସେଇ ଉଦ୍ଦାଳ ଜୁଆର ଆଗରେ 'ସ୍ୱଦେଶୀ'ର ଦୁଆ ଉଠାଇବା ଅର୍ଥ ତାକୁ ରୋକିବା ପାଇଁ ବାଲିବନ୍ଧ ନିର୍ମାଣ କରିବା ମାତ୍ର ! ମଣିଷର ସେଇ ଅଗ୍ରଗତିର ଚିହ୍ନ ପ୍ରତିକ୍ରିୟାର ତାଡ଼ନାରେ ମ୍ଲାନାୟମାନ କିମ୍ବା ମନ୍ଦୀଭୂତ ହେବାକୁ ନାରାଜ। ତାହା ଚିର ଅମଲିନ, ଚିରଭାସ୍ୱର ଓ ଅମୁଷ୍ଣୀୟ।

ସାହିତ୍ୟରେ 'ଆମଦାନୀ' ତତ୍ତ୍ୱ: ରାଧାକୃଷ୍ଣ-କଳ୍ପନା-

ସେପରି ଦେଖିବାକୁ ଗଲେ ଓଡ଼ିଆ ସାହିତ୍ୟର ଅନେକ କିଚ୍ଛି 'ଆମଦାନି' ବୋଲି ଧରାଯିବ; ସାହିତ୍ୟର ଅନେକ ମୂଳ ପ୍ରେରଣା ବହିରାଗତ ବୋଲି ଜଣାପଡ଼ିବ। ଯେଉଁ ରାଧାକୃଷ୍ଣକୁ ନେଇ ସମଗ୍ର ମଧ୍ୟଯୁଗୀୟ, ରୀତିଯୁଗୀୟ ଏବଂ ଚଳିତ ଶତକର ପ୍ରଥମ ପାଦର ସାହିତ୍ୟକୃତି ଭରପୂର ହୋଇ ରହିଥିଲା, ତାହା ଅନ୍ୟ ପ୍ରଦେଶରୁ ଆସିଚି ବୋଲି ଐତିହାସିକ ଅନୁସନ୍ଧାନରୁ ଜଣାଯାଏ। ତେଣୁ ଖାଲି ସମାଜବାଦୀ ଭାବଧାରା ଓ ନିଷ୍କାମ ମନରୁ ଅଧ୍ୟୟନକୁ ବା ଖାଲି ବାହାରୁ ଆମଦାନି ବୋଲି କୁହାଯିବ କାହିଁକି ?

ଦେବକୀପୁତ୍ର କୃଷ୍ଣ ଓ ରାଧାକୃଷ୍ଣ-

ଅନାଦି କାଳରୁ ଦେବକୀନନ୍ଦନ ଶ୍ରୀକୃଷ୍ଣ ଓ କୃଷ୍ଣବାସୁଦେବ ଭାରତୀୟ ପରମ୍ପରାରେ ଚଳିଆସୁଚ୍ଛନ୍ତି। ସାମବେଦୀୟ ଉପନିଷଦ୍ୟୁଗରୁ ଭଗବାନ୍ ଶ୍ରୀକୃଷ୍ଣଙ୍କର ଆବିର୍ଭାବ ହୋଇଚି ବୋଲି ଜଣାଯାଉଚି। ସାମବେଦୀୟ ଛାଦୋଗ୍ୟ-ଉପନିଷଦ୍ରେ ଶ୍ରୀଦେବକୀ ନନ୍ଦନ ଶ୍ରୀକୃଷ୍ଣଙ୍କ ନାମର ପ୍ରଥମ ସାକ୍ଷାତ୍ ମିଳେ-

"ତଦ୍ଧୈତଦ୍ ଘୋର ଆଙ୍ଗିରସଃ

କୃଷ୍ଣାୟ ଦେବକୀପୁତ୍ରାୟୋକ୍ତ୍ୱୋ ବାଚ।" (ଛା: ଉ: ୩।୧୭।୬)

ଶ୍ରୀରାମାନୁଜ ସମ୍ପ୍ରଦାୟୀ ଶ୍ରୀରଙ୍ଗ ରାମାନୁଜକୃତ 'ପ୍ରବେଶିକା-ବାଖ୍ୟା'ରେ ଏଇ ମନ୍ତ୍ରଟିର ଅର୍ଥ ଏଇପରି - "ପୁରୁଷଯଜ୍ଞ-ଦ୍ରଷ୍ଟା ଅଙ୍ଗିରସଗୋତ୍ରୀୟ ଘୋର ନାମକ ରଷି ଦେବକୀନନ୍ଦନ ଶ୍ରୀକୃଷ୍ଣଙ୍କର ପ୍ରୀତ୍ୟର୍ଥେ ଏହା ଅନୁସନ୍ଧାନ କରି ପୁରୁଷଯଜ୍ଞର ଅନୁଷ୍ଠାନ କରିଥିଲେ।" ଆଚାର୍ଯ୍ୟ ଶ୍ରୀମଧ୍ୱ ଏଇ ମନ୍ତ୍ରଟିର ଭାଷ୍ୟରେ 'ନାରାୟଣୀୟ' ବାକ୍ୟ ଉଦ୍ଧାର କରି ଅଙ୍ଗିରସ ଗୋତ୍ର ଘୋର ନାମକ ମନ୍ତ୍ରଦ୍ରଷ୍ଟା ରଷି ଯେ ସାକ୍ଷାତ୍ ସୁରି-ପ୍ରାପ୍ୟ ପରମପଦ ଦେବକୀନନ୍ଦନ ଶ୍ରୀକୃଷ୍ଣ କଥା କହିଚ୍ଛନ୍ତି, ତାହା ଦର୍ଶାଇଛନ୍ତି। ବୈଷ୍ଣବାଚାର୍ଯ୍ୟ ଶ୍ରୀପାଦ ଜୀବଗୋସ୍ୱାମୀ ମଧ୍ୟ 'ଶ୍ରୀକୃଷ୍ଣସନ୍ଦର୍ଭ'ର ଛାଦୋଗ୍ୟ-ଉପନିଷଦ୍ ପ୍ରତିପାଦ୍ୟ 'ଦେବକୀଙ୍କ

ପୁତ୍ର ଶ୍ରୀକୃଷ୍ଣ' ଯେ ଯଶୋଦାନନ୍ଦନ ଶ୍ରୀକୃଷ୍ଣ', ଏହା ପ୍ରଦର୍ଶନ କରିଛନ୍ତି । ତାଙ୍କ ମତରେ ଯଶୋଦାଙ୍କର ଅନ୍ୟତମ ନାମ ଦେବକୀ; ମାତ୍ର ଏସବୁ ତ ବହୁ ପରର କଥା, ବୈଷ୍ଣବଧର୍ମର ପ୍ରଚଳନ ପରେ ।'

ଖ୍ରୀ: ପୁ: ସପ୍ତମ-ଅଷ୍ଟମ ଶତକର ମହର୍ଷି ପାଣିନି 'ଭକ୍ତି' ଶବ୍ଦର ପ୍ରୟୋଗ ସମ୍ପର୍କରେ ଗୋଟିଏ ସୂତ୍ର ରଚନା କରିଅଛନ୍ତି । ସେଥିରେ କୃଷ୍ଣବାସୁଦେବର ଉଲ୍ଲେଖ ଅଛି: ଯଥା-

ଭକ୍ତିଃ ପା: ୪।୩।୯୫- ଏଇ ସୂତ୍ରର ଦୁଇଟି ସୂତ୍ର ପରେ ରହିଚି-

"ବାସୁଦେବାର୍ଜୁନାଭ୍ୟାଂ ବୁନ୍" – ପା: ୪।୩।୯୮

ଉପରୋକ୍ତ ଭକ୍ତିସୂତ୍ରର କାଶିକାବୃଭି – "ଭଜ୍ୟତେ ସେବ୍ୟତେ ଇତି ଭକ୍ତିଃ" ଅର୍ଥାତ୍, 'ସେବଟି ହୁଅନ୍ତି, ଏଇ ଅର୍ଥରେ ଭକ୍ତି ହୁଏ ।' ଅତଏବ ପାଣିନିଙ୍କ ସମୟର ବହୁ ଶତାଦ୍ଦୀ ପୂର୍ବରୁ ବାସୁଦେବ ଶ୍ରୀକୃଷ୍ଣ ଏବଂ ତାଙ୍କର ବିଶ୍ୱସ୍ତ ଅର୍ଜୁନଙ୍କଠାରେ ଭକ୍ତିଭାବ ବିଶେଷ ପ୍ରଚଳିତ ଥିଲା ବୋଲି ଜଣାପଡୁଚି । 'ଶ୍ରୀହରିନାମାମୃତବ୍ୟାକରଣ'ରେ ଶ୍ରୀପାଦ ଜୀବଗୋସ୍ୱାମୀ ପାଣିନିବ୍ୟାକରଣର ଏଇ ସୂତ୍ରଟିକୁ ଉଦ୍ଧାର କରିଛନ୍ତି ।

ଏ ବିଷୟରେ ଶ୍ରୀ ଅରବିନ୍ଦ ମଧ୍ୟ ଲେଖିଛନ୍ତି – "We meet the name (Krishna) first in the Chhandogya Upanishada xxxxx So well-known indeed is his personality and the circumstances of Devaki that it is not difficult for all to understan who was meant." ('Eassays on the Gita') Sri Aurobinda)

ଡ: ସର୍ବପଲ୍ଲୀ ରାଧାକୃଷ୍ଣନ୍ ମଧ୍ୟ ଏ କଥାର ଉଲ୍ଲେଖ କରିଛନ୍ତି- "The Chhandogya Upanishada refers to Krishna, Devakiputra, the son of Devaki." ("Introductory Essay on the Bhagavadgita," London 1948)

(ସଂଗୃହୀତ)

ଉପନିଷଦ୍-ଯୁଗର ଦେବକୀନନ୍ଦନ ଶ୍ରୀକୃଷ୍ଣ ଏବଂ ପାଣିନି-ଯୁଗର କୃଷ୍ଣ-ବାସୁଦେବ କ୍ରମେ ଏକାଦଶ-ଦ୍ୱାଦଶ ଶତକ ଆଡ଼କୁ ରାଧାକୃଷ୍ଣ ହେଲେ । ମାତ୍ର ଆମର ପରମ୍ପରାରେ ଏ ଚଳଣି କିପରି ଭାବରେ ପଶିଲା-ପ୍ରାୟ ଚାରି ହଜାର ବର୍ଷର ଏ ଫାଙ୍କଟା କିପରି ଭରାଯାଇଥିଲା, ସେ ବିଷୟରେ ଇତିହାସ ବିଶେଷ କିଛି ସହାୟତା କରେ ନାଇ ।

ଏହା ବିସ୍ତୃତ ଭାବେ ଆଲୋଚନା କରିବାର ଉଦ୍ଦେଶ୍ୟ ହେଉଚି, ଯେଉଁ ରାଧାକୃଷ୍ଣ ପ୍ରେମ-ଭକ୍ତି-ଲୀଳା ଭାରତୀୟ ଓ ଓଡ଼ିଆ ସାହିତ୍ୟକୁ ଗତ ଏକ ହଜାର ବର୍ଷ ହେଲା ଆବିଷ୍ଟ କରିରଖିଛି, ତା ଧ୍ରୁବ ନୁହେଁ: ତାହା ଆମର ପରମ୍ପରାର ବାହାରୁ ଆସିଚି, ଏହା

ପ୍ରତିପାଦନ କରିବା । ଭଗବାନଙ୍କୁ ଜୀବନର ସହଜ ଭୂମିରେ ପ୍ରତିଷ୍ଠା କରିବା ଲାଗି ଏହା ଏକ ଉଦ୍ୟମ – ଯାହା ଜନସାଧାରଣଙ୍କ ଦ୍ୱାରା ଗୃହୀତ ହୋଇଚି, କିନ୍ତୁ ଏହା ପଛରେ ରହିଚି ହଜାର ହଜାର ବର୍ଷର କ୍ରମବିବର୍ତ୍ତନର ଧାରା ।

ଜର୍ମାନ୍ ପଣ୍ଡିତ ବିଉହ୍ଲାରଙ୍କ ମତରେ ଜୈନ୍ୟଧର୍ମର ଆବିର୍ଭାବ (ଖ୍ରୀ: ପୂ: ଷଷ୍ଠ ଶତକ) ପୂର୍ବରୁ କୃଷ୍ଣ-ବାସୁଦେବ ଉକ୍ତିମୂଳକ ଧର୍ମ ପ୍ରଚଳିତ ଥିଲା । ବୌଧାୟନଙ୍କ ଗୃହ୍ୟସୂତ୍ରରେ (ଆନୁମାନିକ ଖ୍ରୀ: ପୂ: ୭ମ ଶତାଦ୍ଧୀ–ମହତାବ) 'ଓଁ ନମୋ ଭଗବତେ ବାସୁଦେବାୟ' ମନ୍ତ୍ରଟିର ଉଲ୍ଲେଖ ମିଳେ । ପାଣିନିଙ୍କ ଅଷ୍ଟାଧ୍ୟାୟୀ ଗ୍ରନ୍ଥରେ (ଖ୍ରୀ: ପୂ: ଷଷ୍ଠ ଶତାଦ୍ଧୀ – କାଳେ) କୃଷ୍ଣ-ବାସୁଦେବଙ୍କ ଉପାସନାର ନିଦର୍ଶନ ବର୍ତ୍ତମାନ । ମାତ୍ର ଏଇ କୃଷ୍ଣ ବାସୁଦେବ ପରେ କେବେ ଓ କିପରି ରାଧାକୃଷ୍ଣରେ ପରିଣତ ହେଲେ । ଐତିହାସିକଙ୍କ ମତାନୁସାରେ ଅନ୍ଦାଜ ୧୨ଶ ଶତାଦ୍ଧୀରେ ନିମ୍ୱାର୍କ ନାମକ ଜଣେ ବୃନ୍ଦାବନବାସୀ ଅନ୍ଧ୍ର ବ୍ରାହ୍ମଣ ପ୍ରଥମେ ଶ୍ରୀରାଧାଙ୍କୁ ଶ୍ରୀକୃଷ୍ଣଙ୍କ ସହଚରୀରୂପେ ବର୍ଣ୍ଣନା କରନ୍ତି । ଏହା ପୂର୍ବରୁ ଅବଶ୍ୟ ସାଂଖ୍ୟଦର୍ଶନର ପୁରୁଷପ୍ରକୃତିତତ୍ତ୍ୱର ପ୍ରଭାବ, ବୌଦ୍ଧ ତନ୍ତ୍ରଯାନ ଏବଂ ସର୍ବୋପରି ରାମାନୁଜଙ୍କ ଦ୍ୱୈତବାଦ ଏଇ ଭାବଧାରାକୁ କ୍ରମ-ପରିଣତ ଦାନ କରିଚି । କିନ୍ତୁ ଦ୍ୱାଦଶ ଶତାଦ୍ଧୀରେ ଜୟଦେବଙ୍କର ଗୀତଗୋବିନ୍ଦ ପରବର୍ତ୍ତୀ ବହୁ ଶତାଦ୍ଧୀ ପର୍ୟ୍ୟନ୍ତ ସମସ୍ତ ସାହିତ୍ୟ ଓ ସଂଗୀତ କୃତିକୁ ଏଇ ମହାଭାବଧାରରେ ବୁଡ଼ାଇ ରଖିଲା ।

ଓଡ଼ିଶାର ଶିଳ୍ପକ୍ଷେତ୍ରରେ ମଧ୍ୟ ବହୁ ସଂସ୍କୃତିର ସମନ୍ୱୟ ଓ ଆଦାନପ୍ରଦାନର ପରିଚୟ ମିଳେ । ଭୁବନେଶ୍ୱରର ରାଜରାଣୀ ମନ୍ଦିରଟି 'ବେଶର' ଶିଳ୍ପଶୈଳୀର (ପଶ୍ଚିମ ଭାରତୀୟ) ନିଦର୍ଶନ । ସେଇପରି ବୈତାଳ ଦେଉଳଟି ଦ୍ରାବିଡ଼ ବା ଦକ୍ଷିଣ ଭାରତୀୟ ଶୈଳୀରେ ନିର୍ମାୟିତ ହୋଇଛି । ସଂସ୍କୃତି କ୍ଷେତ୍ରରେ ଏଭଳି ଆଦାନପ୍ରଦାନ ଓ ସମନ୍ୱୟ ଏକ ଶାଶ୍ୱତ ନିୟମ; ଏଥିରେ ଆମଦାନି ରପ୍ତାନୀର କୌଣସି ପ୍ରଶ୍ନ ନାଇ ।

ଜୟଦେବ: ରାଧାକୃଷ୍ଣତତ୍ତ୍ୱ-

ଜୟଦେବ ବଙ୍ଗଦେଶରୁ ରାଧାକୃଷ୍ଣତତ୍ତ୍ୱର ପ୍ରେରଣା ଲାଭ କରିଥିବା ଏକପ୍ରକାର ସ୍ୱତଃସିଦ୍ଧ କଥା । ଶଙ୍କରାଚାର୍ୟ୍ୟ ଓ ଆଲବାର ରାମାନୁଜ ଏହାପୂର୍ବରୁ ବୈଷ୍ଣବ ଧର୍ମର ମୂଳଦୁଆ ପକାଇ ସାରିଥିଲେ । ଏହି ସମୟରେ ଓଡ଼ିଶାର ଶିଳ୍ପସାହିତ୍ୟସଂଗୀତାଦି ଆଲୋଚନା କଲେ 'ଶ୍ରୀରାଧାଙ୍କ'ର କୌଣସି ଅସ୍ତିତ୍ୱ ଦୃଷ୍ଟିଗୋଚର ହୁଏ ନାଇ । ଏହାଛଡ଼ା ଜୟଦେବଙ୍କର 'ଗୀତଗୋବିନ୍ଦଙ୍କ'କୁ ଓଡ଼ିଶାର ପରମ୍ପରାରେ ସୃଷ୍ଟ ବୋଲି କହିବାରେ ସବୁଠାରୁ ବଡ ଅନ୍ତରାୟ ହେଉଚି, ତତ୍କାଳୀନ ଓଡ଼ିଶାରେ ରାଧାକୃଷ୍ଣ ପ୍ରେମ –ଭକ୍ତିମାର୍ଗୀୟ ସାହିତ୍ୟ ଦର୍ଶନଧାରାର ଏକାନ୍ତ ଅଭାବ । ଗୀତଗୋବିନ୍ଦରେ ରାଧାଙ୍କ ସ୍ଥାନ ଯେପରି ସୁପ୍ରତିଷ୍ଠିତ ହୋଇଛି, ତହିଁରମୂଳଭୀତିବା ଯଥାଯୋଗ୍ୟ ପୃଷ୍ଠଭୂମି ପୂର୍ବରୁ ନ ଥିଲେ ଏହା କଦାପି ସଂଭବ ହୋଇପାରି ନଥାନ୍ତା । କିନ୍ତୁ ସେତେବେଳେ ଓଡ଼ିଶାରେ, – ଖାଲି

ଓଡ଼ିଶା କାହିଁକି ଭାରତର ଅଧିକାଂଶ ପ୍ରାନ୍ତରେ ରାଧାକୃଷ୍ଣମିଳନର ଏଭଳି ସ୍ପଷ୍ଟ ଉଜ୍ଜ୍ୱଳ ଦୃଷ୍ଟାନ୍ତ ଦେଖ଼ିବାକୁ ମିଳେ ନାଇ । ତେଣୁ ହଠାତ୍ ଆକାଶରୁ ପଡ଼ିଲା ପରି ରାଧାକୃଷ୍ଣଙ୍କ କଳ୍ପନା ଜୟଦେବ ଦ୍ୱାଦଶ ଶତାଦ୍ଧୀରେ ପାଇଲେ କିପରି ? କାବ୍ୟକବିତା ଏକ ସମାଜ- ନିରପେକ୍ଷ ବସ୍ତୁ ନୁହେଁ, ଯାହା ଛିନ୍ନମୂଳ ଲତା ପରି ଶୂନ୍ୟେ ଶୂନ୍ୟେ ଗଜେଇ ଉଠିପାରେ । ସାହିତ୍ୟଦର୍ଶନ କ୍ଷେତ୍ରରେ ପ୍ରତ୍ୟେକ ନୂଆ ଚିନ୍ତା ଓ କଳ୍ପନା ମୂଳରେ ଏକ ଅବିଚ୍ଛିନ୍ନ କ୍ରମବିକାଶର ଧାରା ପ୍ରଚ୍ଛନ୍ନ ରହିଚି । ମାତ୍ର ଓଡ଼ିଶାରେ ସେ କାଳର ଧ୍ୟାନ, ଧାରଣା, ଧର୍ମ ଓ ସମାଜ ଚୈତନ୍ୟର ଚେହେରା ଦେଖ଼ିଲେ ଏହାକୁ କଦାପି ଗୀତଗୋବିନ୍ଦ ଭଳି କାବ୍ୟର ପୃଷ୍ଠଭୂମି କୁହାଯାଇ ପାରିବ ନାଇ । ତେଣୁ ହଠାତ୍ ଗୀତଗୋବିନ୍ଦ କାବ୍ୟରେ ରାଧାକୃଷ୍ଣଙ୍କର ଲୀଳା-ମୈଥୁନ-ପ୍ରଣୟ ଚିତ୍ର ଦେଖ଼ି ଏକ ଆକସ୍ମିକ ଅସମ୍ବଧୃତ ସ୍ଫୁରଣ ବୋଲି ମନେହେବା ସ୍ୱାଭାବିକ ।

ବର୍ତ୍ତମାନ ଦେଖାଯାଉ, ରାଧାଚରିତ୍ରର ମୂଳଉସ୍ସ କେଉଁଠି ? ହରିବଂଶ ଗ୍ରନ୍ଥରେ (ଖ୍ରୀ:ପୂ: ୩୦୦ ଶତାଦ୍ଧୀ) ରାଧା ନାମ ମାତ୍ର ଗୋଟିଏ ଅଧ୍ୟାୟରେ ଗୋଟିଏ ପଂକ୍ତିରେ ମାତ୍ର ଗୋଟିଏ ଥର ଉଲ୍ଲିଖିତ ହୋଇଚି ଏବଂ ତାହା ମଧ ପ୍ରକ୍ଷିପ୍ତ ପରି ଜଣାଯାଏ । ସେ ସମୟରେ ହାତଲେଖା ପୋଥିକୁ ନକଲ କରିବାକୁ ଯାଇ ଯେ କେହି ଇଚ୍ଛାମତେ ଯାହାକିଛି ପ୍ରକ୍ଷେପ କରି ଦେଇ ପାରୁଥିଲେ ।

'ଶ୍ରୀମଦ୍ ଭାଗବତ' ଗ୍ରନ୍ଥର ଦଶମ ସ୍କନ୍ଧର ୩୦ଶ ଅଧ୍ୟାୟରେ ବର୍ଣ୍ଣିତ ଅଛି ଯେ, ରାସଲୀଳା ସମୟରେ କୃଷ୍ଣ ଆକସ୍ମାତ୍ ଛଳନା କରି ଅନ୍ତର୍ହିତ ହେବାରୁ ଗୋପୀମାନେ ତାଙ୍କୁ ଖୋଜିବାକୁ ଲାଗିଲେ । ତାଙ୍କ ପାଦଚିହ୍ନ ବାରି ଯାଉ ଯାଉ ତା ପାଖାପାଖ଼ି କେଉଁ ପ୍ରିୟତମାର ପାଦଚିହ୍ନ ଦେଖ଼ିପାରି ଦୁଃଖପ୍ରକାଶ କରିବାକୁ ଲାଗିଲେ । ଏଇ ପ୍ରସଙ୍ଗ ୨୮ଶ ଶ୍ଳୋକରେ ବର୍ଣ୍ଣିତ ଅଛି- 'ଅନୟାରାଧ୍ତୋ ନୂନଂ ଭଗବାନ୍ ହରିରୀଶ୍ୱରଃ !' ଅର୍ଥାତ୍- ନିଶ୍ଚୟ ଭଗବାନ୍ ହରି ଏକ ଗୋପୀକୁ ନିମିତ୍ତ କରି ଆରାଧିତ ବା 'ରାଧାସମନ୍ୱିତ' ହୋଇଛନ୍ତି । 'ଅନୟାରାଧ୍ତୋ', ଏଇ ଯୁକ୍ତ ବାକ୍ୟର ଦୁଇ ପ୍ରକାର ଅର୍ଥ ହୁଏ । ସନ୍ଧିବିଚ୍ଛେଦ କରି 'ଅନୟା ଆରାଧିତଃ' କହିଲେ ଅର୍ଥ ହୁଏ ଏହା କର୍ତ୍ତୃକ ଆରାଧିତ ଯଦି 'ଅନୟା' ଓ 'ରାଧୃତୋ' ଶବ୍ଦଦ୍ୱୟ ସନ୍ଧି ନ ହୋଇ ସ୍ୱନ୍ତ୍ର ରହନ୍ତି, ତେବେ 'ଗୋଡ଼ା' ବୈଷ୍ଣବମାନଙ୍କ ମତାନୁସାରେ 'ରାଧୃତୋ' ଅର୍ଥରେ 'ରାଧାସମନ୍ୱିତ' ଅର୍ଥ କରାଯାଇପାରେ ।

ଏଇ କୃଷ୍ଣକଳ୍ପନା ବ୍ୟତିରେକେ ସ୍ପଷ୍ଟରୂପେ 'ରାଧା' ନାମର ଉଲ୍ଲେଖ ସମଗ୍ର ଭାଗବତ ଗ୍ରନ୍ଥରେ କେଉଁଠି ମିଲେ ନାଇ । ଅବଶ୍ୟ ବ୍ରଜଗୋପିନୀମାନଙ୍କ ସଙ୍ଗେ ଶ୍ରୀକୃଷ୍ଣଙ୍କର କ୍ରୀଡ଼ା ତଥା ବ୍ରଜଲୀଳାର ପରିଚୟ ଭାଗବତରୁ ମିଲେ: କିନ୍ତୁ ସେଠାରେ ରାଧା ନାହାନ୍ତି । ଅନେକ ପରେ 'ବ୍ରହ୍ମବୈବର୍ତ୍ତ ପୁରାଣ'ରେ ରାଧାନାମ ସ୍ପଷ୍ଟଭାବରେ

ନଜରକୁ ଆସେ । ଅନୁମାନ କରାଯାଏ, ଶାନ୍ତ ମତବାଦର ପ୍ରତିଦ୍ୱନ୍ଦିତା ସୂତ୍ରରେ ବୈଷ୍ଣବମାନେ ଶିବଙ୍କର ହ୍ଲାଦିନୀଶକ୍ତି ଅନୁକରଣରେ ଶ୍ରୀକୃଷ୍ଣଙ୍କର ହ୍ଲାଦିନୀଶକ୍ତି ସ୍ୱରୂପିଣୀ ଶ୍ରୀମତୀ ରାଧାଙ୍କୁ ସୃଷ୍ଟି କରିଥିବେ । ଅତଏବ ରାଧା ବୈଷ୍ଣବ ସଂପ୍ରଦାୟର ମାନସପୁତ୍ରୀ । ଖାଲି ଓଡ଼ିଶା କାହିଁକି, ସମଗ୍ର ଉତ୍ତର-ଭାରତରେ ମଧ୍ୟ ଶ୍ରୀରାଧା ଦ୍ୱାଦଶ ଶତକ ପର୍ଯ୍ୟନ୍ତ ଅଜଣା ଅଛପା ଥିଲେ ।

ବଙ୍ଗ ଦେଶରେ କବି ହାଲଙ୍କ ସପ୍ତଶତୀର ଗୋଟିଏ ଶ୍ଲୋକରେ ରାଧା ନାମରେ ଉଲ୍ଲେଖ ଅଛି; ମାତ୍ର ଏ ଗ୍ରନ୍ଥର ସଠିକ୍ ସମୟ ଜଣାଯାଏ ନାଇ; ଯଦିଚ ଏହା ଦ୍ବାଦଶ ଶତାବ୍ଦୀର ଅନୂର୍ଧ୍ୱ । ଭାସଙ୍କ ବାଲଚରିତ ଏବଂ ବ୍ରହ୍ମା, ବିଷ୍ଣୁ ଓ ଭାଗବତ ପୁରାଣମାନଙ୍କରେ, ଯାହା କି ବଙ୍ଗଦେଶରେ ପ୍ରଚଲିତ ଥିଲା, ଗୋପିନୀମାନଙ୍କର ସଙ୍ଗେ ଶ୍ରୀକୃଷ୍ଣଙ୍କର ବ୍ରଜଲୀଳା ବର୍ଣ୍ଣିତ ହୋଇଥିଲେ ମଧ୍ୟ ରାଧାଙ୍କର କୌଣସି ସଭା ଦେଖିବାକୁ ମିଳେ ନାଇ ।

ଡ଼: ନିହାରରଞ୍ଜନ ରାୟଙ୍କ ମତରେ ସେନ୍ପର୍ବର କୌଣସି ସମୟରେ ବୋଧହୁଏ ରାଧା କଳ୍ପିତା ହୋଇଥିବେ–କ୍ରମବର୍ଦ୍ଧମାନ ବୌଦ୍ଧଧର୍ମ, ତନ୍ତ୍ର ତଥା ଶକ୍ତିଧର୍ମର ପ୍ରଭାବରେ । ତୁଳନା ମୂଳକ ଭାବରେ କୁହାଗଲେ କୁହାଯିବ, କୃଷ୍ଣ ହେଉଛନ୍ତି ବୈଷ୍ଣବର କୃଷ୍ଣ, ଶାକ୍ତର ଶିବ, ସାଂଖ୍ୟର ପୁରୁଷ ଏବଂ ଶିଥିଳ ଭାବରେ, ବ୍ରଜଯାନୀର ବୋଧିଚିତ୍ତ, ସହଜଯାନୀର ବରୁଣ ଏବଂ କାଳଚକ୍ରଯାନୀର କାଳଚକ୍ର; ଆଉ ରାଧା ହେଉଛନ୍ତି ବୈଷ୍ଣବର ରାଧା, ଶାକ୍ତର ଶକ୍ତି, ସାଂଖ୍ୟର ପ୍ରକୃତି ଏବଂ ଶିଥିଳ ଭାବରେ, ବ୍ରଜଯାନୀର ନିରାତ୍ମା, ସହଜଯାନୀର ଶୂନ୍ୟତା, କାଳଚକ୍ରଯାନୀର ପ୍ରଜ୍ଞା । ସମସାମୟିକ କାଳର ଏଇ ଚେତନାର ସ୍ପର୍ଶ ବୈଷ୍ଣବଧର୍ମରେ ଯେ ଲାଗିବ, ଏଥିରେ କିଛି ବିଚିତ୍ର ନାଇଁ ।*
କବୀନ୍ଦ୍ରବଚନସମୁଳୟ-

ଏକାଦଶ-ଦ୍ୱାଦଶ ଶତକର ଆଦି ବଙ୍ଗଭାଷା ଲେଖା ଗୋଟିଏ କବିତା ସଂଗ୍ରହର ପାଣ୍ଡୁଲିପି ନେପାଳରେ ମିଳିଛି । ପୋଥିଟି ଖଣ୍ଡିତ ଓ ଅସଂପୂର୍ଣ୍ଣ, ନାମ- 'କବୀନ୍ଦ୍ରବଚନସମୁଳୟ' । ସଂକଳୟିତାଙ୍କର ନାମ ଜାଣିବାର ଉପାୟ ନାଇ । ତେବେ ସେ ବୌଦ୍ଧ ଥିଲେ । ବହିଟି ବଙ୍ଗ ଦେଶରେ ରଚିତ ହୋଇ ପରେ ଅନ୍ୟାନ୍ୟ ଅନେକ ବହିପରି ନେପାଳକୁ ନୀତ ହୋଇଥିବ ନିଶ୍ଚୟ । ବହିଟିରେ ୧୧୧ ଜଣ ବିଭିନ୍ନ କବିଙ୍କ ଦ୍ୱାରା ବିରଚିତ ମୋଟ ୫୨୫ଟି ଶ୍ଲୋକ ଅଛି । ସେହି ୧୧୧ ଜଣଙ୍କ ମଧ୍ୟରେ କାଲିଦାସ, ଅମରୁ, ଭବଭୂତି, ରାଜଶେଖର ପ୍ରଭୃତି ସର୍ବଭାରତୀୟ କବିଙ୍କ ଛଡ଼ା ଅନେକ ବଙ୍ଗାଳୀ କବି ମଧ୍ୟ ରହିଛନ୍ତି; ଯଥା- ଗୌଡ଼ ଅଭିନନ୍ଦନ,

'ବାଂଗଲୀର ଇତିହାସ'; ଡ଼:ନିହାରରଂଜନ ରାୟ

ଶ୍ଡବୋକ, କୁମୁଦାକରମତି, ମଧୁଶୀଲ, ଭାଲିତେ୍ୟକ, ବିନୟଦେବ, ଶୁଭଙ୍କର, ଜୟିକ, ଶ୍ରୀଧରଦୀ, ବୈଦ୍ୟଧନ୍ୟ, ହିଙ୍ଗୋକ, ଅପରାଜିତରକ୍ଷିତ ଇତ୍ୟାଦି ।

'କବୀନ୍ଦ୍ରବଚନ ସମୁଚ୍ଚୟ' ଗ୍ରନ୍ଥରେ ଉଦ୍ଧୃତ ବଙ୍ଗୀୟ କବିରଚିତ କେତୋଟି ବିଚ୍ଛିନ୍ନ ଶ୍ଲୋକରେ ରାଧାକୃଷ୍ଣପ୍ରେମଲୀଳାର ଯେଉଁ ଚିତ୍ର ପରିବେଶିତ ହୋଇଛି, ଗୀତଗୋବିନ୍ଦ ପୂର୍ବରୁ ସେ ଚିତ୍ର ଅନ୍ୟ କେଉଁଠି ଦେଖିବାକୁ ମିଳେ ନାଇଁ। ପୂର୍ବରୁ ଅବଶ୍ୟ ନବମ ଶତକର ମଧ୍ୟଭାଗରେ କାମରୂପାଧିପ୍ତ ବନମାଳ ବର୍ମଣଦେବଙ୍କର ଗୋଟିଏ ଲିପିରେ ସର୍ବପ୍ରଥମ ବ୍ରଜଲୀଳାର ଆଭାସ ପାଇଛୁ। ତା'ପରେ ବର୍ମଣବଂଶର ଭୋଜ ବର୍ମାଙ୍କ 'ବେଲାବ' ଲିପିରେ ସେ ଉଲ୍ଲେଖ ସୁସ୍ପଷ୍ଟ। କିନ୍ତୁ 'କବୀନ୍ଦ୍ରବଚନସମୁଚ୍ଚୟ'ରେ ରାଧାକୃଷ୍ଣ ପ୍ରେମଲୀଳା ଯେପରି ସୁପରିଷ୍କାର, ସୁପରିଷ୍ଫୁଟ ଓ ପ୍ରମୂର୍ତ, ସେଥିରୁ ଏହାକୁ ପ୍ରାକ୍-ଗୀତଗୋବିନ୍ଦ ଯୁଗର ପ୍ରକୃଷ୍ଟ ଭୂମିକାରୂପେ ଗ୍ରହଣ କରାଯାଇପାରେ।

“କୋଽୟଂ ଦ୍ୱାରି ହରିଃ ପ୍ରୟାହ୍ୟ
ପବନଂ ଶାଖା ମୃଗେନାତ୍ର କିଂ
କୃଷ୍ଣୋଽହଂ ଦୟିତେ ବିଭେମି
ସୁତରାଂ କୃଷ୍ଣଃ କଥଂ ବାନରଃ।
ମୁଗ୍ଧେଽହଂ ମଧୁସୂଦନୋ ବ୍ରଜ ଲତାଂ
ତାମେବପୁଷ୍ଟାସବାମ୍
ଇତ୍ଥଂ ନିର୍ବଚନୀକୃତୋ ଦୟିତୟା
ହ୍ରୀଣୋ ହରିଃ ପାତୁ ବଃ।”

(ଲେଖକ ଅଜ୍ଞାତନାମା। କିନ୍ତୁ 'ସଦୁକ୍ତି'ରେ ଏ ଶ୍ଲୋକଟି କବି ଶୁଭଙ୍କରଙ୍କ ନାମରେ ସଂକଳିତ – ବା:ଇ:)

XXX

ପୁଣି, “(ଶୀଘ୍ରଂ ଗଚ୍ଛତ) ଧେନୁ ଦୁଗ୍ଧକଳଶୀନାଦାୟ ଗୋପ୍ୟ ଗୃହଂ
ଦୁଗ୍ଧେ ବତ୍ସୟଶୀକୁଲେ ପୁନରିୟଂ ରାଧା ଶନୈର୍ୟାସ୍ୟତି।
ଇତ୍ୟନ୍ୟବ୍ୟପଦେଶ ଗୁପ୍ତହୃଦୟଃ କୁର୍ବନ୍ ବିବିକ୍ତ ବ୍ରଜଂ
ଦେବଃ କାରଣନଂଦସୂନୁରଶିବଂ କୃଷ୍ଣଃ ସ ମୁଷ୍ଟାତୁ ବଃ।” (ସନ୍ଦୋକ–ବା:ଇ:)

ଜୟଦେବଙ୍କ ସମସାମୟିକ ବଙ୍ଗଳା ଓ ସେନ୍-ସଭାର ବାତାବରଣର ଯେଉଁ ସମ୍ୱାଦ ଲକ୍ଷ୍ମଣ ସେନଙ୍କ ସଭାପଣ୍ଡିତ ଧୋୟୀ କବି ପ୍ରମୁଖଙ୍କ ଜରିଆରେ ମିଳେ, ସେଥିରୁ ଗୀତଗୋବିନ୍ଦ ପ୍ରେରଣା ଓ ପରିପ୍ରେକ୍ଷିତ ବଙ୍ଗଦେଶରୁ ମିଳିଥିବାର ଅନୁମତି ହୁଏ।

ସେତେବେଳେ ସେନ୍‌-ରାଜସଭା ଓ ସମାଜର ଉଚ୍ଚ ସ୍ତରରେ ସାହିତ୍ୟ ସଂସ୍କୃତିର ଯେଉଁ ଚିତ୍ର ମିଳେ, ସେଥିରୁ ମନେହୁଏ, କାବ୍ୟସାହିତ୍ୟରେ ଧ୍ୱନିତତ୍ତ୍ୱର ଯୁଗ ଆଉ ନାଇ। ସେ ଯୁଗ ଦଣ୍ଡୀ-ଭାମହଙ୍କ ଯୁଗ ନୁହେଁ; ମଙ୍ଗଟ-ଭଟ୍ଟଙ୍କର ରସତତ୍ତ୍ୱର ଯୁଗ-ରସହିଁ ଏବଂ ଏକମାତ୍ର ଶୃଙ୍ଗାରରସହିଁ ଏ ଯୁଗୀୟ ସାହିତ୍ୟରେ ପ୍ରଧାନ ଗୁଣ। ତେଣୁ ସେଭଳି ଆବହାଓୟା ସଙ୍ଗେ ଗୀତଗୋବିନ୍ଦ ଭଳି ନୃତ୍ୟଗୀତ-ଭାସ୍ୟ-ବିଳାସମୟ, କାମଭାବନାମୟ, ପ୍ରେମ-ଶୃଙ୍ଗାର-ଧର୍ମ-ମୂଳକ ତରଳ ରସର ଉଜ୍ଜ୍ୱଳ-ମଙ୍ଗଳ ପଦାବଳୀର କେଉଁଠାରେ ଅମେଳ ବା ଅସଙ୍ଗତି ନାଇ। ଏଭଳି କାବ୍ୟରେ ଲୌକିକ ଇନ୍ଦ୍ରିୟକାମନା ସଙ୍ଗେ ପ୍ରେମଭକ୍ତିର ଅପୂର୍ବ ସମ୍ମିଶ୍ରଣ ଦେଖାଯାଏ, ଯାହା ତତ୍କାଳୀନ ସେନ୍‌-ରାଜସଭା ଓ ଉଚ୍ଚକୋଟିସ୍ତରରେ ପ୍ରଚଳିତ ସାହିତ୍ୟିକ ଆବହ ସଙ୍ଗେ ସଂପୂର୍ଣ୍ଣ ସମସ୍ୱର ରକ୍ଷାକରିଚି। ତେଣୁ ଗୀତଗୋବିନ୍ଦ ଯେ ଏଭଳି ବାତାବରଣ ଓ ସାମାଜିକ ଆବହର ସାହିତ୍ୟରୂପ, ଏହା ସହଜରେ ଅନୁମତି ହୁଏ। ('ବାଙ୍ଗାଲୀର ଇତିହାସ' – ଡ: ନୀହାରରଞ୍ଜନ ରାୟ, ଦ୍ରଷ୍ଟବ୍ୟ)

ଧୋୟୀ କବିଙ୍କ ସମୟରେ ଜୟଦେବ ତାଙ୍କ ଗୀତଗୋବିନ୍ଦ ଗ୍ରନ୍ଥରେ ଲେଖିଯାଇଛନ୍ତି, – "ବିଶ୍ରୁତି ଶ୍ରୁତିଧାରୋ ଧୋୟୀ କବିକ୍ଷମାପତିଃ।" ଧୋୟୀ ସେନ୍‌ରାଜା ଲକ୍ଷ୍ମଣ ସେନଙ୍କ ପୃଷ୍ଟପୋଷକତା ଲାଭ କଥା ସ୍ପଷ୍ଟ ସ୍ୱୀକାରକରି ଲେଖିଛନ୍ତି– "ଦୃଷ୍ଟା ଦେବଂ ଭୁବନ ବିଜୟେ ଲକ୍ଷ୍ମଣଂ କ୍ଷୌଣିପାଲମ୍।" ଧୋୟୀ କବିଙ୍କର 'ପବନଦୂତ'ରୁ ଇଙ୍ଗିତ ମିଳେ ଯେ, ଲକ୍ଷ୍ମୀନାରାୟଣହିଁ ଥିଲେ ଲକ୍ଷ୍ମଣ ସେନଙ୍କୁ କୁଳଦେବତା ଏବଂ ବାରନାରୀମାନଙ୍କର ନୃତ୍ୟଗୀତ ଦ୍ୱାରା ମହାସମାରୋହରେ ତାଙ୍କର ଅର୍ଚ୍ଚନା ହେଉଥିଲା। ଜୟଦେବ ତାଙ୍କ ଗୀତଗୋବିନ୍ଦର ପ୍ରାୟ ପ୍ରାରମ୍ଭରେ ହିଁ ତାଙ୍କର ସମସାମୟିକ, ଲକ୍ଷ୍ମଣ ସେନଙ୍କ ଅନ୍ୟାନ୍ୟ ସଭାକବି, ଯଥା, ଧୋୟୀ, ଗୋବର୍ଦ୍ଧନାଚାର୍ଯ୍ୟ, ଉମାପତି ଧର ଓ ଶରଣଙ୍କର ପ୍ରଶଂସା କରି ତତ୍ପରେ ନିଜ କାମ ଯୋଗ କରିଚନ୍ତି ଏବଂ ନିଜ କୃତିର ଉତ୍କର୍ଷ ଦେଖାଇଛନ୍ତି। ଏହା ଯଦି ମାମୁଲି

ଜୟଦେବ ତାଙ୍କ 'ଗୀତଗୋବିନ୍ଦ'ର ପ୍ରଥମ ସର୍ଗର ୪ର୍ଥ ଚରଣରେ ଲେଖିଛନ୍ତି–

"ବାଚଃ ପଲ୍ଲବୟାତୁମାପତିଧରଃ ସନ୍ଦର୍ଭଶୁଦ୍ଧିଃ ଗିରାଂ

ଜାନୀତେ ଜୟଦେବ ଏବ ଶରଣଃ ଶ୍ଲାଘ୍ୟୋ ଦୁରୂହାଦୃତେ।

ଶୃଙ୍ଗାରୋଉତରସତ୍ ପ୍ରମେୟରଚନୈରାଚାର୍ଯ୍ୟଗୋବର୍ଦ୍ଧନଃ

ସ୍ୱର୍ଧା କୋଽପି ନ ବିଶ୍ରୁତଃ ଶ୍ରୁତିଧରୋ ଧୋୟୀ କବିଃକ୍ଷ୍ମାପତିଃ।"

ଅର୍ଥାତ୍ – "କବିଶ୍ରେଷ୍ଠ ଉମାପତି ଧର ବାକ୍ୟ ପଲ୍ଲବିତ କରିବାରେ ସୁଦକ୍ଷ। ପଦବିନ୍ୟାସ ଓ ଦ୍ରୁତଲିଖନରେ ଶରଣଙ୍କ ପ୍ରତିଷ୍ଠା ସର୍ବତ୍ର ବିଦିତ। ରସାତ୍ମକ କ୍ଷୁଦ୍ର କ୍ଷୁଦ୍ର ସତ୍ କବିତା ଲେଖିବାରେ ଗୋବର୍ଦ୍ଧନାଚାର୍ଯ୍ୟଙ୍କ ସଦୃଶ କେହି ଲକ୍ଷିତ ହୁଅ ନାଇ। କବିରାଜ ଧୋୟାଙ୍କର ଶ୍ରୁତିଧରତା ସର୍ବତ୍ର ପ୍ରସିଦ୍ଧ। କିନ୍ତୁ ସର୍ବଭାବଗର୍ଭ, ସର୍ବରସାତ୍ମକ ଗ୍ରନ୍ଥରଚନାରେ କବିଶ୍ରେଷ୍ଠ ଜୟଦେବ ସମର୍ଥ, ସନ୍ଦେହ ନାଇ। ଏହାର ତାତ୍ପର୍ଯ୍ୟ ଅତି ସ୍ପଷ୍ଟ।

କବିପ୍ରଶସ୍ତି ହୋଇଥାଏ, ତେବେ ସେ ମହାଭାରତୀୟ କବିମାନଙ୍କୁ ଛାଡ଼ି ଏଇ ଚାରିଜଣ ପ୍ରାଦେଶିକ କବିଙ୍କ ନାମ ବା କେବଳ ଉଲ୍ଲେଖ କଲେ କାହିଁକି ଏବଂ ନିଜକୁ ବା ସେମାନଙ୍କ ସଙ୍ଗେ ତୁଳନା କଲେ କାହିଁକି? ଭାରତର ପ୍ରଖ୍ୟାତାନାମା କବି; ଯଥା– କାଳିଦାସ, ଭାରବି, ଭବଭୂତି, ବ୍ୟାସ ପ୍ରଭୃତିକୁ ଛାଡ଼ି ସେ ନିଜର ସମସାମୟିକ ଏବଂ ହୋଇପାରେ ସହକର୍ମୀ, ଏଇ ଚାରିଜଣ ପ୍ରାନ୍ତୀୟ କବିଙ୍କ ନାମ ପ୍ରଥମେ ଉଲ୍ଲେଖ କରି ନିଜ ନାମ ଯୋଗ କରିଥିବା ଯୋଗୁଁ ସ୍ପଷ୍ଟ ପ୍ରତୀୟମାନ ହେଉଛି ଯେ, ସେ ବଙ୍ଗାଧିପତି ଲକ୍ଷ୍ମଣ ସେନଙ୍କର ଅନ୍ୟତମ ସଭାକବି ଥିଲେ। ଲକ୍ଷ୍ମଣ ସେନଙ୍କ ମହାସାମନ୍ତ ବଟୁଦାସଙ୍କ ପୁତ୍ର ଶ୍ରୀଧର ଦାସଙ୍କ ଦ୍ୱାରା ସଙ୍କଳିତ 'ସଦୁକ୍ତିକର୍ଣାମୃତ' ଗ୍ରନ୍ଥରେ ଅନ୍ୟାନ୍ୟ କବିମାନଙ୍କ ସହିତ ଜୟଦେବ ସମେତ ଏଇ କବିପଞ୍ଚଙ୍କର ବହୁ ଶ୍ଲୋକ ସଂନିବିଷ୍ଟ ହୋଇଛି। ସେଥିରୁ ଜୟଦେବ–ରଚିତ ଲକ୍ଷ୍ମଣ ସେନଙ୍କ ପ୍ରଶସ୍ତିମୂଳକ ଶ୍ଲୋକଟି ଏହିପରି–

"ଲକ୍ଷ୍ମୀକେଲି ଭୁଜଙ୍ଗ। ଜଙ୍ଗମହରେ। ସଂକଢ୍ଢ କନ୍ଦର୍ପଦ୍ରୁମ।
ଶ୍ରେୟଃ ସାଧକସଙ୍ଗ। ସଙ୍ଗରକଳା–ଗାଗେୟ। ବଙ୍ଗାପିୟ।
ଗୌଡ଼େନ୍ଦ୍ର! ପ୍ରତିରାଜରାଜକ! ସଭାଳଙ୍କାର! କାରାର୍ପିତ–
ପ୍ରତ୍ୟର୍ଥିକ୍ଷିତିପାଳ! ପାଳକ ସତାଂ! ଦୃଷ୍ଟାହି, ତୁଷ୍ଟା ବୟମ୍!!"

ସମ୍ଭବତଃ ଏଇ ଶ୍ଲୋକଟି ବୋଲି ଜୟଦେବ କେନ୍ଦୁବିଲ୍ଵ ଗ୍ରାମରୁ ନବଦ୍ୱୀପ ଆସି ଲକ୍ଷ୍ମଣ ସେନଙ୍କ ନିକଟରେ ଉପସ୍ଥିତ ହୋଇଥିଲେ। ସେ ଯେ ସେନସଭାର କବିପଞ୍ଚକ ମଧ୍ୟରେ ଅନ୍ୟତମ ଥିଲେ ଏ କଥାର ନାନା ଆଭ୍ୟନ୍ତରୀଣ ପ୍ରମାଣର ମୁଦ୍ରାଙ୍କ ତାଙ୍କ ନିଜ କୃତିରେଇ ରହିଚି।

ଅନେକ ଏଇ କବିପଞ୍ଚକଙ୍କୁ ଦେଶକାଳପାତ୍ର ଭେଦରେ ପରସ୍ପରଠାରୁ ଛିନ୍ନଛତ୍ର କରିଦେବା ନିମନ୍ତେ ନାନା ଯୁକ୍ତି ବାଢ଼ିଥାନ୍ତି। ଉଦାହରଣ ସ୍ୱରୂପ, ଉମାପତି ଧରଙ୍କୁ ଲକ୍ଷ୍ମଣ ସେନଙ୍କ ପିତାମହ ବିଜୟ ସେନଙ୍କ ସଭାପଣ୍ଡିତ ବୋଲି ପ୍ରମାଣ କରିବାକୁ ଚେଷ୍ଟା କରାଯାଇଛି। ଉମାପତି ଧର ବଲ୍ଲାଳ ସେନଙ୍କ ପିତା ବିଜୟ ସେନଙ୍କର ଦେଓପଡ଼ା ପ୍ରଶସ୍ତିର ରଚୟିତା। ଏ ପ୍ରଶସ୍ତିର ୪ଟି ଶ୍ଲୋକ, ସଦୁକ୍ତି କର୍ଣାମୃତ'ରେ (ଯାହାର ପୁଷ୍ପିକାରୁ ଜଣାଯାଏ ଯେ, ଏହା ଲକ୍ଷ୍ମଣ ସେନଙ୍କ ପୁତ୍ର କେଶବ ସେନଙ୍କ ଅମଲରେ ସଙ୍କଳିତ ହୋଇଥିଲା) ଦେଖିବାକୁ ମିଳେ। ଏଇ ସଦୁକ୍ତିରେ ପୁଣି ଉମାପତି ଧରଙ୍କ ନାମରେ ଆଉ ଗୋଟିଏ ଶ୍ଲୋକ ଅଛି; ଯାହା ଲକ୍ଷ୍ମଣ ସେନଙ୍କ ମାଧୋଇନଗର ପଟ୍ଟୋଳୀରେ ଅବିକଳ ଦେଖିବାକୁ ମିଳେ। ମେରୁତୁଙ୍ଗ ତାଙ୍କ ପ୍ରବନ୍ଧ ଚିନ୍ତାମଣି ଗ୍ରନ୍ଥରେ ଲେଖିଛନ୍ତି, ଉମାପତି

ଧର ଲକ୍ଷ୍ମଣ ସେନଙ୍କର ଅନ୍ୟତମ ମନ୍ତ୍ରୀ ଥିଲେ। ତେଣୁ ଏଇ ସବୁ ପ୍ରମାଣ ଉପରେ ଭିତ୍ତିକରି କୁହାଯାଇପାରେ ଯେ, ଉମାପତି ଧର ତିନିପୁରୁଷଧରି ସେନରାଜସଭା ସହିତ ଜଡ଼ିତ ଥିଲେ। ତେଣୁ ଯେଉଁମାନେ ଧର-କବି ଜୟଦେବଙ୍କର ସମସାମୟିକ ବା ସହରାଜକବି ନୁହନ୍ତି ବୋଲି କହନ୍ତି, ସେମାନଙ୍କ କଥା ଯୁକ୍ତିରେ ଛିଡ଼ା ହୋଇ ପାରୁନାଇଁ। ଖାଲି ଲକ୍ଷ୍ମଣ ସେନ କାହିଁକି, ଲକ୍ଷ୍ମଣ ସେନଙ୍କୁ କୌଶଳରେ ନବଦ୍ୱୀପଠାରେ ପରାସ୍ତ କରି ଯେଉଁ ତୁର୍କୀ ଅଭିଯାତ୍ରୀ ବଖତ୍-ଇ-ଆର ସେନ ରାଜ୍ୟଶ୍ରୀ ଦଖଲ କରିଥିଲେ, ବୃଦ୍ଧ ଧର କବି ତାଙ୍କର ମଧ୍ୟ ସ୍ତୁତିଗାନ କରିବାକୁ ଛାଡ଼ିନାହାନ୍ତି। ସେନ୍‌ରାଜା ବିଦେଶୀ ଆକ୍ରମଣକାରୀଙ୍କ ଦ୍ୱାରା ପରାଜିତ ହେବା ପରେ ଏଇ ବୃଦ୍ଧ ରାଜକବି ନିଜର ଭକ୍ତି ଓ ସ୍ତୁତି ଅର୍ପଣର ପାତ୍ର ମଧ୍ୟ ପରିବର୍ତ୍ତନ କରିଥିବା ଅସମ୍ଭବ ନୁହେଁ ବୋଲି ଅନେକ ଐତିହାସିକ ସନ୍ଦେହ କରନ୍ତି। ଅନେକେ ତ ମନେ କରନ୍ତି ଯେ, ଏଇ ସୁବିଧାବାଦୀ କବି ବୃଦ୍ଧ ବୟସରେ ହୁଏତ ବିଦେଶୀ ବିଜେତାର ସଭାମଣ୍ଡନ କରୁଥିଲେ। ଯେଉଁ ଶ୍ଳୋକରେ ସେ ଲକ୍ଷ୍ମଣ ସେନଙ୍କ ସଙ୍ଗେ ମ୍ଲେଚ୍ଛ-ସଂର୍ଘଷର ସଙ୍କେତ ଦେଇଛନ୍ତି, ସେଇ ଏକଇ ଶ୍ଳୋକରେ ସେ ମ୍ଲେଚ୍ଛରାଜାଙ୍କର ସାଧୁବାଦ କରିଛନ୍ତି ଏବଂ ତାହା ପ୍ରାୟ ହାସ୍ୟକାର ସ୍ତୁତିବାକ୍ୟରେ—

“ସାଧୁ ମ୍ଲେଚ୍ଛନରେନ୍ଦ୍ର ସାଧୁ ଭବତୋ ମାତେବ ବୀରପ୍ରସୂ-
ର୍ନୀଚେନାପି ଭବଦ୍‌ବିଧେନ ବସୁଧା ସୁକ୍ଷତ୍ରିୟା ବର୍ତ୍ତେ।
ଦେବେ କୁତ୍ୟତି ଯସ୍ୟ ବୈରିପରିଷନ୍ନାରାଂ କମଲ୍ଲେ ପୁରଃ
ଶସ୍ତ୍ରଂ ଶସ୍ତମିତି ସ୍ଫୁରନ୍ତି ରସନାପତ୍ରାନ୍ତରାଲେ ଗିରଃ ୧ ”

“ମ୍ଲେଚ୍ଛରାଜଃ ସାଧୁ, ସାଧୁ ଆପଣଙ୍କ ମାତାହିଁ (ଯଥାର୍ଥ) ବୀରପ୍ରସଦିନୀ। ନୀଚବଂଶୋଦ୍‌ଭବ ହେଲେ ମଧ୍ୟ ଆପଣଙ୍କ ସଦୃଶ ଲୋକ ନିମନ୍ତେ ବସୁଧା ଏ ପର୍ଯ୍ୟନ୍ତ ବି ସୁକ୍ଷତ୍ରିୟ ଅଛି। (ଯେଉଁ) ମାରଙ୍ଗମଲ୍ଲଦେବ (ଲକ୍ଷ୍ମଣସେନ) ଯେତେବେଳେ ସମ୍ମୁଖ-ଯୁଦ୍ଧରେ ଶତ୍ରୁ ସୈନ୍ୟ ଧ୍ୱସଂ କରୁଥିଲେ, ସେତେବେଳେ ଆପଣଙ୍କ ରସନାରୂପ ପତ୍ରାନ୍ତରାଲରୁ ‘ଶସ୍ତ ଶସ୍ତ’ ଏଇ ବାକ୍ୟ ନିର୍ଗତ ହେଉଥିଲା। (ବା: ଇ:)

ମିନ୍‌ହାଜ୍ ବିବରଣ ଅନୁଯାୟୀ ଖିଲିଜୀମାନେ ୧୨୦୦-୧୨୦୧ ମଧ୍ୟରେ ନବଦ୍ୱୀପ ବା ନଦିଆ ଆକ୍ରମଣ କଲାବେଳେ ରାୟ ଲଖମନିଆଙ୍କ (ଲକ୍ଷ୍ମଣସେନ) ରାଜଧାନୀ ନବଦ୍ୱୀପଠାରେ ହିଁ ଥିଲା। ‘ଶେକ୍ ଶୁଭୋଦୟା’ ଓ ତିବ୍ବତୀୟ ଗ୍ରନ୍ଥ ‘ପାଗ-ସାମ୍-ଜୋନ୍-ଜାଁ’ ଗ୍ରନ୍ଥରେ ଏହାର ଯଥେଷ୍ଟ ସମର୍ଥନ ମିଳେ। ଏହାଛଡ଼ା ଇସ୍‌ମୀ ନାମକ ଆଉ ଜଣେ ଐତିହାସିକ ‘ଫୁତ୍‌ହୁଉସ-ସାଲତିନ୍’ ଗ୍ରନ୍ଥରେ ବଖତିଆର୍ ଖିଲିଜୀ ନବଦ୍ୱୀପଠାରେ ହିଁ ଲଖମନିଆଙ୍କୁ ପରାସ୍ତ କରିଥିବା କଥା ଉଲ୍ଲେଖ କରିଛନ୍ତି। ତେଣୁ ସେନ୍-ଖିଲିଜୀ ଲଢ଼େଇବେଳେ ନବଦ୍ୱୀପ ଯେ ସେନ୍ ରାଜଧାନୀ ଥିଲା, ଏହା ନିଃସନ୍ଦେହ। ‘ବୀରଭୂମି ବିବରଣ’ରେ ଲେଖାଅଛି ଯେ-ଶ୍ରୀରୂପ *

____

‘ଝଙ୍କାର’ – ୧୨ଶ ଭାଗ, ୮ମ ସଂଖ୍ୟାରେ ଶ୍ରୀ କେଦାରନାଥ ମହାପାତ୍ରଙ୍କ ଯୁକ୍ତି ଖଣ୍ଡନ କରି ମୋର ‘ଜୟଦେବ’ ନାମକ ପ୍ରବନ୍ଧ ଦ୍ରଷ୍ଟବ୍ୟ।

ଶ୍ରୀସନାତମ ଶ୍ରୀଧାମ ନବଦ୍ୱୀପଠାରେ ଲକ୍ଷ୍ମଣ ସେନଙ୍କ ସଭାଗୃହ ତୋରଣରେ
ନିମ୍ନଲିଖିତ ଶ୍ଳୋକଟି ଅଙ୍କିତ ହୋଇଥିବାର ଦେଖିଥିଲେ—

“ଗୋବର୍ଦ୍ଧନଶ୍ଚ ଶରଣ ଜୟଦେବ ଉମାପତିଃ
କବିରାଜଃରତ୍ନାନି ସମିତୌ ଲକ୍ଷ୍ମଣସ୍ୟ ଚ।”

ଅର୍ଥାତ୍, ଲକ୍ଷ୍ମଣ ସେନଙ୍କ ରାଜସଭା ଗୋବର୍ଦ୍ଧନ ଆଚାର୍ଯ୍ୟ, ଶରଣ, ଜୟଦେବ,
ଉମାପତି ଓ ଧୋୟୀ କବିରାଜ ମଣ୍ଡନ କରୁଥିଲେ।

ଅତଏବ ଏ ବିଷୟରେ ମତଦ୍ୱେଧ କରିବାର କୌଣସି ଅବକାଶ ମୁଁ ଦେଖି
ନାହିଁ। ଶ୍ରୀ କେଦାରନାଥ ମହାପାତ୍ରଙ୍କର ଏ ବିଷୟକ ବିରୁଦ୍ଧ ଯୁକ୍ତିମାନ ଖଣ୍ଡନ କରି ମୁଁ
‘ଝଙ୍କାର’ ପତ୍ରିକାର ୧୨ଶ ଭାଗ ୮ମ ସଂଖ୍ୟାରେ ବିସ୍ତୃତ ଆଲୋଚନା କରିଛି, ତାହା
ଦ୍ରଷ୍ଟବ୍ୟ।

ପର ପର ତିନୋଟି ସେନ୍ ରାଜାଙ୍କର ରାଜସଭାକବିଙ୍କ କଣ୍ଠରେ ଏଭଳି ମ୍ଲେଚ୍ଛସ୍ତୁତି
ଦେଖି ଐତିହାସିକ କହନ୍ତି, ବୃଦ୍ଧ ଧର କବି କଣ ଶେଷରେ ମ୍ଲେଚ୍ଛ ରାଜସଭାମଣ୍ଡନ
କରିଥିଲେ ? ‘ସେନ-ରାଷ୍ଟ୍ର, ସେନ-ରାଜସଭା ଏବଂ ସମସାମୟିକ କାଲ ଓ ସମାଜ ଉପରେ
ଏହା ଯେ କେତେ ବଡ଼ କଟାକ୍ଷ, ତାହା କଣ ବୃଦ୍ଧ କବି ବୁଝିପାରିଥିଲେ।’ (ବା: ଇ:)

ସେ ଯାହା ହେଉ, ଉମାପତି ଧର ଯେ ଲକ୍ଷ୍ମଣ ସେନଙ୍କର ଅନ୍ୟତମ ସଭାକବି
ଥିଲେ ଏବଂ ଜୟଦେବ, ଶରଣ, ଧୋୟୀ, ଗୋବନ୍ଦନାଚାର୍ଯ୍ୟଙ୍କ ସଙ୍ଗେ ଏକଇ
କବିଗୋଷ୍ଠୀର ଅନ୍ତର୍ଗତ ଥିଲେ, ଏଥିରେ ସନ୍ଦେହ କରିବାର କୌଣସି କାରଣ ନାଇ।

“ଗୋବର୍ଦ୍ଧନାଚାର୍ଯ୍ୟଙ୍କର କୌଣସି ଶ୍ଳୋକ ‘ସଦୁକ୍ତିକଣିମୃତ’ରେ ସ୍ଥାନ ପାଇ
ନାଇ: ଅତଏବ ସେ ଲକ୍ଷ୍ମଣ ସେନଙ୍କର ରାଜସଭାକବି ନୁହନ୍ତି” ବୋଲି ମଧ୍ୟ ଯୁକ୍ତି
ହୋଇଥାଏ। ତାଙ୍କ ନାମରେ କୌଣସି ଶ୍ଳୋକ ହୁଏତ ସଦୁକ୍ତିରେ ନଥାଇପାରେ; କିନ୍ତୁ
ପଦ୍ୟାବଳୀରେ ଗୋବର୍ଦ୍ଧନାଚାର୍ଯ୍ୟଙ୍କ ନାମରେ ଯେଉଁ ଚାରୋଟି ଶ୍ଳୋକ ଅଛି, ସେଥିରୁ
ତିନୋଟି ଆଚାର୍ଯ୍ୟଙ୍କ ବିଖ୍ୟାତ ଗ୍ରନ୍ତ ‘ଆର୍ଯ୍ୟ ସପ୍ତଶତୀ’ର ଶ୍ଳୋକ, ଗୋଟିଏ ନୁହେଁ
ସେଇ ଶ୍ଳୋକଟି ସଦୁକ୍ତିରେ ଜଣେ ଅଜ୍ଞାତନାମା କବିଙ୍କ ରଚନା (ଉଦ୍ଭଟ) ହିସାବରେ
ସ୍ଥାନ ପାଇଛି। ହୁଏତ ଆର୍ଯ୍ୟ ସପ୍ତଶତୀର ଉତ୍କଟ ଶୃଗାରରସାତ୍ମକ କବିତାବଳୀର ସଦୁକ୍ତି-
ସଂକଲୟିତା ଶ୍ରୀଧର ଦାସ ଜଣେ ଅନୁରକ୍ତ ପାଠକ ନଥିଲେ। ତେଣୁ ସେଗୁଡ଼ିକୁ ନିଜ
ସଂକଲନରେ ସ୍ଥାନ ଦେଇ ନଥାଇପାରନ୍ତି। ଏହାର କାରଣ ହୁଏତ ହୋଇପାରେ,
ସପ୍ତଶତୀର ଶୃଙ୍ଗାର ରସ ଟିକିଏ ଅଧିକ ଦେହ-ତାପରେ ତପ୍ତ।[*] (ବା: ଇ:)

---

[*]ଲକ୍ଷ୍ୟଣୀୟ, ଗୋବର୍ଦ୍ଧନାଚାର୍ଯ୍ୟଙ୍କ ନାମରେ ‘ଶାଙ୍ଗଧର ପଦ୍ଧତି’ରେ ଗୋଟିଏ
ଶ୍ଳୋକ ଏବଂ ‘ସୁକ୍ତି ମୁକ୍ତାବଳୀ’ରେ ଗୋଟିଏ ସ୍ଥାନ ପାଇଛି—ଉଭୟ ଶ୍ଳୋକ ଆର୍ଯ୍ୟା
ଛନ୍ଦରେ ଲିଖିତ ‘ସପ୍ତଶତୀ’ର ଶ୍ଳୋକ।

ଗୋବର୍ଦ୍ଧନାଚାର୍ଯ୍ୟ ଓ ଉମାପତି ଧର ଉଭୟେ ଯେ ସେନ-ରାଜସଭାର ସଭାକବିପଞ୍ଚକର ଅନ୍ତର୍ଭୁକ୍ତ, ଏଥିରେ କରିବାର କୌଣସି ଯୁକ୍ତିଯୁକ୍ତ କାରଣ ନାଇଁ ।

'ଶେକ୍ ଶୁଭୋଦୟା' ଗ୍ରନ୍ଥରେ (ସମ୍ଭବତୀ ଖ୍ରୀ: ୧୬୦୦ – ସୁନୀତିକୁମାର ଚ୍ୟାଟାର୍ଜୀ) ମଧ୍ୟ ଜୟଦେବଙ୍କର ସେନରାଜସଭା ସହିତ ସମ୍ପର୍କର କେତେକ ତଥ୍ୟ ମିଳେ । ଏଇସବୁ ଲେଖ-ପ୍ରମାଣ ଓ ଆନୁଷଙ୍ଗିକ ସାକ୍ଷ୍ୟ ବଳରେ ତାଙ୍କୁ ସେନରାଜସଭାଠାରୁ ବିଚ୍ଛିନ୍ନ କରିବା ସମ୍ଭବ ନୁହେଁ ।

ଏଇସବୁ ଅମୋଘ ପ୍ରମାଣଦୃଷ୍ଟିରୁ ଜୟଦେବଙ୍କୁ ସେନ-ରାଜସଭାରୁ ବିଚ୍ଛିନ୍ନ କରିବା ଆଦୌ ସମ୍ଭବ ନୁହେଁ । ତାଙ୍କୁ ଖାଲି ଓଡ଼ିଆ କହିଦେଲେ ଏ ଗୁରୁତ୍ୱପୂର୍ଣ୍ଣ ସମସ୍ୟାର ସମାଧାନ ହୋଇଯିବ ନାଇଁ । ସେ ଓଡ଼ିଆ ହୁଅନ୍ତୁ ବା ନ ହୁଅନ୍ତୁ, "ଜୟଦେବ ଯେଭଳି ପ୍ରମାଣ ସହ ଲକ୍ଷ୍ମଣ ସେନଙ୍କ ସଭାକବି ବୋଲି ଇତିହାସ ଜଗତ୍‌ରେ ଥୁଆହୋଇଛନ୍ତି, ସେଥିରେ ତାଙ୍କୁ ପୂରାପୂରି ଓଡ଼ିଶାର ଲୋକ ବା ଓଡ଼ିଶାର ରାଜସଭାର ପଣ୍ଡିତ ପ୍ରମାଣ କରିବା ପାଇଁ ଆହୁରି ଅଧିକ ଗବେଷଣା ଓ ଅଧ୍ୟୟନ ଆବଶ୍ୟକ ।" (ମହତାବ-୩: ଇ:)

ଲକ୍ଷ୍ମଣ ସେନ ଖିଲିଜୀ ସୈନ୍ୟଙ୍କ ଦ୍ୱାରା, ଅନ୍ଦାଜ ୧୨୦୧–୧୨୦୨ ଖ୍ରୀଷ୍ଟାବ୍ଦରେ ପରାସ୍ତ ହେବା ପରେ ସେନ-ରାଜସଭା ଭାଙ୍ଗିଯାଏ ଏବଂ ତାଙ୍କର ସଭାକବିମାନେ ଇତସ୍ତତଃ ବିକ୍ଷିପ୍ତ ହୋଇପଡ଼ନ୍ତି । ଜୟଦେବ ତାଙ୍କର ଉତ୍ତର ଜୀବନ ନୀଳାଚଳଧାମରେ, (ସମ୍ଭବତଃ ତତ୍‌କାଳୀନ ଓଡ଼ିଶା ରାଜାଙ୍କ ଆତିଥ୍ୟ ଲାଭକରି) କଟାଇଥିଲେ ବୋଲି ଜଣାପଡ଼େ ।* ଉଦୟନାଚାର୍ଯ୍ୟ (ଗୋବର୍ଦ୍ଧନାଚାର୍ଯ୍ୟଙ୍କ କନିଷ୍ଠ ଭ୍ରାତା ଓ ଶୋଭନେଶ୍ୱର ଶିଳାଲିପିର ପ୍ରଣେତା) ମଧ୍ୟ ଓଡ଼ିଶାକୁ ଚାଲିଆସିଥିଲେ । ସେ 'ଗୀତଗୋବିନ୍ଦ'ର ସର୍ବପ୍ରଥମ ଟୀକା ପ୍ରଣୟନ କରିଥିଲେ ।

ସେ ଯାହାହେଉ, ଜୟଦେବ ଓଡ଼ିଶାର ହୁଅନ୍ତୁ ବା ବଙ୍ଗଳାର ହୁଅନ୍ତୁ, ତାଙ୍କ ପ୍ରବର୍ତ୍ତିତ ରାଧାକୃଷ୍ଣ ପ୍ରେମ-ଭକ୍ତି-ଶୃଙ୍ଗାରରସ ଯେ ଓଡ଼ିଶା ବାହାରୁ ତାଙ୍କ ମାରଫତରେ

---

* 'ଭକ୍ତମାଳା' ଗ୍ରନ୍ଥରୁ ଜୟଦେବଙ୍କର ଉତ୍କଳ ନିବାସ କଥା ଜଣାଯାଏ । 'ଅଲଙ୍କାରଶେଖର'ଷର ମଧ୍ୟ ଲେଖାଅଛି, ଯେ, ଜୟଦେବ ଉତ୍କଳ ରାଜାଙ୍କର (ଏକ ସମୟରେ) ସଭାକବି ଥିଲେ ।

'ସଦୁକ୍ତି'ରେ ଜୟଦେବପ୍ରଣୀତ ଶ୍ଳୋକଗୁଡ଼ିକ ମଧ୍ୟରୁ ଅଳ୍ପ କେତୋଟି ମାତ୍ର 'ଗୀତଗୋବିନ୍ଦ' ର ଶ୍ଳୋକ; ଅନ୍ୟଗୁଡ଼ିକ ତାଙ୍କ ପ୍ରଣୀତ ଅନ୍ୟାନ୍ୟ ଗ୍ରନ୍ଥର ଶ୍ଳୋକ । ସେଥିରୁ ଜଣାଯାଏ ଯେ ଜୟଦେବ ପଞ୍ଚୋପାସାକ ସ୍ମାର୍ତ ବ୍ରାହ୍ମଣ ଥିଲେ । କାରଣ ମହାଦେବଙ୍କ ସ୍ତୁତି ଏବଂ ବୀରସପ୍ରଧାନ କେତେକ ଶ୍ଳୋକ ମଧ୍ୟ ତାଙ୍କ ନାମରେ 'ସଦୁକ୍ତି'ରେ ଦେଖିବାକୁ ମିଳେ । 'ଗୀତଗୋବିନ୍ଦ'ରୁ ତାଙ୍କର ଯେଉଁ ପରିଚୟ ମିଳେ, ତାହାଠାରୁ ଏହା ସଂପୂର୍ଣ୍ଣ ଭିନ୍ନ । ଓଡ଼ିଶାକୁ ଆମଦାନି ହୋଇଥିଲା, ଏଥିରେ ସନ୍ଦେହର କାରଣ ନାଇଁ । ରାଧାକୃଷ୍ଣଙ୍କୁ ଓଡ଼ିଶା ଯେ ଏତେ ଶୀଘ୍ର ନିଜର କରିନେଲା, ତା'ର କାରଣ ଜୟଦେବ । ଚୈତନ୍ୟ ଦେବଙ୍କ ଅବିର୍ଭାବ ପୂର୍ବରୁ ଓଡ଼ିଶା ରାଧାକୃଷ୍ଣ-ଧର୍ମରେ ଦୀକ୍ଷିତ ହେବା ନିମନ୍ତେ କି ସାମାଜିକ, କି ମାନସିକ, ସବୁ ଦିଗରୁ ପ୍ରସ୍ତୁତ ହୋଇ ରହିଥିଲା । ରାଧାକୃଷ୍ଣ ଯେଉଁ ସୂତ୍ରରେ ଯେଉଁଠୁ ଆସିଥାନ୍ତୁ ନା କାହିଁକି, ସେ ଚୈତନ୍ୟଙ୍କ ଆସିବା ପୂର୍ବରୁ ପୁରାପୁରି ଓଡ଼ିଶାର ଶିକ୍ଷ, ସାହିତ୍ୟ, ଧର୍ମ, ସଂସ୍କୃତି ଓ ଚେତନାରେ ମିଶିଯାଇଥିଲେ । ତେଣୁ କେଉଁ ଭାବ କେଉଁଠୁ ଆସିଛି, ତା ବିଦେଶୀ ନା ସ୍ୱଦେଶୀ, ଆମଦାନି ନା ରପ୍ତାନି ଏ ବିଷୟରେ ରୋକ୍‍ଠୋକ୍ ରାୟ ଦେବା ଆଗରୁ ତାହାକୁ ଏ ଦେଶ ଆପଣାର କରିନେଇଚି କି ନାଇଁ, ସେଇଟାହିଁ ଅଧିକ ଗୁରୁତ୍ୱପୂର୍ଣ୍ଣ ବୋଲି ବିଚାରିବା ଉଚିତ ।

ଆଜି ଯେଉଁମାନେ ଓଡ଼ିଆ ସାହିତ୍ୟରେ ରୋମାଣ୍ଟିକ୍ ଚିନ୍ତାଧାରା-ପ୍ରସୂତ ବ୍ୟକ୍ତିସ୍ୱାନ୍ତ୍ର୍ୟର ଧ୍ୱଜା ବହନ କରି ଲଳିତ କୋମଳ କାନ୍ତ ପ୍ରଣୟଲୀଳା ପରିବେଷଣ କରି ଏହାଁ କେବଳ ସାହିତ୍ୟର ଏକମାତ୍ର ଉପଜୀବ୍ୟ ବିଷୟ ଏବଂ ଅନ୍ୟାନ୍ୟ ସବୁ ଜିନିଷ ବୈଦେଶିକ ଅନୁକରଣ ବୋଲି ସ୍ୱର ଉଠାଇଛନ୍ତି, ଏବଂ ସେଇ ସଙ୍ଗେ ସଙ୍ଗେ ସାହିତ୍ୟକୁ କାମ-ପ୍ରଣୟ-କଞ୍ଚନାବିଲାସରେ ଚିରକାଳ ମସ୍‍ଗୁଲ ରଖିବାର ସ୍ୱପ୍ନ ଦେଖୁଛନ୍ତି, ସେମାନେ ମନେ ରଖିବା ଉଚିତ ଯେ ଜୀବନ କାହାରିକି ଅପେକ୍ଷା କରେନାଇଁ; ସେମାନଙ୍କୁ ମଧ୍ୟ କରିବ ନାଇଁ । ସେମାନେ ଯଦି ଖର ମଧ୍ୟାହ୍ନରେ ସେଇ ଦ୍ରୁତ ଚଞ୍ଚଳ ଅଗ୍ରଗାମୀ ପଦଧ୍ୱନିର କବିତା ବହନ କରି ନ ପାରନ୍ତି, ତେବେ ଜୀବନ ସେମାନଙ୍କ ପାଇଁ ପଛକୁ ଫେରି ଚାହିଁବ ନାଇଁ କି ଗତରାତ୍ରିର ସ୍ୱପ୍ନଶିଥିଲ ଗତାୟୁ ମୁହୂର୍ତ୍ତଗୁଡ଼ିକ କଥା ଭାବିବା ପାଇଁ କେଉଁଠି ଟିକିଏ ହେଲେ ଅଟକି ଯାଇ ଠିଆହେବ ନାଇଁ । ତାର ସମୟ ନାଇଁ । କେବଳ ଚରୈବତି ଚରୈବତି । ଆଗକୁ ଯିବାର ଆହ୍ୱାନ । ତାହାହିଁ ନୂତନ କବିତାର ଅଗ୍ରସର ଧ୍ୱନି....

ଯଦି କେହି କଞ୍ଚନାବାଦୀ ନିଜର ଆଶ୍ୱସ୍ତ ନିଖିଲରେ ରହି ଭାବୁଥାଏ ଯେ ଅପ୍ରାକୃତ ରାଧାକୃଷ୍ଣ-ପ୍ରେମର ଏ-ଯୁଗୀୟ ମାନବୀୟ ସଂସ୍କରଣ ଟାହିଁ କେବଳ ଏକମାତ୍ର ଖାଣ୍ଟି ଦେଶଜ ଜିନିଷ ଏବଂ ସେଇ ପ୍ରାକୃତ ପ୍ରେମକୁ କେବଳ ଲୋକେ ଗ୍ରହଣ କରିବେ, ଏବଂ ବାକି ସବୁ ଜିନିଷକୁ - ତାହା ଜନତାର ବାସ୍ତବ ଜୀବନ ଓ ଅନୁଭୂତି ସଙ୍ଗେ ଯେତେ ଗଭୀର ଭାବରେ ଜଡ଼ିତ ଥାଉ ନା କାହିଁକି, ତା ଉପରେ 'ଅନୁକରଣ' ଓ 'ବୈଦେଶିକ' ବୋଲି ସେମାନେ ମାରିଥିବା ମୋହର ଦେଖି ଲୋକେ ଦୂରକୁ ଫିଙ୍ଗିଦେବେ, ତେବେ

ସେ ମାରାତ୍ମକ ଆତ୍ମପ୍ରତାରଣା କରୁଛନ୍ତି। ମଣିଷର ଅନେକ ମୌଳିକ ପ୍ରବୃତ୍ତି, ଯଥା— କ୍ଷୁଦ୍ରପିପାସା, ପ୍ରାକୃତ ପ୍ରେମ, ଦୈହିକ ଓ ସାମାଜିକ ଅନୁଭୂତି ଏବଂ ତାର ନାନା ପ୍ରତିକ୍ରିୟା ଦୈନନ୍ଦିନ ଜୀବନର ନାନା ସମସ୍ୟା ଓ ଦୁଃଖ, ଆନନ୍ଦ, ଉତ୍ପ୍ରେକ୍ଷା ପ୍ରଭୃତି ମଣିଷର ମୂଳ ଚେତନାରେ ମିଶି ରହିଛନ୍ତି। ଆଜି ଯଦି ନୂତନ କବିତା ସେସବୁକୁ କାବ୍ୟମୟ ରୂପ ଦେଇ ପ୍ରକାଶ କରିପାରେ, ତେବେ ପାଠକ ଆଗରେ ଏକ ନୂତନ କାବ୍ୟଜଗତ୍‌ର ଦ୍ୱାରା ଖୋଲିଯିବା ସଙ୍ଗେସଙ୍ଗେ କବିତାରେ ସୃଷ୍ଟି ହେବ ଏକ ନୂଆ ଅଭାବନୀୟ ଆବେଦନର ଘଙ୍କାର। ଲୋକେ ବରଂ ଏଇ ନୂତନ କାବ୍ୟରୂପକୁ ବାସ୍ତବତାର ଏକମାତ୍ର ଦ୍ୟୋତକରୂପେ ଗ୍ରହଣ କରିବେ; ଅନ୍ୟାନ୍ୟ ସବୁ କଳ୍ପନା-ବିଳାସକୁ ଅନାଦରରେ ଫୋପାଡ଼ିଦେବେ।

ତେଣୁ ନୂତନ କବିତାର ଜୟ ହେଉ, ଏହା ଏଇ ଅତୀତମୁଖୀ ପ୍ରତିକ୍ରିୟାପନ୍ଥୀମାନେ ଚାହାନ୍ତି ନାଇଁ। ସେମାନେ ଚାହାନ୍ତି ଗତାନୁଗତିକତାର ଗଡ଼ୁଆଳିକା ପ୍ରବାହରେ ଭାସି ଭାସି ଚିରକାଳ ଧୂଆଁବାଣ ସୃଷ୍ଟି କରିବାକୁ। ସୃଷ୍ଟି ସେମାନଙ୍କ ଲକ୍ଷ୍ୟ ନୁହେଁ; ଲକ୍ଷ୍ୟ କେବଳ ରୋମନ୍ଥନ। ସିଂହାବଲୋକନ ନୁହେଁ, ବାସ୍ତବତାର ନିଷ୍ଠୁର ଚାପରେ ସଂଶଙ୍କିତ ହୋଇ ଶବଭୁକ୍ ଶୃଗାଳ ପରି ଅତୀତର ମଶାଣିକୁ ପଳାୟ ନାହିଁ ସେମାନଙ୍କର କାବ୍ୟଧର୍ମ। ଅତୀତର ଶବଟାଇ ସେମାନଙ୍କ ନିକଟରେ ଅଧିକ ପ୍ରାଣବନ୍ତ। ବର୍ତ୍ତମାନର ଜୀବନ୍ତ ପ୍ରତିମା ନୁହେଁ। ସେମାନେ ପ୍ରତିକ୍ରିୟାର କିଙ୍କର; ପ୍ରଗତିର ଚାରଣ ନୁହନ୍ତି।

ବାସ୍ତବତାର ରୂପକାର ନ ହୋଇ ବରଂ ବାସ୍ତବତାଠାରୁ ଦୂରକୁ ପଳାଇ ଯାଇ ନିଜର କଳ୍ପନାର ନିରୋଳା କୁଞ୍ଜବନରେ ଲୁଚିରହିବାକୁ ଏମାନେ ପରମ ପୌରୁଷ ମନେ କରିଥାନ୍ତି।

ଏ 'ଆମଦାନି' କଣ ପ୍ରାଚୀନ ସାହିତ୍ୟରେ ନ ଥିଲା ?

ଯେଉଁମାନେ ଏ ଆମଦାନିତତ୍ତ୍ୱର ପରିପ୍ରଚାରକ, ସେମାନେ ଭୁଲିଗଲେ ଚଳିବ ନାଇଁ ଯେ, ଏପ୍ରକାର ଆଦାନ ପ୍ରଦାନ ଓ ଆହରଣ ଆଜି କିଛି ନୂଆ କଥା ନୁହେଁ। ଏହା ଏଥିପୂର୍ବରୁ ପ୍ରତ୍ୟେକ ସାହିତ୍ୟରେ କାୟାବିସ୍ତାର କରି ଆସିଅଛି। ତେଣୁ କେବଳ ଆଧୁନିକ କବିମାନେ ଏ ଦୋଷଦୁଷ୍ଟ ଏବଂ ଅନ୍ୟମାନେ ଏଥିରୁ ମୁକ୍ତ ବୋଲି ବଜାରେ ହାଟରେ ଏପରି 'ହଲ୍ଲା' କରିବାର କୌଣସି ଯୁକ୍ତିଯୁକ୍ତ କାରଣ ନାଇ। ଅବଶ୍ୟ, ଯେଉଁ ଆଧୁନିକ କବିମାନେ ଅନ୍ୟର ଭାବ ଓ ଭାଷାକୁ ଅବିକଳ ଗୋଟାଇ ଆଣି ନିଜର ବୋଲି ଥୋଇ ଦେଉଛନ୍ତି, ସେମାନଙ୍କର ଦୋଷଟୁଟି ଅକ୍ଷମଣୀୟ। କିନ୍ତୁ ଯେଉଁମାନେ ଏଇ ଉପଲକ୍ଷ୍ୟରେ ସବୁ ଦୋଷ ନେଇ ଆଧୁନିକତା ଉପରେ ଲଦୁଛନ୍ତି, ସେମାନଙ୍କର ଅସଲ ଦୁରଭିସନ୍ଧି ବିଷୟରେ ସର୍ବସାଧାରଣ ନିଃସନ୍ଦେହ ନୁହନ୍ତି। ପ୍ରାଚୀନ ସାହିତ୍ୟ ଆଲୋଚନା କଲେ ଆମ୍ଭେମାନେ ଦେଖିପାରିବା ଯେ, ସବୁ ଯୁଗର ସବୁ ବଡ଼ ବଡ଼ କବି ଊଣା ଅଧିକେ ଏଇ ଦୋଷରେ ଦୋଷୀ। ତେଣୁ ଖାଲି 'ଆଧୁନିକ କବିତା' ଉପରେ ବିଷଚାଉଳ ଚୋବାଇଲେ କି ଲାଭ ? ଏହା ଅସଲ ପ୍ରଶ୍ନକୁ ବାଁଚାଲିଆ କରିବା ପାଇଁ ଏକ ଅପପ୍ରଚେଷ୍ଟା ମାତ୍ର।

ସଂସ୍କୃତ ସାହିତ୍ୟର 'ସ୍ୱର୍ଣ୍ଣଯୁଗ'ରେ ମଧ ଦେଖାଯାଏ ଯେ ସେ-ଯୁଗୀୟ ଅଧିକାଂଶ ନାଟକର ବିଷୟବସ୍ତୁ ପ୍ରାୟ ଗୁଣାଢ୍ୟଙ୍କ ପୈଶାଚୀ ଭାଷାରେ ଲିଖିତ 'ବୃହତ୍ କଥା'ରୁ ଆମଦାନି କରାଯାଇଛି। କାଳିଦାସଙ୍କ 'ଅଭିଜ୍ଞାନ ଶାକୁନ୍ତଳମ୍'ର କଥାବସ୍ତୁ ମହାଭାରତରୁ ଏବଂ 'ରଘୁବଂଶ'ର ବିଷୟବସ୍ତୁ ରାମାୟଣରୁ ଗୃହୀତ। କାଳିଦାସ ନିଜେ ତାଙ୍କ କୃତିରେ କେତେକ କବିଙ୍କର ରଣ ସ୍ୱୀକାର କରିଛନ୍ତି। ଦିଙ୍ଗନାଗାଚାର୍ଯ୍ୟଙ୍କ ମତରେ କାଳିଦାସଙ୍କର ପ୍ରଧାନ ସାହିତ୍ୟିକ ଦୋଷ ଥିଲା ଚୌର୍ଯ୍ୟାପରାଧ (ଯାହାକୁ ଆଜିକାଲି ଇଂରାଜୀରେ (Plagiarism) କହୁଛନ୍ତି।); କିନ୍ତୁ ଆଚାର୍ଯ୍ୟ ମହୋଦୟଙ୍କର ଏତାଦୃଶ କଥାରେ ଆମେ ଏକମତ ନୋହୁଁ। ଅନ୍ୟ ସୂତ୍ରୁ କୌଣସି ଶୁଷ୍କ ନିରସ କଥାବସ୍ତୁ, ଚାରିତ୍ରିକ ଆଦର୍ଶ କିମ୍ୱା ଭାବର କଙ୍କାଳକୁ ଆଣି ସେ ନିଜର ଅମର ଲେଖନୀବଳରେ ରସାଣିତ କରି ଯେପରି ପ୍ରାଣବନ୍ତ କାବ୍ୟରୂପ ଦେଇଯାଇଛନ୍ତି, ତାହା ବିଶ୍ୱସାହିତ୍ୟରେ ଅତୁଳନୀୟ। ସେ ଯଥାର୍ଥରେ ମହାକବି, ଖାଲି ଉଜ୍ଜୟିନୀର ନୁହେଁ, ସମଗ୍ର ଭାରତବର୍ଷର।

ପ୍ରାଚୀନ ଓଡ଼ିଆ ସାହିତ୍ୟରେ 'ଆମଦାନି'ର ପ୍ରାଚୁର୍ଯ୍ୟ–

ଆମ ଓଡ଼ିଆ ସାହିତ୍ୟରେ ରୀତିଯୁଗର ପ୍ରଧାନ ପ୍ରଧାନ କବିମାନଙ୍କ ଉପରେ ପୂର୍ବବର୍ତ୍ତୀ କବିମାନଙ୍କର ସୁସ୍ପଷ୍ଟ ପ୍ରଭାବ ବିଶେଷ ଭାବରେ ପରିଲକ୍ଷିତ ହୁଏ। ଉଦାହରଣ ସ୍ୱରୂପ, ଅଭିମନ୍ୟୁ ସାମନ୍ତସିଂହାରଙ୍କ 'ବିଦଗ୍ଧ ଚିନ୍ତାମଣି'ର କେତେକ ପଦରେ ତାଙ୍କ ପୂର୍ବକ ଉପେନ୍ଦ୍ର ଭଞ୍ଜଙ୍କର କେତେକ ପଦ ସଙ୍ଗେ ଖାଲି ଭାବସାମ୍ୟ ନୁହେଁ, ଅକ୍ଷର-ସାମ୍ୟ ମଧ ଦେଖାଯାଏ। ସେ ଭଞ୍ଜଙ୍କ କାବ୍ୟରୁ ପଦଗୁଡ଼ିକ ଅବିକଳ ଉଠାଇ ଆଣି ନିଜର ବୋଲି ବ୍ୟବହାର କରି ଯାଇଛନ୍ତି।

କେତୋଟି ଉଦାହରଣ ତଳେ ଦିଆଗଲା–

'ଲାବଣ୍ୟବତୀ'ର– "ଶ୍ୱାସ ବଶେ ଫୁଲେ ଘୋଣା, ତହିଁ ନିନ୍ଦା ନାକଚଣା
ଉତ୍ଫୁଲ୍ଲ ତିଲଫୁଲ ଭଗ ଚୁମ୍ୱେ କି।"

ସଙ୍ଗରେ 'ବିଦଗ୍ଧ ଚିନ୍ତାମଣି'ର–

"ଶ୍ୱାସେ ପ୍ରଫୁଲ୍ଲିତ ଘୋଣା। ସୋହେ ନିନ୍ଦା ନାକଚଣା
ଉଠଛଣେ ଛାୟା ବିପରୀତ ପ୍ରତୀତା।"

ତୁଳନା କଲେ ଦେଖାଯିବ ଯେ, ଅଭିମନ୍ୟୁ ସାମନ୍ତସିଂହାର ଉପେନ୍ଦ୍ର ଭଞ୍ଜଙ୍କ ରଚନାରୁ ଅବିକଳ ପଦ ଉଠାଇ ଆଣିଛନ୍ତି। ପୁଣି 'ଲାବଣ୍ୟବତୀ'ର–

"ଦିନ ଦିନ କରେ କନକଅଙ୍ଗୀର ଅନେକ ଭାବକୁ ଧାୟି
ଜୀବ ଥିବାଯାକେ ଜୀବିକା କରି ମୁଁ ବୁଲୁଥିବି ଯୋଗୀ ହୋଇ।"

ସଙ୍ଗେ 'ବିଦଗ୍ଧ ଚିନ୍ତାମଣି'ର–

"ତା ନାମ ଗାଇ ତୁଣ୍ଡରେ, ପ୍ରେମଡମ୍ୱରୁ ବଜାଇ ଦାଣ୍ଡରେ ଗୋ
ଭିକ୍ଷା ମାଗୁଥିବି ବ୍ରହ୍ମାଣ୍ଡରେ। ସଜନୀ ଗୋ।"

ର ସୌସାଦୃଶ୍ୟ ତୁଲନୀୟ ।*

ସଂସ୍କୃତ କାବ୍ୟ-ନାଟକମାନଙ୍କର ଗଭୀର ପ୍ରଭାବ ମଧ୍ୟ 'ବିଦଗ୍ଧ ଚିନ୍ତାମଣି' ଉପରେ ସ୍ୱଷ୍ଟଭାବରେ ପଡ଼ିଥିବାର ଦେଖାଯାଏ; ଯଥା-

'ବିଦଗ୍ଧ ଚିନ୍ତାମଣି'ର-

"ଯମୁନା ପାଣି ଟେକେ ଉଜାଣି କି
ପଥରେ ଦ୍ରବିଲେ ବଳି ପାଶଇକି ।
ସ୍ରୁକିତ, କଳା ଜୀବପତ୍ତିକି,
ଶୁଷ୍କ ତରୁ ଯୋଗ୍ୟ ଜୀବଗତିକି ।" (୨ ୨ ଛାନ୍ଦ । ୨୩)

ସଙ୍ଗେ 'ବିଦଗ୍ଧମାଧବ'ର

"ଶିଳା ଦ୍ରବଦଶାଂ ଗତା ଯମଧୁଗମ୍ୟ ଶୁଷ୍କେନ୍ଦସା
ସହ ବ୍ରଜ ମୃଗୀଦୃଶା ସ୍ଖଲିତାଂବରଂ ଚେତସା ।
କଳିଂଦନନଗନଂଦିନୀ ସୁଗୀତମାପଶୋଭିଃ ସମଃ
ମୁରାରି ମୁରଲୀରବଃ ସବିତନୋତୁ ବୋ ମଙ୍ଗଲମ୍ ।"

ଏଇ ପଦଟି ତୁଲନୀୟ । ଏ ଦୁଇ ପଦ ମଧ୍ୟରେ ଗଭୀର ସାମ୍ୟ ଦେଖିଲେ ମନେ ହୁଏ, ସାମନ୍ତସିଂହାର ଯେପରି ଏଇ ସଂସ୍କୃତ ପଦଟିକୁ ସାମନାରେ ରଖି ଉଦ୍ଧୃତ ପଦଟି ଲେଖିଥିଲେ ।

ଭଞ୍ଜୀୟ କାବ୍ୟରେ ଅନୁକରଣ ଓ ଆମଦାନି-

ମହାକବି ଉପେନ୍ଦ୍ର ଭଞ୍ଜଙ୍କ କୃତ ଅନେକ ରଚନାରେ ନୈଷଧ ସଙ୍ଗେ ସମାନ୍ତରଲତା ଓ ଭାବନୈକଟ୍ୟ ଦେଖାଯାଏ; ଯଥା-

"ବର୍ଷକୁ ଥାଇଟି ଚାରୁଚିକୁର
ବିବନ୍ଧୁ ଯା ସମ ଶ୍ୟାମ ଚାମର ।
ବନ୍ଧନ ଉଦ୍ୟମେ ଧରିବାବେଳେ
ମୟୂର ପୁଚ୍ଛ ଲକ୍ଷ୍ୟ ତାହା ତୁଲେ ।
ଏ ଲକ୍ଷ୍ୟ ନ କଲେ ପଛ
ତେବେ ମୃଗ ଖଗ ବିବେକରୁ ଆମ୍ଭ
ବିବେକ ହୋଇବ ତୁଚ୍ଛ ।" (କୋଟିବ୍ରହ୍ମାଣ୍ଡସୁନ୍ଦରୀ)

---

*ଝଙ୍କାର'-୪ଥ ବର୍ଷ ୭ମ ସଂଖ୍ୟାରେ ପ୍ରକାଶିତ 'ସାହିତ୍ୟରେ ଚୌର୍ଯ୍ୟାପରାଧ୍ଧ ନାମକ ପ୍ରବନ୍ଧ ଦ୍ରଷ୍ଟବ୍ୟ ।

ସଂଗେ ନୈଷଧୀୟ-

"ଚିକୁର ପ୍ରକରାଂ ଜୟନ୍ତି ତେ ବିଦୁଷି ମୁର୍ଦ୍ଧନି
ସା ବିଭର୍ତି ଯାନ୍ ପଶ୍ଚୁନାପ୍ୟ ପୁର ସ୍ୱେତନ
ତତ୍ ତୁଳନାମିଚ୍ଛ ଚାମରଣେ କଃ…"
ସମାନ୍ତରଲ ତଥା ସାମ୍ୟ ତୁଳନୀୟ ।

ନୈଷଧର କବି ଶ୍ରୀହର୍ଷଙ୍କର ଅବିକଳ ଅନୁକରଣ ଅନେକ ସ୍ଥାନରେ ଭଞ୍ଜଙ୍କର
କାବ୍ୟ-କୃତିମାନଙ୍କରେ ଦେଖିବାକୁ ମିଳେ । ଦମୟନ୍ତୀଙ୍କ ପୃଷ୍ଠରେ ଲମ୍ବିତ ବେଣୀର ବର୍ଣ୍ଣନା
କରି ଶ୍ରୀହର୍ଷ ଲେଖିଛନ୍ତି-

"ଅସ୍ୟା ଯଦାସ୍ୟେନ ପୁରସ୍ତିରଚ
ତିରସ୍କୃତ ଶୀତ ରୁଚାଂଧକାରମ୍ ।
ସ୍ଫୁଟ ସ୍ଫୁରଦ୍ଭଙ୍ଗ–କଟଚ୍ଛଲେନ
ତଦେବ ପଶ୍ଚାଦିଦମସ୍ତି ବଦ୍ଧମ୍ ।" (ନୈଷଧ, ୭।୨ ୧)

ଅର୍ଥାତ୍, ଦମୟନ୍ତୀଙ୍କର ମୁଖରୂପକ ଚନ୍ଦ୍ର ତାଙ୍କର ସମ୍ମୁଖ ଓ ପାର୍ଶ୍ୱ ଦେଶର ଯେଉଁ
ଅନ୍ଧକାର ଦୂର କରିଦେଇଛି, ସେଇ ଅନ୍ଧକାର ହିଁ ଏଇ କୁଟିଲ କେଶକଲାପ ଛଳରେ
ପୃଷ୍ଠଦେଶରେ ବଦ୍ଧ ହୋଇ ରହିଛି ।

'ଲାବଣ୍ୟବତୀ' କାବ୍ୟରେ ଭଞ୍ଜକବି କାବ୍ୟନାୟିକାର ବେଣୀକୁ ଠିକ୍ ସେଇପରି
ଉତ୍ପ୍ରେକ୍ଷୀ କରି କହିଛନ୍ତି-

"ସୁନ୍ଦରୀ ପିଠିକି ପଡିଛି ବେଣୀ
କ୍ରୀଡ଼ା କରୁଅଛି କି କାଳଫଣୀ !
ପ୍ରଭା ବୁଝି ଦେଖ ମୁଖଚନ୍ଦ୍ର
ପଳାଇଯାଉଛି କି ଅନ୍ଧକାର ?"

ଦମୟନ୍ତୀଙ୍କ ସଙ୍ଗେ ନଳଙ୍କର ପ୍ରଥମ ଦର୍ଶନ ସମୟରେ ନୈଷଧକାର ନଳଙ୍କ
ମୁହଁରେ ଦମୟନ୍ତୀଙ୍କର ସ୍ତନବର୍ଣ୍ଣନା ଏହିପରି କରିଛନ୍ତି-

"ନିଶଙ୍କ ସଂକୋଚିତ ପଙ୍କଜୋଽୟମ୍
ଅସ୍ୟାମୁଦିତୋ ମୁଖ ବିନ୍ଦୁ ବିମ୍ୟ ।
ଚିତ୍ରଂ ତଥାପି ସ୍ତନକୋକଯୁଗ୍ମ
ନ ସ୍ତୋକମପ୍ୟଚତ ବିପ୍ରୟୋଗମ୍ ।" (୭।୨)

ଅର୍ଥାତ୍, ପଦ୍ମର ବିନାଶକାରୀ ମୁଖରୂପ ଚନ୍ଦ୍ରମଣ୍ଡଲଟି ଦମୟନ୍ତୀଙ୍କ ଉପରେ ଉଦିତ
ହୋଇଛି । ତଥାପି ସ୍ତନରୂପକ ଚକ୍ରବାଇ ଦୁଇଟିର ଯେ ସାମାନ୍ୟ ବିଚ୍ଛେଦ ନାହିଁ, ଏହାହିଁ
ଆଶ୍ଚର୍ଯ୍ୟ ।

ଉପେନ୍ଦ୍ର ଭଞ୍ଜ 'ସୁଭଦ୍ରା ପରିଣୟ'ରେ ଠିକ୍ ଅନୁରୂପ ବର୍ଣ୍ଣନା କରିଛନ୍ତି ।

"ସନ୍ଧୀହୀନ ଅତି ପୀନ ତୁଙ୍ଗ ବର୍ତ୍ତୁଳ କଠିନ

ଉରଜ ତୁଲକୁ କଲେ ରଥାଙ୍ଗ ଶିଷ୍ଠ,

ସେତୁକୃତ କେ ରସିକ– ଗୁଣେ ପରମ ବିବେକ

ବିଚ୍ଛେଦ, ଶାପ ବିହିଲେ ଏ ଘେନି କ୍ରୋଧ ।"

'ନୈଷଧ ଚରିତମ୍'ରେ ନଳଙ୍କ ବକ୍ଷସ୍ଥଳକୁ 'କବାଟ' ସଙ୍ଗେ ବର୍ଣ୍ଣନା କରାଯାଇଥିବା ସ୍ଥଳେ, 'କୋଟିବ୍ରହ୍ମାଣ୍ଡ ସୁନ୍ଦରୀ'ରେ ପୁଷ୍ପକେତୁର ବକ୍ଷ ବର୍ଣ୍ଣନା କରି ଭଞ୍ଜକବି "ବିସ୍ତାର ଉର କି ଦ୍ୱିପୁଟ କପାଟ ରାମା-ଚିଉ-ବନ୍ଦୀ ଦୁର୍ଗ" ଲେଖିଛନ୍ତି । ଏହା ନୈଷଧର ଅନୁକୃତି ମାତ୍ର ।

ନୈଷଧରେ ହଂସ ନଳରାଜାଙ୍କ ଦୂତରୂପେ ଆକାଶ ମାର୍ଗରେ କୁଣ୍ଡିନ ନଗରୀ ଅଭିମୁଖରେ ଯାତ୍ରା କରିଚି । ଶିବଙ୍କର କୈଳାସ ପର୍ବତ ପରି କୁଣ୍ଡିନ ନଗରୀର ଶ୍ୱେତ ସୌଧମାନ ହଂସର ଦୃଷ୍ଟିଗୋଚର ହୋଇଛି । ଶ୍ରୀହର୍ଷ ସେ ପ୍ରାସାଦର ବର୍ଣ୍ଣନା କରି କହୁଛନ୍ତି–

"ବ୍ରଜତେ ଦିବି ଯଦ୍‌ଗୃହାବଳୀ–

ଚଳ ଚେଳାଞ୍ଚଳ–ଦଣ୍ଡ ତାଡ଼ନାଵ୍ ।

ଵ୍ୟତରନ୍ଦରୁଣାୟ ବିଶ୍ରମାୟ

ସୁଜତେ ହେଲି-ଦୟାଲି-କାଳନାମ୍ ।" (୨/୮୦)

ଅର୍ଥାତ୍, ଯେଉଁ ନଗରୀର ଉଚ୍ଚ ଅଟ୍ଟାଳିକା ସମୂହର ଚୂଡ଼ାଦେଶରେ ଲମ୍ଵିଥିବା ପତାକାମନେ ଏତେ ଉଚ୍ଚରେ ଉଡ଼ୁଥାନ୍ତି ଯେ, ତହିଁର ବାୟୁଚାଳିତ ପ୍ରାନ୍ତଦେଶ କମ୍ପିତ ହୋଇ ସୂର୍ଯ୍ୟଙ୍କର ଘୋଡ଼ାଗୁଡ଼ିକ ଦେହରେ ଆଘାତ କରି ସେମାନଙ୍କୁ ଚଳାଇ ଦିଅନ୍ତି; ଫଳରେ ସୂର୍ଯ୍ୟସାରଥି ଅରୁଣକୁ ବିଶ୍ରାମ କରିବାକୁ ଅବସର ମିଳିଯାଏ ।

'କୋଟିବ୍ରହ୍ମାଣ୍ଡ ସୁନ୍ଦରୀ'ରେ ଅନୁରୂପ ବର୍ଣ୍ଣନା କରି ଉପେନ୍ଦ୍ର ଭଞ୍ଜ ଚମ୍ପାନଗରୀର ବର୍ଣ୍ଣନା ପ୍ରସଙ୍ଗରେ ଲେଖିଛନ୍ତି–

"ବଡ଼ଭା ବଡ଼–ଭୀ ଜନମ କରେ,

ହରିହୟ ହରି–ହୟ ଚିଉରେ,

ବଇଜୟନ୍ତୀକୁ ଜିଣିବ ବୋଲି

ବଇଜୟନ୍ତୀରେ ଛନ୍ଦନ ଭାଲି ଯେ ।"

'ସୁଭଦ୍ରା ପରିଣୟ'ରେ ସୁ ଭଦ୍ରାଙ୍କର ଆଙ୍ଗୁଳ୍ ଫଳ୍ଗୁୀ କେଶଦାମର ଶୋଭା ବର୍ଣ୍ଣନା କରି ଉପେନ୍ଦ୍ର ଭଜ ଲେଖିଛନ୍ତି–

"ସକୁନ୍ତ ଲା ସଙ୍କୁତଲା ନୀଳ କୁଟିଳ ଗହଳ

ଚିକ୍‌କଣ ଲାମ୍ଵ ବିଭିନ୍ନ ବାସ ନିବାସ,

ସୁଦୃଢ଼ ମୂଢ଼ ବରହୀ– ପୁଚ୍ଛ ଲକ୍ଷ୍ୟ ଦେବା ପାଇଁ
ଗଳଥା ପାଇଲା ଯାଇ ଲୋକେଶ ପାଶ ।
ସେ ଚିହ୍ନ ଚନ୍ଦ୍ରିକା ପ୍ରମାଣ,
ସଭୟ ହୋଇଲେ ଶୁଣି ଉପମାଗଣ ।”

ଅର୍ଥାତ୍, ବରହୀପୁଚ୍ଛ ସୁଭଦ୍ରାଙ୍କର ନୀଳ, କୁଟିଳ, ଘନ, ଚିକ୍‌କଣ ଦୀର୍ଘ
କେଶକଳାପ ସହିତ ତୁଲିତ ହେବାପାଇଁ ଯାଇ ବ୍ରହ୍ମାଙ୍କ ପାଖରେ ହାଜର ହେଲା । ମାତ୍ର
ବିଧାତା ତାକୁ ଗଳଥା ବା ଅର୍ଦ୍ଧଚନ୍ଦ୍ର ଦେଇ ତଡ଼ିଦେଲେ । ସେଇ ଅର୍ଦ୍ଧଚନ୍ଦ୍ର ବା ଗଳାଧକ୍କାର
ଚିହ୍ନ ଚନ୍ଦ୍ରିକା ହୋଇ ମୟୂରପୁଚ୍ଛରେ ଅଙ୍କିତ ହୋଇ ରହିଛି । ଏହା ‘ନୈଷଧ’ର ତଳଲିଖିତ
ପଙ୍‌କ୍ତିରୁ ଅବିକଳ ଅନୁକରଣ କରାଯାଇଅଛି ।

“ଅସ୍ୟାଃ କଚାନାଂ ଶିକ୍ଷଣଂ ନ କିନ୍ତୁ
ବିଧୃଂ କଳାପୋ ବିମତେ ରଗାତାମ୍
ତେନାୟମେଭିଃ୤ମ୍ କିମପୂଜି ପୁଷ୍ଟୈଃ
ଅଭସ୍ତି–ଦଭ୍ୟାସ କିମର୍ଦ୍ଧଚନ୍ଦ୍ରମ୍ ।” (୭/ ୭ ୭)

ଅର୍ଥାତ୍ ଦମୟନ୍ତୀଙ୍କ କେଶକଳାପ ଓ ମୟୂରପୁଚ୍ଛ ପରସ୍ପର ବିବାଦ କରି କଣ
ବ୍ରହ୍ମାଙ୍କ ନିକଟକୁ ଯାଇଥିଲେ । ବ୍ରହ୍ମା ଫୁଲ ଦ୍ୱାରା ଦମୟନ୍ତୀଙ୍କ ସୁଚାରୁ କେଶଦାମର ଅର୍ଚ୍ଚନା
କରି ମୟୂରପୁଚ୍ଛକୁ ଭର୍ସନା କରି ଅର୍ଦ୍ଧଚନ୍ଦ୍ର (ଗଳାଧକ୍କା) ଦେଇ ତଡ଼ିଦେଇଛନ୍ତି କି ?

ଭଜଙ୍କର ‘ଲାବଣ୍ୟବତୀ’ ଗ୍ରନ୍ଥରେ ସିଂହଳବର୍ଷ୍ଣନାରେ ଯେଉଁ ଐଶ୍ୱର୍ଯ୍ୟ ଓ ସମୃଦ୍ଧିର
ଉଜ୍ଜ୍ୱଳ ଚିତ୍ର ଦେଖିବାକୁ ମିଳେ, ତାହା ‘ନୈଷଧ’ର ଦ୍ୱିତୀୟ ସର୍ଗରେ ବିଭବଶାଳିନୀ
କୁଣ୍ଡିନ ନଗରୀର ବର୍ଷ୍ଣନ ସଙ୍ଗେ ପ୍ରାୟ ଛତ୍ରେ ଛତ୍ରେ ମିଳିଯାଉଚି ।*

କାବ୍ୟନାୟିକାର ନମନୀୟ ମୁଖଶ୍ରୀ ବର୍ଷ୍ଣନା କରି ନୈଷଧକାର କବି ଶ୍ରୀହର୍ଷ
ଲେଖିଛନ୍ତି–

“ସୁଷ୍ମା ବିଷୟେ ପରୀକ୍ଷଣେ
ନିଖିଳଂ ପଦ୍ମ ମଉାଜିତାନୁଖାତ୍ ।
ଅଧୁନାପି ନ ଭଂଗ ଲକ୍ଷଣଂ
ସଲିକୋନ୍ଦ୍ରଜନ ମୁଚ୍‌ଝତି ସ୍ଵତମ୍ ।” (୭–୭୭)

(ପରମ ସୌନ୍ଦର୍ଯ୍ୟର ପରୀକ୍ଷାରେ ପଦ୍ମାନେ ଦମୟନ୍ତୀଙ୍କ ମୁଖ ନିକଟରେ
ପରାଜିତ ହୋଇ ଲଜ୍ଜାରେ ଆଜି ପର୍ଯ୍ୟନ୍ତ (ସରସୀ) ଜଳରୁ ମୁଣ୍ଡ ଟେକି ପାରୁନାହାନ୍ତି ।)

ଏହା ସଙ୍ଗେ ଭଜଙ୍କର ‘ସୁଭଦ୍ରାପରିଣୟ’ର ପଦ ମିଳାଇ ଦେଖିଲେ ଜଣାଯିବ,
ଏହା ନୈଷଧର ସଂପୂର୍ଣ୍ଣ ଅନୁକରଣରେ ଲିଖିତ:

---

* ‘ତ୍ତଗର’ ଦ୍ୱାବିଂଶ ସଂଖ୍ୟା, ପଞ୍ଚମ ସଂଖ୍ୟାରେ ବିଶଦ ଆଲୋଚନା ଦ୍ରଷ୍ଟବ୍ୟ ।

ସକ୍ରବି ହୃଦୟ ପାତ୍ରେ ଏ ପାଞ୍ଚ କରି ତ୍ୱରିତେ
ଲପନ ସଙ୍ଗତେ ତୁଲି ହୁଅନ୍ତେ ଆସି ।
ସେ ବିଭ୍ର ଜାଣି କମଳ ଫିଙ୍ଗି ଦେଲା ପଡ଼େ ଜଳ
ତୁଲିବାରେ ଲଘୁ ହୋଇ ଉର୍ଦ୍ଧ୍ୱଗଶଶୀ ।”
ଏଣେ ନଳଙ୍କର ସୁଦୃଢ଼ ବକ୍ଷ ସଙ୍ଗେ କବାଟର ତୁଲନା କରି ଶ୍ରୀହର୍ଷ-
“ଅମୁଷ୍ୟ ଦୋର୍ଭ୍ୟାମରି ଦୁର୍ଗ ଲୁଣ୍ଠନେ
ଧ୍ରୁବଂ ଗୃହୀତାର୍ଗଳଦୀର୍ଘ ପୋନତା ।
ଉରଃଶ୍ରିୟାତତ୍ର ଚ ଗୋପପୁର ସୁରତ୍-
କପାଟ-ଦୁର୍ଧର୍ଷତିରଃ ପ୍ରସାରିତା ।” (୧-୨୨)
ଲେଖିଥିବାବେଳେ, ‘କୋଟିବ୍ରହ୍ମାଣ୍ଡ ସୁନ୍ଦରୀ’ରେ ଭଞ୍ଜ ନାୟକ ପୁଷ୍ପକେତୁର
ବକ୍ଷ ବର୍ଣ୍ଣନା କରି ଲେଖିଛନ୍ତି-

“ବିସ୍ତାର ଉର କି ଦ୍ୱିପୁଟ କପାଟ ରାମା-ଚିତ୍ତ ବନ୍ଦୀ ଦୁର୍ଗ” ଇତ୍ୟାଦି ।

ଏହିପରି ଦେଖିଲେ, ବହୁ ସ୍ଥଳରେ ଭଞ୍ଜିକବି ନୈଷଧର ଅବିକଳ ଅନୁସରଣ
କରି ପଦମାନ ରଚନା କରିଥିବାର ଜଣାଯାଏ । ଭଞ୍ଜୀୟ କାବ୍ୟକବିତାରେ ନୈଷଧର
ଅମୁଞ୍ଚନୀୟ ଛାୟା ବହୁସ୍ଥଳରେ ଦେଖାଯାଏ ।

‘ବୈଦେହୀଶବିଳାସ’ରେ ଦକ୍ଷିଣ ଓ ବାମ ହସ୍ତ ମଧ୍ୟରେ କଥୋପକଥନ
‘ମହାନାଟକ’ର ଏତାଦୃଶ କଥୋପକଥନକୁ ଗ୍ରହଣ କରାଯାଇଛି । ଏଥିରେ ଭାରସାମ୍ୟ
ସ୍ପଷ୍ଟ ।

“ବ୍ୟାଘ୍ର କି ମକ୍ଷିକା ଗ୍ରାସେ ଲକ୍ଷ୍ମଣବାଣ ସଦୃଶେ
ବାମହସ୍ତ ଖରଜିତ ଦକ୍ଷିଣେ ବୋଲେ,
ବିଦେହ-କନ୍ୟା ଯୋଗରେ ଆଗ କର୍ବୁର ଦାନରେ
ଯୋଗ ହେଉ, ପଛେ ଯାଉ ସମର କାଳେ ।
ବାମ ସେହି ବାକ୍ୟରେ ଦକ୍ଷିଣ ପାଣିଛଲେ,
ବିଦେହ-କନ୍ୟା ଯୋଗରେ ଯୋଗ କର୍ବୁର ଦାନରେ
ବଦେ କୃପାଲୁ ସମ୍ମତେ ଶୁତିକି ଚଲେ ।”
(ବୈଦେହୀଶବିଳାସ)
ସଂସ୍କୃତ ‘ମହାନାଟକ’ରେ-
“ରେ ରେ ଦକ୍ଷିଣ ହସ୍ତ, ସାଧୁ
ସମୟେ ଭୋକ୍ତୁଂ ଭବାନ୍ୟଗ୍ରଣୀ
ଯୁଦ୍ଧେ ମାଂ ପୁରତୋଗମ୍ୟତେ,

ନେବ ବାମ ଦୟାନିଧେ
ରଘୁପତେରାଗତ୍ୟ କର୍ଣ୍ଣତଙ୍କ
ପୃଚ୍ଛାମ୍ୟେକମସଂଶୟଂ
ଦଶଶିରଃ କିଂ ମଧ ଏବେତ୍ୟସୌ।"
ଭଞ୍ଜଙ୍କର କେତେକ ପଙ୍‍କ୍ତି ଅଧ୍ୟାତ୍ମ ଓ ଅନ୍ୟାନ୍ୟ ସଂସ୍କୃତ କବିମାନଙ୍କର
କୃତିମାନଙ୍କରୁ ଚୟନ କରାଯାଇଥିବାରୁ ପ୍ରମାଣ ମିଳେ।
ଉଦାହରଣ ସ୍ୱରୂପ, ଭଞ୍ଜୀୟ କାବ୍ୟର–
"ବଧିର ନୁହଇ ବୀର ବୋଇଲା ତହୁଁ ଧୀବର
ଶୁଣିଲଣି ପଥରେ ପଥର ଅବଳା
ବାଲି ପଡ଼ି ତୋ ଚରଣୁ, ଆଶଙ୍କା ଉପୁଜେ ଏଣୁ
ନଉକା ନାୟିକା ହେଲେ ବୁଡ଼ିବ ଭେଳା।
ବୃଭି ଏ ମୋ ପୋଷେ କୁଟୁମ୍ବ,
ବସାଇ ଦେବି ପାଦ ନ ଧୋଇ ନାବ।" (ବୈଦେହୀଶବିଲାସ)
"କ୍ଷାଲୟାମି ତବ ପାଦପଙ୍କଜ / ନାଥ ମରୁଦୃଷଦୋଃ କିମଂତ୍ୟରମ୍।
ମାନୁଷୀକରଣବୃର୍ଷମସ୍ତିତେ / ପାଦୟୋରିତିକଥା ପ୍ରଥୀୟସୀ।"
(ଅଧ୍ୟାତ୍ମ ରାମାୟଣ)
ଏବଂ, "ବିରଞ୍ଚି ନାରଦ ତୁମ୍ବୁରୁ ଲଙ୍କାରେ ସେ ବା
ବିରଚିବାକୁ ଆସିଲେ।
ବେଗରେ ବେଦବୀଣାସ୍ତୁତି ଆରମ୍ଭଣେ
ବୋଲେ ଦ୍ୱାରସ୍ଥ କେଉଁ ବଡ଼ପଣେ।
ବିଷୟ ନ ଜାଣି ହୁଅ କଳକଳ
ସକଳେ ମଉନ କ୍ଷଣେ, ହେ ବିବୁଢ଼େ।
ବିଶେ କି ବୋଲୁଁ ବୋଲେ ଦ୍ୱରିତ
ବ୍ୟାଧ୍ ରାଜା ଅନ୍ତର୍ଗତେ ଜାତ।
ବୈଦେହୀ ପାଚନ ରସ ରତ୍ନାକର
ବିରଚନକୁ ଅର୍ଘ୍ୟ ଚିଉ, ହେ ବିବୁଧେ।"
(ବୈଦେହୀଶବିଲାସ–ଭଞ୍ଜ)
"ବ୍ରହ୍ମନୁଧ୍ୟନସ୍ୟ ନୈଶ ସମୟସ୍ତୃଷ୍ଟି ବହ ସ୍ଥାୟତାଂ
ସ୍ୱଚ୍ଛ ଜଞ୍ଚ ବୃହସ୍ତେ ଜଡ଼ମତେ ନୈଷା ସଭା ବକ୍ରିଣଃ,
ବୀଶୀଂ ସମୃଣୁ ନାରଦ ସ୍ତୁତିକଥାଲାପେିରଳଂ ତୁମ୍ବୁରୋ

ସୀତାନ୍ତେଲୁକ୍‌ଭୁଲ୍ଲୁଭିନ୍ନ ହୃଦୟଃ ସ୍ୱସ୍ତୋ ନ ଲଙ୍କେଶ୍ୱରଃ।" ଇତ୍ୟାଦି।

ଉପେନ୍ଦ୍ର ଭଞ୍ଜଙ୍କ 'ଲାବଣ୍ୟବତୀ' ଉପରେ ଶିଶୁଶଙ୍କରଙ୍କ ରଚିତ 'ଉଷାଭିଲାଷ' କାବ୍ୟର ଛାୟାପାତ ଅତି ସ୍ପଷ୍ଟ। ପାର୍ବତୀଙ୍କ ଅନୁଗ୍ରହରୁ ସ୍ୱପ୍ନରେ ଉଷା ଅନିରୁଦ୍ଧଙ୍କର କ୍ଷଣିକ ମିଳନ ପରେ ଅନିରୁଦ୍ଧର ତିରୋଭାବ ଉତ୍ତାରୁ ଉଷାର ବିଳାପ; ଯଥା-

"ପଲଙ୍କ ତେଜିଶ ଉଠିଲା ସୁମୁଖୀ ସପନ ସଂକେତ ପାଇଣ
ଆହା ପ୍ରାଣନାଥ କେଣେ ଗଲୁ ବୋଲି ଉଚ୍ଚସ୍ୱରେ କଲା କାରୁଣ୍ୟ।
ଦଇବ ! ଦେଖାଇ ନିଧ୍ ହରିନେଲୁ।
ଶିଶୁ କୁମାରୀ ମୁଁ କିଛି ନ ଜାଣଇ କିପାଁଇ ମୋତେ ଏହା କଲୁ ?"
(ଉଷାଭିଲାଷ)

ସଙ୍ଗେ ଭଞ୍ଜଙ୍କ 'ଲାବଣ୍ୟବତୀ'ର-

"ଚେଟି ଚତୁରୀ ଚାହିଁଲା ନିଶି ପାଶେ ନାହିଁ ଦିବ୍ୟ ତରୁଣ
ମାରି ହୃଦେ ନାଥ ନାଥ ବୋଲି ଉଚ୍ଚସ୍ୱରେ କରେ କାରୁଣ୍ୟ।
ଖୋଜେ ଅଧୀରେ। ଚେତନା ହତ ସେ ବିଧୁରେ।"*
('ଲାବଣ୍ୟବତୀ'-ଦ୍ୱାଦଶ ଛାନ୍ଦ)

ତୁଳନା କଲେ ଦେଖାଯାଏ ଯେ, ଉଷାର ବିଳାପ ସଙ୍ଗେ ଯୋଗିନୀ ଦ୍ୱାରା ଘଟିତ ଚନ୍ଦ୍ରଭାନୁ ଓ ଲାବଣ୍ୟବତୀର ମିଳନ ଓ ଚନ୍ଦ୍ରଭାନୁର ତିରୋଧାନ ପରେ ଲାବଣ୍ୟବତୀର ହୃଦୟବିଦାରକ ଖେଦ ପ୍ରାୟ ଅନୁରୂପ କହିଲେ ଚଳେ। ପୁନଶ୍ଚ 'ଉଷାଭିଲାଷ'ର ପଞ୍ଚମ ଛାନ୍ଦ ୪ର୍ଥ ପଦର-

"ଆହେ ସଂଘାତ ସ୍ୱରୂପ କହ ମୋର ବାଣୀ।
ରବି ପବନ ଅଗମ୍ୟ ଅନ୍ତଃପୁରେ କାହୁଁ ପୁରୁଷ କଲୁ ଆଣି।"

ସଙ୍ଗେ 'ଲାବଣ୍ୟବତୀ'ର ୧୨ଶ ଛାନ୍ଦର ୫ମ ପଦ-

"ଆଲୀ ଭାଲିଲେ ଚନ୍ଦନ ମହୀରୁହ ପରାୟେ ଏହୁ ଅନ୍ତଃପୁର
ଉରଗ କଣ୍ଟୁକେ ବେଷ୍ଟିତ ଥିବାରୁ ରାତ୍ରି ଦିବସେ ଭୟଙ୍କର
ଅଛି ତହିଁରେ, ପବନର ମାତ୍ର ସ୍ଫୁରଣ।
ଏ କେଉଁ ଦେବରେ ଗମ୍ୟ ହୋଇଥିବ ଭେଦି ତ ନଥ ମନୁଷ୍ୟ।"

ତୁଳନା କଲେ ସଂପୂର୍ଣ୍ଣ ସାମଞ୍ଜସ୍ୟ ଦେଖାଯାଏ ନାହିଁ କି ?

'ଉଷାଭିଲାଷ'ର ୭ମ ଛାନ୍ଦର ୧୧ଶ ପଦ ଓ ୧୭ଶ ପଦର ଛାୟା 'ଲାବଣ୍ୟବତୀ'ର ୩୦ଶ ପଦ ଓ ୩୩ଶ ପଦମାନଙ୍କରେ ସୁସ୍ପଷ୍ଟ ଭାବରେ

---

*ପ୍ରାଚୀ ସଂସ୍କରଣ 'ଲାବଣ୍ୟବତୀ' ଗ୍ରନ୍ଥରେ ଅଧ୍ୟାପକ ଆର୍ତ୍ତବଲ୍ଲଭ ମହାନ୍ତିଙ୍କ ମୁଖବନ୍ଧ ଦ୍ରଷ୍ଟବ୍ୟ।

ଦେଖାଯାଏ । ନାରଦଙ୍କ ତାମସୀ ବିଦ୍ୟାବଳରେ ସଖୀ ଚିତ୍ରଲେଖା ଦ୍ୱାରା ଅନିରୁଦ୍ଧକୁ
ଉଷାର ଶୟନକକ୍ଷରେ ଆଣି ପହଞ୍ଚାଇବା ପରେ ଅନିରୁଦ୍ଧର ଚାଟୁବଚନ–

“ପ୍ରିୟେ ମୋ ବିନୟ ଘେନ ଭାଷସି ମୃଦୁବଚନ
ନିର୍ଦୟ ମଦନରୀତି ଅଭୟ କର ।
କପାଳେ ମକରୀ ଲିହି ଚରଣେ ଅଳତା ଦେଇ,
ପବିତ୍ର କରିବ ମୋର ଏ ବେନି କର,
ସୁଧାରସ ଅଧରୁ ନେଇ
ଦାସ କରି କିଣ ମୋତେ କମଳମୁହିଁ ।”
(ଉଷାଭିଳାଷ)

‘ଲାବଣ୍ୟବତୀ’ରେ–

“ଏକାଳେ କର କୋରକ କରି ତରୁଣ ତିଲକ
ବୋଇଲା ହେ ଜୀବେଶ୍ୱରି ବିନୟ ଘେନ ।
ଚରଣେ ଅଳତା ପରି ପଛେ ପଛେ ଛାଇ ସରି
ଅନୁସରିଥିବାକୁ ମୋ ହେଉଛି ମନ ।
ମୋତେ ଦିଅ ବସନ ଭାଗ୍ୟ,
ହେଲିନି ସବୁମତେ ମୁଁ କୃତାର୍ଥ ଯୋଗ୍ୟ ।”

ଉଭୟଙ୍କୁ ମିଳାଇ କରି ଦେଖନ୍ତୁ, ଭାବ ଓ ଭାଷାରେ କିପରି ସାମ୍ୟ ରହିଛି ।
‘ଉଷାଭିଳାଷ’ର ଅନେକ ପଦ ଟିକିଏ ଅଦଲବଦଲ ହୋଇ ‘ଲାବଣ୍ୟବତୀ’ରେ
ଦେଖାଯାଏ । ଏହାଛଡ଼ା ଏକଥା ସତ୍ୟ ଯେ ବଳରାମ ଦାସଙ୍କ ‘ଜଗମୋହନ ରାମାୟଣ’ରୁ
ଉପେନ୍ଦ୍ର ଭଞ୍ଜ ‘ବୈଦେହୀଶବିଲାସ’ର କଥାବସ୍ତୁ ଗ୍ରହଣ କରିଛନ୍ତି । ଧନଞ୍ଜୟ ଭଞ୍ଜଙ୍କର
‘ରତ୍ନମଞ୍ଜରୀ’ ସଙ୍ଗେ ‘ଲବାଣ୍ୟବତୀ’ର ବହୁ ସାମ୍ୟ ଅଛି । ବିଷୟମାନଙ୍କର ସଜ୍ଜା ଓ
ବର୍ଣ୍ଣନାରେ ଏ ଦୁଇ କାବ୍ୟ ମଧରେ ବହୁତ ସୌସାଦୃଶ୍ୟ ରହିଛି । ଉପରୋକ୍ତ ବିଷୟରେ
‘ପ୍ରାଚୀ’ ସଂସ୍କରଣ ‘ଲାବଣ୍ୟବତୀ’ ଗ୍ରନ୍ଥର ମୁଖବନ୍ଧରେ ଅଧ୍ୟାପକ ଆର୍ତ୍ତବଲ୍ଲଭ ମହାନ୍ତିଙ୍କର
ସୁଚିନ୍ତିତ ଆଲୋଚନା ଦ୍ରଷ୍ଟବ୍ୟ । ‘ଡଗର’ରେ ଅଧ୍ୟାପକ ଗଙ୍ଗାଧର ବଳଙ୍କ ପ୍ରବନ୍ଧ (୧୭
ଭାଗ, ୫ମ ସଂଖ୍ୟା) ମଧ୍ୟ ପ୍ରଣିଧାନଯୋଗ୍ୟ ।

ଏହିପରି ଖୋଜି ଲେଖୁବସିଲେ ଉପେନ୍ଦ୍ର ଭଞ୍ଜଙ୍କର କୃତିରୁ ଅସଂଖ୍ୟ ପଂକ୍ତି
ବାହାରିବ, ଯାହା ସିଧାସଳଖ ସଂସ୍କୃତରୁ ଓ ‘ଉଷାଭିଳାଷ’ ପ୍ରଭୃତି ଗ୍ରନ୍ଥରୁ ଆମଦାନି
କରାଯାଇଅଛି । କିନ୍ତୁ ଭଞ୍ଜଙ୍କର ବିରାଟ କବିପ୍ରତିଭାର ମୂଲ୍ୟାୟାନ କଲାବେଳେ ଏ ସମସ୍ତ
ବିଷୟ ପ୍ରତି ନଜର ଦିଆଯାଏ ନାଇ । ଉତ୍କଳ ସାହିତ୍ୟକୁ ତାଙ୍କର ସର୍ବାପେକ୍ଷା ବଡ଼ ଦାନ
ହେଉଛି, ସେ ସଂସ୍କୃତ କାବ୍ୟର ଉଚ୍ଚକୋଟୀକୁ ପ୍ରାକୃତ ସାହିତ୍ୟକୁ ଉନ୍ନୀତ

କରାଇପାରିଥିଲେ । ଏହି ଦୃଷ୍ଟିରୁ ତାଙ୍କୁ ଭାରତର ସର୍ବଶ୍ରେଷ୍ଠ ପ୍ରାକୃତ କବି ବୋଲି କୁହାଯାଇପାରେ । ତାଙ୍କ ସମକାଳୀନ ସମାଜରେ ପ୍ରତ୍ୟେକ ଶିକ୍ଷିତ ବ୍ୟକ୍ତି ସଂସ୍କୃତ ପ୍ରତି ଆସକ୍ତ ହୋଇପଡ଼ିଥିଲେ । ସଂସ୍କୃତ ଜ୍ଞାନ, ସଂସ୍କୃତି ସାହିତ୍ୟର ଚର୍ଚ୍ଚା ତତ୍କାଳୀନ ଶିକ୍ଷିତ ସମାଜରେ କୃଷ୍ଟିର ମାନଦଣ୍ଡରୂପେ ଧରାଯାଉଥିଲା । ଠିକ୍ ସେତିକିବେଳେ ଭଞ୍ଜ, ଦୀନକୃଷ୍ଣ ପ୍ରମୁଖ କବିମାନେ ଓଡ଼ିଆଭାଷାରେ ଯେ ସଂସ୍କୃତର ସମକକ୍ଷ ଉକ୍କୃଷ୍ଟ କାବ୍ୟମାନ ରଚନା କରାଯାଇପାରେ, ତାହା ନିଜର ଅମର ପ୍ରଭିତାବଳରେ ପ୍ରମାଣ କରିଦେଲେ । ସଂସ୍କୃତ ସଙ୍ଗେ ତତ୍କାଳ ସାହିତ୍ୟର ସଫଳ ପ୍ରତିଯୋଗିତାର ଯୁଗ ଆରମ୍ଭ ହେଲା । କଳିଙ୍ଗ ଭାରତୀ ଯେକି ଏ ପର୍ଯ୍ୟନ୍ତ ଖୁବ୍ ସାଧାସିଧା ସରଳ ବେଶରେ ବିରାଜିତା ଥିଲେ, ସେ ବହୁମୂଲ୍ୟ ଆଭରଣ ଓ ରତ୍ନମଣ୍ଡିତା ହୋଇ ରାଜରାଜେଶ୍ୱରୀ ରୂପରେ ଦେଖାଦେଲେ । ଓଡ଼ିଆ କାବ୍ୟ ସେ ସଂସ୍କୃତ କାବ୍ୟକୁ ଅର୍ଥଗୌରବ ଓ ରୀତିନୈପୁଣ୍ୟ ତଥା ଶବ୍ଦବିଭବରେ ବଳିଯାଇପାରେ, ଜାତି ମନରେ ଏ ପ୍ରଥମ ଆତ୍ମବିଶ୍ୱାସ ଆଣିଦେବା ଦିଗରେ ମହାକବି ଉପେନ୍ଦ୍ର ଭଞ୍ଜ, ଦୀନକୃଷ୍ଣ ଦାସ ଓ ସାମନ୍ତସିଂହାରଙ୍କ ବଳିଷ୍ଠ ପ୍ରତିଭା ମୁଖ୍ୟତଃ ଦାୟୀ । ସେଥିପାଇଁ ସେମାନଙ୍କୁ ମହାକବି ଆଖ୍ୟା ଦିଆଯାଇଥାଏ । ଉପେନ୍ଦ୍ର ଭଞ୍ଜ ହିଁ ରୀତିଯୁଗର କବି–ସାର୍ବଭୌମ ଓ ସର୍ବଶ୍ରେଷ୍ଠ କବି ।

ରସକଲ୍ଲୋଲ ଓ ଅନ୍ୟାନ୍ୟ କାବ୍ୟରେ 'ଆମଦାନି'ର ଦୃଷ୍ଟାନ୍ତ–

'ରସକଲ୍ଲୋଲ'ର ରଚୟିତା ଦୀନକୃଷ୍ଣ ଦାସଙ୍କର ରଚନାରେ ବହୁ ପଦ ନୈଷଧର ଅନୁରୂପ । ୨୨ଶ ଛାନ୍ଦରେ ଚନ୍ଦ୍ର ପ୍ରତି ବିରହିଣୀର ଉକ୍ତି 'ନୈଷଧ'ର ଚନ୍ଦ୍ରବର୍ଣ୍ଣନାରୁ ଅବିକଳ ଗୃହୀତ ।*

"କରୁଥିଲେ କେ ସମର ସଞ୍ଚାର । କେତେ ତାହାଙ୍କୁ ଦେଲୋ ଅଳଙ୍କାର
କୁଚ ପାଇଲା ହାର । କଟି ନେଲା ଅମ୍ବର ।
କରିଥିଲେ ଅପାର । ରତିରଣେ ପ୍ରଚାର । କର୍ଣ୍ଣ ଉଭୟ କୁଣ୍ଡଳ ପାଇଲା ।
କର୍ପୂର ତାମ୍ବୁକ ଅଧର ନେଲା । କେଶ ପଛରେ ଥିଲା ।
କିଛି ନିନ୍ଦା ପାଇଲା । କର ଦେଶରେ ଭଲା । କ୍ରମେ ବନ୍ଧନ ହେଲା ।"
(ରସକଲ୍ଲୋଲ, ୨୩ଶ ଛାନ୍ଦ– ୨୬–୨୭)
ନୈଷଧରେ– "ଶାନ୍ତେ ମନ୍ମଥସଙ୍ଗରେ ରଣଭୁତାଂ ସୀତ୍କାରମାନତନ୍ତ୍ରୀ
ବାସେନ୍ଦାଜ୍ଜଘନସ୍ୟ ପୀନକୁଚେଯୋହାରଂ ଶ୍ରିତେଃ କୁଣ୍ଡଲମ୍ ।
ତାମ୍ବୁଲସ୍ୟ ଚ ବୀଟିକାପ୍ୟଧରୟୋଃ ପାଣ୍ଣେୟାଃ ରଣତ୍କଙ୍କଣମ୍
ପୃଷ୍ଠାଲମ୍ବିନୀ କେଶପାଶନିଚୟେ ଯୁକ୍ତୋ ହି ବନ୍ଧକ୍ରମଃ ।"
<hr>
ଅଧାପକ ଆର୍ତ୍ତବଲ୍ଲଭ ମହାନ୍ତିଙ୍କ ମୁଖବନ୍ଧ ଦ୍ରଷ୍ଟବ୍ୟ, ରସକଲ୍ଲୋଲ, ପ୍ରାଚୀ ସଂସ୍କରଣ ।

ପୁଣି- "କେଉଁ ଗୋପୀମୂର୍ଭି ଅନାଇ ବୋଲନ୍ତି ତୋ ଅଙ୍ଗ କାମସରୋବର

କାନ୍ତି ସ୍ୱଚ୍ଛଜଳ, କେଶ ଶିଇବାଳ ବଦନ କମଳ ପ୍ରକାର।

କମଳା, ନୟନଯୁଗଳ ଶଫରୀ

କୁଚ ଚକ୍ରବାନ ନଖ କହ୍ଲାରକ ସକଳଜନମନୋହାରୀ।"

(ରସକଲ୍ଲୋଲ- ୮ମ ଛାନ୍ଦ- ୨୦୬)

ନୈଷଧରେ- "ବାହୁ ଦ୍ଵୌଚ ମୃଣାଳମାସ୍ୟକମଳଂ ଲାବଣ୍ୟଲୀଳାଜଳମ୍

ଶ୍ରୋଣୀ ତୀର୍ଥଶୀଳା ଚ ନେତ୍ରଶଫରୀ ଧମିଲ୍ଲ ଶୈବାଳକମ୍।

କାନ୍ତାୟାଃ ସ୍ତନଚକ୍ରବାକଯୁଗଳଂ କନ୍ଦର୍ପ ବାଣାନଲୈ-

ର୍ଦୀର୍ଘଧାନାମବ ଗାହନୀୟ ବିଧିନା ରମ୍ୟଂ ସରୋ ନିର୍ମିତମ୍।"

ପୁଣି- "ଜନକ ବଲ୍ଲରୀ ନାନା ଫୁଲ ଧରି ଚଳନ୍ତେ ଯେମନ୍ତ ବିଚିତ୍ର

କାମକଲାବତୀ ଗୋପୀ ସେହିମତି ଚାଲନ୍ତେ ମୋହେ ମନ ନେତ୍ର।"

(ରସକଲ୍ଲୋଲ- ୧୨ଶ ଛାନ୍ଦ)

ନୈଷଧ- "ପର୍ଯ୍ୟନ୍ତ ପୁଷ୍ପସ୍ତବକାଭିନମ୍ରା ସଂଚାରିଣୀ ପଲ୍ଲବିନୀ ଲତେବ।"

ବଳରାମ ଦାସଙ୍କ କୃତ ରାମାୟଣରେ ରାମଦର୍ଶନରେ ମିଥିଲା ନାରୀଙ୍କର ଯେଉଁ ଅବସ୍ଥା ବର୍ଣ୍ଣନା କରାଯାଇଛି, କାଦମ୍ବରୀ ବର୍ଣ୍ଣିତ ଚନ୍ଦ୍ରପୀଡ଼ ଦର୍ଶଛେ ପୁରନାରୀମାନଙ୍କର ଅବସ୍ଥା ତାହାର ପ୍ରାୟ ଅନୁରୂପ।

କିନ୍ତୁ ଏହା ବୋଲି ଦୀନକୃଷ୍ଣ ଦାସ ଓ ବଳରାମ ଦାସଙ୍କୁ କିମ୍ୱ ସେମାନଙ୍କର କୃତି 'ରସକଲ୍ଲୋଲ' ଓ ରାମାୟଣ'କୁ ଓଡ଼ିଶାର କେହି ନ୍ୟୂନ ମନେକରନ୍ତି ନାଇ। ସେ ଦୁହେଁ ସାର୍ଥକ କାବ୍ୟକାରରୂପେ ସମଗ୍ର ଓଡ଼ିଆ ଜାତିଦ୍ଵାରା ପୂଜିତ। ଏମାନେ ସମସ୍ତେ ସ୍ଵାତନ୍ତ୍ର୍ୟ ଓ ସମ୍ମାନର ଅଧିକାରୀ ମହାନ୍ କବି। ସେମାନେ ସମସ୍ତେ ନିଜ ନିଜ କ୍ଷେତ୍ରରେ ଓଡ଼ିଆ ସାହିତ୍ୟ-ରାଜ୍ୟରେ ଗୋଟିଏ ଗୋଟିଏ କ୍ରୋଜ୍ଜ୍ୱଳ ଦୀପସ୍ତମ୍ଭ। ସେମାନେ ସବୁଯୁଗର ଉତ୍ତରସାଧକମାନଙ୍କୁ ପ୍ରେରଣା ଓ ମାର୍ଗ-ଦର୍ଶନର ସଙ୍କେତ ଦେଉଥିବେ। କାର୍ତ୍ତିକ ଦାସଙ୍କ 'ରୁକ୍ମିଣୀବିଭା'ରେ ଅନେକ ସ୍ଥଳରେ ସଂସ୍କୃତ ପଦାବଳୀର ଅବିକଳ ଅନୁବାଦ ଦେଖାଯାଏ। ଚଂଦ୍ରୋଦୟବର୍ଣ୍ଣନା-

"ଏତେକ୍ରୋକକୁଟୁଂବିନୀ ଜନମନଶଲ୍ୟଂ ଚକୋରାଂଗନା

ଚଂବୁକୋଟିକପାଟଯୋର୍ଘଟିତଯୋରୁନ୍ନୋଚିନୀ କୁଂଚିକା।

ଦୀର୍ଘଧସ୍ୟୈଚ ନବଂକୁରଃ ସୁରତରୋରୋର୍ଦ୍ୱାଗସାଂ ପ୍ରେୟସାଂ

ମାମୋଦ୍ଧାମଗଜାଙ୍କୁଶଂ ବିଜୟତେ ଚାନ୍ଦ୍ରୀକଲାରାଜତେ ।"

('ରସକଳ୍ପଦ୍ରୁମ' ଓ 'ସୁଭାଷିତରତ୍ନଭାଣ୍ଡାଗାର'ରୁ ଗୃହୀତ)

"ଚକୋର ଚଂଚୁ-କପାଟ ଫେଡାନ କୁଣ୍ଠୀ

ଚକ୍ରବାକୀ ନିକୃଦନ କୁନ୍ତ ଉଲ୍ଲାଛି

ମାନବତୀ ମାନ-ଗଜରାଜ ଅଙ୍କୁଶ

ତାରାଗଣ ପଦ୍ମବନ ବିନୋଦ ହଂସ ।" (ରୁକ୍ମିଣୀବିଭା-୬ଷ୍ଠ ଛାନ୍ଦ)

ତେଣୁ ଏ 'ଆମଦାନି'ଟା ଖାଲି ଏବର ନୁହେଁ; ଏହା ପ୍ରାଚୀନ ସାହିତ୍ୟରେ ମଧ୍ୟ ବହୁଳ ପରିମାଣରେ ରହିଛି । ଏହା ସାହିତ୍ୟରେ ଏକ ସ୍ୱାଭାବିକ ବ୍ୟାପାର ଭାବରେ ଚଳିଆସିଛି । ଏ ପ୍ରକାର ଭାବ ଓ ଭାଷାଗତ ସାମ୍ୟ ବହୁ ପ୍ରାଚୀନ ଓ ଆଧୁନିକ କବିଙ୍କ ରଚନାରେ ଦେଖାଯାଏ । କିଛିଦିନ ତଳେ ଅଧ୍ୟାପକ ନଟବର ସାମନ୍ତରାୟ 'ଝଙ୍କାର' "ଚୋରି ଓ ବିଚାର" ନାମକ ଏକ ପ୍ରବନ୍ଧ ଲେଖି ଓଡ଼ିଶାର ଦୁଇଜଣ ପ୍ରତିଷ୍ଠିତ ପ୍ରବୀଣତମ ସାହିତ୍ୟିକଙ୍କ କବିତା ଉପରେ କିପରି ରବୀନ୍ଦ୍ର କବିତାର ସ୍ୱଷ୍ଟ ଛାପ ଓ ଛାୟା ପଡ଼ିଚି, ତାହା ଦର୍ଶାଇଥିଲେ ଏବଂ ନକଲ ବୋଲି ଅଭିଯୋଗ କରିଥିଲେ । ତେଣୁ ଏ କ୍ଷେତ୍ରରେ ଆଧୁନିକ ପ୍ରାଚୀନ କିମ୍ୱା ତରୁଣ ପ୍ରବୀଣ ଆଦି ପ୍ରଶ୍ନର ଅବକାଶ ନାଇ । କେବଳ ତରୁଣ ଓ ଆଧୁନିକ କବି ଅନ୍ୟର ଜିନିଷ ଆତ୍ମସାତ୍ କରି ନିଜର ବୋଲି ପ୍ରକାଶ କରୁଛନ୍ତି, ଆଉ ପ୍ରବୀଣମାନେ କରୁନାହାନ୍ତି ବୋଲି କହିବା ସମୀଚୀନ ହେବନାଇ ।

କିନ୍ତୁ ଯେଉଁ ଆଧୁନିକ କବିମାନେ ଏପରି ଗର୍ହିତ କାର୍ଯ୍ୟ କରୁଛନ୍ତି, ସେମାନେ କଦାପି କ୍ଷମଣୀୟ ନୁହାନ୍ତି । ସେମାନେ ଯେତେ ଶୀଘ୍ର ଏ ପଥରୁ କ୍ଷାନ୍ତ ହୁଅନ୍ତି, ତେବେ ସେମାନଙ୍କ ପକ୍ଷରେ ଓ ସାହିତ୍ୟ ପକ୍ଷରେ ମଙ୍ଗଳ ।

ରାଧାନାଥ ଯୁଗରେ 'ଆମଦାନୀ'ର ନମୁନା-

ବର୍ତ୍ତମାନ ରାଧାନାଥ ଯୁଗ ଉପରେ ବୁକ୍‌ପାଟ କରାଯାଉ । ରାଧାନାଥ ରାୟଙ୍କ କଥା ତ ସମସ୍ତଙ୍କୁ ବିଦିତ । ତାଙ୍କର ସମସ୍ତ କାବ୍ୟଗୁଡ଼ିକର ମୂଳସୂତ୍ର ପ୍ରାୟ ଇଂରାଜୀ କାବ୍ୟ-କବିତାରୁ ଆମଦାନି । ଗ୍ରୀକ୍ ଗଳ୍ପ 'ପିରାମସ୍ ଓ ଥିସବି'ରୁ ସେ 'କେଦାରଗୌରୀ' ଗ୍ରହଣ କରିଛନ୍ତି । ମୋରିସ୍‌ଙ୍କ 'ଅଟଲାଂଟା'ସ୍ ରେସ'ରେ ତାଙ୍କର 'ଉଷା' କାବ୍ୟଟି ଛାୟା ମାତ୍ର । Milanionଙ୍କ ଭାଷାରେ "Fulfilled delight or death to end my pain." (XLVII) Atlanta's Race) ଏବଂ ଜୟନ୍ତଙ୍କ ମୁହଁରେ, "ମଣି ଲାଭ ହେବ ଅଥବା ପଡ଼ିବ ମୁଣ୍ଡେ ଅଶନି" (ଉଷା) ପ୍ରାୟ ଏକ ଓ ଅଭିନ୍ନ କହିଲେ

ଚଲେ । ତାଙ୍କର ସମଗ୍ର 'ତୁଳସୀ ସ୍ତବକ' ବହିଟି ହିନ୍ଦୀ କବି ତୁଳସୀ ଦାସଙ୍କ ରାମାୟଣରୁ ଅନୂଦିତ କହିଲେ ଚଲେ ।

"ନୀଳ ନୀରଦମାଳେ ଖେଳେ ଚପଳା

ଖଳ ପୀରତି ପ୍ରାୟେ ସଦା ଚପଳା ।" (ତୁଳସୀ ସ୍ତବକ)

ହିନ୍ଦୀରେ, "ଦାମିନୀ ଦମକ ରହତ ଘନମାହି

ଖଳ କୋ ପ୍ରୀତି ଯଥା ଥିର ନହୀଁ ।" (ତୁଳସୀ ରାମାୟଣ)

ଏହି ବହିଟି ସେ ଅଷ୍ଟମଲ୍ଲିକାଧୀଶ୍ୱରଙ୍କୁ ଉତ୍ସର୍ଗ-ପତ୍ରରେ "ରୂପ ସଂପର୍କ ସହିତ କେତେଗୁଡ଼ିଏ ତୁଳସୀଦଳରେ ଏହି ସ୍ତବକ ପ୍ରସ୍ତୁତ କରି ଶ୍ରୀ ଛାମୁରେ ଅର୍ପଣ କରିବାକୁ ସାହସୀ ହେଲି" କହି ନିଜର ମୌଳିକତା ପ୍ରଦର୍ଶନ କରିଥିଲେହେଁ ସେ ଯେ ପ୍ରକୃତରେ ତୁଳସୀ ଦାସଙ୍କ ହିନ୍ଦୀ ରାମାୟଣରୁ ଏହାକୁ ନେଇଥିଲେ, ଏକଥା କେଉଁଠାରେ ହେଲେ ସ୍ୱୀକାର କରିନାହାନ୍ତି ।[୧]

ଖାଲି ସେତିକି ନୁହେଁ, ସମଗ୍ର 'ଚନ୍ଦ୍ରଭାଗା' କାବ୍ୟଟି ଓଭିଡ୍‌ଙ୍କର 'ମେଟା ମରଫିସିସ୍' କାବ୍ୟର ଅନୁକୃତି କହିଲେ ଚଲେ ।[୨]

'ଚନ୍ଦ୍ରଭାଗା'ରେ ପାର୍ଣାସସ୍ ପର୍ବତ ସ୍ଥାନ ଅଧିକାର କରିଚି ପୁରୀର ଅନତିଦୂରବର୍ତ୍ତୀ ବେଲେଶ୍ୱର ପାହାଡ଼ ।

("He (Cupid stood upon the shady hights of Parnassus and drew two weapons out of the arrow-quiver of different workmanship.")ଇତ୍ୟାଦି ସଙ୍ଗେ ରାଧାନାଥଙ୍କର-

"ଫୁଲକାଣ୍ଡ ଫୁଲ କୋଣ୍ଡ ଚାଣ୍ଡେ ଆକର୍ଣ ଟାଣି

ସମ୍ମୋହନ ବାଣ ରବିଙ୍କ ଦେଲେ ହୃଦୟେ ହାଣି ।" -ଇତ୍ୟାଦି ।

ତୁଳନା କଲେ ଜଣାଯାଏ ଯେ, ରାଧାନାଥ ଓଭିଡ଼ବର୍ଣ୍ଣିତ ତାମ୍ର ଓ ସ୍ୱର୍ଣ୍ଣ ନିର୍ମିତ ଦୁଇଟି ଶର ସ୍ଥାନରେ ଅନୁରାଗ-ବିରାଗ ଏହି ଦ୍ୱୈତଭାବ ସୃଷ୍ଟିକାରୀ ଗୋଟିଏ ମାତ୍ର ସମ୍ମୋହନ ବାଣ ବ୍ୟବହାର କରିଛନ୍ତି । ଭାବ ପ୍ରାୟ ଏକ । ଓଭିଡ୍‌ଙ୍କର (And then by her flight her bearuty increased") କୁ

"ପଳାୟନେ ପୁଣି ସୁନ୍ଦରୀ ଦିଶେ ସୁନ୍ଦରତର" ଲେଖିଛନ୍ତି; ଏବଂ ("he switt with hopes and she will fear) କୁ

"ଏହିରୂପେ ହରି ଧାଆନ୍ତି ପ୍ରେମଭୋଳେ ବିହ୍ୱଳ,

ଅବଳା ବାଳାକୁ ଏରୂପେ ଭୀତି ଦିଅଇ ବଳ ।" କରିଛନ୍ତି ।

ସେ ଯାହା ହେଉ, ନାନା ବୈଦେଶିକ ସୂତ୍ରରୁ ନାନା କଥାବସ୍ତୁ ଓ ଭାବସଂପଦ ଆହରଣ କରି ରାଧାନାଥ ଯେପରି ନୈପୁଣ୍ୟର ସହିତ ସେଗୁଡ଼ିକ କାବ୍ୟମୟ ରୂପ ଦେଇ ପରିବେଷଣ କରିଛନ୍ତି, ସେଥିରେ ତାଙ୍କର ପ୍ରତିଭାର ଅମ୍ଲାନ ସ୍ୱାକ୍ଷର ବର୍ତ୍ତମାନ ରହିଛି। ତାଙ୍କୁ ଦେଶ 'ଜାତୀୟ କବି'ରୂପେ ଗ୍ରହଣ କରିନେଇଛି। ତାଙ୍କର ପ୍ରଦର୍ଶିତ ଆଦର୍ଶ କେତେଦୂର ଗ୍ରହଣୀୟ, ତାହା ବିବଦନୀୟ ବିଷୟ ହେଲେ ମଧ ତାଙ୍କର ପ୍ରତିଭାର ବିଭିନ୍ନ ଦିଗ ଏବଂ ତାଙ୍କର ବିରାଟ ଅବଦାନ ନିକଟରେ ଓଡ଼ିଆ ସାହିତ୍ୟ ଚିରଦିନ ନତମସ୍ତକ ହୋଇ ରହିବ।

---

୧. ପଠାଣି ପଟନାୟକଙ୍କ ଲିଖିତ ପ୍ରବନ୍ଧ, 'ଝଙ୍କାର', ୪ର୍ଥ ଭାଗ, ୭ମ ସଂଖ୍ୟା ଦ୍ରଷ୍ଟବ୍ୟ,- 'ସାହିତ୍ୟରେ ଚୌର୍ଯ୍ୟାପରାଧ'।

୨. 'ଚନ୍ଦ୍ରଭାଗା: ଏକ ଅଧ୍ୟୟନ' – ନଟବର ସାମନ୍ତରାୟ, 'ଝଙ୍କାର'।

ଷଷ୍ଠ ଅଧ୍ୟାୟ
ନୂତନ କବିତାରେ ବନାନ ବିଧ୍

ନୂତନ କବିତାର ଲକ୍ଷ୍ୟ, ଭାଷାକୁ ଯଥାସମ୍ଭବ ସରଳ କରି ଭାଷାର ସବୁ ପ୍ରକାର ଦୁର୍ବୋଧ୍ୟତା ଦୂର କରିବା ଏବଂ ତାକୁ କଥିତ ଭାଷାର ନିକଟତମ କରିବା। ଏହି ସଂସ୍କାରସାଧନର ପ୍ରଥମ ସୋପାନ ହେଉଛି, ଭାଷାରୁ ଉପଧା ଆଦିର ବହିଷ୍କରଣ ଏବଂ ବନ୍ଧା ରାଗରାଗିଣୀରୂପକ କଡ଼ା ବନ୍ଧନମାନଙ୍କର ଉନ୍ମୋଚନ। ଭାଷାକୁ ମୁକ୍ତ ଓ ସାବଲୀଳ ଗତିରେ ଚାଳେଇବାକୁ ଦେବାହିଁ ଏହାର ପ୍ରଥମ ଉଦ୍ଦେଶ୍ୟ। ଭାଷାର ସରଳୀକରଣ ଦିଗରେ ନାନା ଆଭ୍ୟନ୍ତରୀଣ ବନ୍ଧନମୋଚନର ଆବଶ୍ୟକତା ଯେପରି ରହିଛି, ସଙ୍ଗେ ସଙ୍ଗେ ଲିପିସଂସ୍କାରର ମଧ୍ୟ ସେଇପରି ଆଶୁ ପ୍ରୟୋଜନ ଅଛି। ଏହାଦ୍ୱାରା ଖାଲି ଯେ ଛାପାକାର୍ଯ୍ୟ ସହଜ ହେବ ଏବଂ ମୁଦ୍ରାୟନ୍ତ୍ର-ସୁବିଧା ମିଳିବ, ତା ନୁହେ; ଭାଷା ମଧ୍ୟ ଭିତର ଓ ବାହାରର ନାନା ଜଟିଳତା ହାତରୁ ମୁକ୍ତି ପାଇ ଜୋରଦାର ହେବ।

(୧) ପ୍ରଥମ କଥା, ଦ୍ୱିତ୍ୱବର୍ଣ୍ଣଗୁଡ଼ିକ ରେଫ୍ ପରେ ଆଉ ରହିବେ ନାଇଁ। ଏଗୁଡ଼ିକ ଅଯଥା ମୁଦ୍ରାଜଟିଳତା ଓ ଲେଖିବାବେଳେ ବାଧା ସୃଷ୍ଟି କରିଥାନ୍ତି। ପାଣିନି ସୂତ୍ରରେ ମଧ୍ୟ ଏହାର ସ୍ପଷ୍ଟ ବିଧ୍ ଅଛି।

(କ) 'ଅଚୋରହାଭ୍ୟା ଦ୍ୱେ'। (ପାଣିନି ସୂତ୍ର-୮।୪।୪୬)

ଅର୍ଥ ଅଚ୍ ପରେ ଯେଉଁ ରେଫ୍ ଆଉ ହକାର, ଏହା ପରେ ଯଦି ଯର୍ ଥାଏ, ତେବେ ବିକଳ୍ପରେ ଏହାର ଦ୍ୱିତ୍ୱ ହୋଇଥାଏ।

ଅଚ୍=ଅ ବର୍ଣ୍ଣରୁ ନେଇ ଔ ବର୍ଣ୍ଣ ପର୍ଯ୍ୟନ୍ତ।

ଯର୍=ହକାରକୁ ଛାଡ଼ି ସବୁ ବ୍ୟଞ୍ଜନ ବର୍ଣ୍ଣ।

ଉଦାହରଣ – ଧର୍ମ (ଧର୍ମ୍ମ), କାର୍ଯ୍ୟ (କାର୍ଯ୍ୟ), କର୍ମ (କର୍ମ୍ମ), ଧୈର୍ଯ୍ୟ (ଧୈର୍ଯ୍ୟ), ପୂର୍ଣ (ପୂର୍ଣ୍ଣ), ଆର୍ଦ୍ର (ଆର୍ଦ୍ର), ସୂର୍ଯ୍ୟ (ସୂର୍ଯ୍ୟ) ଇତ୍ୟାଦି ।

(ଖ) 'ଅନଚି ଚ' । (ପାଣିନି ସୂତ୍ର – ୮।୪।୪୦)

ଅର୍ଥ – ଅର୍ ପରେ ଯେଉଁ ୟର୍, ତାର ବିକଳ୍ପରେ ଦ୍ବିତ୍ବ ହୁଏ; କିନ୍ତୁ ୟର ପରେ ଅର୍ ରହିଲେ ଦ୍ବିତ୍ବ ହୁଏ ନାଇଁ ।

ଉଦାହରଣ – ସୁଧୀ+ଉପାସ୍ୟ= ସୁଧ୍ୟୁପାସ୍ୟ (ସୁଦ୍ଧ୍ୟୁପାସ୍ୟ), ବିଦ୍ବାନ୍ (ବିଦ୍ଦ୍ବାନ), ଶରଣ୍ୟ (ଶରଣ୍ଣ୍ୟ), ବନ୍ୟ (ବନ୍ନ୍ୟ), କୃତ୍ୟ (କୃତ୍ତ୍ୟ), ବିଦ୍ୟା (ବିଦ୍ଦ୍ୟା) ।

ବିକଳ୍ପରେ ଦ୍ବିତ୍ବ କରିବାର ବିଧ୍ ଥିବାରୁ ଦ୍ବିତ୍ବ କରାଯିବ କି ନାଇଁ, ତାହା ଲେଖକର ଇଚ୍ଛାଧୀନ । ତେଣୁ ବାଧ୍ୟତାମୂଳକ ଭାବେ ଏଗୁଡ଼ିକ କାହିଁକି ଅଯଥାରେ ଦ୍ବିତ୍ବକରାଯାଇ ଛାପା ଓ ଲେଖିବାରେ ଅସୁବିଧା ସୃଷ୍ଟି କରାଯାଉଚି ? ଏ ଦ୍ବିତ୍ବବିଧ୍ ପରିହାର୍ଯ୍ୟ ।

(୨) ଅନେକଗୁଡ଼ିଏ ସଂଯୁକ୍ତ ବର୍ଣ୍ଣ ରହି ଆମ ଲିପିମାଳାରେ ନାନା ଅସୁବିଧା ସୃଷ୍ଟି କରନ୍ତି । ତେଣୁ ଅନୁସ୍ବାର ଦେଇ ସଂଯୁକ୍ତ ବର୍ଣ୍ଣଗୁଡ଼ିକୁ ଯଥାସମ୍ଭବ କମେଇ ଦେବା ଆବଶ୍ୟକ । 'ପାଣିନି ସୂତ୍ର'ରେ ମଧ୍ୟ ଏହାର ପ୍ରକୃଷ୍ଟ ବ୍ୟବସ୍ଥା ରହିଚି ।

(କ) 'ମୋଽନୁସ୍ବାର' । (ପାଣିନି ସୂତ୍ର – ୮।୩।୨୩)

ଅର୍ଥ – ଯେଉଁ ପଦର ଅନ୍ତ୍ୟରେ ମ୍ ଅଛି, ଏହି ମ୍ କୁ ଅନୁସ୍ବାର କରାଯାଇପାରେ– ଯଦି ଆଗରେ ବ୍ୟଞ୍ଜନବର୍ଣ୍ଣ ଥାଏ । ଉଦାହରଣ– ଅହଂକାର ।

(ଖ) 'ପଦାନ୍ତମ୍ୟ' । (ପାଣିନି ସୂତ୍ର – ୮।୪।୫୯) ଶ,ଷ,ସ, ହ କୁ ଛାଡ଼ି କୌଣସି ଅତିରିକ୍ତ ବ୍ୟଞ୍ଜର୍ବର୍ଣ୍ଣ ଆଗରେ ଥିଲେ ପଦାନ୍ତ ଅନୁସ୍ବାର ବିକଳ୍ପରେ ପର ସବର୍ଣ୍ଣ ହୁଏ ।

ଯଥା–ଶମ୍+କର= ଶଂକର (ଶଙ୍କର), କିମ୍+ଚିତ=କିଂଚିତ (କିଞ୍ଚିତ), ସମ୍+ଯତ= ସଂଯତ(ସଞ୍ଜତ) ।

(ଲଘୁସିଦ୍ଧାନ୍ତକୌମୁଦା)

ବିଶ୍ବକବି ରବୀନ୍ଦ୍ରନାଥଙ୍କ ଦ୍ବାରା ଅନୁରୁଦ୍ଧ ହୋଇ ବଙ୍ଗଭାଷାରେ ବନାନର ରୀତି ନିର୍ଦ୍ଦିଷ୍ଟ କରିଦେବା ପାଇଁ କଲିକତା ବିଶ୍ବବିଦ୍ୟାଳୟ ଯେଉଁ କମିଟି ୧୯୩୫ ଖ୍ରୀଷ୍ଟାବ୍ଦରେ ବସାଇଥିଲେ, ସେମାନେ ମଧ୍ୟ ଏଇ ବିକଳ୍ପ ଶବ୍ଦଗୁଡ଼ିକୁ ଦ୍ବିତ୍ବ କରିବା ବିପକ୍ଷରେ ଏବଂ ଅନୁସ୍ବାର ନ ଦେଇ ସଂଯୁକ୍ତ ବର୍ଣ୍ଣ ବ୍ୟବହାର କରିବା ବିରୁଦ୍ଧରେ ମତ ଦେଇଛନ୍ତି । କଲିକତା ବିଶ୍ବବିଦ୍ୟାଳୟ ସେମାନଙ୍କ ସିଦ୍ଧାନ୍ତ ମାନିନେଇଛନ୍ତି ଏବଂ ସେଇଦିନଠାରୁ ସରକାରୀ

ଭାବରେ ଏଇ ନୂତନ ବନାନ ବିଧି ସମସ୍ତ ପାଠ୍ୟପୁସ୍ତକ ଓ ଅନ୍ୟାନ୍ୟ ବହିପତ୍ର ତଥା ସମ୍ବାଦପତ୍ରରେ ପ୍ରଚଳିତ ହେଉଛି। ଉକ୍ତ କମିଟିର ସଦସ୍ୟ ଥିଲେ- ଶ୍ରୀ ରାଜଶେଖର ବସୁ (ଚେୟାରମ୍ୟାନ), ସୁନୀତିକୁମାର ଚ୍ୟାଟାର୍ଜି, ପ୍ରମଥ ନାଥ ଚୌଧୁରୀ, ବିଧୁଶେଖର ଶାସ୍ତ୍ରୀ ପ୍ରମୁଖ। କମିଟିର ସିଦ୍ଧାନ୍ତ ପ୍ରକାଶ ପାଇବା ପରେ ରବୀନ୍ଦ୍ରନାଥ ଠାକୁର ଓ ଶରତଚନ୍ଦ୍ର ଚଟୋପାଧ୍ୟାୟ ଏହାକୁ ଗ୍ରହଣ କରିବା ପାଇଁ ନିଜର ସମ୍ମତି ଜଣାଇ ନିମ୍ନଲିଖିତ ଭାବେ ଲେଖିଛନ୍ତି-

"ବାଂଲା ବନାନ ସମ୍ବଧେ ଯେ ନିୟମ ବିଶ୍ୱବିଦ୍ୟାଲୟ ନିର୍ଦ୍ଦିଷ୍ଟ କରିୟା ଦିଲେନ ଆମି ତାହା ପାଲନ କରିତେ ସମ୍ମତ ଆଛି।

୧୧ ସେପ୍ଟେମ୍ବର ୧୯୩୬
ସ୍ୱା: ରବୀନ୍ଦ୍ରନାଥ ଠାକୁର
ସ୍ୱା: ଶ୍ରୀ ଶରତ୍ଚନ୍ଦ୍ର ଚଟୋପାଧ୍ୟାୟ

ନିୟମଗୁଡ଼ିକର ସଂକ୍ଷିପ୍ତ ସାର ତଳେ ଓଡ଼ିଆରେ ଅନୂଦିତ ହୋଇ ଉଦ୍ଧୃତ ହେଲା-

ସଂସ୍କୃତ ବା ତତ୍ସମ ଶଢ–

୧। ରେଫ୍ ପରେ ବ୍ୟଞ୍ଜନବର୍ଣ୍ଣର ଦ୍ୱିତ୍ୱ ହେବ ନାଇ-

ରେଫ୍ ପରେ ବ୍ୟଞ୍ଜନବର୍ଣ୍ଣର ଦ୍ୱିତ୍ୱ ହେବ ନାଇ ଯଥା-

ଅର୍ଚନା, ମୂର୍ଛା, ଅର୍ଜୁନ, କର୍ତା, କାର୍ତିକ, ବାର୍ତା, କର୍ଦମ, ଅର୍ଧ, ବାର୍ଧକ୍ୟ, କର୍ମ, କାର୍ଯ୍ୟ, ସର୍ବ, ସୂର୍ଯ୍ୟ।

ସଂସ୍କୃତ ବ୍ୟବକାରଣ ଅନୁସାରେ ରେଫ୍ ପରେ ଦ୍ୱିତ୍ୱ ବିକଳ୍ପେ ସିଦ୍ଧ; ନକଲେ ଦୋଷ ହୁଏନା, ବରଂ ଲେଖା ଓ ଛାପା ସହଜ ହୁଏ।

୨। ସଂଧିରେ ଙ ସ୍ଥାନରେ ଅନୁସ୍ୱାର–

ଯଦି କ ଖ ଗ ଘ ପରେ ଥାଏ, ତେବେ ପଦର ଅନ୍ତ୍ୟସ୍ଥିତ ମ ସ୍ଥାନରେ ଅନୁସ୍ୱାର ଅଥବା ବିକଳ୍ପରେ ଙ ବିଧେୟ; ଯଥା- ଅହଂକାର, ଭୟଂକର, ଶୁଭଂକର ସଂଖ୍ୟା, ସଂଗମ, ହୃଦୟଂଗମ।

ସଂସ୍କୃତ ବ୍ୟାକରଣ ନିୟମ ଅନୁସାରେ ବର୍ଗୀୟ ବର୍ଣ୍ଣ ପରେ ଥିଲେ, ପଦ ଅନ୍ତସ୍ଥିର ମ ସ୍ଥାନରେ ଅନୁସ୍ୱାର ବା ପରବର୍ତ୍ତୀ ବର୍ଗର ପଞ୍ଚମ ବର୍ଣ୍ଣ ହୁଏ; ଯଥା- ସଂଜାତ, ସ୍ୱୟଂଭୁ ଇତ୍ୟାଦି। ବଙ୍ଗଳାରେ ସର୍ବତ୍ର ଏଇ ନିୟମାନୁସାରେ 'ଅନୁସ୍ୱାର' ଦେଲେ ଉଚ୍ଚାରଣରେ ବାଧ୍ୟପାରେ; କିନ୍ତୁ କ-ବର୍ଗର ପୂର୍ବେ ଅନୁସ୍ୱାର ବ୍ୟବହାର କଲେ ବାଧ୍ୟବ ନାଇ, ବରଂ ବନାନ ସହଜ ହେବ। ଅସଂସ୍କୃତ ଅର୍ଥାତ ତଦ୍ଭବ, ଦେଶଜ ଓ ବିଦେଶୀ ଶଢ–

ଓଃ । ରେଫ୍ ପରେ ବ୍ୟଞ୍ଜନବର୍ଣ୍ଣ ଦ୍ୱିତ୍ୱ ହେବ ନାଇଁ–

ରେଫ୍ ପରେ ବ୍ୟଞ୍ଜନବର୍ଣ୍ଣର ଦ୍ୱିତ୍ୱ ହେବ ନାଇଁ; ଯଥା–

କର୍ଜ, ସର୍ଟ, ପର୍ଦା, ସର୍ଦାର, ଚର୍ବ, ଫର୍ମା, ଜର୍ମାନୀ।

ହସ୍ ଚିହ୍ନ–

୪: ଶଦର ଶେଷରେ ସାଧାରଣତଃ ହସ୍ ଚିହ୍ନ ଦିଆଯିବ ନାଇଁ–

ଯଥା– ଓସ୍ତାଦ, କଂଗ୍ରେସ, ଟେକ, ଜଜ, ଟନ, ଟିପଟ, ଟ୍ରାମ, ଡିଶ, ପକେଟ। କିନ୍ତୁ ଯଦି ଭୁଲ ଉଚ୍ଚାରଣର ସମ୍ଭାବନା ଥାଏ, ତେବେ ହସ୍ ଚିହ୍ନ ବିଧେୟ। ହ ଓ ଯୁକ୍ତ ବ୍ୟଞ୍ଜନ ଉଚ୍ଚାରଣତଃ ସ୍ୱରାନ୍ତ; ଯଥା – ଦହ, ଅହରହ, କାଣ୍ଡ, ଗଞ୍ଜ। ଯଦି ହଁସତ ଉଚ୍ଚାରଣ ଅଭୀଷ୍ଟ ହୁଏ, ତେବେ ହ ଓ ଯୁକ୍ତ ବ୍ୟଞ୍ଜନ ପରେ ହସ୍ ଚିହ୍ନ ଆବଶ୍ୟକ; ଯଥା – ଶାହ୍, ତଖତ୍, ଜେମସ୍, ବଣ୍ଟ୍; କିନ୍ତୁ ସୁପ୍ରଚଳିତ ଶଦରେ ନ ଦେଲେ ଚଳିବ; ଯଥା – ଆର୍ଟ, କର୍କ ଗଭର୍ଣ୍ଣର ଇତ୍ୟାଦି।(‘ଦେଶ’ ପତ୍ରିକା)

ଏଭପରି କ୍ରିୟାଗୁଡ଼ିକର ସାଧୁ ଓ ଚଳତି ବନାନ ଏବଂ କୃଦନ୍ତ ରୂପ ପ୍ରଭୃତି କଥିତ ଭାଷାର ନିକଟବର୍ତ୍ତୀ କରି ଓଡ଼ିଆରେ ସ୍ଥିର କରାଯାଇପାରେ; ଯଥା– ଯାଉଚି, କରୁଚି, କରାଉଚି ଇତ୍ୟାଦି।

ଆମ ଉତ୍କଳ ବିଶ୍ୱବିଦ୍ୟାଳୟ ଏ ଦିଗରେ କେତେଦୂର ଅଗ୍ରସର ହୋଇଛନ୍ତି, ମୋତେ ଜଣାନାଇ; କିନ୍ତୁ ଶୁଣୁଚି, ପାଠ୍ୟପୁସ୍ତକ କମିଟି ଉପରିଲିଖିତ ମର୍ମରେ ବନାନ ସଂସ୍କାର କରିବା ସପକ୍ଷରେ ସିଦ୍ଧାନ୍ତ ଗ୍ରହଣ କରିସାରିଛନ୍ତି।

ନୂଆ କବିତାର ଆଭିମୁଖ୍ୟ ଓ ବକ୍ତବ୍ୟ ସରଳ ଓ ସ୍ୱଚ୍ଛ ହେବା ଉଚିତ, ତେଣୁ ତଦ୍ଦୃଷ୍ଟିରୁ ଏହାର ଦେହାବୟବ ମଧ ସରଳ ଓ ପରିଷ୍କାର ହେବା ବିଧେୟ। ଭାରୀ ତଥା ଜଟିଳ ବନାନପଦ୍ଧତିର ସରଳୀକରଣ ସେହି କାରଣରୁ ଏକ ଜରୁରୀ ପ୍ରୟୋଜନ।

ନୂତନ ସାହିତ୍ୟରେ ଆଶ୍ଳୀଳତା ସର୍ବାଦୌ ପରିତ୍ୟାଜ୍ୟ–

ଭାରତର ଓ ଓଡ଼ିଶାର ପ୍ରାଚୀନ ସାହିତ୍ୟ ଓ ବିଶ୍ୱବିଶ୍ରୁତ ଶିଳ୍ପକଳାରେ ମିଥୁନରତ ସ୍ତ୍ରୀ-ପୁରୁଷମାନଙ୍କର ବର୍ଣ୍ଣନା ଓ ଚିତ୍ର ଅତି ନଗ୍ନଭାବରେ ଫୁଟିଉଠିଛି। ତ୍ରୟୋଦଶ ଶତାଦୀର କୋଣାର୍କ ଏବଂ ଏକାଦଶ ଓ ଦ୍ୱାଦଶ ଶତାଦୀମାନଙ୍କରେ ନିର୍ମାଯିତ ଭୁବନେଶ୍ୱର ଓ ପୁରୀ ମନ୍ଦିରମାନଙ୍କରେ, ତଥା ଦକ୍ଷିଣଭାରତୀୟ ଓ ଖେଜୁରାହ ମନ୍ଦିରମାନଙ୍କରେ ନଗ୍ନ ମିଥୁନରତ ସ୍ତ୍ରୀ-ପୁରୁଷମାନଙ୍କର ଚିତ୍ର ଦେଖିଲେ ଲଜ୍ଜିତ ହେବାକୁ ହୁଏ। ବହୁ ବିଦେଶାଗତ ପରିଦର୍ଶକ ଏସବୁ ଦେଖି କେହି କୌତୁକ ଏବଂ କେହି ବା ଅପସନ୍ଦ କରିଥାନ୍ତି। ଆମ ପ୍ରାଚୀନ

କାବ୍ୟମାନଙ୍କରେ ମଧ୍ୟ ଏଭଳି ଯୌନକ୍ରୀଡ଼ାବର୍ଣ୍ଣନା ପ୍ରଚୁର ପରିମାଣରେ ଦେଖାଯାଏ। ରୀତିଯୁଗର କାବ୍ୟମାନଙ୍କରେ ଏଭଳି ବର୍ଣ୍ଣନାର ପ୍ରାଚୁର୍ଯ୍ୟ ସହଜରେ ଆଖିରେ ପଡ଼େ।

ପାଶ୍ଚାତ୍ୟଦେଶର ତ୍ରୟୋଦଶ, ଦ୍ୱାଦଶ, ଏକାଦଶ କିମ୍ବା ତତ୍‌ପୂର୍ବବର୍ତ୍ତୀ ଧର୍ମମନ୍ଦିରମାନଙ୍କରେ କୌଣସି ଅଶ୍ଳୀଲ ମୂର୍ତ୍ତି ଦେଖାଯାଏ ନାଇ। ମୁଁ ରୋମ, ପ୍ୟାରୀ କିମ୍ବା ଫ୍ରାନ୍ସର ଅନ୍ୟ କୌଣସି ଧର୍ମମନ୍ଦିରମାନଙ୍କରେ ଆମ ଭାରତୀୟ ମନ୍ଦିରମାନଙ୍କ ଭଳି କୌଣସି ଅଶ୍ଳୀଲ ଚିତ୍ର ଦେଖିବାକୁ ପାଇ ନଥିଲି। ଆମ ଦେଶର ସ୍ଥାପତ୍ୟ ଓ ଭାସ୍କର୍ଯ୍ୟରେ ଏହାର ପ୍ରାଚୁର୍ଯ୍ୟର କାରଣ ହୁଏତ ତନ୍ତ୍ରଯୁଗର ପ୍ରଭାବ। ୟୁରୋପରେ ଯେପରି ବିଜ୍ଞାନର ଅଗ୍ରଦୂତରୂପେ ସମାଜରେ ମ୍ୟାଜିକ୍‌ର ପ୍ରଚଳନ ଥିଲା, ଆମ ଭାରତରେ ମଧ୍ୟ ସେଇପରି ଜଡ଼ବିଜ୍ଞାନ ପୂର୍ବରୁ ତନ୍ତ୍ରସାଧନା ପ୍ରାଧାନ୍ୟ ଲାଭ କରିଥିଲା।

ତନ୍ତ୍ରଯୁଗରେ ଯୌନସଙ୍ଗମ ମାଧ୍ୟମରେ 'ମହାସୁଖ' ବା ନିର୍ବିକଳ୍ପ ଅବସ୍ଥା ଲାଭ କରିବାର ଯେଉଁ ପଦ୍ଧତି ପ୍ରଚଳିତ ଥିଲା, ତାହା ବୌଦ୍ଧଚର୍ଯ୍ୟାପଦରେ କାହ୍ନୁପା, ଲୁଇପା ପ୍ରମୁଖଙ୍କ ରଚନାରେ ଫୁଟିଉଠିଛି। ଓଡ଼ିଶାର (ଉତ୍‌ତ୍ରୀୟାନ–ଯାହା ହରପ୍ରସାଦ ଶାସ୍ତ୍ରୀ ଓ ଅ: ଭଟ୍ଟାଚାର୍ଯ୍ୟଙ୍କ ମତରେ ଓଡ଼ିଶା ଥିଲା) ଇନ୍ଦ୍ରଭୂତି (ଖ୍ରୀ: ୭୨୯) ଅନଙ୍ଗବ୍ରଜଙ୍କ ଶିଷ୍ୟ ଥିଲେ ଏବଂ ବଜ୍ରଯାନ ବିଷୟରେ ମହାପଣ୍ଡିତ ଥିଲେ। ତାଙ୍କ ଭଉଣୀ ଲକ୍ଷ୍ମୀଙ୍କରା ବଜ୍ରଯାନ ବିଷୟରେ ଜଣେ ବିଶେଷଜ୍ଞ ଥିଲେ। ଇନ୍ଦ୍ରଭୂତିଙ୍କ ପ୍ରଣୀତ 'କରୁକୁଲ୍ଲ ସାଧନା' ଓ 'ଜ୍ଞାନସିଦ୍ଧି' ପ୍ରସିଦ୍ଧ। ଓଡ଼ିଶାର ଶିଳ୍ପକଳା ଓ ସାହିତ୍ୟ–ସଂସ୍କୃତି ଉପରେ ତନ୍ତ୍ରର ପ୍ରଭାବ ପଡ଼ିଥିବା ଅତି ସ୍ପଷ୍ଟ। କିନ୍ତୁ ତନ୍ତ୍ରଯୁଗର ଅବସାନ ପରେ ଖ୍ରୀଷ୍ଟୀୟ ସତର ଅଠର ଶତକ ପର୍ଯ୍ୟନ୍ତ ରୀତିଯୁଗଯାଏ ଏ ପ୍ରଭାବ କିପରି ଅକ୍ଷୁଣ୍ଣ ରହିଲା, ତାହାହିଁ ଆଶ୍ଚର୍ଯ୍ୟ ଜଣାପଡ଼େ।

ଲୋକେ ହୁଏତ ବିଶ୍ୱାସ କରୁଥିଲେ ଯେ, ଅଶ୍ଳୀଲ ମିଥୁନମୂର୍ତ୍ତି ମନ୍ଦିରଗାତ୍ରରେ ରହିଲେ କୌଣସି ପ୍ରାକୃତିକ ବିପର୍ଯ୍ୟୟ ତଥା ଭୂକମ୍ପ, ବଜ୍ରପାତ ଆଦି ତହିଁର କିଛି କ୍ଷତି ଘଟାଇ ପାରିବ ନାଇ। ନତୁବା ଯେଉଁମାନେ ସୌନ୍ଦର୍ଯ୍ୟର ପରମ ଉପାସକ ଥିଲେ, ଯାହାଙ୍କର ସୌନ୍ଦର୍ଯ୍ୟବୋଧର ଅମର ପରାକାଷ୍ଠା କୋଣାର୍କ, ଭୁବନେଶ୍ୱରର ପ୍ରତି ଶିଳାଦେହରେ ଲିପିବଦ୍ଧ ହୋଇରହିଛି, ସେମାନେ ହଠାତ୍ ଏପରି କେତେଗୁଡ଼ିଏ ଅରୁଚିକର ଚିତ୍ରା ବା କାହିଁକି ଗଢ଼ିବାକୁ ଗଲେ? କୋଣାର୍କର ନାଟମନ୍ଦିରରେ କେବଳ ନୃତ୍ୟଗୀତ ଓ ସଂଗୀତ ସାଧନାର ଉଚ୍ଚକୋଟିର ଅତି ସୁନ୍ଦର ସୁନ୍ଦର ଚିତ୍ରମାନ ରହିଛି; ଅଶ୍ଳୀଲ ଚିତ୍ର ନାଇ। କିନ୍ତୁ ମୁଖଶାଲା ଓ ପ୍ରଧାନ ମନ୍ଦିର ବେଢ଼ାରେ ବହୁ ସଂଖ୍ୟାରେ ମିଥୁନଚିତ୍ର ବିଦ୍ୟମାନ। ଏଇ ସବୁ ମନ୍ଦିର–ଚିତ୍ରମାନଙ୍କୁ ଲକ୍ଷ୍ୟକରି ଉପେନ୍ଦ୍ର ଭଞ୍ଜ ତାଙ୍କ 'ରସିକ ହାରାବଳୀ'ରେ ଲେଖିଛନ୍ତି–

“କପଟ-ଦର୍ଶନ ଲମ୍ପଟ ବିଟ ରୀତିକି ଚାହିଁ

ଯେ ସୁଧୀ ସୁଧୀରେ ବୋଲନ୍ତି କ୍ଷେତ୍ରବରଟି ଏହି ।”

ଅର୍ଥାତ୍‌, କପଟହୃଦୟ ଲୋକମାନେ ଏ ଚିତ୍ରମାନଙ୍କରେ ବିଟ ରୀତି ଦେଖି ଲମ୍ପଟ ହୁଅନ୍ତି । କିନ୍ତୁ ଯେଉଁମାନେ ସୁଧୀ ବା ବିଜ୍ଞ, ସେମାନେ ନମ୍ରସ୍ୱରେ ଏହାକୁ କ୍ଷେତ୍ରଶ୍ରେଷ୍ଠ ବା ତୀର୍ଥରାଜ ବୋଲି କହିଥାନ୍ତି ।

ପାଶ୍ଚାତ୍ୟରେ, ବିଶେଷତଃ ୟୁରୋପରେ, ବାଇଜାନଟାଇନ୍‌ ରେନେସାଁ କିମ୍ବା ତତ୍‌ ପୂର୍ବବର୍ତ୍ତୀ ବା ପରବର୍ତ୍ତୀ କୌଣସି ଯୁଗରେ ଏଭଳି ନଗ୍ନ ମିଥୁନରତ ମୂର୍ତ୍ତି ପ୍ରାୟ ଦୃଷ୍ଟିଗୋଚର ହୁଏ ନାହିଁ । କି ଶିଳ୍ପ, କି ଚିତ୍ରକଳା କେଉଁଥିରେ ଏଭଳି ଦେଖାଯାଏ ନାହିଁ । ଅନ୍ତତଃ ମୁଁ ରୋମ, ପ୍ୟାରି, ନିସ୍‌ କିମ୍ବା ଜିନିଭା ଏବଂ ଆମେରିକା ପ୍ରାୟ ସମସ୍ତ ନଗରୀମାନଙ୍କର ଯାଦୁଘର ଓ ଚିତ୍ରଶାଳା ବୁଲି ଦେଖିଛି; ମାତ୍ର ଏହାର ଗୋଟିଏ ହେଲେ ନିଦର୍ଶନ ପାଇ ନାହିଁ ।

ଆମ ଦେଶର, ବିଶେଷତଃ ରୀତିଯୁଗର କାବ୍ୟଭଳି ଉଲଗ୍ନ ଯୌନକ୍ରୀଡ଼ା-ବର୍ଣ୍ଣନା ୟୁରୋପ-ଆମେରିକା ଓ ପାଶ୍ଚାତ୍ୟ ସାହିତ୍ୟରେ ବିରଳ । ଆମର ମହାକବି କାଳିଦାସଙ୍କଠାରୁ ଆରମ୍ଭ କରି ରୀତିଯୁଗର ଭଞ୍ଜ, ଦୀନକୃଷ୍ଣ, ସାମନ୍ତସିଂହାର, ଗୋପାଳକୃଷ୍ଣ, ଯଦୁମଣି, କବିସୂର୍ଯ୍ୟ କେହି ନିଜ ନିଜ କୃତିରେ ଉଲଗ୍ନ ସଂଭୋଗ-ବର୍ଣ୍ଣନା ବାଦ୍‌ ଦେଇ ନାହାନ୍ତି । ମହାକବି କାଳିଦାସଙ୍କ ଅନବଦ୍ୟ ‘କୁମାରସମ୍ଭବ’ କାବ୍ୟଟି ଏହାର ୮ମ, ୯ମ ଓ ୧୦ମ ସର୍ଗରେ ଥିବା ହରପାର୍ବତୀ ବିହାରବର୍ଣ୍ଣନାରେ ଅଶ୍ଳୀଲତା ଦୋଷ ଯୋଗୁଁ କାବ୍ୟ ସମାଲୋଚକମାନଙ୍କ ଦ୍ୱାରା ସମାଲୋଚିତ ହୋଇଅଛି । ଅନେକେ ତ ମନେକରନ୍ତି ଯେ, ମହାକବି ସପ୍ତମ ସର୍ଗରେଇ ହରପାର୍ବତୀଙ୍କ ମିଳନ କରାଇ କୁମାରର ସମ୍ଭାବନା ଘଟାଇବା ପରେ ଏ କାବ୍ୟ ରଚନା ଶେଷ କରିଛନ୍ତି । ସେମାନେ ମନେ କରନ୍ତି, ୮ମ ଠାରୁ ୧୦ମ ସର୍ଗ ଯେଉଁଥିରେ ଇତର ନାୟକ-ନାୟିକାଙ୍କ ପରି ହରପାର୍ବତୀଙ୍କର ରତିକ୍ରୀଡ଼ା ବର୍ଣ୍ଣନା କରାଯାଇଛି ଏବଂ ୧୦ମଠାରୁ ୧୭ଶ ସର୍ଗ ପର୍ଯ୍ୟନ୍ତ ପ୍ରକ୍ଷିପ୍ତ ବା କୌଣସି ନ୍ୟୁନର ପ୍ରତିଭା ଦ୍ୱାରା ରଚିତ । କାଳିଦାସଙ୍କର ବିଶ୍ୱସ୍ତ ଟୀକାକାର ମଲ୍ଲିନାଥ ତ ଅଷ୍ଟମ ସର୍ଗ ପରେ ଆଉ ଟୀକା କରିନାହାନ୍ତି । ଏଥିରୁ ମନେହୁଏ ଯେ ସେ, ହୁଏତ ସେଗୁଡ଼ିକୁ କାଳିଦାସଙ୍କ ରଚନା ବୋଲି ମନେ କରୁ ନଥିଲେ କିମ୍ବା ତାଙ୍କ ସମୟକୁ ତାହା ପ୍ରଚଳିତ ନଥିଲା । ପ୍ରସିଦ୍ଧ ଆଳଙ୍କାରିକ ମଣ୍ଡିତ ଭଟ୍ଟ ତାଙ୍କ ‘କାବ୍ୟ-ପ୍ରକାଶ’ରେ ଏବଂ ଓଡ଼ିଶାର ପ୍ରଖ୍ୟାତ ପଣ୍ଡିତ ବିଶ୍ୱନାଥ କବିରାଜ ତାଙ୍କ ପ୍ରଣୀତ ‘ସାହିତ୍ୟଦର୍ପଣ’ ଗ୍ରନ୍ଥରେ ରସଦୋଷ ପ୍ରସଙ୍ଗରେ

କାଳିଦାସବର୍ଣ୍ଣିତ ଉମା-ମହେଶ୍ୱର ସଂଭୋଗବର୍ଣ୍ଣନାର ଅନୌଚିତ୍ୟ ପ୍ରତିପାଦନ କରିଯାଇଛନ୍ତି । 'କାବ୍ୟପ୍ରକାଶ' ମତରେ-

"ରତିସଂଭୋଗ-ଶୃଙ୍ଗାର-ରୂପ ଉତ୍ତମ-ଦେବତା ବିଷୟାନ ବର୍ଣ୍ଣନୀୟାଃ ।
ତଦ୍ ବର୍ଣ୍ଣନଂହି ପିତ୍ରୋଃ ସଂଭୋଗ ବର୍ଣ୍ଣନମିବ ଅତ୍ୟନ୍ତମନୁଚିତମ୍ ।"

ମନୀଷୀ ଈଶ୍ୱରଚନ୍ଦ୍ର ବିଦ୍ୟାସାଗର ମଧ୍ୟ ଏଥିରେ ଏକମତ । ତାଙ୍କ ମତରେ – 'କୁମାରସମ୍ଭବ' ସପ୍ତଦଶ ସର୍ଗେ ବିଭକ୍ତ । ତନ୍ମଧ୍ୟେ ପ୍ରଥମ ସାତ ସର୍ଗର ସର୍ବତ୍ର ଅନୁଶୀଳନ ଆଛେ; ଅବଶିଷ୍ଟ ଦଶ ସର୍ଗ ଏକବାରେ ଅପ୍ରଚଳିତ ଓ ବିଲୁପ୍ତପ୍ରାୟ ହୋଇଆ ଆସିଆଛେ । ବୋଧହୟ ତାହାର ହେତୁ, ଏହି ଅଷ୍ଟମ ସର୍ଗେ ହରଗୌରୀର ବିହାର-ବର୍ଣ୍ଣନା ଆଛେ, ତାହାଓ ସାମାନ୍ୟ ନାୟକନାୟିକାର ବିହାରେର ନ୍ୟାୟ ବର୍ଣ୍ଣିତ ହୋଇଆଛେ । ନବମେ ହରଗୌରୀର କୈଳାସଗମନ ଓ ଦଶମେ କାର୍ତ୍ତିକେର ଜନ୍ମ-ବୃତ୍ତାନ୍ତ ବର୍ଣ୍ଣିତ ଆଛେ । ଏଇ ଦୁଇ ସର୍ଗେ ଓ ଅଶ୍ଳୀଳ ବର୍ଣ୍ଣନା ଦେଖିତେ ପାଓୟା ଯାୟ । ଭାରତବର୍ଷୀୟ ଲୋକେରା ହରଗୌରୀକେ ଜଗତ୍‌ପିତା ଓ ଜଗନ୍ମାତା ଜ୍ଞାନ କରେନ । ଜଗତ୍‌ପିତା ଓ ଜଗନ୍ମାତା ସଂକ୍ରାନ୍ତେ ଅଶ୍ଳୀଳବର୍ଣ୍ଣନା ପାଠ କରା ଏକାନ୍ତ ଅନୁଚିତ ବିବେଚନା କରିଆ ଲୋକେରା 'କୁମାରସମ୍ଭବେ'ର ଶେଷ ଦଶ ସର୍ଗେର ଅନୁଶୀଳନ ରହିତ କରିଆଛେ । ଏକାଦଶ ହଇତେ ସପ୍ତଦଶ ଅବଧ୍ ଅଶ୍ଳୀଳ ବର୍ଣ୍ଣନା ଲେଶ ମାତ୍ର ନାଇ । କିନ୍ତୁ ନବମ, ଦଶମ ଏଇ ତିନି ସର୍ଗେର ଦୋଷେ ଇହାରାଓ ଏକେବାରେ ବିଲୁପ୍ତପ୍ରାୟ ହୋଇଆଛେ ।" ('ବସୁମତୀ' ସଂସ୍କରଣ କାଳିଦାସ ଗ୍ରନ୍ଥାବଳୀ)

ଖାଲି ହରପାର୍ବତୀଙ୍କ ଭଳି ଜଗତ୍‌ପିତା ଓ ଜଗନ୍ମାତାଙ୍କ ସଂଭୋଗବର୍ଣ୍ଣନା ଯେ ଦୃଷଣୀୟ ଏବଂ ଅନ୍ୟମାନଙ୍କ ବିହାର ବର୍ଣ୍ଣନା ଅଶ୍ଳୀଳତା ଦୋଷ ଦୁଷ୍ଟ ନୁହେଁ, ଏ କଥା ସ୍ୱୀକାର୍ଯ୍ୟ ନୁହେ । ମହାକବି ଉପେନ୍ଦ୍ରଭଞ୍ଜ ପ୍ରଣୀତ 'ପ୍ରେମସୁଧାନିଧ୍' କିମ୍ବା 'ଲାବଣ୍ୟବତୀ'ର ନାୟକନାୟିକା ଦେବତା କିମ୍ବା ଦେବୀ ନୁହନ୍ତି; ସାଧାରଣ ମଣିଷ ମାତ୍ର । ତଥାପି ସଂଭୋଗର ଚିତ୍ର ଯେଉଁଠି ଅଶ୍ଳୀଳତାରେ ପର୍ଯ୍ୟବେସିତ ହୋଇଛି, ସେଠି ସାଧାରଣ ପାଠକ-ରୁଚି ପ୍ରତିବାଦ କରିବାକୁ ବାଧ୍ୟ । ଯଦୁମଣି କିନ୍ତୁ ମଧୁଶର୍ଯ୍ୟା ପୂର୍ବରୁ 'ପ୍ରବନ୍ଧ ପୂର୍ଣ୍ଣଚନ୍ଦ୍ର'ର ଇତି କରି ସାଧାରଣ ପାଠକସମାଜର କୃତଜ୍ଞତାଭାଜନ ଓ ଧନ୍ୟବାଦାର୍ହ ହୋଇଛନ୍ତି ।

ପାଣ୍ଡାତ୍ୟରେ ମଧ୍ୟ ("Lady Chatterley's Lover") ଭଳି ଉତ୍କଟ ଆଦିରସାତ୍ମକ ରଚନା ବେଳେବେଳେ ଦେଖାଯାଇଥାଏ; ହେଲେ, ସମାଜ ଏ ପୁସ୍ତକକୁ ବରଦାସ୍ତ କରିପାରି ନାଇଁ । ଏହା ଜନ୍ମ ହେବା ସମୟରୁ ଆଜି ପର୍ଯ୍ୟନ୍ତ ପ୍ରାୟ ୩୫

ବର୍ଷକାଳ ବାଜ୍ୟାପ୍ତ ହୋଇଥିଲା । ପ୍ରଣେତା ଟି.ଏସ୍.ଲରେନ୍ସଙ୍କର ଉକ୍ତ ଯୌନଆରାଧନା ଏ ବହିଟିରେ ମୂର୍ଭି ପରିଗ୍ରହ କରିଛି । ଅନେକ ସମାଲୋଚକଙ୍କ ମତରେ ଉକ୍ତ ଯୌନ– ଆରାଧନା ଦୃଷ୍ଟିରୁ ବହିଟିକୁ (Sexual) ପରିବର୍ଭରେ (phalic) (ଯୌନପୂଜା) ପର୍ଯ୍ୟାୟର ବୋଲି କହିବା ଅଧିକ ସଙ୍ଗତ ହେବ । ଜେମ୍ସ୍ ଜୟସଙ୍କର ("Ulysses") ମଧ୍ୟ ବହୁକାଳ ବାଜ୍ୟାପ୍ତ ହୋଇ ରହିଥିଲା । ପାଶ୍ଚାତ୍ୟରେ ମଧ୍ୟ ପର୍ନୋଗ୍ରାଫିକ୍ ରଚନାର ଆବିର୍ଭାବ ଦେଖାଦେଇଥାଏ ।

ଜେମ୍ସ୍ ଜୟସଂକ ପ୍ରଣୀତ ("Ulysses") ବହିଟିକୁ ଅନ୍ୟ ଯେକୌଣସି ପର୍ନୋଗ୍ରାଫିକ ରଚନା ପର୍ଯ୍ୟାୟରେ ଅନ୍ତର୍ଭୁକ୍ତ କରିବା ଠିକ୍ ହେବ ନାଇ । ଏ ବହିଟି 'ଟ୍ୟରିଫ୍ ଆକ୍ଟ', ୧ ୯୩୦ରୁ ୩୦ ୫ ଧାରା ଅନୁଯାୟୀ ପ୍ରଥମେ ବାଜ୍ୟାପ୍ତ ହୋଇଥିଲା । କିନ୍ତୁ ବାଜ୍ୟାପ୍ତ ହେଲେ ମଧ୍ୟ ଏହାର ଲୋକପ୍ରିୟତା ବା ସାହିତ୍ୟିକ ମୂଲ୍ୟ କିଛି ହେଲେ କମି ନଥିଲା; ବରଂ ବଢ଼ିଥିଲା । ଏ ସଂପର୍କରେ ରବୀନ୍ଦ୍ରନାଥଙ୍କର 'ମଦନ ଭସ୍ମେର ପରେ' କବିତାର ଗୋଟିଏ ଧାଡ଼ି ମନେପଡ଼େ–

"ପଞ୍ଚଶରେ ଦଗ୍ଧ କରେ କରେଛ ଏ କି ସନ୍ନ୍ୟାସୀ,

ବିଶ୍ୱମୟ ଦିୟେଛ ତାରେ ଛଡ଼ାୟେ....."

ସେ ଯାହା ହେଉ, ଏପିଲ୍‌ରେ ବହିଟି ଉପରୁ ନିଷେଧାଜ୍ଞା ଉଠାଇନିଆଗଲା । ଏପ୍ରିଲ୍‌ରେ ରାୟ ଦେଇ ଜଜ୍ ଲେଖ୍‌ଛନ୍ତି–

"James Joyce, the author of 'Ulysses', may be regarded as a pioneer among those writers, who have adopted the so called 'Stream of Consciousness' method of presentation, which has attracted considerable attention in academic and literary circles. In this field 'Ulysses' is rated as a book of considerable power among person whose opinions are entitled to weight. Indeed it has become a sort of contemporary classic, dealing with a new subject-matter. It attempts to depict the thoughts and lay bare the souls of a number of people, some of them are intellectuals, and some social outcasts, and nothing more, with a literalism that leaves nothing unsaid."

ପୁଣି ଲେଖ୍‌ଛନ୍ତି–

".... his book shows originality and excellent craftmanship of a sort. The question before us is whether such a book of artistic merit and scientific insight should be regarded as "obscene" within section 305 (a) of the Tariff Act."

ଶେଷରେ ଲେଖ୍ନ୍ତି–

"We think that 'Ulysses' is a book of originality and sincerity of treatment and that it has not the effect of promoting lust. Accordingly it does not fall within the statute, even though it justly may offend many."

(Augustus N.Hand, Circuit Judge)

ଜଜ୍‌ମେଣ୍ଟର ଶୀର୍ଷକ ଏହିପରି–
THE DECISION OF THE UNITED
STATES COURT OF APPEALS
Rendered, August 7, 1937. United states of America Libellant Appelant-
Vs
One book entitled 'Ulysses' by James Joyce, Randam House. Inc. Claimant Appelant.
BEFORE: AUGUSTUS N. HAND AND MANTON, L.HAND...
CIRCUIT JUDGES.

(ପ୍ରକାଶଥାଉ କି, ଜଜ୍‌ ମ୍ୟାନ୍‌ଟନ୍‌ ଓ ହ୍ୟାଣ୍ଡ ଏଥ୍‌ରେ ଏକମତ ହୋଇ ନପାରି ଡିପ୍ଲେଷ୍ଟିଙ୍‌ ନୋଟ୍‌ ଦେଇଥିଲେ ।

ଅଶ୍ଳୀଳତା ଆଧୁନିକ ସମାଜ, ଆଧୁନିକ ରୁଚିର ପରିପନ୍ଥୀ । ପ୍ରାଚୀନ କାବ୍ୟରେ ଏହାର ପ୍ରାଧାନ୍ୟର କାରଣ ତତ୍‌କାଳିନ ସାମାଜିକ ପରିବେଶ ଏବଂ ସାହିତ୍ୟିକ ଆବେଷ୍ଟନା । ଶୃଙ୍ଗାରରସହିଁ ସେତେବେଳେ ମୁଖ୍ୟ ରସରୂପେ ସମାଜରେ ପରିଗଣିତ ହେଉଥିଲା । ଯାର ଅସଲ କାରଣ ଥିଲା, କବିମାନେ ଜଣେ ଜଣେ ରାଜା କିମ୍ବା ଭୂମ୍ୟଧିକାରୀଙ୍କୁ କେନ୍ଦ୍ର କରି ତିଷ୍ଠି ରହୁଥିଲେ । ନିଜର ପୃଷ୍ଟପୋଷକ ଓ ତାର ସାଙ୍ଗପାଙ୍ଗମାନଙ୍କ ମନୋରଞ୍ଜନ କରି କବିକୁ ଜୀବିକା–ନିର୍ବାହ କରିବାକୁ ପଡୁଥିଲା । କବିସୂର୍ଯ୍ୟ ତାଙ୍କ ପୃଷ୍ଟପୋଷକ ଅଷ୍ଟଦୁର୍ଗ ରାଜାଙ୍କର ପାଲିତାକନ୍ୟା 'ଚନ୍ଦ୍ରକଳା'କୁ ଉପଜୀବ୍ୟ କରି ରାଜାଙ୍କର ଆଦେଶ ଅନୁସାରେ 'ଚନ୍ଦ୍ରକଳା' ନାମକ କାବ୍ୟଟି ରଚନା କରିବା ଲାଗି ମନ ବଳାଇଥିଲେ । କିନ୍ତୁ ନାୟିକା ଅକାଳମୃତ୍ୟୁମୁଖରେ ପଡ଼ିବା ପରେ ଏ କାବ୍ୟରଚନା ଅସଂପୂର୍ଣ୍ଣ ରହିଗଲା ।

ତେଣୁ ଏଥ୍‌ପାଇଁ ଆମର ଆରାଧ୍ୟ ପୂର୍ବସୂରିମାନଙ୍କୁ ଦୋଷ ନଦେଇ ସେ କାଳର ସାମନ୍ତବାଦୀ ସମାଜବ୍ୟବସ୍ଥା ଏବଂ ତତ୍‌କାଲୀନ ସାହିତ୍ୟିକ ଆବହ ଓ ଆବେଷ୍ଟନୀକୁ ହିଁ ଦୋଷ ଦେବା ସମୀଚୀନ ।

କବିର ଅସହାୟତା–

କବିର ଅସହାୟତା ସବୁ ଦେଶରେ ଊଣା ଅଧିକେ ଥିଲେ ମଧ୍ୟ ଆମ ଓଡ଼ିଶାରେ ତାହା କଳ୍ପନାର ସୀମା ଟପିଯାଇଛି। ଜାପାନରେ ଦେଖିଥିଲି, ସେଠାରେ ସାହିତ୍ୟିକମାନେ ସମାଜର ସବୁଠାରୁ ଉଚ୍ଚତମ ଆୟକାରୀ ଶ୍ରେଣୀର ଅନ୍ତର୍ଗତ। ଜାପାନର ଦୁଇଜଣ ଲେଖକଙ୍କର ଆୟ ସେଠାରେ ସର୍ବେଙ୍ଚ ଆୟ କରୁଥିବା ବ୍ୟକ୍ତିଙ୍କ ଆୟରୁ ମଧ୍ୟ ଅଧିକ। ଏଥିରୁ ସେ ଦେଶର ମସ୍ୟଜୀବୀମାନଙ୍କର ଆର୍ଥିକ ସ୍ୱଚ୍ଛଳତାର ଚେହେରା ସହଜରେ ବୁଝି ହେବ। ରୁଷ୍ ଦେଶରେ ଅଧିକାଂଶ ବହିପତ୍ର ସରକାରୀ ସୂତ୍ରରେ ଛାପା ଓ ବିକ୍ରି କରାଯାଇଥାଏ। ସେ ଦେଶରେ ଖଣ୍ଡେ ଖଣ୍ଡେ ବହିର କାଟତି କୋଟି-ସଂଖ୍ୟା ଟପିଯାଉଥିବାର ସମ୍ବାଦ ପାଉଁ। ଆମ ଓଡ଼ିଶାରେ ସାହିତ୍ୟିକ ତାର ସାହିତ୍ୟ ଉପରେ ଏକାନ୍ତ ନିର୍ଭର କରି ଜୀବିକା-ନିର୍ବାହ କରୁଥିବା ଦୃଷ୍ଟାନ୍ତ ଅତି ବିରଳ। କେବଳ ପାଠ୍ୟପୁସ୍ତକ ପ୍ରଣୟନକାରୀଙ୍କ ଛଡ଼ା ଅନ୍ୟ କାହାର ସେ ସୌଭାଗ୍ୟ ହୋଇଛି ବୋଲି ମୋତେ ଜଣାନାହିଁ। ଏହା ଯେ ଖାଲି ଆଧୁନିକ କବିଙ୍କ ସମ୍ବନ୍ଧରେ ସତ୍ୟ, ତା ନୁହେଁ; ଊଣା-ଅଧିକେ ସବୁ କବି ହିଁ ଦୁଃସ୍ଥ ଆର୍ଥିକ ଅବସ୍ଥା ଭିତରେ ଜୀବନ ବିତାଇବାକୁ ବାଧ୍ୟ ହୁଅନ୍ତି। ତେଣୁ ସାହିତ୍ୟ ଆମ ଦେଶରେ ହୋଇପଡ଼ିଛି ଅବସରର ସାମଗ୍ରୀ। ଯେଉଁମାନେ ଆଜି ସାହିତ୍ୟିକ ପଦବାଚ୍ୟ, ସେମାନେ ହୁଏତ ପ୍ରଫେସର, ଓକିଲ, କିରାନି, ମାଜିଷ୍ଟେଟ କିମ୍ବା ଜୀବନସଂଗ୍ରାମର ଅନ୍ୟ କିଛି ଭୂମିକାରେ ଅବତୀର୍ଣ୍ଣ। ଏହାର ଏକମାତ୍ର କାରଣ, ସାଧାରଣ ଗ୍ରାହକତାର ଅଭାବ, –ପାଠକର ବହି କିଣିବା ପାଇଁ ବୀତସ୍ପୃହତା। ଏଭଳି ଅସହାୟ ଅବସ୍ଥା ଭିତରେ ଲେଖକକୁ ଚାଲିବାକୁ ହୁଏ ଅନିଶ୍ଚିତ ପଦକ୍ଷେପରେ। ତାର ସାହିତ୍ୟିକ ଭବିଷ୍ୟତ୍ ସମ୍ବନ୍ଧରେ ସେ ନିଜେ ସବୁଠାରୁ ବଳି ଅନିଶ୍ଚିତ ଓ ନୈରାଶ୍ୟବାଦୀ।

ଭାରତ ବାହାରେ ଲୋକେ ହୁଏତ ଆମ ଲେଖକମାନଙ୍କର ଆର୍ଥିକ ଦୁରବସ୍ଥା କଥା କଳ୍ପନା କରିପାରିଲେ ନାହିଁ। ୧୯୫୫ରେ ଆମେରିକାର ହାର୍ଭାର୍ଡ ବିଶ୍ୱବିଦ୍ୟାଳୟଙ୍କ ନିମନ୍ତ୍ରଣକ୍ରମେ ସେଠାରେ ଅନୁଷ୍ଠିତ ହୋଇଥିବା 'ଆନ୍ତର୍ଜାତିକ କଳାବିଜ୍ଞାନ ସେମିନାର'ରେ ଆମ ଦେଶର କବିଗୋଷ୍ଠୀର ଆର୍ଥିକ ସ୍ଥିତି ସମ୍ବନ୍ଧରେ ମୁଁ ସୂଚନା ଦେଲାବେଳେ ମୋର ଅନେକ ୟୁରୋପୀୟ, ଆମେରିକାନ୍ ତଥା ଜାପାନୀ ବନ୍ଧୁ ମୋ କଥାରେ ଆଶ୍ଚର୍ଯ୍ୟ ହୋଇଯାଇଥିଲେ। ଆମର ଜଣେ ଶ୍ରେଷ୍ଠ କବିର ଆୟ (ବହିରୁ) ଜଣେ ମୋହରିର ଆୟଠାରୁ ମଧ୍ୟ କମ୍।

ଏଭଳି ସାଂସ୍କୃତିକ ଅପଗ୍ରସରତା ଆମ ଦେଶର ସମାଜ ପାଠକଶ୍ରେଣୀ ପ୍ରତି ଏକ ମସ୍ତବଡ଼ କଟାକ୍ଷ, ଏଥିରେ ସଦେହ ନାହିଁ।

ସମାଜ ଓ ସାହିତ୍ୟ –

ସଭାସମିତିରେ ଯନ୍ତ୍ରତନ୍ତ୍ର ଅନେକ ଆଧୁନିକ କବିଙ୍କୁ ମଧ୍ୟ କହିବାର ଶୁଣାଯାଏ ଯେ, ଆଧୁନିକ କବିତା ବଜାରରେ ଅଚଳ; ତେଣୁ କବିର ଦୁରବସ୍ଥା ପାଇଁ ସେ ନିଜେ ହିଁ ଦାୟୀ । ଏସବୁ କବିତାର ଭାବ ଓ ଭାଷା ବହିରାଗତ; ତେଣୁ ଏ ଦେଶର ପାଠକ ସମାଜ ତାହା ପ୍ରତ୍ୟାଖ୍ୟାନ କରିଥାନ୍ତି । ଏଥି ସକାଶେ ପାଠକକୁ ଦୋଷ ଦେବା ଠିକ୍ ନୁହେଁ ।

ଏପ୍ରକାର ଯୁକ୍ତି ଶୁଣି ସ୍ତମ୍ଭିତ ହେବାକୁ ହୁଏ । ଏହା ନିଜ ଗୋଡ଼ରେ ନିଜେ କୁରାଢ଼ି ମାରିବା ଭଳି ଏକ ଆତ୍ମଘାତୀ ନୀତି ।

ଆଧୁନିକ କବିଙ୍କ କଥା ପଛକୁ ଥାଉ । ଯେଉଁ କବିମାନେ ବୟସରେ ସମସାମୟିକ ହେଲେ ମଧ୍ୟ ରଚନାଦୃଷ୍ଟିରୁ ପରମ୍ପରାବାଦୀ, ସେମାନଙ୍କର ବହିର କାଟତି ବା କଣ ? ସ୍ୱର୍ଗୀୟ ପ୍ରାଣକୃଷ୍ଣ ସମାଲ ଓ ବି. ବର୍ମାଙ୍କ ପ୍ରେତାତ୍ମା ଆଜି ମୋ କଥାର ସାକ୍ଷ୍ୟ ଦେବେ । ସ୍ୱର୍ଗୀୟ ପଦ୍ମଚରଣଙ୍କ ଅବସ୍ଥା ଶେଷ ବେଳକୁ କଣ ହୋଇଥିଲା ? ଏମାନେ ତ କେହି ଆଧୁନିକ କବି ନଥିଲେ । ଏମାନେ ସମସ୍ତେ ଥିଲେ ପ୍ରଚଳିତ ଧାରାର କବି; ମାତ୍ର ସେମାନେ ସମାଜଠାରୁ କଣ ପ୍ରତିଦାନ ପାଇଥିଲେ ? ବିନା ଚିକିତ୍ସା, ବିନା ପଥ୍ୟରେ ସେମାନଙ୍କୁ ଅକାଳମୃତ୍ୟୁ ବରଣ କରିବାକୁ ପଡ଼ିଲା । ଏଥିପାଇଁ ଦାୟୀ କ'ଣ ଏ ଦେଶର ଗ୍ରାହକତା ନୁହେଁ ? ସେମାନେ କେହି ତ ଆଧୁନିକ ରୀତିରେ କବିତା ଲେଖୁ ନଥିଲେ । ସେମାନେ ପ୍ରଚଳିତ ଶୈଳୀରେ ପାରମ୍ପରିକ ବିଷୟବସ୍ତୁ ଉପରେ ହିଁ କାବ୍ୟରଚନା କରିଯାଇଛନ୍ତି ଏବଂ ଖୁବ୍ ଭଲ କବିତା ବି ଲେଖିଛନ୍ତି ।

ଯେଉଁମାନେ ଆଜି ସବୁ ଦୋଷ 'ଆଧୁନିକ'କ ଉପରେ ଲଦିଦେଉଛନ୍ତି, ମୁଁ ପଚାରେ, ସେମାନେ ତ ନିଜେ ଆଧୁନିକ ନୁହନ୍ତି, ସେମାନେ ତ ପ୍ରଚଳିତ ଧାରା ପଥିକ, ସେମାନଙ୍କର ଆର୍ଥିକ ସ୍ଥିତି ଆଜି କଣ ଏବଂ କଣ ହେବା ଉଚିତ୍ ଥିଲା ଆଧୁନିକ କବିବର ଜାହାନ୍ନାମକୁ ଯାନ୍ତ; ମାତ୍ର ଆଧୁନିକ ନ ହୋଇ ଏମାନେ ଅନ୍ତତଃ ଯଦି ସୁଖରେ ରହନ୍ତେ, ସେମାନଙ୍କ ସୌଭାଗ୍ୟରେ ଆମେ ନିଶ୍ଚୟ ଆନନ୍ଦିତ ହୁଅନ୍ତୁ; ନିଜକୁ କୃତ୍ୟକୃତ୍ୟ ମନେକରନ୍ତୁ । କିନ୍ତୁ ତା କ'ଣ ହେଉଚି ?

ତେଣୁ ଅସଲ ପ୍ରଶ୍ନଟାକୁ ବାଁଚାଲିଆ କରିବା ପାଇଁ କେତେକ ଲୋକ ସଭାସମିତିରେ ଯାହା କହନ୍ତୁ ପଛକେ, ସେହି ପ୍ରଶ୍ନଟାର ସମାଧାନ ସେ ଦିଗରେ ନାହିଁ; ଏହା ସତ୍ୟକୁ ଆଖ୍ଠାର ମାରିବା ମାତ୍ର । ବାସ୍ତବତାକୁ ଫାଙ୍କି ଦେବା ପାଇଁ ଚେଷ୍ଟା କରିବା ଅର୍ଥ ବାସ୍ତବତାକୁ ଜୟ କରିବା ନୁହେଁ, ତା'ର କିଙ୍କର ହେବା ମାତ୍ର; ଏ ସରଳ ସତ୍ୟତା ବୁଝିବା ପାଇଁ ଆଉ କେତେ ଯୁଗ ଲାଗିବ !!

ଏକ ତୁଳନାତ୍ମକ ଚିତ୍ର ଦିଆଯାଇପାରେ । ଜାପାନର ଜଣେ ଜଣେ ଲେଖକର ଆୟ ଆମ ଦେଶର ବିରାଳାମାନଙ୍କ ଆୟଠାରୁ ମଧ ଅଧିକ; ଏକଥା ପୂର୍ବରୁ କହିଚି । ରୁଷ ଦେଶର ଲେଖକଶ୍ରେଣୀ ସେ ଦେଶର ସ୍ୱଚ୍ଛଳତମ ଲୋକଙ୍କ ଭିତରେ ଅନ୍ୟତମ । ସେଠାରେ ବରଂ ରାଷ୍ଟ୍ରନିୟନ୍ତ୍ରଣ ଅଛଇ; କିନ୍ତୁ ଜାପାନରେ ତ ମୁକ୍ତସମାଜ, କୌଣସି ନିୟନ୍ତ୍ରଣ ନାଇଁ । ଘର ପାଖରେ ମାନ୍ଦ୍ରାଜର "ଆନନ୍ଦ ନିକେତନ" ସାପ୍ତାହିକ ସାହିତ୍ୟ ପତ୍ରିକାଟିର ଆୟରୁ 'ଜେମିନୀ ଷ୍ଟୁଡ଼ିଓ' ଭଳି ଏକ ବିରାଟ ପ୍ରତିଷ୍ଠାନ ଗଢ଼ିଉଠିପାରିଲା । ଏହା ତ ଆମର ପ୍ରତ୍ୟକ୍ଷ ଦର୍ଶନର କଥା । ଅନ୍ୟ ଏକ ତାମିଲ୍ ସାପ୍ତାହିକ 'କଲ୍‌କି' ମଧ୍ୟ ସମୃଦ୍ଧିର ଉଚ୍ଚତମ ଶିଖରରେ ଆସୀନ । ଏ କଥା ମୁଁ ନିଜେ ଥରେ ଏଇ ପତ୍ରିକାର ସ୍ୱତ୍ୱାଧିକାରିଣୀ (ସଂଗୀତ-ସାମ୍ରାଜ୍ଞୀ) ଶୁଭଲକ୍ଷ୍ମୀଙ୍କର ନିମନ୍ତ୍ରଣକ୍ରମେ ଏ ଅନୁଷ୍ଠାନ ପରିଦର୍ଶନ କଲାବେଳେ ଦେଖିପାରିଥିଲି । ଦେଖି ସ୍ତମ୍ଭିତ ହୋଇଥିଲି । ଏମାନଙ୍କ ସଙ୍ଗେ ଆମ ଦେଶର ପତ୍ରପତ୍ରିକା ବା ପୁସ୍ତକମାନଙ୍କ ଅବସ୍ଥା ତୁଳନା କଲେ ଅବସାଦରେ ମ୍ରିୟମାଣ ହେବାକୁ ପଡ଼େ ।

ଆମ ଦେଶର ସାହିତ୍ୟ-ଦୃଶ୍ୟ ଏ ସବୁର ତୁଳନାରେ କିପରି ଦେଖାଯାଏ ? ଆମ ଦେଶର ଲେଖମାନେ ଜୀବିକା ଅର୍ଜନ ନିମନ୍ତେ ଅନ୍ୟତ୍ର ଚାକିରି କରିବେ, ଅବସରବେଳେ ସମୟ ମିଳିଲେ ସାହିତ୍ୟ ରଚନା କରିବେ, ପୁଣି ଯାହା ବା ପ୍ରକାଶକମାନଙ୍କ ମର୍ଜିରୁ ସେଥିରୁ ଆୟ ହେବ, ତାହା ବର୍ଷକର ପଚିଶ ଭାଗ ସମୟରେ ଖରଚକୁ ମଧ ନିଅଣ୍ଟ-ଏହା କିପରି ବେଖାପ ଆଉ ବେସୁରା ଜଣାପଡ଼େ ! !

ତଥାପି ଆମର ଆଖି ଖୋଲିବା ପାଇଁ ଅନ୍ୟ ଶ୍ରେଣୀ ଲୋକଙ୍କୁ ଆସି ଆମ ପାଇଁ ବକ୍ତୃତା ଦେବାକୁ ହେବ । ଆଉ ଆମେ ଲେଖକମାନେ ପରସ୍ପର ଦୋଷ ଖୋଜିବୁଲିବୁଁ, ଅସଲ ସମସ୍ୟାଟିର ସମାଧାନ କରିବା ପାଇଁ ଚେଷ୍ଟା କରିବୁ ନାଇଁ, ଏହା ତତୋଽଧିକ ଦୁର୍ଭାଗ୍ୟର କଥା ନୁହେ କି ?

ଆମ ଦେଶର ଲୋକେ ଯେ ପର୍ଯ୍ୟନ୍ତ ସାହିତ୍ୟକୁ ତାର ପ୍ରକୃତ ମର୍ଯ୍ୟାଦା ଦେବାକୁ ଶିଖିନାହାନ୍ତି, ସେ ପର୍ଯ୍ୟନ୍ତ ଦେଶରେ ସାହିତ୍ୟର ଭବିଷ୍ୟତ୍ ଅନ୍ଧକାରଚ୍ଛନ୍ନ, ବିପର୍ଯ୍ୟସ୍ତ । ଅଥଚ ଏହି ସାହିତ୍ୟ ହିଁ ହେଉଚି ଜାତିର ପ୍ରତିଭା ତଥା ପଟିଆରାର ଦର୍ପଣ । ଇଂରେଜ ଜାତି ତାର ଅବିଶ୍ୱସାମ୍ରାଜ୍ୟ ଅପେକ୍ଷା ସେକ୍‌ସପିଅରଙ୍କୁ ଅଧିକ ମୂଲ୍ୟ ଦେଇଥିଲା । ଆଉ ଆମ ଲେଖକମାନଙ୍କର ସାମାଜିକ ମୂଲ୍ୟ ଯେକୌଣସି ମଧ୍ୟବିଉଠାରୁ ମଧ ନ୍ୟୁନ, ଏହାଠାରୁ ବଳି ଲଜ୍ଜା ଓ ପରିତାପର କଥା ଆଉ କଣ ହୋଇପାରେ ?

ସାହିତ୍ୟ ସବୁ ଯୁଗରେ ନିଜର ସମୃଦ୍ଧି ପାଇଁ ସମାଜର ଅପେକ୍ଷା ରଖିଆସିଛି;

କାରଣ ଏହା ଏକ ସମାଜନିରପେକ୍ଷ ବିଚ୍ଛିନ୍ନ ବସ୍ତୁ (Phenomenon) ନୁହେଁ। ତେଣୁ ସମାଜର ଗ୍ରାହକତା ଓ ପୋଷକତାକୁ ବାଦ୍ ଦେଇ ଏ ଅନୁଷ୍ଠାନଟିର ସ୍ଥିତି ବା ବିକାଶର କଳ୍ପନା କରାଯାଇ ନ ପାରେ। ସମାଜ ଯଦି ଜୀବନ୍ତ ସାହିତ୍ୟିକମାନଙ୍କ ପ୍ରତି ତାର ଯଥାର୍ଥ କର୍ତ୍ତବ୍ୟ ସଂପାଦନ ନ କରେ, ତା'ହେଲେ ସେମାନଙ୍କର ମୃତ୍ୟୁପରେ କେବଳ ଶୋକସଭା କିମ୍ବା ସେମାନଙ୍କର ତୈଳଚିତ୍ର ଉନ୍ମୋଚନ କଲେ କାହାର କିଛି ଯିବ ଆସିବ ନାହିଁ। ସମାଜ ସାହିତ୍ୟପ୍ରତି ନିଜର ଯୋଗ୍ୟ କର୍ତ୍ତବ୍ୟ ସମ୍ବନ୍ଧରେ ଆଜହୁଁ ସଚେତନ ହେଉ, ଏହାହିଁ ପ୍ରତ୍ୟେକ ସାହିତ୍ୟପ୍ରେମୀର କାମନା।

ସମାଜର ଅପରାଧମୂଳକ ଔଦାସୀନ-

ଓଡ଼ିଆ ସାହିତ୍ୟର କ୍ଷୀଣ ଜୀବନୀଶକ୍ତି ଦୁର୍ଗତି ପରିଣତି ପାଇଁ ସମାଜ ଯେ ମୁଖ୍ୟତଃ ଦାୟୀ, ଏକଥା ମୁଁ ଦୃଢ଼ଭାବରେ କହିବାକୁ ପ୍ରସ୍ତୁତ। ଆଧୁନିକ କବିତା ଦୁର୍ବୋଧ, ଅବୋଧ କିମ୍ବା ଅନୁକରଣସର୍ବସ୍ୱ ହୋଇଯାଉଛି ବୋଲି ଏହା ସମାଜରେ ଆଦର ପାଉ ନାହିଁ, ଏକଥା ଆଂଶିକ ସତ୍ୟ ହେଲେ ମଧ୍ୟ ସାହିତ୍ୟ ପ୍ରତି ସମାଜର ଅପରାଧମୂଳକ ଅବହେଳାକୁ ଘୋଡ଼ାଇ ଦେବା ପକ୍ଷରେ ଏହା ଯଥେଷ୍ଟ ନୁହେ। ଏହାର କାରଣ ଆଗରୁ କହିଛି। ଓଡ଼ିଶାରେ ଖାଲି ଯେ ଆଧୁନିକ କବିତା-ଲେଖକଙ୍କ ଅବସ୍ଥା ଖରାପ ବା ସେମାନଙ୍କ ବହି ଯଥେଷ୍ଟ ସଂଖ୍ୟାରେ ବଜାରରେ ବିକ୍ରି ହେଉ ନାହିଁ, ଏପରି ନୁହେଁ। ଯେଉଁମାନେ ପ୍ରଚଳିତ ଗୀତିରେ କାବ୍ୟ-କବିତା ବା ଗଳ୍ପ-ଉପନ୍ୟାସ ଲେଖୁଛନ୍ତି, ସେମାନଙ୍କ ଅବସ୍ଥା ମଧ୍ୟ ଶୋଚନୀୟ; ବରଂ କେଉଁଠି ବେଶୀ ଶୋଚନୀୟ।

ତେଣୁ ଅସଲ ସମସ୍ୟାର ସାମନା ନ କରି ସ୍ଥାନ-ଅସ୍ଥାନରେ ଖାଲି ଆଧୁନିକ ସାହିତ୍ୟିକୁ ବିତ୍‌ଦାଣ୍ଡକୁ ଭିଡ଼ିଆଣି ତାକୁ ବିବସ୍ତ୍ର କଲେ ସମାଜର ଏ ପାପ ଢାଁକି ହୋଇଯିବ ନାହିଁ କି ଦୁର୍ଗତ ଲେଖକମାନଙ୍କର ଭାଗ୍ୟ ଖୋଲିଯିବ ନାହିଁ। କେବଳ ପାଠ୍ୟପୁସ୍ତକ-ଲେଖାଲିମାନଙ୍କୁ ଛାଡ଼ିଦେଲେ ଆଉ କୌଣସି ଓଡ଼ିଆ କବି ବା ଲେଖକ, -ସେ ନୂଆ ଶୈଳୀରେ ଲେଖନ୍ତୁ ବା ପୁରୁଣା ଶୈଳୀରେ ଲେଖନ୍ତୁ, ଭଲ ଅବସ୍ଥାରେ ଅଛନ୍ତି ବୋଲି କୁହାଯାଇ ନ ପାରେ। ଏପରି ସ୍ଥଲେ ସମାଜ ଛଡ଼ା ଆଉ କାହାକୁ ଏଥିପାଇଁ ଦାୟୀ କରାଯିବ, ତାହା ମୋ କଳ୍ପନାକୁ ଆସୁନାହିଁ।

ଆଜି ଯେଉଁମାନେ କଥାକଥାରେ ଆଧୁନିକ କବିତାକୁ ଦୋଷ ଦେଉଛନ୍ତି, ମୁଁ ସେମାନଙ୍କୁ ପଚାରେଁ, ସେମାନେ ତ ପରମ୍ପରାର ପୂଜାରୀ; କିନ୍ତୁ ସେମାନେ ଆଜି ସମାଜର କେଉଁ ସ୍ତରରେ ଅଛନ୍ତି ? ଘଡ଼ିର ପେଣ୍ଡୁଲମ୍ ପରି ପାଠ୍ୟପୁସ୍ତକଲେଖା ଓ ସାହିତ୍ୟ ରଚନା

ମଧ୍ୟରେ ଘୂରି ପାକ୍‌ ଖାଲ ଜୀବନଯାପନର କେଉଁ ସ୍ତରରେ ସେମାନେ ଆଜି ପହଞ୍ଚିପାରିଛନ୍ତି ? ଅନ୍ୟ ସଭ୍ୟଦେଶମାନଙ୍କରେ ପ୍ରାଥମିକ ଅବସ୍ଥାରେ ଜଣେ ନୂତନ ଲେଖକ ବା ଚିତ୍ରଶିଳ୍ପୀକୁ ଅନେକ ସଂଘର୍ଷ କରିବାକୁ ପଡ଼ିଥାଏ ସତ, କିନ୍ତୁ ଥରେ ପ୍ରତିଷ୍ଠିତ ହୋଇଗଲେ ତାକୁ ଆଉ ଅର୍ଥାଗମ ପାଇଁ ଚିନ୍ତା କରିବାକୁ ପଡ଼େ ନାହିଁ।

ବାଣ୍ଡା ଶ’, ନ୍ୟୁଟ୍‌ ହ୍ୟାସମନ୍‌ ଏହାର ଜ୍ୱଳନ୍ତ ଦୃଷ୍ଟାନ୍ତ। ପିକାସୋ, ଯେ କି ପ୍ରଥମ ଅବସ୍ଥାରେ ପ୍ୟାରି ନଗରୀର ଗଳିରେ ଗଳିରେ ଛବି ଫେରି କରି ବୁଲୁଥିଲେ, ଆଜି ତାଙ୍କର ଖଣ୍ଡେ ଖଣ୍ଡେ ଛବି ଯେଉଁ ମୂଲ୍ୟରେ ବିକ୍ରି ହେଉଛି, ସେଥିରେ ଏକ ଜମିଦାରୀ କିଣାଯାଇ ପାରନ୍ତା। ସ୍ୱା. ଶ’ଙ୍କର ସମସ୍ତ ଏସ୍ଟେଟ୍‌ରେ ମୂଲ୍ୟ ଆଜି କୋଟି କୋଟି ଟଙ୍କାରୁ ଊର୍ଦ୍ଧ୍ୱ ହେବ ପଛକେ କମ୍‌ ହେବ ନାହିଁ।

କିନ୍ତୁ ଆମର ଏଠି କି ପ୍ରତିଷ୍ଠିତ, କି ନବାଗତ, କି ଆଧୁନିକ, କି ପ୍ରଚଳିତ ପତ୍ରର ପଥିକ, କି ଧୂଆ ମୂଲା, କି ଅଧୂଆ ମୂଲା ସମସ୍ତଙ୍କର ଅବସ୍ଥା ପ୍ରାୟ ଏକରକମ; ଉଣିଶ୍‌ ବିଶ୍‌ କହିଲେ ଚଳେ।

ତେଣୁ ବାସ୍ତବର ମୁକାବିଲା ନ କରି ନିଜକୁ ନିଜେ ପରାସ୍ତ କରିବା ଦ୍ୱାରା ସମସ୍ୟାର ଯେ ସମାଧାନ ହୋଇ ପାରିବ ନାହିଁ, ଏକଥା ଏଇ ତଥାକଥିତ ଅନାଧୁନିକମାନେ ବେଳ ଥାଉଁ ଥାଉଁ ବୁଝିବା ଦରକାର।

ଯେଉଁମାନେ କାୟମନୋବାକ୍ୟରେ ପ୍ରାଚୀନପନ୍ଥୀ କିୟ। ପୁନର୍ଜୀବନବାଦୀ (revivalist), ସେମାନଙ୍କୁ ମୋର କିଛି କହିବାର ନାହିଁ; କାରଣ ସେମାନଙ୍କ ସହିତ ମୁଁ ଏକମତ ନହେଲେ ମଧ ତାଙ୍କର ବୌଦ୍ଧିକ ସହତି ଓ ସାଧୁତା। ନିକଟରେ ମୁଁ ନତମସ୍ତକ। ଯେପରି କି ବିଛନ୍ଦଚରଣ ପଟ୍ଟନାୟକ। ସେ ଭଲ କରି ଜାଣିଥିଲେ ସେ ସମୟ କେବେ ହେଲେ ପଛକୁ ଫେରେ ନାହିଁ। ବର୍ତ୍ତମାନ ଯୁଗରେ କେହି ଭଞ୍ଜୀୟ ରୀତିରେ କାବ୍ୟରଚନା କରି ଚଳିପାରିବେ ନାହିଁ; କାରଣ ସମୟ ତାହା କରାଇ ଦେବ ନାହିଁ। ତଥାପି ସେ ଥିଲେ ନିଜ କେନ୍ଦ୍ରରେ ଅଟଳ। ସମୟ ବିରୁଦ୍ଧରେ ତାଙ୍କର ଏଇ ଏକକ ସଂଗ୍ରାମ ଓ ତାଙ୍କର ନିଃସଙ୍ଗ ସାହିତ୍ୟସାଧନା ଲେଖକୁ ତାଙ୍କ ପ୍ରତି ଶ୍ରଦ୍ଧାଯୁତ କରିଦିଏ। ମୋର ପୂଜ୍ୟ ଅଧ୍ୟାପକ ଶ୍ରୀ ଆର୍ତ୍ତବଲ୍ଲଭ ମହାନ୍ତି ମଧ ଠିକ୍‌ ଏଇ କାରଣରୁ ମୋର ଅନ୍ତରତମ ଶ୍ରଦ୍ଧାର ଅଧିକାରୀ।

କିନ୍ତୁ ଯେଉଁ କେତେକ ସୁବିଧାବାଦୀ ମଧ୍ୟମପନ୍ଥୀ ଅଛନ୍ତି, ଯେଉଁମାନେ କି କେବଳ ଅନ୍ୟମାନଙ୍କ ଉପରେ ଦାଉ ସାଧିବା ପାଇଁ ଭଞ୍ଜ, ଦୀନକୃଷ୍ଣଙ୍କ ନାମ ଆଉଡାନ୍ତି କିନ୍ତୁ ନିଜେ ସେମାନଙ୍କ ପଦ୍ଧତିର ଧାର ଧାରନ୍ତି ନାହିଁ; ବରଂ ସବୁଜ, ରୋମାଣ୍ଟିକ୍‌ ଓ ଆଧୁନିକ

ମଧ୍ୟରେ ସମୟ ସୁବିଧା ଦେଖ୍ ଦୋଦୁଲ୍ୟମାନ ହେଉଥାନ୍ତି, ସେଇମାନଙ୍କ କଥା ମନେ ପଡ଼ିଲେ ଦେହ ଶୀତେଇ ଉଠେ। ଏମାନେ କେତେବେଳେ ଯେ କାହାର ବିରୁଦ୍ଧରେ ଏବଂ କାହା ସପକ୍ଷରେ ପଞ୍ଚମୁଖ ହୋଇ ଉଠନ୍ତି, ତାହା ସେମାନେ ନିଜେ ମଧ୍ୟ ଜାଣନ୍ତି କି ନାଇଁ ସନ୍ଦେହ।

ଏମାନେ ସେକ୍ସପିଅରଙ୍କ ସେଇ 'ଇୟାଗୋ' ନାମକ ଉପନାୟକଟି ସଙ୍ଗେ ତୁଳନୀୟ, ଯା'ର ପ୍ରଧାନ ଚରିତ୍ର ହେଲା motiveless malignity, ଅର୍ଥାତ୍ ବିନା କାରଣରେ, ବିନା ସ୍ୱାର୍ଥରେ ଏକ ସାତ୍ତ୍ୱିକ ନିରୀହ ହିଂସାରେ ପ୍ରଣୋଦିତ ହୋଇ ଅନ୍ୟର କ୍ଷତି କରିବାରେ ଆନନ୍ଦ ପାଇବା। ମୁଁ ଏମାନଙ୍କର ନେତିମୂଳକ ମନୋଭାବ ଦେଖ୍ ବ୍ୟଥିତ ହୋଇଛି। ଏମାନଙ୍କଠାରୁ ଆହୁରି ଅଧିକ ଦାୟିତ୍ୱଶୀଳତା, ଆହୁରି ଅଧିକ ନିର୍ମାଣମୁଖୀ ଭୂମିକା ଆଶା କରାଯାଏ।

ଓଡ଼ିଆ ସାହିତ୍ୟର ସର୍ବାଙ୍ଗୀନ ଉନ୍ନତି ପ୍ରତ୍ୟେକ ସାହିତ୍ୟପ୍ରେମୀ ତଥା ସାହିତ୍ୟସେବୀର କାମ୍ୟ ହେବା ଉଚିତ। ତେଣୁ ମୋର ସମସ୍ତଙ୍କୁ ଅନୁରୋଧ, ସମସ୍ତେ ଅପାୟ ଚିନ୍ତା ନ କରି ଉପାୟ ଚିନ୍ତା କରନ୍ତୁ, – ଯେଉଁଥିରେ କି ଓଡ଼ିଆ ସାହିତ୍ୟର ଅଚଳ ଓ ଅସହାୟ ଅବସ୍ଥା ଶୀଘ୍ର ଘୁଞ୍ଚିଯାଇ ନୂତନ ସୂର୍ଯ୍ୟୋଦୟ ଦେଖାଦେବ ଏବଂ ଆମ ସାହିତ୍ୟ ବିଶ୍ୱର ଦରବାରରେ ପ୍ରତିଷ୍ଠା ଲାଭ କରିପାରିବ।

ଦିନେ ଏ ଦେଶର ସାହିତ୍ୟ ଓ କଳା କୀର୍ତ୍ତି ସମଗ୍ର ବିଶ୍ୱର ସମ୍ମାନ ଲାଭ କରିଥିଲା। ଦିନେ ଆମର ପୂର୍ବଜମାନଙ୍କର ସୃଜନପ୍ରତିଭା ପୃଥିବୀର କଳାବର୍ତ୍ତମାନଙ୍କର ବିସ୍ମୟ ଉତ୍ପାଦନ କରିପାରିଥିଲା; ଆଜି ତାହା ନ ହୋଇ ପାରିବି କାହିଁକି?

ଆଧୁନିକ ଓ ଅତ୍ୟାଧୁନିକମାନଙ୍କ ପ୍ରତି–

ମୁଁ ଆଧୁନିକତାକୁଇ ସମର୍ଥନ ଜଣାଉଛି; ଆଧୁନିକମାନଙ୍କୁ ନୁହେଁ। ଆଧୁନିକ ଓ ଅତ୍ୟାଧୁନିକମାନଙ୍କ ପାଇଁ ଓକିଲାତି କରିବା ମୋର ଉଦ୍ଦେଶ୍ୟ ନୁହେଁ, ତାହା ସମ୍ଭବ ବି ନୁହେଁ।

ଆଧୁନିକ କବିତା ପ୍ରତି ସମାଜର କର୍ତ୍ତବ୍ୟ ଗୋଟାଏ ଏକତରଫା ଜିନିଷ ନୁହେଁ; ଏହା ଏକ reciprocal ଜିନିଷ। ଏହାକୁ one way traffic ବୋଲି ମନେକରିବା ଉଚିତ ନୁହେଁ। ସମାଜଠାରୁ ଆଧୁନିକ କବିତା ଯେଉଁ ସୌଜନ୍ୟ, ସହନଶୀଳତା ଓ ଗ୍ରାହକତା ଆଶା କରେ, ତା ବଦଳରେ ତା'ର ସମାଜକୁ ଅନେକ କିଛି ଦେୟ ଅଛି। ଆଧୁନିକ କବି ଏ କଥା ଭୁଲିଗଲେ ସମାଜ ପ୍ରତି ଖାଲି ଅନ୍ୟାୟ ନୁହେଁ, ବିଶ୍ୱାସଘାତକତା କରିବ।

କିନ୍ତୁ ବର୍ତ୍ତମାନ ସମକାଳୀନ କବିତା କ୍ଷେତ୍ରରେ ଯେପରି ଅରାଜକତା ଦେଖାଦେଇଛି, ତାହା କେବଳ କାଳିଦାସଙ୍କ 'ରଘୁବଂଶ'ରେ ବର୍ଣ୍ଣିତ ତତ୍କାଳୀନ ଓଡ଼ିଶାର ଅରାଜକତା ସଙ୍ଗେ ତୁଳନୀୟ। "ଉତ୍କଳାଦର୍ଶିତ ପଥଃ କଳିଙ୍ଗାଭିମୁଖଂ ଯଯୌ", ଅର୍ଥାତ୍ ଓଡ଼ିଶାବାସୀଙ୍କର କୌଣସି ରାଜା ନଥିଲେ; ତେଣୁ ରଘୁଙ୍କ ଦିଗ୍‌ବିଜୟ ଆଗରେ କୌଣସି ବାଧା ବା ପ୍ରତିରୋଧ ନଥିଲା। ଚାରିଆଡ଼େ ରାସ୍ତା ସାଫ୍। ବର୍ତ୍ତମାନ ଓଡ଼ିଆ ସାହିତ୍ୟରେ ସେହି ଅବସ୍ଥା ଚାଲିଛି; କେହି କାହାକୁ କହିବାକୁ ନାଇ। ଯାହାର ଯାହା ମନକୁ ଆସିଲା, ସେ ତାହା ଲେଖିଗଲା। କିଏ 'ରିଫ୍ୟୁଜି ବାଳିକା'କୁ ଚାହିଁଲାଣି ତ କିଏ ତେଣେ 'ପ୍ରେମର ଭାତହାଣ୍ଡିରେ ଚାଉଳ ଫୁଟାଇଲାଣି', କିଏ 'ଦୁଧୁଆଳୀ ରାତି ଆଡ଼କୁ ପିଠିକରି ଶୋଇଲାଣି' ତ କିଏ 'ବିଅରରେ ସୋଡ଼ା ମିଶାଇ' ପିଇଲାଣି। ଏଇ ହେଉଛି ଅବସ୍ଥା। ନାନାପ୍ରକାର ବାଥୋ, କ୍ଲିସେ (cliche), କଥକତା (verbosity), ଅଣଓଳା ଶବ୍ଦ (unpolished words) ପ୍ରୟୋଗ ଦେଖିଲେ ମୁଁ ଓଡ଼ିଆରେ ଜଣେ ଆଧୁନିକ କବି ବୋଲି ଲଜ୍ଜାବୋଧ କରେ।

ଅନେକେ ତ ୩-୪ ପୃଷ୍ଠାରୁ କମ୍‌ରେ ଆଉ କବିତା ଲେଖିପାରୁନାହାନ୍ତି। ଚାରିଆଡ଼େ ଯେପରି ସାହାଣ ମେଲା; ଅବାଧ ସ୍ୱରାଜ୍ୟ।

ଆଧୁନିକ କବିତା ଯଦି ଯମକ, ଉପଧା ଓ ଛନ୍ଦର ଧରାବନ୍ଧା କଟକଣାରୁ ମୁକ୍ତି ପାଇଁ ଅବାଧ ଭାବପ୍ରକାଶର ସ୍ୱାଧୀନତା ଯେପରି ହାସଲ କରିଛି, ସେଇପରି ଏଇ ନବଲବ୍‌ଧ ସ୍ୱାଧୀନତାର ସଦୁପଯୋଗ କରି ନ ଜାଣିଲେ ଅଗାଧ ରସାତଳକୁ ଯିବାର ସବୁ ରାସ୍ତା ମଧ ତା' ଆଗରେ ଖୋଲାପଡ଼ିଛି। ଏ ସ୍ୱାଧୀନତା ଏକ ଦିଗରେ ଯେପରି ବିକାଶର ଅଭାବନୀୟ ସୁଯୋଗ ଆଣିଦେଇଛି, ଅନ୍ୟ ଦିଗରେ ସେପରି ତାକୁ ଅବାଚକତା ଓ ବାଜେ ଲେଖାର ବଦନାମ ଅର୍ଜିବାରେ ଭୟ ଓ ବିପଦର ସାମନାସାମନି ଛିଡ଼ା କରାଇ ଦେଇଛି।

ରାଜନୀତିକ୍ଷେତ୍ରରେ ଭାରତର ନବଲବ୍‌ଧ ସ୍ୱାଧୀନତାର ଅଯଥା ଫାଇଦା ଉଠାଇ କେତେକ ପଙ୍ଗପାଳ ଓ ଟାଉଟର ଶ୍ରେଣୀର ଲୋକ ଯେପରି ନାନା ହଟଚମଟ ବିଦ୍ୟା ଦେଖାଉଛନ୍ତି, ଇଆଡ଼େ ସାହିତ୍ୟ କ୍ଷେତ୍ରରେ ସେପରି ଦଳେ 'ମଦ କବିଯଶଃପ୍ରାର୍ଥୀ' ଏଇ ସୁଯୋଗରେ ହଠାତ୍ ରାତାରାତି କବି ପାଲଟିଯିବା ପାଇଁ ଲମ୍ଫଝମ୍ଫ ଦେବା ଆରମ୍ଭ କରିଦେଇଛନ୍ତି।

ତେଣୁ ଆଧୁନିକ କବିତାର ଯାତ୍ରୀପଥ ଆଜି ଯେଉଁପରି ଉନ୍ମୁକ୍ତ ଓ ବାଧାହୀନ,

ସେଇପରି ବିପଦସଙ୍କୁଳ ମଧ୍ୟ। ଏହାର ନବଯାତ୍ରାର ସଫଳତା ଅନେକଟା ନିର୍ଭର କରୁଚି ନିଜର ଦିଗ୍‌ଦର୍ଶନ ଉପରେ ଏବଂ ସମସାମୟିକ ସାହିତ୍ୟ–ଜଗତ୍‌ରେ ଏକ ସଂବେଦନଶୀଳ ବଳିଷ୍ଠ ନେତୃତ୍ୱ ଉପରେ। ସମସାମୟିକ ଏବଂ କିଞ୍ଚିତ୍ ପୂର୍ବରୁ ବଙ୍ଗଳା ସାହିତ୍ୟ ଦେଖାଯାଉ। ବଙ୍କିମଚନ୍ଦ୍ର, ମାଇକେଲ, ରବୀନ୍ଦ୍ରନାଥ ଓ ଶରତ୍ ଚନ୍ଦ୍ର ପ୍ରଭୃତି ବିରାଟ ବ୍ୟକ୍ତିମାନଙ୍କର ନେତୃତ୍ୱ ପାଇ ନଥିଲେ ଏହା ଏଭଳି ଦ୍ରୁତ ଅଗ୍ରଗତି କରିପାରିଥାନ୍ତା କି ନାଇଁ, ସନ୍ଦେହ। ଭୂୟୋଦର୍ଶନ ବ୍ୟତୀତ ଆଧୁନିକ ସାହିତ୍ୟର ସିଦ୍ଧି ଅସମ୍ଭବ।

ଓଡ଼ିଶାର ସାହିତ୍ୟିକ ଜଳବାୟୁ ମଧ୍ୟରେ ଯେଉଁ ଅଳ୍ପ କେତେଜଣ ତରୁଣ ଏ ଦିଗରେ ଯଥାସମ୍ଭବ ସାଫଲ୍ୟ ଅର୍ଜନ କରିପାରିଛନ୍ତି, ସେମାନଙ୍କ ମଧ୍ୟରେ ଗୁରୁପ୍ରସାଦ ମହାନ୍ତି, ରମାକାନ୍ତ ରଥ, ଭାନୁଜୀ ରାଓ, ବିନୋଦଚନ୍ଦ୍ର ନାୟକ, ଚିନ୍ତାମଣି ବେହେରା, ଜ୍ଞାନୀନ୍ଦ୍ର ବର୍ମା, ମନମୋହନ ମିଶ୍ର, ମନୋଜ ଦାସ, ରବୀନ୍ଦ୍ର ସିଂହ, ବ୍ରହ୍ମୋତ୍ରୀ ମହାନ୍ତି, ତୁଳସୀ ଦାସ, କୃଷ୍ଟଚରଣ ବେହେରା, ଯଦିନାଥ ଦାଶ ମହାପାତ୍ର ପ୍ରମୁଖ କେତେକଙ୍କର ନାମ ମନେ ପଡ଼େ।

ଆଉ ଦଳେ କ୍ରୋଧୀ ତରୁଣ ଅଛନ୍ତି, ଯେଉଁମାନଙ୍କୁ ମୋର ସବିନୟ ବକ୍ତବ୍ୟ ହେଉଚି, ସେମାନେ ସମସ୍ତଙ୍କ ବିରୁଦ୍ଧରେ ସବୁବେଳେ ବିଷୋଦ୍‌ଗିରଣ ନ କରି ଅଧିକ ଧୌର୍ଯ୍ୟ ଓ ଅଧିକ ଅଧ୍ୟୟନଶୀଳତା ସହ ଏ ଦିଗରେ ଅଗ୍ରସର ହୁଅନ୍ତୁ। ସିଦ୍ଧି ନିଶ୍ଚୟ ସେମାନଙ୍କର ଲାଭ ହେବ।

କେତେକ ଆଧୁନିକ କବି ଓ ଲେଖକଙ୍କ ବିରୁଦ୍ଧରେ ଗୁରୁତର ଚୌର୍ଯ୍ୟାପରାଧର ଅଭିଯୋଗ ଶୁଣିବାକୁ ମିଳେ। ଶ୍ରୀ ରାଧାମୋହନ ଗଡ଼ନାୟକ, ଶ୍ରୀ ରବୀନ୍ଦ୍ର ସିଂହ ପ୍ରମୁଖଙ୍କର ସାହିତ୍ୟିକ ଦାରୋଗାଗିରି ଏ ଦିଗରେ ପ୍ରଶଂସନୀୟ। ସାହିତ୍ୟରେ ଚୌର୍ଯ୍ୟପରାଧର ଏକ ଗୁରୁତର ଦୋଷ। ଅନ୍ୟ ସୂତ୍ରରୁ କେତେକ ମୂଳ ସଂକେତ ବା ଭାବ ସଂଗ୍ରହ କରି ତାକୁ ଅଧିକତର ସୌଦର୍ଯ୍ୟବନ୍ତ କରି ପ୍ରକାଶ କରିବାରେ କିଛି ଦୋଷ ନାଇଁ। ସେଇପରି ଦେଖିବାକୁ ଗଲେ ଭଞ୍ଜ, ଦୀନକୃଷ୍ଣ, ଅଭିମନ୍ୟୁ, ରାଧାନାଥ ପ୍ରମୁଖ ପୂଜ୍ୟ ପୂର୍ବାଚାର୍ଯ୍ୟମାନଙ୍କ କୃତିରୁ ବହୁ ଅଂଶ ସେମାନଙ୍କର ପୂର୍ବବର୍ତୀ କବିମାନଙ୍କ କୃତିରୁ ଆଦୃତ ହୋଇଥିବାର ପ୍ରମାଣ ମିଳେ।

ବିଶ୍ୱକବି ରବୀନ୍ଦ୍ରନାଥ ଥରେ ସାହିତ୍ୟରେ ଚୌର୍ଯ୍ୟବୃତ୍ତି ବା 'ପ୍ଲାଜିୟାରିଜିମ୍' ସଂପର୍କରେ ଯାହା କହିଥିଲେ, ତାହା ବିଶେଷ ପ୍ରଣିଧାନଯୋଗ୍ୟ। ସେ କହିଥିଲେ– କୌଣସି କବିର ରଚନାର କୌଣସି ଅଂଶ ଅନ୍ୟ ଜଣେ କବି ଯଦି ନିଜର କରିନେଇ ତାର

ସୌନ୍ଦର୍ଯ୍ୟ ବୃଦ୍ଧି କରି ନ ପାରିଲା, ତେବେ ତାହା ଚୋରି ବୋଲି ଧରାଯିବ । କିନ୍ତୁ ସେ ଯଦି ତାକୁ ଅଧିକତର ସୁନ୍ଦର, ଅଧିକତର ମନୋଞ୍ଜ କରିପାରିଥାଏ, ତେବେ ତାହା ଅପରାଧ ବୋଲି କହିବା ସଙ୍ଗତ ହେବ ନାହିଁ । ମୋର ମନେହୁଏ,

ପ୍ରତ୍ୟେକ ଆଧୁନିକ କବି ଏ କଥାର ସ୍ମରଣ ରଖିବା ଉଚିତ । କୌଣସି ବ୍ୟକ୍ତିବିଶେଷ ଯଦି ଏଭଳି ପରସ୍ୱ ହରଣ କରିଥିବାର ଦେଖାଯାଏ, ତେବେ ସେ ବ୍ୟକ୍ତିଗତ ଭାବେ ନିନ୍ଦିତ ହେବା ଉଚିତ । କିନ୍ତୁ ସେଇସବୁ ବ୍ୟକ୍ତିଗତ ବିଷୟକୁ ଉପଲକ୍ଷ୍ୟ କରି ଯଦି ସମଗ୍ର ଆଧୁନିକ କବିତା କିମ୍ବ ସବୁ ଆଧୁନିକ କବିଙ୍କର ଉପରେ କାଦୁଅ ଫୋପାଡ଼ିବାର ଚେଷ୍ଟାକରାଯାଏ, ତେବେ ତାହା ସମଗ୍ର ଦେଶପକ୍ଷରେ କ୍ଷତିକାରକ ହେବ । ତେଣୁ ଆଧୁନିକ କବି ଓ ସାହିତ୍ୟରେ ଯେଉଁମାନେ ପୁଲିଶ ଇନ୍‌ସ୍‌ପେକ୍‌ଟର, ସେମାନେ ସମସ୍ତେ ନିଜ ନିଜର ଗୁରୁ ଭୂମିକାର ଦାୟିତ୍ୱ ସଂପର୍କରେ ସଚେତନ ରହିବା ଦରକାର ।

ପୂର୍ବସୂରି ସ୍ମରଣେ–

ଆଜି ପଥର ମୋଡ଼ରେ ପହଞ୍ଚ ଆଧୁନିକ କବିତା ପୂର୍ବସୂରିମାନଙ୍କୁ ଶ୍ରଦ୍ଧାର ସହିତ ସ୍ମରଣ କରୁଛି । ରାଧାନାଥ–ଯୁଗର ଅବସାନ ପରେ ଯେଉଁମାନେ ଓଡ଼ିଆ ସାହିତ୍ୟକୁ ନାନାଭାବରେ ରୁଦ୍ଧିମନ୍ତ କରିଛନ୍ତି ସେମାନଙ୍କ କଥା ସ୍ୱତଃ ମନେପଡ଼େ ସତ୍ୟବାଦୀ– ଯୁଗର ପଣ୍ଡିତ ଗୋପବନ୍ଧୁ, ପଣ୍ଡିତ ଗୋଦାବରୀଶ ଓ ପଣ୍ଡିତ ନୀଳକଣ୍ଠ ଦାସଙ୍କ ସାହିତ୍ୟିକ ଦାନକୁ ଏବଂ ଭିକାରିଚରଣ, ଚିନ୍ତାମଣି, ପଦ୍ମଚରଣ, ଅଶ୍ୱିନୀକୁମାର ପ୍ରମୁଖଙ୍କର ସାହିତ୍ୟ କୃତିକୁ ଆଧୁନିକ କବିତା ଭୁଲିଯାଇ ପାରିବ ନାଇ । ସାଂପ୍ରତି କାର କାଳିନ୍ଦଚରଣ ପାଣିଗ୍ରାହୀ, ମାୟାଧର ମାନସିଂ, ବୈକୁଣ୍ଠନାଥ ପଟ୍ଟନାୟକ, କୁନ୍ତଳାକୁମାରୀ, ଲକ୍ଷ୍ମୀକାନ୍ତ, ଭାଗବାନ ପତି, ନିତ୍ୟାନନ୍ଦ ମହାପାତ୍ର ରାଧାମୋହନ ଗଡ଼ନାୟକ, ଅନନ୍ତ ପଟ୍ଟନାୟକ, କୁଞ୍ଜବିହାରୀ ଦାଶ, ପ୍ରାଣବନ୍ଧୁ କର, ପ୍ରାଣକୃଷ୍ଣ ସମାଲ, ଜାନକୀ ମହାନ୍ତି ଓ ଗୋପାଳ ମିଶ୍ର ପ୍ରମୁଖ ବୟୋଜ୍ୟେଷ୍ଠ ଓ ତରୁଣମାନଙ୍କର ଅକପଟ ସାହିତ୍ୟସାଧନା ଆଧୁନିକ କବିତାର ପଥକୁ ପ୍ରଶସ୍ତତର କରିଛି । ଗଳ୍ପ, ଉପନ୍ୟାସ କ୍ଷେତ୍ରରେ ଗୋପୀନାଥ ମହାନ୍ତି କାହ୍ନୁଚରଣ, ଗୋଦାବରୀଶ ମହାପାତ୍ର, ସୁରେନ୍ଦ୍ର ମହାନ୍ତି ରାଜକିଶୋର ପଟ୍ଟନାୟକ, ରାଜକିଶୋର ରାୟ, ବସନ୍ତକୁମାରୀ ପଟ୍ଟନାୟକ ପ୍ରଭୃତି ନିଶ୍ଚିତ ପଦକ୍ଷେପରେ ଅଗ୍ରସର ହୋଇ ଚାଲିଛନ୍ତି । ଓଡ଼ିଆ ଭାଷାକୁ ଆଧୁନିକ ସ୍ତରରେ ପହଞ୍ଚାଇବା ଦିଗରେ ଏ ସମସ୍ତଙ୍କର ସାହିତ୍ୟକର୍ମ ଉଲ୍ଲେଖନୀୟ । ଭାଷାକୁ lieberalise କରି ନୂତନ କବିତା କଥା ନୂତନ ସାହିତ୍ୟ ପାଇଁ ପଥ ପ୍ରଶସ୍ତ କରିବା ଦିଗରେ ଏହି ପ୍ରତ୍ୟେକଙ୍କର କିଛି ନା କିଛି ଦାନ ରହିଛି । ଅଧ୍ୟାପକ

ଆର୍ଥବଲ୍ଲଭ ମହାନ୍ତି ଓ ପଣ୍ଡିତ ନୀଳକଣ୍ଠଙ୍କର ଦିଗନିର୍ଦ୍ଦେଶ ଓ ଭାର୍ଗଦର୍ଶନ ମଧ ଆଧୁନିକ ସାହିତ୍ୟକୁ ତାର ଅଭିବୃଦ୍ଧିରେ କମ୍ ସାହାର୍ଯ୍ୟ କରିନାଇଁ। ଏଇ ଦିଗପାଳମାନଙ୍କୁ ଯଥାରୀତିରେ ସ୍ମରଣ କରିବା ଆଧୁନିକ ସାହିତ୍ୟରଏକ ଅପରିହାର୍ଯ୍ୟ କର୍ଦ୍ଦବ୍ୟ। ଆଧୁନିକ ଯେ ଆଜି ଆଧୁନିକ ଯେ ଆଜି ଆଧୁନିକ ହୋଇପାରିଚି, ଏହା ପଛରେ ରହିଚି ଏଇ ସାହିତ୍ୟ ସେବୀମାନଙ୍କର ଆପ୍ରାଣ ସାହିତ୍ୟସାଧନା।

କି ପ୍ରାଚୀନ, କି ନବୀନ, କି ମଧମପନ୍ଥୀ ପ୍ରତ୍ୟେକ ଲେଖକର ଧେୟ ଓ ପ୍ରଣିଧାନ ଏକ ଓ ଅଭିନ୍ନ। ସମସ୍ତଙ୍କର ଲକ୍ଷ୍ୟ ସାହିତ୍ୟର ଶ୍ରୀବୃଦ୍ଧସାଧନ।

ବୈଦିକ ଋଷିମାନଙ୍କର ସେଇ ମହାନ୍ ବାଣୀ– "ଇଳା ସରସ୍ୱତୀ ମହୀ ତିସ୍ରୋ ଦେବୀର୍ମୟୋଭୁବଃ।" ବର୍ହି ସୀଦଂତ୍ୱସିଧଃ।"

ଅର୍ଥାତ୍– ମାତୃଭାଷା, ମାତୃସଭ୍ୟତା ଓ ମାତୃଭୂମି ଏଇ ତିନି ଦେବୀ କଲ୍ୟାଣ ପ୍ରଦାନ କରିଥାନ୍ତି। ଏଇ ଦେବୀତ୍ରୟ ଆମର ଅନ୍ତଃକରଣରେ ସ୍ଥାୟୀଭାବରେ ଅବସ୍ଥାନ କରନ୍ତୁ। ପ୍ରତ୍ୟେକ ଲେଖକ ଲେଖିକା, ପାଠକପାଠିକା, ପ୍ରକାଶନ ଓ ପତ୍ରିକାର ସଂପାଦକ ଏହା ମନେ ରଖିବା ଦରକାର। ବେଦର ସେଇ ଐକ୍ୟବିଧାୟକ ମନ୍ତଟି ସ୍ମରଣୀୟ–

"ସମାନୋ ମଂତ୍ରଃ ସମିତିଃ ସମାନୀ
ସମାନଂ ମନଃ ସହଚିଡ ମେଷାମ୍।
ସମାନଂ ମଂତ୍ରଗତି ମଂତ୍ରୟେ ବଃ
ସମାନେନ ବା ହବିଷା ଜୁହୋମି।"

"ତୁମେ ସମସ୍ତେ ଗୋଟିଏ ସମିତି ପ୍ରତିଷ୍ଠା କର। ସେଇ ସାଧାରଣ ପ୍ରତିଷ୍ଠାରେ ଛିଡ଼ାହେଲେ ଆସିବ ଐକ୍ୟ ଓ ସଂପ୍ରୀତି। କିନ୍ତୁ ଖାଲି ପ୍ରତିଷ୍ଠା ନୁହେଁ – ଚାହି ମିଳନର ପଥ। ସେଇ ପଥ ଆଣିବ ସମାନ ମନ। ଗୋଟିଏ ଆଦର୍ଶରେ ଯେଉଁମାନେ ଅନୁପ୍ରାଣିତ, ସେମାନଙ୍କ ହୃଦୟ ମିଳନ ଓ ମୈତ୍ରୀରେ ସମୁଦ୍ଭାସିତ ହୁଏ। ତମମାନଙ୍କର ମନ ଓ ଚିଡ ଏକ ହେଉ। ଏକଇ ମନ୍ତରେ ତୁମମାନଙ୍କୁ ଉଦ୍ଜୀବିତ କରୁଛି– ଏକଇ ଉପଚାରରେ ସମୃଦ୍ଧ କରୁଛି।"

ପ୍ରକାଶକ ଓ ପତ୍ରପତ୍ରିକାର ସଂପାଦକ–

ପ୍ରକାଶକମାନଙ୍କର ମଧ ଏ ଦିଗରେ ଏକ ସୃଷ୍ଟିକରୀ ନିର୍ମାଣଶୀଳ ଭୂମିକା–ରହିଚି। ସେମାନେ ନିଜକୁ ଖାଲି କାରବାରୀ ବ୍ୟବସାୟୀ ମନେ ନ କରି ପାଠକ ଓ ଲେଖକ ମଧ୍ୟରେ ଏକ ସେତୁ ବୋଲି ମନେରଖିବା ଉଚିତ। ନୂତନ ପାଠକରୁଚି ତଥା ନୂତନ

ଲେଖକ ଓ ପାଠକ ସୃଷ୍ଟି କରିବା ଦିଗରେ ପ୍ରକାଶକ ଏକ ଅତ୍ୟାବଶ୍ୟକୀୟ ଅନୁଷ୍ଠାନ, ଏ କଥା ସେ ଭୁଲିଗଲେ ଚଳିବ ନାହିଁ।

ଅନ୍ୟାନ୍ୟ ଦେଶରେ ଏକ ଏକ ପ୍ରକାଶନ-ପ୍ରତିଷ୍ଠାନକୁ ଆଶ୍ରୟ କରି ନୂଆ ନୂଆ ସାହିତ୍ୟ ପ୍ରତିଭା ଓ ସାହିତ୍ୟରେ ନୂଆ ନୂଆ ଆଭିମୁଖ୍ୟ ବିକାଶ ଲାଭ କରେ। କିନ୍ତୁ ଆମ ଦେଶରେ ପ୍ରକାଶମାନେ ସେମାନଙ୍କର ଏ ଗୁରୁ ଦାୟିତ୍ୱ ସଂପର୍କରେ ସଚେତନ ଥିଲାପରି ଜଣାପଡ଼ନ୍ତି ନାଇଲ। ତେଣୁ ସାହିତ୍ୟର ଦୁର୍ଗତ ଅବସ୍ଥା ପାଇଁ ସେମାନେ କମ୍ ଦାୟୀ ନୁହଁନ୍ତି। ପତ୍ରପତ୍ରିକାର ସଂପାଦକମାନେ ସକ୍ରିୟ ଭାବରେ ନୂତନ ସାହିତ୍ୟ ଉଦ୍ୟମ ସୃଷ୍ଟିରେ ସହାୟତା କରିପାରନ୍ତି। ଆମ ଦେଶରେ ନୂତନ ଓଡ଼ିଆ ସାହିତ୍ୟ ଜନ୍ମ ଓ ଅଭିବୃଦ୍ଧି ପଥରେ ଉତ୍କଳ ସାହିତ୍ୟ, ସହକାର, ନବଭାରତ, ଝଙ୍କାର ଓ ଡଗର ପ୍ରଭୃତି ସାହିତ୍ୟପତ୍ରମାନେ ପ୍ରଶଂସନୀୟ ପ୍ରେରଣା ଯୋଗାଇ ପାରିଛନ୍ତି। ଏ ଦିଗରେ ସ୍ୱର୍ଗୀୟ ବିଶ୍ୱନାଥ କର, ସ୍ୱର୍ଗୀୟ ବାଳକୃଷ୍ଣ କର, ପଣ୍ଡିତ ନୀଳକଣ୍ଠ ଦାସ, ଡଃ ହରେକୃଷ୍ଣ ମହତାବଙ୍କର ଦାନ ଓ କୃତିତ୍ୱ ଅବିସ୍ମରଣୀୟ। ନୂତନ ସାହିତ୍ୟିକ ବାତାବରଣ ସୃଷ୍ଟି କରିବାରେ ଡ: ମହତାବଙ୍କର ବହୁମୁଖୀ ଉଦ୍ୟମ ବାସ୍ତବିକ ପ୍ରଶଂସନୀୟ।

ପ୍ରତ୍ୟେକ ପ୍ରକାଶକ ଓ ପତ୍ରିକାର ସଂପାଦକ ମନେରଖିବା ଉଚିତ ଯେ, ସେମାନେ ଖାଲି ବ୍ୟବସାୟୀ ବା ସଂକଳୟିତା ନୁହଁନ୍ତି: ସେମାନେ ଗୋଟିଏ ଗୋଟିଏ ସୃଜଦଧର୍ମୀ ଅନୁଷ୍ଠାନ – ଯାହା ଜରିଆରେ ସାହିତ୍ୟ ଲାଭ କରିବ ନୂତନ ପ୍ରକାଶର ପଥ ଓ ପ୍ରେରଣା।

ନୂତନ କବିତାର ଭୂୟୋଦର୍ଶନ

ନୂତନ କବିତା ଗତାନୁଗତିକତା ଓ ସ୍ଥିତିଶୀଳତା ବିରୁଦ୍ଧରେ ଏକ ସଂଗ୍ରାମ। ଏହା ସାହାର୍ଯ୍ୟରେ କବିମାନସର ଭିନ୍ନ ଭିନ୍ନ ଦିଗ (aspects) ଏବଂ କବି-ବ୍ୟକ୍ତିତ୍ୱର ନାନା ଅଂଶ ଓ ଆଭିମୁଖ୍ୟର ପ୍ରକାଶ ପାଇଁ ଅଦ୍ଭୁତ ସ୍ୱାଧୀନତା ମିଳିଛି। ବିଜ୍ଞାନର ସୁଦୂରପ୍ରସାରୀ ପ୍ରଭାବ ତଥା ଦୌଲତରେ ମଣିଷ ଜୀବନ ଆଜି ଆଶ୍ଚର୍ଯ୍ୟଭାବରେ ବୈଚିତ୍ର୍ୟପୂର୍ଣ୍ଣ ଓ ଚିତ୍ରମୟ। କେବଳ ନୂତନ କବିତାହିଁ ତାର ସ୍ୱରୂପ ଉଦ୍‌ଘାଟନ କରିପାରିବ। ଏ ଦିଗରୁ ଦେଖିବାକୁ ଗଲେ ନୂତନ କବିତା ପ୍ରାଚୀନ ଓ ପ୍ରଚଳିତ କବିତା ତୁଳନାରେ ଅନେକ ବେଶୀ ଭାଗ୍ୟବାନ୍। ତାର ଏଇ ମହାନ୍ ଉତ୍ତରାଧିକାର ତାର ପ୍ରକୃତରେ ଗର୍ବର ବିଷୟ।

ମାତ୍ର ଉପଯୁକ୍ତ ଭୂୟୋଦର୍ଶନ ନ ଥିଲେ ଏ କବିତା ଏକ ଅନ୍ଧ ଉଦ୍ୟମରେ ପର୍ଯ୍ୟବସିତ ହେବ। ଜୀବନର ନୂତନ ବାସ୍ତବତାର ରୂପାୟନକରି ନପାରିଲେ ଏହା ହେବ ନିରର୍ଥକ ଓ ନିଷ୍ଫଳ। ସେଥିପାଇଁ ଜୀବନର କେତେଗୁଡ଼ିଏ 'ମୂଳ ଚେତନା'କୁ ଉଦ୍‌ଜୀବିତ

କରିପାରିବାର ମନ୍ତ୍ର ତାକୁ ଜଣାଥିବା ଦରକାର। ସେ ମନ୍ତ୍ର ଚିତ୍ରକଳ୍ପ, ରୂପକ ଓ ଅନୁସଙ୍ଗ ସୃଷ୍ଟିଦ୍ୱାରା କେତେକ ପରିମାଣରେ ପ୍ରୟୋଗ କରି ପାରିବ।

ପଥ ଦୁର୍ଗମ ହେଲେ ମଧ୍ୟ ପଥପ୍ରାନ୍ତର ଦେଉଳର ଚୂଡ଼ା ଅଦୃଶ୍ୟ କିମ୍ୱା ଧାପ୍ସା ନୁହେ। ଜୀବନଦେବତାଙ୍କର ଶୁଭ ଇଙ୍ଗିତର ଉଚ୍ଚାରଣ ସେ ପରିଷ୍କାର ଭାବେ ଶୁଣିପାରୁଛି। ସମସାମୟିକ ଜୀବନର ବୈଚିତ୍ରମୟ ଚେହେରା ଓ ଗଭୀରତମ ଅନୁଭୂତି ନିଜର ପ୍ରକାଶ ପାଇଁ ନୂତନ କବିତାର ପ୍ରତୀକ୍ଷା କରି ରହିଛନ୍ତି। ସେ ଏ ଦିଗରେ କେତେଦୂର ସାର୍ଥକ ଓ ଉତ୍ତୀର୍ଣ୍ଣ ହେବ, ତାହାରି ଉପରେ ନିର୍ଭର କରୁଚି ତାର ସମଗ୍ର ଭବିଷ୍ୟତ୍ ଓ ସଫଳତାର ପ୍ରଶ୍ନ। ଏ ଯୁଗର ବିଦଗ୍ଧ ପାଠକସମାଜ ନୂତନ କବିତାକୁ ନିଶ୍ଚୟ ଅପେକ୍ଷା କରୁଛି।

ନୂତନ କବିତାର ଅସ୍ତିତ୍ୱ ଆଜି କାହା ଦୟା ଉପରେ ନିର୍ଭର କରୁ ନାଇ। ସେ ଜନ୍ମ ହୋଇସାରିଚି। ଇତିହାସର ବାସ୍ତବତା ଭିତରୁ ସେ ଛାୟାଁ ଛାୟାଁ ଫୁଟି ବାହାରିଚି ଏବଂ ତାର ଆତ୍ମପ୍ରକାଶର ଘୋଷଣା ଶୁଣାଯାଉଛି ଚାରିଦିଗର ପାଚିରି ଭେଦୀ,–'ଅୟାମହଂ ଭୋ'।

ପୁଣି ଥରେ କହେଁ, ଆଧୁନିକ ଲକ୍ଷ୍ୟ ଆଧୁନିକତର। ବର୍ତ୍ତମାନର ଲକ୍ଷ୍ୟ ଭବିଷ୍ୟମାନ; ପାଶ୍ଚାତ୍ଧାବନ ନୁହେଁ। ଲକ୍ଷ୍ୟ ଉତ୍ତରଣ।

ମେରିଆ ବଜାର,

କଟକ–୧

ଡିସେମ୍ୱର, ୧୯୬୨

ସଚିଦାନନ୍ଦ ରାଉତରାୟ

ଦ୍ୱିତୀୟ ସଂସ୍କରଣର ପରିଶିଷ୍ଟ

(୧)

ପଞ୍ଚସଖା

(୧) ପଞ୍ଚସଖା—ଏକ ଭ୍ରମ ପ୍ରଚାର

ଓଡ଼ିଶାରେ ବହୁଳ ପ୍ରଚାରିତ 'ପଞ୍ଚସଖା' ତଥ୍ୟ ଏକ ଭ୍ରାନ୍ତ କଳ୍ପନା ବୋଲି ମନେହୁଏ। ଚୈତନ୍ୟ ମହାପ୍ରଭୁଙ୍କ ପଞ୍ଚସଖାରୂପେ ଜଗନ୍ନାଥ ଦାସ, ବଳରାମ ଦାସ, ଅଚ୍ୟୁତନନ୍ଦ, ଯଶୋବନ୍ତ ଓ ଶିଶୁ ଅନନ୍ତ ଏକ ପଞ୍ଚମହାଜନ-ପରିକଳ୍ପନାଟି ମୂଳରୁ ଶେଷଯାଏ ମନଗଢ଼ା ଓ ଅଳୀକ ବୋଲି ଜଣାଯାଏ। ଯେପରି ଜଣାଯାଏ, ଏଇ ପଞ୍ଚମହାଜନର ଜଣେ ବୋଲି ଦାବି କରୁଥିବା ଅଚ୍ୟୁତାନନ୍ଦ ହିଁ ଏଇ ଭ୍ରମ ପ୍ରଚାରର ମୂଳକର୍ତ୍ତା। ସେ ତାଙ୍କର ବହୁ ରଚନାରେ ଏଇ ପଞ୍ଚସଖା ତଥ୍ୟର ଅବତାରଣା କରିଛନ୍ତି। ତାଙ୍କ ଛଡ଼ା ମାଦଳାପାଞ୍ଜିର ଗୋଟିଏ ପାଠରେ ଏବଂ ଆନୁମାନିକ ଉନବିଂଶ ଶତକରେ ଈଶ୍ୱର ଦାସଙ୍କ ଦ୍ୱାରା ଲିଖିତ 'ଚୈତନ୍ୟ ଭାଗବତ'ରେ ଏବଂ ନନ୍ଦ ଦାସଙ୍କ 'ଅଣାକାର ସଂହିତା'ରେ ଏଇ ତତ୍ତ୍ୱ ରହିଛି।

ଚୈତନ୍ୟଙ୍କ ଜୀବନୀ ବର୍ଣ୍ଣନା କରିଥିବା ଗୌଡ଼ୀୟ ଗ୍ରନ୍ଥ ସଙ୍କଳନମାନଙ୍କରେ କେବଳ ଜଗନ୍ନାଥ ଦାସ ଓ ବଳରାମ ଦାସଙ୍କ ଛଡ଼ା ଅନ୍ୟ ତିନି ସଖାଙ୍କର ନାମ ନାଇ; ଅଥଚ ବହୁ ଓଡ଼ିଆ ବ୍ୟକ୍ତି, କବି ଓ ସାଧକଙ୍କ ନାମୋଲ୍ଲେଖ ରହିଛି। ତେଣୁ ଓଡ଼ିଆଙ୍କ ପ୍ରତି ସେମାନଙ୍କର କୌଣସି ପାତର-ଅନ୍ତର ଭାବ ଥିବା ଜଣାପଡ଼ୁ ନାଇ। ବହୁ ଓଡ଼ିଆ ଗ୍ରନ୍ଥ ଯଥା 'ବ୍ରଜବିହାର', 'ଚୈତନ୍ୟବିଳାସ', 'ଜଗନ୍ନାଥାମୃତ', (ଦିବାକର ଦାସ) ପ୍ରଭୃତିରେ ଶହ ଶହ ଚୈତନ୍ୟକାଳୀନ ଓଡ଼ିଆ ଭକତଙ୍କର ନାମ ଦେଖିବାକୁ ମିଳେ; ମାତ୍ର ଏ ଶେଷ ତିନି ଜଣଙ୍କର ଚିହ୍ନବର୍ଣ୍ଣ ନାଇ। ଏଇ ଅଚ୍ୟୁତାନନ୍ଦ ପ୍ରାୟ ୧୮ଶ ଶତାଦ୍ଧୀର ପ୍ରଥମ ପାଦର ଲୋକ ବୋଲି ତାଙ୍କ ନିଜ ବର୍ଣ୍ଣିତ ଗୁରୁ ପରମ୍ପରା ତଥା ଭାଷାବିନ୍ୟାସ

ଇତ୍ୟାଦିରୁ ଜଣାଯାଏ। ହଣ୍ଟର ମାଧ ତାଙ୍କୁ ୧୮ଶ ଶତକର ଲୋକ ବୋଲି ଚିହ୍ନୋଟ କରିଛନ୍ତି। ଏଣୁ ଅଚ୍ୟୁତାନନ୍ଦଙ୍କର କାଳଜ୍ଞାନ ଉପରେ ନିର୍ଭର କରିବା ଆଦୌ ଯୁକ୍ତିଯୁକ୍ତ ନୁହେଁ। କାରଣ ସେ ଚୈତନ୍ୟଙ୍କ ଶହ ଶହ ବର୍ଷ ପୂର୍ବବର୍ତୀ କପିଳ, ଲୋହି ଦାସ, ବୀରସିଂହ ଆଦିଙ୍କ ସହିତ ନିଜକୁ ଯୋଡ଼ିଛନ୍ତି ଏବଂ ସବୁଯୁଗରେ କୃଷ୍ଣଙ୍କ ସଖା ଥିଲେ ବୋଲି ନିଜକୁ ବର୍ଣ୍ଣନା କରିଛନ୍ତି; ଯଥା-ସତ୍ୟରେ କୃପାଜଳ, ତ୍ରେତାରେ ନଳ, ଦ୍ୱାପରରେ ସୁଦାମ ଏବଂ କଳିରେ ଅଚ୍ୟୁତାନନ୍ଦ ଇତ୍ୟାଦି। ଏଥିରୁ ତାଙ୍କର କାଳ ନିରୂପଣ ଆଦୌ ବିଶ୍ୱାସନୀୟ ହୋଇ ନପାରେ।

ଯେପରି ଜଣାଯାଏ, ଅତିବଡ଼ୀ ସମ୍ପ୍ରଦାୟର ପ୍ରଭାବକୁ ଶ୍ରୁଣ୍ଣ କରି ନିଜ ସମ୍ପ୍ରଦାୟର (ଯାହା ଅବ୍ରାହ୍ମଣ ଥିଲା) ପ୍ରଭାବ ବଢ଼ାଇବା ପାଇଁ ସେ ଏଇ ପ୍ରସଙ୍ଗଟି ଅଷ୍ଟାଦଶ ଶତାବ୍ଦୀର ପ୍ରଥମ ଭାଗରେ ଉଦ୍‌ଭାବନ କରିଥିଲେ। ତାଙ୍କ ବର୍ଣ୍ଣିତ ପଞ୍ଚସଖାଗୋଷ୍ଠୀର ସମସ୍ତେ ଅବ୍ରାହ୍ମଣ, ଏପରି କି ଜଗନ୍ନାଥ ଦାସ ମଧ। 'ଅଣାକର ସଂହିତା' ଜଗନ୍ନାଥ ଦାସଙ୍କୁ ବ୍ରାହ୍ମଣ ବୋଲି ସାବ୍ୟସ୍ତ କରିବା ପର୍ଯ୍ୟନ୍ତ ସେ ଶୂଦ୍ର ହିଁ ଥିଲେ। ଏଇ ଅଚ୍ୟୁତାନନ୍ଦ ତିଲକଣା ଗ୍ରାମର ଅହୋକରଣ କୂଳରେ ଜନ୍ମିଥିଲେ ବୋଲି ତାଙ୍କ ଲିଖିତ ଶୂନ୍ୟସଂହିତା, ଉଦୟ କାହାଣୀ, ଦଶପଟଳ, ମାଲିକା ଆଦିରୁ ପ୍ରକାଶ। ସେ ଯଶୋବନ୍ତଙ୍କ ଭିଶୋଇ ଅଢଙ୍ଗ ରାଜା ରଘୁରାମ ଚପଦିଙ୍କ କନ୍ୟାକୁ ବିବାହ କରିଥିଲେ। ତେଣୁ ତାଙ୍କ ବର୍ଣ୍ଣିତ 'ପଞ୍ଚସଖା'ର ଅନ୍ୟତମ ସଖା ଯଶୋବନ୍ତ ତାଙ୍କର ମଉଳାଶ୍ୱୁର ହେବେ। ଶିଶୁ ଅନନ୍ତ ଆଜି ପର୍ଯ୍ୟନ୍ତ ଖଣ୍ଡଗିରି ଗୁମ୍ଫାରେ ଗୋପ୍ୟ ରହିଛନ୍ତି-କଳ୍କିଙ୍କ ସଙ୍ଗେ ସେ ବାହାରିଲେ। ଆଉ ଏବେ ମଧ ଅଚ୍ୟୁତାନନ୍ଦଙ୍କ ନାମରେ ମାଲିକା ଭଣିତା ଚାଲିଚି। ଆଉ ଜଣେ ମଧ ଅଚ୍ୟୁତାନନ୍ଦ ଥିବାର ଜଣାଯାଏ- ଯେ 'ହରିବଂଶ', 'ଅନନ୍ତଗୋଇ', ଓ 'ଗୋପାଳବଙ୍କ ଓଗାଳ'ର ପ୍ରଣେତା; ମାତ୍ର ତାଙ୍କ ଲେଖାରେ ପଞ୍ଚସଖାର ସନ୍ଧାନ ମିଳେ ନାଇ।

ଅତଏବ ଅଚ୍ୟୁତାନନ୍ଦଙ୍କ ପଞ୍ଚସଖା ତଥ୍ୟ ସର୍ବାଦୌ ଭିତ୍ତିହୀନ, କପୋଳକଳ୍ପିତ ଓ ଅଗ୍ରହଣୀୟ। ଓଡ଼ିଆ ସାହିତ୍ୟ ଇତିହାସରେ ଏହା ଯେଉଁ ଅସଙ୍ଗତି ସୃଷ୍ଟି କରିଚି, ତାହା ଏହିଠାରେ ଶେଷ ହେବା ଉଚିତ।

(ସଚ୍ଚି ରାଉତରାୟ)

(ସଂପାଦକୀୟ- 'ଦିଗନ୍ତ' ନୂଆପ୍ରସ୍ତ, ଅକ୍ଟୋବର, ୧୯୬୭)

(୨) ପଞ୍ଚସଖା-ଏକ ପ୍ରବଞ୍ଚନା

'ଶୂନ୍ୟ ସଂହିତା' ଗ୍ରନ୍ଥାରମ୍ଭରେ ଲେଖାଅଛି ଯେ, ଚୈତନ୍ୟଙ୍କ ଆଦେଶରେ

ସନାତନ ସ୍ୱାମୀ ଅଚ୍ୟୁତାନନ୍ଦଙ୍କୁ ଦୀକ୍ଷା ଦେଲେ। ଏଇ ସନାତନଙ୍କ ମୁଖରେ କବି ପ୍ରକଟିତ କରିଛନ୍ତି ଯେ, ସନାତନଙ୍କ ଗୁରୁ କେଶବ, କେଶବଙ୍କ ଗୁରୁ ରାମକୃଷ୍ଣ, ରାମକୃଷ୍ଣଙ୍କ ଗୁରୁ ଶ୍ୟାମ ଘୋଷ ଓ ଶ୍ୟାମ ଘୋଷଙ୍କ ଗୁରୁ ସାରଙ୍ଗ ଘୋଷ। ସାରଙ୍ଗ ଘୋଷଙ୍କ ସଂପ୍ରଦାୟ ଚୈତନ୍ୟଙ୍କ ଗହଣରେ ଥିଲେ; କିନ୍ତୁ ମାଧ୍ୱାଚାର୍ଯ୍ୟ ପନ୍ଥୀ ହୋଇଗଲେ।

ଆମ୍ଭେ ତୋହ ଗୁରୁ ମୋ ଗୁରୁ କେଶବ

ତାଙ୍କ ଗୁରୁ ରାମକୃଷ୍ଣ।

ତାଙ୍କ ଗୁରୁ ଶ୍ୟାମ– ଘୋଷ ସାରଙ୍ଗ ଯେ

ଘୋଷ ତାଙ୍କ ଗୁରୁ ବ୍ରହ୍ମ।

ସାରଙ୍ଗ ଘୋଷ ଗୋସାଇଁ ପରିବାର

ଚୈତନ୍ୟ ଗହଣି ମିଳି।

ମାଧବ ଆଚାର୍ଯ୍ୟ ସଂପ୍ରଦାୟେ ମିଶି

ମଠକୁ ଯେ ଗଲେ ଚଳି। (ଶୂନ୍ୟ-ସଂହିତା)

ଏପରି ଭାବର ଚୈତନ୍ୟଙ୍କ ଶିଷ୍ୟ ସାରଙ୍ଗ ଘୋଷ ଓ ଅଚ୍ୟୁତାନନ୍ଦଙ୍କ ମଧ୍ୟରେ ପାଞ୍ଚଜଣ ଗୁରୁଙ୍କ ବ୍ୟବଧାନ ରିଚି। ଗୁରୁଙ୍କ ଜୀବଦଶାରେ ଶିଷ୍ୟ ମନ୍ତ୍ରଦାନ କରିବା କଥା ନୁହେ। ଏଣୁ ଗୁରୁ ଓ ଶିଷ୍ୟଙ୍କ ବୟସର ତାରତମ୍ୟ ୪୦ ବର୍ଷ ଧରିବା ଯୁକ୍ତିଯୁକ୍ତ ହେବ। ସାରଙ୍ଗ ଘୋଷଙ୍କ କାଳ ଖ୍ରୀ: ୧୫୭୦ ବୋଲି ଧରିଲେ ଅଚ୍ୟୁତାନନ୍ଦଙ୍କ ମନ୍ତ୍ରପ୍ରାପ୍ତି ୨୦୦ ବର୍ଷ ପରେ ଅର୍ଥାତ୍ ଖ୍ରୀ: ୧୭୭୦ ବେଳକୁ ହେବ। ଏତେବେଳକୁ ତାଙ୍କ ବୟସ ୮ ବର୍ଷ ଥିଲା ବୋଲି ତାଙ୍କ ବିବରଣୀରେ ଦର୍ତ୍ତ। ତେଣୁ ତାଙ୍କ ଜନ୍ମ ଖ୍ରୀ: ୧୭୨୮ ପାଖାପାଖି ହେବା କଥା।

ଅଚ୍ୟୁତାନନ୍ଦ ଓ ଚୈତନ୍ୟଙ୍କ ମଧ୍ୟରେ ପାଞ୍ଚ-ପୁରୁଷର ବ୍ୟବଧାନ ସହ ଅଚ୍ୟୁତାନନ୍ଦଙ୍କ ଚୈତନ୍ୟ-ସତ୍ୟ ଦାବିର ଆଦୌ ମେଳ ହେଉନାଇ। ତେଣୁ "ଯୁଗାବ୍ଧ ଗୀତା'ରେ ଗୁରୁ-ପରଂପରାଟିକୁ ବଦଳାଇ ଦିଆଯାଇଛି।

ଯଥା– ଦ୍ୱାଦଶ ଥର ଦଣ୍ଡବତ କର। ଦ୍ୱାଦଶ ପୁରୁଷ ଗୁରୁ ସୁମର॥

ସନାତନ ନାମ ଅଟେ ଆମ୍ଭର। ତହିଁ ଉପରେ ଚୈତନ୍ୟ ଠାକୁର॥

ମାଧେନ୍ଦ୍ର ପ୍ରଭୁ ସୁମରଣା କର। ଶ୍ରୀ ନରହରି ତଥ ପରେ ଧର॥

ଶ୍ରୀ ପଦ୍ମନାଭଙ୍କୁ ଧର ହୃଦର। ମଧୁ ଆଚାର୍ଯ୍ୟ ତାଙ୍କ ଗୁରୁପର॥

ବେଦବ୍ୟାସ ତାଙ୍କ ଗୁରୁ ଉପରେ। ନାରଦ ଗୋସାଇଁ ଦ୍ୱାଦଶ ଧର॥

(ଯୁଗାବ୍ଧ ଗୀତା)

ଏଇ 'ଯୁଗାବ୍ଧ ଗୀତା'ର ଭଣିତା ଅଚ୍ୟୁତାନନ୍ଦଙ୍କ ନାମରେ ହୋଇଥିଲେ ମଧ୍ୟ ଏଥିରେ ତାଙ୍କ ପୁଅ, ନାତି ଓ ପଣନାତିଙ୍କ ନାମ ମଧ୍ୟ ରହିଚି; ତେଣୁ ଏହା ଅଚ୍ୟୁତାନନ୍ଦଙ୍କ ପରବର୍ତ୍ତୀକାଳୀନ ଲେଖା। (ଶ୍ରୀ ସଚ୍ଚିଦାନନ୍ଦ ମିଶ୍ର-ଦିଗନ୍ତ, ନୂଆପ୍ରସ୍ତ, ସେପ୍ଟେମ୍ବର, ୧୯୬୧ 'ପଞ୍ଚସଖା- ଏକ ପ୍ରବଞ୍ଚନା' ପ୍ରବନ୍ଧ ଦ୍ରଷ୍ଟବ୍ୟ)।

ରଚନାବଳୀର ଅର୍ବାଚୀନତା-

ଅଚ୍ୟୁତାନନ୍ଦଙ୍କ ବିଭିନ୍ନ ରଚନାରେ ଯେଉଁ ସବୁ ତଥ୍ୟ ରହିଚି, ତହିଁରୁ ସେଗୁଡ଼ିକ ଯେ ଷୋଡଶ ଶତାଧୀର ବହୁକାଳ ପରେ ରଚିତ, ଏହା ବାରିହେବ। 'ଶୂନ୍ୟ-ସଂହିତା'ରେ କବି କହନ୍ତି ଯେ, ଚୈତନ୍ୟ ଜୀବ ଗୋସ୍ବାମୀଙ୍କ ସହ ନୀଳାଚଳକୁ ଆସିଲେ। ଜୀବଙ୍କ ଜନ୍ମ ଖ୍ରୀ; ୧୫୩୩ ବେଳକୁ ଚୈତନ୍ୟଙ୍କ ଦେହାନ୍ତ ହୋଇଗଲାଣି। ଉଭୟେ ଏକତ୍ର ପୁରୀ ଆସିବା କଳ୍ପନା ଚୈତନ୍ୟ ବା ଜୀବଙ୍କ ସମସାମୟିକ କୌଣସି ବ୍ୟକ୍ତି କରିବା ସମ୍ଭବ କି ? ସେଇ (ଶୂନ୍ୟ-ସଂହିତା'ରେ କବି ହିନ୍ଦୁର ଅଲେଖ ଓ ମୁସଲମାନ (ତୁରୁକ) ଅଲେଫର ଏକତ୍ର ପ୍ରତିପାଦନ କରିଛନ୍ତି। ଏପରି ମତଦାନ, ସତ୍ୟପୀର ଧର୍ମ ଅଷ୍ଟାଦଶ ଶତାଧୀର ଦ୍ବିତୀୟ ଦଶାଧୀରେ ଓଡ଼ିଶାକୁ ଆସିବା ପରେ ସ୍ବାଭାବିକ। ପୁଣି 'ଶୂନ୍ୟ-ସଂହିତା'ରେ କୃଷ୍ଣ କହୁଛନ୍ତି- "ମୋହ ବଂଶ ମୋତେ ନିରତେ ପୂଜିବେ ନିଯୋଗ ଦେବେ ଯୋଗାଇ।" ଏଥିରେ 'ମୋହ ବଂଶ' 'ଯଦୁବଂଶ'କୁ ସୂଚାଉଚି। ଖୋରଧା ରାଜବଂଶର ଯଦୁବଂଶ ଦାବି ଜଣାଶୁଣା କଥା।

"ଯଦୁବଂଶ ରଜାଏ ଏଣେ ଉଦିତ ହୋଇଲେ। ଦନାଇ ବିଦ୍ୟାଧରଙ୍କ ପୁଅ ତୋଟାମିରେ ଥିଲେ। ରାମଚନ୍ଦ୍ର ଦେବ ରାଜା ହୋଇଲେ।" (ମାଦଳାପାଞ୍ଜି, ପ୍ରାଚୀନ ଗଦ୍ୟପଦ୍ୟାଦର୍ଶ, ପୃ: ୨୪)

ଏଣୁ ଖୋରଧା ରାଜବଂଶର ପ୍ରତିଷ୍ଠା (ଖ୍ରୀ: ୧୫୮୦) ହେବାର ପ୍ରାୟ ୭୦ ବର୍ଷ ପୂର୍ବେ ଅଚ୍ୟୁତାନନ୍ଦ ଚୈତନ୍ୟଙ୍କ ସଖା ଥିବା ସମ୍ଭବ ନୁହେ।

'ଗୁରୁଭକ୍ତିଗୀତା'ରେ ଦିବ୍ୟସିଂହ ଦେବ (ଖ୍ରୀ: ୧୬୮୪-୧୭୧୯) ଓ ଗୋପୀନାଥ ଦେବ (ଖ୍ରୀ: ୧୭୧୯-୧୭୨୧) ପର୍ଯ୍ୟନ୍ତ ଖୋରଧା ରାଜବଂଶର ନାମ ରହିଚି। ଏ ଭାବେ ଏ ଗ୍ରନ୍ଥମାନ ୧୮ଶ ଶତାଧୀ ପୂର୍ବରୁ ଲିଖିତ ହେବା ସମ୍ଭ ନୁହେଁ।

"ପ୍ରତାପ ନୃପତି ଯାଏଁ ପୂଜାର ଧାରଣ।

ପ୍ରତାପଠାରୁ ମୁକୁନ୍ଦରେ କିଛି ପୁଣ ॥

ମୁକୁନ୍ଦଠାରୁ ଦିବ୍ୟ କଳିର ବିଚାର ॥
ମନ୍ତ୍ରକୁ ଲେଖନ ପାତ୍ର ନକରି ବିଚାର
ଦିବ୍ୟ ଗୋପୀନାଥ କାଳେ ଅରଷ୍ଟିର ଗୋଲ ।
ନାମକୁ ନ ଚିହ୍ନେ ପେଟ ନିମନ୍ତେ କେବଳ ।"
(ଗୁରୁଭକ୍ତିଗୀତା)

ସେଇପରି 'ଉଦୟ କାହାଣୀ'ରେ 'ସାଲ' ବା ସନ ଅଚ୍ୟୁତାନନ୍ଦ ଲେଖିଛନ୍ତି । ଏଇ ଅବ୍ଦ ଗଣନା ଓଡ଼ିଶାରେ ଖ୍ରୀ: ୧୫୯୨ ପରେ ହିଁ ହୁଏ ।

'ଗରୁଡ଼ଗୀତା'ରେ ଶ୍ରୀକ୍ଷେତ୍ର ସୀମା ସତ୍ୟବାଦୀ ପର୍ଯ୍ୟନ୍ତ ବୋଲି କୁହାଯାଇଚି । ଯଥା– "କ୍ଷେତ୍ରର ମହିମା ପାଞ୍ଚ କୋଶ ସୀମା– ସତ୍ୟବାଦୀ ପରିଯନ୍ତେ ।" (୨ୟ ଅଧ୍ୟାୟ) । ଏଇ ସତ୍ୟବାଦୀ – ସାକ୍ଷିଗୋପାଳ ପୁରୀ, ଚଉଦ୍ୱାର, କଟକ, ଖୋରଧା, ରଥପୁର ଆଦି ସ୍ଥାନ ଭ୍ରମଣ କରି ଉନବିଂଶ ଶତାବ୍ଦୀରେ ହିଁ ସତ୍ୟବାଦୀକୁ ଆସିଲେ । ଏହାପରେ ହିଁ ସେ ସ୍ଥାନ ସତ୍ୟବାଦୀ ବୋଲାଇଲା । 'ବର୍ଣ୍ଣଟୀକା'ରେ ଅରୁଣ ସ୍ତମ୍ଭ ପୁରୀରେ ଥିବା କଥନ। ସ୍ଥାନ ପାଇଛି ।

"ନିତ୍ୟ ନୀଳାଚଳ ପୂର୍ବ ଦ୍ୱାରରେ / ସ୍ତମ୍ଭ ଗୋଟିକ ଅରୁଣ ନାମରେ ।
ସେଠାରେ ବିଂଶ ପାବଚ୍ଛ ଅନ୍ତେଣ / ତ୍ରିପୁର ଗ୍ରାମ ସୀମା ସନ୍ନିଧାନ ।"

ଅଷ୍ଟାଦଶ ଶତାବ୍ଦୀର ପ୍ରାନ୍ତ ଭାଗରେ ଯାଇ ଅରୁଣ ସ୍ତମ୍ଭଟି କୋଣାର୍କରୁ ପୁରୀକୁ ଅଣାଯାଇ ଶ୍ରୀମନ୍ଦିର ପୂର୍ବ ଦ୍ୱାରରେ ଅବସ୍ଥାପିତ କରାଯାଇଯାଇଥିଲା । ଏ ଭାବେ ଏ ଗ୍ରନ୍ଥଗୁଡ଼ିକର ରଚୟିତା ଉନ୍ନବିଂଶ ଶତାବ୍ଦୀର କୌଣସି ଅଚ୍ୟୁତାନନ୍ଦ ହେବେ ।

ଭାଷା–ତିଲକଣାର ଅଚ୍ୟୁତାନନ୍ଦଙ୍କ ଯେକୌଣସି ରଚନାର ଭାଷା ଯେ ଅଷ୍ଟାଦଶ ଶତାବ୍ଦୀର ଭାଷାରୁ ପ୍ରାଚୀନତର ନୁହେ, ଏହା ଲେଖିବା ଅନାବଶ୍ୟକ । ତାଙ୍କ ରଚନାରେ ମାଫିକ, ହକିତକ, ହିନ୍ଦୁ, କଲମ, ଓଜନ, ତଲାସ ଆଦି ବହୁ ଯାବନିକ ଶବ୍ଦର ପ୍ରୟୋଗ ରହିଚି, ଯାହା କି ଷୋଡ଼ଶ ଶତାବ୍ଦୀର ରଚନାରେ ରହନ୍ତା ନାଇ । ଅଚ୍ୟୁତାନନ୍ଦ ନିଜକୁ ଷୋଡ଼ଶ ଶତାବ୍ଦୀର ବୋଲି ଦାବି କଲେ ମଧ ଷୋଡ଼ଶ ଶତାବ୍ଦୀର ଭାଷାକୁ ଅନୁକରଣ କରି ପାରିନାହାନ୍ତି । ଉଦାହରଣ ସ୍ୱରୂପ, ଦ୍ୱିତୀୟା ଏକବଚନର 'କଇ' ଏବଂ ବହୁବଚନର 'ଚ' ପ୍ରତ୍ୟୟ ଷୋଡ଼ଶ ଶତାବ୍ଦୀ ପର୍ଯ୍ୟନ୍ତ ଚଳୁଥିଲା । ଏ ସବୁର ପ୍ରୟୋଗ ଅଚ୍ୟୁତାନନ୍ଦଙ୍କ ଲେଖାରେ ନାଇ ।

ହଣ୍ଟରଙ୍କ ସାକ୍ଷ୍ୟ– ହଣ୍ଟରଙ୍କ 'ଓଡ଼ିଶା ଇତିହାସ'ରେ ଲେଖାଅଛି "ଅଚ୍ୟୁତାନନ୍ଦ

ପ୍ରାୟ ୧୦୦ ବର୍ଷ ତଳେ ଜୀବିତ ଥିଲେ" ("Lived about 100 years ago"-History of Orissa; Appendix IX) । ହଣ୍ଟର ସାହେବ ଖ୍ରୀ: ୧୮୭୧ରେ ତାଙ୍କ ଇତିହାସ ଲେଖିଥିଲେ । ଏହା ସ୍ୱୀକାର୍ଯ୍ୟ ଯେ, ଏଇ ଐତିହାସିକ ପ୍ରାଚୀନ ଓଡ଼ିଆ କବିମାନଙ୍କୁ ବିନା ଦ୍ୱିଧାରେ ଅତୀତରୁ ଅତୀତରେ ନେଇ ଥୋଇଛନ୍ତି । ସେ ଜଣେ ହେଲେ କବିଙ୍କୁ ତାଙ୍କର ପ୍ରକୃତ କାଳଠାରୁ ଅର୍ବାଚୀନ କରି ଦେଖାଇ ନାହାନ୍ତି । ମାତ୍ର ଅଚ୍ୟୁତାନନ୍ଦଙ୍କ କାଳକୁ ସେ ଅଢ଼େଇଶହ ବର୍ଷ ଆଗୁଆ କରାଇଛନ୍ତି ବୋଲି କହିବା ଆଗରୁ ସ୍ୱୟଂ ଅଚ୍ୟୁତାନନ୍ଦଙ୍କ ଦାବିର ପ୍ରତିକୂଳ ପ୍ରମାଣଗୁଡ଼ିକ ଭଲଭାବରେ ପରୀକ୍ଷା କରିବା ସଂଗତ ହେବ ।

ଅବଶ୍ୟ, ଆଉ ଜଣେ ଅଚ୍ୟୁତାନନ୍ଦ ଥିଲେ– ଯେ କି ପଞ୍ଚସଖାର ଜଣେ ବୋଲି ଦାବି କରୁଥିବା ଅଚ୍ୟୁତାନନ୍ଦଙ୍କଠାରୁ ଭିନ୍ନ । ସେ 'ହରିବଂଶ', 'ଅନନ୍ତ ଗୋଇ' ଓ ଗୋପାଳଙ୍କ ଓଗାଳ' ଲେଖିଯାଇଛନ୍ତି । ସେ ଥିଲେ ଜାତିରେ ଗୋପାଳ ଏବଂ ପଞ୍ଚସଖାର ଜଣେ ବୋଲି ଦାବି କରୁଥିବା ଅଚ୍ୟୁତାନନ୍ଦ ଥିଲେ ଅହୋକୁଳର । ଏଇ ଗୋପାଳ ଅଚ୍ୟୁତାନନ୍ଦ ରଣପୁର ମଧ୍ୟସ୍ଥ ଗଣ୍ଠ ଗ୍ରାମରେ ରହୁଥିଲେ ଏବଂ ରଣପୁର ରାଜା ପଦ୍ମନ ନରେନ୍ଦ୍ରଙ୍କ ଦ୍ୱାରା ପାଳିତ ହେଉଥିଲେ । ଏଇ ପଦ୍ମନ ନରେନ୍ଦ୍ରଦେବ ଚାଲୁକ୍ୟ ମୁକୁନ୍ଦଦେବଙ୍କ ଝିଆରୀଙ୍କୁ ବିବାହ କରିଥିବା ବିଷୟ ରଣପୁର ରାଜବଂଶାବଳୀରୁ ଜଣାଯାଏ । ମୁକୁନ୍ଦଦେବ ଖ୍ରୀ: ୧୫୫୯ଠାରୁ ୧୫୬୮ ପର୍ଯ୍ୟନ୍ତ ରାଜତ୍ୱ କରିଥିଲେ । ଏ ଭାବେ ଏଇ ଅଚ୍ୟୁତାନନ୍ଦ ଷୋଡ଼ଶ ଶତାଦ୍ଦୀର ଶେଷାର୍ଦ୍ଧର ବ୍ୟକ୍ତି । ସେ ପଦ୍ମନ ନରେନ୍ଦ୍ରଙ୍କ ଆଶ୍ରୟରେ କବିତା ରଚନା କଲାବେଳକୁ ଯୁବ   କ ମାତ୍ର ।

(କ) "ରଣପୁର ସୀମା ମଝି ସେ ଗଣ୍ଠ ଗ୍ରାମରେ

ମୋହର ଘର ଅଟଇ ତହିଁର ମଧ୍ୟରେ ।

ତହିଁର ରାଜା ଅଚନ୍ତି ପଦ୍ମନ ନରେନ୍ଦ୍ର ।" (ହରିବଂଶ)

(ଖ) "ପଦ୍ମନ ନରେନ୍ଦ୍ର ମୋତେ ଅନ୍ନ ଦେଇ ପୋଷିଲ ।" (ଗୋପାଳଙ୍କ ଓଗାଳ)

ମାତ୍ର ଏ ଗୋପାଳ ଅଚ୍ୟୁତାନନ୍ଦ ସ୍ୱତନ୍ତ୍ର । ସେ ଷୋଡ଼ଶ ଶତକର ଶେଷାର୍ଦ୍ଧର ଲୋକ ହୋଇଥିଲେ ମଧ୍ୟ ଚୈତନ୍ୟଙ୍କ ସମସାମୟିକ ନୁହନ୍ତି କିୟା କୌଣସିଠାରେ ସେ ନିଜକୁ ଚୈତନ୍ୟଙ୍କ ପଞ୍ଚସଖାର ଅନ୍ୟତମ ବୋଲି ଦାବି କରିନାହାନ୍ତି । ମାତ୍ର ଅହୋକୁଳର ଯେଉଁ ଅଚ୍ୟୁତାନନ୍ଦ ପଞ୍ଚସଖା ରହସ୍ୟର ସ୍ରଷ୍ଟା, ତାଙ୍କ କାଳ ଯେ ନିଃସନ୍ଦେହରେ ଅଷ୍ଟାଦଶ ଶତାଦ୍ଦୀ, ଏହା ପ୍ରମାଣ କରାଗଲା । ସେ ନିଜ କୃତ 'ଶୂନ୍ୟ-ସଂହିତା', 'ଯୁଗାବ୍ଧ ଗୀତା'

ପ୍ରଭୃତିରେ ନିଜକୁ ପଞ୍ଚମହାଜନର ଜଣେ ବୋଲି ସାବ୍ୟସ୍ତ କରିବାକୁ ଅପଚେଷ୍ଟା କରିଛନ୍ତି । ଏହାଛଡ଼ା ମାଦଳାପାଞ୍ଜିର ଗୋଟିଏ ପାଠରେ ଚୈତନ୍ୟଙ୍କ ଆଗମନବେଳକୁ ଓଡ଼ିଶାରେ ପାଞ୍ଚ ଗୋସାଇଁ ଥିବା କଥା ଲେଖାଅଛି ।

“ରାଜା ଶ୍ରୀନବରେ ବିଜେ କରି ରହିଥିଲେ । ଗଉଡ଼ ଦେଶରୁ ନଦିଆ ନବଦ୍ୱୀପରୁ ସନ୍ୟାସ ଦୀକ୍ଷା କରି ଶ୍ରୀଚୈତନ୍ୟ ମହାପ୍ରଭୁଙ୍କୁ ଅବଲୋକନ କରିବେ ବୋଲି ଅଇଲେ । ରାଜାଙ୍କୁ ଷଡ଼ଭୁଜ ଦେଖାଇଲେ । ସେ ସମୟ ଅଚୁତାନନ୍ଦ ଗୋସାଇଁ, ଅନନ୍ତ ଶିଶୁ ଗୋସାଇଁ ଥିଲେ । ଅତିବଡ଼ୀ ଜଗନ୍ନାଥ ଗୋସାଇଁ ଥିଲେ । ରଘୁ ଅର୍ଷ୍ତେ ଭଉଁରୀ ଗୋସାଇଁ ଥିଲେ । ଏ ଗୋସାଇଁମାନେ ରାଜାଙ୍କୁ ଭଗବତ ଦୀକ୍ଷାରେ ଭୋଳ କଲେ ।” (ପ୍ରାଚୀନ ଗଦ୍ୟପଦ୍ୟାଦର୍ଶ, ପୃ: ୧୮)

ଏଥରେ ପଞ୍ଚସଖାର ସୂଚନା ମିଳୁଥିଲେ ମଧ ବଳରାମ ଦାସଙ୍କ ନାମଗନ୍ଧ ନାଇଁ । ଅଚ୍ୟୁତାନନ୍ଦ, ଅନନ୍ତ, ଯଶୋବନ୍ତ, ଅତିବଡ଼ୀ ଜଗନ୍ନାଥ ଓ ରଘୁ ଅର୍ଷ୍ତ ଥିବା ବିଷୟ ଉଲ୍ଲେଖ ଅଛି ।

‘ମାଦଳାପାଞ୍ଜି’ର ପାଠ ନିର୍ଭରଯୋଗ୍ୟ ନୁହେଁ– ମାତ୍ର ମାଦଳାପାଞ୍ଜି ଗୋଟିଏ ନୁହେଁ, ବହୁ । ଏତେ ସଂଖ୍ୟାରେ ମାଦଳାପାଞ୍ଜି କାହିଁକି ରଚିତ ହେଲା ତାର କାରଣ ଖୋଜି ବସିଲେ ଏଗୁଡ଼ିକର ପ୍ରକୃତ ମୂଲ୍ୟ ନିରୂପିତ ହେବ । ମିଳୁଥିବା ସବୁ ମାଦଳାପାଞ୍ଜିର ଲେଖା ଇଂରେଜ ଶାସନର ଆରମ୍ଭରେ ଶେଷ ହେବା ତାତ୍ପର୍ଯ୍ୟପୂର୍ଣ୍ଣ । “ସେତେବେଳର ଖୋରଧା ରାଜା ମୁକୁନ୍ଦଦେବ (୧) ଜଣେ ଦୁର୍ବଳଚିତ୍ତ ବ୍ୟକ୍ତି ପରି ଜଣାପଡ଼ୁଥିଲେ ମଧ ତାତ୍କାଳିକ ରାଜନୀତିକ ଅବସ୍ତା ତାଙ୍କୁ ଏକ ଜାଗରଣ ନେତୃତ୍ୱକୁ ଉଠାଇବାକୁ ବାରମ୍ବାର ଚେଷ୍ଟାକରିଚି ।” ପରିଣାମରେ ଇଂରେଜଙ୍କ ସଦେହଚକ୍ଷୁ ତାଙ୍କ ଉପରେ ପଡ଼ିଚି । ସେ କାରାରୁଦ୍ଧ ହୋଇଛନ୍ତି । ତାଙ୍କ ପୈତୃକ ରାଜ୍ୟ ଯାଇଚି । ତାଙ୍କୁ ଓଡ଼ିଶାର ଶାସନମୁଖ୍ୟ କରାଇବାଲାଗି ଜୟ ରାଜଗୁରୁ, ବକ୍ସି ଜଗବନ୍ଧୁ ବିଦ୍ୟାଧର ଆଦି ଅନେକେ ନିଜ ନିଜ ବାଟରେ ଚେଷ୍ଟା କରିଗଲେ । ମାଦଳାପାଞ୍ଜିର ବହୁଳ ରଚନା ଏହିପରି ଚେଷ୍ଟାର ଆଉ ଏକ ରୂପ । ଇଂରେଜମାନେ ଓଡ଼ିଶା ଅଧିକାର କରିବା ପରେ ଶ୍ରୀମନ୍ଦିରର ପରିଚାଳନା ମଧ ହାତକୁ ନେଲେ । ରାଜନୀତିକ କ୍ଷେତ୍ରରେ ମରହଟ୍ଟାଙ୍କ ଉତ୍ତରବର୍ତ୍ତୀ ଖୀରସ୍ଥାନମାନେ ଧର୍ମଜଗତରେ ମଧ ମରହଟ୍ଟାଙ୍କ ସ୍ଥାନ ଅଧିକାର କରିବା ଅନେକଙ୍କୁ ବାଧୁଥିବ ନିଷ୍ଚୟ । ଏଇ ଅସ୍ୱସ୍ତିକର ଅବସ୍ଥାରୁ ରକ୍ଷା ପାଇବାପାଇଁ କେତେକ ମନ୍ଦିର ପରିଚାଳନାକୁ ଇଂରେଜଙ୍କ ହାତରୁ ନେଇ ଖୋରଧାର ରାଜାଙ୍କୁ ଦେବାକୁ ଆଗଭର ହୋଇଥିବେ । ପୂର୍ବରୁ ଓଡ଼ିଶାର

ସ୍ୱାଧୀନ ରାଜାଙ୍କ ସହ ସମାନ ଆସନ ଦେବା ଅଭିପ୍ରାୟରେ କେତେକ ମାଦଳାପାଞ୍ଜି ଲିଖିତ ହୋଇଥିଲା । ପରେ ଇଂରେଜଙ୍କ ଆଗରେ 'ଦଲିଲ' ସ୍ୱରୂପ ବ୍ୟବହୃତ ହେବାଲାଗି ଆଉ କେତେକ ପାଞ୍ଜି ସୃଷ୍ଟି ହୋଇଥିବ । ତେଣୁ ମାଦଳାପାଞ୍ଜିର ପ୍ରାମାଣିକତା ସର୍ବାଦୌ ସନ୍ଦେହାକୀର୍ଣ୍ଣ ।

ନନ୍ଦ ଦାସଙ୍କ 'ଅଣାକାର-ସଂହିତା'ରେ ପଞ୍ଚସଖା ବିଷୟ ଉଲ୍ଲେଖ ରହିଚି । ନନ୍ଦ ଦାସ ଏଇ ଗ୍ରନ୍ଥରେ ଦ୍ୱାରିକା ଦାସଙ୍କ କଥା ମଧ୍ୟ ଉଲ୍ଲେଖ କରିଛନ୍ତି ଏବଂ ତିନି ଜନ୍ମ ଅନ୍ତେ ସେ ରାମଚନ୍ଦ୍ରଙ୍କ ୪୩ ଅଙ୍କରେ ଜନ୍ମଗ୍ରହଣ କରିବେ ବୋଲି କହିଛନ୍ତି । ନନ୍ଦ ଦାସଙ୍କ ଜନ୍ମ ଖ୍ରୀ: ୧୮୫୧ ମସିହାରେ; କାରଣ ନନ୍ଦ ଦାସ ରାମଚନ୍ଦ୍ରଙ୍କ ୪୩ ଅଙ୍କରେ ନିଜ ଜନ୍ମ ବୋଲି କହନ୍ତି ।

ଈଶ୍ୱର ଦାସଙ୍କ 'ଚୈତନ୍ୟ ଭାଗବତ'ର ଭାଷା ଊନବିଂଶ ଶତାଦ୍ଧୀରୁ ପ୍ରାଚୀନତର ହେବା ଜଣାଯାଉନାଇ । ମୋଟ ଉପରେ 'ଅଣାକର-ସଂହିତା' ବା 'ଚୈତନ୍ୟ ଭାଗବତ' ଭଳି ଲେଖା ପଞ୍ଚସଖାକୁ ସତ୍ୟମୂଲକ ବୋଲି ପ୍ରମାଣ କରାଇ ପାରିବେ ନାଇ ।

ତେଣୁ ପଞ୍ଚସଖା ଯେ ଏକ ଅଳୀକ କଳ୍ପନା ଏ କଥା ସହଜରେ ପ୍ରମାଣ କରିହେବ । ଏଇ ପଞ୍ଚସଖା-ରହସ୍ୟର ପ୍ରଧାନ ପ୍ରଣେତା ଅଚ୍ୟୁତାନନ୍ଦ ଅଷ୍ଟାଦଶ ଶତାଦ୍ଧୀର ଲୋକ । ତାଙ୍କ ମାମୁଶ୍ୱଶୁର ଯଶୋବନ୍ତ ତାଙ୍କଠାରୁ ବୟସରେ ଜ୍ୟେଷ୍ଠ ହେଲେ ମଧ୍ୟ ସେ ଅଷ୍ଟାଦଶ ଶତାଦ୍ଧୀର ବ୍ୟକ୍ତି । ଶିଶୁ ଅନନ୍ତ ଅଷ୍ଟାଦଶ ଶତାଦ୍ଧୀର ଆଦ୍ୟ ଭାଗରେ ଜୀବିତ ଥିବା କଥା ପିଣ୍ଟିକ ଦାସଙ୍କ 'ଆଗତ ଭବିଷ୍ୟ' ନାମକ ପୋଥିରୁ ମିଳୁଚି । ଅନନ୍ତ ବା ଶିଶୁ ଅନନ୍ତ ଖଣ୍ଡଗିରିର ଅନନ୍ତ ଗୁମ୍ଫାରେ ସଦା ରହିଛନ୍ତି ଏବଂ କଳ୍କୀ ଅବତାର ବେଳକୁ ସେ ତାଙ୍କ ସହ ବୁଲିବେ ବୋଲି କୁହାଯାଇଚି ।

ଜଗନ୍ନାଥ ଦାସ ଓ ବଳରାମ ଦାସ ନିର୍ଣ୍ଣିତ ଭାବେ ଷୋଡ଼ଶ ଶତାଦ୍ଧୀର ପ୍ରଥମ ଭାଗର ବ୍ୟକ୍ତି ଏବଂ ଚୈତନ୍ୟଙ୍କ ସଂସ୍ପର୍ଶରେ ଆସିଛନ୍ତି ।

ଏ ଭାବେ ଇତିହାସର ଭିନ୍ନ ଭିନ୍ନ ଯୁଗର ସାଧକମାନଙ୍କ ନାମକୁ ଶହ ଶହ ବର୍ଷର ବ୍ୟବଧାନ ସତ୍ତ୍ୱେ ଏକାଟି ଯୋଡ଼ି ନିଜ ଗୋଷ୍ଠୀପ୍ରାଧାନ୍ୟକୁ ପ୍ରଚାରିତ କରିବାଲାଗି ଅଚ୍ୟୁତାନନ୍ଦ ଏକ ଐତିହାସିକ ଭ୍ରାନ୍ତି ସୃଷ୍ଟି କରିଗଲେ । ଓଡ଼ିଆ ଗବେଷକମାନେ ଏଇ ପଞ୍ଚସଖା- ରହସ୍ୟ ଭେଦ କରି ସାହିତ୍ୟର ଇତିହାସରେ ଯେଉଁ ଅସଙ୍ଗତି ଦେଖାଦେଇଚି, ତାକୁ ଦୂରୀଭୂତ କରିବା ବାଞ୍ଛନୀୟ ।

('ଦିଗନ୍ତ', ନୂଆପ୍ରସ୍ତ, ଅକ୍ଟୋବର, ୧୯୬୧ ସଂଖ୍ୟାରେ ପ୍ରକାଶିତ ଶ୍ରୀ ସଚିଦାନନ୍ଦ ମିଶ୍ରଙ୍କର ପ୍ରବନ୍ଧରୁ ଗୃହୀତ....)

ଦ୍ୱିତୀୟ ସଂସ୍କରଣର ପରିଶିଷ୍ଟ

(୨)

ଆଧୁନିକ ବନାନ ପ୍ରଣାଳୀ

୧। ଅନୁସ୍ୱାର ଦେଇ ଲେଖିବା ଅଧିକ ଯୁକ୍ତିଯୁକ୍ତ–

ଏଥିପୂର୍ବରୁ ଅନୁସ୍ୱାର ଦେଇ ଲେଖିବା ଯେ ଅଧିକ ଯୁକ୍ତିଯୁକ୍ତ, ଏକଥା ପ୍ରତିପାଦିତ କରାଯାଇଛି। ବିଶେଷତଃ ପଦାନ୍ତ ମ ଯୁକ୍ତ ବର୍ଣ୍ଣଗୁଡ଼ିକ ଅନୁସ୍ୱାର ଦେଇ ଲେଖିବା ବିଧି ସଂସ୍କୃତ ବ୍ୟାକରଣମାନେ ପ୍ରବର୍ତ୍ତନ କରିଯାଇଛନ୍ତି। ଶ, ଷ, ସ, ହ କୁ ଛାଡ଼ି କୌଣସି ବ୍ୟଞ୍ଜନବର୍ଣ୍ଣ ଆଗରେ ଥିଲେ, ପଦାନ୍ତ ଅନୁସ୍ୱାର ବିକଳ୍ପରେ ପରସବର୍ଣ୍ଣ ହୁଏ। (ପାଣିନି)

ଅନେକେ ମନେକରନ୍ତି ସଂଯୁକ୍ତାକ୍ଷର (ଙ୍କ, ଙ୍ଖ, ଙ୍ଗ, ଙ୍ଘ, ଞ୍ଚ, ଞ୍ଛ, ଞ୍ଜ, ଣ୍ଟ, ଣ୍ଠ, ଣ୍ଡ, ନ୍ତ, ନ୍ଦ, ମ୍ପ, ମ୍ଫ, ମ୍ୟ, ମ୍ବ ପ୍ରଭୃତି) ବଦଳରେ ପୂର୍ବବର୍ତ୍ତୀ ବର୍ଣ୍ଣରେ ଅନୁସ୍ୱାର ଦେଇ ଲେଖିବା ଏକପ୍ରକାର ଲିପିସଂସ୍କାର। କେବଳ ଆଜିକାଲି ମୁଦ୍ରଣ ସୁବିଧାଦୃଷ୍ଟିରୁ ଏପରି କରାଯାଉଛି ଏବଂ ଏହାର କୌଣସି ଭାଷାତାତ୍ତ୍ୱିକ ଭିତ୍ତି ନାଇ। ମାତ୍ର ଏହା ଠିକ୍ ନୁହେଁ। "ପ୍ରକୃତରେ ଦେଖିବାକୁ ଗଲେ ଭାଷାତାତ୍ତ୍ୱିକ ଦୃଷ୍ଟିରୁ ଅନୁସ୍ୱାର ଦେଇ ଲେଖିବା ସମୀଚୀନ ଓ ପ୍ରମାଣସିଦ୍ଧ।"

(ଅଧ୍ୟାପକ ଧନେଶ୍ୱର ମହାପାତ୍ର, ଦୈନିକ 'ସମାଜ', ତା ୨୦।୭। ୧୯୭୧)

ପୂର୍ବେ ସଂସ୍କୃତ ଭାଷାରେ ପାଞ୍ଚ ଗୋଟି ଅନୁନାସିକ ଧ୍ୱନି ଓ ଗୋଟିଏ ନାସିକ୍ୟ ଧ୍ୱନି (ଅନୁସ୍ୱାର) ଥିଲା। ଯେଉଁ ଧ୍ୱନିର ଉଚ୍ଚାରଣରେ ଶ୍ୱାସବାୟୁ ମୁଖଗହ୍ୱର ଓ ନାସାବିବର ଉଭୟବାଟେ ନିର୍ଗତ ହୁଏ, ତାହା ଅନୁନାସିକ ଧ୍ୱନି ଏବଂ ଯେଉଁ ଧ୍ୱନି ଉଚ୍ଚାରଣରେ ଶ୍ୱାସବାୟୁ କେବଳ ନାସାବାଟେ ନିର୍ଗତ ହୁଏ, ତାହା ନାସିକ୍ୟ ଧ୍ୱନି। ନାସିକ୍ୟ ଧ୍ୱନିଟି ହେଲା ଅନୁସ୍ୱାର। ପାଞ୍ଚଟି ଅନୁନାସିକ ଧ୍ୱନି ହେଲେ ଙ, ଞ, ଣ, ନ, ମ। ଏଇ ଧ୍ୱନିଗୁଡ଼ିକର ଉଚ୍ଚାରଣ ପରସ୍ପରଠାରୁ ପୃଥକ୍ ଥିଲା। ତେଣୁ ପ୍ରତ୍ୟେକ ଧ୍ୱନି ପାଇଁ ଗୋଟିଏ ଗୋଟିଏ ସ୍ୱତନ୍ତ୍ର ଲିପି ରଖାଯାଇଥିଲା।

ଯେକୌଣସି ବ୍ୟଞ୍ଜନବର୍ଣ୍ଣ ସମ୍ବୃତ ଅକ୍ଷରର ଶେଷରେ ରହିଲେ ତାକୁ ପରବର୍ତ୍ତୀ ବ୍ୟଞ୍ଜନବର୍ଣ୍ଣ ସହିତ ମିଶାଇ ଦିଆଯିବାର ପଦ୍ଧତି ପ୍ରଚଳନ କରାଗଲା। ଯେପରି ତସ୍କର = ତସ୍କର, ଲଗ୍ନ = ଲଗ୍ନ, ବିଦ୍ୟା=ବିଦ୍ୟା। ଉଭୟ ବ୍ୟଞ୍ଜନ ବର୍ଣ୍ଣ ମିଶି ଯେଉଁ ବର୍ଣ୍ଣ ହେଲା, ବ୍ୟାକରଣରେ ତାର ନାମ ଯୁକ୍ତବର୍ଣ୍ଣ ବା ଯୁକ୍ତାକ୍ଷର ବା ସଂଯୁକ୍ତାକ୍ଷର।

ବାସ୍ତବ ଉଚ୍ଚାରଣ ଦୃଷ୍ଟିରୁ ଏଭଳି ହଳନ୍ତ ବ୍ୟଞ୍ଜନବର୍ଣ୍ଣ କମ୍ ଗୁରୁତ୍ୱପୂର୍ଣ୍ଣ; କାରଣ ହଳନ୍ତ ବର୍ଣ୍ଣ ଅର୍ଦ୍ଧଉଚ୍ଚାରିତ। ତେଣୁ ପରବର୍ତ୍ତୀ ସ୍ୱରଯୁକ୍ତ ବ୍ୟଞ୍ଜନବର୍ଣ୍ଣ ହିଁ ଅଧିକ ଗୁରୁତ୍ୱପୂର୍ଣ୍ଣ; କାରଣ ତାହା ପୂର୍ଣ୍ଣ ଉଚ୍ଚାରିତ। ମାତ୍ର ଦେଖନ୍ତୁ, ଓଡ଼ିଆ ଲିପିରେ ଯୁକ୍ତବର୍ଣ୍ଣରେ ଠିକ ତାର ଓଲଟାଟି ଜଣାପଡ଼ୁଚି; ମାନେ, ହଳନ୍ତ ବର୍ଣ୍ଣ ହିଁ ପ୍ରାଧାନ୍ୟ ଲାଭ କରିଚି ଏବଂ ପରବର୍ତ୍ତୀ ସ୍ୱରଯୁକ୍ତ ବର୍ଣ୍ଣଟି ଗୌଣ ହୋଇ ଉଠିଚି-ଯଥା ସ୍କ, ଗ୍ନ, ଦ୍ୟ। ଏଠାରେ ସ୍, ଗ୍, ଦ୍, କମ୍ ଗୁରୁତ୍ୱପୂର୍ଣ୍ଣ ମାତ୍ର ସଂଯୁକ୍ ବର୍ଣ୍ଣରେ ଏହି କମ୍ ଗୁରୁତ୍ୱପୂର୍ଣ୍ଣ ବର୍ଣ୍ଣଗୁଡ଼ିକ ଆକୃତିରେ ଏବଂ ପ୍ରଧାନ ବର୍ଣ୍ଣଗୁଡ଼ିକ ଅଧା ଆକୃତିରେ ବା ଭିନ୍ନ ଆକୃତିରେ ରହିଛନ୍ତି। ସେହିପରି ଣ୍ଠ, ନ୍ତ, ମ୍ବ ଣ୍ଠ+ଠ, ନ୍+ତ, ମ୍+ବ; ମାତ୍ର ଲିପିରେ ଅର୍ଦ୍ଧଉଚ୍ଚାରିତ (ହଲଂତଯୁକ୍ତ) ଣ୍, ନ୍, ମ୍ ହିଁ ପ୍ରଧାନ ସ୍ଥାନ ମାଡ଼ିବସିଛନ୍ତି ଏବଂ ଗୁରୁତ୍ୱପୂର୍ଣ୍ଣ ବର୍ଣ୍ଣଗୁଡ଼ିକ (ଠ, ତ, ବ) ନଗଣ୍ୟ ସ୍ଥାନ ଅଧିକାର କରିଛନ୍ତି। କେତେକ ଜାଗାରେ ସେମାନେ ଅର୍ଦ୍ଧ ଆକୃତି ଏବଂ କେତେକ ସ୍ଥାନରେ ଭିନ୍ନ ଆକୃତି ଗ୍ରହଣ କରିଥିବାର ଦେଖାଯାଏ (ଯଥା- ନ୍ତ, ଞ୍ଚ)। ସଂସ୍କୃତଭାଷାର ଯୁକ୍ତବର୍ଣ୍ଣ ପଦ୍ଧତିରେ ଅନୁନାସିକ ବର୍ଣ୍ଣଗୁଡ଼ିକ ଅଧା ଆକୃତିରେ ଏବଂ ପରବର୍ତ୍ତୀ ସ୍ୱରଯୁକ୍ତ ବର୍ଣ୍ଣଗୁଡ଼ିକ ପୂର୍ଣ୍ଣ ଆକୃତିରେ ରହିଲେ; ମାତ୍ର ଓଡ଼ିଆରେ ପରବର୍ତ୍ତୀ ସ୍ୱରଯୁକ୍ତ ବର୍ଣ୍ଣଗୁଡ଼ିକ ହିଁ ଚରମ ଦୁର୍ଦ୍ଦଶାଗ୍ରସ୍ତ ହୋଇଛନ୍ତି। ଅପ୍ରଧାନ ହଳନ୍ତ ବର୍ଣ୍ଣଗୁଡ଼ିକ ମୁଖ୍ୟ ସ୍ଥାନ ମାଡ଼ିବସିଛନ୍ତି। ଭାଷାତତ୍ତ୍ୱ ଦିଗରୁ ଏବଂ ଧ୍ୱନିତତ୍ତ୍ୱ ଦିଗରୁ ଏହା ଏକ ଚରମ ବିପର୍ଯ୍ୟୟ ନୁହେ କି ?

ଖ୍ରୀଷ୍ଟୀୟ ପ୍ରଥମ ଶତକ ଆରମ୍ଭ ବେଳକୁ ଅନୁନାସିକ ବର୍ଣ୍ଣଗୁଡ଼ିକ ମଧ୍ୟରେ ଥିବା ଉଚ୍ଚାରଣଭେଦ ପ୍ରାୟ ଲୋପ ପାଇ ଆସିଥିଲା। ଙ ଏବଂ ଞ ର ଉଚ୍ଚାରଣ ପୁରାପୁରି ଲୋପ ପାଇଗଲା ଏବଂ ଣ, ନ୍, ମ୍ ସଂବୃତ ଅକ୍ଷରରେ ଶେଷରେ ଥାଇ ଉଚ୍ଚାରିତ ହେଲାବେଳେ (ଅର୍ଥାତ୍ କୌଣସି ବ୍ୟଞ୍ଜନବର୍ଣ୍ଣ ପୂର୍ବରୁ ଉଚ୍ଚାରିତ ହେଲା ବେଳେ) ଉଣା– ଅଧିକେ ଅନୁସାରି ପର ଉଚ୍ଚାରିତ ହେଲେ।

ସେତେବେଳକୁ ପ୍ରାକୃତ ଭାଷା ଅର୍ଥାତ୍ ଲୋକମୁଖର ଭାଷା ବା ଲୋକାୟତ ଭାଷା ପ୍ରାଧାନ୍ୟ ଲାଭ କରିସାରିଥିଲା। ବୁଦ୍ଧଦେବ ଲୋକମାନଙ୍କ କଥିତ ଭାଷାରେ ଧର୍ମୋପଦେଶ ପ୍ରଦାନ କରିଥିଲେ ଏବଂ ଅଶୋକ ଲୋକଙ୍କ ଭାଷାରେ ହିଁ ଅନୁଶାସନଗୁଡ଼ିକୁ

ଗିରିଗାତ୍ରେ ଖୋଦନ କରାଇଥିଲେ; ଫଳରେ ସଂସ୍କୃତଭାଷା ସାଙ୍ଗକୁ ପ୍ରାକୃତ ଭାଷାରେ ମଧ୍ୟ ଲେଖାପଢ଼ା ଆରମ୍ଭ ହୋଇଯାଇଥିଲା। ପ୍ରାକୃତ ଭାଷାର ବ୍ୟାକରଣ ମଧ୍ୟ ରଚିତ ହେବାକୁ ଲାଗିଲା। ଲୋକଙ୍କ ଉଚ୍ଚାରଣ ଅନୁସାରେ ବ୍ୟାକରଣ ରଚିତ ହେଲା। ଲୋକେ ଯେଉଁ ଶବ୍ଦକୁ ଯେପରି ଉଚ୍ଚାରଣ କରନ୍ତି, ତାହାକୁ ହିଁ ପ୍ରାକୃତ ବ୍ୟାକରଣକାରମାନେ ଗ୍ରହଣ କରିନେଲେ (ଯଥା–ବ୍ରହ୍ମାକୁ 'ବମ୍ହା', ଆହ୍ଲାଦକୁ 'ଆଲାହାଦ', ସିଂହକୁ 'ସିଂଘ', ସଂହାରକୁ 'ସଂଘାର' ଇତ୍ୟାଦି ଇତ୍ୟାଦି)।

ଆଗରୁ କୁହାଯାଇଛି, ଅନୁନାସିକ ବ୍ୟଞ୍ଜନବର୍ଣ୍ଣଗୁଡ଼ିକ ମଧ୍ୟରୁ 'ଙ' ଏବଂ 'ଞ' ସେତେବେଳକୁ ଲୋକଙ୍କ ଉଚ୍ଚାରଣରେ ଆଉ ନଥିଲା। ବାକି ଥିଲେ ଣ, ନ, ମ। ଏମାନେ କୌଣସି ବ୍ୟଞ୍ଜନବର୍ଣ୍ଣ ପୂର୍ବରୁ ଉଚ୍ଚାରିତ ହେଲାବେଳେ ଅନୁସ୍ୱାର ପରି ଉଚ୍ଚାରିତ ହେଉଥିଲେ। ତେଣୁ ପ୍ରାକୃତ ବ୍ୟାକରଣକାରମାନେ ନିୟମ ପ୍ରଣୟନ କଲେ– ଙ, ଞ, ଣ, ନ, ମ, ଅନ୍ୟ ବ୍ୟଞ୍ଜନବର୍ଣ୍ଣ ପୂର୍ବରେ ଥିଲେ ଅନୁସ୍ୱାରରେ ପରିଣତ ହୁଅନ୍ତି; ଯଥା ଅଙ୍କ=ଅଂକ, କାଞ୍ଚନ=କାଂଚନ, କଣ୍ଠ =କଂଠ, ଦଣ୍ଡ = ଦଂଡ, ମନ୍ଦ = ମଂଦ, କମ୍ପ=କଂପ, ଶଙ୍ଖ=ଶଂଖ, ସଞ୍ଚାର=ସଂଚାର ଇତ୍ୟାଦି।

କାତ୍ୟାୟନ, ବରରୁଚି (ପୂର୍ବପ୍ରାକୃତର ବୈୟାକରଣିକ), ଭାମହ, ତ୍ରିବିକ୍ରମ, ହେଚନ୍ଦ୍ର, ମାର୍କଣ୍ଡେୟ (ଓଡ଼ିଶାର ପଣ୍ଡିତ) ପ୍ରମୁଖ ପ୍ରଥିତଯଶା ବ୍ୟାକରଣକାରମାନେ ସମସ୍ତେ ଏଇ ନିୟମରେ ଏକମତ। ସମଗ୍ର ପ୍ରାକୃତ ସାହିତ୍ୟରେ ଏଇ ଅନୁସ୍ୱାର ଦେଇ ଲେଖିବା ବିଧି ଦୃଢ଼ଭାବରେ ଗୃହୀତ ହୋଇଛି।

(ଅଧ୍ୟାପକ ଧନେଶ୍ୱର ମହାପାତ୍ର, 'ସମାଜ', ତା ୩।୧।୭୧)

ଓଡ଼ିଆଭାଷା ପୂର୍ବପ୍ରାକୃତ ସହିତ ସହିତ; ସିଧାସଳଖ ସଂସ୍କୃତ ସହିତ ନୁହେ। ତେଣୁ ଓଡ଼ିଆଭାଷାର ଲିପି ଇତ୍ୟାଦି ସମ୍ପର୍କରେ ଆମକୁ ପ୍ରାକୃତକୁ ହିଁ ମାନଦଣ୍ଡରୂପେ ଧରିବାକୁ ହେବ–ସଂସ୍କୃତକୁ ନୁହେ।

ଓଡ଼ିଆରେ ଯେଉଁ ଧ୍ୱନି ନାଇ, ସେଇ ଧ୍ୱନି ପାଇଁ ସଂସ୍କୃତର ଅନ୍ଧଅନୁକରଣରେ ଲିପି ପ୍ରଚଳନ ରହିଯାଇଛି। କାରଣ ସଂସ୍କୃତର ଆକର୍ଷଣ ଏକାଦିନକେ କଟାଇଦେବା ଓଡ଼ିଆଭାଷା ପକ୍ଷରେ ସମ୍ଭବ ହୋଇ ନାଇ; ତେଣୁ ନାନା ଅପ୍ରାକୃତିକତା ଓ ବୈସଦୃଶ୍ୟ ସୃଷ୍ଟି ହୋଇଛି।

ସେ ଯାହା ହେଉ, ଅନୁସ୍ୱାର ଦେଇ ଲେଖିବା ଯେ ଓଡ଼ିଆରେ ଅଧିକ ଯୁକ୍ତିଯୁକ୍ତ, ଏଥିରେ କାହାର ଦ୍ୱିମତ ହେବା ଉଚିତ ନୁହେଁ।

୬। ରେଫ୍ ପରେ ବ୍ୟଞ୍ଜନବର୍ଣ୍ଣ ଦ୍ୱିତ ହେବ ନାଇଁ

ତତ୍‌ସମ ଓ ତଦ୍‌ଭବ ଶବ୍ଦ ଏବଂ ବିଦେଶୀ ଶବ୍ଦ

ରେଫ୍ ପରେ ବ୍ୟଞ୍ଜନବର୍ଣ୍ଣ ଥିଲେ ତାହା ଯେ ବିକଳ୍ପରେ ଦ୍ୱିତ୍ୱ ହୁଏ, ଏ ବିଷୟରେ ପାଣିନି ତାଙ୍କ ବ୍ୟାକରଣର ୮/୪/୪୬ ସୂତ୍ରରେ ସ୍ପଷ୍ଟ ବିଧି ପ୍ରବର୍ତ୍ତନ କରିଯାଇଛନ୍ତି। "ଅ ଚୋରହାଭ୍ୟାଂ ଦ୍ୱେ"; ଯଥା– କାର୍ଯ = କାର୍ଯ୍ୟ, ସୂର୍ଯ = ସୂର୍ଯ୍ୟ, ଧମ = ଧର୍ମ୍ମ, ପୂର୍ଣ = ପୂର୍ଣ୍ଣ। ଏଠାରେ କେବଳ ବିକଳ୍ପରେ ଦ୍ୱିତ୍ୱ ହେବାର ବିଧି ଅଛି।

"ଅନଚି ଚ" ପାଣିନି, ୮/୪/୪୭ ସୂତ୍ରରେ ଅର୍ ପରେ ଯେଉଁ ଯର୍, ତାହା ବିକଳ୍ପରେ ଦ୍ୱିତ୍ୱ ହୁଏ; ଯଥା–ବିଦ୍ୱାନ୍ =, ବିଦ୍ୟା = ବିଦ୍ୟା, ଶରଣ୍ୟ = ଶରଣ୍ଣ୍ୟ, କୃତ୍ୟ = କୃତ୍ତ୍ୟ।

ଅସଂସ୍କୃତ ଅର୍ଥାତ୍ ତଦ୍‌ଭବ, ଦେଶଜ,   ଓ ବିଦେଶୀ ଶବ୍ଦରେ ରେଫ୍ ପରେ ବ୍ୟଞ୍ଜନବର୍ଣ୍ଣ ଦ୍ୱିତ୍ୱ ହେବାର ତ ପ୍ରଶ୍ନ ନାଇଁ। ଫର୍ଦ, ସୁପର୍ଦ, ହର୍ଣ ପ୍ରଭୃତି ଯାବନିକ ଓ ଇଂରାଜୀ ଶବ୍ଦଗୁଡ଼ିକ ତ ସଂସ୍କୃତ ନିୟମର ବାହାରେ। ସଂସ୍କୃତ ଓ ତତ୍‌ସମ ଶବ୍ଦଗୁଡ଼ିକରେ ମଧ ରେଫ୍ ପରେ ବ୍ୟଞ୍ଜନବର୍ଣ୍ଣ ବିକଳ୍ପରେ ଦ୍ୱିତ୍ୱ ହେବାର ସ୍ପଷ୍ଟ ବିଧି ଥିବା ଦୃଷ୍ଟିରୁ ସେଗୁଡ଼ିକୁ ମଧ ଦ୍ୱିତ୍ୱ କରିବାର କୌଣସି ଆବଶ୍ୟକତା ନାଇଁ, ବ୍ୟାକରଣ ଦୃଷ୍ଟିରୁ। ତେଣୁ ଆଧୁନିକ ଲେଖକ ଏଇ ସ୍ୱାଧୀନତାର ସଦ୍‌ବ୍ୟବହାର ନ କରି ଲୌହଶୃଙ୍ଖଳରେ ଛନ୍ଦି ହେବ କାହିଁକି ? ?

BLACK EAGLE BOOKS

www.blackeaglebooks.org
info@blackeaglebooks.org

Black Eagle Books, an independent publisher, was founded as a
nonprofit organization in April, 2019. It is our mission to connect
and engage the Indian diaspora and the world at large with the
best of works of world literature published on a collaborative
platform, with special emphasis on foregrounding Contemporary
Classics and New Writing.